2023年度湖北省社科基金一般项目（后期资助项目）
（立项号：HBSKJJ20233436）

A LIBRARY OF
DOCTORAL
DISSERTATIONS
IN SOCIAL SCIENCES IN CHINA

中国社会科学博士论文文库

中国高校招生主体性地位研究

Study on the Subjective Status of Chinese Colleges and
Universities in University Admission

庞 颖 著

导师 郑若玲

中国社会科学出版社

图书在版编目（CIP）数据

中国高校招生主体性地位研究／庞颖著. -- 北京：中国社会科学出版社, 2024.6. -- ISBN 978-7-5227-3790-4

Ⅰ. G647.32

中国国家版本馆 CIP 数据核字第 2024N11P02 号

出 版 人	赵剑英
责任编辑	彭 丽　涂世斌
责任校对	刘 健
责任印制	李寡寡

出　　版	中国社会科学出版社
社　　址	北京鼓楼西大街甲 158 号
邮　　编	100720
网　　址	http://www.csspw.cn
发 行 部	010-84083685
门 市 部	010-84029450
经　　销	新华书店及其他书店
印　　刷	北京君升印刷有限公司
装　　订	廊坊市广阳区广增装订厂
版　　次	2024 年 6 月第 1 版
印　　次	2024 年 6 月第 1 次印刷
开　　本	710×1000　1/16
印　　张	34.25
字　　数	580 千字
定　　价	189.00 元

凡购买中国社会科学出版社图书，如有质量问题请与本社营销中心联系调换
电话：010-84083683
版权所有　侵权必究

《中国社会科学博士论文文库》
编辑委员会

主　　任：李铁映
副 主 任：汝　信　江蓝生　陈佳贵
委　　员：(按姓氏笔画为序)
　　　　　王洛林　王家福　王辑思
　　　　　冯广裕　任继愈　江蓝生
　　　　　汝　信　刘庆柱　刘树成
　　　　　李茂生　李铁映　杨　义
　　　　　何秉孟　邹东涛　余永定
　　　　　沈家煊　张树相　陈佳贵
　　　　　陈祖武　武　寅　郝时远
　　　　　信春鹰　黄宝生　黄浩涛
总 编 辑：赵剑英
学术秘书：冯广裕

总　　序

在胡绳同志倡导和主持下，中国社会科学院组成编委会，从全国每年毕业并通过答辩的社会科学博士论文中遴选优秀者纳入《中国社会科学博士论文文库》，由中国社会科学出版社正式出版，这项工作已持续了12年。这12年所出版的论文，代表了这一时期中国社会科学各学科博士学位论文水平，较好地实现了本文库编辑出版的初衷。

编辑出版博士文库，既是培养社会科学各学科学术带头人的有效举措，又是一种重要的文化积累，很有意义。在到中国社会科学院之前，我就曾饶有兴趣地看过文库中的部分论文，到社科院以后，也一直关注和支持文库的出版。新旧世纪之交，原编委会主任胡绳同志仙逝，社科院希望我主持文库编委会的工作，我同意了。社会科学博士都是青年社会科学研究人员，青年是国家的未来，青年社科学者是我们社会科学的未来，我们有责任支持他们更快地成长。

每一个时代总有属于它们自己的问题，"问题就是时代的声音"（马克思语）。坚持理论联系实际，注意研究带全局性的战略问题，是我们党的优良传统。我希望包括博士在内的青年社会科学工作者继承和发扬这一优良传统，密切关注、深入研究21世纪初中国面临的重大时代问题。离开了时代性，脱离了社会潮流，社会科学研究的价值就要受到影响。我是鼓励青年人成名成家的，这是党的需要，国家的需要，人民的需要。但问题在于，什么是名呢？名，就是他的价值得到了社会的承认。如果没有得到社会、人民的承认，他的价值又表现在哪里呢？所以说，价值就在于对社会重大问题的回答和解决。一旦回答了时代性的重大问题，就必然会对社会产生巨大而深刻的影响，你也因此而实现了你的价值。在这方面年轻的博士有很大的优势：精力旺盛，思想敏捷，勤于学习，勇于创新。但青年学者要多向老一辈学者学习，博士尤其要很好地向导师学习，在导师的指导下，发挥自己的优势，研究重大问题，就有可能出好的成果，实现自己的价值。过去12年入选文库的论文，也说明了这一点。

什么是当前时代的重大问题呢？纵观当今世界，无外乎两种社会制度，一种是资本主义制度，一种是社会主义制度。所有的世界观问题、政治问题、理论问题都离不开对这两大制度的基本看法。对于社会主义，马克思主义者和资本主义世界的学者都有很多的研究和论述；对于资本主义，马克思主义者和资本主义世界的学者也有过很多研究和论述。面对这些众说纷纭的思潮和学说，我们应该如何认识？从基本倾向看，资本主义国家的学者、政治家论证的是资本主义的合理性和长期存在的"必然性"；中国的马克思主义者，中国的社会科学工作者，当然要向世界、向社会讲清楚，中国坚持走自己的路一定能实现现代化，中华民族一定能通过社会主义来实现全面的振兴。中国的问题只能由中国人用自己的理论来解决，让外国人来解决中国的问题，是行不通的。也许有的同志会说，马克思主义也是外来的。但是，要知道，马克思主义只是在中国化了以后才解决中国的问题的。如果没有马克思主义的普遍原理与中国革命和建设的实际相结合而形成的毛泽东思想、邓小平理论，马克思主义同样不能解决中国的问题。教条主义是不行的，东教条不行，西教条也不行，什么教条都不行。把学问、理论当教条，本身就是反科学的。

在21世纪，人类所面对的最重大的问题仍然是两大制度问题：这两大制度的前途、命运如何？资本主义会如何变化？社会主义怎么发展？中国特色的社会主义怎么发展？中国学者无论是研究资本主义，还是研究社会主义，最终总是要落脚到解决中国的现实与未来问题。我看中国的未来就是如何保持长期的稳定和发展。只要能长期稳定，就能长期发展；只要能长期发展，中国的社会主义现代化就能实现。

什么是21世纪的重大理论问题？我看还是马克思主义的发展问

题。我们的理论是为中国的发展服务的，绝不是相反。解决中国问题的关键，取决于我们能否更好地坚持和发展马克思主义，特别是发展马克思主义。不能发展马克思主义也就不能坚持马克思主义。一切不发展的、僵化的东西都是坚持不住的，也不可能坚持住。坚持马克思主义，就是要随着实践，随着社会、经济各方面的发展，不断地发展马克思主义。马克思主义没有穷尽真理，也没有包揽一切答案。它所提供给我们的，更多的是认识世界、改造世界的世界观、方法论、价值观，是立场，是方法。我们必须学会运用科学的世界观来认识社会的发展，在实践中不断地丰富和发展马克思主义，只有发展马克思主义才能真正坚持马克思主义。我们年轻的社会科学博士们要以坚持和发展马克思主义为己任，在这方面多出精品力作。我们将优先出版这种成果。

2001年8月8日于北戴河

序

  2014年《国务院关于深化考试招生制度改革的实施意见》的颁布，标志着我国启动了高考自1952年建制以来最全面而系统、牵涉面最广、力度最大的一次改革试验。不同于以往高考改革主要在高中教育层面开展，此次高考综合改革明确将高校"多元录取"作为改革的总体目标——形成"分类考试、综合评价、多元录取"考试招生模式的"三驾马车"之一，最终建立起中国特色现代教育考试招生制度。不仅如此，在后续完善阶段，教育部还分别于2018年、2019年、2021年接连颁发三个版本的《普通高校本科招生专业选考科目要求指引》，《指引》以本科专业类为单位设定科目范围一和科目范围二，科目范围一包括物理、历史两科，科目范围二包括政治、地理、化学、生物4科（浙江可增选技术），高校各专业要从科目范围一和范围二内根据实际情况指定1科、2科、3科作为选考科目或"不提科目要求"。这表明，高考综合改革已不仅仅是考试决策、管理部门以及高中教育机构的重要事项，它与高等教育机构也关联甚密并将对后者的生源选拔与人才培养产生重要影响。高考综合改革与高等教育的关系因此成为高考制度与高校人才培养的重要研究课题。

  然而，中国的高考制度运行从一开始就是将"招"与"考"相捆绑，高校招生工作在很大程度上由考试管理部门通过制定录取分数线而"越俎代庖"，尤其在计划经济时代，包括招生自主权在内的高校办学自主权被牢牢掌控在政府手里，高校在招生环节基本没有自主权。1998年颁布的《中华人民共和国高等教育法》将"扩大办学自主权"提上日程，但由于没有相应的制度保障，这一提法常常只能"写在纸上、挂在嘴边"，却无法"落在实处"，高校招生办因此自嘲为"接生办"。高校在招生过程中缺乏应有的自主权，更遑论拥有主体性地位。

2003年，教育部推出高校自主招生改革试点。此后，"扩大高校招生自主权"的意识得到越来越多的认同，"落在实处"的改革举措也越来越多样。但笔者认为，这些举措对于提升我国高等教育的国际竞争力、促进其高质量发展还远远不够。今后不仅应继续落实包括高校招生自主权在内的办学自主权，而且应确立、尊重并强化高校在招生中的主体性地位，使各方形成共识——招生是高校的"分内事"，只有高校最清楚自己想要什么样的生源。"考招分离"既是我国高校考试招生制度改革的必然趋势，也是世界高等教育发达国家普遍采行的选才办法。只有确立了高校在招生中的主体性地位，才会将招生改革视为高等教育改革的有机组成部分，才会建立起高校招生与高等教育内涵式发展之间的关联、真正重视招生在高级专门人才选拔中的作用，"考招分离"改革也才能取得突破。

遗憾的是，高教研究界长期以来鲜有关于中国高校招生主体性地位的学术探讨，近几年才偶见零星论文。庞颖博士的新著《中国高校招生主体性地位研究》正是针对这一问题所做的系统、全面的理论研究。在笔者看来，这是目前国内关于这一问题最有分量与深度的学术著作。该著基于庞颖的博士论文修订而成，围绕"中国高校招生主体性地位"这一核心问题开展理论研究，在对中国高校招生主体性地位的困境进行历史、制度、实践等视角分析的基础上，探讨了中国高校招生主体性地位的内在基础与基本保障。该著最主要的目标是澄清、发现并强化高考制度与高等教育的关联。高校招生主体性地位不仅产生于自上而下的行政赋权，而且是教育规律所使然——尽管后者在中国高校招生及高考改革中常被忽视。回归教育本质、遵循教育规律恰是此次高考综合改革的依归之所在，其中，就包括重视高校在招生中的主体性地位。这既是我国高等教育高质量发展、提升人才竞争力之所需，也是世界高等教育发展反复检验过、值得我们因地制宜予以本土化改造的重要经验。从研究内容看，该著实现了预期目标，具有重要的学理价值与实践意义。

"人生在勤，不索何获？"庞颖博士深知此理。为了完成博士论文，小颖不仅阅读了大量文献，收集了九所高校史料及500余份政策文本，而且做了扎实调查，在五个高考综改试点省份走访了30余家相关单位，访谈了500余位利益相关者。这些文献与调研资料为她完成40多万字的博士论文奠定了坚实基础。经过四年不懈努力，小颖最终以优秀成绩通过了论文答辩。外人对其出色的表现感到的是惊艳，只有她自己才体会得到惊艳背后所包含的彷徨、苦闷、压力、焦虑……用她自己的话说就是——读博之后再无休息日，只有"睡着"和"醒着"的差别。世间从没有无缘无故的幸运，更没有随随便便的成功。日出之所以炫美，在于它脱胎于最深的黑暗。小颖终有斩获，正在于她意志坚毅地鏖战了四载。小颖以实际行动诠释了"不经一番寒彻骨，怎得梅花扑鼻香"这个朴素的道理。

我和小颖的师生缘分似乎是上天安排的。她起初报考的博士生导师并不是我，但我看了同事转来的报考材料，尤其读了她的个人陈述后，却迅速同意担任她的导师。这大概就是所谓的命中注定吧！那几年我们亦师亦友，一起做了很多事、出了很多差、码了很多字、谈了很多心，结下了可以滋养彼此一生的深厚的师生情谊。

记得小颖博士毕业时我曾寄语："请以高起点去拥抱新生活，别犹豫，尽管逐梦去！我们的生命固然要在泥土里扎根，但有时也要在云端里读诗——人要有追月的梦想，即使坠落也是掉进浩瀚星河。"三年后的今天，我仍想对她说同样的话，希望她在面临人生一些关键选择时不要轻易向世俗低头、与现实妥协。因为我知道，小颖胸有鸿志、踏实上进，今后的学术道路一定会宽阔敞亮；更因为我知道，小颖性格阳光、志行坚毅，未来的人生风雨一定能从容应对。不是逢人盛誉君，亦勤亦苦亦多才。如今，庞颖博士正"鹏北海，凤朝阳"，后生可畏，未来可期。新著付梓在即，愚师欣然为序。

郑若玲

2024 年 5 月 4 日

摘 要

2014年，国务院印发《关于深化考试招生制度改革的实施意见》（国发〔2014〕35号），标志着高考综合改革拉开帷幕。同年，上海、浙江作为首批试点地区启动改革，高考综合改革对基础教育的影响率先凸显，高中也就此做出改革举措。2017年，首批考生通过高考综合改革实施方案进入高校，高考综合改革对高等教育的影响才逐渐产生。但整体而言，高校的主体意识不强、主体能力不足、主体作用不明显，不仅削弱了高考综合改革的效率，而且对高级专门人才的选拔、培养造成了影响。截至2021年，将有三批、十四个试点省市进入高考综合改革，在这一背景下，高考综合改革与高等教育运行机制的关系必须得到重视。故，本书以"中国高校招生主体性地位"为核心问题，开展基础性研究，以澄清、发现、强化中国高校考试招生制度与高等教育的联系。

高校招生主体性地位不仅产生于自上而下的行政赋权，而且是教育规律所使然，但后者在中国高校招生及高考改革中却常被忽视。本书从对"高校招生主体性地位"的阐释出发，以主体性哲学、组织制度理论、教育主体哲学等为基础搭建了分析框架，收集了近十所高校史料、500余份政策文本，访谈了38家考试招生机构、高校、高中的500余位利益相关者，通过文本分析法、多个案研究法、访谈法、批判话语分析法开展研究。

在历史视域，将1895—2013年的中国高校招生主体性地位变迁划分为四个阶段，提炼了阶段性特征。在"统考统招"的制度背景下，剖析了作为招生主体的教育行政部门、考试招生机构、高校的主体性及其间的相互作用。并基于中国高校考试招生制度的"早发内生型"特征，分析了历史视域下中国高校招生主体性地位的困境。

在制度视域，剖析了2014年至今的国家高校考试招生政策、国家高校考试招生组织、高校内部招生制度、高校内部招生组织的基本特征与运行逻辑，及其对中国高校招生主体性地位、招生主体行为的影响。基于中国高校考试招生制度的"公共性"，分析了制度视域下中国高校招生主体性地位的困境。

在实践视域，剖析了高校在非高考综合改革试点地区、高考综合改革试点地区、"自主"招生制度、"创新班"招生中的招生主体行为，提炼了中国高校招生主体行为的基本特征、重要作用。基于"主体性""主体间性""价值二重性"理论，分析了实践视域下中国高校招生主体性地位的困境。

基于理论、历史、制度、实践等角度的深入分析，本书进一步探索了中国高校招生主体性地位的内在基础，即强化高校招生主体性地位，是由高校招生与高校办学、学科能力、专业适应、高级专门人才培养间的联系决定的，强化高校招生主体性地位，对解决高校办学、人才培养中的现实问题具有重要意义。讨论了中国高校招生主体性地位的基本保障，即招生自主性、学术声誉、招生治理、院校研究对强化高校招生主体性地位的支持性作用。换言之，这些已有的高等学校办学经验，可用于高校招生主体性地位的强化。

通过研究，本书形成了以下主要观点与结论：中国高校招生主体性地位体现为在高考改革中的不确定性，高校招生主体作用呈现出在录取体制制约下的有限性，高校招生主体行为表现出在招生实践中的非理性。这与中国高校考试招生制度属性定位的难以撼动、高校招生价值理念的失之偏颇、高校招生主体能力的严重不足有关。但其于国家高校考试招生制度、教育系统、社会发展而言，也绝非有过无功。强化中国高校招生主体性地位，应遵循这一逻辑框架：以教育性与制度性为内核，以招生方案制订、录取决策、人才培养为作用对象，以全校各部门通力合作为体制机制，努力适应院校发展、行政指令、招生竞争、社会需求等外部环境。鉴于中国高校招生的实情，高校招生主体性地位的强化可分为短期、中期、长期三个阶段来实现。

而对"中国高校招生主体性地位"的研究仅是改善中国高校考试招生制度与高等教育互动不足这一问题的一个切入点，研究的最终目的是强化二者的联系、促进高校考试招生制度优化及高等教育质量提升。在当前情况下，可从高等教育视域探讨高考综合改革的完善路径；未来，可将"高校考试招生制度与高等教育改革发展的协同性"作为一个重要的问题域，服务于高考改革、高等教育的理论与实践。

关键词：高校考试招生制度；高校招生主体性地位；高等教育；高考综合改革

Abstract

In 2014, the State Council issued the announcement of "*Implementation Opinions on Deepening the Reform of the Examination and Enrollment System*", marking the beginning of the comprehensive reform of the college entrance examination. In the same year, Shanghai Province and Zhejiang Province took the lead in the reform as the first pilot areas. The comprehensive reform of the college entrance examination has been the first to highlight the impact on basic education, and senior high schools have taken reform measures in this regard. The comprehensive reform of the college entrance examination gradually had an impact on higher education after the first batch of college entrance examination candidates entered the university through the new program in 2017. But on the whole, in colleges and universities, the subject consciousness is not strong, the subjective ability is insufficient, and the subjective function is not obvious, which not only weakens the efficiency of the reform, but also affects the selection and training of senior talents. By 2021, three batches and 14 pilot regions will also engage in the reform. Therefore, the relationship between the comprehensive reform of the college entrance examination and the higher education operating mechanism must be paid attention to.

This research takes "the subjective status of Chinese colleges and universitiesin the university admissions" as the core issue, and conducts basic research to clarify, discover and strengthen the connection between the Gaokao system and higher education. The subjective status of colleges and universities in the university admissions is not only caused by the top – down administrative empowerment, but also by the educational law, which is often ignored in university admission and the reform of Gaokao system. Started from the interpretation of "the subjective status of colleges and universities", this book builds an analytic framework on the basis of philosophy of subjectivity, institutional theory of organization, educational subject philosophy. In addition, to conduct this research, this book collected nearly 10 universities' historical materials and over 500 policy texts, interviewed more than 500 stakeholders from 38 examination and admission organizations, colleges and universities, high schools. Text analysis method, multi-case study method, interview method and critical discourse analysis method were applied in this study.

From the historical perspective, this book divides the change of the subjective status of Chinese colleges and universities in the university admissions during 1895 – 2013 into four stages, and extracts the proceeding – phase characteristics respectively. In the context of the "unified examination" and "unified admissions" system, this book analyzes the subjectivity and intersubjectivity among the education administration, examination, admission organizations and colleges and universities. Based on the "early-mover and endogenesis" characteristics of the Gaokao system, this book analyzes the predicament of the subjective status of Chinese colleges and universities in the university admissions under the historical perspective.

From the institutional perspective, this book analyzes the basic characteristics and operational mechanism of the national university entrance examination and admission policy, the national university entrance examination and admission organization, the internal university admission system, and the internal university admissions organization since 2014 and analyzes its influence on the subjective status of Chinese colleges and universities in the university admissions and admission subject behavior in China. Based on the "publicity" of the Gaokao system, this book analyzes the predicament of the subjective status of Chinese colleges and universities in the university admissions under the institutional perspective.

From the perspective of practice, this book analyzes the enrollment subject behaviors in non-pilot areas of college entrance examination comprehensive reform, pilot areas of college entrance examination comprehensive reform, "autonomous" admission institution, and "innovative class" admission, and extracts the basic characteristics and important roles of the admission subject behaviors in Chinese colleges and universities. Based on the theories of "subjectivity", "intersubjectivity" and "the dualistic nature of value", this book analyzes the predicament of the subjective status of Chinese colleges and universities in the university admissions from a practical perspective.

Based on in-depth analysis from the perspectives of theory, history, institution, and practice, this book further explores the internal basis of the subjective status of Chinese colleges and universities in the university admissions. The strengthening of the subjective status of colleges and universities is determined by the connection among university admissions and university running, subject development, professional adaptation, and training of senior specialized talents. And it's of great significance to solve the practical problems in running university and training talents. This book also discusses the essential guarantee of the subjective status of Chinese colleges and universities in the university admissions, namely, the autonomy of admission, academic reputation, admissions governance, and institutional research in supporting the subjective status of colleges and universities. In other words, this existing experience in running colleges and universities can be used to strengthen the subjective status of colleges and universities.

Through the research, this book has formed the following main viewpoints and conclusions: the uncertainty reflected by the subjective status of Chinese colleges and universities in the reform of Gaokao system, the relative finiteness represented by the main subjectivity function of colleges and universities under the admission system, and the irrationality reflected by the subject behavior of colleges and universities administrations in the admission practice. The reason for these phenomena is that the attributive positioning of the Gaokao system is difficult to shake, the value concept of university admissions is biased, and the ability of university admission is seriously insufficient. Nevertheless, the subjective status of Chinese colleges and universities in the university admissions, is by no means completely useless to the Gaokao system, the education system and the social development. To strengthen the subjective status of colleges and universities in China, we should follow this logical framework, which is, taking education and institution as the core, taking enrollment plan formulation, admission decision-making, and talents training as the action object, relying on the cooperation of all departments in the school, and striving to adapt to the external environment of college development, administrative instructions, enrollment competition, and social needs. Based on the reality of Chinese university admissions, the strengthening of subjective status of colleges and universities can be divided into three stages: short-term, medium-term and long-term.

The research on the "the subjective status of Chinese colleges and universities in the university admissions" is only an entry point to solve the problem of insufficient interaction between the Gaokao system and higher education. The ultimate goal of the research is to strengthen the connection between the two, to promote the optimization of Gaokao system and the quality of higher education. At present, the comprehensive reform of the college entrance examination can be explored from the perspective of higher education. In the future, "the synergy between the Gaokao system and the development of higher education" can be regarded as an important problem domain, so as to serve the theory and practice of the reform of Gaokao System and higher education.

Keywords: college entrance examination system; the subjective status of colleges and universities in the university admissions; higher education; the comprehensive reform of the college entrance examination

目 录

绪 论 …… (1)
  第一节 研究缘起与研究价值 …… (1)
  第二节 文献述评 …… (9)
  第三节 研究界定 …… (44)
  第四节 研究设计 …… (50)

第一章 理论基础与分析框架 …… (66)
  第一节 主体性哲学与高校招生主体性 …… (66)
    一 主体性哲学的相关内容 …… (67)
    二 高校招生主体性的基本问题 …… (70)
    三 高校招生主体性及其典型表现 …… (72)
  第二节 组织制度理论与高校招生的制度性 …… (75)
    一 组织制度理论的相关内容 …… (75)
    二 高校招生的组织制度基础 …… (77)
    三 高校招生的制度性特征 …… (80)
  第三节 教育主体哲学与高校招生的教育性 …… (82)
    一 教育主体哲学的相关内容 …… (83)
    二 高校招生教育主体性的基本问题 …… (85)
    三 高校招生的教育性特征 …… (87)
  第四节 高校招生主体性地位的内涵与分析框架 …… (90)
    一 高校招生主体性地位的内涵 …… (90)
    二 中国高校招生主体性地位的分析框架 …… (94)

第二章 中国高校招生主体性地位的历史检视 …………… (98)

第一节 中国高校招生主体性地位的历史变迁 ………… (98)
一 起始期（1895—1949年）："自主"的大学 ……… (99)
二 摇摆期（1950—1976年）："自主权式微"的大学 … (107)
三 探索期（1977—1998年）："具有一定招生余地"的大学 ……………………………………………… (112)
四 突破期（1999—2013年）："初具自主权"的大学 … (120)

第二节 历史视域下中国高校招生主体性地位审视 ……… (128)
一 由行政权力主导的教育行政部门 ………………… (128)
二 专业性"迷失"的考试招生机构 ………………… (132)
三 招生"乏力"的高校 …………………………… (136)
四 教育行政部门、考试招生机构与高校的主体间性分析 ……………………………………………… (141)

第三节 历史视域下中国高校招生主体性地位的困境 …… (145)
一 "早发内生型"的中国高考制度 ………………… (145)
二 "早发"：中国高考制度的历史性 ……………… (148)
三 "内生"：中国高考制度的情境性 ……………… (153)
四 "症结"：高校招生主体性之误读 ……………… (158)

第三章 中国高校招生主体性地位的制度环境 …………… (164)

第一节 国家高校考试招生政策分析 …………………… (164)
一 全面深化改革阶段的高校考试招生制度 ………… (165)
二 高校招生主体性地位的政策逻辑 ………………… (170)
三 国家政策对高校招生主体性地位的影响 ………… (173)

第二节 国家高校考试招生组织结构分析 ……………… (179)
一 国家高校考试招生组织的构成要素 ……………… (179)
二 国家高校考试招生组织的结构特征 ……………… (191)
三 国家高校考试招生组织与高校招生的行为互动分析 … (195)

第三节 高校招生制度文本分析 ………………………… (200)
一 现代大学制度体系内的招生制度文本 …………… (200)
二 高校招生主体性地位的制度文本逻辑 …………… (205)
三 高校招生制度对高校招生主体性地位的影响 …… (208)

第四节　高校招生组织结构分析 (211)
一　高校招生的有关部门 (211)
二　高校招生组织的结构特征 (216)
三　高校招生组织对高校招生行为的影响分析 (220)

第五节　制度视域下中国高校招生主体性地位的困境 (225)
一　中国高校考试招生制度的公共性 (225)
二　"公平"：中国高校考试招生制度之正义性 (228)
三　"统考统招"：中国高校考试招生制度之基本特征 (233)
四　"症结"：高校招生主体性制度之困 (236)

第四章　中国高校招生主体性地位的实践省思 (241)

第一节　非高考综合改革试点地区的高校招生主体性地位 (241)
一　高校在非高考综合改革试点地区招生的主体行为 (242)
二　高校招生主体行为的基本特征 (248)
三　高校招生主体行为的作用分析 (252)

第二节　高考综合改革试点地区的高校招生主体性地位 (256)
一　高校在高考综合改革试点地区招生的特殊行为 (256)
二　高校招生主体行为的基本特征 (263)
三　高校招生主体行为的作用分析 (269)

第三节　"自主"招生制度下的高校招生主体性地位 (274)
一　高校在"自主"招生制度中的主体行为 (274)
二　高校招生主体行为的基本特征 (280)
三　高校招生主体行为的作用分析 (285)

第四节　"创新班"招生的高校招生主体性地位 (290)
一　高校在"创新班"招生中的主体行为 (290)
二　高校招生主体行为的基本特征 (297)
三　高校招生主体行为的作用分析 (299)

第五节　实践视域下中国高校招生主体性地位的困境 (301)
一　分析框架：高校招生主体实践的结构矩阵 (302)
二　基本表现：高校招生主体实践的类型特征 (306)
三　"症结"：高校招生主体性实践之困 (310)

第五章　中国高校招生主体性地位的内在基础 (315)

第一节　招生与高校办学 (315)
一　招生与高校办学关联的理论探讨 (316)
二　招生与高校办学关联的实践审思 (320)
三　强化高校招生主体性地位对优化高校办学等问题的意义 (333)

第二节　招生与学科能力 (337)
一　招生与学科能力关联的理论探讨 (337)
二　招生与学科能力关联的实践审思 (342)
三　强化高校招生主体性地位对优化学科能力问题的意义 (350)

第三节　招生与专业适应 (355)
一　招生与专业适应关联的理论探讨 (355)
二　招生与专业适应关联的实践审思 (360)
三　强化高校招生主体性地位对优化专业适应问题的意义 (367)

第四节　招生与高级专门人才培养 (371)
一　招生与人才培养关联的理论探讨 (371)
二　高级专门人才选拔与培养之关系的实践审思 (375)
三　强化高校招生主体性地位对优化高级专门人才培养问题的意义 (387)

第六章　中国高校招生主体性地位的基本保障 (393)

第一节　招生自主性与高校招生 (393)
一　高校招生自主性 (394)
二　对招生自主性在招生实践中的审视 (398)
三　高校招生自主性对强化高校招生主体性地位的意义 (402)

第二节　学术声誉与高校招生 (406)
一　学术声誉 (406)
二　对学术声誉在招生实践中的审视 (410)
三　注重学术声誉对强化高校招生主体性地位的作用 (414)

第三节　招生治理与高校招生 (418)

一　招生治理 …………………………………………………… (418)
　　二　对招生治理理念在招生实践中的审视 ………………… (422)
　　三　招生治理对强化高校招生主体性地位的意义 ………… (428)
　第四节　院校研究与高校招生 ……………………………………… (432)
　　一　院校研究 …………………………………………………… (432)
　　二　对院校研究在招生实践中的审视 ………………………… (437)
　　三　院校研究对强化高校招生主体性地位的意义 …………… (442)

第七章　中国高校招生主体性地位的再审视 ……………………… (447)
　第一节　研究发现：中国高校招生主体性地位的现实
　　　　　情状 …………………………………………………… (447)
　　一　中国高校招生主体性地位的基本特征 …………………… (448)
　　二　中国高校招生主体性地位的成因分析 …………………… (452)
　　三　中国高校招生主体性地位的意义 ………………………… (455)
　第二节　研究省思：中国高校招生主体性地位的逻辑建构 …… (459)
　　一　中国高校招生主体性地位的逻辑框架 …………………… (459)
　　二　中国高校招生主体性地位的强化目标与实现路径 ……… (472)

结　语 ……………………………………………………………… (479)

参考文献 …………………………………………………………… (482)

索　引 ……………………………………………………………… (497)

后　记 ……………………………………………………………… (505)

Contents

Introduction .... (1)
   1.1 Research Origin and Research Value .... (1)
   1.2 Literature Review .... (9)
   1.3 Research Definition .... (44)
   1.4 Research Design .... (50)

1. Theoretical Basis and Analytical Framework .... (66)
   1.1 Philosophy of Subjectivity and the Subjectivity of
        University Admissions .... (66)
      1.1.1 Related Content of the Philosophy of Subjectivity .... (67)
      1.1.2 The Essence of the Subjectivity of University
            Admissions .... (70)
      1.1.3 The Subjective Status of Colleges and Universities in
            University Admissions and its Typical Performance .... (72)
   1.2 Institutional Theory of Organization and the Institutional of
        University Admissions .... (75)
      1.2.1 Related Content of the Institutional Theory of
            Organization .... (75)
      1.2.2 The Essence of the Institutional Theory of Organization ... (77)
      1.2.3 Institutional Characteristics of University Admissions ...... (80)
   1.3 Educational Subject Philosophy and Educational Nature of
        University Admissions .... (82)

1.3.1　Related Content of the Educational Subject
　　　　　Philosophy ………………………………………… (83)
　　1.3.2　The Essence of the Educational Subjectivity of
　　　　　University Admissions ………………………………… (85)
　　1.3.3　Educational Characteristics of University Admissions …… (87)
1.4　The Connotation and Analytical Framework of the Subjective
　　Status of Colleges and Universities in University
　　Admissions ……………………………………………………… (90)
　　1.4.1　The Connotation of the Subjective Status of Colleges and
　　　　　Universities in University Admissions ………………… (90)
　　1.4.2　The Analytical Framework of the Subjective Status of
　　　　　Chinese Colleges and Universities in
　　　　　University Admissions ………………………………… (94)

2. Historical Review of the Subjective Status of Chinese Colleges and Universities in University Admissions ……………… (98)

2.1　The Historical Changes of the Subjective Status of Chinese
　　Colleges and Universities in University Admissions …………… (98)
　　2.1.1　Initial Period (1895 - 1949): "Autonomous"
　　　　　Universities ……………………………………………… (99)
　　2.1.2　Swinging Period (1950 - 1976): Universities with
　　　　　"Declining Autonomy" ………………………………… (107)
　　2.1.3　Exploratory Period (1977 - 1998): Universities that
　　　　　"Have a Certain Degree of Admissions" ……………… (112)
　　2.1.4　Breakthrough Period (1999 - 2013): Universities with
　　　　　"Beginning of Autonomy" ……………………………… (120)
2.2　Analysis on the Subjective Status of Chinese Colleges and
　　Universities in University Admissions from the
　　Perspective of History …………………………………………… (128)
　　2.2.1　Educational Administration Led by Administrative
　　　　　Power ……………………………………………………… (128)

2.2.2	Examination and Admission Organization with Lack of Professionalism	(132)
2.2.3	Universities with Lack of Admission Capacity	(136)
2.2.4	An Analysis of the Intersubjectivity in Educational Administrative Departments, Examination and Admission Institutions and Universities	(141)

2.3 The Predicament of the Subjective Status of Chinese Colleges and Universities in University Admissions from the Perspective of History ……………………… (145)

2.3.1	The "Early-Mover and Endogenesis" Characteristics of the Gankao System	(145)
2.3.2	"Early-Mover": The Historicity of the Gaokao System	(148)
2.3.3	"Endogenesis": The Situationality of the Gaokao System	(153)
2.3.4	"The Crux": Misunderstanding of the Subjectivity of University Admissions	(158)

3. The Institutional Environment of the Subjective Status of Chinese Colleges and Universities in University Admissions …… (164)

3.1 Analysis on the National College Entrance Examination and Admission Policy …………………………………… (164)

3.1.1	The Gaokao System in the Stage of Comprehensively Deepening Refom	(165)
3.1.2	The Policy Logic of the Subjective Status of Colleges and Universities in University Admissions	(170)
3.1.3	The Influence of National Policy on the Subjective Status of Colleges and Universities in University Admissions	(173)

3.2 Analysis on the Organizational Structure of National College Entrance Examination and Admission Organization ……………………………………………… (179)

3.2.1 The Constituent Elements of the National College Entrance Examination and Admission Organization ……………………………………………………… (179)

3.2.2 The Structural Feature of the National College Entrance Examination and Admission Organization ………… (191)

3.2.3 Analysis of the Interaction between the National College Entrance Examination and Admission Organization and University Admissions Behavior ………………… (195)

3.3 Text Analysis of the Internal University Admission Institutions ……………………………………………… (200)

3.3.1 The Text of Admission System in the Modern University System …………………………………… (200)

3.3.2 The System Text Logic of the Subjective Status of Colleges and Universities in University Admissions ………………………………………… (205)

3.3.3 The Influence of Internal University Admission Institutions on the Subjective Status of Colleges and Universities in University Admissions ……………… (208)

3.4 Analysis on the Organizational Structure of Internal College Admissions Organization …………………………………… (211)

3.4.1 Internal College Admissions Organization ……………… (211)

3.4.2 The Structural Feature of Internal College Admission Organization ………………………………………… (216)

3.2.3 Analysis of the Interaction between the Internal College Admissions Organization and University Admissions Behavior ……………………………… (220)

3.5 The Predicament of the Subjective Status of Chinese Colleges and Universities in University Admissions Under the Institutional Perspective …………………… (225)

3.5.1 The publicity of the Gankao System ……………… (225)

3.5.2 "Fairness": The Justice of the Gaokao System ………… (228)

3.5.3 "Unified Examination and Admissions":
The Essential Feature of the Gaokao System .... (233)
3.5.4 "The Crux": The Institution Dilemma of the
Subjectivity of University Admissions .... (236)

4. Reflection on the Practice of the Subjective Status of Chinese Colleges and Universities in University Admissions .... (241)

4.1 The Subjective Status of Colleges and Universities in
University Admissions in Non-Pilot Areas .... (241)
 4.1.1 University Enrollment Behavior in Non-Pilot Areas ...... (242)
 4.1.2 The Essential Feature of University Enrollment
 Behavior .... (248)
 4.1.3 Analysis on Effect of University Enrollment
 Behavior .... (252)
4.2 The Subjective Status of Colleges and Universities in
University Admissions in Pilot Areas .... (256)
 4.2.1 University Enrollment Behavior in Pilot Areas .... (256)
 4.2.2 The Essential Feature of University Enrollment
 Behavior .... (263)
 4.2.3 Analysis on Effect of University Enrollment
 Behavior .... (269)
4.3 The Subjective Status of Colleges and Universities in
University Admissions in "Autonomous" Admission .... (274)
 4.3.1 University Enrollment Behavior in "Autonomous"
 Admission .... (274)
 4.3.2 The Essential Feature of University Enrollment
 Behavior .... (280)
 4.3.3 Analysis on Effect of University Enrollment
 Behavior .... (285)
4.4 The Subjective Status of Colleges and Universities in
University Admissions in "Innovation Class" Admissions .... (290)

  4.4.1 University Enrollment Behavior in "Innovation Class" Admissions ……………………………………………… (290)
  4.4.2 The Essential Feature of University Enrollment Behavior ……………………………………………………… (297)
  4.4.3 Analysis on the Effect of University Enrollment Behavior ……………………………………………………… (299)
 4.5 The Predicament of the Subjective Status of Chinese Colleges and Universities in University Admissions Under the Practice Perspective ……………………………… (301)
  4.5.1 Analysis Framework: the Structure Matrix of the Subjective Practice of Colleges and Universities in University Admissions ……………………………… (302)
  4.5.2 Basic Performance: the Type Characteristics of the Subjective Practice of Colleges and Universities in University Admissions ……………………………… (306)
  4.5.3 "The Crux": The Practice Dilemma of the Subjectivity of University Admissions …………………… (310)

5. The Intrinsic Foundation of the Subjective Status of Chinese Colleges and Universities in University Admissions …………… (315)

 5.1 Admission and Running a University …………………… (315)
  5.1.1 The Theoretical Discussion on the Relationship Between Admission and Running a University …………… (316)
  5.1.2 The Practice Reflection on the Relationship between Admission and Running a University …………………… (320)
  5.1.3 The Significance of Strengthening the Subjective Status of Colleges and Universities to Optimizing the Running of Universities ……………………………… (333)
 5.2 Admission and Disciplinary Development ………………… (337)
  5.2.1 The Theoretical Discussion on the Relationship between Admission and Disciplinary Development ……………… (337)

- 5.2.2 The Practice Reflection on the Relationship between Admission and Disciplinary Development .... (342)
- 5.2.3 The Significance of Strengthening the Subjective Status of Colleges and Universities to Optimizing the Problem of Disciplinary Development .... (350)
- 5.3 Admission and Professional Adaptation .... (355)
  - 5.3.1 The Theoretical Discussion on the Relationship between Admission and Professional Adaptation .... (355)
  - 5.3.2 The Practice Reflection on the Relationship between Admission and Professional Adaptation .... (360)
  - 5.3.3 The Significance of Strengthening the Subjective Status of Colleges and Universities to Optimizing the Problem of Professional Adaptation .... (367)
- 5.4 Admission and Senior Specialized Talents Training .... (371)
  - 5.4.1 The Theoretical Discussion on the Relationship between Admission and Senior Specialized Talents Training ...... (371)
  - 5.4.2 The Practice Reflection on the Relationship between Admission and Senior Specialized Talents Training ...... (375)
  - 5.4.3 The Significance of Strengthening the Subjective Status of Colleges and Universities to Optimizing the Problem of Senior Specialized Talents Training .... (387)

6. The Basic Assuring of the Subjective Status of Chinese Colleges and Universities in University Admissions .... (393)

- 6.1 Admission Autonomy and Admission .... (393)
  - 6.1.1 Admission Autonomy .... (394)
  - 6.1.2 The Examination of Autonomy in Admission Practice ...... (398)
  - 6.1.3 The Significance of Admission Autonomy to Strengthening the Subjective Status of Colleges and Universities in University Admissions .... (402)
- 6.2 Academic Reputation and Admission .... (406)
  - 6.2.1 Academic Reputation .... (406)

  6.2.2 The Examination of Academic Reputation
     in Admission Practice ⋯⋯⋯⋯⋯⋯⋯⋯⋯（410）
  6.2.3 The Significance of Academic Reputation to Strengthening
     the Subjective Status of Colleges and Universities
     in University Admissions ⋯⋯⋯⋯⋯⋯⋯⋯⋯⋯（414）
 6.3 Admissions Governance and Admission ⋯⋯⋯⋯⋯⋯⋯⋯（418）
  6.3.1 Admissions Governance ⋯⋯⋯⋯⋯⋯⋯⋯⋯⋯（418）
  6.3.2 The Examination of Admissions Governance in
     Admission Practice ⋯⋯⋯⋯⋯⋯⋯⋯⋯⋯⋯⋯（422）
  6.3.3 The Significance of Admissions Governance to Strengthening
     the Subjective Status of Colleges and Universities
     in University Admissions ⋯⋯⋯⋯⋯⋯⋯⋯⋯⋯（428）
 6.4 Institutional Research and Admission ⋯⋯⋯⋯⋯⋯⋯⋯⋯（432）
  6.4.1 Institutional Research ⋯⋯⋯⋯⋯⋯⋯⋯⋯⋯⋯（432）
  6.4.2 The Examination of the Institutional Research in
     Admission Practice ⋯⋯⋯⋯⋯⋯⋯⋯⋯⋯⋯⋯（437）
  6.4.3 The Significance of Institutional Research to strengthening
     the Subjective Status of Colleges and Universities
     in University Admissions ⋯⋯⋯⋯⋯⋯⋯⋯⋯⋯（442）

7. Re-Examination of the Subjective Status of Chinese Colleges and Universities in University Admissions ⋯⋯⋯⋯（447）

 7.1 Research Findings: The Realistic Situation of the
   Subjective Status of Chinese Colleges and Universities
   in University Admissions ⋯⋯⋯⋯⋯⋯⋯⋯⋯⋯⋯⋯（447）
  7.1.1 The Basic Characteristics of the Subjective Status
     of Chinese Colleges and Universities
     in University Admissions ⋯⋯⋯⋯⋯⋯⋯⋯⋯⋯（448）
  7.1.2 The Analysis of the Causes of the Subjective Status of
     Chinese Colleges and Universities
     in University Admissions ⋯⋯⋯⋯⋯⋯⋯⋯⋯⋯（452）

    7.1.3   The Significance of the Subjective Status of Chinese Colleges and Universities in University Admissions ················ (455)

  7.2 Research Reflection: The Logical Construction of the Subjective Status of Chinese Colleges and Universities in University Admissions ···················· (459)

    7.2.1   The Logical Framework of the Subjective Status of Chinese Colleges and Universities in University Admissions ················ (459)

    7.2.2   The Strengthening Goals and Realization Paths of the Subjective Status of Chinese Colleges and Universities in University Admissions ·················· (472)

Conclusions ················ (479)

References ················ (482)

Index ················ (497)

Afterword ················ (505)

表 目 录

表绪-1 在案例考试招生机构的取样情况 ……………………（58）
表绪-2 在案例高校的取样情况 ………………………………（59）
表3-1 部分省（区、市）考试招生机构名称及处室情况 ………（185）
表3-2 案例高校招生组织实施机构概况 …………………………（213）
表4-1 案例高校"创新班"招生基本情况 ………………………（293）
表5-1 案例高校各类排行榜、评价结果概况 ……………………（325）
表5-2 GX3-1-1高校2017—2019年在浙招生各专业
　　　投档分数排行榜 …………………………………………（328）
表5-3 GX3-1-2高校2017—2019年在浙招生各专业
　　　投档分数排行榜 …………………………………………（329）
表5-4 案例高校普通类招生人才选拔目标概况 …………………（376）
表5-5 案例高校特殊类招生人才选拔目标概况 …………………（381）

图 目 录

图绪-1 本书文本资料的批评话语分析模型 ………………（55）
图1-1 中国高校招生主体性地位的分析框架……………（96）
图3-1 国家高校考试招生组织网络关系 …………………（191）
图3-2 高校招生组织关系特征 ……………………………（221）
图4-1 高校招生主体实践的结构矩阵 ……………………（305）
图7-1 中国高校招生主体性地位逻辑框架 ………………（460）

绪　　论

中国高校考试招生制度自1952年建立至今已70多载，与高校招生考试、高校招生录取相关的绝大多数事务均由国家做出统一规定。在"一致即公平"的理念下，"统考统招"成为中国高校选拔性录取的一大特色。不过，在70多年的高考改革历程中，也不乏"提高科学性"的尝试。在考试制度方面，多表现为标准化改革、命题立意改革，以提升"统考"的科学性，改革过程与结果广受认可。在招生制度方面，则体现为强化高校的主体性地位、探索"有限多样"的录取方式，以提高"统招"模式的科学性。但这些在实践中遭遇了一定的质疑。长期以来，中国高校在招生录取环节享有的自主权极为有限，高校"招分"而非"招人"、高校招办"接生"而非"招生"的现象有目共睹。在高考改革中，高校招生改革频频受阻，甚至招生自主权步步收紧，这种"进一步退两步""因噎废食"的现象背离了教育规律和中国高等教育事业发展趋势。故，本书以"中国高校招生主体性地位"为核心问题，探索高校招生主体性地位的真实情状、基本规律、关键问题以及解决方案，以期为中国高校招生以及中国高校考试招生制度改革提供新的思路。

第一节　研究缘起与研究价值

中国高校招生制度作为中国高校考试招生制度的重要组成部分，长期与入学考试制度混为一谈，不仅二者在实践操作中被视为一体，而且招生改革也常为考试改革所驱动，多是对考试改革的被动适应。事实上，1987年国家教育委员会印发的《普通高等学校招生暂行条例》就已为二者的分离奠定了合法律性基础，明确指出考试"由国家教育委员会根据全日制中学教学大纲命题，并制订参考答案和评分标准"，录取由"学校负责、招办监督"，从责任主体上将二者做出区分。但是直至今日，中国高校招生的主体性地位仍未凸显，中国高校在招生中的主体作用依旧有限。

一 研究缘起

中国的高校招生主体性地位与世界其他国家有着根本的区别，其根植于中国这一考试大国的国情、历史与文化，需要应对高考综合改革的现实以及高等教育体制机制改革、教育评价改革的趋势。同时，中国高校招生与世界其他国家高校招生也面临同样的问题，即如何争取优质生源、如何为促进高等教育事业发展服务以及如何为提升国家核心竞争力服务。故，中国高校招生主体性地位是一个向国情与教育规律理性回归的研究课题。

（一）时代价值：高考公平与科学之平衡

中国高校考试招生制度有特定的文化土壤，延续了1300年之久的科举取士以及"一切以程文定去留"的考选形式，为统一高考的建制埋下了深厚的"中国底色"。自古以来，为了防止"人事因缘"和"嘱托之冀"，中国人发明了考试这种公平竞争的办法，来排除人际关系对选才的困扰。[①] 在古代社会，科举也逐渐成为促进社会流动、优化社会资源配置、维护社会稳定的重要工具。同时，科举还产生了深远的国际影响，成为日本贡举制度，越南科举制度，英、法、德、美等国文官考试制度的仿行对象。[②] 可见，科举的建立、发展与传播都与"考试至公"关系密切，公平是科举的生命力。1905年，科举制度被废止，制度的终止并不意味着文化的切断，科举在中国社会衍生出的文化、习俗、传统等，至今不容忽略。

统一高考制度自1952年建立以来，便被赋予"为国选才"之重任，在发展过程中，不仅形成了大规模、高利害、利益相关者众多的特征，也生成了"高考应首重公平"的共识。"公平派"认为公平选才是社会大众对高考最为关注的一个方面，也是高考制度的基本功能和精神之所在，公

[①] 刘海峰：《科举研究与高考改革》，《厦门大学学报》（哲学社会科学版）2007年第5期。
[②] 刘海峰：《"科举学"刍议》，《厦门大学学报》（哲学社会科学版）1992年第4期。

平竞争是高考制度的灵魂和根本。[①] 为保障形式公平，"政府招生、高校培养"成为固定的实践模式，绝大部分招生权为政府所有，以避免招生权下放至高校带来的腐败问题。回顾70余年高校考试招生制度的更迭，社会对高考公平的要求越发"严格"、政府对高考制度的要求就愈加"苛刻"。高考改革中虽不乏通过下放招生自主权提升招考科学性[②]的尝试，但迫于时势，"进一步退两步"的情形亦司空见惯。比如，高校制定选考科目权力的被赋予与被回收、自主选拔录取的推广与废止、一年多考的试行与暂缓等，多为科学性向公平性让步、高校招生受政府管控的表现。

虽然高考与科举在文化上一脉相承，但二者的制度属性、特征等又有所不同。科举是文官选拔制度，为朝廷取士、目标单一，古代社会又较为封闭，科举的职能历经千年未曾改变。高考是教育考试制度，为高校选才、方向多元，在高等教育普及化、全球化的过程中，高考的内涵在不断更新、使命也愈加丰富，正如刘海峰教授所指出的，"高考改革的发展趋势，是走向公平与效率（科学）的兼顾与平衡"，[③] 公平与科学的平衡点，也应随着时代的变革而有合理的突破。

"实现内涵式发展"，是党的十九大以来，我国高等教育的战略目标。高校人才培养问题是高等教育内涵式发展的核心问题，而高校招生与人才培养一脉相承，把好生源质量的入口关，是培育高级专门人才、拔尖创新人才的基础。换言之，生源质量对教育质量的基础性作用不容忽视，提升高校招生的科学性，是当今中国社会以及高等教育发展必须面对的问题。而以往高考改革中提高科学性的尝试成效不佳的事实又告诉我们，这种合理的突破要以对高校招生的主体性地位的审思、对高校招生能力的建设、对高校招生与人才培养联系的重视为要点，以遵循高考改革的公平与科学为原则。

（二）政策导向：高考、教育体制、教育评价改革之意义

强化高校招生主体性地位也是近十年国家政策的价值导向。2010年《国家中长期教育改革和发展规划纲要（2010—2020年）》、2013年《中共中央关于全面深化改革若干重大问题的决定》接连提出"探索招生与

[①] 刘海峰：《高考改革：公平为首还是效率优先》，《高等教育研究》2011年第5期。
[②] 高考的"科学性"在部分研究中亦被表述为"效率"，本书将之统称为"科学性"。
[③] 刘海峰：《高考改革：公平为首还是效率优先》，《高等教育研究》2011年第5期。

考试相对分离的办法""学校依法自主招生""普通高等学校本科招生以统一入学考试为基本方式,结合学业水平考试和综合素质评价,择优录取"。招考分离是我国高考改革的政策导向,它的内涵被不断深化,招生与考试的主体、职责、功能、特征等被逐步澄清,可操作性被逐渐强化。

2014年《国务院关于深化考试招生制度改革的实施意见》(国发〔2014〕35号)颁布,在"启动高考综合改革试点"中突出强调了"改革招生录取机制",并再次指出"探索基于统一高考和高中学业水平考试成绩、参考综合素质评价的多元录取机制"。同时增加了"高校要根据自身办学定位和专业培养目标,研究提出对考生高中学业水平考试科目报考要求和综合素质评价使用办法,提前向社会公布"的新指南。这是高校获得招生主体性地位的合法律性基础,也是招考分离政策导向下高校招生的合理性探索。同年,"高校校长签发录取通知书制度"施行,它是与大学招生章程合理化、大学章程合法律化、现代大学制度建设相统一的。换言之,强化高校招生的主体性地位,不仅是高考综合改革的重要内容,也是大学治理的关键任务。

2018年,习近平总书记在全国教育大会上指出:"要深化教育体制改革,健全立德树人落实机制,扭转不科学的教育评价导向,坚决克服唯分数、唯升学、唯文凭、唯论文、唯帽子的顽瘴痼疾,从根本上解决教育评价指挥棒问题。"[1] 2020年,国务院印发《深化新时代教育评价改革总体方案》,将深化考试招生制度改革作为其中的重要内容,并强调指出,要"逐步转变简单以考试成绩为唯一标准的招生模式"。评价体系问题是高考改革的一大困境,长期以来,"唯分数"论代表的"一元主义"在高校招生录取中占据主导地位,实现评价体系从"一元"向"多元"的转向,不仅要关注评价标准,更要关注评价主体。在多元评价体系建构与实践的过程中,评价主体的作用不可忽视、评价主体的职责也日益艰巨。高校作为考生入学评价的重要主体,未来的工作极具挑战意义。"破五唯"及"四个评价"的政策导向要求高校由"招分"转为"招人",由单一评价转为综合考量,高校只有具备基本的招生能力,才能实现这一转变。

由此可见,近十年的相关政策以"探索招生与考试相对分离的办法"

---

[1] 习近平:《坚持中国特色社会主义教育发展道路 培养德智体美劳全面发展的社会主义建设者和接班人》,《人民日报》2018年9月11日第1版。

为起点，以高校在招生中的主体性地位为重点，不断探索高考改革的新方向、新出路。而加强高校招生能力建设、强调招生与人才培养的联系是强化高校招生主体性地位的关键，强化高校招生主体性地位又对扭转不科学的评价导向、建立科学的评价体系、推动高校招生改革、高等教育体制机制变革具有重要意义。

（三）理性回归：高校作为招生主体之必然

招生是学校自创办之日起便应思考的问题，"谁培养、谁招生"的科学逻辑符合教育规律，从理论上决定了强化高校招生主体性地位的必然性。然而，高校作为高等教育的重要组成部分，与基础教育的中小学不同，占据着社会的优质资源，以培养精英群体为根本指向。高校的招生录取，在很大程度上决定着个体的向上流动，在优质高等教育资源尚不充裕的中国，尤为引人注目。"国家招生、高校培养"的公平逻辑符合社会要求，但在实践中弱化了高校招生主体性地位。事实上，以政府力量为主导的"统考统招"，旨在解决中华人民共和国成立初期国家对大量普适性人才的急切渴求、优质高等教育资源匮乏时期百姓对资源配置公平性的期待，这是国家建设、高等教育起步的特殊历史时期的适时选择。

尽管在世界范围内"统考"是高校考试招生制度改革的基本趋势，但真正施行绝对"统招"的国家寥寥无几，"考试"与"招生"是两个独立概念，"统考、不统招"是世界各国高校考试招生的基本做法。根据大学的历史、院校的使命、人才培养的定位、学科专业的特征、学情的特色确定招生标准与形式，强调人才选拔与人才培养的联系，既符合教育规律，也可提高招考科学性、保障高等教育质量。遗憾的是，这一被世界多数国家认同的做法却为中国所忽视，直到高考综合改革落地才有所转变。世界高等教育强国，尤其是世界一流大学的考试招生制度，常为我国高考改革的研究者所推介。虽然世界经验与中国问题之间存在一定程度的错位，但世界一流大学招生的基本做法不失为一种"有益经验"，中国高校可立足于本土特色"择善而从"。

加快教育现代化、建设教育强国已成为当前中国教育领域的重大战略选择，这便要求一方面，高等教育要注重内涵建设、提升教育质量、回归教育的本真。在高校考试招生制度方面，应适当跳出过重的社会责任，增加对教育本质的关注。强化高校招生主体性地位，基于人才培养目标，思考"招什么人"；基于人才培养经验、兼顾评价体系的科学合理，思考

"如何招人"。理论研究只有先于政策制定、实践应用，才能保证改革的科学性与适宜性。另一方面，要提升中国高等教育在世界范围内的竞争力，为中华民族伟大复兴培养拔尖创新人才。中国大学与世界的竞争体现在人才培养、科学研究、社会服务等层面，但这些竞争往往基于一个重要前提，即招生环节——高等教育入口关的把握。高等教育的国际化，通过生源竞争将全世界大学的招生联系在一起，国外一流大学的招生制度于我国而言，也绝不再是单纯的模仿与借鉴，而是有力的竞争与超越。因此，选拔适宜适性的候选人、抢夺优质生源、培养拔尖创新人才，也是加强教育现代化、建设教育强国的重要环节。除此之外，招生也是高校的一项重要的办学活动，与高校办学实施、高校特色发展、现代大学制度建设关系尤密。

作为人才培养主体的高校在人才选拔过程中长期缺位，是不符合教育规律的。强化高校招生主体性地位、加强高校招生能力建设、重视招生与人才培养之联系，是对高校作为招生主体的理性回归。

二 研究价值

"中国高校招生主体性地位研究"缘起于中国高考改革实践中的困惑，但问题的解决应遵循"实践—理论—实践"的逻辑。即以现实问题为起点，透过大量的实证、挖掘问题的本质，在提炼出与问题相关的特征、规律、理论的基础上，将回归实践、解决现实中的问题为根本目标。

（一）理论价值

本书在理论上，从界定"高校招生主体性地位"的内涵出发，通过提炼高校招生的基本规律来丰富中国高校考试招生理论，通过挖掘高校招生的基本特征来澄清高校招生与人才培养之间的联系。

1. 建立高校作为招生主体的招生理论

在我国高校考试招生实践中，"强考试、弱招生"的局面有目共睹，学界的理论研究亦如此。关于高等学校入学考试的理论研究较多，涉及考试的功能与分类、标准化考试、考试的质量指标等，但对高等学校招生录取的理论研究则寥寥无几。首先，高校招生不能混同于高校考试，二者是彼此独立的概念，有不同的内涵与职能。其次，高校招生理论与考试理论同等重要，既关系到高级专门人才的科学选拔，也关乎社会资源的公平分配，科学的理论是指导实践的重要前提。招生理论重在澄清招生的目标、主体、标准、形式等基本问题。中国还应基于理论研究与实践探索的薄弱之处，特别关注作为招生主体的高校的招生自主性、学术声誉、治理理念、院校研究等核心问题，以弥补高校在招生实践中长期乏力的缺憾。同时，相应的研究又有强烈的文化区隔，与属国历史、社会风貌、教育发达程度等关系尤密，他山之石，难以攻玉。所以，本书以中国高校招生实情为基础，以高校招生主体性地位为切入点，借助相关理论，建构中国高校招生主体性地位的逻辑框架，探索适用于中国高校的招生理论。

2. 深入探讨高校招生与高等教育人才培养、高等学校办学的本质联系

长期以来，在"统考统招"的制度设计下，高校在招生中承担着较少的权责，招生在高等教育人才培养、高等学校办学中的重要作用也因此被忽略。首先，高校招生与人才培养关系密切，于高等教育而言是基础、于教育系统而言是桥梁。在招生环节，高校应通过考生的学科基础、专业认同、学业表现、创新能力等，识别他们的特长，为专业教育奠定基础。同时，也应在基础教育与高等教育之间起到衔接作用，人才培养是一脉相承的，不应在学段之间产生断裂。虽然在高等教育大众化、普及化阶段，高校要面对社会的问责，但如果其仅醉心于"向上"满足社会的需求，却较少"向下"审视学生的基础，最终必然影响高等教育的质量。其次，高校招生与高校办学之间也存在着诸多的联系，或曰，高校招生就是高等学校不可或缺的一项重要的办学活动。高校招生与高校的层次定位、科类特征、办学实施等都是相互影响的，这种影响是客观存在的，不因招生自主权的增强或削弱而变化。但在"统考统招"的制度设计下，高校招生对高校办学的作用被严重忽视，这也对高校发展造成了不良的影响。故，本书在理论分析、实地调研的基础上，专门探讨了中国高校招生与高等教育人才培养、高等学校办学之间的联系，以期引起高校理论与实践工作者的重视，为从高等教育领域审视高校考试招生制度抛砖引玉。

(二) 实践价值

本书在实践上，从对高校在招生中的主体行为、作用等的再认识出发，将问题落脚于高校招生能力建设；将高校招生与高校入学考试加以区别，为高考改革提供新思路。

1. 为高校招生能力建设提供参考

虽然"统考""统招"作为中国高校考试招生的基本模式持续已久，

但70多年来"高校招生主体性地位问题"在国家政策导向与学界研究中并未被搁置。国家对于高校招生自主权的态度存在"进一步、退两步"的迂回,高校自主招生也不乏"一管就死、一放就乱"的现象;学者则呼吁赋予高校一定的招生自主权,但在实践过程中往往难以推行。其根源之一在于高校疏于招生能力建设,"招生办"实则为"接生办"的问题没有解决。本书对高校招生主体性地位的关注,最终的落脚点之一在于高校招生能力建设,因为倘若高校不具备招生能力,就遑论高校招生主体性地位、高校招生自主权等问题。加强高校招生能力建设,也是解决现实问题的关键。本书在对相关理论、历史、政策、实践剖析的基础上,澄清高校招生的复杂性与系统性,高校招生能力建设有赖于高校内外多部门的联动。比如,从考试招生机构与高校的互动、高校内部招生体制机制的建设、高校内部人才培养机构对招生部门的支持等入手,为中国高校招生能力建设提供参考。

2. 为高考改革开阔思路

"招生"是一个有别于"考试"的概念,其不仅有独立的发展路径,也有特殊的制度属性,但在中国高校考试招生制度中,招生改革却长期与考试改革相混淆且备受漠视。长期以来,作为国家教育考试的高考由国家主导、对国家负责,"唯分是取"的考试评价虽然问题重重,但囿于厚重的国家历史与稳固的考试文化难以逾越。由于无法找到更好的办法代替,高考改革举步维艰甚至止步不前。招生改革则是一个全新的思路,可为高考改革带来生机。在一定意义上,考试重"筛",招生重"选",前者由国家负责、保证公平性,后者可由高校承担、补偿科学性。强化高校招生主体性地位、探讨高校招生能力及高校招生与人才培养的关联,通过"草根"发力实现招生录取的科学性,既可以扭转不科学的教育评价导向,也可以助推高等教育的内涵式发展。可以说,高校招生是中华人民共和国成立70余年来中国高考改革中被长期忽视的领域,或与历史国情有关,或与高等教育发达程度相关。在中国社会进入新时代、中国高等教育进入普及化阶段的条件下,探讨高校招生改革具有合理性与可行性,也可为中国高考改革提供新的思路。

第二节 文献述评

"中国高校招生主体性地位"是中国高校考试招生制度改革发展至今、高考综合改革全面推进之后，都必须回应的问题。但是，它并非无源之水、无本之木，衍生于"招生"与"高校办学"的关系，并受制于二者的相互影响。同时，它又可借他山之石以攻玉，从世界高校招生的基本规律和有益经验中获得启迪。故，本书的文献梳理不能局限于"中国高校招生主体性地位"的现状，而要从研究的演变历程出发，以明晰研究从何而来、为何而来；不能局限于对单一问题的关注，而要涉及相关研究，以保障问题的系统性、全面性；不能拘泥于国内研究，而要有国际视野，以实现视角的开阔性、科学性。

一 相关研究的纵向发展脉络

"中国高校招生主体性地位"的相关研究虽然在高考综合改革全面推进之后才受到重视，但事实上，它在统一高考建制之初就受到关注。正是因为学界并未重视这一主题在中华人民共和国成立之初的勃兴与沉潜，将其视为高考综合改革下的新生事物，所以忽视了前期研究的宝贵成果。梳理相关研究的历史发展脉络，目的在于重拾史实、发现"瓶颈"、寻找出路。高校考试招生制度与我国的历史、文化、国情等关系尤为密切，故，在纵向梳理方面，仅重点关注国内已有研究。

（一）第一阶段（1949—1976年）：以回归单独招生为导向的起步期

从单独招生、大区统招到统一高考的建制，再向大区统招、单独招生的回归，是中华人民共和国成立之初高考变化的主旋律。在百废待兴的时期，包括高考改革研究在内的科学研究未能广泛开展，相关的论争主要体现于主流报刊如《人民日报》《光明日报》《文汇报》等的社论上，以对改革的展望为主；还包括相关的领导讲话、工作报告、工作简报等，以对实践的总结与反思为主。整体而言，这一时期的研究较为关注高校招生主体性地位。核心的观点是高校应在招生中起到保障性作用，比如选派熟悉招生业务的干部参加招生委员会的工作，做好招生宣传教育工作，[1] 做好新生入学工作[2]等。争论的焦点在于高校是否应该在招生中发挥绝对的主体作用，是否应回归单独招生，关于统一高考、大区统招、单独招生三者优劣的论争最为常见。论者从学校需求、招考成本、招生次数、招生完成率、考生报到率等多方面展开，基本认同"统一高考为主、单独招生为辅"[3]是适时选择，也是过渡措施，单独招生是高校招生的工作前途，[4] 但各省、市也不能疏于对高校招生的领导，[5] 同时还打开了少数重点大学、民族院校、艺术院校单独招生的大门。研究的创新点是关注了招生与高等教育质量的关系，但讨论层面较为浅显，将通过招生机构提高录取标准、控制规模作为突破路径，[6] 忽视了高校的作用。这一阶段的相关讨论较为热烈，是以回归单独招生为价值倾向的，多为对现状、问题的分析，严格意义上讲，是"中国高校招生主体性地位"的起步阶段，缺乏理论与实证的支撑。

（二）第二阶段（1977—2002年）：强烈的"为国选才"导向下的沉潜期

十年"文化大革命"，给中国社会以及高等教育领域带来了重创，20世纪70年代末到90年代，全社会对高级专门人才的渴求达到了空前的高度。1977年恢复的统一高考，不仅为有志青年提供了向上流动的渠道，更重要的是承担起为国选才的重任。彼时，对"中国高校招生主体性地位"的研究是70多年来最薄弱的。立论基础是"高考的本质不在于高校招生，而是国家通过所办大学选拔优秀新生，花费巨资加以培养，这些人

---

[1] 《高等学校应当保证做好招生工作》，载杨学为编《高考文献（上）》，高等教育出版社2003年版，第296—298页。

[2] 《做好组织全国高等学校新生入学的工作》，载杨学为编《高考文献（上）》，高等教育出版社2003年版，第27—30页。

[3] 《高等教育部人事第二司 关于一九五五年高等学校招生工作的几个主要问题的意见》，载杨学为编《高考文献（上）》，高等教育出版社2003年版，第72页。

[4] 《高等教育部人事第二司 关于一九五五年高等学校招生工作的几个主要问题的意见》，载杨学为编《高考文献（上）》，高等教育出版社2003年版，第72页。

[5] 《必须做好今年高等学校的招生工作》，载杨学为编《高考文献（上）》，高等教育出版社2003年版，第115—117页。

[6] 《高等学校应改进教学、提高与保证教育质量》，载杨学为编《高考文献（上）》，高等教育出版社2003年版，第133—136页。

绪 论

的状况关系到国家兴亡,民族盛衰"[1]。争论的焦点是招生的主体是政府还是高校,整体而言前者占据上风,只有少数论者[2]认为招生是高等学校自己的事情。直到2000年前后,这一认识才被突破,一方面,刘海峰、[3] 张亚群、[4] 田建荣[5]等在分析我国高考改革之全局、《21世纪高等教育的展望与行动》的宣言精神之后,开创性地提出应审慎地在统一高考大格局下,扩大高校的自主权,要根据学校特点、学科优势探索招生方法与制度。另一方面,徐瑞英、[6] 孙崇文、[7] 初育国等[8]从法律视角初步探讨了高校招生自主权问题。这一阶段的相关研究受国家主义教育价值观的影响尤为强烈,后期,理论研究者从改革实践与国际视野出发,做出了开创性的判断,但理论思辨较多,客观实证较少。

(三) 第三阶段(2003—2013年):以自主选拔录取为契机的觉醒期

2003年,《教育部关于做好2003年普通高等学校招生工作的通知》(教学〔2003〕1号)拉开了高校自主选拔录取的序幕。自主招生政策的实施与扩散是一种契机,使"中国高校招生主体性地位"的研究受到空前的重视。研究的重点,是论证强化高校招生主体性地位的必要性,张亚群、[9] 朱益明[10]等从院校特色与发展、自主招生改革试点、院校竞争等角度出发,认同高校应在招生中承担主体职责。研究的亮点,是开始关注域外高校招生的先进经验,借用他山之石论析高校在招生中的权责。徐

---

[1] 《恢复高考廿年——学习邓小平有关论述的体会》,载杨学为编《高考文献(下)》,高等教育出版社2003年版,第574—587页。

[2] 赵亮宏:《积极推进高考科目设置的改革》,载吴世淑、陈水雄主编《高考、会考与考试改革》,三环出版社1991年版,第143页。

[3] 刘海峰:《高考改革中的全局观》,《教育研究》2002年第2期。

[4] 张亚群:《高校招生体制改革的契机与导向》,《教育发展研究》1999年第9期。

[5] 田建荣:《高考形式的统一性与多样化》,《高等教育研究》2000年第4期。

[6] 徐瑞英:《试论自主招生模式》,《苏州大学学报》(哲学社会科学版)1996年第4期。

[7] 孙崇文:《回眸与展望:上海高校招生考试制度改革》,《教育发展研究》2007年第Z1期。

[8] 初育国等:《论扩大高校招生工作自主权与完善自我约束机制》,《中国高教研究》2002年第9期。

[9] 张亚群:《高校自主招生不等于自行考试》,《教育研究》2005年第3期;张亚群:《大学自主招生考试的制度选择》,《复旦教育论坛》2006年第4期。

[10] 朱益明:《自主招生考量全社会》,《教育发展研究》2006年第11期。

明、^①郑若玲、^②王立科^③等基于俄罗斯、美国、英国等的经验,从高校参与高中教育、给予高校有限的自主权、加强高校招生能力建设等方面提出真知灼见。招生自主权的相关研究是对上一阶段的延续,覃红霞、^④乐毅、^⑤祁占勇和陈鹏^⑥等从法理剖析、域外借鉴、案件反思等视角对该问题进行拓展。研究的创新之处,是从招生视角关注院校资源与特征,如杨德广、^⑦舒颖岗、^⑧张志刚^⑨分别从高校层次(重点与非重点)、高校声誉、高校类别(研究型大学、应用型院校和职业性高职院校)等角度,探讨招生与高校办学的联系。这一阶段的相关研究缘起于自主招生政策的颁布,但又不止于对自主招生政策的探讨,体现出理论研究者对高考改革趋势的预判。同时,对招生规律与招生权限的双重把握,也体现出研究的系统性与科学性并重,且在研究方法上,尝试使用案例研究、调查研究,科学性有所增加。

(四)第四阶段(2014年至今):以高考综合改革为要义的繁荣期

2014年《国务院关于深化考试招生制度改革的实施意见》(国发〔2014〕35号)颁布,高考综合改革被提上日程,同时也将招生录取改革、高校招生主体性地位提到了前所未有的高度。在政策的推动下,"中国高校招生主体性地位"的相关研究异常活跃,在十年的时间内,发文量已是过去十年的两倍有余,在一定程度上呈现出了百家争鸣的景象。研究的重点,首先是高校在招生中的应然地位,这是在前一阶段基础上的突

---

① 徐明:《俄罗斯国家统一高考与独立招生对教育的影响——莫斯科大学实证分析》,《复旦教育论坛》2006年第3期。

② 郑若玲:《我们能从美国高校招生制度借鉴什么》,《东南学术》2007年第3期。

③ 王立科:《英国高校自主招生的实践及其启示》,《高等工程教育研究》2009年第1期。

④ 覃红霞:《高校招生考试法治研究》,华中师范大学出版社2007年版,第1页。

⑤ 乐毅:《美国本科招生模式及录取标准:启示、借鉴与本土实践》,《现代大学教育》2008年第1期。

⑥ 祁占勇、陈鹏:《高校招生权的法律性质与司法审查——对"罗彩霞事件"的行政法透视》,《高等教育研究》2009年第9期。

⑦ 杨德广:《评"名校统揽高分者,高分者统统进名校"——对"平行志愿投档"的深层次思考》,《北京大学教育评论》2009年第1期。

⑧ 舒颖岗:《大学声誉培育与高水平大学建设》,《国家教育行政学院学报》2011年第12期。

⑨ 张志刚:《高考内容分类设置的趋势分析》,《中国教育学刊》2013年第9期。

破。刘海峰、[①] 谢维和、[②] 袁振国、[③] 郑若玲、[④] 边新灿[⑤]等，从高校的自主意识、高等教育毛入学率的增长、"教、考、招"联动、高考改革的困境、多元评价的需要等方面进行论述。其次是高校的资源与招生的关系，秦春华、[⑥] 吕健、[⑦] 方守湖等[⑧]探讨了高校的使命、名称、硬件条件、品牌等与招生的关系。研究的热点包括招生与人才培养的关系、高校招生能力建设、招生与学科能力的关系、学术与行政权力在招生中的争论等，代表性学者有秦春华[⑨]、袁振国[⑩]、李硕豪[⑪]等。研究的创新点是将治理理念应用于高校招生中，这在一定程度上可被视为招生自主权研究的延伸，依法治招、完成招生管理向招生治理的理念转变，与现代大学制度建设的基本精神相一致。同时，也有学者探讨了考试科目组合、招生模式、招生规模、志愿填报形式等对高校的影响，颇具启发意义。这一阶段的研究百花齐放，不仅内容更加丰富，方法也更为科学。但对于部分问题的探讨仍停留于表象，较前一阶段而言，实质性突破较少，常见对"要做什么"的判定，而缺乏"为什么要做"以及"要怎么做"的研究。

---

① 刘海峰：《高考指挥棒现状很难改变》，载刘海峰《高考改革的理论与历史》，华中师范大学出版社 2016 年版，第 304 页。

② 谢维和：《高等学校的三种入学形式——从高考制度改革的"兼顾原则"及其变量说起》，《中国教育报》2012 年 12 月 14 日。

③ 袁振国：《在改革中探索和完善具有中国特色的高考制度》，《华东师范大学学报》（教育科学版）2018 年第 3 期。

④ 郑若玲：《高考改革的困境与突破》，《厦门大学学报》（哲学社会科学版）2017 年第 3 期。

⑤ 边新灿：《由考试到评价，由单要素到多要素——日韩和我国台湾地区高校招生评价体系演进逻辑研究》，《全球教育展望》2017 年第 7 期。

⑥ 秦春华：《重新出发：中美大学本科招生比较研究》，北京大学出版社 2016 年版，第 2 页。

⑦ 吕健：《高校更名与招生扩张》，《教育与经济》2016 年第 3 期。

⑧ 方守湖等：《多重博弈与多因素交织：美国高校的招生资源配置》，《教育发展研究》2018 年第 Z1 期。

⑨ 秦春华：《超越卓越的平凡：北大人才选拔制度研究》，北京大学出版社 2015 年版，第 133 页；秦春华：《研究真实世界的教育》，北京大学出版社 2017 年版，第 32 页。

⑩ 袁振国：《在改革中探索和完善具有中国特色的高考制度》，《华东师范大学学报》（教育科学版）2018 年第 3 期。

⑪ 李硕豪：《理科专业拔尖本科生遴选依据探真》，《学术论坛》2014 年第 4 期。

二 相关研究的横向主题梳理

对"中国高校招生主体性地位"已有研究主题的梳理,不应局限于问题本身、仅关注"高校在招生中的主体性地位",还应考察"招生与高校办学、育人成才的关联""招生改革对高校办学的影响"等议题。视野也不应局限于国内的相关研究,还应兼顾国外的主流观点与最新成果。

(一) 高校在招生中的主体性地位

中国高校在招生场域中缺位已久,2003 年起的自主选拔录取、2014 年起的高考综合改革将高校渐渐"推入"招生的实践之中。学界对高校在招生实践中的主体性的关注,主要涉及高校在招生中的应然地位、高校在招生中的经验研判、高校招生自主权、高校招生能力建设、高校招生治理研究等。

1. 高校在招生中应然地位的研究

关于高校在招生实践中的地位或曰角色的争议,是"统考""统招"国家特有的问题。在中国高考制度的理论研究领域,一致认为应当强调高校的主体性地位,但立论依据不同。

第一,根据中国高考改革的历史经验、现实问题、发展趋势,判定高校在招生中的主体性地位。刘海峰[1]分析我国高考改革之全局后,审慎提出应采取在统一高考的大格局下,扩大高校的自主权。改革方案可采用两次高考模式。所谓两次高考模式,第一种含义是指分成大学统考和专科统考两次高考;第二种含义是指在全国统一高考之后,各高校再进行一次单独招考,将统考成绩与单考成绩结合起来进行录取。柯政[2]针对新高考省份学考选考中"田忌赛马"的问题,强调要发挥大学引导的作用,如确定科目等值、选考要求等。郑若玲[3]指出高考改革的困境之一在于高校招生自主权未能得到充分尊重。高考改革的突破,一方面是鼓励高水平大学将高考分数由录取的硬条件调整为软标准;另一方面强化高校招生多样化意识,为奇才怪才等特殊人才开辟绿色通道。

---

[1] 刘海峰:《高考改革中的全局观》,《教育研究》2002 年第 2 期。

[2] 柯政:《"选考"制度下的"田忌赛马":原因与对策》,《教育发展研究》2016 年第 18 期。

[3] 郑若玲:《高考改革的困境与突破》,《厦门大学学报》(哲学社会科学版) 2017 年第 3 期。

第二，基于国际视野做出的判断。其中，有对世界高等教育发展趋势的回应，张亚群[①]基于《21世纪高等教育的展望与行动》的宣言精神以及中国高等教育大众化阶段和终身教育的到来，认为我国高校招生体制改革的方向之一，在于探索适合不同地区和学校特点的招生、考试、评价的方法和制度。有来自世界一流大学招生经验的启发，郑若玲[②]基于美国大学可免试入学改革的实践，指出大学若想招录来源多样、学术能力更强的学生，就必须打破以分数论英雄的观念桎梏。边新灿[③]认为日、韩、中国台湾地区的高校招生，出于对大学自主精神的呼唤，日渐向多元评价演进。还有来自高等教育全球化背景下世界顶尖大学生源争夺带来的压力，秦春华[④]、潘涌[⑤]基于对世界顶尖大学生源竞争的认识，强调在一个开放的正在迈向高水平的教育环境中，人才选拔的效率问题越发凸显，应提高高校的主动性，改革原始、粗鄙的招生模式。

第三，从高等教育本质、特征及发展的需求中得出的结论。郑若玲、杨旭东[⑥]，鄢明明[⑦]等认为，高校的办学水平、层次、培养目标、专业设置、教学计划不同，对生源素质的需求就也有所不同，而大一统的模式无法满足该种需求。朱益明[⑧]指出，我国高校只有明确自身的发展方向、选择出最适合自己培养的学生、尽所能为学生提供好服务，才能有效应对高校之间的竞争。

第四，从对社会、学校的公共治理角度，澄清高校在招生中的应然地位。乐毅[⑨]从权责角度，认为高考与招生制度改革应把自主权交给高校，

---

① 张亚群：《高校招生体制改革的契机与导向》，《教育发展研究》1999年第9期。
② 郑若玲：《美国大学"可免试入学"改革及启示》，《华中师范大学学报》（人文社会科学版）2016年第2期。
③ 边新灿：《由考试到评价，由单要素到多要素——日韩和我国台湾地区高校招生评价体系演进逻辑研究》，《全球教育展望》2017年第7期。
④ 秦春华：《重新出发：中美大学本科招生比较研究》，北京大学出版社2016年版，第2页。
⑤ 潘涌：《高考：境外留学挑战与深层教育透视》，《社会科学战线》2015年第4期。
⑥ 郑若玲、杨旭东：《高考改革：历史与现实的思考》，《厦门大学学报》（哲学社会科学版）2003年第1期。
⑦ 鄢明明：《大规模考试的演变与育人——论会考与高考的改革》，湖北人民出版社2004年版，第270页。
⑧ 朱益明：《自主招生考量全社会》，《教育发展研究》2006年第11期。
⑨ 乐毅：《我国高校自主招生与高考改革的若干问题浅析》，《江苏高教》2008年第3期。

这是一种落实法律规定的行为，也是一种"返祖"行为。李立峰①从管理体制的权责结构、大学治理的自治角度、世界高等学校的实践经验等层面，分析了落实高校的招生自主权的必要性。董凌波、冯增俊②从新公共管理角度，认为政府与高校的角色错位是我国高校自主招生难的症结所在，为高校自主招生创立良好的环境、赋予高校真正的招生自主权可解决这一问题。

第五，从基本原理出发进行论证。王秀卿③基于考试与招生录取的性质分野，郑若玲、陈为峰④从提高招生的科学性，林小英⑤从教育哲学视角下的意义适当性，华桦⑥从"高中—大学"的链接策略等角度，论证了高校在招生中的应然地位。

2. 高校在招生中的经验研判

在高校招生自主权极为有限的中国，相关研究多为对我国民国时期高校招生、2003 年以来的自主选拔录取或综合评价录取等的反思，以及对国外高校招生制度的借鉴。

第一，成功的经验。徐明⑦介绍了俄罗斯高校为招到更好的生源，全方位介入高中教育的经验。比如，设立学前教学中心，解决大中学教学内容脱节的问题；通过院系附属中学为青少年职业选择服务；出版特色教材为大学招生服务等。陈安吉尔等⑧认为上海科技大学自主招生的成功在于学校营造了开放自由的政治生态环境，使中高层领导的招生能动性可以顺利实现。卞翠⑨基于法国高校招生考试制度的经验，提出应强调学科与学

---

① 李立峰：《高考改革：困境、反思与展望》，《国家教育行政学院学报》2009 年第 8 期。
② 董凌波、冯增俊：《论政府在高校自主招生改革中的职能转变——新公共管理的视角》，《高教探索》2013 年第 3 期。
③ 王秀卿编著：《高等学校招生考试理论研究》，航空工业出版社 1994 年版，第 2 页。
④ 郑若玲、陈为峰：《美国名校本科招生方式及其启示》，《外国教育研究》2010 年第 10 期。
⑤ 林小英：《普通高校招生多元录取机制的"理念型建构"：因果适当还是意义适当？》，《全球教育展望》2014 年第 2 期。
⑥ 华桦：《高考新政与个体高等教育选择》，《当代青年研究》2016 年第 4 期。
⑦ 徐明：《俄罗斯国家统一高考与独立招生对教育的影响——莫斯科大学实证分析》，《复旦教育论坛》2006 年第 3 期。
⑧ 陈安吉尔、高文豪、岳磊：《南方科技大学与上海科技大学自主招生改革路径比较——组织变革视角下的案例分析》，《高校教育管理》2014 年第 8 期。
⑨ 卞翠：《法国高校招生考试制度研究》，华中师范大学出版社 2016 年版，第 240 页。

者在人才选拔中的作用。任子朝等[1]阐述了台湾大学招生改革的经验,强调了高校的选择性,即以院系为单位,从自身特点出发、选择考试方案、确定科目权重,以录取适宜适性的学生。

第二,相应制度的优点。张学强、彭慧丽[2]认为民国时期高校的自主招生,促进了招生、教学的灵活性,有利于不拘一格选拔人才。高燕、余斌[3]分析了俄罗斯高校招考制度及其改革,认为高校在国家招考制度下,具有一定的选择权,可以自行划定分数线、突出院校特色、以生为本等,值得肯定。刘志东[4]基于韩国大学自主招生的经验,指出高校享有招生自主权后,对中学素质教育、学生个性发展而言,具有促进作用。

第三,相应制度的缺点。张学强、彭慧丽[5]认为民国时期高校的自主招生易于造成学科比例、高校布局等结构性失调,容易引发公平问题。叶赋贵等[6]发现自主招生没有完全实现中学素质教育、高校自主办学、培养创新型人才等政策目标,反而还带来了新的教育公平问题。刘海峰[7]认为自主招生制度存在部分问题,如招考工作量大、效率低、缺乏对拟录取考生的约束,高校利益无法得到保护。

第四,对招生制度改革的启示。郑若玲[8]从我国国情出发分析美国高校招生制度的借鉴意义,认为待时机成熟,可将统一考试与招生两相分离,由高校自主决定考试结果的使用比例,或将统一高考变成水平考试,让招生院校在水平测试的基准之上最大限度地享有自主权。王立科[9]梳理英国高校自主招生实践后,认为我国高校应健全招生的组织机构,完善招

---

[1] 任子朝、程力、陈昂:《注重多样性和选择性促进学生个性发展——台湾大学考试招生改革对大陆高考改革的启示》,《中国高教研究》2017年第6期。

[2] 张学强、彭慧丽:《民国时期高校自主招生制度探析——兼论对完善我国当代高校自主招生制度的启示》,《社会科学战线》2009年第5期。

[3] 高燕、余斌:《俄罗斯高校招考制度:改革与思考》,《高教探索》2010年第4期。

[4] 刘志东:《韩国大学自主招生改革研究》,《高校教育管理》2012年第3期。

[5] 张学强、彭慧丽:《民国时期高校自主招生制度探析——兼论对完善我国当代高校自主招生制度的启示》,《社会科学战线》2009年第5期。

[6] 叶赋桂、李越、史静寰:《统一考试自主招生——高校自主招生改革研究》,《中国高教研究》2010年第1期。

[7] 刘海峰:《高考改革的突破口:自主招生的一个制度设计》,《中国高等教育》2011年第9期。

[8] 郑若玲:《我们能从美国高校招生制度借鉴什么》,《东南学术》2007年第3期。

[9] 王立科:《英国高校自主招生的实践及其启示》,《高等工程教育研究》2009年第1期。

生程序，实现招生管理与招生人员的专业化。郑若玲[①]在我国高校自主招生改革十年的经验之上，提出注重能力测试的统一高考成绩可为高校招考新生提供参考，在此基础上，强化高校招生自主权，统考成绩采用的程度与方式、对其他素质或能力的考核要求、各指标之间的权重等，均应由高校自主决定。

3. 高校招生自主权研究

中国高校招生自主权与高等教育体制机制改革的诸多问题一样，"一管就死、一放就乱"，是高校招生改革中的一大难题，因而长期以来一直是学界研究的重点。

第一，高校招生自主权的内涵研究。徐瑞英[②]，孙崇文、晏开利[③]，初育国、董德刚[④]，孙崇文[⑤]，李欣[⑥]等基于市场经济体制、大学独立法人地位、国际经验等，指出招生自主权是大学制订招生计划、招生标准、入学考试的组织与命题、招生方式、学费标准、招生时间等的权力。

第二，高校招生自主权的属性判断。覃红霞[⑦]指出高校招生自主权属于一种公权力，是维护公益的工具，但招生权在运行的过程中却总是以机构或个人的身份来实现，在行使过程中易于被异化，具体表现在招生权私有化、商品化、庸俗化。祁占勇、陈鹏[⑧]认为高校在法律范畴内的招生权是法律法规授予高校的行政权力。田建荣[⑨]强调了高校招生自主权的公权力性质，认为其虽然是高等教育特色发展的保障，但也要有多样化的制度

[①] 郑若玲：《自主招生改革何去何从》，《华中师范大学学报》（人文社会科学版）2010年第4期。

[②] 徐瑞英：《试论自主招生模式》，《苏州大学学报》（哲学社会科学版）1996年第4期。

[③] 孙崇文、晏开利：《凸现两个主体 落实四项自主："春季考试，春季招生"改革试点的突破》，《教育发展研究》2000年第3期。

[④] 初育国、董德刚：《论扩大高校招生工作自主权与完善自我约束机制》，《中国高教研究》2002年第9期。

[⑤] 孙崇文：《回眸与展望：上海高校招生考试制度改革》，《教育发展研究》2007年第Z1期。

[⑥] 李欣：《加拿大高校招生考试制度的现状透视》，《复旦教育论坛》2014年第3期。

[⑦] 覃红霞：《高校招生考试法治研究》，华中师范大学出版社2007年版，第131—140页。

[⑧] 祁占勇、陈鹏：《高校招生权的法律性质与司法审查——对"罗彩霞事件"的行政法透视》，《高等教育研究》2009年第9期。

[⑨] 田建荣：《论高校招生自主权的意蕴》，《陕西师范大学学报》（哲学社会科学版）2010年第4期。

安排。刘世清、崔海丽[1]认为其是一种公、私复合的权力（权利），运行过程需要合理配置高校的行政权力与学术权力。

第三，对于高校招生自主权的使用问题。覃红霞[2]从高校层面阐释了招生自主权的使用问题，肯定了招生简章的效力，指出其本质是在分权基础上为实现高校选拔人才而被赋予的有限的自由裁量权。邓佑文、程画红[3]从招生自主权的规制出发，认为高校在行使政府招生权时应受到国家硬法规制，在行使高校自主权时应受到软法约束。后者包括自觉接受国家正常引导、受大学章程与招生简章制约、加强自身纪律约束。崔海丽[4]阐释了其在新高考改革中的进路，认为要在政府与高校之间稳步扩大高校招生自主权，要提升高校的用权意识和能力，保障招生自主权真正放得下、接得住、用得稳。

4. 高校招生能力研究

高校招生能力的建设，是考试评价多样化[5]、高考综合改革[6]、综合评价录取[7]导向下的必然选择。

第一，对高校招生能力的界定。施邦晖[8]等从能力建构出发，认为招生能力包括科学评价能力、目标定位能力、管理服务能力。李雄鹰[9]，许

---

[1] 刘世清、崔海丽：《高校招生自主权：历史嬗变与困境突围》，《华东师范大学学报》（教育科学版）2018年第3期。

[2] 覃红霞：《高校招生自主权的法律阐释》，《江苏高教》2012年第6期。

[3] 邓佑文、程画红：《我国高校自主招生的硬法与软法双重规制》，《东岳论丛》2016年第12期。

[4] 崔海丽：《如何扩大与落实试点高校的招生自主权——"考试制"国家自主招生制度的启示》，《湖南师范大学教育科学学报》2018年第3期。

[5] 杜瑞军、洪成文：《我国新一轮高考改革的路径及挑战——教育家对话企业家微论坛纪要》，《中国高教研究》2015年第6期。

[6] 袁振国：《在改革中探索和完善具有中国特色的高考制度》，《华东师范大学学报》（教育科学版）2018年第3期。

[7] 秦春华：《重新出发：中美大学本科招生比较研究》，北京大学出版社2016年版，第193页。

[8] 施邦晖：《高校招生能力建设"四问"》，《华东师范大学学报》（教育科学版）2017年第1期。

[9] 李雄鹰：《自主招生改革的难点与突破》，《国家教育行政学院学报》2012年第5期。

士荣[1]，田爱丽、严凌燕[2]等则将招生能力视为一个体系，应包括鲜明的院校特色、明晰的招生理念和目标、专业的考试招生专家队伍、稳定科学的选拔指标体系、高效的管理制度、严格的监管手段等。

第二，关于招生能力的属性判定。基本形成了对"在学术权力的基础上，兼顾行政权力与学术权力平衡"的认同。许育典等[3]、卞翠[4]等认为大学入学应遵循学术行政自由，增强院系与学者在招考过程中的话语权。李琳、周志强[5]认为高校招生应是行政权力与学术权力的结合，招生队伍专业性、学生招生自主性是行政权力的体现，教学单位参与性则是学术权力的表征。

第三，分析招生权在二级学院中的配置。蔡培瑜[6]、李志涛[7]在剖析澳、美、英、法等发达国家的高校考试招生制度后发现，各专业对人才的知识、能力、素养等的要求不同，高校招生标准应分系科、专业设置，以保障选才的科学性。李欣[8]、蔡培瑜[9]指出，在高等教育大众化和普及化时代，招生录取是大学院系、专业的自主权力。施邦晖[10]在对高校招生能力建设的探讨中，强调院系、招办及二者之间的匹配是招生能力建设的重要环节。

第四，对招生人员专业发展的研究。招生队伍的专门性、专业化是高

---

[1] 许士荣：《浙江省加快推进"三位一体"招生模式改革的若干思路》，《中国高教研究》2015年第6期。

[2] 田爱丽、严凌燕：《高校综合评价招生的理论、实践与展望——以上海市高考综合改革试点学校为例》，《华东师范大学学报》（教育科学版）2018年第3期。

[3] 许育典等：《大学法制与高教行政》，台北：元照出版有限公司2014年版，第121页。

[4] 卞翠：《"双一流"背景下高校招考制度改革——来自法国一流高校的启示》，《全球教育展望》2018年第4期。

[5] 李琳、周志强：《去行政化背景下高校内部治理价值链机制及效率评价指标体系研究》，《湖南科技大学学报》（社会科学版）2017年第6期。

[6] 蔡培瑜：《澳大利亚高校招生考试制度研究》，华中师范大学出版社2016年版，第335页。

[7] 李志涛：《主要发达国家"高考"科目选择性的比较分析与探讨》，《全球教育展望》2018年第2期。

[8] 李欣：《加拿大高校招生考试制度的现状透视》，《复旦教育论坛》2014年第3期。

[9] 蔡培瑜：《澳大利亚高校招生考试制度研究》，华中师范大学出版社2016年版，第336页。

[10] 施邦晖：《高校招生能力建设"四问"》，《华东师范大学学报》（教育科学版）2017年第1期。

校招生能力建设的前提。① 首先,关于招生人员资质的论争。国内研究关注专业性与通识性,如吴合文②认为应发挥学科专业领域专家在招生中的作用。秦春华③则认为某一领域的权威教授对大学文化疏于全局性的把握,影响过大可能还会因对专业性的强调而损害通识性。国外研究关注市场性与教育性,McDonough 等④、Henderson⑤强调招生官的教育角色,认为招生官应将学术立场、数据分析与挖掘、院校使命与精神三者相结合,才更具专业性与竞争力。McDonough P.、Robertson L.⑥认为招生官应扮演营销者与教育者双重角色,招生官可适当加入到学院的课程设置与学生事务管理中来。Riehl⑦澄清了美国高校招生官的角色转变,认为其正在转向沟通者甚至是教师,其可通过实践与哲学思考,对其他管理人员进行培训,并可形成领导力。其次,对招生人员能力的探讨。Richard W.⑧对招生官开展了关于64项招生技术的调查,指出较为有效的招生技术包括:增加财政援助、加强与中学的联系、发布关于招生的公益性广告、酌情减免申请费用、向意向申请人直接发送邮件、为中学班主任提供校外项目、由专业机构举办大学风采展。王秀卿⑨指出招生管理者应该做到:充分认识招生工作的重要性;严格掌握录取标准,坚持录取原则;做好宣传工作,让考生了解学校情况、专业设置等;根据需要和地区情况制订来源计划;在录取过程中全面考虑考生条件,要发现人才,努力做到考生与专业

---

① 万圆:《新高考考验高校招生力》,《光明日报》2019年7月9日第14版。
② 吴合文:《恢复高考招生以来专业选择的价值提升与制度变革》,《陕西师范大学学报》(哲学社会科学版)2017年第4期。
③ 秦春华:《研究真实世界的教育》,北京大学出版社2017年版,第32页。
④ McDonough P. and Robertson L., "Reclaiming the Educational Role of Chief Admission Officers", *Journal of College Admission*, No. 147, 1995.
⑤ Henderson S. E., "Refocusing Enrollment Management: Losing Structure and Finding the Academic Context", *College & University*, Vol. 80, No. 1, 2005, pp. 3–8.
⑥ McDonough P. and Robertson L., "Gatekeepers or Marketers: Reclaiming the Educational Role of Chief Admission Officers" *Journal of College Admission*, No. 214, 2012.
⑦ Riehl R. J., "From Gatekeeper to Marketing Consultant: The Admissions Officer's Changing Role", *College & University*, 1982.
⑧ Richard W. Haines, "Student Recruitment Practices: A Survey Yields some Surprises", *The National ACAC Journal*, Vol. 20, No. 1, 1975.
⑨ 王秀卿编著:《高等学校招生考试理论研究》,航空工业出版社1994年版,第366页。

的"优化组合"。Gansemer-Topf 等[①]通过访谈归纳出招生顾问需要的基本技能，包括组织能力、沟通能力、人际交往能力，具体还应注重学生学习与发展，公平、多样与包容，营销，评价、评估与研究，法律、政策与治理等。张雷生[②]介绍了韩国高校自主招生的招生专员的职责，包括选拔考生、优化招考模式、促进大学新生的学习及生活适应等。最后，对招生团队结构的分析。Mcdonough P.、Robertson L.[③] 基于美国高校招生形势的变革，对招生官的工作原理与实践进行反思，认为招生官的组成应趋于多元化，如增加女性与少数族裔。

5. 高校招生管理与治理研究

从管理到治理的理念转变，是世界高等教育的发展趋势，但二者并没有明确的边界。

相关研究包括，第一，将招生治理视为现代教育治理体系的一部分。全林等[④]、熊丙奇[⑤]等认为高校自主招生与现代大学制度建设、大学治理等相辅相成，应建立高校自主招生的权责清单，完善高校自主办学的法律保障；加快政府职能转变，完善自主招生监督机制；加强高校内部管理制度建设，提高高校自主招生效率；推进配套改革，促进教育公平。许士荣[⑥]以浙江省"三位一体"招生模式为例，开展了关于招生治理的进一步分析。

第二，对招生治理的路径研究。具体包括宏观上的治理路径：Port-

---

① Gansemer-Topf A. M. and Von Haden K. , Peggar E. "Aligning Competencies With Success: What Does It Take to Be an Effective Admissions Counselor", *College & University*, Vol. 90, 2015, pp. 14 – 22.

② 张雷生:《"基专员制"的韩国高校自主招生政策研究》，《比较教育研究》2016 年第 8 期。

③ Mcdonough P. and Robertson L. , "Gatekeepers or Marketers: Reclaiming the Educational Role of Chief Admission Officers", *Journal of College Admission*, No. 9, 2012.

④ 全林、赵俊和、马磊:《大学自治与高校自主招生》，《西南民族大学学报》（人文社科版）2010 年第 12 期。

⑤ 熊丙奇:《自主招生与高考公平》，《探索与争鸣》2011 年第 12 期。

⑥ 许士荣:《浙江省加快推进"三位一体"招生模式改革的若干思路》，《中国高教研究》2015 年第 6 期。

man①认为招生治理依托于招生政策，政策的权威性、政策的制定者及其权限等尤为重要；张天雪、盛静茹②，张立迁等③等认为我国高校的招生治理，应包括高校自主招生权法理化，大学章程建设，"五位一体"的素质评价系统建构，总量控制下的特色大学倾斜，教、考、招、录等全环节的监督等等。还包括微观上的治理路径：一是体制机制的变革，王秀卿④提出应引进竞争机制、增强内部活力，建立自我调节机制，提高适应性，建立良性循环运行机制，提高整体效果；二是组织结构的优化，王秀卿⑤澄清了招生管理的集体结构，认为其遵循统一领导与指挥、阶段中心与整体中心、层次管理、工作质量与效率等原则，具体内容包括职务结构、知识结构、专业结构、能力结构、年龄结构；三是具体活动的开展，McCoy⑥以校园招生活动（On-Campus Recruitment Events）为研究对象，分析了其面临的挑战，具体包括突发性事件的预案、营销工作、成本控制问题、教师与院系的参与等。

第三，对高校战略招生管理（Strategy Enrollment Management，SEM）的研究。首先，对 SEM 中的参与主体，即招生官、学生及二者的互动进行研究。Mathis⑦、Snowden⑧、Snowden⑨认为 SEM 成功的关键在于，相关理论与实践工作者应强化他们的理论框架、分析视角、组织意志、个人

---

① Portman D. N., Authority and Admissions Policy at 118 American Colleges and Universities, 1971. http://search.ebscohost.com/login.aspx?direct=turesldb＆eric＆AN=ED052714＆lang=zh-cn＆site=ehost-live.

② 张天雪、盛静茹：《我国高校自主招生的实践模式、路径和改革理路》，《清华大学教育研究》2014年第6期。

③ 张立迁、梁候明、陈冠云：《从"管理"到"治理"：高校研究生招生组织运行模式嬗变》，《黑龙江高教研究》2017年第5期。

④ 王秀卿编著：《高等学校招生考试理论研究》，航空工业出版社1994年版，第71页。

⑤ 王秀卿编著：《高等学校招生考试理论研究》，航空工业出版社1994年版，第372—376页。

⑥ McCoy A., "The Challenges of On-Campus Recruitment Events", *College & University*, Vol. 88, No. 1, 2012, p. 3.

⑦ Mathis D., "Strategic Enrollment Management's Ambassadors: The Changing Role of Admissions Counselors", *College & University*, Vol. 85, No. 1, 2010, pp. 55-58.

⑧ Snowden M. L., "Enrollment Logics and Discourses: Toward Developing an Enrollment Knowledge Framework", *Strategic Enrollment Management Quarterly*, No. 1, 2013, pp. 26-51.

⑨ Snowden M., "Refocusing｜Losing｜Finding: Beyond SEM Structures, Functions, and Administrative Contexts", *Strategic Enrollment Management Quarterly*, Vol. 3, No. 4, 2016, pp. 240-260.

行动，通过从"招生原则与实践""招生逻辑"向"招生话语"的演变，推动战略招生管理（SEM）的制度化。Henderson[1]、Yale[2]指出，SEM不仅要关注营销、招生和录取，还应与学生事务、学术事务相结合，以优化学生体验为关键点，促进学生的成长。Seifert等[3]指出，战略招生管理（SEM）的落脚点在于通过入学管理为学生提供有效服务。比如加强沟通与合作，建立伙伴关系，促进学生的学业进步、学术成功。其次，对SEM工具的研究。Langston、Scheid[4]、Flanigan等[5]、Langston等[6]、Goff等[7]强调在招生中应加强对CRM（一种网络技术）、计量经济学、统计数据、组织文化等工具的应用，以整合内外部数据、生成有意义的报告供管理人员决策参考。

第四，将招生治理视为大学战略规划的一部分。Townsley[8]阐释了招生驱动型私立高校的战略模式，将招生视为大学发展的重要组成部分，招生办公室、市场偏好型课程、财务、预算系统、校长等皆为系统的关键要素。王秀卿[9]将招生与学校发展规划相结合，认为应重视院校发展战略、

---

[1] Henderson S. E. , "SEM and the Student Journey: The Role of Strategic Enrollment Management in Student Engagement", *Strategic Enrollment Management Quarterly*, Vol. 4, No. 4, 2017, pp. 144 – 155.

[2] Yale A. , "Expanding the Conversation about SEM: Advancing SEM Efforts to Improve Student Learning and Persistence—Part 1", *College & University*, No. 8, 2010, p. 85.

[3] Seifert T. A. , Moore K. , Beaulieu J. , et al. "Paddling With Purpose: Perceptions of Student Success and Retention Efforts", *Strategic Enrollment Management Quarterly*, Vol. 5, No. 1, 2017, pp. 20 – 30.

[4] Langston R. , "Scheid J. Strategic Enrollment Management in the Age of Austerity and Changing Demographics: Managing Recruitment, Leveraging, Revenue, and Access in Challenging Economic Times", *Strategic Enrollment Management Quarterly*, Vol. 2, No. 3, 2014, pp. 191 – 210.

[5] Flanigan, Michael S. , "Diagnosing and Changing Organizational Culture in Strategic Enrollment Management", *Strategic Enrollment Management Quarterly*, Vol. 4, No. 3, 2016, pp. 117 – 129.

[6] Langston R. , Wyant R. , Scheid J. , "Strategic Enrollment Management for Chief Enrollment-Officers: Practical Use of Statistical and Mathematical Data in Forecasting First Year and Transfer College Enrollment", *Strategic Enrollment Management Quarterly*, Vol. 4, No. 2, 2016, pp. 74 – 89.

[7] Goff J. W. , Williams B. G. , Kilgore W. , "Building a SEM Analytics Reporting Portfolio", *Strategic Enrollment Management Quarterly*, Vol. 4, No. 1, 2016, pp. 27 – 34.

[8] Townsley M. K. , "A Strategic Model for Enrollment-Driven Private Colleges", *Journal for Higher Education Management*, No. 8, 1993, pp. 57 – 66.

[9] 王秀卿编著:《高等学校招生考试理论研究》，航空工业出版社1994年版，第365页。

招生工作规划、年度招生计划、招生来源计划等之间的联系。Rebecca[①]认为招生管理不能脱离于院校实情,它是院校战略规划的一部分,并靠院校研究支撑。招生管理是一个复合概念,有四种常见的模式,招生管理委员会、招生协调员、招生管理矩阵以及招生管理司。Hossler、Kalsbeek[②]认为高校招生应实现从入学管理(Enrollment Management)到管理入学(Managing Enrollment)的转变,其核心意义在于提升高校排名、经济援助与学生成功,并将招生置身于院校的战略规划中。

(二)招生与高校办学、育人成才的关联

由于中国高考属于国家教育考试、高校招生录取关系到为国家培养人才,高校的招生自主权极为有限。法律与政策的导向也使招生与高校办学的关系为人所漠视。但探讨"中国高校招生主体性地位"就不能逾越招生与高校办学的关系,虽然国内的研究未成系统,但有大量观点散见于相关研究中,同时国外的部分研究也颇具启示意义。

1. 招生与高校资源的关系研究

高校资源是招生的基础,在一定程度上决定着高校招生的规模与效益。

相关研究对高校资源的关注包括,第一,显性资源,即硬件设施,决定招生规模。Bruce[③],方守湖等[④]认为校内招生资源配置是高校应考虑的问题,其中包括良好的校园设施、学校的容积率、生师比、学校的定位、学费等。

第二,隐性资源,即声誉,决定招生吸引力。声誉的表现形式多样,有学术声誉、整体性声誉、大学排名、品牌效应,在中国甚至校名也有一席之地,但其对招生效果的影响各异。部分声誉有利于招生效果的提升,如 Bruce[⑤] 发现学术多样性、学术声誉可以提高招生吸引力;Tokuhama

---

① Rebecca R. Dixon, "What is Enrollment Management?" *New Directions for Student Services*, Vol. 1995, No. 71, 2010, pp. 5 – 10.

② Hossler D., Kalsbeek D., "Enrollment Management and Managing Enrollments: Revisiting the Context for Institutional Strategy", *Strategic Enrollment Management Quarterly*, Vol. 1, No. 1, 2013, pp. 5 – 25.

③ Tweddale R. Bruce, "Factors Affecting Decisions of Freshman Students Applying to GVSC for Fall", *Summary Report*, Grand Vallegey State Colleges, 1976, p. 10.

④ 方守湖、李世平、方晔等:《多重博弈与多因素交织:美国高校的招生资源配置》,《教育发展研究》2018 年第 38 期。

⑤ Tweddale R. Bruce, "Factors Affecting Decisions of Freshman Students Applying to GVSC for Fall", *Summary Report*, Grand Vallegey State Colleges, 1976, p. 10.

等[①]通过研究品牌、社会和录取过程的融合,来探讨入学申请的商品化问题,认为院校品牌文化在学生认同与院校录取双向关系之间起到重要作用;Barnds[②]强调了品牌对小型文理学院招生的重要性;吕健[③]对中国2000—2015年更名的1921所高校的实证分析显示,招生规模扩张受高校更名,尤其是办学层次提升的更名的影响。部分声誉对招生效果的影响甚微,Jones、Willis A.[④],Veyga[⑤]以US.NEWS等大学排行榜以美国商学院、黑人大学的排名对其入学趋势的影响为对象进行数据分析,发现二者整体而言不具有统计学意义,甚至有些声誉还会起到负向效应;Schmidt[⑥]发现追求大学整体性声誉(Institutional Prestige)对招生吸引力没有大的影响,反而会导致与竞争对手的同质化。

第三,高校的特质与招生的关系。Kuh[⑦]以14所院校招生实践为例,证实院校的特色与价值可增加学生的认同感;冯成火[⑧]、秦春华[⑨]、田爱丽等[⑩]、游畅等[⑪]等通过理论思辨,剖析出学校的使命、历史传统、校园文化、办学模式、学术内涵等促成了大学特有的文化性格,并通过人才培养体现出来,在招生领域则表现为对不同类型的人才的需求;杰罗姆·卡

[①] Tokuhama C. Consumption, "A Modern Affliction: Branding Culture, Youth Identity and College Admission", *Journal of College Admission*, Vol. 210, No. 7, 2011, pp. 32-38.

[②] Barnds W. K., "The Worth Claim: Beyond Brand", *Strategic Enrollment Management Quarterly*, Vol. 1, No. 2, 2013, pp. 90-101.

[③] 吕健:《高校更名与招生扩张》,《教育与经济》2016年第3期。

[④] Jones, Willis A., "Do College Rankings Matter? Examining the Influence of 'America's Best Black Colleges' on HBCU Undergraduate Admissions", *American Journal of Education*, Vol. 122, No. 1, 2016, pp. 247-265.

[⑤] Veyga G. A. D., "How Variances in Business School Rankings Affect Enrollment Trends and Practices", *Strategic Enrollment Management Quarterly*, Vol. 4, No. 2, 2016, pp. 46-60.

[⑥] Schmidt P., "Most Colleges Chase Prestige on a Treadmill, Researchers Find", *Chronicle of Higher Education*, Vol. 55, No. 1, 2009, p. 1.

[⑦] Kuh G. D., "The Role of Admissions and Orientation in Creating Appropriate Expectations for College Life", *College & University*, Vol. 66, No. 2, 1991, pp. 75-82.

[⑧] 冯成火:《浙江省"三位一体"招生模式改革的思考和探索》,《教育研究》2014年第10期。

[⑨] 秦春华:《重新出发:中美大学本科招生比较研究》,北京大学出版社2016年版,第2页。

[⑩] 田爱丽、严凌燕:《高校综合评价招生的理论、实践与展望——以上海市高考综合改革试点学校为例》,《华东师范大学学报》(教育科学版)2018年第3期。

[⑪] 游畅等:《科学选拔创新人才的理念、方法与成效——2006—2017复旦大学改革探索综述》,《华东师范大学学报》(教育科学版)2018年第3期。

拉贝尔①，朱浩、方云②等对美国顶尖大学招生的研究证实哈佛、耶鲁、普林斯顿等顶尖大学各有不同的气质，也有各自不同的理想型学生，在招生中，更加强调申请者与学校的匹配度（Suitability），以实现对学校特色的继承与发展，比如，耶鲁的毕业生大多进了企业界，他们期待学生外表俊朗、善于交往、天资聪颖、品格高尚，同时还是一个杰出的运动家；王福③认为在新高考背景下，高校从"照办"向"招办"转变的关键是要明确何为优秀的学生，也要提升对学生适宜性的评判能力。

第四，高校类型与招生的联系。已有研究虽然都认同高校的招生标准应因院校类型而异，但却体现出两种截然不同的观点。一个维度，郭国庆、王宏伟④，宋中英、雷庆⑤等认为院校应以水平差异为分类依据，设置不同的标准考查学生，且院校层次通过招生分数线来体现。另一个维度，学者则认为院校的类型差异决定了招生标准，Hellerman S. B. E.⑥以本科课程为标准区分城市私立大学、乡村私立文理学院、大型公立大学、技术学院，分析出不同的学术特征及招生标准；张志刚⑦基于高等教育大众化带来的院校分化，认为高考应能够甄别研究型大学、应用型院校和职业型高职院校所需生源的不同；刘清华⑧认为高考改革应与高校分类发展相适应，高校培养目标、专业与课程目标应决定高考的科目设置。

2. 招生与高校运行机制的关系研究

第一，招生与相关部门的关系研究。高校的相关部门，如招生办、教务处、学生处、二级学院等，承担着具体的招生任务并与之有直接联系。已有研究对该主题进行探讨，包括如下几个方面。其一，对招生部门现有

---

① ［美］杰罗姆·卡拉贝尔：《被选中的哈佛、耶鲁和普林斯顿的入学标准秘史》，谢爱磊等译，中国人民大学出版社2014年版，第254、469页。

② 朱浩、方云：《美国"常春藤"盟校本科招生制度的历史沿革与特点分析》，《高教探索》2017年第1期。

③ 王福：《让"招办"脱离"照办"录取机制要创新》，《光明日报》2019年7月9日第14版。

④ 郭国庆、王宏伟：《基于考生需求偏好的招生营销对策研究》，《中国软科学》2004年第7期。

⑤ 宋中英、雷庆：《我国高等学校分类的实证研究——以北京市普通高校为例》，《高教探索》2010年第6期。

⑥ Hellerman S. B. E., "Planning Ahead for College., Imagine", *Opportunities and Resources for Academically Talented Youth*, Vol. 1, No. 1, 1993, pp. 1–15.

⑦ 张志刚：《高考内容分类设置的趋势分析》，《中国教育学刊》2013年第9期。

⑧ 刘清华：《高考与教育教学的关系研究》，华中师范大学出版社2016年版，第268—270页。

职责的澄清与批判。秦春华[①]指出招生工作组致力于学校赋予的硬指标，完成招生计划，具体包括完成在当地的招生计划，向考生和家长介绍学校当年的招生政策、专业设置和学科特点等情况，指导考生合理填报志愿；在招生实践中，高校相关部门被动地"录生"而非主动地"招生"。其二，对招生部门转型的思考。杨悦、宗俊峰[②]认为招生部门应在人才选拔机制的多元化、定招生计划职能的整合、自我约束职能和相关监督机制的完善、招生服务水平和效率的提升等方面做出努力。其三，对相关部门间互动的批判。秦春华[③]指出高校传统招生制度，在负责招生的招办与负责培养的院系之间存在裂痕；刘进、杨晴[④]认为招生部门的多渠道招生（普通类、特殊类并存）与教务部门单一培养计划之间存在分歧。

第二，生源质量与高校发展的关系研究。生源的数量与质量皆会对高校发展产生影响，生源数量影响办学经费。马凤岐[⑤]、张千帆[⑥]关注招生与投入的关系，指出招生数量通过影响办学经费对高校的发展机会、发展动力、发展空间、社会声誉等产生作用；李钊[⑦]认为对于顾客支持型高等教育机构，如民办高校生源的数量甚至关系到学校的生存，生源质量影响高等教育质量；舒颖岗[⑧]、马凤岐[⑨]、刘清华[⑩]等认为录取成绩决定着大学声誉，生源质量不仅影响高等教育质量，而且可以产生社会资源，对学校

---

① 秦春华：《超越卓越的平凡：北大人才选拔制度研究》，北京大学出版社2015年版，第130页。
② 杨悦、宗俊峰：《高校招生部门职能转型研究》，《高等工程教育研究》2005年第2期。
③ 秦春华：《超越卓越的平凡：北大人才选拔制度研究》，北京大学出版社2015年版，第184页。
④ 刘进、杨晴：《后自主招生时代：多样化的人才选拔与培养》，《江苏高教》2013年第2期。
⑤ 马凤岐：《对高等学校的第二轮放权：基于资源依赖理论的视角》，《高等教育研究》2015年第10期。
⑥ 张千帆：《高考压力从哪里来？——中国优质高等教育资源稀缺的制度根源及其改革方案》，《政法论坛》2016年第5期。
⑦ 李钊：《民办高校风险管理：理论与实践》，教育科学出版社2012年版，第137页。
⑧ 舒颖岗：《大学声誉培育与高水平大学建设》，《国家教育行政学院学报》2011年第12期。
⑨ 马凤岐：《对高等学校的第二轮放权：基于资源依赖理论的视角》，《高等教育研究》2015年第10期。
⑩ 刘清华：《高考与教育教学的关系研究》，华中师范大学出版社2016年版，第105—107页。

进入良性循环起重要作用。

第三,招生与高校营销的关系研究。营销对于非统招高校的招生具有重要意义。Jones[1]、Schee 等[2]、Moogan[3] 介绍、评估了直邮营销(Direct Mail Marketing),关系营销的特征、优势及适用范围。营销对于我国处于高等教育生态系统边缘的高校,也有借鉴意义。赵迎红等[4]分析了中国高校招生借鉴 STP 营销战略的可行性,并希望借此改进我国高校招生宣传工作。李钊[5]认为民办高校防范生源风险的路径是打造战略品牌,具体可通过办学理念、办学质量、办学特色、营销传播等方式实现。

3. 招生与学生专业认同的关系研究

高等教育以培养高级专门人才为目的,较之基础教育而言,不仅层次更高,更主要的是对专业教育的强调。高校招生,应有促进各类型考生与各类型高校、专业的双向选择[6]。

已有研究包括:第一,影响考生志愿选择的主要因素。肖蕾[7]通过实证研究发现,家长的文化程度、报考信息的获得、对报考学校及专业的了解、学生是否得到科学的升学指导等,均会影响学生的专业认同。

第二,是否调剂与专业选择时机对专业认同的影响。侯佳伟[8]发现不存在调剂现象的自主招生生源对本专业的满意度高于普通高考生源;秦春

---

[1] Jones R. H., "Trends in Direct Mail Marketing—A Survey of Private Four-Year Colleges", *Journal of College Admission*, 1991, pp. 24 – 28.

[2] Schee V., Brian A., "The Small College Enrollment Officer: Relationship Marketing at Work", *Journal of Marketing for Higher Education*, Vol. 20, No. 1, 2010, pp. 135 – 143.

[3] Moogan Y. J., "Can a Higher Education Institution's Marketing Strategy Improve the Student-institution Match?" *International Journal of Educational Management*, Vol. 25, No. 6, 2011, pp. 570 – 589.

[4] 赵迎红、徐飞、徐宏毅等:《STP 营销战略在高校招生宣传中的应用》,《武汉理工大学学报》(社会科学版) 2008 年第 2 期。

[5] 李钊:《民办高校风险管理:理论与实践》,教育科学出版社 2012 年版,第 169—182 页。

[6] 杨德广:《评"名校统揽高分者,高分者统统进名校"——对"平行志愿投档"的深层次思考》,《北京大学教育评论》2009 年第 7 期。

[7] 肖蕾:《影响高考志愿填报的因素及探析》,《上海教育科研》2006 年第 11 期。

[8] 侯佳伟:《高校自主招生学生入学后与普考生的对比分析》,《高等教育研究》2011 年第 12 期。

华[①]认为应经过本科低年级的培养,让学生经过试误的过程,增加对专业的认识程度,从而做出理性选择;马莉萍等[②]通过对某重点大学入学前后进行专业选择的生源的对比发现,后者专业认同更强,但从事与专业相关工作的意愿的差异并不显著。

第三,对招生制度中专业选择改革的构想。吕慈仙[③]基于高等学校按专业招生模式的弊端,构建高校专业自主选择机制,具体包括按类招生和专业自主选择的人才培养流程,多层次、逐步递进的课程结构体系,学生根据成才需要自主选择专业的机制;吴合文[④]基于对高等教育规模化进程中专业教育和专业价值提升的认识,指出专业选择权成为社会、高考改革的关注点,故而需要推动专业选择的供给侧改革,如强化高校招生主体性地位、提高选才的科学性、增加考生与专业的适应性等。

4. 招生与学生学科能力的关系研究

高等教育是专业教育的承担者,要求候选人具备一定的学科能力。在以认知能力为唯一标准的高校考试招生制度中,相关科目的成绩反映了学生的知识基础与学科能力。

相关研究包括:第一,从理论上强调招生与专业素养、学科能力的必然联系。冯生尧[⑤]基于性向差异理论、社会分工理论、学科发展史、高中性质以及国际视野等,探讨了专业分化与考试招生的必然联系;李志涛[⑥]、苗学杰[⑦]等对上述观点进行了扩充,阐释了高中选课、高考选考、入学标准与大学专业选择是彼此衔接的统一体,三者的对接可以提升学生

---

① 秦春华:《超越卓越的平凡:北大人才选拔制度研究》,北京大学出版社2015年版,第165页。
② 马莉萍、朱红、文东茅:《入学后选专业有助于提高本科生的专业兴趣吗——基于配对抽样和固定效应的实证研究》,《北京大学教育评论》2017年第2期。
③ 吕慈仙:《高校专业自主选择机制的构建》,《教育发展研究》2012年第23期。
④ 吴合文:《恢复高考招生以来专业选择的价值提升与制度变革》,《陕西师范大学学报》(哲学社会科学版)2017年第4期。
⑤ 冯生尧:《论高中课程和高考招生专业分化的必要性》,《全球教育展望》2011年第1期。
⑥ 李志涛:《主要发达国家"高考"科目选择性的比较分析与探讨》,《全球教育展望》2018年第2期。
⑦ 苗学杰:《英国"高考"科目自选的制度设计、现实难点与警戒意义》,《比较教育研究》2018年第9期。

专业学习的适切性；秦春华①强调招生要为学科建设服务；袁振国②进一步指出，新高考要求考生关注专业，把学习特长、专业志愿统一于未来的职业发展。

第二，从实践中分析各学科、专业招生对考生能力的需求以及出现的相关问题。工程类，Heinrich③，Caseiro 等④，Howenstine 等⑤，Osei-Kofi、Lisette E.⑥，Myers⑦，Gándara 等⑧，黄维等⑨等关注美国、葡萄牙、智利、中国等国家的工程类专业招生，指出标准化考试成绩对优秀工科候选人的甄别度有限，应通过增加高中学业成绩等录取依据，保证女生数量、实现生源多样化，同时还应考虑工科的职业实践、课程要求等，纠偏入学标准。医学类，Vancouver 等⑩，Ramsbottom-Lucier 等⑪，Sorenson、Jackson⑫，Al-

---

① 秦春华：《超越卓越的平凡：北大人才选拔制度研究》，北京大学出版社 2015 年版，第 134 页。
② 袁振国：《在改革中探索和完善具有中国特色的高考制度》，《华东师范大学学报》（教育科学版）2018 年第 3 期。
③ Heinrich V., "A Spatial Visualization Test for Selecting Engineering Students", *Admission Criteria*, 1998, p. 10.
④ Caseiro, T. A., et al. "The Development of Higher Engineering Education in Portugal and the Monitoring of Admissions: A Case Study", *European Journal of Engineering Education*, Vol. 21, No. 4, 1996, pp. 435 – 445.
⑤ Howenstine, Julie Anne, "Recruitment Strategies Aiming to Attract Females into Undergraduate Engineering Programs: Examining Their Role and Use", *Proquest Llc*, 2013.
⑥ Osei-Kofi N., Torres L. E., "College Admissions Viewbooks and the Grammar of Gender, Race, and STEM", *Cultural Studies of Science Education*, Vol. 10, No. 2, 2015, pp. 527 – 544.
⑦ Myers B. A., "Evaluating Admission Practices as Potential Barriers to Creating Equitable Access to Undergraduate Engineering Education", *Proquest Llc*, 2016.
⑧ Gándara F., Silva M., "Understanding the Gender Gap in Science and Engineering: Evidence from the Chilean College Admissions Tests", *International Journal of Science & Mathematics Education*, Vol. 14, No. 6, 2015, pp. 1 – 14.
⑨ 黄维、刘偲偲、廖小薇：《谁读工科——大学新生选择工科就读的影响因素》，《高等工程教育研究》2017 年第 6 期。
⑩ Vancouver J. B., Reinhart M. A., Solomon D. J., et al. "Testing for Validity and Bias in the Use of GPA and the MCAT in the Selection of Medical School students", *Academic Medicine*, Vol. 65, No. 11, 1990, pp. 694 – 697.
⑪ Ramsbottom-Lucier M., Johnson M. M., Elam C. L., "Age and Gender Differences in Students? Preadmission Qualifications and Medical School Performances", *Academic Medicine*, Vol. 70, No. 3, 1995, pp. 236 – 239.
⑫ Sorenson N. E., Jackson J., "Science Majors and Nonscience Majors Entering Medical School: Acceptance Rates and Academic Performance", *Nacada Journal*, Vol. 17, No. 1, 1997, pp. 32 – 41.

banese 等[1]、Hecker、Violato[2]、Mercer[3]、Steenvoorde 等[4]、Ezeala 等[5]研究了美国、加拿大、斐济、荷兰、爱尔兰、澳大利亚的临床医学、护理学、牙科、放射科学等专业的招生标准，分别从代表学生认知能力的标准化测试、医学院入学考试（MCAT）、高中平均绩点（HGPA），非认知能力的先修课程、非结构化面试表现、综合素养，人口统计学特征的年龄、性别、种族、母语、社经地位等，与学生的学业表现、大学综合表现、毕业后收入等进行相关分析，以确定入学标准的有效性。法学类，Wightman 等[6]、Anthony 等[7]、Wightman 等[8]、Rawlins 等[9]、Nalukenge[10]检验了美国法学院入学测试（Law School Admission Test，LSAT）及其他入学标准的有效性；Wightman[11]阐释了男女生在 LSAT 中的性别差异问题。商科类，

---

[1] Albanese M. A., Farrell P., Dottl S., "Statistical Criteria for Setting Thresholds in Medical School Admissions", *Adv Health Sci Educ Theory Pract*, Vol. 10, No. 2, 2005, pp. 89 - 103.

[2] Hecker K. G., Violato C., "The Reliability, Validity, and Student Perceptions of an Undergraduate Research Program in Health Sciences (BHSc) as a Premedical Program: A Preliminary Study", *Alberta Journal of Educational Research*, Vol. 52, No. 1, 2006, pp. 302 - 313.

[3] Mercer A., "Who Gets in, and Who Doesn't: Selecting Medical Students: An Australian Case Study", *Education Research & Perspectives*, Vol. 36, 2009.

[4] Steenvoorde P., Jacobi C. E., Doorn L. V., et al. "Maggot Debridement Therapy of Infected Ulcers: Patient and Wound Factors Influencing Outcome-a Study on 101 Patients with 117 Wounds", *Annals of the Royal College of Surgeons of England*, Vol. 89, No. 6, 2007, pp. 596 - 602.

[5] Ezeala C. C., Swami N. S., Lal N., et al., "Admission Scores as a Predictor of Academic Success in the Fiji School of Medicine", *Journal of Higher Education Policy and Management*, Vol. 34, No. 1, 2012, pp. 61 - 66.

[6] Wightman, Linda F., "Predictive Validity of the LSAT: A National Summary of the 1990 - 1992 Correlation Studies", *in LSAC Research Report Series*, Newtown: Law School Admission Council, 1993.

[7] Anthony, Lisa C., "Predictive Validity of the LSAT: A National Summary of the 1995 - 1996 Correlation Studies", *LSAC Research Report Series*, Newtown: Law School Admission Council, 1996.

[8] Wightman, Linda F., *Beyond FYA: Analysis of the Utility of LSAT Scores and UGPA for Predicting Academic Success in Law School*, Newtown: Law School Admission Council, 2000.

[9] Rawlins B. L., Soenksen R., Jensen M., "The State of Enrollment Management in Journalism and Mass Communication Programs", 2002, p. 10.

[10] Nalukenge B., "Do Prior Studies Matter? Predicting Proficiencies Required to Excel Academically in Law School at Makerere University, Uganda", *Quality Assurance in Education*, Vol. 24, No. 1, 2016, pp. 139 - 154.

[11] Wightman L. F., "Analysis of LSAT Performance and Patterns of Application for Male and Female Law School Applicants. LSAC Research Report Series", *College Applicants*, 1994, p. 67.

Stanley、Oliver①，Truell、Woosley②测查了澳大利亚和美国学生入学成绩及性别、种族/民族、数学成绩、语言成绩、商业会计学 GPA、商业计算机 GPA、商业经济学 GPA、商业统计学 GPA、必修英语 GPA 以及所需的数学 GPA 等对商科毕业生学业成就的预测力。除此之外，柯森、陈水雄③，Lawrence、Crehan④研究了师范类的招生；李硕豪⑤关注了理学类的招生，一致认为标准化测试对学生学科能力的预测力较为有限。

第三，从实践中探讨不同科目对专业学习的影响。已有研究整体较为关注数学、物理、化学、生物等科学科目。数学，有研究明确了数学科目在大学生专业学习中的重要性，指出应对学生相关能力的缺失进行补偿。Ethington⑥以 1982—1983 年度美国 10000 名高中毕业生 SAT 成绩为依据，发现数学与科学能力是相关专业录取的关键变量；House⑦、Bowyer 等⑧、Steenvoorde 等⑨分别通过对美国化学、英国物理、美国护理等专业的学生调查；Kowski⑩通过对高中成绩与大学数学学习的相关研究，证实了

---

① Stanleg G., Oliver J., "Variation in Student Selection within the Australian Unified National System: A Case Study in Undergraduate Business Studies from Western Australia", *Higher Education*, Vol. 28, No. 3, 1994, pp. 291–299.

② Truell A. D., Woosley S., "Admission Criteria and Other Variables as Predictors of Business Student Graduation", *College Student Journal*, Vol. 42, No. 3, 2008, pp. 348–356.

③ 柯森、陈水雄：《设立特定的高师招生标准——高师招生改革新构想》，载吴世淑、陈水雄主编《高考、会考与考试改革》，三环出版社 1991 年版，第 69 页。

④ Lawrence A., Crehan K. D., "A Study on the Validity Evidence of the Pre-Professional Skills Test (PPST) as a Screening Device for Entrance into Teacher Education Programs", *Admission*, 2001, p. 24.

⑤ 李硕豪：《理科专业拔尖本科生遴选依据探真》，《学术论坛》2014 年第 4 期。

⑥ Ethington C. A., "SAT-M Performance of Women Intending Quantitative Fields of Study", *Academic Aspiration*, 1987. 23.

⑦ House J. D., "Noncognitive Predictors of Achievement in Introductory College Chemistry", *Research in Higher Education*, Vol. 36, No. 4, 1995, pp. 473–490.

⑧ Jessica Bowyer, Ellie Darlington, "Should I Take Further Mathematics? Physics Undergraduates' Experiences of Post Compulsory Mathematics", *Physics Education*. No. 1, 2007, pp. 1–9.

⑨ Steenvoorde P., Jacobi C. E., Doorn L. V., et al. "Maggot Debridement Therapy of Infected Ulcers: Patient and Wound Factors Influencing Outcome-a Study on 101 Patients with 117 Wounds", *Annals of the Royal College of Surgeons of England*, Vol. 89, No. 6, 2007, pp. 596–602.

⑩ Lynee E. Kowski, "Does High School Performance Predict College Math Placement?", *Community College Journal of Research and Practice*, Vol. 37, No. 7, 2013, pp. 514–527.

Ethington 的观点。物理、化学与生物，Demirci[①]基于土耳其大学选拔考试（ÖSS）中物理科目出现的问题，对巴勒克希尔大学（Balikesir University）的生物、数学、计算机、科学教育、物理等专业进行调查；House[②]、Barr 等[③]证实了化学科目对化学专业、医学专业的作用，Barr 还进一步分析了化学课程给社会经济地位较低的申请者带来的影响；Wharrad 等[④]论证了生物与护理专业之间的关系。

第四，对我国现行考试招生制度的反思与建议。章勤琼等[⑤]基于澳大利亚新高考制度的成功经验，反思我国高考的分数构成，认为现行体制在判断学生专业能力、潜力方面具有局限性；冯生尧认为以往的高考制度忽略专业分化，应将高考分为基础水平考试、能力选拔考试两个部分[⑥]；刘希伟[⑦]指出，在高考综合改革地区文科类专业不设选考科目、非重点大学理科类不设选考科目等现象较为普遍。

5. 招生与人才培养的关系研究

高校的首要职能是人才培养，高校招生也理应服务于此，人才培养的评价指标又常被拆解为学业表现与创新能力。

第一，论证招生与人才培养联系的必然性。部分研究认为，招生促成

[①] N. Demirci, "The Physics Questions in Student Selection Examination and Physics Curriculum and the Effect of Those Questions in Students' Success in Turkey", *International Journal of Environmental and Science Education*, No. 2, 2007, pp. 38–43.

[②] House J. D., "Noncognitive Predictors of Achievement in Introductory College Chemistry", *Research in Higher Education*, Vol. 36, No. 4, 1995, pp. 473–490.

[③] Barr D. A., Matsui J., Wanat S. F., et al., "Chemistry Courses as the Turning Point for Premedical Students", *Advances in Health Sciences Education*, Vol. 15, No. 1, 2010, pp. 45–54.

[④] Wharrad H. J., Allcock N., Chapple M., "A survey of the Teaching and Learning of Biological Sciences on uUndergraduate Nursing Courses", *Nurse Educ Today*, Vol. 14, No. 6, 1994, pp. 436–442.

[⑤] 章勤琼、[澳] 麦克斯·斯蒂芬斯：《澳大利亚"新高考"制度评析及启示》，《外国中小学教育》2015 年第 7 期。

[⑥] 冯生尧：《论高中课程和高考招生专业分化的必要性》，《全球教育展望》2011 年第 1 期。

[⑦] 刘希伟：《新高考综合试点改革的四重审视》，《中国教育学刊》2019 年第 6 期。

了基础教育与高等教育人才培养的连续性,如周世厚[①],李娟、谢君婷[②]指出高校招生与录取是中等教育和高等教育制度衔接的关键要素,与人才培养关系尤为密切。部分研究从实践、理论等多维度论证了招生与高等教育内部人才培养的关联,刘进、杨晴[③]通过对自主招生的分析,指出"招生—培养—人才产出"是一个系统工程;陈安吉尔等[④]在分析了上海科技大学自主招生的成功经验后,指出学生培养工作是自主招生的深化与延续;李琳、周志强[⑤]基于教育价值链概念,认为高校招生与学生管理、创业就业共同构成了人才培养的价值模块,是高校人才培养不可或缺的一部分;秦春华[⑥]指出高等教育最根本的使命是培养人,选拔、培养与毕业是一体的;游畅等[⑦]澄清了"人才培养—人才需求—招生需求"的基本联系,并强调要适合中国国情、具有可操作性;金柏江[⑧]指出,人才选拔是人才培养的前提,高水平大学的人才培养要求招生环节选拔出更适宜的考生。

第二,对现行招生制度及其改革与人才培养关系的探讨。于世洁、徐宁汉[⑨]介绍了清华大学的成功经验:将多元招生与多元培养相结合,构建了从培养目标到选才方向、选拔方式、招选政策、选育衔接、评价反馈、

---

① 周世厚:《美国中等教育与高等教育衔接的多维解析》,《外国教育研究》2015年第7期。

② 李娟、谢君婷:《美国大学招生制度改革的历史变迁——中等教育与高等教育衔接的视角》,《外国教育研究》2015年第7期。

③ 刘进、杨晴:《后自主招生时代:多样化的人才选拔与培养》,《江苏高教》2013年第2期。

④ 陈安吉尔、高文豪、岳磊:《南方科技大学与上海科技大学自主招生改革路径比较——组织变革视角下的案例分析》,《高校教育管理》2014年第8期。

⑤ 李琳、周志强:《去行政化背景下高校内部治理价值链机制及效率评价指标体系研究》,《湖南科技大学学报》(社会科学版)2017年第6期。

⑥ 秦春华:《超越卓越的平凡:北大人才选拔制度研究》,北京大学出版社2015年版,第133页;秦春华:《重新出发:中美大学本科招生比较研究》,北京大学出版社2016年版,第1页。

⑦ 游畅、王阳、朱晓超:《科学选拔创新人才的理念、方法与成效——2006—2017复旦大学改革探索综述》,《华东师范大学学报》(教育科学版)2018年第3期。

⑧ 金柏江:《从"招分"到"招人"需做多重准备》,《光明日报》2019年7月9日第14版。

⑨ 于世洁、徐宁汉:《高校多元招生录取模式的构建与实践》,《中国高等教育》2017年第1期。

全程监督这七大环节环环相扣的招生录取模式,成效显著;杨银付认为[1]当前时期深化教育领域综合改革的重要内容之一在于以考试评价和招生制度改革引领人才培养模式改革。

第三,招生与学业表现的关系研究。高校招生与人才培养是一脉相承的,传统意义上对人才培养质量的考察,多从学业表现方面入手,标准化测试对大学学业表现的预测极为有限。Gougeon[2]、丁澍等[3]、Gbore[4]等的研究分别证实了美国SAT数学成绩、中国高考总分和单科成绩、尼日利亚大学预科考试成绩(University Matriculation Examination, UME)等与学生高等教育阶段的学业成绩并非简单的线性相关,均认为应使用其他手段来增加入学标准的有效性。标准化测试成绩对大学特定群体、特定学习阶段的学业预测较为有效。季靖[5]的研究证实,高考成绩与前三个学期、理科生、专业志愿匹配者第一学期的学业成绩显著相关,也与CET4成绩显著相关。对标准化测试进行一定程度的纠偏,可增强对学业预测的有效性。Fu[6]、Mattern等[7]验证了传统入学标准,即SAT成绩、高中平均成绩,对大学学业成绩预测的有效性,结果显示该种方式预测度良好;Westrick等[8]以美国50所院校189612名学生为样本,使用荟萃分析法,测查ACT、高中成绩、社会经济情况等对其大学学业表现与保持的预测效力,

---

[1] 杨银付:《深化教育领域综合改革的若干思考》,《教育研究》2014年第1期。

[2] Gougeon D. J., "The Limitations of SAT Math Scores in Predicting College Math Performance", *Admission Criteria*, 1984, p. 14.

[3] 丁澍、缪柏其、叶大鹏:《高考成绩与大学成绩的相关性分析》,《中国大学教学》2008年第11期。

[4] Gbore L. O., "Predictive Validity of Pre-University Examinations Test Scores for University Science Undergraduates' Academic Achievement in South West, Nigeria", *Journal on School Educational Technology*, 2012, p. 8.

[5] 季靖:《高校学生学业成绩变化与学业成绩影响因素的实证研究:基于北京某高校的调查》,中国财富出版社2017年版,第145—153页。

[6] Fu Y., "The Effectiveness of Traditional Admissions Criteria in Predicting College and Graduate Success for American and International Students", Ph. D Dissertation the Unversity of Arizona, 2012, p. 154.

[7] Mattern K. D., Patterson B. F., Wyatt J. N., "How Useful are Traditional Admission Measures in Predicting Graduation Within Four Years?" *College Board*, 2013.

[8] Westrick P. A., Le H., Robbins S. B., et al. "College Performance and Retention: A Meta-Analysis of the Predictive Validities of ACT © Scores, High School Grades, and SES", *Educational Assessment*, Vol. 20, No. 1, 2015, pp. 23–45.

将大学生的学业表现应用于招生制度的调整;邓溪瑶等[1]基于 K 高校六个年级学生的四年学业成绩,衡量人才培养质量,对分省招生指标的效率作出判断,进而对该校分省招生名额进行调整。

第四,招生与创新能力的关系研究。拔尖创新人才与国家竞争力关系密切,故而成为高等学校人才培养的重要方向。招生作为高等教育的入门关,也逐渐被纳入拔尖创新人才培养的系统中。首先,强调招生制度对创新人才培养的重要作用。李祖超、杨淞月[2]认为人才选拔制度、人才管理制度皆属于人才培养制度范畴,且前者非常重要,实现招生制度的多元化、提高高水平大学创新人才选拔的灵活性,创新自主招生制度、广泛选拔拔尖创新人才,对我国高校拔尖创新人才培养具有重要意义;姜斯宪[3]指出高校招生、人才培养紧密相依,高校招生制度的改革,对创新人才培养及其可持续发展至关重要。其次,探索适宜的招生制度,为选拔创新型人才服务。其中,有对招生标准的优化,Webster[4]批判了 SAT 对衡量大学生素质的有效性;Perfetto 等[5]基于美国高校的考试招生经验,澄清了选拔性高校的三个维度的七种哲学,具体包括表征申请者未来学习能力的英才(Meritocracy)、品性(Character),表征申请者未来获益能力的增强(Enhancement)、动力(Mobilization),表征申请者未来的贡献能力(Investment)、环境需求(Environmental/Institutional)、信誉(Fiduciary);Sedlacek[6]、Schmitt[7]以多元智能理论为基础,强调美国高校在大学生选拔与培养中,注重非认知能力,如领导力、社会责任、诚信、文化意识

---

[1] 邓溪瑶、乔天一、于晓磊等:《高校分省招生计划的效率判据——学生群体学业表现地域差异大数据研究》,《中国高教研究》2014 年第 12 期。

[2] 李祖超、杨淞月:《美日高校拔尖创新人才培养制度比较分析》,《中国高教研究》2011 年第 8 期。

[3] 姜斯宪:《优化招生选拔机制 培养拔尖创新人才》,《中国高教研究》2018 年第 3 期。

[4] Webster D. S. , "A Critique of the Idea that College Quality Can Be Measured by Undergraduate SAT Scores", *Admission Criteria*, 1978, p. 14.

[5] Perfetto G. , Escandón M. , Graff S. , et al. , "Toward a Taxonomy of the Admissions Decision-Making Process: A Public Document Based on the First and Second College Board Conferences on Admissions Models", *College Entrance Examination Board*, 1999, pp. 5 – 7.

[6] Sedlacek W. E. , "Noncognitive Indicators of Student Success", *Journal of College Admissions*, 1989.

[7] Schmitt N. , "Development of Rationale and Measures of Noncognitive College Student Potential", *Educational Psychologist*, Vol. 47, No. 1, 2012.

等；Santelices 等①介绍了智利高校招生制度改革的新尝试，增加对批判性思维和非认知能力的评判。有对招生形式的扩充。Crum、Parikh②分析了英国大学学生入学成绩、校长报告（Headmasters' Reports）、学业考试成绩等与毕业生成就之间的相关关系，结果显示，校长报告涉及考生的特征、能力与表现等，比入学成绩更能预测毕业生成就；Breland③，证明了推荐信在招生工作中对标准化测试的补偿作用，并认为其有助于澄清个人素质；Chodl④，王锋、张宇庆⑤认为大学自主招生、先修课程（AP）、国际文凭课程（IP）是创新人才培养的必由之路。再次，对国内高校创新班招生与培养特征的分析。Dai、Steenbergen-Hu⑥长期跟踪调查中国科学技术大学的少年班，认为少年班成功的关键是招生制度、学术规划与对学生的支持；郑庆华⑦介绍了西安交通大学少年班在统一高考的制度下，拔尖创新人才考试招生的特色模式，具体包括初试、复试两阶段和文化课、智力、心理、体能等多模块；郑泉水⑧介绍了清华大学钱学森班的五维测评体系，以区分学生的创新素养和发展潜能，同时建构了以研究学习为主的 CRC 培养体系，以修复、培养应试教育对学生创新能力的损坏，并建构了动态能力档案，评估学生的分析和创造性思维，复杂沟通——口头及书面表达能力，领导力及团队合作能力，信息技术和数理能力，全球视野，高适应性、主动探索、承担风险的能力，品德好，理性兼顾的决策能

---

① Santelices, María Verónica, Ugarte, Juan José, Flotts P., et al., "Measurement of New Attributes For Chile" / "Sadmissions System to Higher Education", *ETS Research Report Series*, 2011.

② Crum R., Parikh A., "Headmasters' Reports, Admissions and Academic Performance in Social Sciences", *Educational Studies*, Vol. 9, No. 3, 1983, pp. 169–184.

③ Breland N. S., "The Use of Letters of Recommendation in Undergraduate Admissions", *Journal of College Student Personnel*, Vol. 24, No. 3, 1983, pp. 247–253.

④ Chodl J., "The Impact of AP and IB Programs on High Stakes College Admissions", *Ph. D dissertation*, the Unversity of Minnesota, 2012.

⑤ 王锋、张宇庆：《创新人才培养模式加强大学中学衔接》，《中国高等教育》2015 年第 18 期。

⑥ Dai D. Y., Steenbergen-Hu S., "Special Class for the Gifted Young: A 34-Year Experimentation With Early College Entrance Programs in China", *Roeper Review*, Vol. 37, No. 1, 2015, pp. 9–18.

⑦ 郑庆华：《"双一流"建设背景下中国特色高校招生选拔创新模式探索与实践》，《中国高教研究》2017 年第 9 期。

⑧ 郑泉水：《"多维测评"招生：破解钱学森之问的最大挑战》，《中国教育学刊》2018 年第 5 期。

力,思维习惯。又次,对国外相关招生项目的系统介绍。Sternberg 等[1]以多元智能理论为基础,阐释了彩虹项目(Rainbow Project),其在 SAT、高中 GPA 的基础上,增加了分析、实践、创造性技能等补充测试,以增加入学测试的有效性;Sternberg 等[2],Sternberg、Coffin[3] 介绍了塔夫茨大学万花筒招生项目,通过学术和个人价值标准、分析能力、创造性、实践、智慧技能、领导力、公民意识潜力等标准,寻找有才智、智慧和创造力(WICS)的候选人,并将其培养为"变革世界的新领导者"。最后,对已有招生制度实施效能的研究。比如,国内学者对自主选拔录取生源与普通招考生源的对比研究,但结果有部分争议。文雯、管浏斯[4],秦春华[5],马莉萍、卜尚聪[6]等的研究证实自主选拔录取的考生在学业、社会服务、思维活跃度、求知欲等方面,普遍优于通过高考录取的学生;侯佳伟[7],吴晓刚、李忠路[8]等的研究却认为二者并无二致。

(三)招生改革对高校办学的影响

招生是为高校筛选合格生源的过程,生源是高校办学的重要资源,招生改革通过影响生源,对大学产生作用。招生改革中,考生的应试科目、志愿填报及投档形式、招生模式等的变化,都会在不同程度上对高校产生影响。

---

[1] Sternberg R. J., Collaborators T. R. P., "The University of Michigan Business, Theory-Based University Admissions Testing for a New Millennium", *Educational Psychologist*, Vol. 39, No. 3, 2004, pp. 185 – 198.

[2] Sternberg R. J., Bonney C. R., Gabora L., et al., "Broadening the Spectrum of Undergraduate Admissions: The Kaleidoscope Project", *College & University*, Vol. 86, 2010, pp. 2 – 17.

[3] Sternberg R. J., Coffin L. A., "Kaleidoscope: Admitting and Developing 'New Leaders for a Changing World'", *New England Journal of Higher Education*, Vol. 24, No. 2, 2010, pp. 12 – 13.

[4] 文雯、管浏斯:《大学自主招生学生学习性投入初探——以九所"985"、"211"高校自主招生群体为例的实证研究》,《复旦教育论坛》2011 年第 6 期。

[5] 秦春华:《超越卓越的平凡:北大人才选拔制度研究》,北京大学出版社 2015 年版,第 30 页。

[6] 马莉萍、卜尚聪:《重点大学自主招生政策的选拔效果分析》,《北京大学教育评论》2019 年第 2 期。

[7] 侯佳伟:《高校自主招生学生入学后与普考生的对比分析》,《高等教育研究》2011 年第 12 期。

[8] 吴晓刚、李忠路:《中国高等教育中的自主招生与人才选拔:来自北大、清华和人大的发现》,《社会》2017 年第 5 期。

1. 考试科目改革对高校的影响

在"高考指挥棒"的效应下，应试思维占据了中国基础教育的大半江山。"高考考什么、中学教什么、学生学什么"行之已久。应试科目的数量，决定了考生知识的宽度；应试科目的成绩，决定了考生知识的熟练程度。高考综合改革增加了考生的多元选择，不同的知识结构却给高校带来了挑战。于世洁等[①]指出高校应根据学生的学科基础调整教学方案，比如开展分层次教学；王小虎等[②]基于高考综合改革中考生选考难的事实，提出高校应推进大类培养、提升人才培养水平；刘希伟[③]认为选考制度实现了学生与高校的双向选择，对高校办学自主权的扩大、专业调整机制的激活具有一定意义；李喆[④]指出科目选择的功利性会导致生源结构失衡，进而影响高校的学科建设与发展。

2. 志愿填报及投档形式改革对高校的影响

相关研究分析了不同志愿填报形式对高校的影响。第一，考后估分及平行志愿。秦春华[⑤]认为这是一种科学和理想的方式，把考生分流到各种不同层次和类型的高校中去，也就意味着高校的生源具有多样性。第二，考后知分报志愿。吴斌珍、钟笑寒[⑥]发现在考后知分报志愿改革后，某重点大学学生的高考成绩更高，但学习能力、兴趣没有更高；秦春华[⑦]强调高考知分报志愿改变了考生和高校的关系，使高校招生变成了市场交换，强化了"热门专业"，不利于基础学科发展和创新人才培养。第三，平行

---

① 于世洁等：《新高考改革下高校选考科目的制定》，《清华大学教育研究》2015年第2期。
② 王小虎、潘昆峰、苗苗：《高考改革对高水平大学招生的影响及其应对》，《中国高教研究》2017年第4期。
③ 刘希伟：《高考科目改革的轨迹与反思：基于选择性的视角》，《全球教育展望》2018年第4期。
④ 李喆：《高校人才选拔视野下的高考改革方案》，《江苏高教》2019年第6期。
⑤ 秦春华：《超越卓越的平凡：北大人才选拔制度研究》，北京大学出版社2015年版，第17页。
⑥ 吴斌珍、钟笑寒：《高考志愿填报机制与大学招生质量：一个基于择校机制理论的经验研究》，《经济学（季刊）》2012年第2期。
⑦ 秦春华：《超越卓越的平凡：北大人才选拔制度研究》，北京大学出版社2015年版，第10—11页。

志愿。杨德广[1]认为这种方式保护了少数名校的利益，损害了大多数高校的利益，使这些高校的教育质量受到影响，学生的个体发展受到损害。第四，"院校专业组"及"专业（类）+学校"志愿。边新灿[2]、王小虎等[3]、刘海峰[4]、钟秉林[5]认为专业地位超过院校地位，一方面容易造成生源状况两极分化，冷门和弱势专业面临生存危机；另一方面有利于录取到知识、能力、素养结构适宜，专业认同度高的学生，有利于推动高校专业建设、学科发展，推行大类培养、提升人才培养水平，优化教育教学体系，故而高校应强化招生选拔、专业布局和专业建设、校园文化和教育教学管理工作。

3. 招生方式改革对高校的影响

第一，大类招生。李斌、罗赣虹[6]认为应将大类招生与大类培养区别开来，按照大类培养要求设置院系、调整专业招生计划等；禹奇才等[7]指出大类招生政策溢出效应明显，推动了包括通识教育在内的教育教学改革、校内资源整合，其难点与重点在于课程体系和教学内容的深化、专业结构的调整、专业分流的科学化。第二，多元录取。刘清华[8]在研究中指出高校招生改革中综合性与特殊性选拔标准的出现适应教育教学规律，高校也应将此作为教育教学的理念；田建荣[9]认为招生录取机制与大学教学管理制度有必然的联系，高考多元评价录取体制下，应建立学分制，倡导

---

[1] 杨德广：《评"名校统揽高分者，高分者统统进名校"——对"平行志愿投档"的深层次思考》，《北京大学教育评论》2009年第7期。

[2] 边新灿：《新一轮高考改革对大学教育的影响》，《中国高等教育》2015年第2期。

[3] 王小虎、潘昆峰、苗苗：《高考改革对高水平大学招生的影响及其应对》，《中国高教研究》2017年第4期。

[4] 刘海峰：《新高考改革的实践与改进》，《江苏高教》2019年第6期。

[5] 钟秉林：《稳妥推进我国高考综合改革的四个着力点》，《中国教育学刊》2019年第6期。

[6] 李斌、罗赣虹：《高校大类招生：精英教育的一种推进模式》，《大学教育科学》2012年第5期。

[7] 禹奇才、蔡忠兵、苗琰：《推进高校大类招生改革若干问题的探讨》，《高教探索》2014年第1期。

[8] 刘清华：《试论美国高校招生考试与学校教育的关系》，《外国教育研究》2003年第4期。

[9] 田建荣：《高考多元录取与大学教学管理制度亟待衔接》，《中国高等教育》2014年第18期。

个性化培养；冯成火①指出在浙江省"三位一体"招生模式改革中，应扩大高校和考生的双向自主选择权、激发大学教授参与治校的积极性和主动性；游畅等②指出复旦大学在多元录取导向下充分考虑了学校人才培养理念在招生中的作用，邀请诸多学科教授根据人才培养经验参与人才选拔，使本科招生改革与教育教学改革相得益彰。

4. 高考综合改革对高校的影响

刘莎③指出高考综合改革影响了高校的人才培养理念、专业设置模式、课程设置方式、教学制度体系、教学组织形式、教学管理模式、教学评价方式等；杜瑛④认为在高考综合改革背景下，高校面临着生源结构和育人生态的变化，但高校的应对能力不强；王新凤、钟秉林⑤谈及高考综合改革过程中，高校面临种种困难，如选考科目在优质生源与专业发展之间的两难选择、生源结构受到挑战、冷门专业遭遇生源危机、综合评价录取的公平性遭遇质疑。

三　相关研究的基本特征

已有研究的发展脉络指向了该领域的繁荣趋势，现状分析则呈现了诸类观点的百家争鸣。通过文献回顾，可发现已有研究呈现出如下特征。

第一，政策驱动多，教育需求少。已有研究对中国高校招生主体性地位的关注大部分来源于政策的驱动，如中华人民共和国成立初期的恢复单独招考、2003年起的自主选拔录取、2014年起的高考综合改革等，都将研究数量推向了峰值。小部分来源于探讨教育基本规律、满足高校顺利运行的客观需求，是学者高屋建瓴的判断抑或高校招办一线工作人员的经验积累。后者的影响力有限，与高考的国家教育考试属性以及高考的社会功

---

① 冯成火：《浙江省"三位一体"招生模式改革的思考和探索》，《教育研究》2014年第10期。

② 游畅、王阳、朱晓超：《科学选拔创新人才的理念、方法与成效——2006—2017复旦大学改革探索综述》，《华东师范大学学报》（教育科学版）2018年第3期。

③ 刘莎：《2014年高考改革对大学招生及人才培养模式的影响研究》，硕士学位论文，西南大学，2017年，第20—24页。

④ 杜瑛：《新高考背景下高校招生录取制度面临的现实困境与改革路径》，《中国高教研究》2019年第3期。

⑤ 王新凤、钟秉林：《新高考背景下高校招生与人才培养的成效、困境及应对》，《中国高教研究》2019年第5期。

能、教育功能关系密切。虽然高考研究要"心怀理想、脚踏实地",但教育改革类的研究也应理性把握理想与现实的结合点,即社会功能与教育功能的平衡点。必要的理论探索可使高考改革不过度为政令所约束,保持教育的相对独立性;成熟的理论成果可以指导高考改革,提升高校招生录取的科学性与有效性。

第二,比较借鉴多,中国话语少。谈及高校招生主体性地位,大部分研究倾向于使用比较、借鉴的方法,希望借"他山之石"以攻"玉",比如借鉴美国、英国、法国等高校的考试招生制度,通过对高校招生自主权的比较等得出结论。小部分学者则在国外经验的基础上批判审思,尝试立足中国国情,在招生自主权极为有限又难以突破的情况下,倡导高校招生能力建设。中国高校考试招生制度本身与儒家文化、国家政策、社会资源有着无限的纠葛,脱离国情讨论高考改革是不切实际的。更何况国外多数高校单考、单招由来已久,也从未形成过如中国般如此浓厚的考试文化,对国外高校考试招生的经验尚可挖掘,但因制度与历史的特殊性,却不可简单复制。基于中国国情、直面中国高校招考历史、理性参考国外高校招考的有益经验,才能妥善解决中国高校招生主体性地位问题。

第三,零散观点多,系统研究少。高校招生主体性地位问题于中国高校考试招生制度研究而言,不是一个新生问题,早在1952年统一高考制度刚刚确立时在理论研究与实践工作中便受到关注。但70多年来,大多数类似的声音多以论点、政策建议等形式散见于高考改革的相关著述中。且多停留于表面,比如,仅在"要发挥高校在招生中的作用""招生与培养之间存在必然的联系"等"口号式"观点中达成一致。近年来,少数研究者开始进行深入的探讨,比如,"如何加强招生与人才培养之间的联系""高校自主选拔录取的成效""高校自主招生的成效"等。事实上,对高校招生主体性地位问题的研究是亟须提升系统性与深入性的,应以相关的教育理论、制度理论为基础,将松散的观点系统化,透过现象挖掘本质,形成一个完整的研究体系,得出一个成熟的理论,方能为实践所参考。

第四,理论思辨多,实证分析少。中国高校招生主体性地位的相关研究,在研究方法上与中国高考研究趋同,以思辨为主,多为理论研究者基于考试大国的文化因素、高考改革的历史经验做出的预判。仅有少数研究者走出思辨、走向田野,通过访谈、问卷等证实高校招生主体作用的效能与影响。国外的相关研究，则以大规模量化分析为主。思辨研究的逻辑递推可以挖掘研究的深度，在系统研究中发挥着不可忽视的作用；量化分析的范围宏大可以保障研究的广度，更易于对眼前的现象抽丝剥茧。在不否认二者有效性的前提下，实证研究可能是更好的选择。比如采用质性研究方法、借用扎根理论，在经验收集的基础上，提供意义诠释。在研究过程中，兼顾多学科的思维与方法，将研究置身于教育学领域，又不局限于教育学研究，充分借鉴历史学、社会学、政治学、哲学等学科的宝贵经验，以增强研究的科学性。

第三节 研究界定

中国高校招生主体性地位的系统研究缘起于中国高考的现实问题，在研究过程中不能忽略历史、文化、社会、高等教育、民众等多方要素，正如高考的利益相关者众多一般，高考研究涉及的相关要素也非常之多。但一篇博士学位论文所能解决的问题有限，所以，开篇将研究论域、研究问题、研究的重点与难点做一澄清，以保证研究的边界得当、问题明确、重点突出、难点适切。

一 研究论域

对研究的论域进行界定，是开展社会科学类研究的前提，具体而言，研究论域又包括概念域、时间域、空间域等多个方面。

（一）概念域

"高校""高校招生制度""高校招生"是本书的核心概念，但作为研究的焦点，其意蕴不局限于辞典中的释义，更重要的是要结合中国国情、社会现状、高等教育发展业态来看待。

1. 高校

高校，即高等学校的简称，在相关研究中也被称为高等院校、大学等。《教育大辞典》（增编合订本）将高等学校定义为"以实施高等教育为主要职能的机构。由政府、各种社会组织、国际组织、个人、私人团体、教会等举办。采取全日制、部分时间制、业余学习等方式，提供可（或不能）获得某种学位、文凭、证书的高等教育。招收具备中等学校毕业或同等学力（或更高）水平的人员（包括在职人员）。在中国，有普通高等学校和成人高等学校两类。前者包括大学、独立设置的学院、高等专科学校和高等职业学校。后者包括广播电视大学、职工高等学校、农民高等学校、管理干部学院、教育学院、独立函授学院和普通高等学校举办的函授部（学院、班）、夜大学等"①。

考虑到中国高考变革的历史以及高考综合改革多元、分类、综合的价值导向，为保证研究的专门性与针对性，根据教育部发展规划司公布的教育统计数据中对各级各类学校的命名情况，② 本书所涉及的高校为普通高等学校中的本科院校（含独立学院），因普通高等学校中的高职（专科）院校及其他普通高教机构、成人高等学校、民办的其他高等教育机构涉及高职分类高考、非选拔性入学（如注册入学等），故暂不列为本书的考察范围。

同时，也不能忽视中国高等教育、中国高校的特殊性，比如高等教育"后发外生型"的特征、高等教育入学规模世界第一的事实、高等学校在办学资源上尤其依赖政府的现状、高等学校之间市场竞争尚不明显的实情等。只有充分考虑中国高等教育与中国高校的特殊性，才能更有针对性地探讨中国高校招生主体性地位的问题。比如，本书对高校的关注，既包括其资源、分类、组织机构设置等属性，也包括与其职能发挥有关的专业设置、学科特征、人才培养等问题。

2. 高校招生制度与高校招生

"高校招生制度"是"高校考试招生制度"的重要组成部分。《大辞海·教育卷》将高等学校招生制度定义为"高等学校招生、录取新生的政策、条件、办法等的总称，一般有开放入学、考试选拔、推荐入学等方式"③。《教育大辞典》（增编合订本）将其定义为"中国1952年起实行全国统一招生制度。由教育部（高等教育部）会同有关部门制定全国统一的高等学校招生方针、政策、计划、办法和有关规程；组织进行每年一次的高等学校入学统一考试，全国统一命题，统一规定报考条件、考试科目、政治审查标准、健康检查标准、考试日期及录取新生的原则；各地区

---

① 顾明远：《教育大辞典》（增编合订本），上海教育出版社1998年版，第970—971页。
② 教育部发展规划司："已有各类学校校数，教职工，专任教师情况"，http://www.moe.gov.cn/s78/A03/moe_560/jytjsj_2019/qg/202006/t20200611_464804.html，2020年6月11日。
③ 大辞海编辑委员会：《大辞海·教育卷》，上海辞书出版社2014年版，第267页。

按统一规定，结合当地具体情况，分别办理报名、考试、政治审查、健康检查、评卷和录取等工作"①。"高校招生制度"体现为制度化的法规、条例、章程、体制、公约等②，比如中国省级考试招生机构公布的《普通高等学校招生志愿填报与投档录取实施办法》，中国、英国的高校招生章程（简章），日本的大学招生考试章程，俄罗斯的《俄罗斯联邦高等学校招生章程》等。"高校招生制度"由政府或高校决定，是自上而下约束高校招生行为的准则，也是由内而外解释招生决策的依据。

"高校招生"与"高校招生制度"概念同源，皆以为高校选拔适宜适性的人才为目的。但"高校招生"的内涵更为宽泛，涉及高校招生、录取新生的活动、行为、规则、制度等多重内容。"高校招生"体现为具体的活动、行为、操作等，比如招生计划的制订、招生方案的确定、招生的宣传、录取的决策等。可见，"高校招生"的大部分活动应由高校在教育行政部门的监督、引导下开展，是执行自上而下的招生任务并开展具体的招生实践活动。换言之，与招生相关的制度与活动、招生的主体、为招生服务的行为、招生产生的影响及诸要素之间的关系等，皆属于本书研究的范畴。

与"招生"相关的概念有"录取"，凡属选拔考试，均有按规定数额对考试合格者的选定，是选拔考试整个程序中的重要一环；③ "招生考试"，现代考试中各类各级学校为招收新生、测定其学力而举行的考试之统称。④

本书所关注的高校招生，以面向高中生源的本科层次的普通类招生为主。基本不涉及面向中等职业学校、高等职业学校、高等专门学校生源的对口升学、专升本，硕博士研究生招生，保送生、高水平艺术团、高校专项计划等特殊类招生。但高校创新班招生等高校招生的最先尝试，综合评价招生等高考综合改革的重点内容，"强基计划"、上海市春季高考的部分内容、小部分高校获得招生自主权的先行试验，在一定程度上代表了中国高校招生主体性地位发展的风向标，故被列为研究对象。

---

① 顾明远：《教育大辞典》（增编合订本），上海教育出版社1998年版，第983页。
② 唐坚：《制度学导论》，国家行政学院出版社2017年版，第1页。
③ 杨学为：《中国考试大辞典》，上海辞书出版社2006年版，第296页。
④ 杨学为：《中国考试大辞典》，上海辞书出版社2006年版，第248页。

（二）时间域

中国高校招生主体性地位虽然是21世纪以来，尤其是高考综合改革之后才被重视的，但对这一问题的研究不能局限于当前阶段。中国高校招生主体性地位是一个系统性问题，包括"历史缘何无力""当前为何乏力""未来如何发力"等内容。

在本书的"历史检视部分"，将时间域界定为1895—2013年，即从中国第一所现代意义的高等学校建立之日起，到高考综合改革前。以澄清在我国招生史上的以下问题：中国高校发挥着怎样的作用，主体性为何受限，这种情况会带来什么影响，顶层设计者做过哪些尝试，为完善制度还可以做哪些努力等。

本书的主体部分将时间域界定为2014年至今，即实施高考综合改革以来。教育部部长陈宝生在党的十九大会议的讨论中表示，此轮高考制度改革是1977年恢复高考以来，规模最大、涉及面最广、难度最艰巨的一次改革。高校招生主体性地位问题因此次改革备受重视，且这一问题也是建设中国特色现代考试招生制度的一项重点内容，是未来很长一个阶段中国高考改革的趋势。故，以2014年以来为研究主体的时间域，也凸显了本书的实践价值。

（三）空间域

高校招生主体性地位的强化是中国大陆所有依据统一高考成绩入学的选拔性录取高校都必须面对的问题。特殊的历史文化、长期的"统考统招"制度，使高校在招生中的主体权力、意识、行为缺失。2003年起实施的自主选拔录取，以试点高校为单位推进，影响力有限。而2014年起的高考综合改革，以试点省份为单位推广，影响范围巨大。

中国高校招生录取的分省定额、招生名额分配向属地倾斜等原则，导致位于非高考综合改革试点地区的高校因在试点地区招生数量不多而不熟悉具体的实施方案或受到的影响不大，故本书将空间域界定为高考综合改革试点地区。同时，虽然第一批、第二批、第三批试点地区已于2014年、2017年、2018年公布了实施方案，并于当年落地，但相应地区的高校启用高考综合改革实施方案招生的年份为2017年、2020年、2021年，故本书以第一批、第二批试点地区为主，第三批试点地区为辅。

二 研究问题

招生是高等教育的"入口",招生的科学性与高等教育质量关系密切。1952年以来,"统考统招"的高校考试招生制度使高校在招生环节的表现越发"无力",但2003年高校自主选拔录取改革、2014年高考综合改革的推进,却决定了高校必须在招生中"发力"。但此时的大学,面临的不是"要不要'发力'"的问题,而是"能不能'发力'",或曰"是否具备'发力'的能力"的问题。故,本书将问题聚焦于"中国高校招生主体性地位",以期通过系统的研究,厘清中国高校在招生中曾经缘何无力、现在为何乏力、未来如何发力等问题。具体研究可分解为如下问题。

第一,何谓"高校招生主体性地位"? 强化高校招生主体性地位的意义何在?

第二,中国高校招生主体性地位的基本状态如何? 包括在历史变革过程中的状态,以及在现实发展,尤其是高考综合改革以来的状态。制度环境如何?

第三,中国高校招生主体性地位的影响因素或相关因素是什么? 比如内在基础是什么? 基本保障是什么?

第四,中国高校招生主体性地位有着怎样的逻辑框架与强化路径?

基于以上问题,研究主体拟包括如下四部分、七个方面。

第一部分,对高校招生主体性地位的作用及其必要性进行论证。这对应第一章,通过相关理论及制度背景,阐释高校招生主体性地位的内涵,建立中国高校招生主体性地位研究的分析框架。

第二部分,通过历史、制度、实践的视角,呈现中国高校招生主体性地位作用的基本状态,包括第二章、第三章、第四章。首先,"中国高校招生主体性地位的历史检视",通过1895—2013年的招生政策、招生文献(含大学史料、报纸社论等),澄清高校在招生中的历史地位,从历史之维剖析主体性困境。其次,"中国高校招生主体性地位的制度环境",通过对政府、高校两个层面的政策(制度)分析、组织结构分析,从制度之维发现主体性困境。最后,"中国高校招生主体性地位的实践省思",探究高校在非高考综合改革试点地区、高考综合改革试点地区、招生"自主化"改革(如综合评价录取、上海市春季高考、"强基计划")、

"创新班"等招生方式中的地位,从实践之维挖掘主体性困境。

第三部分,深入探讨影响中国高校招生主体性地位的因素,包括第五章、第六章。首先,"中国高校招生主体性地位的内在基础",揭示招生与高校办学的种种关联,是强化高校招生主体性地位的必要性。如招生与高校办学、招生与学科能力、招生与专业适应、招生与高级专门人才培养等。其次,"中国高校招生主体性地位的基本保障",阐释高校办学中的现有要素与招生的联系,是强化高校招生主体性地位的可能的路径。如招生自主性与高校招生、学术声誉与高校招生、招生治理与高校招生、院校研究与高校招生等。

第四部分,形成中国高校招生主体性地位的逻辑框架,即第七章。阐明现实情状,澄清逻辑框架,并提出强化目标与路径。

三 研究的重点与难点

高考的复杂性、高考综合改革的系统性、高等教育运行机制的多维性决定了"中国高校招生主体性地位研究"是一个宏大的问题域,作为一项专题研究,必须厘清重点、明确难点,以保证研究的价值。

（一）研究重点

中国高校招生主体性地位的现实情状及其成因是本书的重点。立足历史、澄清现实、构画未来,是本书的基本态度,也是贯穿研究始终的一条主线。长期以来,中国高校因招生自主权缺失,招生主体性地位也被忽视。在现行制度背景、现有权责下,高校应如何作为尚未被澄清,更遑论赋予高校"充分的"招生自主权。故本书的重点在于通过政策分析、实地调研澄清中国高校招生主体性地位的现实情状,并从历史、制度、实践等角度分析成因。以期理论先行,发现高校作为主体的招生规律。也只有以此为重点,才能寻找到强化高校招生主体性地位的路径,发现高校参与高校招生甚至是高考改革的突破口。

（二）研究难点

本书的难点在于中国高校发挥招生主体性地位的影响因素或相关因素。具体而言有二：其一,中国高校招生主体性地位的内在基础。已有研究充分论证了"高校在招生中的应然地位",但价值层面的判断与口号式的呼吁在解决问题中稍显不足。要从"招生"与"高校办学""高级专门人才培养"的联系出发,直击事物的本质。在历史研究、制度研究、实践研究的基础上，挖掘招生与高校的硬件资源、软件设施的关系，从二者的相互影响与制约中探讨高校招生主体性地位。其二，中国高校招生主体性地位的基本保障。这是高校招生能力建设、招生改革的突破口。要在前期研究的基础上，参考高校运行机制、高考制度发挥效应的影响因素，共同探索保障高校招生主体性地位的条件性因素。

第四节　研究设计

中国高校招生主体性地位研究是一项遵循"实践—理论—实践"范式的研究。问题来源于实践，研究的目的又在于透过实践挖掘本质、提炼规律、充实理论，同时将本质、规律、理论转化为可操作性的方案，用于问题解决。

一　研究方法

一项系统的研究在问题提出、问题分析、问题解决三个阶段的研究目标不同，使用的方法也不尽相同。本书主要采用文本分析法、多个案研究法、访谈法、批判话语分析法。

（一）文本分析法

文本分析法是对收集到的相关资料进行研究，在澄清研究对象的性质和状况的基础上，提炼自己的观点的分析方法。在教育学的相关研究中，这种方法亦被称为"文献研究法"，即对文献进行查阅、分析、整理并力图找寻事物本质属性的一种研究方法，其不直接参与或接触具体活动，故而，又被称为非接触性研究方法。通过对文献资料进行理论阐释和比较分析，帮助研究者发现事物的内在联系，找寻社会现象阐释的规律性。[①]

使用文本分析方法，既可以提高研究效率，也可以一定程度上消除研究者与不可能接近的研究对象之间的沟壑。本书在历史检视与制度环境审视部分，收集与招生相关的政策、制度、文献，剖析其逻辑、价值、矛盾与进路。

（二）多个案研究法

多个案研究法（Multiple Case Study or Collective Case Study）是对多个

---

① 袁振国主编：《教育研究方法》，高等教育出版社2000年版，第149页。

案例进行深入分析的方法。Robert E. Stake 指出,个案研究的研究者多出于对该个案本身的兴趣,工具性个案研究的研究者将个案当作探讨某种议题、提炼概括性结论的工具,多个案研究则是一种更为极端的工具性个案研究,研究者旨在研究某个总体或一般情况,对于特定的个案本身则没有什么兴趣。[1] 针对教育个案研究出现的问题,"走出个案"更受学界认同,强调多个案的累积、特征的分析性研究、立足于宏观的微观研究、个别之间的迁移、评价性认同等。[2] 本书制度环境审视的部分内容、实践省思的整体内容均基于多个案研究法,以期通过对多个案的分析,澄清事实、探究成因、寻找出路。

(三) 访谈法

访谈法是通过与受访者的面对面交谈了解研究对象的现象、规律的一种方法。访谈法的特点在于:第一,具有明确的目的性,希望通过访谈得到有利于研究的信息;第二,反映的是客观事实,是根据访问对象的答复来收集客观的、不带任何主观偏见的事实材料。在研究比较复杂的问题时,需要向不同类型的人收集不同类型的材料。[3]

本书采用个别访谈法、焦点小组访谈法,设置半结构式问题,对国家级、省级考试招生机构的工作人员,高校的校级领导、招办工作人员、二级学院相关领导、专任教师、学生等进行访谈,以期获得他们的在场认知,并基于扎根理论,采用编码技术,挖掘事物的本质。

(四) 批判话语分析法

批判话语分析将语言与社会紧密联系在一起,研究者既关注静态的社会情境,又突出动态的意义建构过程,真正地做到了联系、发展地看待社会问题。[4] 任何一种教育存在都有其产生的背景、都发挥着其相应的作用,批判话语分析将招生置身于高等教育、社会的背景中,可以更好地阐释从"文本"到"话语实践"再到"社会实践"的过程。

---

[1] 参见卢晖临、李雪《如何走出个案——从个案研究到扩展个案研究》,《中国社会科学》2007年第1期。
[2] 张立昌、南纪稳:《"走出个案":含义、逻辑和策略》,《教育研究》2015年第12期。
[3] 裴娣娜:《教育研究方法导论》,安徽教育出版社1995年版,第180页。
[4] 王熙:《批判性话语分析对教育研究的意义》,《教育研究》2010年第2期。

二 资料收集与分析

在提出问题阶段,通过文献综述、政策分析、预访谈、域外资料梳理等发现,对于"中国高校招生主体性地位"问题,理论研究者与实践工作者存在认识上的偏差,学界共识与政策设计存在认同上的偏差,国内情况与国外情况存在理念上的偏差,这便增加了研究的难度,也使资料收集与分析过程显得尤为重要。

(一)史料的收集与分析

对中国高校招生主体性地位现状的澄清与分析不能忽视历史要素,当前的状态由历史上的状态发展而来,而历史状态被取代的原因也应为现阶段强化高校招生主体性地位所关注。虽然本书并非一项教育史研究,历史检视部分也并非本书的重点,但出于研究需要及对研究系统性的考量,故以部分大学公开出版的史料为突破口,完成相关研究。

本书收集了北京大学、清华大学、交通大学、南开大学、厦门大学、兰州大学、东吴大学、云南大学等高校公开出版的史料。虽然大学史料的时间域从建校之初延续到了20世纪六七十年代,但对高校招生行为的记载多止步于统一高考建制之前。史料的内容主要可分为如下几类:第一类,教育行政部门对高校招生做出的专项规定,如《教育部规定本年度各大学招生办法(1935)》;第二类,在全国性办学规程中对高校招生做出的规定,如民国期间的《大学令》《大学规程令》;第三类,针对部分高校招生中违规行为的训令,如《教育部训令(第一一七号)》等;第四类,高校的招生章程、招考规则等,如《北京大学招考简章》《国立北京大学入学考试规则(民国十四年修订)》《国立清华大学1947年年度招考一年级新生简章》《厦门大学招生简章(1932)》《私立东吴/沪江大学联合法商学院招生简章(1944)》等;第五类,高校招生管理的专门文件、会议记录等,如《本校(北京大学)入学试验委员会组织业已就绪》《(南开大学)招考新生委员会(1947)》《国立云南大学招生委员会会议记录(1941年5月10日)》等;第六类,高校内部管理文件及会议记录中与招生相关的部分,如《国立清华大学条例(1928)》对本科生入学资格的要求,《清华大学本科教务通则(1934)》之"入学与转学",《国立北京大学内部组织试行章程(1919)》对入学考试委员会、新生指导委员会等的要求等,《省立云南大学校务会会议记录》(1935年2月19日)讨论的本届新生招考委员会的建制等；第七类，高校对招考过程中考生舞弊行为的通报与处罚，如《北京大学布告（1923）》等；第八类，由高校发布的招生宣传材料，如刊于1926年5月25日《晨报》中的《国立北京大学招生广告》，1922年5月28日《申报》的《厦门大学招生广告》等；第九类，其他与高校招生相关的史料，如《清华副刊》刊载的《论第一年不分院系》《读〈论第一年不分院系〉》《申论一年级不分院系》系列文章，彰显出高校招生对学生意见的尊重，《（交通大学）二十五年度各项招生统计表》等早期院校研究之招生研究的成果，《1940年度公立院校统一招生萨本栋任闽省考区主任》等包含招考信息的文章等。

文本是历史研究的核心工作，有利于尊重史料与研究者的主体性，避免对史料选取不规范、运用不充分等问题，任务在于发现文本中的直接与间接信息、提供历史知识并揭示真理，具体包括定性和定量的研究方法。[①] 本书所获得的史料有限，开展定量研究的难度较大，故采用定性研究开展史料分析。具体而言，从分析文本的要素与内涵出发，首先，提炼出每一份史料中高校作为招生主体的相关信息；其次，梳理出每所高校不同时期的高校招生主体行为；再次，概括出同一历史时期或政策背景下，高校作为招生主体的一般性特征与特殊性特征；最后，对历史上的高校招生主体性地位做成因分析、功过评判等。

（二）政策等文本资料的收集与分析

"统考统招"是中国高考的基本特征，"统"有赖于一定程度的制度化。研究中国高校招生主体性地位，就必须考虑教育行政部门、考试招生机构和高校制定、颁布和实行的与高校考试招生相关的政策及其他文本，此类文本不仅是高校招生主体行为的基本准则，而且是国家对高校招生主体行为的政策期待。

本书收集到的文本资料来源于政策汇编、官方网站、官方已公开的统计数据，或由受访的考试招生机构、高校直接提供，资料的时间跨度从1950年至2020年，可分为如下几类：第一类，国家级教育行政部门或相关部委颁布的与高考、高考改革直接相关的政策、通知、要求、指引、配套文件等，如《普通高等学校招生暂行条例》（87教学字014号）、《关于建立国家教育考试管理中心的通知》、《关于深化考试招生制度改革的

---

① 张荣明：《如何让史料说话》，《天津师范大学学报》（社会科学版）2009年第2期。

实施意见》（〔2014〕35号）、《普通高校本科招生专业选考科目要求指引（试行）》（教学厅〔2018〕1号）、《关于做好2020年普通高校招生工作的通知（教学〔2019〕4号）》（含附件）等；第二类，国家级教育行政部门或相关部委颁布的重要文件中涉及高校考试招生的部分内容，如《国家中长期教育改革和发展规划纲要（2010—2020年）》"第十二章考试招生制度改革"；第三类，省级考试招生机构颁布的与高考、高考改革的实施方案、配套方案、相关方案等，如《关于印发浙江省深化高校考试招生制度综合改革试点方案的通知》（浙政发〔2014〕37号）《浙江省普通高校招生选考科目考试实施办法》《关于完善浙江省普通高中学生成长记录与综合素质评价的意见》（浙教基〔2015〕45号）；第四类，省级考试招生机构发布的重要招考信息、书籍、宣传视频，如《山东省2020年普通类常规批第1次志愿投档情况表》《山东省2020年夏季高考文化总成绩一分一段表》《山东省2017—2019年普通高考本科普通批首次志愿录取情况统计表》《2020年拟在山东省招生的普通高校专业（类）选考科目要求》《2020年上海市普通高等学校招生专业目录》等；第五类，研究对象高校的"招生章程""招生简章""招生细则"等；第六类，研究对象高校的"大学章程"；第七类，研究对象高校与招生工作相关的其他文件等；第八类，研究对象高校的招生宣传材料、宣传视频、在线讲座等；第九类，研究对象高校部分专业的人才培养方案，如"强基计划"、创新班的人才培养方案等。①

文本（Text）、话语实践（Discursive Practice）、社会实践（Social Practice）是批判话语分析的三个层次，本书基于图绪-1所示的模型对政策等文本资料进行分析。首先，还原文本的真实信息，阅读、总结、整理每一份文本资料，按照主题对文本资料或其中的内容进行归类，并呈现基本内容、总结主要特征；其次，挖掘文本中的相关信息、主要信息，以研究问题为重点对文本资料再审视，发现文本资料中体现出的与研究问题相关的价值、逻辑；最后，审视文本话语在实践中的体现或给实践带来的影响，结合高校招生实践、高等学校办学实情、社会文化认同等对文本的价值与逻辑进行再反思。

---

① 因涉及研究伦理及中国高考的特殊性，对在调研对象高校收集到的相关材料暂不举例。

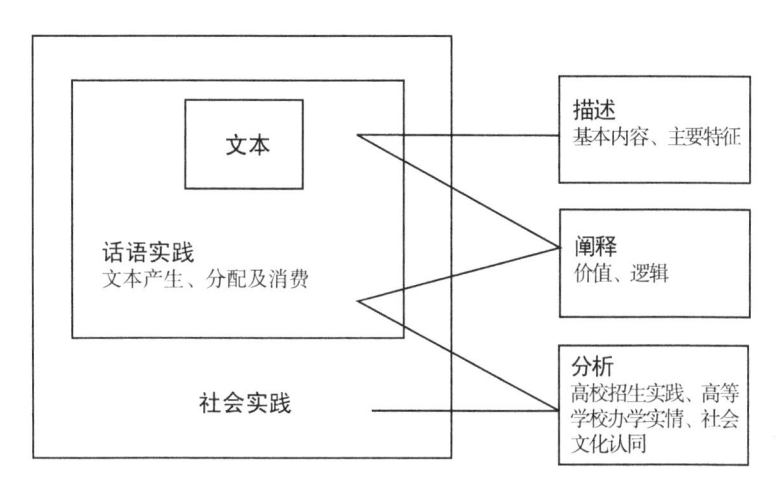

图绪-1　本书文本资料的批评话语分析模型

资料来源：由笔者在原图基础上改制，原图来源于 Fairclough N., *Discourse and Social Change*, Cambridge: Polity Press, 1992, p.73。

（三）访谈及其结果的分析

本书的重点是中国高校招生主体性地位的现实情状及其成因，对政策等文本资料的研究可呈现一定的实情，但仍然较为有限，只有实地调研才能透过文本资料挖掘更为真实深入的信息，也可以验证政策等文本资料的落地及真实情况。限于中国高校招生的高利害性，研究者进入招生现场较为困难，故，通过访谈接触尽可能多的相关人员，以加深对这一研究课题的认识。

访谈是在教育部哲学社会科学研究重大课题攻关项目"高考综合改革试点完善措施研究"（项目批准号：18JZD052）课题组的支持下开展的，具有较为饱和的访谈对象。调研单位包括考试招生机构及高校，具体单位的选择考虑了高考综合改革的推进情况、各试点地区高考综合改革实施方案的一致性与差异性、高校的类型等；访谈对象的选择则考虑了与研究主题的相关性、调研单位招生的特色等。具体取样情况如表绪-1和表绪-2所示。

为避免主观性、提升科学性，本书在处理访谈结果时，参考、借鉴了扎根理论的部分分析、研究方法。笔者在拟定访谈提纲、开展访谈、转录访谈结果时使用了备忘录。备忘录撰写是扎根理论的一个关键方法，它鼓励研究者从分析研究过程早期就开始分析数据和代码。[①] 在访谈结束后，在"高考综合改革试点完善措施研究"课题组成员的帮助下将访谈录音转录为文字材料，并对每份材料进行编号。

考试招生机构的编号系统包含如下信息：（1）考试招生机构的基本信息。依次包括：行政级别，"KZJG"代表国家级，"KSY"代表省级；进入高考综合改革的批次，如"1"代表第一批；同一级别/同批试点地区不同受访考试招生机构的编号，如"2"代表同一级别或试点地区第二所受访的考试招生机构。举例来看，"KSY1-1"为第一批试点地区的第一家受访的省级考试招生机构。（2）受访者身份。"LD"表示机构负责人，"GZRY"表示相关部门的工作人员；若同一机构相同职位有多个受访者，则对受访者进行编号。举例来看，"LD1"为该机构第一位受访的负责人。（3）访谈日期。如"191125"表示 2019 年 11 月 25 日。综合以上三部分，即形成考试招生机构的编号，如"KSY2-1-GZRY1-191021"表示"对第二批高考综合改革试点地区第一家考试招生机构的第一位相关部门工作人员的访谈内容，访谈时间为 2019 年 10 月 21 日"。

高校的编号系统包含如下信息：（1）高校的基本信息。依次包括：学校类别，"GX1"代表"'一流大学'建设高校"，"GX2"代表"'一流学科'建设高校"，"GX3"代表省属重点高校，"GX4"代表新建本科高校，"GX5"代表独立学院；属地进入高考综合改革的批次，如"1"代表第一批；若同一类别、同批试点地区有不同受访高校机构，则进行编号，如"3"代表同一类别、同批试点地区的第三所受访的高校。（2）受访者身份。"XLD"代表主管校领导，"ZB"代表招办工作人员（含招办主任），"XYLD"代表二级学院领导，"JS"代表专任教师，"ZPZSG"代表综合评价录取招生官，"XGKXS"代表通过高考综合改革实施方案入学的学生，"ZPXS"代表通过综合评价录取方式入学的学生。若同一高校、同样身份信息有多位受访者，则进行编号，如"JS2"为该受访单位第二位受访的教师。（3）访谈日期。规则同上。综合以上三部分，即形成高校编号，如"GX1-1-1-ZB1-191212"表示"对位于第一批高考综合改革试点地区的第一所'一流大学'建设高校的第一位招办工作人员的访谈内容，访

---

① ［英］凯西·卡麦兹：《建构扎根理论：质性研究实践指南》，边国英译，陈向明校，重庆大学出版社 2009 年版，第 93 页。

谈时间为2019年12月12日"。

访谈法用于中国高校招生主体性地位研究的制度环境审视、实践省思、内在基础、基本保障等多个章节,是本书的主要研究方法。对访谈结果的分析关切到中国高校招生主体性地位现状的成因分析、逻辑框架的建构、强化路径的发现。故,本书在扎根理论常用的初始编码、聚焦编码的基础上,使用了格拉泽(Claser)1978年提出的理论编码方法,具体过程如下:第一步,初始编码,仔细研究数据的片段,包括"词""句子""段落"等,通过挖掘早期的数据来寻找能够进一步指引数据收集和分析的分析性观念。第二步,聚焦编码,使用最重要的或出现最频繁的初始编码来对大部分数据进行分类、综合、整合和组织,确定那些编码是否充分反映了数据。第三步,理论编码,将聚焦编码阶段形成的类属之间可能的关系变得具体化,这些代码不仅可以使所要分析的故事(研究问题)具有连贯性,而且会形成实质编码(Substantive Codes)并使之间的关联形式概念化,也会使分析性的故事(研究问题)开始变得理论化。理论编码的家族系庞大,包括分析性类属比如"6个C":原因(Cause)、语境(Context)、偶然性(Contingencies)、结果(Consequences)、协变量(Covariances)和条件(Conditions),"程度""维度""交互性""理论性"和"类型",以及来自主要概念如"身份—自我""方式—目标""文化"以及"共识"家族的代码。除此之外,编码家族还融合了概念的区分,比如"单元"包括群体单元、家庭组织单元等结构单元和形势、社会世界和社会情境等生成性单元。多元、多维的理论编码可以增加精确性和清晰度,使分析变得连贯和易于理解。[①] 即笔者首先熟读材料,在必要的时候重复听取访谈录音,充分挖掘可用信息,并调整、完善访谈提纲;其次基于研究问题、分析框架,提取访谈结果中的重要观点或出现频率相对较高的观点,并对其进行分类、整合等,形成初步认知,如现状澄清等。最后基于理论编码庞大的家族系,将第二阶段分类及整合后的编码概念化、形成深度认知,如特征剖析等;建立编码之间的联系、用系统性观点分析问题,如成因分析等;并最终理论化、挖掘研究问题的本质,如生成理论等。

[①] [英]凯西·卡麦兹:《建构扎根理论:质性研究实践指南》,边国英译,陈向明校,重庆大学出版社2009年版,第54—81页。

表绪-1 在案例考试招生机构的取样情况

试点批次	考试招生机构	样本数	访谈对象	访谈日期	访谈时长	访谈地点
—	KZJG1	1	机构负责人 1	2019-03-22	63'	各考试招生机构
第一批	KSY1-1	9	机构负责人 2 各部门工作人员 7	2019-10-29	101' 88'	
	KSY1-2	1	机构负责人 1	2020-10-27	115'	
第二批	KSY2-1	10	机构负责人 3 各部门工作人员 7	2019-10-21	171' 58'	
第三批	KSY3-1	5	机构负责人 1 各部门工作人员 4	2019-10-15	104' 108'	
	KSY3-2	7	机构负责人 2 各部门工作人员 5	2019-11-25	105' 87'	
	KSY3-3	3	机构负责人 1 各部门工作人员 2	2020-10-22	65' 18'	
小计	7	36	机构负责人 11 各部门工作人员 25	—	1083'	

注：1. 考虑到研究伦理及中国高考的高利害性，在与受访者沟通后隐去所有调研单位及个人的名称信息；2. 访谈时长为四舍五入后的分钟数；3. 部分群体为个别访谈、部分群体为焦点小组访谈，在表格中不做区分。

表绪 – 2　在案例高校的取样情况

高校	办学类型	属地批次	样本数	访谈对象	访谈日期	访谈时长	访谈地点
GX1-1-1	"一流大学"建设高校	第一批	11	招办工作人员1 新高考入学学生5 综评入学学生5	2019-12-12	99' 51' 55'	各高校
GX1-2-1		第二批	8	招办工作人员1 二级学院领导1 专任教师1 综评入学学生5	2019-10-23	54' 61' 38' 54'	
GX1-2-2			1	专任教师1	2019-11-01	67'	作者就读高校
GX1-3-1		第三批	14	主管校领导1 招办工作人员1 专任教师1 综评招生官1 新高考入学学生5 综评入学学生5	2019-10-16	36' 46' 33' 16' 58' 71'	各高校
GX1-3-2			15	招办工作人员1 二级学院领导3 专任教师3 综评招生官1 综评入学学生5	2019-11-26	68' 42' 74' 39' 41'	

续表

高校	办学类型	属地批次	样本数	访谈对象	访谈日期	访谈时长	访谈地点
GX2-3-1	"一流学科"建设高校	第三批	8	主管校领导1 招办工作人员1 二级学院领导3 专任教师3	2019-11-26	55' 60' 48' —	各高校
GX2-3-2			29	主管校领导1 招办工作人员4 二级学院领导3 综评招生官1 新高考入学学生10 综评入学学生10	2019-10-16 2019-10-17	51' 61' — 45' 88' 53'	
GX3-1-1	省属重点高校	第一批	3	招办工作人员2 综评招生官1	2019-10-30	50' 54'	
GX3-1-2			24	招办工作人员1 二级学院领导3 专任教师3 综评招生官3 新高考入学学生7 综评入学学生7	2019-12-09	67' 57' 36' 53' 75' 34'	
GX3-1-3			3	招办工作人员3	2019-10-29	49'	

绪 论

续表

高校	办学类型	属地批次	样本数	访谈对象	访谈日期	访谈时长	访谈地点
GX3-2-1	省属重点高校	第二批	15	主管校领导1 招办工作人员1 二级学院领导2 专任教师3 综评招生官3 综评入学学生5	2019-10-24	33' 35' 38' 34' 35' 37'	各高校
GX3-3-1		第三批	7	主管校领导1 招办工作人员1 二级学院领导2 专任教师3	2019-11-27	39' 39' 50' 68'	
GX3-3-2			6	招办工作人员2 二级学院领导3 专任教师1	2020-10-20	95' 59' —	
GX3-3-3			4	招办工作人员1 二级学院领导3	2020-10-21	79' 67'	
GX4-1-1	新建本科高校	第三批	3	新高考入学学生3	2019-12-30	96'	

续表

高校	办学类型	属地批次	样本数	访谈对象	访谈日期	访谈时长	访谈地点
GX4-1-1	新建本科高校	第一批	20	主管校领导1 招办工作人员1 二级学院领导3 专任教师3 综评招生官2 新高考入学学生5 综评入学学生5	2019-12-10	40′ 32′ 35′ 28′ 31′ 60′ 54′	各高校
GX5-1-1	独立学院	第一批	21	主管校领导1 招办工作人员1 二级学院领导3 专任教师3 综评招生官3 新高考入学学生5 综评入学学生5	2019-12-11	50′ 62′ 55′ 31′ 36′ 60′ 37′	

续表

高校	办学类型	属地批次	样本数	访谈对象	访谈日期	访谈时长	访谈地点
小计	17	—	192	主管校领导 7 招办工作人员 22 二级学院领导 29 专任教师 25 综评招生官 17 综评入学学生 52 新高考入学学生 40	—	3354′	各高校

注：1. 考虑到研究伦理及中国高考的高利害性，在与受访者沟通后隐去所有调研单位及个人的名称信息；2. 访谈时长为四舍五入后的分钟数；3. 部分群体为个别访谈，部分群体为焦点小组访谈，在表格中不做区分；4. GX2-3-1 高校二级学院领导，GX2-3-2 高校招办工作人员，二级学院领导共同参加焦点小组访谈，GX3-3-1 高校招办工作人员、二级学院领导、专任教师共同参加焦点小组访谈。

三 研究的效度

效度是研究设计的最后一个要素,尤其在本书这类以访谈为主要研究方法的研究中,遵从先前设计的程序并不能保证结论的有效性,但在此类质的研究中,效度是一个目标而非产品,它是相对的,造成效度威胁的是难以置信的证据而非方法。[①] 为了避免质的研究中效度威胁,[②] 即研究者偏见(Bias)和感应性(Reactivity,研究对现场或研究中个人的影响),笔者参考了约瑟夫·A·马克思威尔提供的效度检查清单:[③] 集中、长期的关注,"丰富的"(rich)资料,受访者检验,干预,寻找不一致资料与反面案例,三角检验,准统计,对比等,结合研究问题及研究的特殊性,从如下几方面保证研究的效度。

第一,通过同行汇报,消减研究者偏见。笔者所在的研究团队长期以来专于科举、高校考试招生制度领域的研究,具备扎实的研究基础,积累了丰富的研究资源,取得了相当的研究成果与社会影响。本书在选题、开题、开展、成文、预评审、预答辩环节,与导师、导师组指导老师、团队已毕业的博士及硕士、在读的博士生及硕士生、多省考试招生机构的工作人员、多所高校的招办工作人员等有着较为充分的交流,并在阶段性成果的投稿、修订中也与《教育研究》《高等教育研究》《中国教育学刊》《中国高教研究》《中国教育政策评论》等在研究领域内受认可度较高的期刊的审稿专家、编辑老师进行了不同程度的交流。这在一定程度上保证了研究者的价值中立,尽可能将客观性原则贯穿于研究始终。

第二,通过长期、多维关注,保证描述的充分性。中国高考的高利害性决定了开展高考研究的难度,而高校招生自主权长期以来难以落地的实情又进一步提升了本书的难度。尽管在"高考综合改革试点完善措施研究"课题组的帮助下,本书联系到了较多的受访单位与受访者,但想揭开"中国高校招生主体性地位"这一高考研究中"隐秘之地"的面纱并

---

① [美]约瑟夫·A·马克思威尔:《质的研究设计:一种互动的取向》,朱光明译,陈向明校,重庆大学出版社2007年版,第81页。
② [美]约瑟夫·A·马克思威尔:《质的研究设计:一种互动的取向》,朱光明译,陈向明校,重庆大学出版社2007年版,第83页。
③ [美]约瑟夫·A·马克思威尔:《质的研究设计:一种互动的取向》,朱光明译,陈向明校,重庆大学出版社2007年版,第84—88页。

非易事。除在上文"资料收集与分析"中提及的史料、政策等文本资料、访谈，笔者通过关注微信公众号、微博，加入高校招生咨询群，协助考生填报高考志愿等方式，长期、多维度、多立场关注相关信息，以对问题有更充分的认知。

  第三，通过三角检验、准统计、对比，提升分析的准确性。其一，中国高考的高利害性还使部分受访者面对已有制度不尽如人意的地方，已有做法不科学、不合理甚至不合规的实情，选择回避或混淆视听。笔者采用了三角检验，使用扎根理论、批判话语分析分别对访谈结果、政策等文本资料进行研究，用不同的研究方法、不同的资料来源、不同的理论进行分析。其二，准统计是质性研究中，利用从资料中很容易就得出的简单数量结论，来验证并支持具有内在量的特征的观点。[①] 本书与其他质性研究相比，有较多的研究对象，具备使用准统计的可能，这一工具的使用，也可增强部分论点的解释性与说服力。其三，本书还运用了多个案研究法，有效利用对比的例子，[②] 可以发现多个案例不仅有共同的、一般性特征，而且有特殊的、差异性特征，对提升效度也有重要意义。

---

  ① ［美］约瑟夫·A·马克思威尔：《质的研究设计：一种互动的取向》，朱光明译，陈向明校，重庆大学出版社2007年版，第87页。准统计概念由加里·贝克尔（Gary Becker）于1970年提出。

  ② ［美］约瑟夫·A·马克思威尔：《质的研究设计：一种互动的取向》，朱光明译，陈向明校，重庆大学出版社2007年版，第88页。

第一章

理论基础与分析框架

对"中国高校招生主体性地位"的研究,应从对"高校招生主体性地位"的定义出发,以明确具体的研究问题、寻找分析问题的思路。"高校招生主体性地位"是高校在招生及相关活动中体现出的一种状态,这种状态的获得,既源于"自上而下"的赋权,具有合规定性的一面,又是教育规律所使然,具有合理性的一面。换言之,合规定性与合理性是"高校招生主体性地位"的立论基础。同时,不能忽视的是,中国是世界上少有的实施"统考统招"高校考试招生制度的国家,这种特殊性决定了仅就中国实情探讨"高校招生主体性地位"的内涵具有一定局限性。故而,本章综合考量了"统招"国家与"非统招"国家高校招生的实情,从主体性哲学、教育主体哲学剖析高校招生的主体性与教育性,澄清"高校招生主体性地位"的合理性,从组织制度理论剖析高校招生的制度性,澄清"高校招生主体性地位"的合规定性。最终,从理论的、应然的、普适的角度对"高校招生主体性地位"下定义,并立足于中国高校考试招生制度的基本特征,提炼"中国高校招生主体性地位"研究的分析框架。

第一节 主体性哲学与高校招生主体性

"高校招生主体性"是高校招生主体性地位的核心问题,也是高校招生主体性地位的合理性基础。但"高校招生主体性"同样是一个模糊的概念,故,本节以主体性哲学的相关内容为基础,结合高校招生的现实情况,强调高校招生的非客体性,阐释何谓"高校招生主体性"。

一 主体性哲学的相关内容

"主体性"是主体主义哲学的核心概念,其内涵与哲学意义上的"主体"密切相关。主体性在哲学学科中的流变以笛卡尔为起点,之后康德创造了"主体性哲学",再到今天学界认同的马克思哲学的"主体性"思想。相关理论对"主体性"的考察包括"主体性的第一性存在""主体—客体""主体—主体",研究视域涉及历史与实践。

(一)自身的生命物质系统:主体性的第一性存在

在哲学学科中,对"主体性"的常见定义有:"主体性是人在主体与客体关系中的地位、能力、作用和性质,贯穿于人的全部实践活动和认识活动,核心是人的能动性问题"[1];"主体性多指人的主体性,即,人之机体内在能力的发挥、显现以及对他物的影响"[2],在部分研究中还将其扩充为创造性、自主性。[3] 表现形式包括实践主体性、认识主体性、价值主体性、审美主体性、评价主体性、决策主体性。[4]

主体性哲学认为,人的主体性具有双重的物质依托,既依赖于自身的生命物质系统,又与相应的社会物质系统密不可分。自身的生命物质系统,即人的机体,是主体性的第一性的存在;社会物质系统,即获得主体性,是主体性的第二性的存在。俗语讲"身体是本钱",实在是讲出了最基本的道理,失去此"本",主体性就无从谈起。[5] 也就是说,主体性既受客体的存在、行为影响,又受自身的意识、结构、能力制约;主体性既表现为主体对与之产生联系的客体的组织、支配、改造,还表现为主体对自身结构的调整、更新、发展。[6] 在实践中,仅重视主体性的社会物质系统,忽略主体性的生命物质系统,是一种"舍本逐末"的表现。

---

[1] 大辞海编辑委员会:《大辞海·哲学卷》,上海辞书出版社2003年版,第97页。
[2] 李为善、刘奔编:《主体性和哲学基本问题》,中央文献出版社2002年版,第60页。
[3] 李林昆:《对主体性问题的几点认识》,《哲学研究》1991年第3期。
[4] 中共中央党校马克思主义哲学教研室、中共湖北省委党校哲学教研室编:《主体与客体》,中共中央党校出版社1990年版,第119页;李为善、刘奔编:《主体性和哲学基本问题》,中央文献出版社2002年版,第57—62页。
[5] 李为善、刘奔编:《主体性和哲学基本问题》,中央文献出版社2002年版,第58—60页。
[6] 李泽厚:《走我自己的路》,生活·读书·新知三联书店1986年版,第281—286页。

（二）客体性：主体性的对象性本质

主体与客体相对，是描述活动的一对范畴。根据《大辞海·哲学卷》的界定："主体指实践活动和认识活动的承担者；客体指主体实践活动和认识活动的对象。"[1] 主体是在普遍存在的事物相互作用中能动的、主动的一方，客体则是受动的、被动的一方，但二者的矛盾运动是双向的，主体作用于客体的同时，客体亦反作用于主体。

"主体与客体"的相对关系同样适用于对"主体性与客体性"的讨论。主体性体现于作为主体的人，在活动中，内在能力的发挥、显现以及对他物的影响。但与主体相对的"他物"不仅具有一般的"物性"，而且具有"客体性"，这种"客体性"的形成源于"他物"（客体）与"人"（主体）的关系，这种"客体性"也会因主体的不同而不同。比如，一件文物在被发现之前虽具有物性，但很难说其具有作为实践对象的客体性，在出土之后，在古董商面前，它是商品实体，客体性表现为经济价值性，在艺术家面前，它是审美客体，客体性表现为艺术价值性。客体性是对象的内在本质力量在主体面前的显现，它不仅表现为上文提及的客观实在性、被动性，而且具有对主体的限制性和反作用性。客体性对主体的限制性，决定了主体性的发挥不是任意的，而是受到客体性的严格限定的，而且主体性愈强，所遇到的客体性也就愈强，所受到的限定就愈苛刻，前进就愈艰难。客体性对主体的反作用性，决定了主体要按照客体的规律、原则行事，否则将在当下或者未来尝到苦果。客体性的形式与主体性的类型相对，也有多种，包括认知客体性、评价客体性、决策客体性和实践客体性等。[2]

（三）主体间性：主体性研究的另一视角

主体间性是主体主义哲学在发展过程中对主体与客体的二分关系的超越。主体间性是主体与主体的交互关系，[3] 可理解为作为主体的人，在活动中与其他主体形成的相关关系。比如，在公司内部的一个项目组中，项目组的每位成员作为主体，在与项目任务之间形成主体性与客体性的同

---

[1] 大辞海编辑委员会：《大辞海·哲学卷》，上海辞书出版社2003年版，第97页。
[2] 李为善、刘奔编：《主体性和哲学基本问题》，中央文献出版社2002年版，第60—66页。
[3] 宋雅萍：《论主体间性》，《马克思主义哲学研究》2008年第1期。

时，还在与项目组其他成员的沟通、合作、竞争中，形成了主体间性。

主体间性的根源是交往实践，存在方式依托于共同主体（也称集体主体、共体主体），获得方式来自教化。① 也就是说，当多主体在实践中面对共同客体时，具有相同的价值目标、作用对象，在共同参与、相互参与时，形成了共同主体，并具备共同主体性。② 处于共同主体中的个体的主体性，既可能由于其他个体的主体性而加强，也可能由于其他个体的主体性而受到制约。③ 这些个体又以竞争、合作、选择、整合等作用形式调节着个体之间的活动与关系，④ 制约共同主体性。通过教化培养个体之间的共通感，可以缓解异质性、增强同一性，进而优化共同主体性。比如项目组中的成员为了完成共同的任务，形成了共同主体（集体），具有共同主体性，每位成员主体性的强弱，均会被其他成员的主体性影响，成员之间的互助会优化项目组的主体性、使项目进展顺利，冲突会制约项目组的主体性、阻碍项目的开展，为了使项目组的主体性得到充分发挥、保障项目的质量，就必须加强团队建设，增加成员之间的凝聚力。

（四）历史与实践：主体性的基本范畴

实践性与历史性是主体性、客体性、主体间性、共同主体性等的共同特征，也是主体主义哲学在产生、发展过程中形成的重要方法论。以实践为基础的马克思的主体性理论的产生，再一次强调了实践性与历史性的重要作用。马克思的主体性理论有两个核心命题：其一，主体是实践视域中的主体，人的能动性主要不是意识的能动性，而是实践活动的能动性，⑤ 实践活动奠定了人作为主体的地位；⑥ 其二，主体是历史视域中的主体，把人放在历史的坐标系中，是因为生产劳动是一种历史性的过程，人作为主体的主体性也只能从人的变化着的历史活动去理解。⑦ 这也就阐明，只

---

① 陈建涛：《论主体间性》，《人文杂志》1993年第4期。
② 陈建涛：《论主体间性》，《人文杂志》1993年第4期。
③ 郭湛：《论主体间性或交互主体性》，《中国人民大学学报》2001年第3期。
④ 陈建涛：《论主体间性》，《人文杂志》1993年第4期。
⑤ 李楠明：《价值主体性：主体性研究的新视域》，社会科学文献出版社2005年版，第199页。
⑥ 李楠明：《价值主体性：主体性研究的新视域》，社会科学文献出版社2005年版，第204页。
⑦ 李楠明：《价值主体性：主体性研究的新视域》，社会科学文献出版社2005年版，第226页。

有通过实践视域与历史视域两个维度,才能更清晰、全面地认识主体、剖析主体性。

其中,实践视域是主体性最重要的范畴,其源于历史,是主体性的现实状态。在部分实践活动中,主体与客体、主体与主体之间是通过中介产生联系的,这种中介又被视为实践工具,其本质是主体用来改造客体的客体,作用不能被忽视。[①] 实践主体、实践客体、实践工具是在实践视域研究主体性的基础,只有兼顾三者,才能加强对主体性的认知。比如公司的管理者对员工实施管理时,是以相关的制度、规则为依据的,其中管理者是实践主体、员工是实践客体、制度及规则是实践工具,对管理者的主体性进行研究时,对三者的关注缺一不可。

二 高校招生主体性的基本问题

主体性哲学对"主体性"的定义可为界定"高校招生主体性"提供参考,但"主体性"的定义偏重从"主体—客体"的层面进行阐释,"高校招生主体性"具有特殊性,还应充分考虑几个基本问题,比如高校招生主体性的存在前提、高校招生主体性的历史性与实践性特征、高校招生的主体间性。

(一) 高等教育运行机制是高校招生主体性的重要前提

主体性哲学强调,主体性的第一性存在是主体自身的生命物质系统,没有生命物质系统,人的主体性就无从谈起,这一逻辑同样适用于对高校招生主体性的解释。即,高等教育的运行机制是高校具有招生主体性的重要前提,这种运行机制可分为两个层面——直接层面的高校招生能力,间接层面的高校办学实施与高等教育人才培养。

从直接层面分析,高校招生能力是高校招生主体性的重要前提。高校只有具备较强的招生能力,具有相对科学的招生机构设置、足够数量的专业人员、合理合法的招生规则,才能胜任招生宣传、招生录取工作,为高校吸引、录取到相对优秀的生源,保障正常、有序的招生秩序,维护社会公平。高校较强的招生能力,也能使高校自如地面对行政指令对高校招生的干预、有效地防止社会舆情对高校招生的裹挟、理性地应对高校之间的

---

① 李为善、刘奔编:《主体性和哲学基本问题》,中央文献出版社2002年版,第149—150页。

生源竞争，在实践中，保证高校招生的主体性。从间接层面分析，一方面，高校办学实施是高校招生主体性的重要前提。高校只有对招生工作足够重视，将招生规划作为学校规划的重要内容，要求各部门大力支持招生工作，才能保证高校招生的主体性。另一方面，高等教育人才培养是高校招生主体性的重要前提。高校只有立足于人才培养目标、方案、成效，才能制订出合理的招生方案，使招生工作者招收到适于本校、本专业培养的生源，使高校面对政府的干预、社会的异议时有理有据，保证高校招生的主体性。

（二）高校招生主体性的历史性、实践性特征

参照主体性哲学赋予"主体性"的内涵，高校招生主体性同样具有历史性、实践性特征。高校作为招生主体，是招生历史中的主体。高校招生主体性在不同的招考政策、政治导向、社会需求、文化认同下，表现出了不同的特征，高校招生主体性的现实情状也与其自身的历史发展密切相关。高校作为招生主体，是招生实践中的主体。高校招生主体性因高校、考生、招考政策、社会文化而异。高校招生作为一项主体实践活动，包括实践主体、实践客体、实践工具等要素。一般而言，实践主体是能够代表高校意志的、与招生相关的人员，包括校级主管领导、招办工作人员、二级学院主管领导、专任教师等，他们与招生有关的行为引发了高校招生主体性。实践客体是考生，具体表现为考生的学业水平、知识结构、学科能力、专业适应性、综合素养、非认知能力等。作为实践客体的考生具有客体性，考生在被作为招生主体的高校评价、甄别与选择时，也会对主体产生限制与反作用。高校只有准确认识考生的知识、能力、素养，充分尊重考生的个体成长、发展规律，才能保证高校招生主体作用的正常发挥、保证高校招生为高等教育质量提升服务。这也就决定了高校招生主体性要以加强自身能力建设、尊重人才成长规律为前提。实践工具是招生的政策、制度、细则等，包括国家的相关法案、高校公开或未公开的相关规程、细则。高校招生的相关人员以规章制度为实践工具，甄别考生的能力，选拔合格的生源。

（三）高校是"主体间"的招生主体

高校作为招生主体，在招生实践中与其他主体共同开展相关工作，各个主体之间面对共同的考生客体、遵循相同的招考规则、有着近乎相同的招生目标，具有主体间性。招生主体在交往实践中，与其他主体产生了联

系，这种联系既有竞争又有合作，既有冲突又有互助，主体间的关系也将影响主体性、共同主体性。高校在招生实践中的主体间性，可被分为两类：其一，高校与高校之间的主体间性；其二，高校与教育行政部门、考试招生机构之间的主体间性。

具体而言，高校与高校之间的主体间性是普遍存在的、较为明显的。在招生实践中，各高校遵循国家、地方的招考规则，以为本校招收到优质生源为目的开展相关活动。在这个过程中，各高校的招生行为以招考规则为前提、具有一定的统一性，但也会考虑到本校的现实需要，产生一定的异质性。最重要的是，高校之间对生源的竞争不仅会彼此作用、影响高校招生的主体性，而且会对国家的招考秩序产生影响、影响高校招生的共同主体性。高校与教育行政部门、考试招生机构之间的主体间性在实施"统考"或"统考统招"的招考政策下更为明显。教育行政部门、考试招生机构、高校共同参与高校招生实践，并在其中产生交互关系。如实施"统考统招"政策的中国，形成了以高校为招生行为主体、各级考试招生机构监督服务、国家宏观管理的工作机制。① 因三类主体面对同样的考生群体、招生活动，具备共同主体性。教育行政部门、考试招生机构、高校之间的权力与行为是互相影响，甚至是此消彼长的。虽然最终目的皆在于选拔优秀生源、规范招生行为、保证招生公平、提高招生科学性，但各主体立场不同，所做出的招生决策也可能不同。这也会对高校招生主体性产生影响。

可见，主体之间的合作与竞争影响着国家高校考试招生环境、影响着高校招生主体性的发挥，招生法律、规则、制度以及招生实践中形成的契约具有存在的必要性，以发挥教化作用，保证招考环境的健康、有序，保证高校招生主体性的正常发挥。

三 高校招生主体性及其典型表现

基于主体性哲学对"主体性"的定义及"高校招生主体性"的几个基本问题，本书认为，"高校招生主体性"是高校在招生活动中体现出的主体性，即高校与考生等客体在招生过程的互动中，体现出的主导性、主

---

① 郑若玲、庞颖：《强化高校学校主体性地位：招生改革的价值转向》，《教育研究》2019年第12期。

动性、能动性、创造性；是高校与其他高校、政府等主体共同开展招生活动时，在一定的政策阈限或契约精神下，体现出的"为我"精神。高校招生主体性受考生的影响、其他主体的干预、自身运行机制的制约，高校招生主体性既表现为对考生的评价、甄别与选择，又表现为与其他招生主体的合作、竞争、互助等，还表现为对高校招生能力建设、高校办学实施、高等教育人才培养、高等教育内涵式发展等的影响。

（一）选拔出相对的优秀生源

高校的招生主体性，体现于对客体的能动性作用。高校招生的过程，是一个评价、选拔的过程，高校具有评价主体性。比如，美国部分高校的整体性审阅、中国部分高校的综合评价录取等，高校依据高级专门人才的培养要求、培养成效制订招考方案，审阅申请入学者的材料，组织纸笔测试或要求考生参加全国统一考试，开展综合面试，在综合考量申请入学者的学业表现、专业性向差异、创新能力、非认知能力等的基础上，最终录取到相对优秀、适合本校培养的适宜适性的考生，有助于高等教育质量的保障。即，高校在评价、筛选、选拔申请入学者的过程中，体现出主体性，能动地录取拔尖的或适合的生源，最终达到为高等教育质量提升服务的目的。高校在这一层面的主体性，是以全面认识考生、尊重教育规律为前提的，要求高校的评价标准、招生依据具有相当的科学性。若高校忽略了对考生认识的重要性，在不够科学的教育评价标准下发挥所谓的"招生主体性"，则陷入了一种误区。比如中国高考综合改革地区的高校普通类招生录取等，高校片面追求考生的"高分数"，忽略了考生选考科目与专业的匹配度，即便录取到了在成绩上具有优势的所谓"拔尖"考生，但其知识、能力、素养结构与高级专门人才培养规律不相符合，则对高等教育质量提升作用甚微。

（二）与考试招生机构、其他高校等主体的理性合作

高校的招生主体性，体现于与其他主体的理性合作。高校招生实践，是一个多主体合作、竞争的过程。高校招生主体性、主体间性，在高校与高校之间，表现为相对的院校特色、一定的契约精神。比如，高校根据自身的使命、历史、文化、学情，形成独具特色的招生方案，招收与本校人才培养目标相一致的考生；或通过专业建设、加大宣传力度、利用营销策略，提升了高校的招生吸引力，激发高校之间的良性竞争，共同维护招考秩序。高校招生主体性、主体间性，在高校与教育行政部门、考试招生机

构、社会之间，表现为相对的独立性、相当的责任意识。比如高校作为高级专门人才的承担者，对招生方案的制订应最具发言权，面对教育行政部门"一刀切"的行政指令、考试招生机构组织的甄别力有限的标准化测试、社会舆情中不合理的一面，高校应做出科学的判断，对其他主体的要求择善而从；高校作为高级专门人才的选拔主体，应秉承对招生结果负责的态度，接受政府、社会的问责。即，高校在与其他主体的互动中，体现出主体性，保证录取结果的公平与科学，维护招考秩序。高校在这一层面的主体性，是以保证录取过程有序，录取结果公平、科学为前提的。与此相反的是，高校僭越了招生规则或忽视了人才培养规律，发挥了所谓的"招生主体性"，陷入了误区：在高校与高校之间的招生竞争中，部分高校为了"抢"到高分生源，违反国家或地方的招生规则，以提前招生、发放巨额"新生奖学金"、降低选考科目要求等形式吸引考生报考。在高校、教育行政部门、考试招生机构的合作中，部分"统招"国家的教育行政部门有着过大的话语权，高校招生主体性极为有限，甚至不能从人才培养的角度提出政策建议。

（三）对高等教育运行机制的优化

高校的招生主体性，体现于对自身体制机制的优化。高校招生实践，依托于高校招生能力的建设、高校各部门对招生工作的支持、高校发展规划对招生工作的重视。同时，高校在开展具体的招生工作时，面临种种现实问题，能够发现高校现有的招生工作机制的不足。比如，具有招生主体性的高校，面对从"统招"到"单招"等的政策变化，能够意识到招生人员的数量、专业性不足，进而加强高校招生队伍建设、优化高校招生体制机制；具有招生主体性的高校，能够根据考生咨询情况、招生结果，发现招生中的市场性高于教育性、行政参与大于学术参与，进而重视人才培养单位在招生中的作用、思考高校招生权力的重新分配；具有招生主体性的高校，能够理智地看待各学科、专业在招生中的表现，将各学科、专业的招生计划与高校学科发展、专业建设相结合，促进高校的特色发展。即高校在招生中的主体性，能够服务于自身的招生能力建设、服从于高校的发展需要。高校在这一层面上的"招生主体性"也会存在一定的误区，比如不考虑院校发展需要、社会发展需要，仅将专业的招生吸引力作为调整招生计划，甚至专业停招与否的依据。

第二节　组织制度理论与高校招生的制度性

"高校招生的制度性"是高校招生主体性地位的合法律性、合规定性基础，也是研究高校招生主体性地位不可逾越的话题。本节以组织制度理论的相关内容为基础，强调高校招生的公平性，阐释高校招生的制度性特征。

一　组织制度理论的相关内容

制度是一种关于漫长历史过程中重复发生的活动序列的稳定设计，体现的是一种已经获得某种地位或特征的社会秩序或模式。[1] 在制度主义分析框架下，剖析制度及组织，就应关注其环境、存在的状态及变迁的样态。

(一) 制度之外：制度环境与组织结构

制度的环境，即制度之外，是决定或影响制度及其相关组织产生、发展、变革的社会条件、自然条件等的总和。制度理论认为，这一语境下的环境应包括文化、制度环境与技术环境的交叉性、合法性、结构要素等。其中，文化既有全社会普适性的一般文化，也有与特定制度相关的特殊文化；制度环境包括规则和社会所界定的范畴，技术环境则囊括复杂的技术和交换过程；结构要素则指向的是组织所处的关系网络结构。[2]

制度环境的多重要素共同对制度、组织结构产生影响。制度理论认为这种影响表现为：组织结构的环境强制输入观，"环境能动者"通过权威方式或强制权力实现。组织结构的环境授权观，下层单元主动寻求获得上层授权机构的注意和许可。组织结构的环境诱致观，不存在拥有权力或权威的能动者，通过诱致性策略引起组织和组织场域中的结构变迁。组织结构的自致观，组织行动者主动获得组织结构模式。组织结构的铭记观，新

---

[1] [美] 罗纳尔德·L. 杰普森：《制度、制度影响与制度主义》，载 [美] 沃尔特·W. 鲍威尔、[美] 保罗·J. 迪马吉奥主编《组织分析的新制度主义》，姚伟译，上海人民出版社2008年版，第157页。

[2] [美] W. 理查德·斯科特：《制度理论剖析》，载 [美] 沃尔特·W. 鲍威尔、[美] 保罗·J. 迪马吉奥主编《组织分析的新制度主义》，姚伟译，上海人民出版社2008年版，第179—185页。

生组织在建立时获得某种特征并将保持到将来的过程。组织结构的环境要素整合观，组织把具有代表性的环境要素与专门化功能边界的演变结合在一起，通过适应性的、无计划的漫长历史演化调整自身的组织结构。组织结构的共享信念观，共同的理解和象征符号嵌入基础的文化框架中，从而对组织结构产生影响。①

(二) 组织存在：制度性与技术性

组织包括组织的正式结构与组织日常实际的技术性活动。正式结构是技术活动的框架或蓝图，这些正式结构包括各种组织体系，它的很多要素都是高度制度化的，并且作为一种神话而运行和发挥作用。② 高度制度化的极端表现为，所有的问题、解决办法、预期等都具有"共同性"特征，并且具有公共的支配性。这种完全意义上的制度化，将限制组织中个体能动性的发挥。③

制度性与技术性是与组织存在密切相关的一对范畴，二者相互协调，对组织形式产生影响。早期的新制度主义认为二者是一种"非此即彼"的状态，甚至有论者认为技术特征与营利组织相一致，制度因素与非营利组织或政府机构相一致。④ 近年来，新制度主义开始意识到，制度要素与技术效率是制度化组织中的结构性矛盾。制度环境往往是普遍性和一般化规则，技术活动则会随着具体的、非标准的和可能是独特的环境变化而变化，绝对性的无条件规则与相对性的绩效逻辑之间的冲突不可避免，甚至会为了争夺支配权而发生冲突，组织就必须尝试将二者进行结合。这种结构性矛盾可通过脱耦（Decoupling）和信心逻辑来解决，具体表现为，依托信心与忠诚逻辑，模糊或空泛组织目标，向下授权，积极鼓励专业主

---

① ［美］W. 理查德·斯科特：《制度理论剖析》，载［美］沃尔特·W. 鲍威尔、［美］保罗·J. 迪马吉奥主编《组织分析的新制度主义》，姚伟译，上海人民出版社2008年版，第189—196页。

② ［美］约翰·W. 迈耶、［美］布利安·罗恩：《制度化的组织：作为神话与仪式的正式结构》，载［美］沃尔特·W. 鲍威尔、［美］保罗·J. 迪马吉奥主编《组织分析的新制度主义》，姚伟译，上海人民出版社2008年版，第46—48页。

③ ［美］罗纳尔德·L. 杰普森：《制度、制度影响与制度主义》，载［美］沃尔特·W. 鲍威尔、［美］保罗·J. 迪马吉奥主编《组织分析的新制度主义》，姚伟译，上海人民出版社2008年版，第65页。

④ ［美］沃尔特·W. 鲍威尔、［美］保罗·J. 迪马吉奥主编：《组织分析的新制度主义》，姚伟译，上海人民出版社2008年版，"导言"第37页。

义、委托于专业人士，用抽象目的取代技术目的，回避整合过程，忽视方案实施，并将监督与评估仪式化。

（三）制度变迁：制度惰性与制度发展

制度变迁指制度的整个运动过程，包括制度的形成或产生、制度的发展、去制度化以及再制度化等。[①] 外在环境与内在制度性、技术性及其相互作用，长期对制度产生影响，会促进制度发展，但也可能会表现出制度惰性。

制度惰性一般是指一种低劣的或次优的制度安排虽被人们认识到了缺陷，但人们试图加以改变时，这项安排很难被改变。它是制度在变迁过程中达到效益增长临界点之后表现出的延续性、顽固性。[②] 老制度主义认为其根源在于既得利益，新制度主义认为组织稳定性、合法性强制以及"很少会明确地表达出来的、默会性共同理解"的力量是重要原因。[③] 制度发展除去在内部制度性要素与技术效率的相互作用下发生变革之外，还受到了外部冲击的影响，这种外生性根源多为强制同形。同形是组织同质化过程的实质，是一种限制性过程，迫使组织人口群体中的一个单元与其他的面临统一环境条件的单元类似，可表现为优胜劣汰的同形、竞争性同形、制度性同形。[④] 除此之外，高度合法化及样式化也发挥了重要作用。[⑤]

二 高校招生的组织制度基础

将组织制度理论应用于高校招生的相关研究中，既可发现制度对高校招生的规制，也可看到制度赋予高校招生的组织活力。

[①] [美] 罗纳尔德·L. 杰普森：《制度、制度影响与制度主义》，载 [美] 沃尔特·W. 鲍威尔、[美] 保罗·J. 迪马吉奥主编《组织分析的新制度主义》，姚伟译，上海人民出版社2008年版，第65页。

[②] 涂晓春：《制度惰性与我国的体制改革》，《改革与开放》2007年第4期。

[③] [美] 沃尔特·W. 鲍威尔、[美] 保罗·J. 迪马吉奥主编：《组织分析的新制度主义》，姚伟译，上海人民出版社2008年版，"导言"第37页。

[④] [美] 保罗·J. 迪马吉奥、[美] 沃尔特·W. 鲍威尔：《关于"铁笼"的再思考：组织场域中的制度性同形与集体理性》，载 [美] 沃尔特·W. 鲍威尔、[美] 保罗·J. 迪马吉奥主编《组织分析的新制度主义》，姚伟译，上海人民出版社2008年版，第71—72页。

[⑤] [美] 沃尔特·W. 鲍威尔、[美] 保罗·J. 迪马吉奥主编：《组织分析的新制度主义》，姚伟译，上海人民出版社2008年版，"导言"第37页。

(一) 高校招生的环境与组织结构

高校招生的环境，是决定或影响高校招生这一社会实践组织实施的相关条件的总和。文化、政治、教育、法律、招生实践在教育系统与社会系统中所处的位置及其与他者的关系等，譬如，"一切以程文定去留""分数面前人人平等""向所有合格者开放"[1]等文化，"大政府""小政府"等政治经济体系，教育理念、方式等产生的教育影响，法律、规则、制度等约束，招生实践在高校内外部的组织结构与关系网络，等等，共同构成了高校招生的环境。

高校招生制度及其组织结构的形成过程，多可用制度环境对组织结构影响的相关理论来解释。以中国为例，自中华人民共和国成立以来，在高校"单考单招"、大区"统考统招"之后，确立了全国"统考统招"的体制机制。即，由教育部制定有关普通高等学校招生工作的规章、组织编制全国普通高等学校招生计划、组织全国普通高等学校招生统一考试；地方设立普通高等学校招生委员会、教育招生考试院等考试招生机构，负责地方招生工作；具体录取则由"学校负责、招办监督"。[2] 其演变的过程受文化、政治、教育、法律等多重因素影响，可用环境要素的整合观解释；形成的过程，通过自上而下的行政指令来实现，是典型的环境强制输入观；在整个录取机制的运行中，也有赖于组织要素、组织成员的共同理解，属于共享信念观。

(二) 高校招生的制度性与技术性

以一种社会实践为存在方式的高校招生，也包括正式结构与技术活动两部分。技术活动在正式结构的框架内发挥作用。以中国高校招生为例，这一社会实践的正式结构包括教育行政部门、考试招生机构、高校（招生工作领导小组、招生工作委员会、招生办公室、二级学院招生负责人等）等招生部门，与招生有关的法律、规章，以及招生程序。技术活动则体现为考试评价体系、招生能力、人才选拔与人才培养之间的联系等。当前时期，中国高校的招生正式结构呈现出高度制度化的现象，而技术活

---

[1] 万圆：《美国精英高校录取决策机制研究——多重逻辑作用模型的建构》，博士学位论文，厦门大学，2017年，第14页。
[2] 《国家教育委员会关于发出〈普通高等学校招生暂行条例〉的通知》，载杨学为编《高考文献（下）》，高等教育出版社2003年版，第278—287页。

动发挥的作用暂时较为有限。

在中国高校的招生实践中，同样存在相对的范畴，即以公共性为代表的制度性与以教育性为代表的技术性，并且将公平与公共性、制度性捆绑，认为高校作为非营利组织，应充分考虑制度因素，而较少关涉技术特征、招生科学性。在"统考统招"的体制机制下，政府通过教育行政部门颁布规章制度，依托考试招生机构组织实施考试招生活动，在全社会形成了普遍性的、一般性的规则，面对高校招生中的特殊问题，也同样以政令为形式，"一刀切"地进行"改革"，并认为这是实现高校招生公共性、维护社会公平的重要手段。相对而言，技术特征发挥的作用较为有限，多在考试层面发挥作用，比如标准化考试的启用，《中国高考评价体系》的发布等，较少考虑高校招生能力建设、高校招生与人才培养之间的联系，高校招生的教育性、科学性也自然被忽视。虽然强制度性、弱技术性在"统招"录取机制的实施过程中尚未出现问题，但在后续的高等教育人才培养中却问题重重。脱耦与信心逻辑在一定程度上可适用于这些问题的改善，如授权于二级学院、重视专业人士与专业能力等，都可为招生改革提供参考。

（三）高校招生作为一种制度的变迁

高校招生是一种不断发展的社会实践，其产生、发展、制度化与去制度化都可视为招生变迁。但高校招生又不局限于招生制度，还包括其他一切与招生相关的实践活动，所以对其变迁过程解析不能仅停留于制度化层面，去制度化也是高校招生改革的研究范畴。各要素对招生变迁的影响也并非"立竿见影"，制度惰性同样存在。

与其他社会实践、社会制度相比，高校招生变迁体现出的是更多的稳定性，即对旧制度的路径依赖，比如部分国家的"统考统招"，其主要原因在于国家政治需要、社会文化认同，但其中也不乏制度惰性，比如以"唯分数"论为代表的不科学的教育评价导向。高校招生发展除去在内部公共性与教育性的相互作用下发生变革之外，还与外部环境对高校招生的制度同形有关。以中国高校招生为例，优胜劣汰的同形在中华人民共和国成立之初社会发展不充分、高等教育资源极为有限的情况下，使"统考统招"代替了"单考单招"。制度同形贯穿于中国高校招生始终，权威性的法律、自上而下的政令是高校招生的根本依据。模仿性同形，在自主选拔录取、综合评价录取施行初期，各高校在"茫然"中互相借鉴。规范性同形,在高考综合改革实施以后,高校招生能力被重视,专业化被提上日程。

作为一种制度的高校招生的变迁之所以如此缓慢、难以突破,与其高度制度化关系密切。适时借用"去制度化"的思维,在不违反制度规定的前提下,对作为一种实践的高校招生进行创新,可成为改革的突破口。

三 高校招生的制度性特征

高校招生实践虽然是未完全制度化的,比如招生宣传,但总体而言,其行为以相关制度、规章为准则,高校招生的公平性、社会责任有赖于制度规制,招生改革遵循制度变迁规律,部分改革使用了"去制度化"思维。

(一)高校招生实践以相关制度为准则

高校招生实践是高校以选拔适宜适性人才为目的开展的一切活动的统称,比如招生计划的编定、招生方案的确定、招生的宣传、录取的决策等。虽然并非每一项具体的活动、行为、操作都被法律、规章约束,但整体而言,高校招生实践是以相关规章为准则的。

在"非统招"国家,健全的法律、多样的制度、多方的监管是高校招生顺利实施的保障。具体而言,国家依法治招,通过法律与制度实现对高校招考的规制,如在《中华人民共和国高等教育法》中通过"赋权"的形式,给予高校办学自主权、招生自主权。在专门政策中,对高校招生基本问题进行约束,如韩国《国立、公立大学入学选拔纲要》[①]、俄罗斯年度《联邦高等学校招生章程》[②]、《英国高等教育质量编码》[③]。高校层面则也设立了招生制度、规则、流程,保证高校招生实践的顺利与稳定。在"统招"国家,严格统一的制度是高校招生的行为准则。"统招"国家以法律、规章、条例、章程等形式,对地方考试招生机构及高校进行约束。以中国为例,国家级考试招生机构颁布的年度《普通高等学校招生工作通知》,对招生计划、招生秩序、选拔录取模式、招生舆论、招生服务等做出纲举目张式的引导;年度《普通高等学校招生工作规定》则对高校招生的报名、考生电子档案、思想政治品德考核、身体健康状况检

---

① 郑若玲等:《国外高校招考制度研究》,浙江教育出版社2017年版,第285页。
② 郑若玲等:《国外高校招考制度研究》,浙江教育出版社2017年版,第193页。
③ 郑若玲等:《国外高校招考制度研究》,浙江教育出版社2017年版,第89页。

查、高校招生章程的制定、分区域分专业招生计划、录取、照顾政策、招生管理职责、招生经费、违规行为处理等提出详尽的要求。高校则根据年度《普通高等学校招生工作规定》的要求，在规定时间内制定当年"招生章程"，提交地方教育行政部门核定，并由区域考试招生机构汇总后向社会及考生公布。

（二）高校招生的公平性有赖于制度规制

公平是中国高考具有强大生命力的原因，世界上任何一个国家的高校考试招生也都没有忽略招考公平问题。招考公平直接关涉考生录取机会的获得，间接影响社会分层、社会稳定。可以说，高校考试招生的社会责任在很大程度上体现为维护招考公平。但高校考试招生是一个复杂的系统工程，环节、参与者众多，维护招考公平绝非易事，必须通过制度对高校招生行为进行约束。

在各国高校考试招生实践中，通过政策、规章维护高校招生公平的举措可分为以下几类。其一，在全国范围内颁布法律、规章，保证高校招生的种族公平、性别公平、区域公平，如美国《平权法案》，英国《2010年伦敦平等法案》，韩国《高等教育法实施令》《岛屿、偏僻地区教育振兴法》，中国"支援中西部地区招生协作计划"、少数民族加分政策。其二，从国家层面上，对高校招生行为进行约束，避免权力寻租、人情请托，如中国《普通高等学校招生工作规定》对"录取"的要求极为详尽，规定了录取的领导与组织实施、录取的工作方式、投档录取的规则，乃至具体的流程；也有国家在保障了形式公平的基础上，探索了内容公平，比如英国《高等教育公平入学：有效实施的建议》，倡导英国大学在招生中引入个人背景考察。[①] 其三，高校自行制定相关规章，约束具体招生行为，保证过程、结果公平。比如，中国高校在"高水平运动员招生"中自行制定细则，GX1-1-1高校以全国大学生运动会的成绩为参照评定考生的专业成绩等。[②]

（三）部分高校招生改革突破了"制度惰性"

各国在高校考试招生改革、发展的过程中，多遵循制度变迁规律，整

---

① 郑若玲等：《国外高校招考制度研究》，浙江教育出版社2017年版，第94页。
② "一流大学"建设高校GX1-1-1-ZB1-191212的访谈内容。访谈地点：浙江省杭州市。

体而言，体现出的是更多的稳定性，即对传统制度具有较强的路径依赖，仅在传统制度的基础上做小范围调整。在这一方式下，"制度惰性"未被改变，传统制度的问题也很难被解决，比如对于中国高校招生录取长期"唯分数"的问题，一所著名高中的校长直言："这么多年的高考改革，就是考试科目的变化，不是真的改革。"① 而部分招生改革则突破了"制度惰性"进行了颠覆性的改革，取得了良好的效果。

在"非统招"国家，高校具有较大的招生自主权，招生改革多以高校为单位开展，部分高校敢于突破传统招生制度中的问题。比如，美国越来越多的高校进行了"可免试入学"尝试，标准化考试成绩不再是考生必须提交的申请材料，其原因便在于标准化考试成绩对预测大学学业成绩效果甚微，标准化考试强化了社会不平等。② 在"统招"国家，高校招生政策由国家决定，部分国家也意识到了传统招生制度中的问题，便在小范围内启动改革，通过"试点"的方式寻找解决问题的办法。比如，中国在小部分高校实施的自主选拔录取、综合评价录取等，均是在"普通高等学校招生统一考试"成绩的基础之上，结合考生相关材料、面试成绩做出录取决策，此类改革在小范围内纠偏了"唯分数"这一不科学的教育评价导向，为"偏才""怪才""全面发展的人才"提供多元升学渠道。韩国高校的"随时招生"，招生高校可以不参考修学能力、考试成绩，而主要考查学生生活记录簿和申请材料，并根据实际情况单独组织面试、论述考试、技能测试等，这一改革在很大程度上突破了"统考统招"的局限，使高校招生充分考虑了自身的办学特点和人才培养特色。③

第三节 教育主体哲学与高校招生的教育性

高校招生的教育性特征是高校招生主体性地位的合理性基础，也是研究高校招生主体性地位时，对"高校招生主体性"未涉及或未深入开展的问题的补充。本节以教育主体哲学的相关内容为基础，强调高校招生的

---

① "高考综合改革试点完善措施研究"课题组对高中校长 GZ3-2-1-XLD1-191125 的访谈内容。访谈地点：湖南省长沙市。

② 郑若玲：《美国大学"可免试入学"改革及启示》，《华中师范大学学报》（人文社会科学版）2016 年第 2 期。

③ 凌磊：《韩国高校考试招生制度研究》，博士学位论文，厦门大学，2020 年，第 176 页。

科学性，阐释高校招生的教育性特征。

一 教育主体哲学的相关内容

教育主体哲学，即主张教育是主体的教育哲学。① 是一种教育本体论，由王策三先生提出。其实质在于对教育工具意义的超越，强调教育主体性的发挥，即遵循教育规律、构建教育自己的话语体系，倡导在作为工具的教育的基础上，兼顾对教育本体的重视。

（一）教育的主体性：教育、社会与人

教育主体哲学认为，教育的本质、教育的价值体现在教育与社会、教育与人的互动中。② 即，在教育、社会与人的复杂关系中，教育通过主动适应社会、培养主体性的人、坚持自身的规律和价值③来体现自身的主体性。这一论断包含着教育的工具论与主体论的双重内涵。具体而言，教育的工具论是指教育对社会的适应、对人的培养。其中，教育主动适应社会体现为"教育引导社会发展"，强调的是面对社会发展问题，教育起到服务而非屈服、主动而非被动、引领而非盲从等作用；教育培养主体性的人，即培养全面发展的人，④ 关注人的德、智、体、美、劳的全面发展、综合发展。教育的主体论则强调，教育自身的历史继承性及其内部诸要素之间形成的有机整体与稳定联系，构成了一套自我运行、自我约束的机制，⑤ 教育应发现、重视、坚持自身的规律。

通常意义上，教育的工具论多被重视，教育的主体论易被忽视。我们只有从教育的主体论出发，与经验世界保持一定的距离，才能澄清教育自身的逻辑，保证教育系统的客观性与普遍必然性，从而更好地发挥其工具性作用，服务于社会与人的发展。

（二）教育主体的失落："教育非主体哲学"的影响

在很长一段时期，"教育非主体哲学"对教育理论与实践造成了极大的影响，产生了教育主体的失落现象，即教育没有相对独立性、缺乏自主

---

① 王策三：《教育主体哲学刍议》，《北京师范大学学报》（社会科学版）1994年第4期。
② 王道俊、郭文安：《试论教育的主体性——兼谈教育、社会与人》，《华东师范大学学报》（教育科学版）1990年第4期。
③ 王策三：《教育主体哲学刍议》，《北京师范大学学报》（社会科学版）1994年第4期。
④ 王策三：《教育主体哲学刍议》，《北京师范大学学报》（社会科学版）1994年第4期。
⑤ 王策三：《教育主体哲学刍议》，《北京师范大学学报》（社会科学版）1994年第4期。

性、不是创造者,表现为教育实践"被绑架"、教育研究"相对化"、教育理论"代替论"。教育实践"被绑架"阐释的是教育的被动状态,如"文革"前后教育活动与政治运动的混淆,市场经济体制建立初期学校与市场、教师与经商者的混同。教育研究"相对化"指向教育依附于社会、政治、经济、文化、科技等要素,以外界要素为背景,根据其对教育提出的要求,提出应对策略,缺乏对教育自身发展规律的钻研,也就使教育活动缺少稳定性。教育理论"代替论"是一种"公式化"的思路,简单套用政治运动、物质生产规律、心理学规律等其他学科、领域既有的理论。虽然多学科、跨学科是研究教育问题的一种方式,但简单套用与合理利用相差甚远。缺少对教育本身的思考,便很难建构起可用于指导实践的理论。[①] 近年来,教育主体的失落现象有所消解,但在少部分情况下依旧存在。教育主体哲学关于构建教育自己的话语体系的构想,仍有现实意义。

(三)教育实践主体性:教育主体哲学科学化的突破口

20世纪80年代教育主体哲学被提倡以来,教育领域人的主体性、人与人的主体间性都取得了较大突破且成效明显,但对教育实践主体性的关注仍显不足,这是今时今日教育主体哲学科学化的突破口。首先,应尊重教育的特点及其相对独立性,从教育规律出发,有利于促成教育实践的稳定性、合理性、能动性。其次,强调教育实践主体的认识与选择的科学性、合理性,社会发展对教育的制约往往通过教育实践主体的认识、选择、建构等来实现,面对实践中的两难问题,如社会与个人、公平与科学、行政与学术等,都需要教育实践主体做出科学、合理的决策,强调教育实践主体性,是有效避免教育主体失落的方式。最后,以弘扬与培养受教育者的能动性、创造性为价值导向,教育是培养人的活动,教育实践是培养人的途径,教育实践以教育规律为立足点,才能保证人才培养的效率。[②]

同时,教育实践又并非处于真空状态下,难以避免与社会、政治、经济、文化、科技等发生联系,教育实践应把诸如此类的外界联系与教育的自身规律相结合,形成具有内在统一性的教育规范,把主体性提高至自主

---

① 王策三:《教育主体哲学刍议》,《北京师范大学学报》(社会科学版)1994年第4期。
② 王道俊、郭文安:《关于主体教育思想的思考》,《教育研究》1992年第11期。

权利的水平。①

二 高校招生教育主体性的基本问题

在教育主体哲学的视域下，应强调高校招生的教育主体性，即高校招生的教育性，这是针对招生实践不够重视教育规律提出的。长期以来，高校招生被混淆于高校入学考试之中，招生的理论功用被忽视。同时，招生又背负了较大的社会责任，招生的教育性尚待深入挖掘。

（一）高校招生的教育工具论与教育主体论

高校招生与社会建设、个体发展的矛盾，是教育、社会与人的复杂关系在高校招生实践中的具体化。

在高校招生、社会建设、个体发展的互动中，高校招生适应社会发展、实现育人功能、尊重教育规律与教育价值，体现出了教育的工具论与教育的主体论。具体而言，教育工具论表现在，高校招生主动适应社会，这种适应并非仅停留于短期内，招生公平对社会稳定的促进，还表现为在未来很长的一个阶段内，招生计划对优化高等教育学科专业布局、提升社会职业及行业人力资源质量的意义。高校招生的育人功能，体现为高考作为"指挥棒"，对基础教育的引领作用，作为高等教育的入门关，对高级专门人才培养的基础作用。教育主体论，则体现为每个国家、每所高校的招生制度、招生方案都有自己的历史，招生制度与方案是以教育规律为基础的，并形成了能够招录到优秀生源的宝贵经验。

事实上，在高校招生中，也存在着教育的工具论被重视、教育的主体论被忽视的问题。我们应响应教育主体哲学所提倡的，重视教育规律在高校招生中的作用，明确高校招生应首先体现教育价值。虽然高校招生兼具行政性、市场性、社会性、公共性，但作为高等学校的入口关，教育性一定是最基本的属性。厘清高校招生的教育逻辑，也有利于破除"唯分数"的桎梏，走向"多元"评价的道路，从而更好地为社会发展服务、为人才培养服务。

（二）高校招生的"负担"与"异化"

高校招生作为一项教育实践活动，与其他同类活动相似，受"教育

---

① 何巧艳：《"主体性教育"的历史语境与话语分析》，《山西大学学报》（哲学社会科学版）2016年第3期。

非主体哲学"影响，存在教育主体失落现象。即，招生的教育属性不突出、功能被局限、创造性难以发挥作用。

在"统招"国家，实践中招生与招"分"的捆绑，研究受政策导向影响，理论建设较为不足，最终带来了高校招生中"负担"与"异化"。招生与招"分"的捆绑表现为高校招生对"分数"的依赖，高校考试招生制度改革对考试改革，尤其是内容与科目改革的侧重，其症结之一在于高校招生、高考改革对形式公平的追求，因此也导致了高考"唯分数"、基础教育"唯升学"的问题。研究受政策导向影响，对高校招生及高校招生主体性地位的研究明显少于对考试制度与考试招生机构建设的研究、对高校招生依据科学性的研究明显少于对高校招生形式优化的研究。例如，高校作为招生的责任主体，同时承担着人才培养的后续任务，高校在招生中的主体性是高校考试招生必须考虑、解决的问题，但长期以来却因为招生自主权难以落地、相关问题在政策文本中"悬置"而鲜受关注。理论建设较为不足抑或被"代替"的现象也着实存在，将心理学、管理学等学科的成熟理论套用在高校招生中，虽然可为招生实践提供指导，但终究存在片面性、差异性，而数十年来的招生实践多被忽视、招生规律多未得到提炼。在"非统招"国家，高校招生因涉及各个高校的生源竞争，在部分情况下，被"异化"为市场性活动，过于关注招生策略（包装、宣传等），削弱了对教育性的重视。强调高校招生的教育主体性，是解决上述问题的关键。

（三）高校招生作为教育实践的价值转向

高校招生作为一种重要的教育实践，长期以来濒临教育主体失落的状态。"非统招"国家生源竞争的市场化、"统招"国家考生录取的程序化，都在不同程度上导致高校招生的教育属性缺失。虽然高校招生的"负担"与"异化"不可避免，但其本质是一项教育实践活动，教育属性是其第一性。强调教育驱动、尊重教育规律，是高校招生改革的重要转向。教育内部关系规律所决定的教育与教育对象的关系，即招生与招生对象的关系，是改革中应首要考虑的因素、应做出的回归。招生应以考生的素养为起点、以对考生的全面考查为要求、以促进考生的适切性发展为目的。[①]

[①] 郑若玲、庞颖：《强化高校学校主体性地位：招生改革的价值转向》，《教育研究》2019年第12期。

只有这样，才可以发挥招生的效能，为高校遴选适宜性人才；保证招生过程的教育性，有效解决招生中教育需求与市场竞争、综合素养与应试能力之间的矛盾；进一步优化高校考试招生制度的育人功能，从培养考生的基本学力转向全面发展，从基础教育的终结性测试转向高等教育的入学性测试，并促进学段间的衔接，实现人才培养的连续性。

三 高校招生的教育性特征

高校招生不仅具有制度性、程序性，而且具有教育性。招生宣传、招生录取操作是招生实践的重要组成部分，但这只是招生工作的外显的"形式"。招生评价体系、招生标准则是招生工作隐含的"内容"，其内涵决定了高校招生具有教育性。具体而言，高校招生的教育性表现为招生依据对基础教育的引领，招生评价内容与高级专门人才培养的关联，招生过程是高等教育的第一环节。

（一）高校招生依据引领基础教育的开展

高校招生的依据对考生的必备素养提出要求，这一要求在很大程度上决定了适龄青年进入高等教育阶段前的学校教育、家庭教育、社会教育的主要内容。可见，高校招生发挥着引导基础教育、联结不同教育主体、衔接不同教育阶段的作用。

这一现象最典型的表现即为中国的"高考指挥棒"作用，即高考在基础教育领域，具有牵制教育目的、引导教育过程和评价教育结果等功能。[1] 这一论断会产生一种误解，即"高考指挥棒"中的"高考"是"普通高等学校招生统一考试"而非"普通高等学校统一招生录取"，也就是说，引领基础教育开展的是高校入学考试，而非高校招生录取。这种误解源于中国高校招生长期以入学考试分数为唯一依据，"考试"与"招生"的差异未被重视。换言之，"高考考什么，基础教育教什么"的前提是"普通高等学校招生统一考试"成绩是"普通高等学校统一招生录取"的唯一或重要依据，若高校招生录取不再以高考成绩为重要依据，这一局面势必改变。在浙江省实施"三位一体"综合评价录取改革之后，越来越多的高中生参加培训班、提升综合素质，可以说明，与入学考试内容相比，招生依据是引领基础教育的根本因素。同时，这也是世界各国普遍存

---

[1] 郑若玲：《论高考的教育功能》，《教育导刊》2005年第1期。

在的现象。比如，美国诸多名校看重申请者所修课程的难度，有条件的高中就会尽可能开设先修课程，学生为了提高申请名校的竞争砝码而尽量修习这些课程。① 英国高校入学所需的选考科目与考生在 A-level 阶段，甚至 GCSE 阶段修读的科目高度一致，这就要求考生从高中，甚至从初中起，便要在选课方面为申请大学做准备。

（二）高校招生评价内容与高级专门人才培养、行业需求密切相关

"高校招生""高等教育人才培养""大学生就业"三者是具有联系的。一方面，高校招生具有基础性作用，高校招生对学生学科能力、专业适应性、发展潜力等做出预判，引导学生进入适合的专业接受高级专门教育，最终走向相应的职业。另一方面，就业市场具有引导性作用，职业、行业的发展对高级专门人才的培养标准产生影响，进而推动高校招生评价体系改革。可见，高校在确定招生评价内容时应遵循个体成长、发展规律。

在"统考"作为主要招生依据的招考政策中，招生评价内容主要体现在考试科目的确定上。多数国家、高校的选考科目要求，充分考虑了人才培养、行业及职业的需要。澳大利亚的高校根据专业设置、培养目标和选拔要求限定考生招录的"先决条件"和"前有知识"，其中，"先决条件"是考生的必考科目，包括课程先决条件和学科先决条件，前者精准限定课程，后者宽松限定学科。② 英国高校专业招录对 A-level 考试的选考科目实行限制性规定，比如对于工程学位来说，数学和物理科目必不可少。③ 在中国的高考综合改革中，教育部颁布了《普通高校本科招生专业选考科目要求指引（试行）》，高校对考生做出选考科目要求。在"统考"作为部分招生依据或不作为招生依据的招考政策中，招生评价内容还体现在职业技能测试、专业能力测试、面试等方面。比如，澳大利亚高校的很多专业都设立了额外选择标准，如视觉艺术专业要求考生提供代表作，音

---

① 郑若玲、宋莉莉、徐恩煊：《再论高考的教育功能——侧重"高考指挥棒"的分析》，《全球教育展望》2018 年第 2 期。

② 苗学杰、王岩：《澳大利亚"高考"科目自选的制度体系探析》，《比较教育研究》2020 年第 3 期。

③ 苗学杰：《英国"高考"科目自选的制度设计、现实难点与警戒意义》，《比较教育研究》2018 年第 9 期。

乐类专业要求考生试唱。① 在中国高考综合改革试点地区高职的提前招生中，高校对考生文化素质和职业适应性进行综合评价，并要求部分考生参加职业技能考试。

（三）高校招生是高等教育的第一环节

高校招生的选拔性、甄别性是专业教育的前提，与基础教育不同，高校专业要求学生具有相应的学科优势、专业认同、发展潜力，高校招生是学生从普通教育阶段走向专业教育阶段的转折点，也是高等教育或曰专业教育的第一环节。

在以"高校"为志愿填报单位的招考政策中，考生多以选择"高校"为主、选择"专业"为辅，如中国非高考综合改革试点地区的招生，"高校"是招生宣传的主要内容，目的是使学生了解高校的整体情况，招生的教育作用尚不明显。在以"专业"为志愿填报单位的招考政策中，考生则必须以选择"专业"为主，这就要求高校的招生工作，不仅要促进考生对专业的了解，还要引导考生选择适合的专业。又因为基础教育以普通教育为主、专业教育缺失，多数高校给予了新生转专业的机会，高校招生的专业教育职责会向前延伸至基础教育末端、向后延迟到高等教育开端。部分国家、高校的招生注重对考生开展入学前的专业教育，比如，中国大部分高校将学术讲座作为招生宣传的途径，通过"线下"与"线上"相结合的方式，对高中生开展相关讲座，增进学生对高校、专业的了解。部分国家、高校的招生还关注新生入学后的适应性问题，比如，韩国高校招生专员的职责包括促进新生学业、生活的适应。② 美国高校的招生战略管理将入学管理视为重要的内容，强调为学生提供有效的服务，促进学生建立伙伴关系、学业进步、学术成功，③ 同时还提出高校招生应实现从入学管理（Enrollment Management）向管理入学（Managing Enrollment）的

---

① 苗学杰、王岩：《澳大利亚"高考"科目自选的制度体系探析》，《比较教育研究》2020年第3期。

② 张雷生：《基于"招生专员制"的韩国高校自主招生政策研究》，《比较教育研究》2016年第8期。

③ Seifert T. A., Moore K., Beaulieu J., et al., "Paddling With Purpose: Perceptions of Student Success and Retention Efforts", *Strategic Enrollment Management Quarterly*, Vol. 5, No. 1, 2017, pp. 20–30.

转变。①

第四节 高校招生主体性地位的内涵与分析框架

高校招生主体性地位立足于高校招生的主体性、制度性与教育性，对其进行定义，这三者缺一不可。但在中国高校考试制度下考察高校招生主体性地位又有特殊性，故而，中国高校招生主体性地位分析框架的搭建又必须考虑中国的实际情况。

一 高校招生主体性地位的内涵

高校招生主体性地位来源于权力赋予与教育规律使然，对其进行概念界定，不能逾越其存在的制度性等合规定性基础，也不能忽略主体性、教育性等合理性基础。强化高校招生主体性地位，是一种理性回归，具有重要的现实意义。

（一）"高校招生主体性地位"释义

本书认为，"高校招生主体性地位"是高校在招生实践中，与考生、政府、社会机构、其他高校等进行互动时，作为招生主体的一种状态。在这种状态下，高校的招生主体性充分体现，所做的主体行为、发挥的主体作用既要符合高校招生的制度性要求，表现出相当的胜任力、领导力、公信力，具有一定的自律性，又要体现出高校招生的教育性特征，彰显自主性、专业性、有效性、创造性。

高校招生主体性地位的获得，与"自上而下"的授权有关，这是高校招生主体性地位合规定性的一面；也与教育规律有关，这是高校招生主体性地位合理性的一面。具体而言，高校具有招生主体性地位，来自法律规章的基本要求，比如中国《高等教育法》要求"高等学校根据社会需求、办学条件和国家核定的办学规模，制订招生方案，自主调节系科招生比例"，法律赋予高校自主确定分专业招生计划的权力。高校具有招生主

---

① Hossler D., Kalsbeek D., "Enrollment Management and Managing Enrollments: Revisiting the Context for Institutional Strategy", *Strategic Enrollment Management Quarterly*, Vol. 1, No. 1, 2013, pp. 5–25.

体性地位，来自"谁培养、谁招生"的基本逻辑，立足于高级专门人才培养与选拔的一致性、高等学校运行与招生的一体化，出于高校对人才培养的质量追求、对自身发展的使命责任。高校具有招生主体性地位，来自教育实践对教育主体性的回归，是解决高校招生实践及配套改革滞后于政令，造成学术权力受行政权力影响、人才培养为人才选拔所困等问题的必然选择，也是解决高校招生改革受社会不科学言论裹挟，造成有益改革被"一刀切"式取缔等问题的有效路径。

也就是说，高校招生主体性地位不完全等同于招生自主权，在法律、规章未涉及的与招生相关的领域，高校也表现出或者必须表现出一定的主体状态，也应受到关注。

具体而言，高校招生主体性地位在外在层面，表现为高校在招生活动中与政府、考生、社会、其他高校互动关系中的核心地位、主动行为、能动性作用。高校作为评价主体、决策主体，在招生中，具有一定的独立性，与政治任务、社会舆论保持相对距离，发挥主导作用；保持一定的理性，与其他高校的招生方案形成一定的差异，凸显自身的特色；主动作为，履行国家政策、探索科学的选拔标准，为自身选拔适宜适性人才、引导基础教育的改革发展；对客体产生作用，通过选拔人才、培养人才、产出人才，为国家政治、社会发展服务，为国家考试招生制度的建立健全服务。高校招生主体性地位在内在层面，表现为高校招生在高校的运行机制中，与高校发展、高校人才培养发生联系时体现出的关键地位、创造性行为、能动性作用，这是易被忽视的。一方面，高校招生影响了高校发展，可以对其产生推动作用。高校招生的能动作用将通过提升生源质量、扩大生源数量助推高校的效益与规模，促进高校蓬勃发展、增加高校实力。另一方面，高校招生影响了高校人才培养，可以促进高等教育的内涵式发展。高校招生的能动作用通过对生源学业表现、创新能力、综合素养等的把控，为高校选拔适宜的生源，促进高校培养院校特色的人才，提升产出人才的竞争力。

综言之，高校招生主体性是客观存在的，主体性受政策法规、教育规律约束，主体性的大小决定了高校招生主体性地位的强弱，重视或曰提升高校招生主体性、强化高校招生主体性地位是高校招生改革发展的价值取向。

（二）强化高校招生主体性地位的意义

强化高校招生主体性地位，即对现在部分国家、部分高校招生主体性不强的现象的改变，可通过加大法律赋权与提升自身能力两方面实现。强化高校招生主体性地位，对高校招生、基础教育与高等教育的人才培养、高校办学、高校招生能力建设等，均有重要意义。

1. 强化高校招生主体性地位，有利于提升高校招生的科学性

世界大多数国家将标准化测试成绩作为甄别入学者学习能力的重要依据，且这种测试多由专门机构负责组织，如美国的 SAT、ACT，中国的高考，俄罗斯的国家统一考试，法国的高校全国统考（Bac）等。但近年来，越来越多的研究表明，标准化测试在预测高等学校入学者的能力方面极为有限，故各国日趋重视以高校为主导的综合评价。强化高校招生主体性地位，由高校自主设定选拔依据，有利于提高选才的科学性。比如，美国高校的多元评价指标包括高中各科成绩、先修课程成绩、课程强度、标准化考试成绩（SAT、ACT、SATⅡ）、写作、兴趣、推荐信（班主任、学科教师）、班级排名、课外活动、作品集（艺术类、建筑类等）、先修课程、面试、工作经验、州毕业考试分数等；[1] 部分高校选用可免试入学政策（Test-Optional），用高中成绩、大学先修课程（AP）考试分数代替标准化测试成绩。事实表明，美国高校可免试入学不仅没有降低院校的品质与学术声誉，反而因生源成分更加多样而使校园更具活力与吸引力。[2] 中国高校自主选拔录取也收效明显。[3] 高校通过自主设定选拔依据，从多个角度考查学生，突破了单一"分数"的限制，关注到了立体的"人"，有利于其对考生能力的甄别、潜力的发现。

2. 强化高校招生主体性地位，有利于加强高校招生与人才培养的联系

高等教育的专业性与基础教育的普通性之间，似乎存在着天然的沟

---

[1] National Association for College Admission Counseling, *State of College Admission 2019 Report*, https://www.nacacnet.org/news—publications/publications/state-of-college-admission/，访问日期：2020年9月9日。

[2] 郑若玲：《美国大学"可免试入学"改革及启示》，《华中师范大学学报》（人文社会科学版）2016年第2期。

[3] 马莉萍、卜尚聪：《重点大学自主招生政策的选拔效果分析》，《北京大学教育评论》2019年第2期。

罅，造成了人才培养的"断续"。高校招生作为高等教育的首要环节，也承担着基础教育与高等教育的衔接作用。强化高校招生主体性地位，使招生实践关注新生入学适应性，有利于加强高校招生与人才培养的联系。一方面，高等教育与基础教育互动，加强大学与中学的衔接，强化高中生对高校的了解、对高等教育的认知。在美国、日本等国家，部分高校开设先修课程（AP），并将其视为招生录取的依据；高校组织"开放校园日"活动，为高中生提供解高等教育、获得高等教育入学机会的平台；高校教授与当地高中联合开课、共享实验室，为高中生提供学术训练。另一方面，高校参考人才培养方案，制定录取依据，通过对专业能力、职业素质、综合素养的重视，提升入学者的专业适应性，加强人才选拔与人才培养的联系。俄罗斯全国有60个专业可以举行体现专业创造能力和职业方向的附加考试；[①] 新加坡高校部分院系要求学生参加面试或能力测试，着重强调专业相关的价值。[②] 高校从多方面入手，增强学生入学适应性，使高校招生在发挥选才功能的同时，兼顾育才。

3. 强化高校招生主体性地位，有利于促进高校招生为院校发展服务

生源是重要的办学资源，生源数量、质量等在很大程度上由招生工作决定。故，招生作为高校办学的首要且重要的活动，与院校发展之间的关系亦不容小觑。强化高校招生主体性地位，提升高校内部对招生工作的重视程度，有利于院校发展。高校将招生工作上升到战略规划的高度，强调招生与院校宣传、招生与专业建设、招生与学科布局、招生与院校定位之间的联系。在招生过程中，将大量人力物力投入到招生宣传中，以增加考生、家长对院校的了解，吸引优质生源，保障高等教育质量。建立招生与专业建设之间的联系，将招生效果反馈至专业建设中，对专业的设置、转型、合并、裁撤具有重要意义。重视招生与学科发展之间的联系，在招生中，识别学生的学科潜力、设置对学科特长者（如竞赛生）的政策倾斜，为院校学科发展提供人才储备。招生对院校定位同样具有启发意义。一方面，院校通过招生基本情况分析、招生竞争情况分析，可进一步澄清院校的水平定位、类别定位，尤其是类别定位中可使高校发现自身的比较优势；另一方面，院校通过对入学者的情况分析，可了解到院校招生的目标

---

① 郑若玲等：《国外高校招考制度研究》，浙江教育出版社2017年版，第218页。
② 郑若玲等：《国外高校招考制度研究》，浙江教育出版社2017年版，第345—346页。

群体、核心特征，提升招生宣传的精准性、为人才培养的核心竞争力提供参考。

4. 强化高校招生主体性地位，有利于加强高校招生能力建设

强化高校招生主体性地位，高校产生招生主体意识、发挥招生主体作用、推进招生实践专业化的同时，也增进了其对自身问题的思考、加强了自身的能力建设。高校招生对外部环境适应、内部事务协调的过程，可以推动其自身能力的建设与发展。比如，高校在招生实践中，以院校历史、文化、学科实力、专业特色、校友竞争力为基础，在思考院校特色与核心竞争力的同时，可以促成院校招生理念的形成，使招生部门对本校招生有更加清晰合理的定位；设定招生标准，将其付诸实践并予以检验、修正的过程，有助于推动招生评价体系的建构，这是招生公平与科学的基础；招生官经过一轮又一轮的招生宣传、材料审阅、面试、决策录取，其专业能力在工作中得以培养与提升。澄清录取工作情况、跟踪入学者的综合能力、分析招生的成效，可以促进高校招生体系的整体优化。可见，高校招生实践的专业化与高校招生能力建设是相辅相成、共同进步的。同时，提高高校招生能力，也有助于实现真正意义上的招生公平与招生科学。

二 中国高校招生主体性地位的分析框架

在对"高校招生主体性地位"进行分析之前，应首先明确几个关键概念："招生主体"是高校在招生实践中的角色定位；"招生主体性地位"是高校在招生实践中的一种状态，符合制度要求、适应教育规律；"招生主体行为"是这种状态的表现形式；"招生主体作用"是"招生主体行为"对他者产生的影响，包括积极的一面与消极的一面。

对"高校招生主体性地位"这一状态进行研究，一方面，应以状态的表现形式为切入点，从"招生主体行为""招生主体作用"等方面澄清"高校招生主体性地位"的现实情状。另一方面，应结合状态的立论基础，即状态存在的合规定性、合理性，并对其加以分析。具体而言，以主体性哲学为基础，从历史与现实两个维度，探析高校作为招生主体的主体行为与主体作用。其中，主体行为包括高校与考生等客体的互动，与教育行政部门、社会机构、其他高校等主体的互动，以及高校对自身的调整、更新与发展；相应地，主体作用包括高校对招生客体、其他招生主体以及自身产生的影响。以组织制度理论为基础，从国家高校招生政策与制度基础、高校内部的招生体制机制、国家及高校的招生改革发展历程等方面探析高校招生主体性地位，阐释主体行为合法、合规定的一面，逾矩的一面，在现有政策规章下，拓展高校招生主体性地位的强化空间。以教育主体哲学为基础，关注招生实践中教育属性的凸显、教育功能的发挥等，以此探析高校招生主体性地位，辩证审视主体行为合理与不合理的地方，从教育规律层面，拓展高校招生主体性地位的强化空间。

与世界大多数国家相比，中国高考具有一定的特殊性。高校考试招生制度是中国一项基本的教育制度，也是一个复杂的系统工程，[①] 厚重的历史与文化是"早发内生型"高考制度的逻辑起点，为国为民的责任担当是"为国选才"的高考制度的价值取向，恪守公平的形式变革是"受制于人情社会"的高考制度的基本底线，追求科学的内容变革是"甄别拔尖创新型人才"的高考制度的不懈突破。从高校考试招生的主体来看，70 余年来，国家的权威性持久不变，高校的主体性地位螺旋式上升，民众的监督作用有所增加。[②] 在招生环节，高等学校这一高级专门人才的培养机构，则在以自身为招生行为主体、各级考试招生机构监督服务、国家宏观管理的工作机制中，根据相关法律及规章制度，逐步建立了由校长负责的招生工作领导机构，并以制定、公布招生章程的形式，规范、承诺招生行为。[③]

对"中国高校招生主体性地位"进行研究，要以普遍意义上的对"高校招生主体性地位"的分析为基础，即关注"招生主体行为""招生主体作用"，并对其做合规定性、合理性分析。同时，还要兼顾中国实情，这样才有利于解决中国问题、提炼中国经验、探寻中国道路，对中国高考改革提出政策建议。所以，在"考试古国"的国情下，探讨"中国高校招生主体性地位"，必须加强对相关问题的历史的论述；在"统考统招"的高校考试招生制度下，探讨"中国高校招生主体性地位"，必须加强对相关问题的制度环境分析、对政府与高校互动的论证；在高校招生能力不足的实情下，探讨"中国高校招生主体性地位"，必须加强对高校内

---

① 刘海峰：《高考改革中的全局观》，《教育研究》2002 年第 2 期。
② 郑若玲、庞颖：《恪守与突破：70 年高校考试招生发展的中国道路》，《华中师范大学学报》（人文社会科学版）2019 年第 5 期。
③ 郑若玲、庞颖：《强化高校学校主体性地位：招生改革的价值转向》，《教育研究》2019 年第 12 期。

部招生体制机制、招生与人才培养关系的探讨。

基于研究背景、研究问题、文献述评、相关理论和中国国情，本书用于指导数据整理和分析的框架如图 1-1 所示。与"中国高校招生主体性地位"密切相关的主体包括高校、教育行政部门、考试招生机构、高中及社会，基本情状表现于历史、制度与现实（实践）之中，深入分析则从内在基础与基本保障两方面开展。具体而言，以高校为招生主体、考试招生机构监督服务、教育行政部门宏观管理的工作机制构成了三角协调模型，考试招生机构、教育行政部门与高校通过制度产生关联，高中与高校则通过生源产生联系。招生实践是高校的重要活动，也是高等教育的首要环节，高级专门人才培养、毕业生、社会发展需要与其具有连续性。同时，社会监督、社会认同也对高校招生工作机制、高校招生实践具有重要意义。对"中国高校招生主体性地位"开展研究，首先应澄清其基本状态，重点之一在于"招生实践"，可通过历史分析与现实剖析来实现，招生主体行为、招生主体作用是重要观测点；重点之二在于"招生工作机制"，明晰高校招生的外部制度环境，包括高校与其外部的教育行政部门、

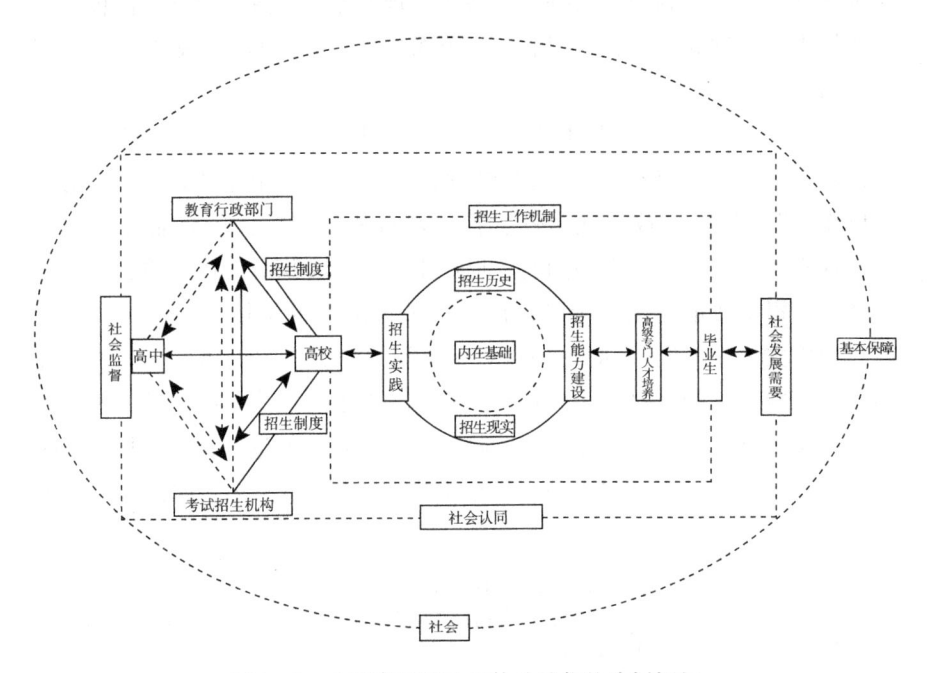

图 1-1 中国高校招生主体性地位的分析框架

考试招生机构因政策产生的相互作用，明晰高校内部招生机构（招生领导小组、招生办公室）、人才培养单位（二级学院）、相关职能部门（教务处、学工处、就业处）等因招生实践产生的相互作用，校内外的招生体制机制建设是分析要点。其次要对"中国高校招生主体性地位"进行深入分析，基于相关理论，从合规定性、合理性的层面，探讨历史、制度、实践视域下"中国高校招生主体性地位"的困境；探讨"中国高校招生主体性地位"的内在基础，比如高校招生与高校办学、学科能力、专业适应、高级专门人才培养的联系，发现现实中的不足及改革中的突破，肯定强化高校招生主体性地位对解决中国高等教育的相关问题的意义；探讨"中国高校招生主体性地位"的基本保障，比如学术声誉、招生治理、院校研究与高校招生的联系，发现现实中的不足及可推广的举措，明确相关议题对强化高校招生主体性地位的意义。

第二章

中国高校招生主体性地位的历史检视

中国高校招生主体性地位与世界大多数国家相比具有特殊性，在很长一段历史时期内，这种特殊性源于高校招生权力与能力的有限性。2010年《国家中长期教育改革和发展规划纲要（2010—2020年）》颁布，"招考相对分离"成为中国高考改革的一项重要的价值导向，高校招生主体性地位得到了前所未有的强化。但当高考综合改革全面启动、高校被赋予了更大的招生自主权的时候，却又出现了诸如高校招生自主权被悬置、高校招生乱象频出等问题。事实上，中国高校招生主体性地位并非是近年来因政策变革而突然被强化的，而是现代大学建立之初就被赋予的，是高等教育运行机制的一种本质属性，但在统一高考制度下，与政治力量、社会功能相比，高校力量、教育功能不够凸显。当然，中国高校招生主体性地位并非全然无存，而是体现于招生宣传、招生总结等非法定的活动中，尽管获得的权力极为有限，但在行动中仍具有一定的主观能动性。中国高校招生主体性地位被忽视有历史原因，也有国情原因，"招考相对分离"的落地难有制度原因，也有高校自身的原因。研究中国高校招生主体性地位，应从历史检视出发，从史实中澄清高校招生主体性地位的流变，从政策、国情、高等教育实情等多重视角探析问题的原委。

第一节 中国高校招生主体性地位的历史变迁

中国高校招生主体性地位存在的合规定性，决定了其在一定程度上受政策、规章影响。自1895年中国第一所现代意义上的大学建立、高校以单独招生的形式拉开序幕以来，中国高校的招生政策在不断探索、改革、优化，且体现出了鲜明的分阶段的特征。整体而言，可以单独招生停止、统一高考恢复、"3+X"高考改革及自主选拔录取改革为关键节点，将政策演变划分为四个阶段。高校招生主体性地位在不同的阶段有着不一样的表现，具体而言，可依据高校招生主体行为、主体作用的不同，以"'自主'的大学""'自主权式微'的大学""'具有一定招生余地'的大学""'初具自主权'的大学"为特征，对中国高校招生主体性地位的历史变迁做一阐释。

一 起始期（1895—1949年）："自主"的大学

1895年北洋大学堂的建立拉开了中国现代高等教育的序幕，招生是现代大学自办学之日起便应考虑的重要问题。单独招生、成绩审查、联合招生、委托招生是中华人民共和国成立之前高校招收本科新生[①]的主要形式。在其时的招生中，高校招生主体性地位较为凸显。

（一）制度背景：国家机构对高校招生的调控与监督

中国现代高等教育发轫于清朝末年，在动荡的国情中，自下而上的办学之路使高校包括招生在内的各项事务皆体现出充分的主体性。单独招生是主要形式，但各校形式不一、标准各异、计划多元。1912年中华民国成立，教育部作为国家教育主管部门，对高校招生的作用主要体现为设置全国高校招生的总体性要求、对高校招生及违规行为的监督与反馈、对个别高校联合招生的组织开展等，这也构成了高校招生主体性地位的制度背景。

教育部对高校招生办法的总体性要求从民国初期到中期，呈现出不断丰富、不断细化的过程。民国初期，教育部先后颁布《大学令（民国元年部令第十七号）》《各学校招生办法令（民国元年部令二十一号）》《大学规程令（民国二年部令第一号）》等，仅对高校入学资格、各学校学年开始日期做统一规定。例如，"大学各科学生入学资格，须在预科毕业或经试验有同等学力者"[②]"各学校以八月为学年始期"[③]。随后，《国立大

[①] 中华人民共和国成立之前、之初的高校招生，常包括预科生、试读生、本科新生、转校生等多种形式，本书仅讨论本科新生的招生事宜。

[②] 《大学令》，载王学珍、郭建荣主编《北京大学史料第二卷 1912—1937》，北京大学出版社2000年版，第811页。

[③] 《教育部公布各学校招生办法令》，载王学珍、郭建荣主编《北京大学史料第二卷 1912—1937》，北京大学出版社2000年版，第93—94页。

学校条例（民国十三年部令二十三号）》出台，对高校入学资格进行调整、对高校招生录取依据做出规定，"国立大学校收受高级中学校毕业生或具有同等资格者；国立大学校录取学生以其入学试验之成绩定之"①。1935年，《教育部规定二十四年度各大学招生办法五项》的颁布，增加了招生计划制订办法、部分专业限额等的要求，使教育部对高校招生的总体性要求更加具体化。如"关于文法商教各科系者，依据去年各校院招生统计，各该校院之每一学系所招新生及转学生之平均数约为二十名，今后对于是类科系招生，除具有成绩特有情形，经部于招生前特许者外，均以三十名为限"②。1947年，教育部进一步强调了国立大学的招生标准"教育部对提高标准三令五申，本届新生标准虽不能遵部令提高，亦不能较去年尤低"③。

教育部对高校招生行为的监管始于民国中期。主要体现为对学生入学资格的审议，如"凡未依照办法招生之学校，其新生及转学生之入学资格，概不予核定"④；对高校招生违规行为的通报批评、责令整改，如"案查四年六月，本部定有专门学校招收同等学力学生不得十分之二之限制"⑤；对高校各招生环节的质量监督，如"命题浅显""同一人的不同科目笔迹不同""别字谬句触目皆是""佳卷极少""同等学力的中学修业生过多"，并指出中等教育与高等教育的现实问题，"惧中学之不进步""觉专门以上学校招生太嫌宽滥"⑥。

教育部也曾在个别年份、部分区域组织过小规模或小范围的统一招生、联合招生，如《国立云南大学筹备委员会会议记录（1938年7月30

---

① 《国立大学校条例》，载王学珍、郭建荣主编《北京大学史料第二卷1912—1937》，北京大学出版社2000年版，第103—104页。

② 《教育部规定本年度各大学招生办法》，载王学珍、郭建荣主编《北京大学史料第二卷1912—1937》，北京大学出版社2000年版，第839页。

③ 《国立云南大学招生委员会会议记录（1947.08.30）》，载刘兴育主编《云南大学史料丛书（会议卷）（1924年—1949年）》，云南大学出版社2010年版，第295页。

④ 《教育部规定二十四年度各大学招生办法五项》，载王学珍、郭建荣主编《北京大学史料第二卷1912—1937》，北京大学出版社2000年版，第839页。

⑤ 《教育部训令（第二五三号）》，载王学珍、郭建荣主编《北京大学史料第二卷1912—1937》，北京大学出版社2000年版，第816页。

⑥ 《教育部训令（第一一七号）》，载王学珍、郭建荣主编《北京大学史料第二卷1912—1937》，北京大学出版社2000年版，第811—812页。

日)》记载,"本届招生应照国立各院校统一招生办法办理"①。《北京大学史料》记载,西南联大期间招生工作服从教育部统一招生委员会安排。②

（二）组织基础：校内招生体制机制的建立与健全

中华人民共和国成立之前,统一招考尚未大规模开展,单独招考意味着高校具有绝对的招生自主权,而校内规章制度的建立、常设机构的设立、相关机构的协助构成了强化高校招生主体性地位、执行与规制高校招生自主权的组织基础。

"大学章程"（或大学条例、大学规章等）、"招生章程"（或招生简章、招考简章、招考规则、入学考试规则等）、招生办法及相关规章制度是高校对内组织招生工作、对外开展招生宣传的基本依据。"大学章程"的相关内容包括入学资格、入学条件、是否做选拔试验、志愿保证、改科及转学等;③"招生章程"涉及的内容有学校科类、各科招生情况、投考要求、入学试验科目及程度、考试时间及地点等;④招生办法包括招生科类、试验科目安排、合格分数、命题与阅卷教员、报名办法、招生次数、

---

① 《国立云南大学筹备委员会会议记录》,载刘兴育主编《云南大学史料丛书（会议卷）（1924年—1949年）》,云南大学出版社2010年版,第87页。

② 《西南联大三常委据昆明招生委员会函请保留一年级学额一百名转函教育部统一招生委员会》,载王学珍、郭建荣主编《北京大学史料第三卷》,北京大学出版社2000年版,第288页。

③ 《国立清华大学规程》,载清华大学校史研究室编《清华大学史料选编（第二卷）》,清华大学出版社1994年版,第168—171页。《交通大学规章》,载《交通大学校史》撰写组编《交通大学校史资料选编（第一卷）》,西安交通大学出版社1986年版,第482—488页。

④ 《国立北京大学入学考试规则（民国十四年修订）》,载王学珍、郭建荣主编《北京大学史料第二卷1912—1937》,北京大学出版社2000年版,第819—821页。《北大清华联合招生详细办法公布》,载王学珍、郭建荣主编《北京大学史料第二卷1912—1937》,北京大学出版社2000年版,第841—843页。《国立清华大学1947年年度招考一年级新生简章》,载清华大学校史研究室编《清华大学史料选编（第二卷）》,清华大学出版社1994年版,第245—248页。《交通大学招考规则》,载《交通大学校史》撰写组编《交通大学校史资料选编（第一卷）》,西安交通大学出版社1986年版,第500—501页。《国立南开大学三十七年度招考一年级新生简章》,载王文俊、梁吉生《南开大学校史资料选（1919—1949）》,南开大学出版社1989年版,第323—326页。《厦门大学招生简章》,载黄崇实、郑文贞编《厦门大学校史资料（第一辑）》,厦门大学出版社1987年版,第85—90页。《兰州大学招生简章》,载张克非《兰州大学校史上编（1909—1976）》,兰州大学出版社2009年版,第141—142页。《私立东吴/沪江大学联合法商学院招生简章（摘要）》,载王国平、张菊兰等编《东吴大学史料选辑（历程）》,苏州大学出版社2010年版,第283页。

监视员分配等；①《教务长布告》《本科教务通则》《北京大学布告》《国立交通大学学籍规则草案》等相关制度则对政策倾斜、测试方式、学历基础、注册报到、入校事宜、防作弊措施、入学考试科目等做一补充。②

　　招生考试委员会（或入学考试委员会、入学委员会等）、新生指导委员会是高校招生的专门机构，部分高校以常设机构的形式设置。招生考试委员会协助校长办理入学试验事务，统领高校的招生工作，比如，负责编撰"招生章程"、确定录取标准、做出录取决策。多由校长或教务长任主席并负责召集，成员包括由校长、三处处长、各院系科主管人、注册组主任。③新生指导委员会负责新生入学的适应性工作，建立了招生与人才培养之间的联系，顾问由校长指派，委员会人数以新生入学人数为准。④

　　但因高校招生是一个较为复杂的事务，涉及众多利益相关者与诸多问题，部分工作或部分高校的相关工作也由校务会、教务会、行政会等分担。例如，省立云南大学通过校务会决议招生科系、各科招生人数、考试方案、志愿分配、考试日期、招生简章，组织新生招考委员会，评估招生质量。⑤北京大学教务会决定招收新生办法。⑥国立交通大学教务会决策

---

① 《本年（1918）招生办法》，载王学珍、郭建荣主编《北京大学史料第二卷1912—1937》，北京大学出版社2000年版，第812—813页。

② 王学珍、郭建荣：《北京大学史料第二卷1912—1937》，北京大学出版社2000年版，第816页。清华大学校史研究室编：《清华大学史料选编（第二卷）》，清华大学出版社1994年版，第164、819页。《交通大学校史》撰写组：《交通大学校史资料选编（第一卷）》，西安交通大学出版社1986年版，第656—665页。

③ 王学珍、郭建荣主编：《北京大学史料第二卷1912—1937》，北京大学出版社2000年版，第77—79、883页。王文俊、梁吉生：《南开大学校史资料选（1919—1949）》，南开大学出版社1989年版，第127—139页。刘兴育主编：《云南大学史料丛书（会议卷）（1924年—1949年）》，云南大学出版社2010年版，第190—191页。

④ 王学珍、郭建荣主编：《北京大学史料第二卷1912—1937》，北京大学出版社2000年版，第77—79页。

⑤ 刘兴育主编：《云南大学史料丛书（会议卷）（1924年—1949年）》，云南大学出版社2010年版，第29—191页。

⑥ 王学珍、郭建荣主编：《北京大学史料第二卷1912—1937》，北京大学出版社2000年版，第816页。清华大学校史研究室编：《清华大学史料选编（第二卷）》，清华大学出版社1994年版，第858页。

转院转系结果。① 北京大学行政会讨论招生办法。② 南开大学行政会确定招考新生委员会委员名单。③

（三）表现形式：招生方案、内容、形式的确定与优化

在以单独招考为主要招生方式的背景下，高校招生主体性地位表现为在制定招生办法时有着绝对的自主权，不仅可以院校特色为基础，而且可将招生权下放至二级学院，充分考虑科类特征，实现招生方案、内容、形式等的优化。

高校全权负责本校招生办法的制定，并通过多种形式向社会宣传。这一时期，大部分高校新生录取的方式、标准、形式、内容都不同。每所院校有权自主决定包括招生系科、招生人数、招考方式、招考次数、考试时间、考试地点、考试科目、科目权重、考试大纲、命题方式、阅卷（考查）办法、体检要求、成绩公布形式、录取标准、优惠条件、监督方式、志愿填报形式、选科及转学等在内的招生办法。例如，云南大学招生委员会决议命题截止日期、试题印制、科目时间、试场规则、试场布置、试卷备份、监试人员、体格检查、口试人员、考生餐食、试卷收集及保管、阅卷办法、放榜时间等。④ 高校招生宣传主要依托广告，在《政府公报》《晨报》《申报》《中兴日报》等主流报刊中公布当年的招生通知、招生简章等。

高校根据自身情况，制订具有本校特色的招生及入学方案。高校拥有较大的招生自主权，故而在制订招生方案时可充分考虑本校需求。在确定招生系科时，可着重讨论特殊学科的招生问题，如北京大学1946年召开

---

① 《交通大学校史》撰写组：《交通大学校史资料选编（第一卷）》，西安交通大学出版社1986年版，第656—665页。

② 王学珍、郭建荣主编：《北京大学史料第二卷1912—1937》，北京大学出版社2000年版，第816页。清华大学校史研究室编：《清华大学史料选编（第二卷）》，清华大学出版社2000年版，第12—13页。

③ 王文俊、梁吉生：《南开大学校史资料选（1919—1949）》，南开大学出版社1989年版，第167页。

④ 《省立云南大学招生委员会会议记录》，载刘兴育主编《云南大学史料丛书（会议卷）（1924年—1949年）》，云南大学出版社2010年版，第267—268页。

多次会议商讨工学院的招生问题;① 在制订招生计划时,充分考虑本校需求,如云南大学1939年校务会会议记录载,下年度招生人数应由各系所需人数总计;② 对招生工作可灵活安排,如云南大学校务会记载"本校此次(1941年)招考新生较原定招考人数尚差,现拟另行招考一次,以资补充"③。同时,高校对当年招生情况进行分析,为下一年度的招生提供参考,如北京大学在1922年应试及录取生省籍人数表、学科成绩分布表、考生及格情况表的基础上,分析各省学情、考生学科能力、全国基础教育情况,制订1923年度招生计划。④ 高校对新生入学后的适应问题,比如对专业学习问题尤为关注,清华大学曾就入学第一年是否分院系在《清华副刊》第42卷第5期、第7期中展开争论。⑤

强调院系招生权,促进了招考形式与内容的优化。系科在招生工作中获得了更大的话语权,如"各院应添招何项科系,由各院长酌定""选课办法由主任拟具办法再为决定""新生考试是否举行口试,各系自行决定"⑥,这就使各校的招生办法因院系而异,每个系科都可根据自身需要确定招考方案。一方面,招考形式更加丰富。在院系的推动下,多数学校开始增加复试或口试,即在学校初试或笔试的基础上,学院进行加试,以选择各院系需要的考生。这种方式突破了纸笔测试的局限,推动了理论与实践的结合,在测试理论知识、考查学生学力的基础上,增加了对实操能力、综合素养的考查,可以更全面地了解考生。例如,厦门大学要求考生

---

① 《国立北京大学行政会议记录》,载王学珍、郭建荣主编《北京大学史料第四卷1946—1948》,北京大学出版社2000年版,第13—27页。《国立北京大学三十五年度招考工学院一年级新生简章》,载王学珍、郭建荣主编《北京大学史料第四卷1946—1948》,北京大学出版社2000年版,第420—421页。

② 《国立云南大学校务会会议记录(1939.06.19)》,载刘兴育主编《云南大学史料丛书(会议卷)(1924年—1949年)》,云南大学出版社2010年版,第94—95页。

③ 《国立云南大学校务会会议记录(1939.08.07)》,载刘兴育主编《云南大学史料丛书(会议卷)(1924年—1949年)》,云南大学出版社2010年版,第115—116页。

④ 《国立北京大学行政会议记录》,载王学珍、郭建荣主编《北京大学史料第四卷1946—1948》,北京大学出版社2000年版,第13—27页。《北京大学本年度招生计划(1923)》,载王学珍、郭建荣主编《北京大学史料第四卷1946—1948》,北京大学出版社2000年版,第816—818页。

⑤ 《论第一年不分院系读(论第一年不分院系)申论一年级不分院系》,载清华大学校史研究室编《清华大学史料选编(第二卷)》,清华大学出版社1994年版,第237—242页。

⑥ 《国立云南大学招生委员会会议记录(1949.10.11)》,载刘兴育主编《云南大学史料丛书(会议卷)(1924年—1949年)》,云南大学出版社2010年版,第2—4、296—297页。

"受科学试验时须缴实验室之记录簿"①，西南联合大学要求"投考师范学院学生一律于笔试后即行口试"②。另一方面，招考内容更加科学。招考内容多因院系、科类或专业而异，其中，有科目类别的区分，如清华大学1947年招考新生分为三组，每组应试科目不同，甲组为理学院、工学院，考试公民史地、国文、英文、数学（高等代数、解析几何、三角）、物理、化学；乙组为文法学院，考试公民史地、国文、英文、数学（高等代数、平面几何、三角）、中外史地、理化；丙组为理学院、医学预科、农学院，考试国文、英文、数学（高等代数、平面几何、三角）、公民史地、理化、生物。③ 北京大学1918年的招考中，应试文科、法科者的外国语要求"英文或法文或德文，文法、翻译"，应试理科者的外国语要求"英文，文法、翻译"。④ 科目权重不同，如1934年北京大学招考新生总成绩的轻重比率因学院而异：文法学院国文30%，英文40%，数学50%，史地50%；理学院国文20%，英文30%，数学30%，理化20%。⑤ 数学、国文等科目难度也有差异，如数学科，北京大学1925年的招考中，应试国文学、东方文学、英文学、法文学、德文学、俄文学、史学、法律学、政治学、经济学诸系者，数学考查代数、几何（平面及立体）、平面三角，数学、物理学、化学、地质学诸系者，数学考查 A. 代数，几何（平面及立体），平面三角。B. 解析几何，微积分大意。⑥ 而后，因院系考试科目差异较大，部分高校在招生中也逐渐进行制度优化，通过考试大纲向考生阐释不同科目的测试情况。

（四）问题表征：考生、高校、社会面临的风险与挑战

这一时期的招考方式，在强化高校招生主体性地位、推动高校招生主

---

① 《厦门大学招生广告》，黄崇实、郑文贞编《厦门大学校史资料（第一辑）》，厦门大学出版社1987年版，第208—209页。

② 《国立西南联合大学一九四二年度招考新生简章》，载王学珍、郭建荣主编《北京大学史料第三卷1912—1937》，北京大学出版社2000年版，第284—286页。

③ 《国立清华大学1947年年度招考一年级新生简章》，载清华大学校史研究室主编《清华大学史料选编（第四卷）》，清华大学出版社年版1994年版，第245—248页。

④ 《教育部训令（第二五三号）》，载王学珍、郭建荣主编《北京大学史料第二卷1912—1937》，北京大学出版社2000年版，第816页。

⑤ 《北大招生委员会决定本届招生章程》，载王学珍、郭建荣主编《北京大学史料第二卷1912—1937》，北京大学出版社2000年版，第883页。

⑥ 《国立北京大学入学考试规则（民国十四年修订）》，载王学珍、郭建荣主编《北京大学史料第二卷1912—1937》，北京大学出版社2000年版，第819—821页。

体行为的同时，为考生、高校、社会带来了一定的风险与挑战。

高校招生方案过于灵活，为考生备考带来阻力。高校年度招生方案的不固定及招生信息发布的不及时、途径有限等，均会阻碍考生获得充分、完全的信息，虽然部分情况因时代因素所致，但也会在一定程度上影响不同阶层、不同社会资源的考生备考，诱发一定的公平问题。以北京大学的招生方案为例，单独招生或与清华大学、南开大学联合招生不定，招考组别有1—3组不等，招生院系、专业几乎每年发生变化，招生科目涉及国文、外国语（含英文）、数学A、数学B、数学甲、数学乙、历史、地理、理化、论理学、物理及实习、化学及实习、党义、博物、公民史地、中外史地等多种，每科分值100—400分或权重20%—50%，另有选考科目、加试或口试等，招生宣传多依托主要报纸，传播力极为有限。

高校招生尚未制度化，对高校运行及高等教育质量带来影响。这种"尚未制度化"体现在招生权责的不明晰、招生质量的不稳定、招生宣传的不充分等。各校虽颁布相关规章制度、设立招生考试委员会，但几乎缺乏专职人员负责相关工作，这就使其与行政会、办公会、教务会等多类委员会的职责相混淆。《教育部训令（第一一七号）》也曾指明部分高校招生考试"命题浅显"[①]，招生方案对高等教育人才培养质量会产生影响。

高校招生较少思考社会需求，对招考的公信力产生挑战。高校招生在制订招生计划时，主要以招生院校的教学资源为依据，缺乏全国范围的统筹，如《教育部规定本年度各大学招生办法》要求"一切科系，应由各校院详审师资情形与设备状况，酌定各该科系招生之名额，以期实际获得教学效率，不得有滥收情形"[②]。同时，招考过程的缺乏监督，也会造成招生腐败问题，如《教育部训令（第一一七号）》有"同一人的不同科目笔迹不同、别字谬句触目皆是、佳卷极少、同等学力的中学修业生过多"[③] 的记载，《国立云南大学招生委员会会议记录（1944年8月25

[①] 《教育部训令（第一一七号）》，载王学珍、郭建荣主编《北京大学史料第二卷1912—1937》，北京大学出版社2000年版，第811—812页。

[②] 《教育部规定本年度各大学招生办法》，载王学珍、郭建荣主编《北京大学史料第二卷1912—1937》，北京大学出版社2000年版，第839页。

[③] 《教育部训令（第一一七号）》，载王学珍、郭建荣主编《北京大学史料第二卷1912—1937》，北京大学出版社2000年版，第811—812页。

日）》也记录了"监考员舞弊案"[①]。

二 摇摆期（1950—1976年）："自主权式微"的大学

1949年中华人民共和国成立，高等教育作为一项公共事业履行着人才培养、科学研究、为社会服务等职能。高校招生是高等教育的起点，承担着为国选才、为党培养干部的双重职责。1950年，中国高校招生开始由单独招生转向联合招生、统一招生，1952年统一高考建制，随后又经历了向"单独招考"迂回、被"推荐制"取代的过程，高校招生主体性地位也因制度的摇摆而徘徊于"被强化"与"被弱化"之间。

（一）制度环境：国家机构对高校招生的严格把控

中华人民共和国成立之初，高校招生被赋予为国家选拔干部的重任，成了一项严肃的政治任务。国家通过设立各级考试招生机构、统筹各部门力量、联系社会经济发展需要，对高校招生严格把控。

1. 国家级教育行政部门全面领导高校招生工作

中华人民共和国成立之初，高校考试招生的形式变革最为频繁，先后经历了单独招考、联合招考、统一招考、单独招考、统一招考、推荐制，每一次变革都是在教育行政部门组织下、听取多方意见后做出的决策。国家年度高校招生工作的大小事宜也由教育部印发的《关于一九五三年高等学校招生工作的通知》《一九五三年暑期全国高等学校统一招生录取办法》来决定。包括对当年招生方式进行说明，如"今年暑期全国高等学校仍须进行全国规模的统一招生"[②]"今年改变全国统一招生的制度，实行学校单独招生或者联合招生"[③]；对不同类型高校招生方式进行规定，"重点学校和其他中央各部门领导的学校，采取全国统一招生的办法。其余学校的招生办法，应当由省市自治区自己决定，可以参加全国统一考

[①] 《国立云南大学招生委员会会议记录（1944.08.25）》，载刘兴育主编《云南大学史料丛书（会议卷）（1924年—1949年）》，云南大学出版社2010年版，第289页。
[②] 《关于全国高等学校一九五三年暑期招生考试的规定》，载杨学为编《高考文献（上）》，高等教育出版社2003年版，第17—21页。
[③] 《关于全国高等学校一九五八年暑期招生考试的规定》，载杨学为编《高考文献（上）》，高等教育出版社2003年版，第325—329页。

试，也可以在全国统一招生以后，采取其他办法另行组织招生"[1]；对招生原则做出要求，如"录取分配文理学生时，应首先保证所有综合大学和部分师范学校的招生任务"[2]，推荐制应遵循"自愿报名、群众推荐、领导批准、学校复审"原则[3]；对当年招生的具体事宜做一阐释，如考试时间、报考条件、体检要求、考区要求、科目类别、升学指导教育、系科专业的科目要求、志愿填报原则、录取分配原则、优先录取条件；等等。

2. 建立各级各类考试招生机构对高校招生工作负责

1952年统一高考制度正式确立，国家开始对高等学校招收新生进行统一组织、统一管理，先后成立或设立了全国高等学校招生委员会[4]、招委会办公室、大区高等学校招生工作委员会[5]等。1957年，高等学校招生命题委员会成立[6]，"国家—地方"协同、各部门共进的招生组织基本成熟，全国高等学校招生委员会由高等教育部、教育部会同中央有关部门和部分高等学校组成，统一组织领导全国高等学校招生工作。地区高等学校招生工作委员会则分设考务组、人事组、宣教组、健康检查委员会组、总务组、来信来访组、高等师范学校招生工作组等，[7] 配合高校统一招生工作的开展。

3. 高校招生工作服务于社会经济建设

国家发展对高等教育寄予厚望，举国上下希望通过高等教育培育国之栋梁，为国家工业化建设服务，高校招生也因此与社会经济建设的关系更

---

[1] 《关于一九六零年高等学校招生工作的通知》，载杨学为编《高考文献（上）》，高等教育出版社2003年版，第365—370页。

[2] 《一九五四年暑期全国高等学校统一招生录取办法》，载杨学为编《高考文献（上）》，高等教育出版社2003年版，第58—62页。

[3] 《关于一九七四年高等学校招生工作的请示报告工作的通知》，载杨学为编《高考文献（上）》，高等教育出版社2003年版，第676—678页。

[4] 《关于全国高等学校一九五二年暑期招考新生的规定》，载杨学为编《高考文献（上）》，高等教育出版社2003年版，第11—12页。

[5] 《关于全国高等学校一九五三年暑期招考新生的规定》，载杨学为编《高考文献（上）》，高等教育出版社2003年版，第17—21页。

[6] 《关于高等学校一九五七年招考新生的规定》，载杨学为编《高考文献（上）》，高等教育出版社2003年版，第267—273页。

[7] 《全国高等学校一九五六年暑期统一招生组织机构和工作细则》，载杨学为编《高考文献（上）》，高等教育出版社2003年版，第198—208页。《全国高等学校一九五七年统一招生组织机构和工作细则》，载杨学为编《高考文献（上）》，高等教育出版社2003年版，第273—282页。

加紧密。例如,明确高校招生与培养高级建设人才这一政治任务之间的关系,"各地高等学校和中等学校严格地实行统一招生,是实现今年培养国家建设干部计划的关键"①;依照社会经济发展需要,确定招生计划的分配,"根据国家建设初期的特点和各项建设的轻重缓急,本年高等学校招生计划采取短期速成与长期培养统筹兼顾而以大量举办专修科为主的方针,以培养国防和经济(主要是工业)建设的技术干部、医药卫生干部及中等学校师资为重点"②;等等。

(二) 表现形式:高校自上而下地探索招生办法

中华人民共和国成立初期,"计划思维"是国家事业建设的基本方略,高校招生亦如此。大部分高校"自上而下"地以行政指令为行动指南开展招生工作。

1. 在中央的计划领导下,高校逐渐对招生工作负责

自1950年大区联合招考、1952年统一高考建制之后,高校的招生自主权便被削弱,主要负责培养高级专门人才,而选拔高级专门人才的工作主要由教育行政部门及考试招生机构负责。国家考虑到高校招生经验匮乏、高等教育资源稀缺、高级专门人才培养意义重大等因素,在统一高考建制之初全权负责相关工作。实施"统一招考"或"单独招考"一直是这一时期争论的焦点,国家政策对高校招生主体性地位、高校招生自主权的态度也是摇摆不定的。但整体而言,国家希望高校逐渐对招生工作负责。1954年,首次强调高校在招考工作中的重要性。③ 1955年,"要求高等学校重视招生工作并对招生工作全面负责"④。1957年,强调指出"高等学校应当明确招生工作是学校自己的事,义不容辞地根据招生机构的需要,积极抽调干部,供应物资,支援招生工作,坐享其成的思想是不对

---

① 《关于实现一九五二年培养国家建设干部计划的指示》,载杨学为编《高考文献(上)》,高等教育出版社2003年版,第12—13页。
② 《一九五二年暑期全国高等学校招生计划》,载杨学为编《高考文献(上)》,高等教育出版社2003年版,第8—9页。
③ 《关于全国高等学校一九五四年暑期招考新生的规定》,载杨学为编《高考文献(上)》,高等教育出版社2003年版,第49—53页。
④ 《关于一九五五年高等学校招生工作的几个主要问题的意见》,载杨学为编《高考文献(上)》,高等教育出版社2003年版,第91—95页。

的"①。1959年，要求各省、市、自治区招生机构和单独招生的学校结合本省、市、自治区和学校的具体要求，另行制定招生简章，向考生公布。② 这一时期，高校对招生工作负责经历了从无到有、再到制度化的过程，但整体而言，是在国家的引导或曰指挥下完成的，高校缺乏能动性。

2. 高校招生工作的开展

虽然在统一高考制度下，高校招生自主权极为有限，且在中华人民共和国成立之初，大部分高校的办学基础极为有限，缺乏招生经验，但高校在招生中仍承担了一定的工作。包括组织高校教师参与统一高考的阅卷工作；③ 抽调高校领导、教师、工作人员参与录取工作；④ 编印招生宣传材料、参与升学指导；⑤ 对特殊科类的招生，在统考的基础上组织加试。⑥

在艺术、体育、外语等科类的单独招考或联合招考中，高校的招生主体行为更为丰富。艺术类高校率先成立招生工作委员会，设置物色选择人才的专门小组，以事先深入了解和掌握材料。⑦ 体育类专业1959年起与艺术类专业开始联合招生，增加专项技能测试，由高校负责。外语类专业1963年起实行联合招生，在北京市高等学校招生委员会领导下，由七所院校成立外国语专业联合招生工作组，进行报名、命题、阅卷、学业录取标准的确定、录取等工作，均由高校在北京市高等学校招生委员会的监督下执行。⑧

---

① 《高等教育部召开全国高等学校招生工作座谈会研究和部署今年招生工作》，载杨学为编《高考文献（上）》，高等教育出版社2003年版，第255—257页。
② 《关于一九五九年高等学校招考新生的规定》，载杨学为编《高考文献（上）》，高等教育出版社2003年版，第343—345页。
③ 《高等教育部关于高等学校招生工作情况的简要报告（第二号）》，载杨学为编《高考文献（上）》，高等教育出版社2003年版，第123—126页。
④ 《关于高等学校招生工作情况的简要报告（第三号）》，载杨学为编《高考文献（上）》，高等教育出版社2003年版，第139—140页。
⑤ 《关于一九六五年高等学校招生宣传教育工作的通知》，载杨学为编《高考文献（上）》，高等教育出版社2003年版，第529—530页。
⑥ 《关于一九六四年高等学校招生工作的通知》，载杨学为编《高考文献（上）》，高等教育出版社2003年版，第505—512页。
⑦ 《关于全国高等艺术院校一九五七年提前举行单独招生工作的指示》，载杨学为编《高考文献（上）》，高等教育出版社2003年版，第249—251页。
⑧ 《关于高等学校外语专业联合招生的通知》，载杨学为编《高考文献（上）》，高等教育出版社2003年版，第462—463页。

整体而言，在统一招考、单独招考、联合招考中，高校在一定的制度约束下合理参与招生工作，提高了招考的科学性。

1966—1976 年，统一高考制度被"推荐制"取代，虽然大部分高考研究会略过这一阶段，但其对高校招生主体性地位的探讨，仍具有一定意义。推荐制施行之初，要求中学根据政审标准、体检标准和高中平时成绩，经过多方评议，把德智体三方面较好的学生层层推荐，最终在省、市、自治区党委的领导下，由高等学校统一招生委员会决策。[①] 不过，这一做法导致"走后门"现象较为严重，故而通过增加高校参与，来缓解这一问题，[②] 并形成了"自愿报名、群众推荐、领导批准、学校复审"的招考办法。[③] 高校须委派政治觉悟高、工作能力强的人员到外省招生，对所有候选人进行复审、签发入学通知书，入学后对不符合招生条件和手续的学生予以退回。[④] 同时，教育部还要求高校加强对学生学业条件的审查，比如"理工农医类应该注意选拔数学、物理、化学、外国语成绩较好的学生；文史类应该注意选拔语文、政治常识成绩较好的学生"[⑤]。虽然在推荐制中，高校在招生环节发挥的作用极为有限，但从这一制度设计中可以发现，高校对考生的考查以及在培养环节中对其的复查，被视为提升招生科学性与公平性的重要路径。

3. 单独招生的开展

高校在摇摆不定的政策背景下，开始对单独招生负责。1957 年起，逐步打开了少数重点大学、民族院校、艺术院校单独招生的大门。1958 年，在"大跃进"的错误方针指引下，"全面规划与地方分权相结合"的迅速发展教育的基本原则出台，高校招生短暂地由全国统考改回由各校单独招生或联合招生的老路。单独招生或联合招生的总体性规定仍由教育部

[①] 《关于改革高等学校招生工作的通知》，载范跃进《新中国成立以来高等教育元政策（1949—2016）》，中国社会科学出版社 2017 年版，第 525—527 页。

[②] 《关于杜绝高等学校招生工作中"走后门"现象的通知》，载杨学为编《高考文献（上）》，高等教育出版社 2003 年版，第 646—647 页。

[③] 《关于高等学校一九七三年招生工作的意见》，载杨学为编《高考文献（上）》，高等教育出版社 2003 年版，第 651—655 页。

[④] 《关于高等学校一九七三年招生工作的意见》，载杨学为编《高考文献（上）》，高等教育出版社 2003 年版，第 651—655 页。

[⑤] 《关于改革高等学校招生工作的通知》，载杨学为编《高考文献（上）》，高等教育出版社 2003 年版，第 626—628 页。

印发，但招生工作的具体安排由地方考试招生机构及高校决定。① 总之，"单独招生"是决策者对招考形式的一种期盼，实践中也曾做出一定的尝试，招考科学性、高校招生主体性地位被关注，但高校的相关尝试不多，也因构想脱离现实而难以开展。

（三）问题表征：高校招生科学性与招生能力的低水平

我国高校考试招生在此阶段经历了单独招考、大区联考、统一高考、推荐制等不同形式。高校招生主体性地位、高校招生主体行为在不同的招生制度下反映出了不同的问题。

单独招考作为最为强化高校招生主体性地位、强调高校招生主体行为的方式，弊端显而易见，部分高校生源不足、新生报到率较低，加剧了中华人民共和国成立初期教育工作的混乱状态。高校在招生中的无经验准备、缺乏政策引导、绝对自主行为，造成了高校招生的乱象，甚至危及考生的权利，最终导致无法遴选合格、优质生源，难以为国家建设服务。同时，还可能招来社会对招考公平问题的质疑，高校在招生中缺乏公信力。

大区联考、统一高考、推荐制等招生方式，使高等教育招生权近乎归国家所有，高校招生主体性地位几乎无从谈起。教育行政部门通过颁布规章制度，严格把控高校招生工作，高校则在相关部门的领导下，"亦步亦趋"地完成相应工作，甚至连独立进行招生宣传、升学指导的权利都不具备，这就造成了中国绝大多数高校从建校伊始便缺乏将招生视为办学与育人重要组成部分的意识。换言之，这种"上行下效"的计划思维，使中国现代高等教育从创办初期就忽略了校内招生体制机制、招生能力等的建设，认为招生是高校办学之外的事务；无视招生与人才培养之间的关系、作为人才培养单位的院系在招生中的作用，认为高等教育的起始阶段是人才培养而非人才选拔。

三 探索期（1977—1998年）："具有一定招生余地"的大学

统一高考恢复之初，高考的组织实施由国家负责，高校仅承担人才培养工作。而后，相关部门不断探索，颁布了《关于扩大普通高等学校录取新生工作权限规定及其实施细则》等文件，教育行政部门、考试招生

---

① 《关于全国高等学校一九五八年暑期招生考试的规定》，载杨学为编《高考文献（上）》，高等教育出版社2003年版，第325—329页。

机构及高校在招生中的职责分工逐渐明晰，高校招生主体性地位具备了合法律性基础。

（一）制度环境：国家机构对高校招生的主管与监督

国家主义教育观是高校考试招生的主旋律，主流观点认为，高考的本质不在于高校招生，而是为国家建设选拔人才，考生参加高考，更多的是对国家、民族、家庭的责任感，是政治，是德育。[①] 这也就决定了国家机构在考试招生中的话语权不可撼动。

1. 国家级教育行政部门全面统筹高校招生工作

在统一高考恢复之初，高校考试招生的相关工作均由国家级教育行政部门部署，招生录取原则也由其决定，包括对高校招生的整体性要求、院校之间的生源平衡、政策倾斜等。[②] 在《关于普通高等学校录取新生体制与方法的实施细则》《普通高等学校招生暂行条例》《关于扩大普通高等学校录取新生工作权限规定及其实施细则》等颁布后，国家机构对高校招生工作的主管权限得到了进一步的明确，国家教育委员会主管全国普通高等学校招生工作，负责招生工作规章的制定、招生计划的编订、全国统一考试的组织以及相关的指导、检查、科研、履职等。同时，也通过《普通高等学校招生管理处罚暂行规定》《普通高等学校招生统一考试管理规则》等规章的制定，对普通高等学校招生委员会及其办公室、高校的招生工作进行规制与监管。

2. 各级、各类考试招生机构的建立与健全

教育部《关于1977年高等学校招生工作的意见》（国发〔1977〕112号）明确指出要加强党对招生工作的领导，在各级党委的领导下建立从中央到地方的考试招生机构系统。至20世纪80年代初，我国形成了中央、省、市、县四级考试招生机构，公安、卫生、交通、商业、高校等部门的人员也参与到省级高等学校招生委员会之中。各级各类考试招生机构在党的领导下对高校招生工作负责，比如执行、补充本地区招生工作规章，执行国家招生计划，组织考生报名、政治思想品德考核、身体健康状

---

① 《恢复高考二十年——学习邓小平有关论述的体会》，载杨学为编《高考文献（下）》，高等教育出版社2003年版，第574—585页。

② 《关于一九七七年高等学校招生工作的意见》，载杨学为编《高考文献（下）》，高等教育出版社2003年版，第69—74页。

况检查、考试、录取、宣传、科研、保护考生与招生工作人员正当权益等职责。① 具体工作由各委员会的常设机构、招生委员会办公室承担,包括制定地方录取工作的具体实施意见,划定录取控制分数线,投送、调配考生档案,核定、检查招生计划并复核落实情况,调节高校间的矛盾,做好录取现场的生活服务与保密工作,等等。② 这一时期,普通高等学校招生委员会及其办公室的监督职能也逐渐加强,设立招生监察领导小组、招生监察办公室、录取检查组、信访接待组开展相关工作。③

3. 要求高校招生为国家建设、社会发展服务

经历十年"文化大革命"浩劫,国家事业百废待兴,高等教育作为社会及社会建设的稀缺优质资源,每一环节都应首先考虑国家利益,高校招生也应为社会发展服务。具体表现为每一类别、每一年的高校招生计划,均应服从国家安排,如"要在国家计划指导下,根据国民经济建设重点和社会发展需要制定'为部门地区培养学生计划',要充分考虑各校各专业特点,注意人才培养、使用效益"④。这在国民经济规划中也有体现,如《中华人民共和国国民经济和社会发展第六个五年计划》对招生人数做出规划:"1985年,普通高等学校本科和专科招生40万人","适当扩大急需专业的培养规模,压缩长线专业的招生人数"。

(二) 组织基础:高校招生的制度化与自主权的增加

"学校负责、招办监督"录取体制的探索与建立,使高校在教育行政部门与考试招生机构的领导、监督下开展工作,招生主体性地位、招生主体行为日益制度化。

1. 高校在招生中获得选择学生的"余地"

在高校考试招生制度的不断改革、探索中,高等学校逐步获得了在招

---

① 《普通高等学校招生暂行条例》,载杨学为编《高考文献(下)》,高等教育出版社2003年版,第278—287页。

② 《关于扩大普通高等学校录取新生工作权限规定及其实施细则》,载杨学为编《高考文献(下)》,高等教育出版社2003年版,第287—289页。《北京市普通高等学校招生年鉴》编写委员会:《北京市普通高等学校招生年鉴1977—1991》,教育科学出版社1992年版,第238页。

③ 《关于扩大普通高等学校录取新生工作权限规定及其实施细则》,载杨学为编《高考文献(下)》,高等教育出版社2003年版,第287—289页。《关于普通高校招生监察机构职责的暂行规定》,载杨学为编《高考文献(下)》,高等教育出版社2003年版,第536—537页。

④ 《关于改革教育部部属高等学校招生来源计划的意见》,载杨学为编《高考文献(下)》,高等教育出版社2003年版,第214—216页。

生中发挥主体作用的"可能"。招生来源计划管理体制的试点改革，使高校可以自主申报分省、分专业计划，即由教育部编制、下达招生来源计划改革为由学校直接编制、发出。① 投档比例的扩大，为高校提供了一定的选择余地，要求各省（区、市）根据考生统考成绩按多于计划的10%—20%划定控制分数线，允许学校在一个分数段内德智体全面考核、择优录取。② 高校在录取新生时，可适当注意与专业相关的考试科目成绩，酌情择优录取。③ 要求高中建立档案，将考生档案提交给高校审查，高校将档案反映的情况作为录取参考。④ 强调高校与高中的联系，加强高校对招生宣传、专业介绍的参与。⑤

2. 校内招生机构的建立

校内招生办公室的建立也开始于这一阶段。1983年，为严格管控艺术类院校的招生工作，教育部率先要求各院校成立专门招生机构，⑥ 这是高校建立专门招生机构的初步尝试。1984年，要求教育部部属高校设立招生委员会，以校长为首，各系、处负责人、教授（或副教授）参与，下设办公室，并配备必要人员。⑦ 同时，对录取工作的开展也做出具体要求："高等学校应选政策性强、作风正派、工作能力强的教师、干部参加录取工作。录取组应认真学习并执行招生工作的各项政策，严格执行德智体全面考核、择优录取的原则。所审阅的全部考生档案都须登记，经省市

---

① 《关于改革教育部部属高等学校招生来源计划的意见》，载杨学为编《高考文献（下）》，高等教育出版社2003年版，第213—216页。

② 《关于一九八一年全国高等学校招生工作会议的报告》，载杨学为编《高考文献（下）》，高等教育出版社2003年版，第134—142页。《一九八四年普通高等学校招生规定》，载杨学为编《高考文献（下）》，高等教育出版社2003年版，第194—201页。

③ 《北京市1979年高等学校录取新生的意见》，《北京市普通高等学校招生年鉴》编写委员会《北京市普通高等学校招生年鉴1977—1991》，教育科学出版社1992年版，第198—199页。

④ 《关于一九八三年全国全日制高等学校招生工作会议的报告》，载杨学为编《高考文献（下）》，高等教育出版社2003年版，第167—178页。《一九八四年普通高等学校招生规定》，载杨学为编《高考文献（下）》，高等教育出版社2003年版，第194—201页。

⑤ 《一九八四年普通高等学校招生规定》，载杨学为编《高考文献（下）》，高等教育出版社2003年版，第194—201页。

⑥ 《关于一九八三年全国艺术院校招生工作的通知》，载杨学为编《高考文献（下）》，高等教育出版社2003年版，第159—163页。

⑦ 《关于改革教育部部属高等学校招生来源计划的意见》，载杨学为编《高考文献（下）》，高等教育出版社2003年版，第213—216页。

自治区招生委员会办公室盖章，交学校备查；所退考生档案必须具体写清理由。录取组应尊重地方招生委员会的领导，省市自治区招生委员会应尊重学校的正当权利。"①

3. "学校负责、招办监督"的建立与高校招生职责的明确

1977年统一高考恢复，"学校录取，省、市、自治区批准"②的录取模式取代了由高校抽调相关干部参与招生的工作方式。1985年，在前期试点的基础上，第一批录取学校全部试行"单独录取"的体制，即"在第一批录取学校控制分数线以上，调阅考生档案数由学校决定；录取与否由学校决定；遗留问题由学校负责处理，省、自治区、直辖市招生委员会办公室实行必要的监督"③，这也就是"学校负责、招办监督"的录取体制的雏形。《普通高等学校招生暂行条例》明确了"学校负责、招办监督"是这一录取体制的具体内容"在本批录取学校控制分数线以上，调阅考生档案数、录取与否由学校决定，遗留问题由学校负责处理；省自治区直辖市招生委员会办公室实行必要的监督"④。国家在扩大普通高等学校录取工作权限的同时，也通过制定政策，对其职责进行了规制，旨在更好地贯彻德智体全面考核、择优录取的原则。⑤高校可确定本校在招生地的调档分数线、调档比例、相邻志愿间的分数极差，慎重研讨各志愿考生、低分考生，及时增补档案材料或退档，审批录取新生名单，签发录取通知书，开展入校后的复查工作。⑥

（三）表现形式：高校招生的常规性工作与自主化探索

这一时期，统一高考制度在各项规章制度、考试招生机构的建立健全

---

① 《一九八四年普通高等学校招生规定》，载杨学为编《高考文献（下）》，高等教育出版社2003年版，第194—201页。
② 国务院批转教育部：《关于一九七七年高等学校招生工作的意见》，载杨学为编《高考文献（下）》，高等教育出版社2003年版，第70—74页。
③ 《关于一九八五年全国普通高等学校招生会议的报告》，载杨学为编《高考文献（下）》，高等教育出版社2003年版，第220—232页。
④ 《普通高等学校招生暂行条例》，载杨学为编《高考文献（下）》，高等教育出版社2003年版，第278—287页。
⑤ 《一九八六年普通高等学校招生规定》，载杨学为编《高考文献（下）》，高等教育出版社2003年版，第239—248页。
⑥ 《关于扩大普通高等学校录取新生工作权限规定及其实施细则》，载杨学为编《高考文献（下）》，高等教育出版社2003年版，第287—290页。

中逐渐步入正轨。为了满足国家对高级专门人才选拔的需求，提升招考科学性，国家开始以部分省市为试点，抑或以特殊学科、特别群体为对象，强化了高校招生主体性地位，尝试新的招考模式。

1. 高校招生录取的常规工作

"学校负责、招办监督"的录取体制改革，强调了高校招生主体性地位，使高校"真正"参与到招生工作中来，高校招生主体行为实现了从"无"到"有"的转变。具体而言，制定规章制度，对与本校招生录取工作相关的事宜做出规定；调整招生计划、专业设置、人才培养方案，在满足国家需要的前提下，高校可招收委培生、自费生，酌情调整专业方向；加强队伍建设，严格选拔录取工作人员、并对其加以培训；严肃招录过程中的纪律，接受地方招生委员会办公室的监督，与其他院校、地方招生办公室之间团结合作、互相支持；处理录取工作的遗留问题，如考生上访、院校失误的弥补[①]；按要求开展研究工作，以理论结合实际为原则，以招生工作的现实问题为中心，对招生制度的改革、工作方法改进等开展研究[②]。

2. 高考科目组合的确定

1986年，上海率先启动高考改革，打破文理分科的壁垒，允许高校根据相关专业的特点选择2—3个考试科目，并在录取中参考高中会考成绩。[③] 1989年，《关于改革普通高等学校招生考试及录取新生办法的意见》出台，将考试科目分为语文、数学等必考科目，政治、外语、物理、化学、生物、历史、地理等选考科目，各高校根据专业特点提出1—2门选考科目建议，并由国家教委在综合各校建议之后，将高考科目编排为若干组，供高等学校及专业招收新生考试时使用。[④] 1990年明确在湖南、海南、云南等省份，将高考科目设置为"政治、语文、历史、外语""数

[①] 《中共中央关于教育体制改革的决定（节录）》，载杨学为编《高考文献（下）》，高等教育出版社2003年版，第232—233页。《关于扩大普通高等学校录取新生工作权限规定及其实施细则》，载杨学为编《高考文献（下）》，高等教育出版社2003年版，第287—290页。

[②] 《一九八四年普通高等学校招生规定》，载杨学为编《高考文献（下）》，高等教育出版社2003年版，第194—201页。

[③] 《国家教委关于上海市普通高等学校招生考试制度改革方案的请示的复函》，载杨学为编《高考文献（下）》，高等教育出版社2003年版，第258—259页。

[④] 《关于改革普通高等学校招生考试及录取新生办法的意见》，载杨学为编《高考文献（下）》，高等教育出版社2003年版，第424—425页。

学、语文、物理、外语""数学、化学、生物、外语""数学、语文、地理、外语",高校各系或专业可择一组招生,以更适应学科建设和教学的要求。[①] 高校在统一考试环节,积极参与了考试科目的设置,在统一招生环节,则可在一定范围内选择遴选符合院校要求的生源。

3. 学校加试、自主测试、单独招生等的试行

部分高校出于院校特色、学科发展、专业知识、人才培养、生源情况等的特殊性,在国家政策法规的允许下,在统一高考的基础上增加自主测试,以突破标准化测试的局限。例如,师范类的提前单独招生,[②] 在统一高考基础上增加面试,或在实行高中会考地区实施"学生报名、中学推荐、师范院校面试";[③] 农林水利类对有实践经验人员的单独招考[④];艺术体育类的"录取工作由招生学校负责"[⑤];等等。事实上,师范类招生应更为注重应试者的思想品德、言语流畅、肢体协调等素质,农林水利类招生应更关注实践经验、为艰苦事业服务的热情与决心,艺术类、体育类招生应考虑个人专业素养、院校学科特长、国家社会需要,但这些品质都是统一高考无法测量出来的。在统一高考的基础上,高校增加自主测试,以提升生源质量,为考生、高校、国家三方负责。

4. 少年班及保送生招生制度的实施

在统一高考恢复不久,国家为了推动教育与经济事业的发展,为社会培养拔尖创新人才,同意中国科学技术大学开设少年班,探索破格选拔和

---

① 《关于在普通高中毕业会考基础上高考科目设置方案的说明》,载杨学为编《高考文献(下)》,高等教育出版社2003年版,第500—506页。
② 《普通高等学校招生暂行条例》,载杨学为编《高考文献(下)》,高等教育出版社2003年版,第278—287页。
③ 《关于进一步做好高等师范学校招生工作的意见》,载杨学为编《高考文献(下)》,高等教育出版社2003年版,第441—444页。
④ 《关于普通高等农业院校试行招收有一定实践经验学生的通知》,载杨学为编《高考文献(下)》,高等教育出版社2003年版,第426—428页。《林业部直属普通高等学校招收有实践经验人员的暂行办法》,载杨学为编《高考文献(下)》,高等教育出版社2003年版,第518—521页。《水利部直属普通高等学校招收有一定实践经验学生的通知》,载杨学为编《高考文献(下)》,高等教育出版社2003年版,第462—465页。
⑤ 《高等艺术院校(系科)招生工作暂行规定》,载杨学为编《高考文献(下)》,高等教育出版社2003年版,第521—523页。

培养自然科学人才并举的新模式,[①] 而后,在部分高校推广。少年班招生由考生自愿报名、所在学校推荐、县(市)招生办公室批准后在当地参加统一高考,由招生院校阅卷、评分,确定通过初选的名单,再结合政治、健康情况和复试成绩择优录取。对少数特别优秀的有特长的学生,可根据专家和中学老师的推荐,由高校派老师直接考试,不拘一格选拔人才。[②] 高校在这种招生模式中,可自行决定招生对象、考试科目、考试内容、招录标准等,招生主体性地位被凸显、主体行为被激活、主体作用被强化,且从多年来的实践经验也可看出,其招生效果良好,对培养在科技领域出类拔萃的优秀人物意义重大。

1985 年起,为选拔出德、智、体全面发展的拔尖型人才,普通高等学校试招保送生。起初,实施办法遵循"保送生人选,由中学决定""是否录取,由大学决定"的原则。[③] 1988 年《普通高等学校招收保送生的暂行规定》出台,要求中学(中等师范学校、外语学校)推荐,招生高校(普通高等学校、高等师范学校、外语学院)审查材料、组织考查工作、做出录取决策,并强调指出,在录取、审批环节,高等学校经当地招生委员会同意,可去有关中学对保送生进行考查,提升了高校招生主体性地位。诸如此类的招生方式不以统一高考成绩为据,赋予高校相对的招生自主权,高校可在政策阈限内选拔优秀生源,招生科学性受到了极大的肯定。[④]

(四)问题表征:滥用权力、违规招生、不正当竞争等的出现

高校招生"自主化"改革的效果良好,从史料记载中可以发现,保送生在修读课程成绩、获得奖学金、获得校级三好学生和优秀学生干部的对比中,均优于统招生,[⑤] 上海市自 1986 年以来要求高校自主设置选考

[①] 何昊华、张志辉:《中国科学技术大学少年班创办始末》,《科学文化评论》2018 年第 3 期。

[②] 中国科学技术大学校长办公室:《中国科学技术大学 1958—1988》,中国科学技术大学出版 1988 年版,第 43 页。

[③] 《关于一九八六年普通高等学校试招中学保送生的意见》,载杨学为编《高考文献(下)》,高等教育出版社 2003 年版,第 239—248 页。

[④] "一流学科"建设高校校领导 GX2-3-1-XLD-191126 的访谈内容。访谈地点:湖南省长沙市。新建本科高校 GX4-1-1-ZPZSG1-191210 的访谈内容。访谈地点:浙江省杭州市。

[⑤] 黄细良、赵清:《从南京大学实践看招收保送生的可行性和规范化建设》,《中国高等教育》1998 年第 11 期。

科目，这一模式持续至2014年，说明受到了相当程度的认可。但也存在一些问题，以保送生制度中的问题最为常见，其中有高校滥用权力、违规获取招生资格、无端扩大招生数量、招录过程中的人情请托；有漠视招生标准，将未参加高中毕业考试的学生吸收入学，违反"体育尖子"不能作为保送生的规定，①不对考生进行面试考查、仅通过登记表等二手资料做出录取决策；②有院校之间为争夺优质生源，打破相关规章，比如，用请客送礼、许愿行贿等手段拉拢、腐蚀学生，兄弟院校之间互挖墙脚，③抑或承诺学生直读硕士或博士。当然，面对诸如此类的问题，也应该审慎来看，部分问题源于高校过分行使招生自主权、上级教育行政部门或考试招生机构监管不严，部分问题则源于高校招生人手不足、能力缺失、配套设施或制度不健全，故而影响了整体效果。

四 突破期（1999—2013年）："初具自主权"的大学

进入21世纪，国家启动教育体制机制改革，招生自主权作为办学自主权的重要组成部分被提上日程。1999年的"3+X"高考改革，2000年试行、2003年大规模推进的自招选拔录取，以及2008年的"新课程"高考改革等，都在不同程度上强化了高校招生主体性地位，但囿于体制、文化、教育实情，高校在招生中处于"戴着脚镣跳舞"的状态。

（一）制度环境：国家机构的转型与地方作用的凸显

21世纪初，考试招生机构"中央—地方"的层级建设基本完善，国家层面从全面负责转向支持引导，地方层面的功能日益凸显，同时，信息技术的应用也提升了国家在招考监督方面的能力与科学性。

1. 国家机构宏观统筹高校考试招生工作

进入21世纪，中国国民教育系统日益健全、高校考试招生制度日臻完善，统一高考的报名者不断攀升。面对数量庞大、招录复杂的组织工作，国家层面从全面负责转为支持引导，即，强调国家对高考制度的统筹

---

① 《关于做好普通高等学校试招中学保送生工作的通知》，载杨学为编《高考文献（下）》，高等教育出版社2003年版，第233—236页。

② 徐华亮：《改进考核办法保证保送生质量》，《广西大学学报》（哲学社会科学版）1992年第3期。董雪君：《浅谈保送生招生制度》，《复旦教育》1993年第1期。

③ 董雪君：《浅谈保送生招生制度》，《复旦教育》1993年第1期。王占奎、李贵：《对高等学校招收保送生的探讨》，《北京科技大学学报》（人文社会科学版）1998年第2期。

规划及对重点问题、难点问题的针对性管控。统筹规划表现为对招生来源计划、考试招生收费标准、专业设置、高职分类招考、新课改实验区录取配套实施方案、自主选拔录取标准等的要求，如"就业率连续两年不足50%的专业要严格控制招生规模，就业率连续三年不足30%的专业要减少甚至停止安排招生计划"①；"高中新课改实验省区要做录取等配套实施方案""自主选拔录取试点高校要积极探索并建立有助于反映学生综合素质和个性特长的多元化考试评价体系，健全创新人才选拔机制，积极推进素质教育深入实施"②。对重点问题、难点问题的管控则表现在对独立学院、民办高等教育机构、艺术类等的招生中。如"对违反国家有关规定，管理混乱，扰乱招生秩序，造成恶劣影响的民办高等教育机构，要限期整顿，情节严重的停止其招生"③；"校考应由学校招生管理部门组织实施，招生学校下设的二级学院（系）不得自行设点组织校考"④。针对保送生和高水平运动员也出台了相应的规定，如保送生招考中综合能力测试的增加与取消⑤等。

2. 地方机构在高校考试招生中的作用全面凸显

进入21世纪，中国高校考试招生体制机制的另一转变，就是地方教育行政部门及考试招生机构在考试、招生组织中的话语权日益增加。自1985年上海高考单独命题、2002年北京高考自主命题之后，2004年教育部开始试行分省自主命题改革，至2006年，"统一考试、分省命题"的

---

① 湖南省教育厅：《关于进一步加强普通高等学校教学工作提高教学质量的若干意见》（湘教发〔2005〕113号），http://www.china.com.cn/law/flfg/txt/2006-08/16/content_7081656.htm，2005年11月10日。

② 教育部：《关于做好2006年普通高等学校招生工作的通知》（教学〔2006〕2号），http://www.moe.gov.cn/srcsite/A15/moe_776/s3258/200602/t20060213_79903.html，2006年2月13日。

③ 教育部：《关于进一步做好民办高等教育机构招生工作的意见》（教发〔2002〕14号），http://www.moe.gov.cn/s78/A03/s7050/201006/t20100607_138411.html，2020年2月8日。

④ 教育部：《2010年普通高等学校艺术类专业招生办法》，https://gaokao.chsi.com.cn/gkxx/yszy/dt/200912/20091217/57976247-1.html，2009年12月17日。

⑤ 《关于做好1999年普通高校招生工作的通知》，载杨学为编《高考文献（下）》，高等教育出版社2003年版，第629—631页。教育部：《关于2001年普通高等学校招收保送生工作的通知》（教学〔2001〕5号），http://www.moe.gov.cn/jyb_xxgk/gk_gbgg/moe_0/moe_7/moe_12/tnull_5934.html，2009年12月17日。

格局基本形成。① 省级相关部门在获得考试命题权的同时，招生权也有所增加。中共中央、国务院《关于深化教育改革全面推进素质教育的决定》（中发〔1999〕9号）提出有条件的省（区、市）可尝试多元化的高考改革，并逐步提升高考制度的选择性、科学性与公平性，此后，上海、浙江、江苏、山东等多地均开展了不同程度的招生改革。与此同时，还将相关权力下放，比如，将指导、监督高校执行招考政策的任务分派给省级考试招生机构。②

3. 国家与地方的招生监察工作跨越式推进

20世纪末21世纪初，互联网技术的发展为以"统考统招"为主要招录方式的高校考试招生提供了极大的便利。20世纪90年代末，以网络为中心的信息技术在招考中应用，促成了录取工作从"人工操作""计算机辅助"向"远程网上录取"的转变。2002年，高校必须到生源地考试招生机构驻场录取的历史结束。③ 与此同时，国家也加强了对高校考试招生制度的监察工作，比如，加强教育部、监察部驻教育部监察局、地方普通高校招生委员会监察办公室（非常设机构）对高校的招生监察，④ 启用"参与中监督，监督中服务"⑤ "谁主管，谁负责"⑥ 原则，实施高校招生"阳光工程"⑦、加大信息公开力度，建议自主选拔录取时"有条件的高校

---

① 郑若玲等：《中国教育改革40年：高考改革》，科学出版社2018年版，第48—51页。
② 教育部：《关于做好2005年普通高等学校招生工作的通知》（教学〔2005〕2号），http://www.moe.gov.cn/jyb_xxgk/gk_gbgg/moe_0/moe_495/moe_559/tnull_7480.html，2020年2月8日。
③ 郑若玲等：《中国教育改革40年：高考改革》，科学出版社2018年版，第132—134页。
④ 教育部：《关于普通高等学校招生监察工作的暂行规定》（教监〔2000〕1号），http://www.moe.gov.cn/srcsite/A25/s7071/200006/t20000613_162963.html. 2000-06-13，2020年2月8日。
⑤ 教育部：《关于普通高等学校招生监察工作的暂行规定》（教监〔2000〕1号），http://www.moe.gov.cn/srcsite/A25/s7071/200006/t20000613_162963.html. 2000-06-13，2020年2月8日。
⑥ 教育部：《关于做好2002年普通高等学校招生考试管理和执法监察工作的通知》（教监〔2002〕2号），http://www.moe.gov.cn/jyb_xxgk/gk_gbgg/moe_0/moe_8/moe_25/tnull_240.html，2020年2月8日。
⑦ 《国家教育事业发展"十一五"规划纲要》，载范跃进《新中国成立以来高等教育元政策（1949—2016）》，中国社会科学出版社2017年版，第227—248页。

可逐步开展远程网上测评"①、进一步公开招考信息②。高校考试招生信息化、现代化与国家对高校招考的监督、"阳光工程"的推进是相得益彰的，互联网技术的应用，使招考信息更加公开、招考过程更为透明、招考结果更具公信力。

4. 国家政策对高校招生改革的价值转向

强化高校招生主体性地位、加强高校招生自主权是20世纪末21世纪初高校考试招生改革的重点，是一种明确的价值导向。中共中央、国务院《关于深化教育改革全面推进素质教育的决定》最早鼓励有条件的省份先行试验，扩大高校的招生自主权和学生的选择机会，③ 这也就推动了21世纪初在上海市高校考试招生中，以上海交通大学、复旦大学为先行试验的全面性的自主选拔录取改革。此后的相关规章制度中也多次提出"加快招生制度改革，探索高校自主招生、自我约束、政府统筹、依法监督的招生机制，采取多种形式、多种途径选拔人才"④；"深化高校自主选拔录取改革"⑤；"探索招生和考试相对分离"；"学生考试多次选择、学校依法自主招生、专业机构组织实施、政府宏观管理、社会参与监督的运行机制"⑥。关于加强高校招生自主权的改革，一直是人口大国、考试大国高考改革的重点与难点，从这一阶段的相关政策中可以看出，自主选拔录取、高校依法招生、考试与招生相对分离是未来改革的重点，也是加强高

---

① 教育部：《关于做好2012年高等学校自主选拔录取试点工作的通知》（教学厅〔2011〕10号），http：//old. moe. gov. cn/publicfiles/business/htmlfiles/moe/s3110/201111/127339. html，2011年11月15日。

② 教育部：《关于进一步推进高校招生信息公开工作的通知》（教学函〔2013〕9号），http：//old. moe. gov. cn/publicfiles/business/htmlfiles/moe/s7063/201312/160469. html，2013年10月14日。

③ 中共中央、国务院：《关于深化教育改革，全面推进素质教育的决定》，http：//www. moe. gov. cn/jyb_sjzl/moe_177/tnull_2478. html，1999年6月13日。

④ 教育部：《关于做好2003年普通高等学校招生工作的通知》（教学〔2003〕1号），http：//www. moe. gov. cn/jyb_xxgk/gk_gbgg/moe_0/moe_9/moe_32/tnull_5322. html，2020年2月8日。

⑤ 教育部：《关于组织申报国家教育体制改革试点的通知》（教改函〔2010〕1号），http：//www. moe. gov. cn/srcsite/A01/s7048/201005/t20100514_171908. html. 2010-05-14，2020年2月8日。

⑥ 中共中央：《关于全面深化改革若干重大问题的决定》，http：//www. hubei. gov. cn/zwgk/hbyw/hbywqb/201311/t20131115_478962_5. shtml，2013年11月15日。

校招生自主权的突破口。

（二）组织基础：校内招生体制机制的日益完善

高校内部的招生机构与招生章程建设，是强化高校招生主体性地位、发展招生能力、获得招生自主权的基础，也是这一时期高校招生管理的重点任务。同时，探索高校招生自主权，也符合高考改革及教育体制机制改革的基本方向。

1. 探索"校长负责"的招生制度

高校招生的领导主体从国家转向地方之后，高校便面临着国家及地方教育行政部门、考试招生机构的多级、多重管理。"学校负责，招办监督"的录取体制，也使高校招生的具体工作更加明晰。这种体制机制的变革，催生了高校招生工作领导机构及具体实施部门的建立健全。《2000年普通高等学校招生工作规定》要求，高校应成立校长负责的招生工作领导机构，同时设生办公室为常设机构，配备专职人员，对本校招生工作负责。职责包括执行省级规章及补充规定，编制高校招生章程，根据国家计划录取考生（提档、阅档、退档、审核等），处理录取工作中的遗留问题，对新生进行复查，支持地方招生委员会的工作。[①] 同时，强化了校领导对高校招生负责的权责机制，高校党政主要领导作为第一责任人，对本校招生工作负全面领导责任；分管招生工作领导作为直接主管责任人，承担领导、组织、协调和监管的责任；招生部门负责人在规定的职责范围内履行相应职责；招生工作人员严格执行有关程序和规定，依法争取履行职责。[②] 并建立重要事项报告制度、调整计划使用备案制度、回避制度和招生监察制度等。部分省市则要求"谁签字，谁负责"，把招生工作任务

---

① 教育部：《2000年普通高等学校招生工作规定》（教学〔2000〕6号），http://www.gov.cn/gongbao/content/2000/content_60150.htm，2000年4月3日。教育部：《关于做好2001年普通高等学校招生工作的通知》（教学〔2001〕7号），http://www.moe.gov.cn/jyb_xxgk/gk_gbgg/moe_0/moe_7/moe_13/tnull_5496.html，2020年2月8日。教育部：《关于做好2003年普通高等学校招生工作的通知》（教学〔2003〕1号），http://www.moe.gov.cn/jyb_xxgk/gk_gbgg/moe_0/moe_9/moe_32/tnull_5322.html，2020年2月8日。教育部：《2008年普通高等学校招生工作规定》，https://gaokao.chsi.com.cn/gkxx/zcdh/200801/20080130/3775241.html，2008年1月30日。

② 教育部：《关于实行高等学校招生工作责任制及责任追究暂行办法》（教监〔2005〕4号），http://www.moe.gov.cn/srcsite/A25/s3144/200503/t20050315_81033.html，2005年3月15日。

落实到人、责任明确到人。①

2. 加强高校招生章程建设

教育部《关于做好 2002 年普通高等学校招生工作的通知》（教学〔2002〕4 号）首次明确提出高等学校应制定招生章程，向考生及社会对招考中的相关问题做出承诺，且在录取过程中不得擅自修改，以做到公正、公开、透明。事实上，招生章程的颁布，既是对考生利益的保障，也是对高校招生权责的规制。在这一阶段，招生章程的建设不断优化、细化与科学化，截至 2013 年，相关规章要求招生章程内容须符合《中华人民共和国教育法》《中华人民共和国高等教育法》和教育部的有关规定，主要内容应包括高校全称、校址（分校、校区等），层次（本科、高职或专科），办学类型（普通或成人高校、公办或民办高校或独立学院、高等专科学校或高等职业技术学校等），在有关省（区、市）分专业招生人数及有关说明，专业培养对外语的要求，身体健康状况要求，录取规则（如有无相关科目成绩或加试要求、对加分或降低分数要求投档及投档成绩相同考生的处理、进档考生的专业安排办法等），学费标准，颁发学历证书的学校名称及证书种类，联系电话、网址，以及其他须知等。高校在规定时间内，将章程上报至主管部门进行审核、备案，同时在中国高等教育学生信息网、"阳光高考"招生信息发布及管理平台公布。② 事实上，各校招生章程的内容与实施不止于此，各校对招生章程的内容还会做适应性调整，以配合各省招生系统的使用，对相关未尽事宜做出说明。

（三）表现形式：普通类招生与特殊类招生共进

在此阶段，除了众所周知的自主选拔录取以外，在高校普通类招生和提前批招生中，也体现出高校招生的主体行为，相较于此前的阶段，高校在招生中均较为灵活。

1. 高校在普通类招生中的主体行为

在以统一高考成绩为录取依据的普通类招生中，高校的主体行为较为有限，但这一阶段与此前相比有一定程度上的突破，具体表现为高校对考

---

① 上海市教育委员会：《关于做好 2005 年本市普通高校专科阶段招生工作的通知》（教监〔2005〕4 号），https://law.lawtime.cn/d340619345713.html，2005 年 8 月 4 日。

② 教育部：《关于做好 2013 年普通高校招生工作的通知》（教学〔2013〕2 号），http://old.moe.gov.cn/publicfiles/business/htmlfiles/moe/s3258/201305/151607.html，2013 年 4 月 18 日。

试科目的选择、对招生计划的调整、对专业体检要求的核定。在选考科目确定方面，多为高考改革中的举措，1999年的"3+X"高考改革要求给予高校一定的选择权，高校可根据本校层次、特点，对"X"做出要求。① 2007年"新课程"高考改革，以广东省为例，高校可根据专业培养需要，参考《广东省普通高校招生专业与选考科目对应表》的相关要求，组成不同的科目组。② 在招生计划调整方面，高校自1999年起，可视录取情况，行使1%—2%的招生计划调节权。③ 在体检要求方面，高校自2003年起，可在《普通高等学校招生体检工作指导意见》的基础上，根据学校的办学条件和专业培养要求，对考生身体健康状况做补充要求④。

2. 自主选拔录取的实施

2000年自主选拔录取在部分高校试行，2003年大规模推进。在自主选拔录取过程中，高校通过发布招生简章向社会公开招考事宜；根据自身特色及相关专业的培养要求确定招生标准，探索妥当的测试内容与形式；自行组织专家组，对考生的写实性材料（如学业水平考试成绩、高中阶段的学业成绩、获奖证明、综合素质评价情况、参加公益性活动等）进行审核，对通过审核的考生组织笔试或面试，全方位考查考生的基础知识能力、学科专业能力、学习能力、批判性思维、创新潜质等，并依据综合测查的结果，确定最终的入选名单及降分力度。在自主选拔录取中，虽然高校有权确定自主测试的招生标准、考测科目、优惠分值，高校可依据自身的办学历史、学科特色选取与本校学风、校风相适宜的生源，但自主选拔录取标准逐年收紧，且考生的统一高考成绩仍是录取的重要依据。

---

① 《关于进一步深化普通高等学校招生考试制度改革的意见》，载杨学为编《高考文献（下）》，高等教育出版社2003年版，第627—629页。

② 广东省教育厅：《2007年广东省实施普通高中新课程实验的普通高考方案实施办法》（粤招〔2006〕22号），http://edu.gd.gov.cn/gtgz/kszs/content/post_1595386.html，2006年10月18日。

③ 《关于做好1999年普通高校招生工作的通知》，载杨学为编《高考文献（下）》，高等教育出版社2003年版，第629—631页。

④ 教育部：《关于做好2003年普通高等学校招生工作的通知》（教学〔2003〕1号），http://www.moe.gov.cn/jyb_xxgk/gk_gbgg/moe_0/moe_9/moe_32/tnull_5322.html，2020年2月8日。

3. 特殊科类的"自主"招生行为

与前期相似，高校招生主体性地位还体现于特殊科类的招生中。如政法类招生，招生院校全面负责提前录取考生的面试、体测、政审及录取等；① 外国语言文学类（非英语）招生，除保送生的单独测试外，高校还可面向有关中学开展自行组织命题及单独录取工作。② 诸如此类的特殊科类招生多归于提前批之中，在统一高考的基础上，对应试者进行加试，以更全面地确认其是否适合进行该门学科的学习与发展，并在普通批次之前完成录取工作。

（四）问题表征：高校招生的公平问题与科学问题

强化高校招生主体性地位、促进高校招生主体行为、发挥高校招生主体作用也有许多不可忽略的问题。在"3 + X"高考改革中，高校自主设置选考科目，难免会受生源竞争的影响而忽略人才的文化结构、专业及学科特点问题，最终导致只设定一门选考科目，将"3 + X"变为"3 + 1"。③ 在普通招考中，高校招生计划调节权从2%降至1%，从侧面可以看出是国家与社会对高校招生的不信任、教育行政部门与考试招生机构对高校招生自主权、自主行为的规制；而高校按专业设置体检要求，也易招来质疑，甚至有人认为这是一种侵犯考生权利的行为。而在自主选拔录取中，材料造假、人情请托、教育培训兴起等问题也不可避免，其引发的招考公平问题备受关注。特殊科类的招生中，部分专业可增加面试，而其他专业却无权增加面试，这也引起部分高校及考生的质疑，且高校自行组织的面试的科学性也有待检验。

---

① 教育部高校学生司、司法部法规教育司：《中国政法大学、西南政法大学、中南财经政法大学、华东政法学院、西北政法学院和中央司法警官学院提前录取专业招生办法》（教学司〔2003〕16号），https：//gaokao.chsi.com.cn/gkxx/zcdh/201006/20100621/105244729.html，2003年3月11日。

② 教育部：《关于做好2009年部分普通高校外国语言文学类（非英语）专业招生工作的通知》（教学司〔2008〕26号），https：//gaokao.chsi.com.cn/gkxx/zcdh/200904/20090414/21559740.html，2008年10月29日。

③ 杨英东：《对"3 + X"高考科目设置的认识》，《教育探索》2000年第5期。

第二节 历史视域下中国高校招生主体性地位审视

回顾中国高校招生主体性地位的更迭历程，可以发现自中华人民共和国成立以来，高校招生的体制机制逐渐完善，基本形成了教育行政部门、考试招生机构与高校并存的多主体招生模式。各主体的运行机制有其内部特征，主体间的相互作用也会产生一定的效应，这些皆会对高校招生主体性地位产生影响。

一 由行政权力主导的教育行政部门

在"大政府小社会"的中国，教育行政部门是国家干预教育事业的工具。国家对高校考试招生工作的领导，通过教育行政部门与高校的互动来实现。但从中国现代高等教育出现以来，尤其自中华人民共和国成立之后，教育行政部门在招生中的权限及其对高校招生主体性地位的影响，也随着教育体制机制的变革而变化。

（一）教育行政部门开展招生工作的基本特征

在"国家主义教育价值观"盛行的中国社会，政府依托教育部、教育厅等中央与地方的教育行政部门对高校招生进行干预，同时，因中国高校考试招生具有复杂性，相关部委、省厅也参与到招生工作中来。

1. 国家权力："放权""把控"与"统筹"

教育部（或教育委员会、高等教育委员会等）作为国家级教育行政部门，自现代大学建立起便扮演着干预高校招生工作的角色，"放权""把控"与"统筹"是其基本表现形式，也是一种发展趋势。

中国现代大学发轫于清末民初、历经了战乱的洗礼，单独招考是高校招生的基本组织形式，其时的教育部仅对高校招生的入学资格、招生计划、质量期待做出总体性要求，具体招生标准则由招生院校自主确定。国家教育行政部门的"放权"使高校对自身行为负责，招考科学性得到保证。彼时的高校人才辈出，但招考公平与入学考试质量则褒贬不一。中华人民共和国成立之初，"计划经济""极'左'思维"给予高校考试招生经验与教训，统一招考最终成为高校招生务必坚持的道路，其时的教育部对高校招生进行全面管理，包括报名、体检、政审、填报志愿、考试、录取，甚至招生宣传。国家教育行政部门的"把控"使高校失去了招生自主权的同时，也失去了招生主体性，"自上而下"的行政指令不仅是高校的"行动指南"，更是高校的"行动依赖"。招考公平因"一切以程文定去留"受到社会认同，但舞弊事件在所难免；招考效率表现为提升了在短期内为国家选拔大量人才的"性价比"，招生质量、招生与人才培养的联系无"暇"问津。20世纪80年代末90年代初，"市场经济""国家部委的体制机制改革"释放了高校考试招生制度的活力，国家教育行政部门在简政放权中转向对高校考试招生的引导与监督，但统一招考仍是高校招生的主要方式。国家教育行政部门的"统筹"并未将相关权力转移至高校，而是分担给地方教育行政部门及考试招生机构。招考公平因严格监督而有所缓解，招考科学性则在小部分特殊类招生（少年班招生、保送生、自主选拔录取等）中初见成效。

2. 地方管控："无"与"有"

教育厅作为省级教育行政部门，是政府干预高校招生工作的中坚力量，从"无"到"有"的转变，是教育体制机制改革的成果，也是高等教育事业发展的需要。

20世纪中国高校考试招生的基本方式有三种：单独招考、联合招考与统一招考。无论是民国期间的单独招考，抑或中华人民共和国成立之后的联合招考与统一招考，教育行政部门对高校招生的管控都由国家级单位（教育部、教育委员会、高等教育委员会等）负责，地方教育行政部门通过成立省、市、县的高等教育招生工作委员会予以配合，比如，考试招生工作的组织、对招生院校的宣传等，也就是"统一领导，分省市自治区办理"模式。地方教育行政部门在高校招生中"失语"与中国政府机构的体制机制、招生工作的经验探索、报考人数及招生人数的相对较少等有关。其时的高校招生工作由国家级教育行政部门领导，符合国家政治、教育事业、招考实践的需要。20世纪末21世纪初，省级教育行政部门在高校招考中的作用日益凸显，其有权负责当地的高考实施方案改革、入学考试命题、招生高校监督，省属高校的招生自主权探索、招生章程核准、体检合格标准，等等。省级教育行政部门在高校招生中权力从"无"到"有"的转变，不仅在于中国高考的分省定额，国家的简政放权、政府权力的下移,① 更在于报考人数、招生人数的成倍增加,这是高考大国难以逾越的考情。以2005年为例,中国高考报名人数、录取人数分别高于20年前398.30%、712.90%,② 高校考试招生工作量的增加也使国家将相关权责向地方转移。但地方获得相应的管理权后,施权效果却饱受争议,如"分省命题后省城高校更有'优势'、试卷区分度不如全国卷"③、"省考试院决策院校招生批次的标准不统一、对招生院校而言不公平"④ 等问题客观存在。

3. 多部门协作:"会同"与"吸收"

中国高校考试招生的大规模、高利害性决定了不能也无法仅依靠教育行政部门的一己之力完成相关管理工作,在统一高考制度的演变中,中央与地方教育行政部门逐渐通过"会同"或"吸收"的方式,促进相关部委、省厅的参与。

教育行政部门以"会同"为基本方式,与公安、卫生、文化、体委、侨办、纪检监察等部门协作组织招生工作。统一高考建制之初,国家级教育行政部门便在招考方案中指出,报考工作由教育部会同公安部门完成,体检工作由教育部会同卫生部门组织实施;地方招生工作暂无常设机构之时,相关工作也是由地方教育行政部门会同相关部门组织完成。艺术类、体育类、华侨等的单独招考、联合招考,也均由文化部门、国家体委、国务院侨办会同教育部另定招生办法。保送生等特殊类招生,则由地方高校招生委员会会同有关部门,确定本地区实行保送的中学、中等师范学校和外语学校。而地方各级教育纪检监察部门则以"在参与中监督,在监督中服务"为原则,会同招生考试管理部门全面加强对招生考试工作的监督。"吸收"这一方式则多出现于地方高校招生委员会的建设中。20世纪80年代初,统一高考恢复之后,地方高校招生委员会的建制日益完善,

---

① 郑若玲等:《中国教育改革40年:高考改革》,科学出版社2018年版,第48—51页。

② 因2005年《普通高等学校招生工作规定》强调省级权力,恢复统一高考后的5—6年考生人数趋于平稳,故选用2005年及1985年的数据,原始数据来源于中国教育在线1977—2014年历年全国高考人数和录取率统计,https://gaokao.eol.cn/news/201506/t20150619_1276778_1.shtml.2015-06-19/2020-02-12。

③ 第三批试点地区高中教师GZ3-2-3-JS1-191128的访谈内容。访谈地点:湖南省醴陵县。

④ 地方本科高校招办工作人员GX4-1-1-ZB-191210的访谈内容。访谈地点:浙江省杭州市。

先后吸收了当地计委、公安、团委、商业、交通、卫生、侨办、民委、纪委、教育、高教等部门参加，并设立常设机构，共同对当地招生工作负责。

教育行政部门之所以"会同"与"吸收"多方力量共同参与高校招生工作，一方面，因为中国高考的社会性，其关乎社会公平与社会分层，牵扯到社会稳定与民众生活的大事必须由多部门共同决策、共同监督；另一方面，与中国高校特殊的"归属"规则有关，其不仅在层级上分为部属、省属、市属高校，而且在部属高校中，还有教育部、工业部、信息部、外交部、国家体育总局等直属之分，这便决定了少数单独招考、联合招考的方案应由多部门共同制订。

(二) 对教育行政部门招生工作的评析

与考试招生机构、高校相比，教育行政部门在高校招生中占据主导地位，是特殊历史时期的明智之举，有利于为国选才、为国发展、为国安定，但其在一定程度上偏重行政思维、对教育规律的应用不足。

1. 适应国家主义教育价值观，高校招生为国家事业服务

由教育行政部门组织高校招生工作，是 70 余年来中国高校考试招生的基本经验。教育行政部门与考试招生机构、高校相比，有更高的站位，既能立足于国家实情、社会发展需要做出适时决策，又能代表最广大人民的根本利益、符合社会主义国家的根本宗旨。事实证明，教育行政部门主导高校招生，使招生标准与国家需要更加匹配，教育行政部门在评估基础教育、基本国情、国家发展需要的基础上，调整报考条件，如"考生能听懂俄语"[1]，设置考试科目，如外语科目逐年计入总分[2]，制定倾斜政策，如"明确照顾工农"[3]，以更好地为国家选拔人才、为党培养干部，有利于高校招生为社会发展服务。中华人民共和国成立之初，高等教育资源极其匮乏，国家事业建设对高级专门人才又异常渴求，教育行政部门通过"计划思维"，全面统筹高校招生工作，既避免了单独招考的"乱招乱拉"、资源结构性失调，又在短时间内高效率地为国家选拔了大批可塑之才，供给建设之需；在一定程度上维护了招考秩序、促进了社会稳定、实

---

[1] 蒋超：《中国高考史（卷一）》，中国言实出版社 2008 年版，第 358 页。
[2] 郑若玲等：《中国教育改革 40 年：高考改革》，科学出版社 2018 年版，第 86—89 页。
[3] 蒋超：《中国高考史（卷一）》，中国言实出版社 2008 年版，第 376 页。

现了招考制度的平稳落地，虽然统一招考的舞弊现象仍有存在，但与单独招考、联合招考相比，由国家负责的体制机制，促进了高校考试招生的制度化，将其上升至国家的高度，有利于提升公信力与威慑力，同时，民众对国家的信任也有助于形成对高校考试招生制度的认同度。

2. 较为倚重教育行政指令，权力变革对教育规律重视不够

由教育行政部门组织高校招生工作，在70余年的中国高校考试招生中也形成了一种路径依赖。事实上，由充斥着行政属性的教育行政部门全面负责具有教育属性的高校招生工作，是中华人民共和国成立之初、"文革"结束之后的"应急"之举。彼时的社会，将高校考试招生制度视为整个社会"由乱而治"的突破口，这项关系举国民生大业的工程势必由国家负责。随着改革开放与市场经济改革，社会诸领域皆发生了巨大的变化，但涉及高级专门人才选拔的高考却几乎未变。虽然在政府体制机制改革中，教育行政部门对高校招生的把控由"全面负责"转向"监督引导"，但这种改革的实现路径是将相关权力下移至省级教育行政部门，或分散至其他部委。教育改革与国家机构改革不同，尤其是高校考试招生制度的改革，不该是"量化分权"，而应为"质性放权"。所谓"质性放权"，强调的是由教育规律代替行政指令，将高校招生的权力适当归还给考试招生机构或高校。中国社会对人才的期待已从培养"高级专门人才"转向培养"拔尖创新人才"，中国高等教育也已经走出精英化、大众化阶段，走入普及化阶段。普及化阶段的高等教育、创新型国家的社会愿景都对高等教育人才选拔、高等教育质量提出了更高的要求，而行政指令无法也不能代替教育规律，依据人才培养、学科发展、行业需求制定招考标准、遴选适宜性人才乃大势所趋。

二 专业性"迷失"的考试招生机构

中国高校考试招生机构出现，缘起于统一高考的建制，受教育行政部门领导、对国家高校考试招生工作负责。70余年来，作为考试与招生、考生与高校的重要枢纽，考试招生机构在制度化的过程中有贡献，亦有缺憾。

（一）考试招生机构开展招生工作的基本特征

在"统考统招"的高校考试招生制度设计中，考试招生机构的建立、合法性地位的获得以及机构改革的趋势，因机构使命重大而尤为特殊。行政指令、政府委托、政策导向是其产生、发展、变革的重要因素。

1. **建立过程：政府意志的"自上而下"**

与美国大学理事会（The College Board）、英国学院招生服务处（Universities and Colleges Admissions Service）等自下而上形成的、隶属于民间的考试招生机构不同，中国高校招生委员会、地方招生办公室、教育考试院等的形成来源于自上而下的政府意志，由国家管控。1952年统一高考建制，"统考统招"的基本模式要求在全国范围内成立相关组织负责高校的考试招生工作，中央、大区、省、市、县的高等学校招生委员会便相继成立，至1957年基本建制成熟。但招委会为非常设机构，逢招生季组织，每年参与部门、人员不同，弊端显而易见。统一高考恢复之后，国家对这一制度进行完善，要求省级招生委员会配备编制，组建常设机构负责高校招生的日常事务，市级、县级招生委员会指定专门人员负责招考工作，地方招生办公室成立之后，考试招生机构的建制日益成熟。同时，在中央层面，国家教委成立考试管理中心，后更名为考试中心，领导、负责普通高等学校招生统一考试的命题工作，并将招生工作分派给高校学生司负责，中国高校考试招生机构自此完善。20世纪末21世纪初，部分省、自治区、直辖市教育行政部门进行机构改革，在原省级招生办公室及相关单位的基础上组建教育考试院，或将原与普通高等学校招生统一考试命题等相关的单位并入省级招生办公室，进一步明确了考试招生机构的职能。从中国高校考试招生机构的隶属关系来看，其受教育行政部门管辖，是教育行政部门主管的高校考试招生工作的任务分担者；从组织结构来看，是典型的科层制，这也便决定了运行模式为"自上而下""上行下效"的"任务接收"。

2. **合法性地位：教育行政部门的"委托"与"授权"**

与"非统考""非统招""非统考统招"国家的高校考试招生制度不同，"统考统招"的中国高校在分省定额的计划前提下，以普通高等学校招生统一考试成绩为主要，甚至唯一录取依据，招录期间，考生在各省（区、市）考试招生机构的组织下，统一填报志愿，在批次线与高校提档比例之内，获得入学机会。在"统考统招"的大前提下，报名、命题、阅卷、公布分数、划定批次线、志愿填报、投档、高校录取监督等诸环节都尤为重要，且每年上千万的考生数量也加剧了招考工作的复杂性，这便要求承担此类工作的考试招生机构与"非统考""非统招""非统考统招"国家的民间机构不同，应更具权威性、公信力。中国的考试招生机构或承担部分考试招生职能的机构包括：中央层面的教育部考试中心、教育部高教学生司，前者负责普通高等学校招生统一考试命题工作，后者主导普通高等学校统一招生录取工作；地方层面的省级教育考试院、招生办公室、教育招生考试院等，虽名称不同，但有相同的职责，全权领导高校招考工作。考试招生机构的合法性地位因教育行政部门的"委托"或"赋权"产生，承担专项职责任务，具有行政管理职能，是教育部或教育厅的直属事业单位，同时拥有一定的行政级别，由财政全额拨款。考试招生机构的"双重属性"由中国高校考试招生的特殊模式、政府机构的体制机制、科举影响下的文化国情决定，这种由教育行政部门"委托"或"赋权"获得的合法性，更有利于考试招生机构常规工作的开展，也更容易获得民众的认同，对于营造良好的招考环境而言是一种良好的方式。

3. 招生与考试相对分离：政策改革的价值导向

2010年《国家中长期教育改革和发展规划纲要（2010—2020年）》提出"推进考试招生制度改革，探索招生与考试相对分离的办法，政府宏观管理，专业机构组织实施，学校依法自主招生的考试招生制度"。高校入学考试与招生工作在中央层面，分由教育部考试中心、教育部高教学生司负责，但在地方层面则有所不同。在省级考试招生机构中，高校入学考试的组织工作由教育考试院或招办负责，职责未发生变化；招生工作则由教育厅学生处或教育考试院的高招办负责，职责在1987年《国家教育委员会关于扩大普通高等学校录取新生工作权限规定及其实施细则》颁布后，逐渐转向监督与引导，而"招生与考试相对分离"的政策导向又进一步加速了这种职能的转变，但整体而言效果不佳。

"招生与考试相对分离"的政策导向，指向的是高等学校入学考试与高等学校招生录取的相对分离，对于推进招考公平、破除"唯分数"的不科学的教育评价导向具有重要意义。理想情况下的相对分离，首先是责任主体的分离，考试由专业机构组织实施，招生由高校依法自主执行，责任主体各司其职，对参与主体负责，接受社会各界监督。其次是职能的分离，考试是对考生学力的检验，同时作为招生录取的重要依据，为高等教育把守生源底线、为基础教育的育人成才提供参考；招生以考试成绩为依据，但应基于对考生综合能力的考查，为高校遴选优质生源服务。从实施路径看，"招生与考试相对分离"需要相应的体制机制建设。一方面，是负责考试的专业机构,应具备制定考纲、命制试题、编订答案及评分参考、组织考试、组织阅卷、录入分数、公布成绩等的能力,以保证考试的科学性、权威性;另一方面,是负责招生的高校,应具备自主决定招生计划、报名条件、录取依据、录取结果的权限与能力,要保证招生的公平与科学。但基于我国特定的文化基础、高校招生的工作机制,应尤其重视"相对分离"的意蕴。

(二) 对考试招生机构招生工作的评析

在中国高校招生工作中,考试招生机构是教育行政部门的有益补充,对高校而言则承担着领导、监督、服务的角色。考试招生机构保障了中国高校招考工作的顺利开展,但在一定程度上,存在着角色混淆、专业功能发挥有限的问题。

1. 考试招生机构认真履职,相关工作平稳开展

在70余年中国高校考试招生的发展历程中,无论是统一高考建制之初成立的非常设机构,各级高校招生工作委员会,还是统一高考恢复之后组建的常设机构,省、市、县招生办公室、教育考试院,都在历年、历次的高校考试招生工作中发挥了重要作用。各级、各类考试招生机构在教育行政部门的领导下,负责高校考试招生这一专门事务,包括招生计划的审定、招生章程的核准、招考方案的制订、入学考试的报名、考试科目的设置及命题、考试的开展、试卷的评阅、成绩的公布与复查、批次线的划定、高校提档比例的确定、考生档案的投递、院校录取名单的审阅、招考全过程的监督,等等。与此同时,考试招生机构也在不断探索中逐渐形成了规章,实现了自身的制度化。在考试招生机构的认真履职下相关工作平稳开展,规章公开、过程透明、结果公正,使高考成为国人眼中一块弥足珍贵的"精神绿洲",也为"寒门贵子"提供了"鲤鱼跃龙门"的可能。

2. 角色混淆长期存在,考试招生机构的专业性不够明确

中国高校考试招生机构从诞生到完成建制经历了50余年,漫长的制度化过程承载的是教育行政部门、高校与社会赋予的责任。"自上而下"的建立过程、教育行政部门"委托"后获得合法性地位的事实,决定了考试招生机构从建制开始便与教育行政部门相混淆。中央层面的教育部考试中心,尚有明确的专门定位——教育考试专项职责及部分行政管理职能,但教育部高校学生司在"负责各类高等教育的招生及全国统一考试工作(普通、成人,研究生)"的同时,还"负责各类高等教育学历和学籍管理工作；负责制定普通高等教育毕业生就业工作政策；组织实施国家急需毕业生的专业就业计划"①。省级相关工作或统归教育考试院、招生办公室所有，或将招生工作分派至教育厅学生处负责、招考方案交由教育厅相关部门制订。市、县的考试招生机构虽仅负责考试的报名与组织，却仍不乏单位以"招生办公室"冠名。一方面，这代表了行政性与专业性的混淆，虽然中国特殊的招考方式要求考试招生机构具有权威性，但其应与教育行政部门有清晰的职责边界。考试招生机构可作为教育行政部门的直属单位，但省级、市级、县级考试招生机构的命名、使命、职能却有待斟酌，尤其是各省招考方案的制订等重大事项的决策权应予以明确。另一方面，这体现了考试与招生的混淆，表现为重考试、轻招生，在招生职能上的"越权"。首先，从地方考试招生机构的工作中可以发现，其日常工作、科研工作等均以考试组织、考试内容改革等为重，招生研究为轻。其次，根据《国家教育委员会关于扩大普通高等学校录取新生工作权限规定及其实施细则》《国家中长期教育改革和发展规划纲要（2010—2020年)》相关文件的精神，高校入学考试由专业机构负责，招生由"学校负责、招办监督"。但事实上，省级考试招生机构在招生工作的实践中，具有决策高校在当地招生批次、控制实际提档比例等多项重要权力，最终使高校招生办公室常被戏谑为"接生办公室"。换言之，"考试与招生相对分离"的政策导向在招生层面，应指向的是考试招生机构与高校之间的职能分离，而非考试招生机构内部"命题科"与"招生科"的分离。考试招生机构兼具考试与招生责任，又重考试轻招生的事实，也在一定程度上阻碍了高校招生主体性地位的强化，使中国高校招生改革长期困于泥沼。

三 招生"乏力"的高校

在"统考统招"的中国，高校考试招生制度是一项国家教育考试制度。在中华人民共和国成立之初及"文革"结束之后，高考为国家服务的特征尤为明显，高校扮演着培养高级专门人才的角色，人才选拔与高校的关系并不密切。高校在招生中的自主权极为有限，主体行为也因此受

---

① 中华人民共和国教育部："高校学生司介绍"，http://www.moe.gov.cn/s78/A15/，2020年9月21日。

限，招生与人才培养之间的联系更是备受忽视。

（一）高校开展招生工作的基本特征

在"为国家选拔人才、为党培养干部"的价值取向中，高校招生的组织机构、主体行为受制于教育行政部门及考试招生机构的指令，整体而言主体性地位极为有限，仅在少部分特殊类招生或特殊科类招生中有所体现。

1. 招生体制：规章、机构与专门人员

中国现代意义上的高等教育发轫于清末民初，单独招考是其时高校招生的主要方式，虽然中华人民共和国成立之后，特殊的社会环境使单独招考被废止，统一招考成为主要方式，但老牌高校在招考中有充足的经验，比如较为成熟的章程、较为科学的招考标准、初步的监督制度等。1952年统一高考建制之后，高校招生由国家全权负责，高校遵循中央、地方高校招生委员会的行政指令，少部分老牌高校虽有招生经验但无"用武之地"，大部分新建高校则在招生工作中如"一张白纸"。哪怕是以"推荐制"为主要方式的"文革"时期，高校更多的是接收国家遴选出来的生源、为国家培养人才。

1977年统一高考恢复，高校考试招生的价值开始被重视，高校内部招生的体制机制建设也逐渐提上日程。1987年《关于普通高等学校录取新生体制与方法的实施细则》《普通高等学校招生暂行条例》《关于扩大普通高等学校录取新生工作权限规定及其实施细则》颁布，国家教育行政部门进一步明确了高校在招生中的权责。20世纪末21世纪初，高校在顶层设计的引导下，一方面，以"校长负责制"为起点，探索内部体制机制的建设。校长或主要校领导作为高校招生的第一责任人，对招生事务负责。同时，由主要校领导牵头，组建高校招生工作委员会，下设办公室为常设机构、配备专职人员，承担高校招生的日常工作，对高校招生工作委员会负责。高校对招生办公室的专职人员虽不做数量要求，但在集中招生期，可在全校范围内召集兼职人员开展相关工作。另一方面，以"招生章程"编订为契机，理顺高校招生的院校规则与校内工作。高校在《中华人民共和国教育法》《中华人民共和国高等教育法》和有关规定的基础上，拟定"招生章程"，向社会公布招考方案和录取规则。"招生章程"须真实、准确、表述规范，且必须经高校的主管部门依据国家有关法律和招生政策规定进行审核备案。事实上，"招生章程"的建设过程也是高校厘清内部招生权利与责任的过程，使招生工作有法可依、受法律保护。

2. 招生主体行为：招生宣传、科目要求与计划调配

自单独招考被联合招考、统一招考代替后，中国高校的招生自主权、招生主体性便极为有限。回顾发展历程，可以发现高校在有限的招生权下，在招生宣传、科目要求和计划调配等方面发挥了主体作用。

招生宣传在统一高考建制之初，是地方招生委员会的职责，省、市、县高校招生委员会有责任做好宣传工作，向社会广泛宣传高校招生录取信息，阐明高级专门人才培养对社会建设的重要意义，保证招生质量。1977年恢复高考之后，高校招生宣传的责任主体有所变化，相关文件要求高校加强对招生宣传的参与，通过培训等形式加强院校招生宣传队伍的建设，并要求其赴招生省份、地市加以宣讲。招生宣传是在普通类招生中，高校最为重视的一个方面。

科目要求则在1986年上海市高考改革、1989年《关于改革普通高等学校招生考试及录取新生办法的意见》、1999年"3＋X"高考改革、2007年"新课程"高考改革、2008年江苏高考改革中先后出现。多次高考改革都赋予高校根据院校特色、学科专业特征、人才培养要求等，在一定范围内，确定考生应试的科目或科目组合的权力。不过，除了1986年上海高考改革和2008年江苏高考改革，其他与赋予高校科目决定权的尝试都在很短的时间内告终，又退回传统高考的统一、固定科目。高校获得科目决定权，根据学科专业要求招录具备相关知识结构的考生符合教育规律，但在实践中屡告失败且不断反复，值得深思。

高校招生计划与国家事业发展关系密切，在中华人民共和国成立之初，招生科类、招生规模等是国民经济和社会发展规划的重要内容，高校年度招生计划也由教育部及国家计委等相关部门决定，高校则为计划严格的执行者。20世纪80年代起，120%的投档比例赋予高校一定的选择权，高校在严格执行招生计划的同时，可在高考成绩的基础上，参考考生高中期间的档案信息做出录取决策。20世纪90年代初，高校的招生计划从"国家任务计划"转为"国家任务计划和调节计划"相结合的方式，高校自此开始逐步拥有独立草拟招生计划的权力，但计划须经相关部门审核，并在招生过程中严格执行。1999年起，高校可视录取情况，行使1%—2%的招生计划调节权。这种数量上的控制在一定程度上保证了招生公平，同时也使高校可以在一定范围内遴选优秀的生源。

3. 招生特殊性：特殊类与特殊科类的招考

虽然在普通类或普通批次的招考中，高校招生需以行政指令为依据，招生主体性地位受限，但在特殊类、特殊科类招考的招生中却有所不同，整体而言，高校具有较大的自主权，大部分招生决策由高校制定，招生科学性也得到认可。

特殊类招生以保送生、自主选拔录取、高水平运动员、高水平艺术团等为主要形式。以加试科目为文化课的保送生、自主选拔录取为例。保送生制度始于1985年，保送条件由国家统一规定。实施之初，保送生的审核工作由高中负责，高校在必要的情况下可对考生进行考核。随着制度的不断完善，高校获得了考核候选人的权力，高校可在参考学生高中阶段的学业成绩、获奖证明、综合素质的基础上，对其进行面试，增加对考生的了解，以使最终的决策更为科学。南京大学、北京科技大学、广西大学都有相关研究证明，相对于统招生而言，保送生在包括学业水平在内的个人素养中，都有突出的表现及更强的竞争力。[1] 2000年试行、2003年开始推广的自主选拔录取改革试验，虽然要求考生必须参加统一高考，但高校在自主测试环节拥有更大的权力。高校可在国家相关规章的基础上，根据院校历史、学科专业特色设置报名条件，且材料初审、复试考核、降分优惠条件的决策权均在高校。同样，也有研究证明，自主选拔录取的考生因与院校特色更加匹配，虽然高考成绩相对较低，但在入学后的学业成绩、奖学金获得情况、考研、出国深造等方面的表现均十分突出。[2]

特殊科类招生主要包括师范类、外语类、艺术类及体育类等。以需要高校进行加试的师范类、外语类为例，在招生政策变革中，师范类招生常被要求增加面试或复试，学校通过考核，可对考生的道德品质、语言表达、肢体协调等做出更为全面的判断。20世纪80年代末，部分重点示范高校曾有权单独在1—2个地区自行组织招生工作，即考生报考、笔试命题、面试考核、录取决策等均由高校负责，其招生科学性明显增加，生源

---

[1] 黄细良、赵清：《从南京大学实践看招收保送生的可行性和规范化建设》，《中国高等教育》1998年第11期。王占奎、李贵：《对高等学校招收保送生的探讨》，《北京科技大学学报》（人文社会科学版）1998年第2期。徐华亮：《改进考核办法 保证保送生质量》，《广西大学学报》（哲学社会科学版）1992年第3期。

[2] 马莉萍、朱红、文东茅：《入学后选专业有助于提高本科生的专业兴趣吗——基于配对抽样和固定效应的实证研究》，《北京大学教育评论》2017年第2期。

质量整体优于普通招考;① 外语类则因部分语种的发音、理解、应用需要一定的"天赋",尤其是东语系的部分小语种,如阿拉伯语、西班牙语等招生中,面试、口试不可缺少。有曾经参加过单独招考的受访者回忆,考官可在面试中设置跟读等环节,考测考生的语言天赋,这对她的专业学习、职业能力培养起到了关键性作用。② 虽然进入 21 世纪后,此类招考逐渐减少甚至取消,但在提前批的录取中也出现了外语类等专业的加试环节。

(二) 对高校招生工作的评析

高校虽然在高校考试招生的多主体中不占主导地位,但其主体性地位整体是呈上升趋势的。在高校的配合下,招生工作顺利开展,招生实现了形式公平。但招生自主权的缺失、主体性的受限,在一定程度上也影响了招生能力的建设与招生科学性的提升。

1. 高校受行政力量的引导与监督,招生形式公平得到认可

从中国高校招生主体性地位的变迁中可见,高校在招生中居于"从属"地位,在教育行政部门及考试招生机构的指令下开展相关工作。一方面,体现为行政力量对高校招生过程的引导。无论是高校招生体制机制的建设,还是高校招生主体行为的践行,都需要自上而下地"赋权",这种方式使高校招生工作得以有条不紊地开展。在"统考统招"的制度设计中,高校依据统一划定的分数线、统一判定的高考成绩、统一组织的招生录取工作做出录取决策,使"一切以程文定去留"在中国 2000 余所高校的招生录取中成为基本原则。高校在行政力量的引导下开展工作,是考试古国人才选拔的宝贵经验。另一方面,体现为行政力量对高校招生的全程监督。虽然在考生报考、考试组织、招生录取等方面都有相关的规章制度做参考,但在具体操作中仍不乏"余地"。民众对代表国家权威的教育行政部门、考试招生机构有天然的信任,但对于代表非政府话语的高校却因早期推荐制、保送生、自主选拔录取、艺术体育类招生中的舞弊事件而心存质疑。"学校负责,招办监督"的方式,再辅之高考"阳光工程"的

---

① 一流学科建设高校校领导 GX2 – 3 – 1 – XLD – 191126 的访谈内容。访谈地点:湖南省长沙市。

② 新建本科高校综合评价录取招生官 GX4 – 1 – 1 – ZPZSG1 – 191210 的访谈内容。访谈地点:浙江省杭州市。

推进，使"分数面前人人平等"成为可能。高校在行政监督下组织招考，是人口大国高校招生的基本保障。

2. 高校招生自主权极为有限，影响了招生能力建设与招生科学性

受中国社会自上而下的行政体制及科层制的组织结构的影响，高校有限的自主权消减了高校招生的主体性。一方面，主体性的缺失影响了高校的招生能力建设。在"统考统招"的制度设计中，高校招生由教育行政部门及考试招生机构统筹，"学校负责，招办监督"的录取体制多指向的是学校对招生结果负责，而招生过程的能动性极为有限。这便使高校成为招生工作的"受动者"，校内招生工作委员会受行政力量引导而建、招生办公室因对接上级主管部门而设、招生章程同样因教育体制机制改革而出现。"统招"制度将统一考试成绩作为录取的重要依据，使高校将考生统考成绩的高低视为判断生源质量优劣的唯一标准，从而使高校招生陷入误区，忽视自身招生能力的建设，疏于机构设置、章程起草、工作人员的专业化发展，高校招生工作缺乏能动性与创造性。另一方面，主体性的缺失影响了高校的招生科学性。在招生数量占比绝大多数的普通类、普通批次招生中，高校几乎无权设置报考条件、考试科目、命题、阅卷、招录除统考成绩之外其他方面优秀的考生。而在"行政指令统一设定的'唯分数'的统招标准"与"高校自主设置的'多元'的自招标准"之间，招生科学性往往是后者更高。但中国社会却常常认为，高校招生主体性与招考公平问题高度相关，这便导致对招考公平的无限追求成为高校获得招生自主权、发挥招生主体作用的一大阻力，最终以牺牲招生的科学性为代价。

四 教育行政部门、考试招生机构与高校的主体间性分析

在中国高校考试招生的制度中，教育行政部门、考试招生机构、高校构成共同主体发挥作用，三者之间的相互作用以及权力变革，对高校招生主体性地位产生直接影响。

（一）本质：主体间的三角协调关系

高校考试招生制度是一项重大的民生工程、涉及诸多利益相关群体，其组织实施或对其进行研究分析都不能忽略"国家、高等教育、社会"

的三角协调模型,① 这也是研究高等教育问题的基本范式。从中国高校考试招生制度及高校招生主体性地位的变迁中可以看出,教育行政部门、考试招生机构、高校构成了招考工作的共同主体。但是,与"非统考统招"的招考制度不同,中国高校考试招生机构兼具行政性,为教育行政部门的直属单位,在从事高校招考专门工作的同时还具备一定的管理职能。换言之,中国高校考试招生机构与教育行政部门皆为国家力量的代表。与国外高校考试招生制度社会化趋势不同的是,中国社会缺乏独立于政府与高校而建立的专业机构以及依托其组织高校入学考试及招生录取的土壤,在相当长的一段时间内,社会在招考中仅能扮演监督者的角色。而高等教育同样为高校招生自主权所限,在招生工作中过于依赖行政指令组织招生活动,无法建立人才培养与人才选拔之间的联系。

在"国家、高等教育、社会"的三角协调模型中,中国高校考试招生制度的主体间性具有特殊性。国家话语由教育行政部门、考试招生机构代表,居于主导地位,领导、主管或统筹高校招生的大小事务,制约高等教育、受社会监督并有赖于社会的认同。高等教育话语由行政指令下的高校招生活动代表,居于从属地位,被动接收国家指派的任务,根据规则开展招生工作,符合教育规律的能动性活动极为有限,受政府管制、受社会监督。社会话语则有相关的监督行为代表,以确保政府及高校的招生工作更加透明、更加顺利。社会对政府有绝对的信任感,对高等教育则忧心忡忡,三者的互动形成这样一种实践逻辑:国家成为高校招生的主导者,高等教育仅发挥育人功能、在招生及招生改革中的话语权薄弱。这一逻辑随着社会的发展、高等教育的变革而越发不适:国家对社会发展所需的人才有清晰的定位,但缺乏人才培养经验,故而对招考标准的把控"摸得着,理不清";高等教育是学科发展、专业建设、人才培养的承担者,对高级专门人才的选拔标准有科学且理性的认识,但是对招考标准的把握"理得清,摸不着";社会(群体)是高校考试招生结果的最直接的利益相关者,但因为中国高考体系庞大的基本特征,导致即便是高考的亲历者也难以对其有全面、客观、理性的认识,所以社会对招考标准的监督"摸不清,理不清"。这三类权力不等、与自身角色不适应的主体,在一定程度

---

① [美]伯顿·克拉克:《高等教育权力的整合》,载陈洪捷、施晓光、蒋凯主编《国外高等教育基本文献讲读》,北京大学出版社2014年版,第288—304页。

上影响了高校招生的科学性。

（二）变革：主体间的协同关系在恪守公平中日益优化

中国高校招生多主体间的变革离不开关键性事件的推动，同时，这种变革还渗透出一种价值取向，对高考改革、高校招生主体性地位的进一步研究具有重要的参考价值。

1. 主体间性变革的关键事件

"教育行政部门、考试招生机构、高校"抑或"政府、高等教育、社会"在招生中的主体作用、相互作用并非一成不变，考试招生机构真正意义上的专业化、高校招生权限的扩大、社会监督的出现，皆为主体间性变革的关键力量。

（1）国家教委考试管理中心的成立

1987年国家教委考试管理中心成立，配备编制50人，[1] 后更名为国家教委考试中心、教育部考试中心，承担普通高等学校招生统一考试的命题工作。虽然统一高考建制之初，即在中央与地方成立各级招生工作委员会，但其受行政指令影响较大，工作中的行政性强于专业性。国家教委考试管理中心的成立，是中国高校招考历史上专业机构在专业化中的起点，在一定程度上推动了机构的专业性与行政性的分离，考试管理中心专门负责各级各类的考试组织工作，对普通高等学校招生统一考试的命题、研发、改革起到了重要的促进作用。

（2）"学校负责，招办监督"录取机制的落地

20世纪80年代末，国家教委学生管理司《关于普通高等学校录取新生体制与方法的实施细则》，国家教育委员会关于《普通高等学校招生暂行条例》《关于扩大普通高等学校录取新生工作权限的规定及其实施细则》等重要文件颁布，首次澄清了高校在考试招生中的重要地位，并启动"学校负责，招办监督"的录取体制改革。相关文件对高校录取新生应遵循的政策、在录取工作中的权利与责任、为适应录取体制改革和录取方法改革要做好的配套工作逐一说明，自此高校招生主体性地位获得合法律性，也开启了政府、社会对高校招生监督的探索，为高考"阳光工程"埋下伏笔。

---

[1] 《关于建立国家教育考试管理中心的通知》，载杨学为编《高考文献（下）》，高等教育出版社2003年版，第298页。

（3）自主选拔录取的推进

21世纪初，中国高校自主选拔录取启动，十余年间近百所高校积极响应，试点高校在此类招生中获得了较为充分的招生自主权。高校以《关于进一步深化普通高等学校招生考试制度改革的意见》《普通高等学校招生工作的通知（教学〔1999〕3号）》《关于做好普通高等学校自主选拔录取改革试点工作的通知（教学〔2003〕1号）》等规章制度为依据，结合院校实情，自主决定招生对象、申请报考者条件、招生院系、招生专业、招生人数、报名方法、选拔程序、考核方法、入选资格考生优惠政策、监督机制。自主选拔录取使高校建立了一套完整的招考制度，统一高考成绩可作为依据，也可仅作为参考。高校招生主体性地位得到强化，高校与政府在招生中的关系得到了一定程度的"松绑"。

2. 主体间性变革的价值取向

中国高校考试招生制度跌宕起伏的演进之路，也带来了主体间性的变革。国家、高等教育、社会三者的权责在博弈中发生变化。政府的权威性持久不变，高校的主体性地位螺旋式上升，民众的监督作用有所增加，核心要义在于百姓对高考公平的无限期待。

政府对高校考试招生的整体把控的局面没有改变，中央与地方的相关部门负责招生计划的制订，报名资格的确定，招考时间、类别、科目、内容的安排，命题工作，考核形式的决定，录取依据的采择，录取结果的决定，等等，这种把控在普通类生源的招考中更为明显。高校在考试招生过程中的主体性地位有所增加但仍显不足。高校进行机构与章程建设，开展招生宣传、制定科目要求、进行计划调配；在特殊类招考中，高校决定报名资格、招考事宜、录取事宜。民众是高考的重要利益相关者，除高考的参与权之外，在高考"阳光工程"的推进下，知情权、监督权也逐渐受到重视，民众对高考的监督也因此合法化。与此同时，新媒体的发展也加剧了信息传播的速度与广度，如今，与高考相关的任何一条信息的影响力都远远大于历史上任何一个时期，民众对高考的监督具备可行性基础。

在中国高校考试招生制度的三个责任主体中，国家的地位具有绝对的权威性与稳定性，高校处于"戴着镣铐跳舞"的尴尬境地，民众则通过社会舆论的作用监督、影响高考制度的实施与改革。可以说，这样的权责分配是极具中国特色、与中国国情密切相关的。与世界其他国家高校考试招生制度、中国其他层次学校的考试招生制度不同，中国的高考与社会稀缺资源的分配、社会流动与成层、社会稳定、社会发展等关系紧密，是国家政治权力、社会民主权利的关注重点，所以必须首重公平。教育部颁发的《国家教育考试违规处理办法》指出，普通高等学校招生考试属于国家教育考试，即由国务院教育行政部门确定实施，由经批准的实施教育考试的机构承办，面向社会公开、统一举行，其结果作为招收学历教育学生或者取得国家承认学历、学位证书依据的测试活动。高考要对国家负责、对民众负责，就必须守住公平这一底线。这一原因使高考的社会功能凸显，国家政府能够代表最广大人民的根本利益，70余年来在维护高考公平方面也发挥了不可替代的作用，较高的受认可度决定了其在高校考试招生发展的中国道路上将长期作为最重要的责任主体存在。高校是高级专门人才培养的主体，"谁培养谁招生"的逻辑决定了其应对高考负责，但在这一历史阶段高校乏于招生能力建设，屡因引发公平问题而遭受质疑。人民群众是高考的参与者、受益者，民众的认同与意见是高校考试招生改革不可忽视的要素。综言之，社会对高考的信任、对高考公平的认同使高考成为中国精神文明领域中一块"珍贵的绿洲"，民众对高考公平的期待是无止境的，这是文化问题；高考公平的现实意义也是不断变化的，这是制度问题。①

第三节　历史视域下中国高校招生主体性地位的困境

从中国高校考试招生制度演变的历史中可以清晰判断出，高校招生主体性地位被忽视是"统考统招"国家的特殊问题，与中国高考的原型、缘起、职能密切相关。换言之，历史视域下，中国高校招生主体性地位的困境在于高考制度的"早发内生型"，以及理论与实践领域对"早发内生型"的高校考试招生制度的发展特征的忽视。

一　"早发内生型"的中国高考制度

"后发外生型"是社会学、教育学领域对中国国家建设现代化、教育

---

① 郑若玲、庞颖：《恪守与突破：70年高校考试招生发展的中国道路》，《华中师范大学学报》（人文社会科学版）2019年第5期。

现代化的基本判断，中国高校考试招生制度虽然兼具社会属性与教育属性，受社会政治、经济、文化、教育等的影响，但其从建制之日起便体现出与中国古代延续1300年之久的科举制度的千丝万缕的联系。中国高校考试招生制度具有"早发内生"性，这也就决定了将其限定于"后发外生型"的中国高等教育发展模式中，难以破解高考改革及高校招生主体性地位之困。

（一）"早发内生型"释义

"早发内生"与"后发外生"是一对相互对立的范畴，最早用于描述社会现代化的基本模式。在社会学领域，普遍认为中国社会的现代化是"后发外生型"的，这也便导致学者对"早发内生型"的基本问题研究不足、重视不够。参照孙立平教授对"早发内生型"及"后发外生型"现代化模式的剖析，①"早发内生型"的发展模式具有如下特征。

1. "原生型"的发生状态

"早发内生型"事物的发生状态属于"原生型"。一方面，事物在诞生之时没有"既定"的前景，即非"计划性"，对事物的近期发展、长期走向没有规划，是一种无组织、非随意的初始状态。另一方面，事物的演进没有"可借鉴"的道路，发生时间最早，是一种"前无古人"的做法，依赖于自身的探索，是一种"敢为人先"的尝试。"后发外生型"事物规划蓝图、照搬路径的工作模式，带来了异质性因素的介入，容易打破组织内部的系统结构，对既有工作机制产生影响。而"原生型"的发生状态则在产生之时，便使事物与历史、社会、政治、经济等更加适应，有利于达成一种"自平衡"的状态。

2. "内在型"的驱动要素

"早发内生型"事物产生、发展、变革的动力源是内部作用，是事物本体根据自身需要而做出的努力，以达到某一目的或产生某种效果。这种驱动模式与外部因素的影响无关，并非为了"迎合"外界格局，或与其他同类事物"攀比"。以外驱力为主动因素的"后发外生型"事物的变革，往往需要集权型政治结构的强制力、计划性作为保障，比如政府力量的强制执行，而对于具有"内在型"的驱动要素的"早发内生型"事物而言，发展过程是一种"自觉""自发"的行为，产生于主体的"感受"

---

① 孙立平：《后发外生型现代化模式剖析》，《中国社会科学》1991年第2期。

而非客体的"影响"。

3. "自然而然"的发展逻辑

"早发内生型"事物的发展逻辑遵循"进阶性"的时序模式，是事物内部矛盾从产生到调和，新旧事物从冲突、磨合到适应，阶段性任务从提出到解决的过程。在这种"自然而然"的发展逻辑下，事物"从容"地面对困难，有充足的时间使各项难题"迎刃而解"，遵循事物发展的"进阶性"规律。"后发外生型"事物则惯用"模仿与刻意制造"的发展逻辑、"一揽子"的解决策略，这种缺乏磨合与适应的工作方式易于带来畸变、错位、失衡等困境。而"自然而然"的发生逻辑是一种"自组织"的过程，也会带来"自适应"的效果。

（二）中国高考制度的"早发内生"性

中国的高等教育与中国以及中国教育的现代化一致，常被认为是"后发外生型"的，以外部条件的刺激为起点、缺乏内部的要素积累，以"追赶"为策略、忽略问题存在的特殊性，目的在于摆脱自己的落后状态、消除外部威胁。[①] 中国高校考试招生制度作为中国高等教育的重要组成部分，在生发状态方面却与其母体不同。它是"早发内生型"的，五千年的历史、文化以及大国的政治、国情是它的逻辑起点。[②] 若摒弃中国高考制度及其改革的"早发内生"性，遵循"后发外生型"逻辑，必将给高考改革带来重重困难。

中国高考制度在缘起、驱动力量、发展路径等方面，与"后发外生型"中国现代高等教育的建立与发展是截然不同的。清末民初，西学东渐催生了现代意义上的大学，政府参照西方模式办大学，考试招生作为高等教育的第一环节，也完全照搬国外单独招考的方式。但在中华人民共和国成立之后，单独招考在很短的时间内便被联合招考、统一招考取代。统一招生制度的确立，无论是在其之前的科举选官，还是其时对"统一考试"的适应，都是一种"原生型"的发生状态，并不存在"后发外生型"的"既定"前景、"可借鉴"路径之说。统一招生的驱动力量为"内在

---

① 孙立平：《后发外生型现代化模式剖析》，《中国社会科学》1991年第2期。阎凤桥：《我国高等教育"双一流"建设的制度逻辑分析》，《中国高教研究》2016年第11期。

② 郑若玲、庞颖：《恪守与突破：70年高校考试招生发展的中国道路》，《华中师范大学学报》（人文社会科学版）2019年第5期。

型",是中国国情下,为国家选拔人才、为党培养干部之需,而非如"后发外生型"一般,受世界潮流、其他国家之影响。统一招生的发展路径遵循"进阶性"的时序模式,从"统一"到"统一基础上的多元",在改革中"以退为进"的决策,就是矛盾出现、磨合与适应的过程,与"后发外生型"的"一揽子"策略截然不同。但不可否认,高校考试招生制度作为高等教育的重要组成部分,中国高考难免会具有"后发外生型"的举措。比如,新中国成立初期在统一招考与单独招考的争论下,1958年曾短暂恢复单独招考,极"左"的思维推动了异质性因素的引入,忽视了其时中国社会及高等教育的基础,最终以失败告终。"文革"前后的"推荐制",试图打破"分数挂帅"的弊端,加强对候选者的全面考查,但事实上却引发了畸变现象,舞弊、造假现象频出,高校招生的公平与科学都无法兼顾。但是,作为高等教育重要组成部分的高校考试招生制度,也不可能完全摒弃"后发外生型"的举措。在恢复统一高考之后的招考多样化改革中,少年班、保送生、高水平艺术团、高水平运动员、自主选拔录取的招生中,政府强制力介入、加强了对招考过程的监督,高校主体性增强,推动了程序正义的发展,招考的科学性受到认可,公平问题则可在进一步分析"早发内生型"特征的基础上"有则改之"。

综言之,审视高校考试招生制度的缘起、变迁与发展,不能与"后发外生型"的高等教育相混淆。换言之,不能忽略其中的中国元素,即高校考试招生制度的历史性与情境性。①

二 "早发":中国高考制度的历史性

高校考试招生制度的历史性,是它的"早发"性的表征。所谓"早发",即时间上的先进性。具体表现为建立于隋唐时期的科举制度,是中国统一高考的制度原型。② 同时,科举制度引发的"考试大国"的文化国情,也是使统一高考制度备受认可的社会基础。从抽象意义来看,高考与科举是同构的,③ 这便导致了相关特征的不可逾越性,亦可称为路径

---

① 郑若玲、庞颖:《恪守与突破:70年高校考试招生发展的中国道路》,《华中师范大学学报》(人文社会科学版)2019年第5期。
② 刘海峰:《"科举学"刍议》,《厦门大学学报》(哲学社会科学版)1992年第4期。
③ 郑若玲等:《中国教育改革40年:高考改革》,科学出版社2018年版,第9页。

依赖。

(一) 选官与选才

始于隋炀帝大业元年（605年）、终于清光绪三十一年（1905年）的科举制度，是中国帝制时代设科考试、举士任官的制度，① 有"帝制时代中国最为重要的一项政治及社会制度"之称。科举在中国古代沿袭1300年之久，被视为"国家取人材第一路"②。作为一种文官考试制度，科举的首要目的是选拔官员，发挥着"牢笼英才，驱策志士"的政治功用，成为中国古代国家治理重要手段的同时，也强化了官本位体制③。在古代中国社会，读书做官思想盛行，科举制度作为教育的风向标，巩固了学而优则仕的地位，读书、科举、选官三者之间建立起必然联系。

建制于1952年的统一高考制度，是中华人民共和国成立之初为国家选拔人才的唯一途径，其时，因公务员招考制度尚未建立，各地高等学校统一招生是实现国家干部培养计划的关键，④ 高校考试招生制度也因此兼具选才与选官的双重属性。2004年，教育部颁发《国家教育考试违规处理办法》，将普通高等学校招生考试认定为"国家教育考试"。与科举制度相似，高考制度推动了文凭社会的形成，且对政治与社会的影响面更加广泛，通过选拔、培养各行各业的高级专门人才为国家事业建设、社会发展服务。在现代中国社会，个体通过高等教育获得文凭、实现自我价值，高考成为教育的指挥棒，建立起读书、高考、选才之间的联系。

无论是中国古代的科举选官，还是中国现代的高考选才，对于国家发展而言都具有重大意义。这也就决定了二者具有相同的责任主体，由国家担任主考，全面统筹报考条件，考试的时间、科目、形式、内容，命题与阅卷工作，授官或录取的规则、过程及决策。无论是古代中国还是当代中国，政府机构始终是国家权威的代表，民间团体或其他非政府机构都不具备承担相关职责的胜任力，理论上，只有国家负责，才能更好地向社会公

---

① 刘海峰：《"科举"含义与科举制的起始年份》，《厦门大学学报》（哲学社会科学版）2008年第5期。
② 刘海峰：《科举停废110年祭》，《厦门大学学报》（哲学社会科学版）2015年第5期。
③ 刘海峰：《科举政治与科举学》，《华中师范大学学报》（人文社会科学版）2010年第5期。
④ 《关于实现一九五二年培养国家建设干部计划的指示》，载杨学为编《高考文献（下）》，高等教育出版社2003年版，第12—13页。

开、对社会负责、接受社会监督，使选官或选才的结果受认同，这也是中国高校考试招生制度长期依赖政府力量的原因。但科举与高考、选官与选才也存在着区别，科举选官是为国家政治服务，优胜者将在国家部门履职，治国理政的候选人由国家遴选无可厚非。但高考选才是为社会发展服务，佼佼者只有在接受高等教育之后，才能步入社会，一方面，这一过程具有可塑性，要用发展的眼光去审视；另一方面，最终的结果具有多元性，所选之才将分别胜任包括治国理政在内的各行各业，但从政者仅为少数。由国家制定招考标准，为各行各业选拔尚未"定性"的人才，在中华人民共和国成立之初"统包统分""双向选择"的就业制度下具有合理性，但在新时代的职业大繁荣背景与"自主择业"的就业制度下则值得商榷。

（二）程文与纸笔测试

"一切以程文定去留"是中国古代科举制度的重要特征，顾炎武指出："自宋以来，以取中士子所作之文，谓之程文。"[①] 根据《金史·选举志一》等相关史料的记载，程文既可代表官方撰写或考中者所作的，可作为范例的文章，也可代表应试者进呈的文章。"一切以程文定去留"中"程文"之义为后者，强调举人及第或黜落必须通过严格的考校才能决定。[②] 撰写"程文"是科举制的重要考试方式，可以较为科学地考查应试者对儒家经学的掌握程度；"程文"的优劣则代表了科举考试的结果，也是用于甄别应试者适合从政与否的标准。而考试则是科举制的实质，有关科举的各种各样的制度规定和读书备考、出身授官等都是围绕考试这个核心进行的。[③] 儒家经学、程文、授官是环环相扣的。

通过纸笔测试结果做录取决策是中国高考制度的重要特征，这种纸笔测试强调在一定区域（省、市、区）内，统一科目、统一命题、统一组织、统一阅卷、统一公布成绩、统一划定分数线。纸笔测试的结果以分数为表征，而"分数面前人人平等"是中国高考制度受认同的基础。纸笔测试是高考制度的重要考试方式，在命题科学的情况下，可以判断考生的

---

① （清）顾炎武著，黄汝成集释，秦克诚点校：《日知录集释》卷16，岳麓书社1994年版，第595页。
② 王炜：《明代乡会试录选评经义程文及其中的辞章观念》，《文学遗产》2015年第5期。
③ 刘海峰：《"科举"含义与科举制的起始年份》，《厦门大学学报》（哲学社会科学版）2008年第5期。

知识、认知能力及素质；纸笔测试成绩的高低，是考生是否被高校、专业录取的决定性因素。以纸笔测试为主要方式的普通高等学校招生统一考试常被认为是中国高考制度的核心内容，基础教育内容、高等教育招生、高考改革的重点往往以此为重点。知识及认知能力、纸笔测试、选才之间存在客观联系。

无论是古代科举的程文，还是现代高考的纸笔测试，其最终目的均在于选拔才华出众者为国家事业做贡献。二者的考测方式都可归纳为"一元主义"，国家或代表国家意志的专业机构命题、考生应试、主考官或负责单位依据统一标准阅卷、向考生公布考试结果、根据考试结果决定录用或录取与否。古代科举与现代高考都背负着艰巨的选才使命，考录结果关系着国家事业发展与社会进步。"一元主义"的评价方式与招考标准经过1300年的考验，理论上具有非常强的科学性与公平性，这也是中国高校考试招生长期以纸笔测试、考试成绩为主，忽视能力测试、多元标准的原因。但科举与高考、程文与纸笔测试也存在着区别，"一切以程文定去留"应用于选官，在儒学兴盛的古代社会，科举考查举子对儒家经学的掌握程度，其内容相对单一，程文有足够的预测力。但纸笔测试、"分数面前人人平等"则应用于选拔各行各业的预备人才之中。事实上，与社会行业、职业相关的高校学科、专业之间是有差异的，其要求的知识、能力是多元的，形式单一的纸笔测试应具备考查多元素质的胜任力。虽然在20世纪80年代中期，普通高等学校招生统一考试已完成了经验命题向标准化测试的改革，国家也长期致力于考试内容改革研究，但学科的发展、知识的无限分化以及国家对人才需求的不断升级，都更为期待在考查考生能力、潜力、创造力等的基础上，做出录取决策。

（三）高利害与高竞争

科举是一种高利害、高竞争、高风险的选拔性考试，[①] 这种高利害性，一方面，体现为竞争的激烈，以明代解元考中进士的比例为例，各直、省乡试共应产生解元1278人，大致占明代举人总数的1.25%。解元考中进士者602名，占确知解元总数的50%。[②] 另一方面，体现为对社会

[①] 刘海峰：《科举停废110年祭》，《厦门大学学报》（哲学社会科学版）2015年第5期。
[②] 郭培贵：《明代解元考中进士的比例、年龄与空间分布》，《清华大学学报》（哲学社会科学版）2012年第5期。

流动的促进，明代庶吉士（一个仅次于一甲进士的高科名群体）中，有82.48%出自非进士家族，而出自进士家族的庶吉士又以一代进士家族为主，庶吉士家族绝无超过三代者；①同样，对清末朱卷作者家室的分析，证实了有一定比例的布衣借着科举得以升迁。②而高竞争性、高流动性与科举公平是互为因果、相辅相成的。换言之，高利害性、程序严格、考录公平是科举长盛不衰的生命力。

高考同样具有高利害性，这种效应是有目共睹的。一方面，高考的竞争激烈程度绝不亚于科举，1977年原本计划的录取率为1%，为缓解录取率过低的情况，国家在1978年初临时扩招，1977级大学生的最终录取率为4.8%，③其中重点大学的录取率更是少之又少。虽然中国高等教育的大众化、普及化趋势缓解了高考竞争，但在人口大省以及重点大学的高考竞争中仍旧激烈，2006年部属高校在河南的录取率仅为1.89%。④另一方面，高考促进了社会流动，是社会分层的重要因素。已有研究证实，统一高考比单独招考给较低社会阶层子女实现上向流动提供了更多机会。⑤高考制度的特殊属性与后向效应与坚守高考公平相互制约。高竞争性、程序公开、招考公平使高考成为中国精神文明领域中一块"珍贵的绿洲"。

无论是科举"朝为田舍郎，暮登天子堂"，抑或高考"鲤鱼跃龙门"，其高利害性、高竞争性是一致的，都关乎着社会资源，尤其是稀缺资源的分配，而这种资源的叠加效应又将决定个体的社会流动与社会分层。科举与高考都以考试至公为前提，在考试程序方面，二者皆因过程的严密而享有很高的社会认同，科举考试所实行的编号、入闱、闭卷、糊名、回避、双重定等第、复查等办法还为现代高考所沿用。⑥科举与高考对至公的坚守、对程序的严格把控，在促进社会流动、维护社会稳定、优化教育系

---

① 郭培贵：《明代庶吉士群体构成及其特点》，《历史研究》2011年第6期。
② 郑若玲：《科举对清代社会流动的影响——基于清代朱卷作者之家世分析》，《厦门大学学报》（哲学社会科学版）2007年第5期。
③ 刘海峰、刘亮：《恢复高考40年的发展与变化》，《高等教育研究》2017年第10期。
④ 乔锦忠：《优质高等教育入学机会分布的区域差异》，《北京师范大学学报》（社会科学版）2007年第1期。
⑤ 郑若玲：《高考对社会流动的影响——以厦门大学为个案》，《教育研究》2007年第3期。
⑥ 郑若玲、庞颖：《恪守与突破：70年高校考试招生发展的中国道路》，《华中师范大学学报》（人文社会科学版）2019年第5期。

统、提升国民素质方面收效显著,但其弊端也是显而易见的,片面应试、重治术轻技术等在所难免。同时,高考与科举又不完全相同,随着高等教育的普及化与大众化阶段的到来,高考的竞争性并非普遍存在的,截至2019年,上海市普通本科录取率已超过90%,北京、天津等多省、自治区、直辖市也多为高录取率地区。随着就业制度从"统包统分""双向选择"转向"自主择业",研究生教育及出国留学规模的扩大化,绝大多数的本科教育机会仅能满足个体该阶段的专业学习的需要,而社会流动则由本科毕业后的就业、深造决定。随着高等教育的分层分类发展,不同层次、不同类型的学校在清晰的定位下,也期待多元的录取标准、异质性的生源与院校的特色发展相得益彰。而传统意义上,为了维护高考公平,多以牺牲招生的科学性为代价,但在现实情况中,在高录取地区、应用型大学、高职高专院校中,招考公平与科学期待新的平衡点。

三 "内生":中国高考制度的情境性

高校考试招生制度的情境性,决定了它的"内生"性。所谓"内生",即驱动力的内在性。中国高考制度并非存在于"真空"状态下,从建立到改革,无不源于社会政治和经济建设的需求、文化和教育事业发展的需要,以及公众对高考制度的责难。[1] 这便是中国国情下高考制度及其改革的真实情状。

(一) 社会发展与高考制度

与基础教育不同,承担专业教育职责的高等教育具有双重身份,作为社会的组成部分,是社会建设的重要单元;作为社会建设者的培养基地,是推动社会发展的重要力量。这就决定了包括高等教育入口关在内的、高等教育的诸环节受国情影响,高校在招生中应遵循国家的行政指令。换言之,社会变革、治理思维、高考及其改革之间存在必然联系,而社会变革又表现为中华人民共和国成立、改革开放、市场经济改革及21世纪的到来。

20世纪上半叶,各种内外战争给中国包括高等教育在内的诸多社会领域带来了严重的破坏。中华人民共和国成立之后,顺应政治、经济的过

---

[1] 郑若玲、庞颖:《恪守与突破:70年高校考试招生发展的中国道路》,《华中师范大学学报》(人文社会科学版)2019年第5期。

渡，高校招生也经历了从单独招生、联合招生向统一招生的转变。统一高考制度之所以在1952年正式建立，一方面，社会政治和经济建设的需要是统一高考建立的重要历史契机，在高等教育尚十分薄弱的当时，统一高考制度是快速发展国民经济、提高国民整体素质、公平高效选拔和培养各条战线合格人才的最佳选择；另一方面，1952年院系调整，亟须通过加强高等学校招生的计划性，巩固高等教育重新布局的成果。① 此后，高考的命运在中国社会大变革中跌宕起伏。

1976年"四人帮"被打倒，次年邓小平第二次复出后开始整顿教育，高考制度的恢复成为社会由乱而治的突破口。教育部《关于一九七七年高等学校招生工作的意见》将高校招生定性为"一件关系到中国实现现代化的大事"，同年10月21日，《人民日报》发表社论《搞好大学招生是全国人民的希望》。高等教育服务社会的职能是不可被低估的，改革开放以后，党的工作重点从"以阶级斗争为纲"转向"以经济建设为中心"，高校招生计划的编制遵循"根据国家和各地现代化建设的需要，注意把招生来源与毕业生去向适当结合起来"②的原则；对于社会发展急需的重点大学建设，③高校招生通过区分重点大学与普通大学两个批次，使用不同录取办法保证重点大学的生源质量。

1990年前后，中国政治经济体制由"计划"向"市场"的转变，同样撬动了高校考试招生体制机制的转变，体现为将相关工作从中央政府的行政管制中剥离出来，比如，国家教委考试管理中心等考试招生机构的建立、"学校监督、招办负责"的录取体制改革、高校录取工作权限的扩大；招生计划模式的转变，《普通高等学校招生条例》规定"普通高等学校招生分为国家任务、用人单位委托培养、自费生三种计划形式"④，《中国教育改革和发展纲要》的实施意见明确"实行国家任务计划和调节性

---

① 郑若玲等：《中国教育改革40年：高考改革》，科学出版社2018年版，第23—24页。
② 《关于改革教育部部属高等学校招生来源计划的意见》，载杨学为编《高考文献（下）》，高等教育出版社2003年版，第213—216页。
③ 《教育工作中亟待解决的若干问题》，载杨学为编《高考文献（下）》，高等教育出版社2003年版，第23页。
④ 《普通高等学校招生暂行条例》，载杨学为编《高考文献（下）》，高等教育出版社2003年版，第278—287页。

计划相结合"①的计划招生体制;《关于进一步改革普通高等学校招生和毕业生就业制度的试点意见》推动了收费上学的改革,终结了统包统分的历史。②

21世纪到来之际也是中华人民共和国成立50周年、改革开放20周年之时,沿着正确的道路,中国社会得到了较为充分的发展。其时,在国家经济达到了一定水平并将进一步发展的趋势带动下,大众化高等教育呼之欲出;再辅之产业的迅速提升和结构性就业矛盾,促使教育重心的上移等原因,中国高校招生扩招自此开始。③ 与此同时,国家发展对高等教育质量要求的提高、对拔尖创新型人才的需要,也使高考制度进入改革的快车道,先后尝试了"3+X"高考改革、自主选拔录取改革和"新课程"高考改革等。

(二) 资源配置与统一高考

参加高校考试招生是民众获得高等教育机会的唯一途径,其意义绝不仅在于入学机会的获得和分配,更重要的是个体及家庭获得资源、国家及高校配置资源的过程。高等教育首先是一种文化资源,民众可以通过这种资源提升个体素养、形成专业知识与能力、获得社会政治经济地位,这种资源是具有累积效应的;其次是一种社会资源,中国高等教育资源多具有公共性,尤其是中华人民共和国成立之初,高校多为公办、依赖国家事业拨款,民众通过高等教育获得职业能力、高校通过高等教育培养高级专门人才直接或间接为社会服务。高校考试招生在一定程度上属于文化资源、社会资源分配范畴,而资源配置形式由国家政治经济体制决定。

中华人民共和国成立初期,"延安模式"与"苏联模式"、对社会主义理论认识的局限、社会所有制结构单一化、对商业和财政金融管理集中统一化、发展战略和经济自身环境等主客观因素,使高度集中的计划经济

---

① 国务院:《关于〈中国教育改革和发展纲要〉的实施意见》(国发〔1994〕39号),https://www.mohurd.gov.cn/gongkai/fdzdgknr/zgzygwywj/200110/20011029_155442.html,2020年2月15日。

② 《关于进一步改革普通高等学校招生和毕业生就业制度的试点意见》,载杨学为编《高考文献(下)》,高等教育出版社2003年版,第524页。

③ 蔡永莲:《对"扩招"现象的深层原因分析》,《高等教育研究》2000年第1期。

体制在中国扎根。① 以优先发展重工业为目标的赶超战略，扭曲的宏观政策环境、高度集中的资源配置制度和没有自主性的微观经营机制相继形成。② 在这种经济体制下，国家几乎垄断了包括物质资源、人民生产和发展的机会、信息资源等全部重要资源，对稀缺资源的配置也遵循"计划体制"。③ 计划功能的优越性显而易见，如宏观规划性、总体平衡性、分配公平性、"外部经济"治理性，缺陷也不可避免，如主观偏差性、强制划一性。④

统一高考制度可理解为"计划"体制下对社会中具有公共性的文化资源、社会资源的配置活动。其产生之时，该种资源极为短缺，与市场调节相比，政府调节对于特定目标的实现更为有效，⑤ 对于资源的分配也更加合理。行政计划体制配置文化资源的基本特征在于社会效益导向文化资源的流向、资源配置方式的集中决策，⑥ 在统一高考中表现为政府决定招生对象、政策倾斜、招考标准、院校专业分配、录取结果。这种方式有效避免了中华人民共和国成立之初高校因缺乏经验"乱招乱拉"带来的资源浪费现象，推动了高等教育为社会建设服务工作，规制与优化了高校的运行机制。

中国高等教育资源，尤其是优质高等教育资源的稀缺状态长期存续，物质短缺带来的运行模式造成了政府过度介入、高校招生主体性地位受限的问题。体制纵向化，体制配置资源单一化、统包化、集权化、非市场化、形式僵化⑦等问题在统一高考中显而易见。在自上而下的行政体制中，高校因处于底端而力量甚微，甚至在很长一段时间内扮演着"资源"的角色被主体分配，而非发挥"主体"的功能开展分配工作。"单一化"的招考模式无法兼顾各类高校的利益，学术型与职业型使用同一标准加剧

---

① 穆敏、杨明清：《中国计划经济体制的选择与历史评价》，《工会论坛》（山东省工会管理干部学院学报）2001年第1期。

② 何帆：《传统计划体制的起源、演进和衰落》，《经济学家》1998年第2期。

③ 孙立平：《"关系"、社会关系与社会结构》，《社会学研究》1996年第5期。

④ 施镇平：《资源配置与市场机制》，立信会计出版社2000年版，第25—27页。

⑤ 蔡昉：《中国改革成功经验的逻辑》，《中国社会科学》2018年第1期。

⑥ 金冠军：《文化资源的市场机制配置和政府宏观调控》，《上海大学学报》（社会科学版）1994年第6期。

⑦ 金冠军：《文化资源的市场机制配置和政府宏观调控》，《上海大学学报》（社会科学版）1994年第6期。

了职业教育吸引力不强的问题。"统包化"使高校招生缺乏积极性与创造性,"接生办"而非"招生办"的戏谑自此而起。"非市场化"对院校、专业的正常竞争不利,批次线的划定在一定程度上对高等教育生态系统的良性发展不利。"形式僵化"使高校招生理念停留于经济落后、教育实力薄弱的中华人民共和国成立之初,路径依赖加剧了今天的中国高等教育难以与发达国家、世界一流大学同台竞争生源的窘境。

(三) 差序格局与招考公平

中国高校考试招生制度的社会性与公共性决定了其产生、发展、运行在非真空状态下,大规模、高利害的特征决定了其在社会范围内影响力巨大。非真空状态与巨大的影响力将高校考试招生制度置身于复杂的社会关系网中,为了保证该项制度的顺利实施,就必须以国情、历史、文化等社会要素为基础,同时,还应妥善处理社会中的各项关系以立足、服众。作为有着1300年科举制度史的考试大国和有着百家争鸣文化史的文化大国,我国高考与个体关系之密切程度是世界上任何一个国家都难以匹敌的,社会基础成为中国高考推进与改革的一大难题。

费孝通先生曾用差序格局来形容中国社会,"我们的社会结构本身和西洋的格局是不相同的,我们的格局不是一捆一捆扎清楚的柴,而是好像把一块石头丢在水面上所发生的一圈圈推出去的波纹。每个人都是他社会影响所推出去的圈子的中心"[1]。这是一个立体的结构,包含有纵向的刚性的等级化的"序",也包含有横向的弹性的以自我为中心的"差"。[2] 差序格局的中国社会建立在以私德、五伦、"仁、智、诚"立论的儒学基础之上,形成了这种以"情感取向"、血缘、地缘、主观性、自己人与他人为特征的社会情状。[3] 这种复杂的社会关系决定了在中国传统社会中,不能用西方所谓的二元对立思维解决问题,而倾向于向内寻求价值的提升或遵从富有弹性的习惯法。[4] 所以,在社会稀缺资源的交换中,演化出

---

[1] 费孝通:《乡土中国》,观察社1948年版,第24页。
[2] 阎云翔:《差序格局与中国文化的等级观》,《社会学研究》2006年第4期。
[3] 肖瑛:《差序格局与中国社会的现代转型》,《探索与争鸣》2014年第6期。
[4] 翟学伟:《再论"差序格局"的贡献、局限与理论遗产》,《中国社会科学》2009年第3期。

"情感关系""混合性关系""工具性关系",① 而国家控制成为计划经济下对这种特殊社会关系的破解路径。②

高校考试招生尊重社会基础就必须重视差序格局,权衡社会关系就应首重招考公平。中国传统社会的历史悠久,长期受制于自然环境和技术条件,社会生活范围较小、社会分工较简单形成了以人情关系为基础的乡土中国,招考中的人情请托便产生于此。在计划经济体制下,普遍认为一旦权力脱离了国家强制力,就容易在"有轻有重、有近有远、有亲有疏、有高有低"③的差序中,对个体产生差别对待,催生公平问题。而中国的历史又过于厚重,巨大的惯性使"新瓶装旧酒"的现象重复发生,在高校考试招生层面体现为"一管就死、一放就乱"的反复,故而国家长期作为招考主体,以保证公平。

国家作为招生主体在一定程度上也削弱了高校招生的主体性地位,而在高考改革的争论中,国家主体代表的公平与高校主体象征的科学也是一对长期存在的矛盾,但其平衡点随着社会的发展而变化。在中国社会的现代转型中,逐渐形成了由自然意志转向理性意志的新的差序格局,但二者的悖论性长期存在,使中国社会的现代化过程变得尤为漫长,④ 这一难题同样存在于高考改革中。事实上,应对中国社会的差序格局,所需要的强制力并非仅可由国家施行,在理性意志的主导下,高校通过招生能力建设与程序正义也可达到同样的效果。同时,加强高校招生能力建设,也可解决高校招生主体性地位长期缺失、招考科学性屡招质疑的难题。

四 "症结":高校招生主体性之误读

"早发内生"性是中国高考的基本特征,也是中国高考改革的重要前提。作为非政府机构的高校在中国古代并不存在,无从谈起其在招考中的"早发"性;在中华人民共和国成立之初的"计划经济"体制下,高校的权力甚微,应对"内生"的中国国情乏力。除去中国高校招生主体性地

---

① 黄国光、胡先缙:《人情与面子:中国人的权力游戏》,中国人民大学出版社2010年版,第1—39页。
② 孙立平:《"关系"、社会关系与社会结构》,《社会学研究》1996年第5期。
③ 马戎:《"差序格局"——中国传统社会结构和中国人行为的解读》,《北京大学学报》(哲学社会科学版)2007年第2期。
④ 肖瑛:《差序格局与中国社会的现代转型》,《探索与争鸣》2014年第6期。

位与"早发内生"的中国高考制度不协调、不适应的原因，还有一项重要原因在于"早发内生"性形成的路径依赖或曰思维惯性遮蔽了许多事实，造成社会对高校招生主体性地位的误读。

（一）高校发挥招生主体作用与公平问题的出现

公平是中国高校考试招生制度首要且最重要的特征，也是高考改革的根本原则。这是由高利害、高竞争的"早发"特征以及差序格局的"内生"特性决定的。科举延续1300年之久的最宝贵经验之一即为公平原则，而以人情关系、弹性的习惯法为社会网络及其行为准则的中国社会，对公平尤为期待。倘若在封建帝制时期的招考制度都可达成的公平，在社会主义现代化国家却不能企及，则必然难以服众。所以，中国社会对任何一件有损高考公平的事件都难以容忍。

在高考演进的历程中，艺术类招生、体育类招生、少年班招生、选择性招生、保送生、自主选拔录取等，但凡赋予高校一定的招生自主权时，就会出现部分因人情请托而引发的公平问题。这也就促成了一种观点，高校招生发挥主体作用与公平问题存在相关关系。在大多数认识中，高校不是政府话语的代表，缺乏公信力。"一放就乱"不可能避免，行政力量便采取"堵"的方式，在"放权—收权—放权"中来回折腾。

但在70余年的高考史中，非高校自主因素引发的公平问题也确实存在，尤其是在制度不完善、信息技术缺失的20世纪。在档案中弄虚作假、不如实填写体检结论、泄题、替考、递送答案、替换试卷、冒名顶替、不按规定程序和标准录取学生等屡有发生，涉事人除考生外，还有县委书记、县主管文教的常委、县招生委员会副主任、县招生办公室正副主任、考点主考及监考、中学校长等。[①] 诸如此类徇私、舞弊事件的发生，也严重影响了高考公平。多年来，国家通过优化制度、建立监察机制、使用信

---

① 《河北省故城县高考中一起严重营私舞弊事件》，载杨学为编《高考文献（下）》，高等教育出版社2003年版，第86—88页。《关于河北省广平县一九八六年高考舞弊问题的通报》，载杨学为编《高考文献（下）》，高等教育出版社2003年版，第292—294页。《监察部驻国家教委监察局、国家教委高校学生司通报》，载杨学为编《高考文献（下）》，高等教育出版社2003年版，第447—450页。《关于转发河南省教委〈关于清退冒名顶替上学和其他舞弊问题学生的情况报告〉通知》，载杨学为编《高考文献（下）》，高等教育出版社2003年版，第491—495页。《河南高考特大舞弊案》，《法制周报》，https：//www.51test.net/show/421185.html，2008年12月6日。东林末等生：《历数高考十大恶性舞弊案》，http：//dy.163.com/v2/article/detail/DJT55IS60523EUKT.html，2018年6月9日。

息技术等途径，基本杜绝了考试环节的问题。

由高校主导的招生活动中的公平问题也应遵循同样的路径。任何制度都必须经历从"无"到"有"、从"不足"到"完善"的过程。高校在招生环节中暴露的问题因制度初始阶段能力有限、社会经济尚不发达阶段技术支持不足难以避免，但选用"一刀切"的方式将其"堵"死，而后再颁布类似的制度重新"释放"，最终仍无法从根本上解决问题。况且，部分高校自主选拔录取中也通过程序公平达成了结果公正，但与"污点"相比，其"优点"往往被淹没。高校发挥招生主体作用与招考公平问题的出现不存在必然的联系，二者之间问题的化解易"疏"不易"堵"。

（二）高校发挥招生主体作用与行政干预的消解

行政干预是中国高校考试招生制度运行的基本手段，也是高考改革过程中基本未撼动过的要素。这是由科举选官、高校选才的"早发"特征，资源配置的"内生"特性共同决定的。无论是选官抑或选才，意味着中选之人不仅要为国家服务，而且将获得更好的社会资源，而中华人民共和国成立之初，资源的极其短缺、差序格局的社会关系等，使行政干预成为高校考试招生的关键要素。民众普遍认为政府及教育行政部门是权威、公正的象征，在阶级不平等的帝制社会，国家权威可保证科举制度的顺利运行，促进民众的社会流动；在人民当家作主的新中国，国家自然继续获得这份信任，除政府、行政干预之外的其他主体及手段都会引人生疑。

在高考改革的历史中，非政府机构、非行政干预之外的主体及手段多为高校及其"自主"招生行为。具体表现为外语类及师范类单独招考、少年班招生、保送生、"3+X"高考、自主选拔录取、"新课程"高考等改革中，以高校为主体进行材料审核、校测、设置考试科目等。高校依据教育规律及评价科学设定招录标准，但或因经验不足，或因小部分"污点"事件，使社会普遍认为，正是强调高校发挥招生主体作用、完全消解了行政干预，最终导致招生乱象的出现。

事实上，"早发内生"的高考制度期待的是决策者的权威性而非行政性，非政府力量的高校也具备扮演权威角色、承担资源分配任务的胜任力。同时，在公办高校居多的中国，高校对国家财政有绝对的依赖性，相比于其他国家，更易服从政府领导。故而，高校的教育干预与政府的行政干预并非二元对立，在招生改革中，随着制度的演进、成熟，行政干预与教育干预可以视情况调整平衡点，而非绝对的非此即彼。

实际上，在招生改革中强化高校招生主体性地位不乏成功的经验，这得益于教育干预与行政干预的有效结合。比如在中国顶尖高校的自招选拔录取中，一方面，高校在相关部门的监督下行使招生自主权、成为权威性机构，利用人才培养机构的育人经验、优化技术手段，提升了招生的科学性；另一方面，通过校内招生体制机制的建设，在保证教育干预的同时强调行政干预的作用，探索干预的"度"与双方的"结合点"，保证了招生的公平性。可见，高校发挥招生主体作用与行政干预并非完全对立，二者最终的目标皆为确保招考公平与科学。

（三）高校发挥招生主体作用与统一高考的取消

"统考统招"是中国高校考试招生制度最大的特色，"统一高考"的存废自1952年起即备受关注。"统考统招"由以程文定去留的"早发"特征、资源配置效果高利害的"内生"特性共同决定。科举"一切以程文定去留"是高考一元评价观的基础，优质资源分配的后向效应也决定了"分数面前人人平等"的现实意义。科举与高考的"统考统招"符合中国社会"一致即公平"的判断，任何打破"一致"的改革，在招考中都难免遭遇质疑。

1966—1976年，中国取消统一高考，一度施行推荐制，遵循"自愿报名、群众推荐、领导批准、学校复审"的原则，实践经验、政治条件、初中毕业文化程度、身体健康、政治表现等取代统一高考成绩成为录取依据，但最终因弊端频出而以失败告终。

谈及高校发挥招生主体作用，就难免会提及取消统一高考，并以"推荐制"为反例。事实上，"推荐制"的决策环节在于"领导批准"，"十六字"招考原则中的"学校复审"是在决策环节之后，"学生入学三个月内，发现有不符合招生条件和手续的，经学校所在省、市、自治区同意后，退回原选送单位"。这一阶段，即便高校作为主体参与招生，也是为了保证招考公平和效率。[①]

的确，高校发挥招生主体作用在绝对意义上是冲破了"统一招生"的限制，但"统一考试"仍是高校招生的重要依据。比如，中国大部分高校的自主选拔录取，招生自主的权限仅为建立适于本校的招生评价体

---

① 《关于高等学校一九七三年招生工作的意见》，载杨学为编《高考文献（下）》，高等教育出版社2003年版，第651—655页。

系，普通高等学校招生统一考试成绩仍是高校招生录取的重要依据，高校只能给予入围考生一定的录取优惠。世界上大多数国家的高校考试招生亦如此，以未实行可免试入学改革的美国高校为例，SAT/ACT 成绩仍是学术因素的重要组成部分，与个人成就因素、个人背景因素等共同构成高校录取决策的依据。① 高校发挥招生主体作用在相对意义上，则保留"统考统招"的机制，高校仅在日常工作中加强招生能力建设、建立招生与人才培养的联系，在招生环节通过宣传、研究等工作体现其主体性。可见，高校发挥招生主体作用并不会完全违背"一致即公平"的原则，也并非意味着取消"统一高考"，而中国高考历史上因取消高考、实行推荐制的而失败的招生尝试，也非完全是高校招生主体性之过。

（四）高校发挥招生主体作用与改革的"失败"

中国高校考试招生制度自1952年建制以来，除去"大跃进"及"文革"等特殊时期的错误走向，始终未发生大的变化，且与古代科举一脉相承，遵循着"早发内生型"发生机制的"自然而然"的演进路径。赋予高校一定的"招生自主权"在中国高校考试招生制度的变革过程中，足以被视为"跨越式"的改革，社会评价高考改革的成功与否，常以改革措施是否被取消或倒退为依据。

在中国高考改革史中，"3 + X"高考改革、"新课程"等高考改革赋予高校决定考试科目组合或设置考试科目的权利，特殊科类的单独招生、少年班招生、保送生、自主选拔录取给予高校制定招生标准的权利及组织单独测试的机会。但此类改革最终或被"叫停"或逐渐缩减规模、弱化高校招生权。这一事实也就使民众认为强调高校招生主体性，势必带来改革失败。

事实上，我们应从两个层面来看待高校招生主体性在高考改革中的"迂回"现象。一方面，高校招生中的主体行为极大地提高了招考的科学性。已有研究表明，高校设置选考科目，极大地调动了学生的积极性，变"要我学习"为"我要学习"，因为只有尽可能地全面发展，才能为自己创造更多的机会。② 高校设置招生标准、组织单独测试，也极大提高了招

---

① 万圆：《美国精英高校录取决策机制研究——多重逻辑作用模型的建构》，博士学位论文，厦门大学，2017年，"摘要"第Ⅰ页。
② 杨英东：《对"3 + X"高考科目设置的认识》，《教育探索》2000年第5期。

生效率。① 另一方面，高校招生中的主体行为在不断探索、不断优化。通过颁布政策对高校招生自主权限进行调节，也是一种"以退为进"的方式，民众应给高考改革中的"试验性"举措一定的空间，以使其在调整中有所突破并更加适应中国国情与考情。

"早发内生型"的高校考试招生制度更适应于"进阶式"的改革，强化高校招生主体性地位的改革不易操之过急，视社会基础、高等教育实情、高校招生能力而逐步放权是理智之举。但仅依靠改革措施是否被废止、是否倒退来判断改革成功与否，则是落入了"一元"评价观的窠臼。

---

① 夏应春、贾传华：《高校少年班、试点班、保送生工作总结研讨会在西安召开》，《高等工程教育研究》1987年第4期。董雪君：《浅谈保送生招生制度》，《复旦教育》1993年第1期。马莉萍、卜尚聪：《重点大学自主招生政策的选拔效果分析》，《北京大学教育评论》2019年第2期。

第三章

中国高校招生主体性地位的制度环境

现阶段中国高校与政府的行政隶属关系虽然有所淡化，但在资源配置方面，高校与政府的依赖关系却在持续强化，[①] 这便决定了中国高校对政府的相对依赖，具体表现为学校办学事宜以国家教育政策为基本原则，同时受教育行政部门监管。而中国高校招生长期以来兼具教育职责与社会职责，在为高等学校选拔优质生源的同时，还肩负着为国家遴选优秀人才、实现社会优质资源的合理分配等重任，是最受政府关注、最为制度约束的办学行为之一。因此，分析中国高校招生主体性地位的现状，首先应从制度环境入手，剖析制度赋予高校的权限，结合招生行为的工作机制，探析科层制的体制机制下高校在招生中的主体性。具体而言，既包括国家招生政策、招生组织与高校招生的行为互动，也包括高校内部的招生制度、相关部门与高校招生行为的互动。而制度环境、体制机制在规制高校招生主体行为的同时，既可能合理引导、保证高校招生的顺利开展，也可能留有余地、促进高校发挥招生主体作用，还可能过分限制、影响高校招生效果的实现。

第一节 国家高校考试招生政策分析

自 1952 年统一高考建制以来，中国高校的招生录取便由国家统一领导、宏观调控。政府、教育行政部门及考试招生机构颁布的相关政策是高

[①] 陈廷柱：《"项目体制"与全面深化高等教育改革》，《苏州大学学报》（教育科学版）2014 年第 3 期。

校招生录取的根本依据,也是高校招生主体性地位的主要制约因素。2014年9月,国务院印发《关于深化考试招生制度改革的实施意见》(国发〔2014〕35号)(以下简称《实施意见》),将中国高校考试招生推入全面深化改革阶段。

一 全面深化改革阶段的高校考试招生制度

《实施意见》的相关精神是现阶段中国高校考试招生制度的主旋律,因研究需要,本节仅对与普通高等学校本科层次招生(非艺术、体育类)相关的考试招生制度进行阐释,并在文本解读的基础上剖析主要特征,以澄清中国高校招生主体性地位的政策背景。

(一)高校考试招生制度的基本内容

中国高校考试招生制度是国家基本教育制度,在新时期承担着服务学生发展、服务高校选才、服务社会公平的重任。它也是一项融考试、招生、监管为一体的制度。其发展目标在于形成分类考试、综合评价、多元录取的考试招生模式,建成中国特色现代教育考试招生制度。始于2014年的高考综合改革为这一制度注入了活力。

1. 普通高等学校招生统一考试制度

中国现行的普通高等学校入学考试制度是指1952年建制、1977年恢复实行的"普通高等学校招生统一考试制度"。相关工作由教育部授权教育部考试中心、省级招委会、高等学校负责,以前两者为主。

普通高等学校招生统一考试的报名、命题、考试组织等均须遵守教育部印发的年度《普通高校招生工作的通知》《普通高等学校招生工作规定》等的要求,遵循安全保密原则。报名条件设置较为宽泛,符合"遵守中华人民共和国宪法和法律""高级中等教育学校毕业或具有同等学力""身体状况符合相关要求"即可,考生原则上须在户籍所在地报考,并遵照属地规定。试卷主要分为全国统考、省级统考,教育部考试中心、有关省级招委会命制试题,制定评分指南、参考答案。测试科目主要包括语文、数学、外语(英语、俄语、日语、法语、德语、西班牙语)、文科综合或理科综合(高考综合改革地区除外),时间一般为每年的6月7日、6月8日,在标准化考点进行。阅卷工作由省级招委会统一组织,有关省(区、市)可根据相关要求制定评分细则。

《实施意见》颁布以来,使用全国统一命题试卷的省份逐渐增加,考试内容改革，国家教育考试机构、外语能力测评体系和国家题库建设也被提上日程。

2. 普通高等学校统一招生录取制度

中国现行的普通高等学校招生录取制度与统一考试制度具有同质性，是在教育部统一领导下，由各省级招委会组织实施的统一招生制度。高校和省级招办按照"学校负责、招办监督"的原则开展新生录取工作。

考生的志愿填报以教育部印发的《普通高等学校招生工作规定》、省级招委会公布的招生规定及计划、高校颁布的"招生章程"等为依据。高校在省级招委会安排的录取批次、录取控制分数线内，通过计算机远程录取方式开展相关工作。在录取工作中，高校根据生源所在省（区、市）的规定程序，完成调档、阅档、审核、预录、退档等环节。录取决策遵循公平竞争、公正选拔、公开透明的原则，德智体美劳全面考核、综合评价、择优录取新生，以高校招生章程中的录取规则为准则，主要依据为考生的统一高考成绩、电子档案、思想政治品德考核结果、身体健康状况、诚信记录等。拟录取考生名单须经生源地省级考试招生机构核准，最终，高校按照省级考试招生机构备案的录取考生名册签发录取通知书。

全面深化改革阶段，高校招生制度也做出了一定的调整，比如，减少或取消录取批次，提高中西部地区、人口大省的高考录取率，增加农村学生上重点高校的人数，减少和规范考试加分，完善高校招生选拔机制，等等。

3. 普通高等学校考试招生监管制度

公平原则是中国高校考试招生制度得以持久的生命力，人口大国、考试大国对高考公平的维护，有赖于普通高等学校考试招生监管制度的建立健全。

中国普通高等学校考试招生监管制度涉及招生工作秩序、信息公开、信息安全、违法违纪处理等内容，通过法治、信息技术来实现。依托《普通高等学校招生违规行为处理暂行办法》《国家教育考试违规处理办法》《中华人民共和国教育法》《中华人民共和国刑法》《中国共产党纪律处分条例》《行政机关公务员处分条例》等对违规违纪人员予以制裁。制定《教育部关于进一步推进高校招生信息公开工作的通知》（教学函〔2013〕9号）等专门政策，提出《招生信息"十公开"》《高校招生"30个不得"》《高校考试招生管理工作八项基本要求》等规定，同时建立健全国家、省级、高校、中学四级信息公开制度，提供举报途径，如受理举报的单位和联系方式等，并按照相关规定及时调查处理。运用信息技术，推进"高校招生阳光工程"保证招生过程透明、公平，强调招生信息安全，通过人防、物防、技防，及时堵塞管理和技术安全漏洞，严防志愿被篡改。

《实施意见》也以改革监督管理机制为任务要点，强调指出要进一步加强信息公开、制度保障、违规查处力度。

4. 高考综合改革

《实施意见》的颁布拉开了高考综合改革的序幕，此次高考改革被视为自统一高考恢复以来最全面、最系统的一次改革。[①] 高考综合改革按照"统筹规划、试点先行、分步实施、有序推进"的原则渐进推广，截至2019年4月已有三批14省（区、市）公布实施方案，至2021年暑期全国将有近半数的考生通过高考综合改革获得高等教育的入学机会。

高考综合改革一方面是考试科目设置的改革，考生总成绩由统一高考的语文、数学、外语3科成绩和高中学业水平考试的3科成绩组成，其中，高中学业水平考试的3科由考生在物理、化学、生物、思想政治、历史、地理、技术等中，根据自身情况及志愿高校要求进行选择；另一方面是招生录取机制的改革，探索基于统一高考和高中学业水平考试成绩、参考综合素质评价的（以下简称"两依据一参考"）多元录取机制。高校要根据自身办学定位和专业培养目标，研究提出对考生高中学业水平考试科目的报考要求和综合素质评价结果的使用办法，提前向社会公布。各批次、各省份的具体实施方案有所不同，比如备选科目的"6选3"或"7选3"、科目组合的"3+3"或"3+1+2"、志愿填报方式的"'院校专业组'志愿"或"'专业（类）+学校'志愿"、赋分方案的等级赋分或等比例转换赋分、综合素质评价结果呈现形式"等第"或"写实性记录"等。[②] 高考综合改革也推动了高中学业水平考试、综合素质评价的完善。

（二）高校考试招生制度的主要特征

与其他国家相比，中国高校考试招生制度更注重公平，与全面深化改

[①] 陈宝生：《高考仍是"指挥棒""稳定器"》，https://www.sohu.com/a/274115089_529087，2018年11月8日。

[②] 郑若玲、庞颖：《高考综合改革系统性的基本要义、实践审思与完善路径》，《高等教育研究》2020年第3期。

革阶段之前相比，现代高校考试招生制度更关注科学性。在公平与科学的权衡间，这一阶段的相关制度重塑评价理念，依托多方力量，兼顾招考的个体功能与社会功能。

1. 在"一元"与"多元"评价之间，平衡高考的公平性与科学性

奉行公平原则、创造优质高效的统一高考是中国高校招生考试史的一项伟大创举，[①]而"唯分数"的"一元"评价观也是自统一高考建制以来的一大特征，即便自《关于一九七八年高等学校招生工作的意见》颁布之后，"坚持德智体全面衡量、择优录取"这一基本原则在我国高等学校招生录取中已坚持40余年，但"分数至上"的评价理念依旧没有改变。[②]根本原因在于社会对高考公平的无限期待、科举制"一切以程文定去留"的考试文化、"分数面前人人平等"的普遍认同，而高考的大规模高利害性又决定了在技术手段有限的社会条件、高校"自主"招生经验缺乏的教育实情下，很难建立起比"唯分数"更能受社会认同的评价体系。高考改革史上少年班招生、保送生、自主选拔录取等尝试，通过构建"多元"标准的评价体系，以实现招考的科学性，却在不同程度上危害了公平，进而被缩减规模或被叫停。正如一位考试招生机构负责人所言："高考必须与当下社会状态相适应，高考需要社会的认可、理解与支持。"（KSY2-1-LD1-191021）全面深化改革阶段的高考制度则以高考综合改革为契机，探索"两依据一参考"的多元录取机制，这种从"一元"向"多元"渐变的评价体系，在技术手段优化、招生监管制度建立健全、高校"自主"招生经验丰富的情况下，具备兼顾高考公平与科学的可能。

2. 遵循教育系统一体化原则，强调高中、考试招生机构、高校的合作

"统考统招"的中国高校考试招生制度的实施，有赖于高中、考试招生机构、高校的多方合作。"高考指挥棒"的教育导向、"唯升学"的评价标准将高中与高考制度捆绑，使高中教育服务于高考；教育部的授权、"学校负责、招办监督"的录取原则也使考试招生机构对高考负责；高校

---

① 郑若玲、杨旭东：《高考改革：历史与现实的思考》，《厦门大学学报》（哲学社会科学版）2003年第1期。

② 郑若玲、庞颖：《强化高等学校主体性地位：论招生改革的价值转向》，《教育研究》2019年第12期。

作为高级专门人才的培养单位，则负责招生宣传、招生录取的具体工作。但长期以来，三者的任务分工受行政指令影响，条块分割现象明显，缺乏有机的统一，造成了基础教育与高等教育之间的断裂。全面深化改革阶段的高考制度以教育系统一体化为原则，强调高中、考试招生机构、高校之间的合作。"两依据一参考"的录取机制考虑多元标准、过程评价等理念，使三者在"教、考、招"的一致性中实现协同。高中除了承担常规教学任务，还要组织研究性学习、社会实践等活动，对学生的综合素质评价结果负责。考试招生机构承担学业水平考试、普通高等学校统一入学考试的组织工作，并对高校录取新生提供服务、进行监督。高校则通过制定选考科目、综合素质评价结果的使用办法，切实参与到招生录取的评价体系建立中来。同时，按专业招生、专业选择前置等改革导向，使高校与高中联动协同、相向而行。例如，多地开展的"高等学校与普通高中联合育人"工作，通过生涯教育、开放办学日、师资及实验室资源共享等，加强了基础教育与高等教育之间的衔接。

3. 通过育才、选才、用才的联动，实现高考的教育功能与社会功能

具有中国特色的高校考试招生制度自建制以来，便兼具教育功能与社会功能。教育功能体现为对基础教育的规范与引导、为高等教育选拔合格生源，但"高考指挥棒"的作用也造成基础教育的片面应试，[1] 中小学"唯分数""唯升学"不科学的教育评价体系有悖于立德树人的教育任务；社会功能则源于统一高考建制之初便被视为"实现培养国家建设干部计划的关键"[2]，而后长期肩负为政治、经济、文化服务的职责。全面深化改革阶段的高考制度对"高考育人功能"加以强调，致力于实现育才、选才、用才的联动。育才，在基础教育阶段打破应试教育、终结性评价的藩篱，通过综合素质评价、学业水平考试等推动素质教育、过程性评价；在高等教育阶段则强调人才选拔与人才培养的联系，深化高校育人模式改革，提升高等教育质量。选才，由高校对考生提出高中学业水平考试科目报考的要求、制定并向社会公布高中综合素质评价结果的使用办法，将高考选才的"拔尖"转向"扬才适性"。用才，要求高校在调整招生专业、

---

[1] 郑若玲：《高考的社会功能》，《现代大学教育》2007年第3期。
[2] 中华人民共和国教育部：《关于实现一九五二年培养国家建设干部计划的指示（1952年7月8日）》，载杨学为编《高考文献（下）》，高等教育出版社2003年版，第12—13页。

编定分省分专业计划时，充分考虑地方人口与经济、社会、资源等要素，使高级专门人才培养与地方战略发展相适应，满足社会用才需求。一位高考综合改革实施方案的制订者阐释了综合素质评价对实现育才、选才联动的重要作用："综合素质评价的写实性记录，使高校招生时除了看到'分数'，还可以看到'人'，学生是否适合这个专业，一目了然。"（KSY2－1－LD1－3－191021）育才、选才、用才的联动，遵循教育规律、符合社会需求，也促进了高考教育功能与社会功能的发挥。

二 高校招生主体性地位的政策逻辑

国家高校考试招生政策是"统考统招"模式下中国高校招生的基本依据。高校招生主体性地位在一定程度上由政策决定，高校在招生中的主体行为也应首先遵循政策逻辑。

（一）建立高校招生责任制，完善高校招生体制机制

《2002年普通高等学校招生工作规定》是高校招生章程建设的起点，也可被视为国家顶层设计引导、监督高校招生体制机制建设的开始。进入全面深化改革阶段以来，国家政策以"完善高校招生选拔机制"为主要任务和措施，逐步建立健全包括招生问责制、招生章程、学校招生委员会、督导、申诉等具体内容的高校招生责任制。

根据《实施意见》《关于做好2020年普通高校招生工作的通知》《2020年普通高等学校招生工作规定》等政策规章的要求，高校对本校招生工作全面负责。高校是本校考试招生（含特殊类型招生）工作的责任主体，主要负责同志（校党委书记和校长）是第一责任人，分管负责同志是直接责任人。校长作为高校法人代表签发或授权签发录取通知书制度，对录取结果负责，各高校录取通知书签发人名单由高校主管部门公布。同时，法定代表人或主管领导还应对学校"招生章程"、"招生简章"、招生宣传的真实性、招生中的违纪行为等负责。

作为高等学校章程重要组成部分的招生章程，则是高校招生最为直接的依据。招生章程遵循《中华人民共和国教育法》《中华人民共和国高等教育法》和教育部的有关规定，承担着对上级主管部门负责、对考生及社会解释的重要职责，包括涉及高校招生的相关事项，如高校基本信息、招生标准、招生条件、招生程序、学费及资助政策、颁发学历证书情况及其他须知等。学校招生委员会是高校招生的领导主体，负责制订学校招生

计划、确定招生政策和规则、决定招生重大事项等，一般由教师、学生及校友代表等组成，应发挥民主监督、管理等作用。工作要求、信息公开制度等是高校招生秩序的基本保障。其中，工作要求包括"30个不得""八项基本要求"，重大事项的"集体议事、集体决策"原则等；信息公开制度则包括高校招生阳光工程，国家、省级、中学、高校四级信息公开制度，高校招生信息"十公开"等。监督工作、申诉机制是高校招生体制机制的有益补充。高校建立校内监督、社会公众监督等多重监督机制，主要由纪检部门负责，全程参与并监督招生考试工作，配合教育纪检监察部门的基本情况监督、重点事项检查、专项治理等工作；校外则由社会监督员等进行第三方监督，同时，还建立了考生录取的申诉机制以解决相关问题。

（二）关注高校考试招生实践，明晰高校基本职责

1987年国家教育委员会印发《高等学校招生暂行条例》《关于扩大普通高等学校录取新生工作权限的规定及其实施细则》，初步澄清了高校在"统考统招"的中国高校考试招生模式下的基本职责。高校在这一全面深化改革的契机中，招生录取权限得以逐渐扩大。

相关文件给予高校招生主体性地位的空间，体现在考生身体健康情况检查、考试、分省（区、市）分专业招生计划制订、招生录取、复查等方面。高校在《普通高等学校招生体检工作指导意见》等有关要求的基础上，可根据本校的办学条件和专业培养要求，提出对考生身体健康状况的补充要求。在考试方面，除极少数单独招考的高校可在不违反国家规定的前提下自行命制试题、评分参考、确定考试时间及考场安排、组织考试、阅卷等工作外，《2020年普通高等学校招生工作规定》首次明确"承担省级招委会委托的评卷等工作"是高校的主要职责。在招生计划的制订中，高校可按有关计划管理工作要求等，编制、调整、执行本校的分省（区、市）分专业招生计划，做好招生专业、层次、区域结构的调整，安排少量定向计划、预留计划。在招生录取工作中，高校组织开展招生宣传工作，包括政策解读、志愿填报、信息查询等服务工作；参与制定投档录取规则、模拟投档、调档、阅档、审核、预录、退档等工作，并基于考生的思想政治品德表现、身体健康状况、投档成绩等，做出录取决策。新生入学后，高校对录取的新生开展复查工作。

进入全面深化改革阶段以来，国家政策对高校招生主体性地位的强化

多从高考公平与科学两方面入手。一方面，为了进一步维护高考公平，在普通类招生中，要求高校严格控制属地招生计划比例，继续对中西部地区、考生大省增加招生名额；在特殊类招生中，优化重点高校招收农村和贫困地区学生的相关方案。另一方面，为了提升高校效率，在高校测试评价体系的优化及高中学业水平考试成绩、综合素质评价结果等的使用中，对高校提出要求：要求高校完善自行组织的考核体系，增设体育测试，测试项目由高校决定，测试成绩作为录取的重要参考；要求高校确定高中学业水平考试的选考科目，并根据生源选考数据和专业匹配情况等，对选考科目进一步调整、明确；要求高校制定高中综合素质评价结果的使用办法，使其应用于高考综合改革试验区、保送生、综合评价招生试点等的招生中，并强调指出，高校应充分参考人才培养规律、城乡差异、不同群体学生特点来制订方案。

（三）以加强高校招生与人才培养的联系为导向，扩大高校应尽义务

统一高考自建制之日起，便承担着为国家选拔干部、为高校遴选合格生源的双重职责，招生过程多被视为优质社会资源的分配、更重视结果公平，与高级专门人才培养关联较少、较忽视招生的科学性。而全面深化改革阶段的高校考试招生制度则从顶层设计上加强了招生与人才培养的联系，不仅体现在特殊类招考中，在高考综合改革试验区也呈现出同样特征，高校招生主体性地位也因此凸显。

特殊类招考作为一种选拔高级专门人才的制度，既可被视为普通类招考的有益补充，也可被视为中国高校考试招生制度改革的先行试验。特殊类招考制度中，对高校在新生入学后的要求体现在管理、育人两个方面。一是加强对相关新生入学后的管理工作。比如，录取专业为艺术、体育类的学生不得转入普通类专业，外语类保送生不能转入非外语类专业，民族班、免费师范生等定向就业类考生不得调整录取类型、培养方式等。二是加强对相关新生入学后的培养工作，关注高等教育质量。教育部《关于做好2020年普通高校招生工作的通知》首次提出，高校应通过多种方式（如学业辅导、延长学习时间等）做好专项计划录取考生的培养工作，帮助学生完成学业。

自高考综合改革落地以来，在招生改革中强化高校的主体性地位，加强高等教育与基础教育的联系，建立招生与人才培养、高校办学模式、一流本科建设之间的联系，也成为制度完善的重要趋势。在第一批试点省份

(区、市)的调整方案中,上海市人民政府《关于进一步深化本市高考综合改革试点工作的若干意见》(沪府发〔2018〕14号)强调"引导高校强化科学育才,同步抓好'招'与'教'两个环节,引导全市高校加快一流本科建设步伐"。浙江省人民政府《关于进一步深化高考综合改革试点的若干意见》(浙政发〔2017〕45号)指出"高校要深化教育教学改革,提高人才培养质量"。在第二批、第三批试点省份(区、市)的实施方案中,北京、江苏、湖南等多地也提出"提升高校人才选拔水平,引导高校办学模式和人才培养模式改革""促进高中教育和高校协同育人,形成更高水平的人才选拔机制""以高考综合改革为切入点,促进基础教育和高等教育两个学段间人才培养的有机衔接,形成人才培养与考试招生良性互动"等。山东省等地还颁布了《关于高等学校与普通高中联合育人的指导意见》(鲁教基字〔2017〕1号)等配套实施方案。

三 国家政策对高校招生主体性地位的影响

中国高校招生主体性地位受政策环境影响,政府颁布的高校招生政策于其而言,既有限制又有强化。进入全面深化改革阶段,政府意志对高校招生主体性地位又提出了新的要求,具体而言,体现在国家政策与高校行为的互动之中。

(一)"分分必较"等制度规则限制了高校招生主体性地位

中国考试大国的文化国情决定了"一切以程文定去留"的单一评价方式能大行其道,定量分析、量化评价的形式公平又将"分分必较"推向了极致。[1] 自统一高考建制以来,重考试、重公平的制度环境及高考改革趋势也使高校招生逐步将统一高考成绩用到了极致。招考标准存在非常强的路径依赖,"唯分数"在中国高校招生录取中始终占据主导地位;志愿填报形式的考前估分报志愿、顺序志愿完全被知分知线报志愿(或实时在线报志愿)、平行志愿取代;[2] 调档比例从120%以内降至105%以内;预留计划从不得超过本校招生计划总数的2%降至1%。同时,"30

---

[1] 郑若玲、庞颖:《高考综合改革系统性的基本要义、实践审思与完善路径》,《高等教育研究》2020年第3期。

[2] 郑若玲、庞颖:《恪守与突破:70年高校考试招生发展的中国道路》,《华中师范大学学报》(人文社会科学版)2019年第5期。

个不得"招生工作禁令、"八项基本要求"招生工作规定等,也对高校招生进行了严格的限制。

中国高校考试招生制度长期未对考试与招生作明确区分,多以前者为主、后者为辅,在理论与实践的探讨中,常将二者相混淆。[①] 而教育部考试中心、省级招委会经教育部授权后,承担了"普通高等学校招生统一考试""普通高等学校统一招生录取"的大部分工作,高校在"学校负责、招办监督"的原则下,仅在招生环节具有有限的权责。招考标准的"唯分数",使高校招生办被戏谑为"接生办",高校"招分"而非"录人",又辅之社会对高考公平的期待,"德智体全面衡量、择优录取"的基本原则被悬置。降低考生报考风险的志愿填报形式,也使分数与志愿成为"等价交换物",高校作为志愿的"供应者"处于"被选择"的状态,仅能通过宣传、营销甚至"包装"来提升自身的招生吸引力。调档比例的锐减、各省份确定的成绩排序规则降低了高校的选择权、决策权,也几乎不再具备参考考生高中档案的空间,在高考综合改革试点地区,综合素质评价结果即便作为高校录取的参考因素也以"同分同位"为前提,能够发挥的作用极为有限。虽然高校有少量的预留计划,但该类计划仅为调节各地统考上线生源的不平衡所用,严格执行"集体议事、集体决策、会议决定"制度,并应向监督管理部门汇报,高校的决策权依旧极为有限。

"将分数用到极致"的高校招生制度以维护公平为目的、以政府为绝对信任主体,对高校招生主体行为的限制建立于"高校拥有招生自主权会带来公平问题"的假设之上,与此同时也降低了招考的科学性。正如部分受访的高校二级学院领导、专任教师所言,学校、院系对人才培养的目标、核心竞争力有清晰的认知,但在现行招考制度下不具有自主权,很难将其应用于人才选拔阶段,一位二级学院领导的观点较有代表性:"我们知道核心竞争力有哪些,但在招生中用不到,招生时看不出学生的综合素质,哪怕有了选考科目,最终也是按'分'排队。综合素质评价结果、研究性学习的使用难以保证公平,不敢用。"(GX3-3-3-XYLD1-201021)

---

① 郑若玲、庞颖:《强化高等学校主体性地位——论招生改革的价值转向》,《教育研究》2019年第12期。

（二）因省而异的实施方案影响了高校招生主体性地位

自20世纪90年代末以来，中国高校考试招生制度进入了密集的改革期，而具体的改革是以省（区、市）为单位的。考试科目、命题方式、赋分方式、志愿形式、录取方式等均由全国统一走向了因省而异，而高考综合改革更是彻底改变了招生录取机制，其遵循的"统筹规划、试点先行、分步实施、有序推进"的原则加剧了分省实施方案的差异性。

由于高校招生面对的是全国31个省（区、市），高考综合改革实施方案的省际差异性带来的招生复杂性不难想见。以中国高校2020年招生为例，分科形式有文理分科、文理不分科；考试科目组合有"语文、数学、外语、文综/理综"，或"语文、数学、外语"及6门或7门学业水平考试科目（政治、历史、地理、物理、化学、生物、技术）中的3门，而省份之间各个科目的评价结果呈现形式（分值或等第）、总分又不完全相同；命题方式有全国统一命题、一纲多卷、分省命题；计分方式有原始分、标准分、赋分，其中赋分又包括固定等级比例赋分、等比例转化赋分两种；志愿形式有"院校+专业"志愿、"院校专业组"志愿、"专业（类）+学校"志愿；录取方式有梯度志愿、平行志愿；等等。这便为高校招生主体行为带来了不同的"活动空间"，比如，在文理不分科、选考制度、"院校+专业"志愿、梯度志愿的省份招生，高校需确定选考科目、有更高的提档比例、为服从调剂者安排专业志愿，更为倚重高校招生主体行为。

因此，不同省份的高校考试招生实施方案势必对高校招生主体性地位、高校招生主体行为产生影响，甚至带来一种相对"混乱"的状态。以GX3-1-2高校为例，其2020年招生章程中有关"录取原则"的表述，将浙江、上海、江苏、内蒙古、北京、天津、山东、海南等省（自治区、直辖市）单列，明确指出"学校执行考生所在省（自治区、直辖市）招生主管部门关于投档的有关规定"。具体而言，录取浙江省、上海市、北京市、天津市、山东省和海南省考生时，按各地的高考综合改革实施方案开展录取工作，考生须满足意向专业（类）的选考科目要求，方可报考该专业。录取江苏省考生时，录取必备条件（如物理、化学、政治、历史等科目的等级）以江苏省教育考试院公布的为准，按照"先分数后等级"的规则择优录取。录取内蒙古自治区的考生时，以"招生计划1∶1范围内按专业志愿排队录取"为原则。再如GX3-1-3高校，在

《上海市普通高等学校招生专业目录》《北京市普通高等学校招生专业目录》《海南填报志愿指南》《普通高校在津招生计划》中以"院校专业组"形式呈现，在《山东省普通高校招生填报志愿指南》《浙江省普通高校招生计划》以"专业（类）+学校"形式呈现，在其他省份的招生专业目录中以"院校+专业"形式呈现，而该校招生办公室官方网站公布的招生计划只以分省分专业形式公布。

从更深层次来说，各省实施方案的不同，对高校招生能力、人才培养能力也是极大的考验。一位高校招生主任指出："一方面，各个省对我们高校招生要求的尺度、宽松程度是不一样的。另一方面，每个省的要求是有差异性的，现在我们的'招生章程'中有一个条目，规定了浙江、上海、江苏的特殊要求，到2020年可能又会把山东、北京、天津、海南加进去，那条会越来越长，这个还是比较痛苦的。"（GX3-1-2-ZB-191209）具体而言，面对固定科目组合与选考制度，高校应处理新生个体知识结构之间的差异；面对不同的应试科目，高校应制定多种同分排序规则；面对统一命题与分省命题，高校须确定不同的单科成绩要求；面对不同的计分制度，高校应考虑如何评估、比较学生的基础知识与能力，大类招生专业如何妥善进行专业分流；面对三类志愿形式，高校或考虑在投档后为部分考生调剂专业，或在编制招生方案时妥善安排志愿填报单位。而对于不同实施方案同时招录的情况，各省份的生源质量也不能简单通过考生分数、排位来衡量，还应纳入新生入校后的学业水平成绩、综合能力等多重因素，因为生源质量最终还将成为新生奖学金的奖励依据、大类招生的分流依据、高校次年制订分省分专业招生计划的依据、高校人才培养方案调整的参考等。近年来愈加差异化的各省实施方案，给予高校招生主体行为不同的空间，若高校招生能力不足，难免在招生中问题频出。在对高校招生错误零容忍的当今中国，这或许将成为强化高校招生主体性地位的一个主要障碍。

（三）综合评价的政策导向强化了高校招生主体性地位

《实施意见》将"分类考试、综合评价、多元录取"定义为中国特色现代教育考试招生制度的基本模式，是进入全面深化改革阶段以来，高校考试招生制度及其改革的政策导向。在已落地或公布的实施方案中，本科层次招生的转向主要体现为综合评价。在普通类招生中，探索"两依据一参考"的多元录取机制，高校应根据自身办学定位和专业培养目标，提出对考生高中学业水平考试科目报考的要求，制定并向社会公布综合素质评价结果的使用办法。在特殊类招生中，有步骤地推进综合评价录取。虽然各省、各校实施方案不同，但具有一定的同质性，比如，将"考生高考成绩、高中学业水平测试成绩、综合素质评价结果、高校考核结论、高校特色要求"[1] 定义为综合考量的五个维度。综合评价录取与此前的招生改革相比，涉及范围广、影响力度大。北京大学、清华大学、上海交通大学等国内顶级学府，北京外国语大学等专业型院校也逐年扩大综合评价录取的招生比例。南方科技大学、上海科技大学、上海纽约大学、昆山杜克大学等较新创办的院校则从创校伊始，便选用综合评价录取方式进行招生。[2]

综合评价的制度设计是扭转"唯分数"的不科学的教育评价导向的关键，消解"分数至上"、促进全面发展的背后，是在高校考试招生制度中对一元观下重考试的弱化、对多元观下重招生的强化，而招生的主体是高校。依据政策要求，高校在普通类招生中，根据院校学科特征、专业特色等因素，充分参考带头人、资深教师等的意见制定高中学业水平考试科目的报考要求；根据院校特色、人才培养核心竞争力等要素制定高中综合素质评价结果的使用办法。在综合评价录取招生中，高校在遵循政策要求的前提下，自主确定统一高考成绩的使用办法；根据招生学科专业特征、院校人才培养特色、招生能力建设情况确定高校考核方案及评价体系。

综合评价削弱了国家统一考试成绩的权重，增加了多元指标，在一定程度上是对高校招生的放权。这一制度设计不仅破解了高校招生"招分"而非"招人"的难题，而且赋予高校在招生环节中更大的权利与义务，有利于提升招考的科学性。

（四）多样化、高素质的人才需求强化了高校招生主体性地位

适应经济社会发展对多样化高素质人才的需求，是全面深化改革阶段高校考试招生制度的主旋律。国家高校考试招生政策把促进学生全面健康成长成才作为出发点和落脚点，遵循教育发展和人才培养规律，坚持

---

[1] 江苏省教育厅：《关于做好省属普通高校综合评价录取改革试点工作的通知》，https：//gaokao.chsi.com.cn/gkxx/zc/ss/201504/20150401/1440708073.html，2015年4月1日。

[2] 庞颖：《高校综合评价录取方式的公平问题研究——基于2015—2019年两所高校招生录取结果的分析》，《中国教育政策评论》2019年第1期。

"国家选才、高校选生、考生选科"的有机统一，全面强化高校招生与中学育人、高校人才培养、高等教育内涵式发展之间的关系。尤其在高考综合改革试点地区，为实现对多样化高素质人才的选拔、培养，在高校招生录取决策时，将高中学业水平考试成绩作为重要依据，通过其中的选考制度赋予学生充分的选择权，增加学生全面发展的可能性；将高中综合素质评价结果作为高校招生录取的重要参考，通过其中的社会实践、研究性学习等推动高中教育教学方式的变革、突破应试教育的藩篱；使用"专业（类）+学校"志愿或"院校专业组"志愿，将录取单位由高校向专业细化，强化了人才选拔与人才培养之间的联系。

国家政策对多样化高素质人才的需求，是建立于"'唯分数'论影响学生创新能力培养""选择性不足导致学生片面发展""一考定终身使学生学习负担过重"等事实之上的。学生的成长成才不能仅依靠基础教育的变革，高等教育的参与也是不可忽略的要素。只有高等教育发挥作用，才能回应高等教育普及化对选拔适宜适性人才的需求、高等教育国际化对吸引世界一流生源的期待、高考综合改革对大中学衔接培养人才的要求。[1] 国家高校考试招生政策给予高校招生主体性地位更大的空间，强调了高校与高中协同育人的作用，高校通过开放校园日、政策宣讲、学科专业介绍、生涯教育、实验实训、项目课题等形式，既推动了高等教育与基础教育的联系，也在学生确定选考科目、选择意向专业、规划职业生涯方面发挥重要作用。加强了高校在招生录取中的参与程度，高校招生委员会、招生办公室、二级学院及相关部门、专任教师都在不同程度上参与了选考科目和高中综合素质评价结果使用方案的制订，而方案的制订应以促进学生全面发展、发现学生专业潜质、考查学生学科能力等为原则。推动了高校人才培养与选拔的联系，"专业（类）+学校"或院校专业组志愿改革后，高校也以此为基础进行专业整合、人才培养方案调整，以使学生可以接受到更优质的高等教育。

多样化高素质人才培养是一项长远目标，其培养过程不能仅局限于基础教育、高校招生，还应放眼于高校的人才培养环节，而高校的主体性地位势必可以成为其中的中坚力量。

---

[1] 郑若玲、庞颖：《强化高等学校主体性地位——论招生改革的价值转向》，《教育研究》2019年第12期。

第二节　国家高校考试招生组织结构分析

中国高校考试招生制度"统考统招"模式的顺利运行，有赖于国家高校考试招生体制机制的保障作用。国家高校考试招生组织的网络联系及其与高校招生的行为互动，与国家政策对高校招生的规制，共同构成国家层面的高校招生主体性地位的制度环境。

一　国家高校考试招生组织的构成要素

自 1952 年统一高考建制以来，国家便致力于高校考试招生组织的建立、完善。迄今为止，与高校考试招生工作直接相关的机构基本包括国家级、省级、市级及以下等多个层级，以及教育行政部门、考试招生机构两个类别。

（一）国家级考试招生机构

教育部统筹管理国家教育工作的各项事务，是国家层面高校考试招生的领导者，对相关工作全面负责。现阶段，教育部直接领导各省（区、市）高校招生委员会，同时，考试与招生的具体工作分由教育部考试中心及学生司负责。

1. 教育部考试中心

教育部考试中心为教育部"指定承担教育考试专项职责任务并赋有部分行政管理职能的直属事业单位"。在教育部的授权下，以国家教育方针及政策法规为依据，参与教育考试的政策、规定等的草拟；负责全国普通高校、成人高校的入学考试；检查成人高校的教学质量；对部分高等学校和中等专业学校实施学历文凭考试；组织自学考试；承办教育部批准的海外委托考试；有选择地承办社会委托的考试；开展科学研究；培训考试工作人员。考试类型涉及国家教育考试、社会证书考试、海外考试、其他考试等。

在高校考试招生中，教育部考试中心主要负责考试及考试改革的相关工作。在普通高等学校招生统一考试中，教育部考试中心负责发布考试大纲或相关说明、命制全国统考试题、制定评分参考（指南）或参考答案、提供咨询服务、评价考试试题、调研命题工作等。在高考改革中，教育部考试中心聚焦于考试内容改革，组建高考考试内容改革专家工作委员会，参与高考内容改革的咨询、研究和指导，对考试内容改革提出建议；结合国家教育发展改革政策，对高考考试内容改革方案、高考命题工作、高考试题等进行指导和评价；指导、承担高考各学科的命题研究、试题评价、舆论宣传等工作。① 同时，组织"国家教育考试科研规划年度课题"立项工作、主办《中国考试》期刊、发布考试研究的最新成果。

2. 教育部学生司

教育部学生司是教育部的司局机构之一，分管业务为：承担各类高等学历教育的招生考试和学籍学历管理工作；指导地方教育行政部门和高等学校开展大学生就业指导和服务工作；参与拟订普通高等学校毕业生就业政策；组织实施国家急需毕业生的专项就业计划；内设综合处、本专科招生处、研究生招生处、毕业生就业处等处室。②

在普通高校本专科招生中，教育部学生司全权负责除普通高等学校招生统一考试、普通高校学业水平考试之外的绝大多数事务：高校考试招生政策的制定、解读、宣传，比如《2021 年普通高等学校部分特殊类型招生基本要求》《关于在部分高校开展基础学科招生改革试点工作的意见》（教学〔2020〕1 号）；普通高等学校统一招生录取制度的设计与组织，比如《2020 年普通高等学校招生工作规定》《关于做好 2020 年普通高等学校招生工作的通知》；高校考试招生过程中相关部门的组织与协调，比如，就高等教育招生计划问题与教育部发展规划司协作、就招考期间安全问题与公安部协调等。

（二）省级考试招生机构

省级考试招生机构是分省定额、各省自行组织考试招生实施方案的中国高校考试招生制度的组织保障，主要由省级高等学校招生委员会、省级教育考试院、省级教育行政部门等组成，但具体分工因省而异。

1. 省级高等学校招生委员会

省（区、市）高等学校招生委员会（以下简称省级招委会）由当地

---

① 教育部考试中心：《高考考试内容改革专家工作委员会成立》，http://gaokao.neea.edu.cn/html1/report/16123/828-1.htm，2016 年 12 月 19 日。

② 中华人民共和国教育部："高校学生司介绍"，http://www.moe.gov.cn/s78/A15/，2020 年 9 月 21 日。

人民政府成立，在同级人民政府和教育部的双重领导下负责本地区招生工作。省级招委会主任委员由同级人民政府负责人兼任，副主任委员、委员由教育行政部门及有关部门、高校负责人兼任。比如，福建省高等学校招生委员会由省政府副省长任主任委员，教育厅厅长、省委教育工委书记、省政府副秘书长任副主任委员，委员为省委办公厅副主任及省国家保密局局长、省委宣传部部务会议成员及网信办常务副主任、省发展和改革委员会副主任、省保健委员会办公室主任、省经济和信息化委员会副主任、省教育厅副厅长、省委教育工委副书记、省委教育纪工委书记及驻省教育厅纪检组组长、省公安厅副厅长、省人力资源和社会保障厅副厅长、省财政厅副厅长、省环境保护厅巡视员、省药品监督管理局食品安全总监、省工商行政管理局副巡视员、省通信管理局纪检组组长及副局长、省物价局副局长、省教育考试院院长、省教育厅学生工作处处长、各高校校长或副校长等。[①] 招委会的常设机构是招生办公室，其代表招委会行使职权、开展常规工作。

根据《2020年普通高等学校招生工作规定》的要求，省级招委会在录取中承担组织实施职责，安排高校录取批次、确定各批次或相应招生类型的录取控制分数线、参与制定投档录取规则。其管理职责则包括以下方面。

（1）执行教育部有关高校招生工作的规定，结合本地区实际制定必要的补充规定或实施细则。

（2）接受教育部委托组织统考试题的命制工作；负责本行政区域内高考组织、考试环境治理、考试安全维护、考风考纪整肃等工作。组织有关艺术类专业统考、体育类专业统考、高等职业院校对口招生等省级统一考试，并对考试安全负责。

（3）汇总并公布高校在本省（区、市）的分专业招生计划和有关招生章程中的主要内容或高校公布招生章程的网址。

（4）指导、监督高校执行国家招生政策及本校招生章程。

（5）履行公开和监督高校招生信息公开相关职责，对本地区有

---

① 福建省教育考试院："福建省高等学校招生委员会简介"，http://www.eeafj.cn/syjgsz/20180521/8147.html，2018年5月21日。

关教育行政部门、招生考试机构、高级中等教育学校及所属高校信息公开工作进行考核、评议和责任追究。

（6）负责组织考生报名、思想政治品德考核、体检、考试、评卷、考生信息采集及电子档案制作、录取以及其他有关工作。协调有关省级招委会解决不符合本地报名条件的进城务工人员及其他非户籍就业人员随迁子女回流出地高考报名。

（7）组织开展招生、考试的科学研究、宣传和培训工作。

（8）保护考生和招生考试工作人员的正当权益，保障招生考试工作人员的正当待遇。

（9）受行政部门委托调查处理或协助有关部门调查处理本地区招生工作中发生的重大问题。

（10）负责对违规考生、学校、机构等进行处理；配合高校对单独招生和特殊类型招生中违规考生、学校等进行调查处理；配合公安等相关部门对违法考生、学校、机构等依法开展调查、取证和惩处等工作。

（11）根据考生或者其法定监护人的申请，对高校信访答复情况进行复查。①

2. 省级教育考试院等机构

省级教育考试院等相关机构是教育厅直属副厅级行政职能类事业单位。如表3-1所示，国家未对省级考试招生机构的名称做出统一要求，各省多以教育考试院、教育招生考试院、考试管理中心、考试中心、招生办公室、教育招生考试委员会办公室等命名。大部分省份仅有一所考试招生机构，并明确其为省高等学校招生委员会、省高中会考、省招生考试服务、省高等教育自学考试委员会等相关工作的替代办事机构，全权负责辖区考试招生的全部工作，如浙江省教育考试院、河南省招生办公室等。以浙江省教育考试院为例，其主要职责包括以下方面。

（1）贯彻执行国家教育考试和招生工作法律法规、法规政策，

---

① 中华人民共和国教育部：《2020年普通高等学校招生工作规定》，https://gaokao.chsi.com.cn/gkxx/zszcgd/dnzszc/202001/20200109/1869055506.html，2020年1月9日。

拟定本省教育考试、招生工作的具体措施、方法和组织实施。

（2）编制并组织高层年度高校招生生源计划，组织实施高校招生录取工作，指导协调各地、各高校招生工作。

（3）组织实施本省普通高等学校招生考试（含统考科目和选考科目考试）、成人高校招生考试、硕士研究生招生考试、高级自学考试、普通高中学业水平考试、职业技能考试和多种社会考试等教育类考试，指导各地和高校教育考试工作，具体负责自学考试和各类考试考生考籍管理。

（4）负责指导、管理全省自学考试社会助学机构，负责自学考试助学机构审核评估和自学考试学历证书发放，负责自学考试专业建设和助学辅导体系建设。

（5）拟定全省教育考试事业发展规划和考试大纲，组织相关考试命题工作，指导并开展教育考试、招生工作科学研究，负责相关教材与学习媒体建设，通过编印各类教育考试专业书刊、主办网站和微信、微博等途径开展宣传咨询工作。

（6）指导全省教育考试考风考纪建设，协助有关部门查处考试、招生违纪事件，协调本省教育考试和招生工作的宣传和舆论监督工作。

（7）组织实施上级主管部门或境外机构委托在我省举办的涉外考试；承办其他委托考试。

（8）承办省高等学校招生委员会、省高等教育自学考试委员会、省教育厅交办的其他工作。[①]

少部分省份有两所考试招生机构，如湖北省设省教育考试院、省高等学校招生委员会办公室。湖北省教育考试院的主要职责如下。

（1）贯彻执行国家和省有关教育考试的方针、政策和法规。

（2）按照国家和省有关教育发展和改革的精神，制定全省教育考试的实施办法，并负责组织、监督全省教育考试的实施工作。具体包括：负责普通高考、成人高考、研究生考试及同等学力人员、在职

---

① 浙江省教育考试院："机构职能"，https://www.zjzs.net/moban/index/4028484f6204127-e01620441aaf2025b_tree.html###，2020年3月11日。

人员攻读硕士学位的考试。

（3）拟定全省高等教育自学考试开考专业及考试计划，组织全省高等教育自学考试的考试；审核颁发自学考试单科合格证书和毕业证书；对全省自考助学活动进行指导和监督。

（4）受教育部委托，负责湖北省内的全国计算机等级考试、全国公共英语等级考试等非学历证书考试；承担国家下达的普通高考命题、高等教育自学考试命题及其他部门委托的考试命题任务。

（5）负责开发、设计、推广新兴考试项目。

（6）负责教育考试信息管理及现代技术的开发、应用；开展教育考试研究，主办教育考试刊物和教育考试网站。

此外，湖北省教育考试院还承办其他单位委托的各类考试。

湖北省高等学校招生委员会办公室则负责普通高校招生、高中阶段招生、研究生招生、成人高校招生等，公开招生信息、提供招生录取服务。

省级考试招生机构无统一的机构设置要求，多包括命题处、学业水平考试处、考务处、高中招生办公室、高校招生办公室、研究生招生办公室、自学考试办公室、成人教育招生办公室、社会考试办公室、科研与评价办公室、保密监察室、信息技术处等。其中，命题处、高校招生办公室、学业水平考试处、科研与评价办公室等与高校考试招生关系密切。

以福建省教育考试院相关部门的职能为例，[1] 普通高校招生考试处承担普通高校招生考试的报名、体检、考试、评卷等工作；承担特殊类型招生有关工作；承担港澳台侨联合招生考试、军队招飞等有关工作；承担普通高招、高职分类、专升本和研究生招生录取的事务性工作。研究与宣传处参与教育考试和招生的政策研究和科学研究工作；承担教育考试评价工作；承担重要文件和综合性文稿的起草工作；承担教育考试和招生的政策宣传、信息发布和咨询信访相关工作；负责教育考试院网站管理的事务性工作。学业水平考试与成人高校招生考试处承担普通高中和中等职业学校学业水平考试、成人高校招生考试的报名、考试、评卷等事务性工作；承担初中学业水平考试（中考）的事务性工作；承担成人高校招生录取和普通高中学业水平考试、中等职业学校学业水平考试考籍管理的事务性工

---

[1] 福建省教育考试院："机构设置"，http：//www.eeafj.cn/syjgsz/，2020年3月11日。

第三章　中国高校招生主体性地位的制度环境　185

表3-1　部分省（区、市）考试招生机构名称及处室情况

机构名称	处室	机构名称	处室
北京市教育考试院	院（党委）办公室、命题一处、命题二处、高级中等学校招生办公室、社会考试办公室、高等教育自学考试办公室、成人教育招生办公室、科研办、考务与保密处、监察处、信息管理处、财务基建处、人事处、工会、北京市教育考试招生服务中心、北京市教育考试指导中心、北京考试报社	河南省招生办公室	综合处、监察处、科技信息处、普通高等教育招生处、成人教育招生处、中等教育考试处、自学考试处、研究生招生处、命题制卷处
海南省考试局	命题与评价处、学业水平考试处、普通高等学校招生考试处、社会考试办公室、高等教育自学考试（中专）学校招生处（工会）、成人高等（中专）考试处、办公室、信息管理处	湖北省教育考试院	院办公室、命题制卷办公室、高等学校招生考试办公室、综合考试办公室、高等教育自学考试办公室、科技信息办公室、财务管理办公室
河北省教育考试院	办公室、招生考试处、自学考试处、中师中专招生处	湖北省高等学校招生委员会办公室	—
山西省招生考试管理中心	学业水平处、自学考试处、普通高考处、科研评价处、信息技术处、自学考试处、社会考试处、办公室、财务处（内审处）、人事处（机关党委）、服务站、后勤服务中心	广东省教育考试院	办公室（与党委办公室合署）、高等教育招生考试部、自学考试部、试卷印制监管部、技术统计部、命题部、高考研究部、中等教育招生考试部、社会考试部

续表

机构名称	处室	机构名称	处室
吉林省教育考试院	综合部、研究生招生考试部、高等教育招生考试部、中等教育招生考试部、成人教育招生考试部、自学考试历教育考试部、非学历证书考试部、命题管理部、网络信息部	重庆市教育考试院	命题一处、命题二处、学业水平考试处、普通高校人学考试处、办公室、保卫处、成人高校和中等学校招生考试处、自学考试处、社会考试处、科研处、信息、财务处、社会考试服务有限责任公司、市招生考试服务有限责任公司、重庆市招生考试服务有限责任公司
黑龙江省招生考试院	命题一处、命题二处、普通高中学业考试处、高职高专招生处、普通高等学校招生处、成人高等教育招生处、高等教育自学考试处、社会考试处、信息管理处、教育考试评价处与科研处、党政办公室、人事处、财务审计处	四川省教育考试院	计划统计与考试评价处、高中学业水平考试处、自学考试处、信息技术处、非学历教育考试处、成人高校招生考试指导中心）、四川省招生考试指导中心、命题中心
江苏省教育考试院	考试命题中心、高校招生处、招生考试服务中心、科研处、社会考试处、自学考试处、成人招生与高中招生处、网络信息中心、办公室	云南招生考试院	院办公室、招生处、考试处、信息处、安全处、服务中心
浙江省教育考试院	命题处、考务处、计划发展处、自学考试处、科研宣传处、评价处、办公室（党委办公室）、社会考试处、信息技术处	西藏自治区教育考试院	办公室、普招研招办公室、成招中招办公室、自考社会考试办公室、学业水平考试办公室、命题中心、考试招生研究中心、信息中心

第三章 中国高校招生主体性地位的制度环境　　187

续表

机构名称	处室	机构名称	处室
安徽省教育招生考试院	命题中心、普通高校招生处、研究与成人高校招生处、招生考试研究处、招生考试监察处、自学考试处、学历考试处、社会考试处、网络信息中心、办公室	陕西省教育考试院	命题处、普通高校考试处、研究生考试处、成人高校考试处、综合处、社会考试处、考籍处、信息技术处、自学考试处、中等教育考试处
福建省教育考试院	命题处、学业水平考试与成人高校招生处、研究与宣传处、普通高校招生考试处、自学考试处、社会考试处、办公室	甘肃省教育考试院	办公室、信息管理处、普通高校招生处、研究生招生处、职业教育招生处、自学考试处、社会考试处、学业水平考试处、命题处、监察室、工会
江西省教育考试院	命题处、普通高校招生与社会考试工作处、成人高校招生处、自学考试处、中等学校招生处、信息处、江西省教育考试资讯中心	青海省教育招生考试院	普通高校考试处、自学考试处（职业教育考试处）、学业水平考试处、社会考试处、网络信息管理处、命题评价处、办公室（考风考纪监察室）
内蒙古教育考试中心	办公室、考务一处、考务二处、考务三处、检查处、信息中心、数据处理中心	广西招生考试院	办公室、命题与科研管理处、普通高校招生处、成人高校招生处、自学考试管理与社会考试处、信息技术处
上海市教育考试院	命题办公室、高等教育自学考试办公室（上海命题中心）、党委办公室、中学考试办公室、高等学校招生办公室、社会考试办公室、网络信息中心、教育招生考试研究所、财务室	贵州省招生考试院	普通高校招生考试处、高等教育自学考试处、综合考试处、保密监察室、成人高校招生考试处、网络信息处、资料教材管理处、办公室

续表

机构名称	处室	机构名称	处室
山东省教育招生考试院	办公室、高考命题处、高中学业水平考试处、普通高校与研究生招生考试处、自学考试处、成人高校招生与研究生招生考试处、成人考试命题处、招生考试监察室、科技发展部、信息管理处、工会、财务部	宁夏教育考试院	办公室、普通高等教育招生考试处、会考处、成人高等教育及中等教育招生考试处、学历文凭自学考试处、信息处
新疆维吾尔自治区教育考试院	办公室、高校招生处、自学考试处、高中学业水平考试处、网络信息处、命题处、招考服务中心	湖南省教育考试院	办公室、命题处、普通高校招生考试处、自学考试处、成人高校招生处、社会考试处、监察与督查处、信息处、科研与评价处、财务处、机关党委、教育测量与评价杂志社

资料来源：各机构官方网站，笔者整理，整理日期为 2020 年 3 月 11 日。

作。命题处承担普通高考、高职分类考试、专升本考试、自学考试、高中阶段学业水平考试、中考、教师招聘考试、教师职称考试的命题和制卷工作；承担相关考试的考试大纲或考试说明的组织编写工作；承担命题教师队伍的管理、培训、考核等事务性工作；开展命题研究和试卷质量评析工作。

3. 省级教育行政部门

与高校考试招生工作相关的省级教育行政部门为教育厅。按照《2020年普通高等学校招生工作规定》的相关精神，[①] 教育厅负责人应兼任省级招委会副主任或委员。教育厅应负责审核、汇总、报送本省（区、市）所属高校的招生计划；制定对参与命题、监考、评卷、巡考、录取等工作的招生考试工作人员的劳动报酬；接受民众举报违规行为等的复查申请。除此之外，因教育部高校学生司对教育厅学生处的直接领导关系，部分省份还将与考试招生相关的更多职责划归教育厅学生处承担，比如省属高校"招生章程"的审核、对高校考试招生实施方案的跟踪与调整等。

在高考综合改革中，实施方案的制订与执行情况也因省而异，教育厅学生处、基础教育处等在不同程度上参与甚至主导了相关工作。部分省份的实施方案由教育厅委托学生处牵头，在制订草案、征求意见后向社会发布，并承担宣讲任务，如山东省人民政府办公厅印发的《山东省教育厅（中共山东省委教育工作委员会）主要职责内设机构和人员编制规定的通知》（鲁政办发〔2017〕21号）将"拟定全省高等教育考试招生政策"确定为高校学生处的主要职责之一；部分省份实施方案中个别内容的执行由教育厅的直属部门负责，如调研对象省份之一的高中综合素质评价由教育厅基础教育处组织实施，高校选考科目要求的公布由教育厅学生处负责。

（三）市级及以下的考试招生机构

按照相关规定，地（市、盟、州）、县（市、区、旗）人民政府分别成立本级高校招生委员会，在同级人民政府和上一级招委会的双重领导下负责本地区招生工作，建制同省级招委会，具体职责由各省级招委会做出

[①] 教育部：《2020年普通高等学校招生工作规定》，https://gaokao.chsi.com.cn/gkxx/zszcgd/dnzszc/202001/20200109/1869055506.html. 2020年1月9日。

相应的规定。

地（市、盟、州）、县（市、区、旗）的考试招生组织以教育考试院、招生考试中心、招生考试办公室等命名，地级机构为副处级单位，县级机构为正股级单位。二者对高校考试招生的参与度较小，多为参与报名、体检、考试（含英语口试）的组织、考点的建设、考生档案的管理、政策的宣讲、填报志愿的指导等。以株洲市教育考试院及株洲市炎陵县招生办公室为例。株洲市教育考试院的工作职责包括如下方面。

（1）贯彻执行国家、省教育招生、考试的法律法规；
（2）负责组织各类大中专学校招生考试、高等教育自学考试、中华人民共和国教育部统一组织的计算机和英语等级考试、省教育考试院委托的各项国际交流考试和其他有关专业证书的考试、教育行政部门委托的初中毕业升学考试等其他考试；
（3）参与普通及成人的大、中专学校招生录取工作；
（4）负责全市自学考试工作的组织和自学考试社会助学的有关工作；
（5）指导各类考点建设；管理招生、考试信息和资料；
（6）配合主管部门，对招生、考试中的违规违纪案件进行查处；
（7）完成市委、市政府和市教育局交办的其他工作；
（8）受教育局委托，对市招生考试服务中心的业务和财务工作进行管理。[①]

炎陵县招生办公室的工作职责包括如下方面。

贯彻执行国家关于招生考试工作的方针、政策，参与制订我省中等及以上教育招生考试的有关政策；编制研究生培养机构、普通高校、成人高校招生专业目录和省部属中专招生来源计划；负责研究生、普通高校（含专升本及职业中专毕业生升入普通专科）、成人高校和省部属普通中专、成人中专招生考试和新生录取工作；负责高等

[①] 株洲市教育局：《株洲市教育考试院工作职能》，http：//jyj.zhuzhou.gov.cn/c5414/20161220/i346959.html，2013年11月13日。

教育、中等专业教育自学考试工作，承担学历文凭考试及全国其他考试工作，负责普通高中会考考务工作；承担电大注册视听生考试等学历达标考试和计算机、英语等级考试及各类专业证书考试的命题、考试、评卷工作；负责高校远程网上录取的管理和实施普通高校招生考试科目改革工作等。①

二 国家高校考试招生组织的结构特征

国家高校考试招生组织的网络关系如图3-1所示，多重管理、科层制带来了系统内部的复杂性与条块分割，而高校与不同系统、不同层级发生着多样联系。

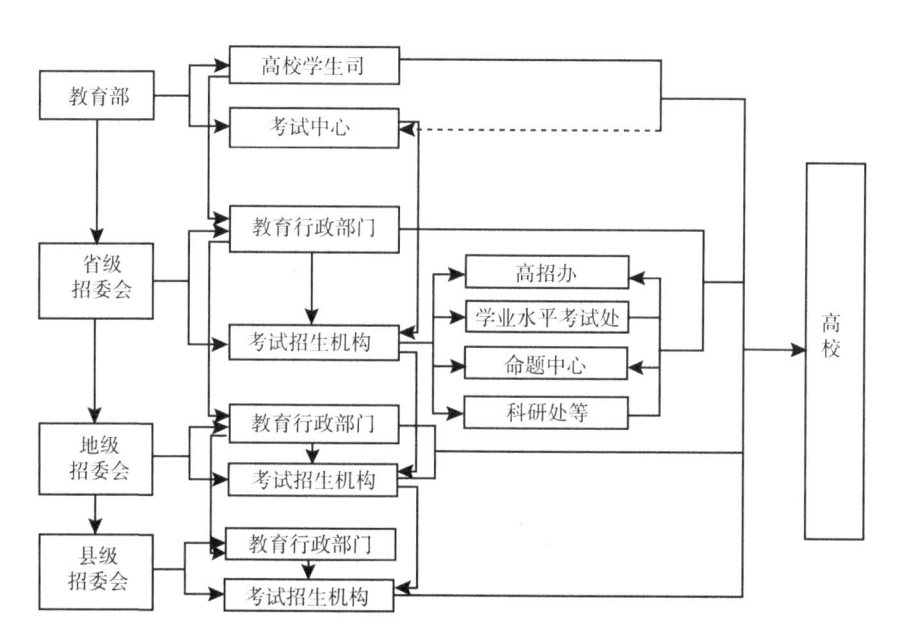

图3-1 国家高校考试招生组织网络关系

（一）多重管理带来复杂性，考试招生机构效能有限

"统考统招"的高校考试招生制度使国家在招考实践中扮演着重要的角色，以公办院校为主体的高等教育系统也使国家对高校办学的诸项事务

---

① 炎陵县教育局：《株洲市炎陵县招生办简介》，http://www.sqjob.cn/daxue/xianming1818.html，2020年3月11日。

有着严格的管控，多重管理使国家高校考试招生组织具有复杂性。整体而言，如图3-1所示，国家高校考试招生组织可分为三类系统：第一类为"教育部—省级招委会—地级招委会—县级招委会"，是高校考试招生专门工作的领导者；第二类为"教育部高校学生司—省级教育行政部门及其相关处室—地级教育行政部门及其相关科室—县级教育行政部门及其下属单位"，是高等教育系统的管理者，通过管理考试招生机构及高校、制订高考改革方案等，在不同程度上对高校考试招生工作进行管理。第三类为"教育部考试中心—省级考试招生机构—地级考试招生机构—县级考试招生机构"，是高校考试招生工作的具体实施者；三类机构之间既有平行层级的分工合作的联系，又有梯度层级的管理与被管理的关系。现阶段，在教育部级、省级、地级、县级四个层级中，省级作用全面凸显，省级教育行政部门制订所辖区域的高校考试招生实施方案，省级考试招生机构通过内设处室（如高招办、学业水平考试处、命题中心、科研处等）与高校发生联系，共同参与高校招生实践。

理论上，考试招生机构作为同级高等学校招生委员会的替代办事机构，应在国家选才、学生应试、高校育人之间发挥中介桥梁作用，成为高校考试招生的专门机构。但从国家高校考试招生的网络关系中可以发现，考试招生机构受同级招委会、同级教育行政部门、上级考试招生机构等多重领导。作为同级招委会的不完全替代机构，与教育行政部门或其学生处共同承担招委会的职责，权责有限。比如仅执行招考政策、不制订招考政策，在无法定授权身份的情况下"替代"教育行政部门完成相关工作等。作为教育行政部门的直属的具有行政职能类的事业单位，考试招生机构兼具行政性，不同于其他国家的第三方考试招生机构，该类机构既是高校考试招生的参与者，又是监管者，甚至还是研究者。作为依上级考试招生机构体例而建的下属单位，多以教育部考试中心的建制为参考，但教育部考试中心仅侧重于组织考试而不参与招生；在考试层面又不止于普通高考，还包括其他国家教育考试（如研究生考试、成人高考等）、社会证书考试（如书画等级考试、全国计算机等级考试等）、海外考试（如托福、雅思等）。由此看来，考试招生机构并非中国高校考试招生的专门机构，在日常工作中承担着较大的压力，在高校考试招生实践中仅发挥着有限的效能。

(二) 科层制促成条块分割，系统内部上传下达

科层制是现代社会生活中的普遍性组织形式，[①] 中国社会治理、高等教育系统治理、大学治理都具有鲜明的科层制特征，即专业化、权力等级、规章制度和非人格化四个因素。[②] 国家高校考试招生组织体系也具有相似特征，形成了条块分割的状态，并在各系统内通过等级分工、制度化保障顺利运行。

"教育部—省级招委会—地级招委会—县级招委会"系统严格执行年度《普通高等学校招生工作规定》，省级招委会在教育部的授权下组织所在区域考试的报名、体检、高校招生考试、志愿填报、招生录取工作，并制订地、县级招委会的工作职责。地、县级招委会承担考生报名资格审核工作、体检工作等。

"教育部高校学生司—省级教育行政部门及其相关处室—地级教育行政部门及其相关科室—县级教育行政部门及其下属单位"系统在高校考试招生中的职责没有明确的规定，呈现出因省而异的特征。不同省份的教育行政部门在高校考试招生及其改革中的话语权不同，但在科层制的体制机制下，下级教育行政部门多服从上级部门的意志开展工作。

"教育部考试中心—省级考试招生机构—地级考试招生机构—县级考试招生机构"系统是高校考试招生的服务机构，为实践提供条件保障。省级考试招生机构是此类系统的中坚力量，在考试环节，起到了组织、实施作用，保证平稳进行；在招生环节，则承担监督、管理职责，确保各项制度顺利落地。正如一位考试招生机构负责人所言："高考的具体工作全是省级考试机构来实施，从开始命题、考务、管理、评卷、登分、出分数、出成绩，都是考试院的责任；在招生环节，监督这些招生院校是不是严格按照招生计划、招生政策、招生纪律来进行规范招生，其实不只是监督管理，还有组织实施。"（KSY3-1-LD1-191015）系统内通过完成专业事务或专题项目自上而下产生联系，一位考试招生机构负责人介绍了各级机构在命题工作中的联系："命题是教育部考试中心出台一个考试标

[①] 郑志龙、李婉婷：《政府治理模式演变与我国政府治理模式选择》，《中国行政管理》2018年第3期。

[②] ［美］彼得·布劳、［美］马歇尔·梅耶：《现代社会中的科层制》，马戎等译，学林出版社2001年版，第7页。

准，然后各省里出台考试说明，我们现在正在等待上级文件出来后，才能开展相关工作。"（KSY3-2-LD1-191125）但各层级考试招生机构也因权限不同，在具体工作职责中有所差别。比如，命题工作仅由国家级、省级考试招生机构承担，招生工作由省级考试招生机构负责，而报名、体检、考试、招生宣传、答疑、考生材料提供、档案保存等工作由省、地、县级考试招生机构共同完成。但地、县级考试招生机构多以"招生办公室"等命名，与其具体职责并不相符。

（三）高校以参与招生为主、参与考试组织为辅

在"学校负责、招办监督"的招生录取原则下，高校作为招生工作的责任人，与国家高校考试招生组织的各要素之间存在着密切的互动。但在"统招"的基本模式下，多数机构单向管理、监督高校招生，或为其提供服务；少数机构与高校招生双向互动、协同共进。

高校受制于教育部、省级招委会、教育部高校学生司、省级教育行政部门、地级教育行政部门，接受地级考试招生机构、县级考试招生机构的招考服务。高校执行教育部有关高校招生工作的规定、省级招委会制订的补充规定或实施细则。教育部高校学生司等司局、省级教育行政部门、地级教育行政部门在高校招生管理方面也有一定的决策权，比如制订高考改革方案、特殊类招考方案、高校专业设置、招生来源计划，监管高校招生行为等。地级考试招生机构、县级考试招生机构负责组织考试招生、参与省级考试招生机构组织的招生录取工作、指导考点建设、管理招考信息和资料、配合主管部门查处违规违纪行为、提供招考咨询服务等。

考试招生机构作为各级招委会的替代办事机构、教育行政部门的直属机构，既是高校招生行为的管理者，也与高校积极互动，吸纳高校参与或配合高校组织考试招生工作。在普通高等学校招生统一考试中，二者的互动较少，多为命题中心与高校的互动，比如，少部分省份聘请高校教师参与高考命题、高考评卷等工作。极少部分高校获得教育部授权承担招生考试有关工作，包括试题的命制、评分参考（指南）的制订、试卷的保密管理、试卷的评阅等。在普通高等学校统一招生录取中，二者的互动较多，具体工作由高招办（或称普招办等）、科研处等承担。考试招生机构的受访者表示，互动主要体现为如下几个方面：考试院协助高校在本地做好招生工作，吸引高校在本地投放更多的计划，为高校提供招考服务，在高考改革中充分听取高校意见等。

> 我们向高校宣讲政策，比如国家方案、我省的方案；给高校留出余地，启用"院校专业组"志愿；在招生前组织研讨会，沟通包括招生计划在内的新变化。(KSY1-1-LD1-191029)

> 高招处是本省学生和各地高校之间的沟通桥梁，我们把考试成绩评价出来后，按照计划进行分配，之后按照考生的志愿提供给高校，这一传导过程可以确保招考的公平、公正。(KSY3-2-GZRY1-191125)

> 我们为高校提供的服务很多，除了七八月集中录取时的服务，还有平时的服务，比如信息服务等。(KSY3-1-LD1-191015)

> 改革方案颁布之前我们做了大量的调研，包括高校的有关校长、学生处长，中学的校长、普通教师、教务处长，还有我们招生部门。(KSY3-1-GZRY3-191015)

> 我们会在后期的（高考综合改革实施）方案研制中进一步地听取高校意见，争取在相关利益群体中找到一个很好的平衡点。(KSY3-1-GZRY1-191015)

三 国家高校考试招生组织与高校招生的行为互动分析

国家高校考试招生组织与高校招生的行为互动中，有对高校招生主体行为的规制亦有对其的新期待，根本原因在于高考的社会功能、统一招生的制度设计以及立德树人的根本任务。

（一）国家组织要求高校招生具有统一性，核心要义在于高考的社会责任

中国高校考试招生从建制伊始，便在国家高校考试招生组织的领导下，形成了"千校一面"的招生方案。在招生实践中，高校统一遵循教育部、省级招委会、教育行政部门制定的有关政策，服从相关部门对考试环境的综合治理、对考试安全等重大工作的整体部署，接受相关部门对高校招生计划安排的统筹协调，等等。

国家组织对高校简单、朴素的管理，高校招生形成的一致性行动方

案，源于中国高考的特殊性。作为一项"牵一发而动全身"的系统工程，其不仅具有引导基础教育教学、为高等教育选拔合格生源的教育功能，同时具有促进社会政治、经济、文化进步，更新社会结构，① 维护社会稳定的功能。作为一项"重大民生工程"，其顺利实施又有赖于民众的认同，尤其在自媒体的发展、舆情的迅速扩散、社会对高校考试招生制度过失的零容忍度的今天，② 高考公平、高考结果公平、高考维护社会公平成为社会判断高考成效的重要标准。社会对高考公平的判断，多体现为民众个体对获得感的感知。而这种获得感又依据两个要素。其一，获得感立足于中国国情。人口大国、考试古国的实情使高考公平难以协调，利益相关者对于获得感有不同的诉求；传统的招考技术、差序结构的社会情状也使政府机构与高校相比，有着更强的公信力。这就决定了在高级专门人才的选拔中，高校要服从国家组织的权威领导，仅具有相对的自主权。其二，获得感立足于民众的基本认识。民众对高考公平的认知极为朴素，甚至较为有限，坚持"一致即公平"原则，仅将问题聚焦于分数的高低、名额的多寡、录取率的大小。这就决定了在高级专门人才的选拔中，高校要服从国家组织的一致领导，能动的、灵活的、独具特色的招生方案被限制。正如几位考试招生机构的负责人所言：

中国的国情很特殊，第一，人太多；第二，特别想公平公正。（KSY3－1－LD1－191015）

前天我们开了全国性高考安全会议。大家说高考这么好了，要求这么严，为什么还总受质疑？道理很简单，因为我们（考试招生机构）做得好，老百姓对我们信任，老百姓就会产生更多的要求。这个总分体制，在中国，相当长时期都要实施。这些看似是现象，其实就是中国的国情。在发展过程中，老百姓要求简单的、朴素的公平管理。如果脱离现实来追求人才选拔的科学性也不现实。放权给学校，确实存在很多问题。学校能不能严格在公平、公正角度不让社会质

---

① 郑若玲：《高考的社会功能》，《现代大学教育》2007年第3期。
② 郑若玲、庞颖：《高考综合改革系统性的基本要义、实践审思与完善路径》，《高等教育研究》2020年第3期。

疑？（KSZX-LD1-190322）

考虑到第一批、第二批的一些情况，教育部要求第三批（高考综合改革试点）在大的方面要基本一致，比如选择性考试的考试时间，现在有三个方案，但最后教育部希望可以统一为一个，（八个省）一致了就公平一些。（KSY3-3-LD1-201022）

（二）国家组织管理高校招生的具体工作，关键原因在于统一招生的制度设计

高校招生的具体工作受国家高校考试招生组织全面管理、引导：教育部、省级招委会、省级教育行政部门、省级考试招生机构等制订高考实施方案及配套方案；引导与规制高校招生行为，审核"招生章程"、招生来源计划，确定高校所属批次，划定录取批次线，商定投档比例，监督录取决策；举办研讨会、开设培训班宣讲本地招考政策、普及招考系统的使用方法等。可以说，高校招生的每一环节都与国家相关机构有密切的联系。

统一招生与高校单独招生不同，强调的是考生志愿填报、志愿分配、志愿调剂的统一。统一考试、统一招生在很大程度上提高了招考的科学性，减少了院校单独招生的"无用功"，有效避免了各校分别组织、多次组织考试招生工作的情况。若考生可以向多所院校投考，但最终仅能被一所录取，于考生和高校而言，皆为资源浪费。在统一招生模式下，考生通过高校统一入学考试后，凭借成绩及电子档案、思想政治品德考核结果、身体健康状况检查结果等，一次性统一填报多个志愿，第三方机构根据考生的全部资料，将其分配给志愿单位，志愿单位视考生情况录取，不录取者可由第三方机构直接调剂至其他志愿单位，若无志愿单位接收则最终落榜。在统一招生的体系中，第三方机构居于领导地位，是高校与考生的中介，发挥统筹协调、整合资源、分配资源的功能。也必须存在这样一类机构，制订规则，维持招考秩序，保证上千万考生、上百所高校、上千个志愿单位之间的协调与匹配。高校则是相对意义上的服从者，在规则内发挥有限的主体作用。从中国的国情来看，统一招生录取的第三方机构必须由权威部门承担，其可以是省级教育考试院，也可以是省级教育行政部门的学生处，但社会机构作为第三方中介不具备可行性。正如一位考试招生机

构的负责人所言："从组织实施来看，统一录取、平行志愿投档的工作必须由一所专门机构来承担，这个机构可以不是考试院，可以像湖北一样交付给教育厅的学生处，正如国家层面教育部考试中心与高校学生司的分工。但完全像其他国家一样交给院校是做不到的，中国高校在招生能力建设上还要加强；交给民间机构也是不行的，它们虽然掌握了一定的技术、具备了一定的能力，但涉及高考，这是高利益、高利害性的，不是这种政府部门、权威机构来组织，老百姓不认可。这是社会认可问题、信誉问题。"（KSY3-1-LD1-191015）可见，国家考试招生机构全面管理、引导高校招生行为，是制度使然，也是民心所向。

（三）国家组织在高考综合改革中与高校有更多互动，基本动力在于立德树人的根本任务

在高考综合改革试点地区，省级考试招生机构、省级教育行政部门等与高校的联系更为频繁，二者的关系也从"单向管控"转向"双向协同"。在调研中，省级考试招生机构与高校招办工作人员均表示，自高考综合改革实施方案落地以来，考试招生机构举办了更多的业务培训班、招生协作会等，二者的交流更为密切了。多位考试招生机构负责人还表示，高校应在选考科目确定、高考命题中发挥主导作用，同时，加强高校招生能力建设刻不容缓。

考试招生机构在高考综合改革中对高校招生主体行为寄予厚望，一方面，在于高校与中学之间，高校是高级专门人才的培养者，是教育系统与社会联系最为密切的主体，与中学相比，高校更了解优秀人才、合格人才的标准，对考生的专业能力、学科潜力有更好的把握。另一方面，在于高校与政府之间，虽然中国高校考试招生制度自建制以来便承担着为党培养干部、为国家选拔人才的重任，但自"统包统分""双向选择"的就业制度革变为"自主择业"之后，大学生在毕业后将面对劳动力市场的再次选择，且就业后再择业的概率也大幅度攀升。① 这就决定了今时今日的高校考试招生应首先满足高校选拔合格、优质或适宜生源的需要，只有夯实基础，才有可能更好地为国家发展服务。且与政府相比，高校更了解人才培养、选拔的规律，更有利于提高高级专门人才的培养质量。两位考试招

---

① 郑若玲、庞颖：《恪守与突破：70年高校考试招生发展的中国道路》，《华中师范大学学报》（人文社会科学版）2019年第5期。

生机构负责人基于多年的招考实践，也提出了类似的观点：

> 对于选考科目的确定，高校最有发言权。哪怕这次选不准，下次也可以调整。尤其在最近两年分数转换技术没有实现突破的情况下，哪个组合、哪个选科的学生素质更高一点，高校必须去对录取学生进行考查，为下一步的选科调整做准备。
>
> 对于高考命题，中学教师命题非常快，但视野与大学教师不同。只有高校教师才知道从本学科的角度来讲，大学新生需要哪些知识储备，但高中教师达不到这个高度。
>
> 学科人才的选拔应通过高校来引领，不是说我们通过制定政策来设计这个、设计那个，这些都是没必要的。我们要首先澄清是为谁服务，我们贯彻党的教育方针、为国家发展服务，但直接表现就是为高校服务。只有让高等教育来引领改革，这条路才是对的。（KSY2-1-LD2-191021）

> 高考综合改革之后，我们开始承担学业水平考试的命题工作了。我们认为大学老师与中学老师都要参与，但应该以大学老师为主。大学老师战略高、对知识的理解深，这是他们的优势，但他们不了解学生、不了解教材。目前，我们每个学科从省骨干高校里选出2位教师担任学科秘书，现在已经来我们这里办公了。接下来他们要去参加培训、去中学调研，为命题做准备。（KSY3-3-LD1-201022）

在高考综合改革试点地区国家高校考试招生工作与高校的频繁互动、省级考试招生机构对高校招生主体性地位的强化，源于此次改革对立德树人根本任务的强调。高考综合改革将高考育人功能提升到了前所未有的高度，既希望通过此次改革改变基础教育阶段应试教育泛滥、"唯分数"论的弊端，又希望能够推动高校育人模式改革、建构多元评价体系。而人才成长具有循序渐进性，高校、高等教育作为"龙头"，积极参与进高考综合改革中，可以带动整个教育系统的有效变革，形成五育并举的教育体系、高水平的人才培养体系。

第三节　高校招生制度文本分析

自 1987 年《普通高等学校招生暂行条例》《国家教育委员会关于扩大普通高等学校录取新生工作权限规定及其实施细则》等颁布以来，高校在招生录取中的角色逐渐合法化，招生也开始被高校视为一项重要的办学活动。2010 年《国家中长期教育改革和发展规划纲要（2010—2020 年）》提出"完善中国特色现代大学制度"，包括招生在内的诸项事务自此进入制度化、规范化阶段。

一　现代大学制度体系内的招生制度文本

根据《国家中长期教育改革和发展规划纲要（2010—2020 年）》建立中国特色现代大学制度、完善治理结构的相关要求，加强章程建设、完善治理结构、坚持校长负责制、发挥各级各类委员会的作用、推进专业评价等条目也同样促进了高校内部招生制度的建立与完善。而诸如此类的招生制度文本，又是高校开展招生工作、强化招生主体性地位的行为准则。

（一）高校内部招生文本的相关内容

在完善中国特色现代大学制度的进程中，"高等学校章程""高等学校招生章程""高等学校报考指南"共同构成了高校招生的规范体系，是对现代大学招生制度的回应，也包含着对高校招生主体性地位的总体性要求。

1. "高等学校章程"

"高校章程"依据《中华人民共和国宪法》《中华人民共和国教育法》《中华人民共和国高等教育法》《高等学校章程制定暂行办法》等法律、规章和制度，结合院校实际制定，以达成促进教育事业发展、实现大学崇高使命、建立现代大学制度、推进依法治校、保障自主办学等目的。章程内容是理性化、科学化、规范化、系统化了的办学实践中的经验教训，既是大学运行和发展的基本依据，也是政府对大学办学行为管理与评价的重要依据。[①] 高校章程对招生的相关要求是统领性的，与国家、地方的相关规定共同作为高校招生工作的必备参考。高校章程对招生工作的规

---

① 秦惠民：《有关大学章程认识的若干问题》，《教育研究》2013 年第 2 期。

制或阐释因校而异，但总体而言相关表述较为欠缺。部分高校将招生视为院校"职能""功能、权利和义务"的一部分，从健全科学选才体系、实行人才培养全面质量管理、决定学位授予的一体化角度，强调制订招生方案的战略意义，或从政府与高校招生权责分配的角度，明晰高校自主设置系科专业、制订和调整年度招生计划的权利。部分高校将招生作为大学治理的重要内容，其中有高校将组织开展招生工作归为校长的职权，也有高校将招生标准和办法的决策作为学术委员会的履职内容，还有高校提出应设立招生专门管理委员会。

2. "高等学校招生章程"及相关细则

"高等学校招生章程"依据《中华人民共和国教育法》《中华人民共和国高等教育法》等相关法律及国家级、省级教育行政部门、省级招委会的有关规定、高校章程等，结合院校招生工作实际情况制定，以贯彻教育部"依法治招"的要求、规范高校招生行为、保证高校招生工作顺利进行、选拔到符合培养要求的新生、维护学校和考生的合法权益。高校"招生章程"被视为院校当年招生的"宪法""准绳""纲领性文件"，是校内机构组织招生、考生家长了解招生、相关部门监督招生的基本依据。各校"招生章程"具有较强的同质性，多包括"招生工作的原则""组织机构和人员""招生计划""录取规则""收费标准""奖助学措施""招生纪律""监督机制""院校基本信息"等。其中，"招生计划"包含院校确定分省分专业计划的依据、预留计划的使用原则及办法；"录取规则"涉及录取体制，分类录取规则，调档比例，同分排序规则，体检标准，加分规则，思想品德考核、身体健康检查状况、统考成绩、单科成绩、男女比例、非通用语种考生、特殊省份（如江苏省、高考综合改革省份）、定向生、肢体残障考生要求。部分高校还公布了"招生章程"的解释性条款，即对"招生章程"中的相关条款做一详细解说，比如 GX3-3-3 高校在招生网站上公布了《招生章程解释性条款》，主要包含艺术类的投档规则（分数折合办法）、录取规则（"文过专排"抑或"专过文排"等[①]）等内容。

在高校"招生章程"的基础上，各校还将根据招生实际，制订特殊

[①] "文过专排"指艺术类考生文化课成绩超过相应类别的分数线之后，招生院校按照专业成绩择优录取；"专过文排"指艺术类考生专业成绩超过相应类别分数线之后，招生院校按照文化课成绩择优录取。

类别的招生简章，如《艺术类招生简章》《体育类招生简章》《综合评价招生简章》《外语类保送生招生简章》《少年班招生简章》《高校专项计划招生简章》《高水平运动队招生简章》《高水平艺术团招生简章》《"强基计划"招生简章》等；对内制定"招生细则"，是高校招生办公室、招生工作组开展相关工作的根本依据，比如高水平运动员专业技能的评判规则，但此类文件不对外公开，仅供校内参与招生的工作人员查阅。

3. 高等学校报考指南

高等学校报考指南依据国家相关法律条款及招生政策、本校招生制度、本校招生实际情况编订，以促进考生及家长对院校信息、招生情况、录取规则等的了解，是高校招生宣传的重要材料，多以专栏的形式展现在院校招生网站中，或以宣传册的形式提供给现场咨询者。高校报考指南没有既定标准，极具院校特色。整体而言，网站报考指南的内容较为丰富，多包括"招生政策""历年录取分数""招生计划""政策解读""入学指南""校情校史""院校声誉""院系学科""大师风采""美丽校园""校友风采"等。纸质报考指南的内容则多为亮点、重点，如 GX3－1－3 高校 2019 年面向省内的招生指南包括"学校介绍""招生章程""各专业的招生计划""前两年度各专业录取分数""学生国际交流""就业状况与职业生涯规划""精准资助育人成才""校园学习""生活设施""各专业（方向）主干课程及特色课程""考生问答"等；面向省外的招生指南包括"学校介绍""招生计划""前两年度各专业最低分数线与控制线的差值""招生专业介绍"等。

（二）高校内部招生文本的基本特征

高校内部招生文本从价值导向、责任主体、制度功能等多方面对高校招生予以界定，是院校招生工作的根本依据。

1. 纲领性文本中的招生"缺失"与招生"模糊"

现行《中华人民共和国高等教育法》将"高等学校根据社会需求、办学条件和国家核定的办学规模，制订招生方案，自主调节系科招生比例"定义为高等学校组织和活动的重要内容。而依法治校、依法治招是依托"高等学校章程""高等学校招生章程"具体执行的，但在相关文本中却不乏招生"缺失"及招生"模糊"的现象。

招生"缺失"即"高等学校章程"全文未提及"招生"及其相关内容，对"高等教育的表述"从"人才培养"开始，忽略了"人才选拔"这一重要环节。在受访的17所高校中，一所"一流大学"建设高校GX1-3-2、一所省属重点大学GX3-2-1的《高等学校章程》未涉及任何相关内容，而在大多数高校校内治理结构中也较少提到招生事宜，如"一流大学"建设高校GX1-3-1的章程中，校长职权，校党政联席会、学术委员会、学院（系）党政联席会的主要职责仅表述为"研究决定学校人才培养、科学研究、社会服务、文化传承与创新、学科建设、人才队伍建设、国际合作与交流等重要问题"，未包含招生的相关内容。

招生"模糊"一方面表现为相关制度文本中对"招生"缺乏进一步解释说明，仅沿用《中华人民共和国高等教育法》中的相关概念"招生方案"或使用"招生工作"以概之。但"招生方案""招生工作"的内涵与外延尚未界定，导致院校内部招生权力配置缺乏明确的依据，招生行为缺少合法的边界与合理的准则，相关规则被悬置。另一方面表现为"招生章程""招生简章""招生指南"的"滥用"，三者的功能、效力不同，但不乏高校将三者混同，如GX5-1-1高校招生网站公布的《2019年招生章程》，实为涉及院长寄语、学院概况、招生亮点、专业简介、我校星光、报考指南、招生计划等内容的招生宣传材料。

2. 责任主体的"校级"为主与"院级"为辅

在高校内部的招生文本中，多为从宏观层面上赋予高校"制订招生方案""调节系科招生比例""健全科学的多样化选才体系""确定选拔学生的条件、标准、办法和程序"的权利与义务，或从中观层面要求校长"组织开展招生工作"，学术委员会"制定招生的标准与办法"，招生办公室"负责解释招生章程"。在"统考统招"的中国高校考试招生制度背景下，高校在招生层面的权力服从于国家分配，面对国家宏观、中观层面的制度设计，高校多从"校级"层面予以回应。即只有站在校领导、校方的高度上，才具备履行相关权责的胜任力。我国高校自20世纪50年代以来，管理结构一直呈校、系二级状态，[①] 而自现代大学制度建设、大学治理理念兴起以来，院系权力更加被重视。但从高校内部招生文本陈述中可以发现，从微观上赋予院系的招生权责极小，仅体现为"提出专业设置建议""提出年度招生计划建议"等。从招生文本中甚至可以认定，院系在招生中仅有建议权、没有决策权，院系作为高校选拔人才的接收者

---

① 陈廷柱：《我国高校院（系）数量膨胀现象探源》，《高等教育研究》2014年第9期。

和高级专门人才培养的承担者，却在招生中话语权甚微。而在高考综合改革试点地区，也尚未明确选考科目的确定、综合素质评价结果使用方案的制订应由谁承担。

3. 制度功能的"对内规制"与"对外解释"

各类校内招生文本是高校招生合法化、制度化的体现，其功能在于"对内规制""对外解释"。对学校内部而言，相关文本规制了招生行为、促进了依法治招。"高等学校章程""高等学校招生章程""招生简章""招生细则"与招生实践之间是一种自上而下的制约关系，招生行为以招生文本为依据。招生文本还将模棱两可的事项加以明确，使招生过程有理有据。校内外的纪检监察部门对高校招生工作违规、违法行为的监督、检举、通报、处分、处罚等也立足于招生文本之上。正如某高校招办的受访者所言：

> "高校章程""招生章程"相当于招生"宪法"，对我们招生来说是最高的政策文件，下面所有的招生简章、招生行为都不能突破它。（GX1-3-2-ZB1-191126）

> "招生章程"相当于我们本年度招生的一个法规，对于学生的投诉处理，也要以章程为准。（GX3-1-2-ZB1-191209）

对学校外部，"招生章程"负有解释招生规则、保护考生合法权益的职责。考生、家长、社会通过"招生章程""报考指南"等文本，一方面，充分了解院系专业信息、校史校情，做出妥善的报考决策。另一方面，了解院校的招录规则，比如对身体健康检查状况、统考成绩、单科成绩、男女比例、非通用语种考生等的特殊要求。两位高校招办主任介绍说：

> 院校在上报专业计划的时候，有很多附加条件，但是不能出现在各省的报考系统、专业目录中，我们只能写"见'章程'"。所以出现异议时都以"章程"为准。比方说，我们有一些专业对英语单科有最低要求，那我们就会在"招生章程"中说明。（GX4-1-1-ZB1-191210）

近年来,我们在志愿填报期接到的咨询电话中,家长、考生问得最多的问题就是"招生章程"中的内容,他们也越来越重视"招生章程"而不是只关注"招生目录"了。(GX3-3-2-ZB1-201020)

二 高校招生主体性地位的制度文本逻辑

高校内部招生文本是"学校负责"体制下高校开展招生工作的根本依据。高校招生主体性地位因校内制度获得合法性地位,并在制度阈限内发挥能动作用。

(一)推动校内招生体制的"合法化"

"高等学校章程""高等学校招生章程"等促进了高校内部招生体制的合法化,成为高校招生主体性地位的保障,也搭建起高校招生工作的基本框架。

根据"高等学校章程""高等学校招生章程"等的阐释,校长作为学校的法定代表人,全面负责学校教育教学、科学研究和行政管理工作,而"制订招生方案"或"开展招生工作"作为学生管理的内容之一,被列为校长的主要职责和职权。学校党委作为校内最高决策机构,依托党委全委会、党委常委会、校长办公会等对办学中的重大问题进行集体研究决定,"制订招生方案,自主调节系科招生比例"是《中华人民共和国高等教育法》法定的高校活动,招生不仅是办学活动、育人成才的起点,而且涉及社会资源的分配,虽然在高等学校章程中未明确指出,但属于办学中重大问题的事项,也应由学校党委负责。学术委员会是校内最高的学术机构,具有学术事务的决策、审议、评定和咨询等职权,部分学校明文规定,学术委员会应审议或在审议后直接决定本校的"招生标准与办法"。

根据"高等学校招生章程"的相关规定,校内设立领导、组织实施、宣传与咨询、监督等四类机构。招生委员会、招生工作委员会、招生工作领导小组等是高校招生事务的领导机构,负责确定高校招生战略、听取年度工作报告、分析面临的问题、提出指导意见,制定招生政策、计划、录取原则、工作方案,讨论决定、协调处理招生中的重大事宜。招生办公室、本科生招生办公室、秘书处等是高校招生的组织实施机构,也是高校内部负责普通本科招生的日常工作的常设机构,主要职责包括制定学校招生工作章程、编制分省分专业招生计划、开展招生咨询和宣传、具体实施普通类招生录取工作、组织特殊类型招生考试工作、履行招生信息公开职责、配合新生资格复查工作、提出招生录取重大事项的初步解决方案、开展招生工作改革的调查和科研、做好人才需求和培养的预测工作等。各省（区、市）招生工作组是高校招生的宣传与咨询机构，由组织实施机构按需组建，组长由学校发文聘任，各组可根据招生需要以市、县为单位设置小组，具体负责院校在各地区的招生宣传、考试服务工作，也会在一定程度上参与招生录取工作。招生监察小组、招生考试监察办公室或学校纪检监察部门是高校招生的监督机构，负责监督国家、校内各项考试招生政策规章的落实，维护考生、高校等各主体的合法权益。而高等学校招生简章及相关细则又对具体的招生工作进行规制，使招生工作"有法可依"。

（二）促成高校招生主体的"招办化"

从高校招生文本中与招生权力分配有关的内容可以发现，高校招生权力集中于学校层面，而执行机构作为高校招生工作唯一常设的专门机构，承担着招生的主要工作。换言之，高校招生主体行为的实施有赖于招生办公室、本科生招生办公室、秘书处等部门的保障。

根据高等学校"招生章程""招生简章""招生细则""报考指南"的表述，招生办公室对校内各项招生文本具有解释权、对招生安排上传下达、对招生工作具体执行。招生办公室对招生文本总则、组织结构及职责、招生计划、录取规则、招生工作人员、招生工作纪律、入学考核与考试、收费标准、奖助学措施、附则等内容的解释，可被视为校内招生规则体系适用的延伸与效力的延续[1]，招生办公室是依法治招的关键部门。招生办公室直接对招生领导机构负责，向招生委员会、招生工作委员会、招生工作领导小组提交招生文本草案、汇报招生实践中的重大事项、服从领导机构的其他安排；间接对学校法人、校内最高决策机构、校内最高学术机构等校级机构负责，向其提交与之相关的招生提案，服从并执行其决策。招生办公室是招生管理的中坚力量。招生办公室全面领导各省（区、市）的招生工作组、与相关部门及二级学院协同合作，共同承担招生工作。招生办公室与招生工作组、招生工作人员一同，开展招生宣传、咨询服务，组织实施录取工作，履行招生信息公开职责等；与教务处、学生处、就业处、二级学院等共同编定分省分专业计划，组织特殊类型招生考

---

[1] 谭波：《论党内法规解释权归属及其法治完善》，《江汉学术》2018年第4期。

试工作，开展新生资格复查，进行招生改革调查研究等。招生办公室是招生实践的主要承担者与工作协调者。

(三) 实现高校招生行为的"合理化"

高等学校"招生章程""招生简章""招生细则"等对高校在招生活动中的职责、权利、义务做出明确规定，实现了高校招生行为的"合理化"，也为高校招生主体性地位澄清了法定边界。

根据《2020年普通高等学校招生工作规定》，高校在"招生章程"等文本中明确了招生计划分配的原则和办法、预留计划数及使用原则、专业教学培养使用的外语语种、身体健康状况要求、进档考试的录取规则等，这也是高校招生行为的合法权限。根据高等学校"招生章程"等文本的表述，院校分省分专业招生计划的编定，应以国家方针政策与教育部统筹安排为前提，参考社会发展的战略需求，本校人才培养目标、发展规划、办学条件、学科建设、专业就业情况，统筹考虑各省（区、市）生源的数量与质量、区域的发展需要、区域间的平衡、历年计划的延续等因素，综合决策。预留计划的相关规定并非所有学校均标明，标明的仅为学校年度本科招生计划总数的1%，用于调节各地统考上线生源的不平衡、调控生源质量、解决同分数考生的录取问题。除外国语言文学类专业外，高校对考生外语语种多不设限，但大多说明"在本科教学中，教学计划要求的必修外语课程使用英语教材和英语教学，非英语语种的考生应慎重填报志愿"。身体健康状况要求多执行教育部、卫生部、中国残疾人联合会制定的《普通高等学校招生体检工作指导意见》及有关补充规定，部分高校还以教育部、卫生部联合发布的《关于普通高等学校招生学生入学身体检查取消乙肝项目检测有关问题的通知》（教学厅〔2010〕2号）等文件为依据。录取规则涉及内容众多，比如，投档比例，多数高校要求在按平行志愿投档的批次原则上不超过105%，按照顺序志愿投档的批次原则上不超过120%，也有极个别高校明确规定"浙江省原则上按招生计划数100%的比例调档，其他省份原则上按不高于招生计划数的110%比例调档"；安排考生录取专业的规则，包括"专业分数级差"原则（级差因校而异）、"分数优先"原则等；未提供投档位次省份的同分排序原则，如GX1-3-1高校要求"文史类考生依次比较语文、英语、数学成绩，理工类、综合改革类考生依次比较数学、语文、英语成绩"。

除了《2020年普通高等学校招生工作规定》所要求的内容，高等学校"招生章程"还包括：对政策性加分的认定，如 GX1-2-2 高校"在普通类统招提档时，认可各省（自治区、直辖市）教育主管部门根据教育部相关规定给予相关考生的全国性加分项目和分值，但同一考生如符合多项加分条件，只取其中最高一项分值，且加分不得超过 20 分"；分专业的单科成绩要求，多为外国语言文学类专业、对外合作办学招生对外语成绩的要求，少数高校也要求了经济类专业的数学成绩；对于优秀学生报考的激励措施，如 GX2-3-1 高校"对于本省高考文化科目单科成绩位于全省前万分之一的考生，若专业服从调剂，我校将根据本省相关部门的文件要求按照相应科目安排专业录取"，GX3-1-2 高校的"本硕创新计划"、学费减免、第一专业志愿保护等；特殊专业的加试，如 GX4-3-1 高校建筑学、城乡规划和风景园林专业的素描测试；对高考实施方案较为特殊的省份的要求，如对江苏省考生学业水平测试选测科目的等级要求，对实行网上实时在线填报志愿的内蒙古自治区考生单独设定考生录取专业的规制；等等。

对于高考综合改革试点地区的招生，全部高校通过《××大学××年度拟在×省招生普通高校专业（类）选考科目要求》向社会公布对考生高中学业水平考试科目报考的要求。部分高校通过"高等学校招生章程"、《××大学普通高中学生综合素质评价信息使用办法》等向社会公布综合素质评价使用办法，多为在特殊类招生中使用较多，比如作为初审材料、面试评分依据；在普通类招生中使用不多，比如专业录取环节同分参考、调剂考生专业志愿的参考等。

三 高校招生制度对高校招生主体性地位的影响

高校内部招生制度与高校招生主体性地位的彰显存在两种状态，部分制度文本的制定遵循上位法的基本原则，对高校招生主体性地位具有约束作用，部分制度文本的制定是高校的主体行为，是高校招生主体性地位的体现。

（一）高校制度遵循"上位法"精神，限制了高校招生主体性地位

"统考统招"的中国高校考试招生制度、"依章程办学"的现代大学制度、"依法治招"的高等学校招生制度在高校招生制度文本中体现为"高等学校章程""高等学校招生章程""高等学校招生细则"等，发挥着规制高校招生行为的作用。这是一种自上而下的体制机制，高校招生主

体性地位被合法化，高校招生主体行为须以此为准则。

高校招生制度依照"上位法"的精神，要求校内招生主体以招生委员会的常设机构即招生办公室为主，全面领导、负责、执行招生工作。这便使承担人才培养工作的二级学院，负责人才管理的教务处、学生处、教务处、团委等相关部门不具备参与招生的法定权利与义务，甚至直接与学生密切接触、承担育人成才重任的专任教师也与招生"毫无关系"，招生与人才培养的联系因此而断裂。同时，在"上位法"的"赋权"下，高校可自行确定预留计划数及使用原则、招生计划分配的原则和办法、身体健康状况要求、进档考生的录取规则、分专业的单科成绩要求、特殊专业的加试、专业教学培养使用的外语语种、政策性加分的认定、对优秀学生报考的激励措施、特殊省份（江苏、内蒙古）的录取规则，高考综合改革试点地区的选考要求和高中综合素质评价结果使用办法等。但这些"赋权"，多为程序层面、技术方面的。比如，多数高校制定了投档比例，考生录取专业规则中"专业分数极差"，政策性加分的取舍；少量为内容方面、标准方便，比如小部分高校制定的同分排序原则、单科成绩要求、特殊专业的加试，高考综合改革试点地区的学业水平考试选考要求、综合素质评价使用办法。

对于这些有限的"赋权"，各校的回应也具有极强的同质性，主要原因在于高校招生方案也在极力寻找"上位法"作为依据。在有"法"可依的情况下，高校选择服从国家政策，比如身体健康状况要求中的《普通高等学校招生体检工作指导意见》《教育部办公厅 卫生部办公厅关于普通高等学校招生学生入学身体检查取消乙肝项目检测有关问题的通知》，学考选考中的《普通高校本科招生专业选考科目要求指引（试行）》；在无"章"可循的情况下，高校多选择回避，比如多数高校未提及分专业的单科成绩要求、特殊专业的加试、综合素质评价结果在普通类招生中的使用办法。一位高校招办主任讲述了录取过程中对"高校招生章程"的依赖，"现在全社会对高校招生的期待和要求是非常高的，所以需要有一个特别公开、公平、公正的选拔机制，'招生章程'在招生过程中就可以起到这样一个作用。'招生章程'中的录取规则是非常明晰的，我在录取过程中无条件使用，如果'章程'里面没有涉及的内容，我在录取过程中是不可以有灵活性的。'章程'对高校的约束非常强，我觉得这么做，从规范性的角度来说特别好"（GX3-1-2-ZB-191209）。

中国高校考试招生制度大规模高利害的属性，也使高校相对而言更多地重视合法律性、合规定性，较少考虑合理性，直接缩小了高校招生主体行为的"活动空间"。对于"上位法"未提及的招生权利与义务，多数校内招生文本也同样漠视。比如，从教育规律、工作常理来看，高校对学业水平考试选考科目的制定与调整应有一套科学的方案，但高校仅依据"上位法"的要求，向社会公布选考科目制定的结果。高校招生制度对"上位法"精神的过分依赖，对教育规律、工作常理相对忽视；"上位法"要求中较为偏重程序性工作、对标准性条件的重视不足等。这些都在一定程度上弱化了高校招生主体性地位、限制了高校招生主体行为、削弱了高校招生主体作用，最终影响高校优质生源的获得。

（二）高校制度具有院校特色，强化了高校招生主体性地位

高等学校"招生章程""招生简章""招生细则"等文本中，也体现出了一定的院校特色，这些"与众不同"的招生行为是高校招生主体性地位的体现，其能动性的发挥，尤其是取得的良好效果，又有助于高校招生主体性地位的强化。

招生文本中的院校特色体现在招考分类、招生条件、对部分专业的特殊要求、优秀生源的报考激励等方面。在招考分类中，部分高校在理工类、文史类的基础上，增加了医学类（或医药类），从相关高校招办工作人员的反映来看，医学类以单独代码进行招生，有助于其招收到对此类专业感兴趣的学生，也不会使学生因一流大学的高分数望而却步。在招生条件上，部分高校对全体考生的统考成绩、单科成绩做出要求，如GX1-2-2高校2019年要求"统考成绩达到同批录取控制分数线，单科成绩原则上应达到及格水平"，以此来保证学生的全面发展。在对部分专业的特殊要求中，GX1-2-1高校规定"护理学专业只招收有该专业志愿的考生，该专业在学校提档线上生源不足时，可在考生所在省一本线上适当降分录取"，GX4-3-1高校要求"报考建筑学、城乡规划和风景园林专业的考生入学后进行素描基础测试，对测试成绩达不到要求的新生，将综合考虑该生的志愿和学校各专业具体情况，调整到其他专业学习"，此类举措照顾了特殊专业人才培养和学科发展的需要。优秀生源的报考激励方面，GX3-1-2高校对于成绩达到该校在该省最低录取分数线的一志愿应届高中毕业生（除浙江、上海考生），可在录取之前与校招办联系，出具五大学科竞赛国赛证书、国家二级运动员及以上证书、名校（清华、

北大、上交、浙大）艺术特长生测试证书等，保证其录取在第一专业志愿中，类似的方案是对学科能力突出者的保护。可见，在制度设计中，高校招生主体行为体现于制订招生方案时、高校招生录取中以及新生入学后确定专业时，其目的一方面在于为高校选拔高质量的生源、保护特殊学科及专业，服务于高等教育质量建设；另一方面在于在以高考成绩为统一录取标准的普通类招生中，保护有学科特长的考生的志愿，使其学科潜力可以得到进一步发挥。

招生制度文本中的院校特色，是高校招生主体性地位的体现，在"统考统招"的模式下，高校招生主体行为可以更好地为高级专门人才培养服务，为高等教育发展服务，为促进个体成长服务，这一效果将形成马太效应，使高校招生主体性地位受到国家、社会的认可而被强化。

第四节　高校招生组织结构分析

"学校负责、招办监督"的录取体制使高校在教育行政部门、省级招委会及考试招生机构的引领下开展招生工作。为保证招生的顺利开展、竞争到优质生源，高校也在逐步建立健全校内招生组织。该类组织既是高校招生主体性地位的保障，也是高校招生主体行为和招生主体作用实现的前提。

一　高校招生的有关部门

高校招生组织依据国家招生政策、校内招生制度文本设立，但通过实地调研可以发现，在实践中又不限于相关制度的规定。以职责为分类依据，不仅包含政策要求的领导机构、组织实施机构、宣传与咨询机构、监督机构，还包括在招生实践中不容忽视的人才培养机构。

（一）领导机构

高校招生的领导机构包括主管校领导、招生工作委员会、招生工作领导小组及相关的决策机构，但具体情况各校不同。主管校领导为副校长或党委副书记。在大多数情况下，高校招生工作委员会主任为校长，副主任为主管招生工作的校领导、纪委书记、主管教学工作的校领导、主管学工工作的校领导等，委员包括职能部门负责人、专任教师代表、学生代表、校友代表、属地教育行政部门负责人代表、属地高中校长代表等；部分高校设秘书长，由招生办公室主任担任；极少高校还包括了二级学院主管招生的领导。其中，职能部门有校办公室、教务部门、学工部门、财务部门、综合保障部门、信息技术部门、纪检监察部门、就业部门、发展规划部门、宣传部门、保卫部门等；专任教师代表为高职称或在相关学科中有突出贡献者；学生代表为学生会主席；校友代表为杰出校友；属地教育行政部门为教育局等；属地高中代表多为重点高中。具体的人员组成是职务行为，若职务更替便自然替补。高校招生工作委员会每年召开1—2次会议，听取院校招生情况的汇报并给予建议，集体决策招生计划编制、特殊类招生、新生报到等重大事项，审议"招生章程""招生简章""招生细则"，对招生宣传进行指导等，个别高校邀请招委会成员到招生现场进行督导。也有高校成立了招生工作领导小组，其中部分高校将其等同于高校招生工作委员会，部分高校则将其命名为本科招生工作领导小组，专门负责本科招生事宜，基本建制与招生工作委员会类似。以GX1-3-2为例，该校的相关文件[①]将本科招生工作领导小组的职责界定为："是学校全日制普通本科招生工作的领导机构，领导和统筹全校本科招生工作，制定招生工作重要政策，决策招生工作重大事项。"

除此之外，在多数高校中，高校招生的部分领导事务也由其他机构分担，比如成立综合评价录取招生领导小组，组长、副组长由学工及教务部门领导担任，成员则包括招生院系负责领导；再如分省分专业计划的制订由听证会负责、选考科目的决策交由校长办公会或学术委员会负责；等等。

（二）组织实施机构

调研对象高校招生组织实施机构概况如表3-2所示。中国高校招生组织实施机构的设置呈现出三类情况：第一类是将考试招生机构独立设置为高校的行政部门，正处级建制，负责全校国内外各类招生（本科、硕士、博士、台港澳侨和国际学生）工作，如厦门大学考试中心、招生办公室。[②] 第二类同样将考试招生机构独立设置为高校的行政部门，正处级建制，但仅负责高校本科招生工作，如西安交通大学招生办公室，GX1-1-1高校本科生招生处，但并非所有划归本科生院的招生组织实施机构

---

① 该文件为GX1-3-2高校印发的教字头文件，在征得受访者同意后，隐去敏感信息后使用。

② 因厦门大学为非调研对象单位，故不做编号，下同。

表 3-2　　　　　　　　案例高校招生组织实施机构概况

高校	机构名称	上级部门	负责人	专职工作人员
GX1-1-1	本科生招生处	本科生院	专职处长	5
GX1-3-1	本科招生办公室	学生工作处	学工处副处长专职负责	5
GX1-2-1	本科生招生处	本科生院	本科生院长兼任专职主任助理	不详
GX1-3-2	本科生招生办公室	本科生院	专职主任	5
GX1-2-2	招生办公室	教务处	不详	不详
GX2-3-1	招生科	招生与就业指导处	招就处副处长专职负责	1
GX2-3-1	考务科	招生与就业指导处	招就处副处长专职负责	2
GX2-3-2	招生办公室	学生处	学生处副处长兼任招生科科长	3
GX3-1-1	招生办公室	教务处	教务处副处长专职负责	3
GX3-1-2	招生办公室	学生处	学生处处长兼任招生科科长	1
GX3-2-1	招生办公室	教务处	专职主任	3
GX3-3-1	招生科	招生与就业指导处	招就处副处长专职负责专职科长	2
GX3-3-2	招生科	学生处	专职科长	1
GX3-3-3	招生科	学生处	专职科长	1
GX3-1-3	招生工作办公室	教务处（挂靠）	专职主任	2
GX4-1-1	招生办公室	学生处	学生处副处长兼任	1
GX4-3-1	招生办公室	教务处	专职副主任	1
GX5-1-1	招生办公室	学生工作部	学工部部长兼任	1

资料来源：调研对象高校官网或受访者口述，笔者整理，整理日期为 2020 年 11 月 16 日。

均为正处级建制，如 GX1-2-1、GX1-3-2 为正科级建制。第三类则作为教务处、学工处、招生就业处的一个直属部门（含挂靠），这也是中国高校招生组织实施机构最为常见的设置方式，如 GX3-1-1、GX3-

1-2、GX2-3-1。该类机构的负责人由上级部门负责人兼任，同时设专职助理或专职科长，如 GX1-2-1、GX3-1-2；上级部门负责人专任，如 GX1-3-1；上级部门负责人兼任，如 GX5-1-1；专职负责人，如 GX3-1-3。调研对象院校的专职工作人员均为 5 位以下，全国仅有极少数高校招办专职工作人员达 10 位以上，如上海交通大学、复旦大学有 11—13 位专职工作人员。

组织实施机构的具体工作总体可分为考试、招生、宣传，其中，招生与宣传多为本科招生办公室负责，考试工作（如特殊类、艺术类、体育类的校测）多由教务部门承担，或如 GX2-3-1 高校，在招生与就业指导处同时设立招生科与考务科。具体而言，相关工作与"高等学校招生章程"的相关表述基本一致，比如 GX1-3-2 高校将其职责规定为："全面负责贯彻落实教育部有关招生工作的政策，执行教育部和省级招委会的补充规定或实施细则；执行学校党委和行政有关招生工作的决议；根据国家核准的年度招生规模及有关规定编制保送分省分专业招生计划；研究制定学校'招生章程'和有关招生工作的政策，研究招生工作中的重大事项；组织开展招生宣传工作；组织实施录取工作；对录取的新生进行复查；组织本校单独招生考试工作，依据《国家教育考试违规处理办法》对违规考生进行认定、处理；履行招生信息公开相应职责；指导招生工作的具体实施。"[①] 具体工作在机构内部有分工、有合作，如 GX3-1-1 高校由一位教务处副处长全面负责招生工作；三位专职工作人员分别负责招生计划制订，招生考试安排，数据管理、招生网络、信息维护等；招生录取管理、招生宣传、档案管理等；招生录取管理，招生考试研究，考试、考务等。而集中录取时间段，则从职能部门、二级学院抽调行政人员、专任教师等共同参与。

（三）宣传与咨询机构

高校招生宣传与咨询机构为招生办公室、各招生工作组。在传统意义的宣传与咨询工作中，各招生工作组承担主要工作。招生工作组的组建方式有两种：其一，以二级学院为单位"包干"，并以系或专业为单位"划片"；其二，由二级学院推荐教师及学生志愿者、招生办公室统筹分组。

---

① 该文件为 GX1-3-2 高校印发的教字头文件，在征得受访者同意后，隐去敏感信息后使用。

每个招生工作组视院校招生具体情况，承担一省、省内的一市、或一个重点生源地区的宣传与咨询工作。招生工作组的成员有行政人员、教务人员、专任教师，高校招办负责对成员进行专业培训。成员数量不等，如部分高校每组10人左右，极少数顶尖高校成员数量与招生数量按1∶1配备。① 宣传与咨询工作的主要形式与内容包括：依托设点的形式，向考生及家长介绍学校、专业、教学制度等基本信息；依托宣讲的形式，在优质生源基地做主题报告，内容以学生兴趣为主，如专业介绍、学科热点等，但这种形式多需由教授、博士生导师等在学科内有建树的教师承担。近年来，随着新媒体、互联网技术的日益成熟，高校招生宣传与咨询工作也逐渐现代化，学校官网、院系官网、微信公众号、直播平台、微博等均为相关工作所用，扩大了招生宣传的覆盖面。

（四）人才培养机构

二级学院作为高级专门人才的培养机构，未出现于高等学校章程的校内招生机构建设中，但事实上也发挥了一定的作用。虽然在"统考统招""学校负责，招办监督"的招生体制下，院系在高校招生中的权力甚微，但院校二级招生工作建设、人才培养的职能使其在工作中发挥了实际效能。小部分高校建立了院系招生领导小组，建制模式套用校方模式，如GX3-1-2高校的二级学院，院长作为组长，分管教学、学工的院领导为副组长，办公室主任、学工办主任、系主任等为成员。② 未建立招生领导小组的院系，相应工作由主管领导负责，比如高校招生办公室挂靠于学生处、就业处的，即由学院的副书记负责，挂靠于教务处的，则由学院的副院长负责；或由相关机构代替，如选考科目的制定由院系学术委员会负责。院系在招生中的具体工作包括招生计划的提出、阅档、选考科目的制定、招生宣传、具体专业建设等。在综合评价录取、自主选拔录取等特殊类招考中，院系在招生过程中的权限因校而异。部分高校的院系表示其同样缺乏招生自主权，个别教师会作为专家参与命题、面试，但由校方直接抽调，院系并不参与；部分高校的院校则表示其全面负责特殊类的招生工

---

① "一流大学"建设高校专任教师GX1-2-2-JS1-191101的访谈内容，访谈时间：2019年11月1日；访谈地点：福建省厦门市。

② 省属重点大学招办负责人GX3-1-2-ZB-191209的访谈内容。访谈时间：2019年12月9日。访谈地点：浙江省杭州市。

作，包括专业选定、计划制订、宣传工作开展、命题、面试等。院系的专任教师群体，大部分未充分参与到招生工作中来，少部分承担了招生宣传工作，或作为特殊类招考的专家库成员，参与命题、面试工作。

（五）监督机构

高校招生的监督机构为校纪检监察部门、校招生工作监察小组、招生考试监察办公室等，部分高校还在学院层面设立了监察机构。通常情况下，校纪检监察部门对本科招生工作的决策、执行、管理等进行监督，对违纪、违规行为进行查处。招生工作监察小组组长由纪委书记担任，成员包括纪检监察部门的工作人员等，与纪检监察部门共同承担相关工作。具体职责以 GX1-3-2 高校为例："招生考试监察办公室负责加强对招生工作人员的纪律教育和责任约束，严格执行招生考试的各项政策和规定，强化招生考试监管，加大招生执法监察的力度，维护广大考生合法权益和高校公开、公平、择优选拔人才。"①

相对而言，高校招生的监督机构在特殊类招生中进行重点参与、监督和监察，比如，在面试环节执行"双随机"抽签，负责在专家库中抽签确定面试专家，在考生群体中抽取相应的考生，而此项工作也有部分高校在按专业面试的特殊类招考中，交由学院层面的监察机构负责。

二 高校招生组织的结构特征

高校招生组织关系特征如图 3-2 所示，整体呈现出领导权力"头部沉重"、体制建设"招办中心"、运行机制"双轨化"等特征。

（一）领导权力"头部沉重"，高校内部的组织模式限制了院系作用

在高校内部，对高校招生工作的领导、对高校招生结果的决策均由校招生工作委员会、校长办公会、学术委员会等领导机构及招生办公室、学工部门、教务部门、就业部门等职能部门负责，二级学院相对而言缺乏，甚至没有话语权。突出表现为绝大多数高校招生工作委员会的成员不包括二级学院的招生负责人、较少吸纳专任教师参与，使二级学院不能充分参与到招生决策中；还表现为校方将招生主体定义给招生办公室，二级学院仅作为协助者，比如分省分专业计划的建议、阅档工作及特殊类校测的参

---

① 该文件为 GX1-3-2 高校印发的数字头文件，在征得受访者同意后，隐去敏感信息后使用。

与。正如两位二级学院领导及一位招办主任所述：

> 我们省大部分高校（的招生工作）都由学校统筹操作，学院相对来说参与较少。（GX3-3-3-XYLD1-201021）

> 招委会是根据教育部文件设立的，"成员构成"只说可以有教师代表，没说全部学院做招生工作的院长要参与进去，所以学校也没有让我们全都进去。（GX3-3-1-XYLD1-191127）

> 我们学校今年开了校党委常委会，明确了所有的本科生招生录取工作由本科生招生办公室统一负责，二级学院只做一些协助工作，比如宣传。它们不能成为主体，主体就是本科生招生办公室，这是明确的。也不存在权力平衡的问题，主体权力就是招办的，如果还去平衡了，就有点倒挂了。（GX1-3-2-ZB1-191126）

事实上，二级学院在招生中的决策权、参与权是不应该被忽视的，二级学院的受访者普遍认为作为人才培养机构，它们更清楚哪些地区的生源在相关专业的综合表现更为突出、特定专业更需要哪些选考科目、面试中的哪些考生更应该被录取。[1] 而高考综合改革"院校专业组"或"专业（类）+学校"志愿的改革，也将招生模式向专业细化，加强专业宣传、依据专业要求设定招生标准、强调专业建设成为趋势。但职能部门、院系间牢固联合的组织模式和条块分割的关系特点体现在大学的组织结构、政策文本和管理行为等符号中，[2] 使校招生工作委员会、招生办公室等与二级学院之间发生了"相互作用强烈、重要且反应迅速的结合"[3]。二级学院在招生中长期扮演着从属者的角色，使招生决策过程中行政权力超越了

---

[1] 独立学院二级学院招生负责人 GX5-1-1-XYLD2-191211 的访谈内容。访谈地点：浙江省杭州市。省属重点高校二级学院招生负责人 GX3-1-2-XYLD3-191209 的访谈内容。访谈地点：浙江省杭州市。省属重点高校二级学院招生负责人 GX3-2-1-XYLD1-191024 的访谈内容。访谈地点：山东省青岛市。

[2] 李奇：《从符号到信念：大学文化建设的概念框架》，《高等教育研究》2017年第6期。

[3] ［美］罗伯特·伯恩鲍姆：《大学运行模式》，别敦荣等译，中国海洋大学出版社2003年版，第37页。

学术权力，在招生实践中学院行为追随学校指令，且有部分二级学院领导表示，他们在招生前，对大类招生的具体划分情况、高考综合改革试点地区的选考科目并不清楚，虽然之前参与过讨论，但最终结果与之并不完全相符。长此以往，也使他们形成了招生与院系无关的基本认识。

> 大类招生如何划分的，我们就搞不清楚了，都是学校里面搞改革。（GX1-3-2-XYLD2-191126）

> 我查了一下我们专业，是确定了物理和化学。（GX1-3-2-XYLD1-191126）

> 招生就是学校给我们招回来，我们没有发表意见的权力，实际上，我们也希望不管（招生），我们就是尽最大努力，给招进来的学生提供一个良好的发展平台。（GX1-3-XYLD1-191023）

（二）体制建设以"招办"为中心，重要性与复杂性要求多部门配合

在高校领导机构及高校招生领导机构的授权下，招生办公室对本科招生工作全面负责。但招生作为一项关切生源质量的重要办学活动，其效果将对高等教育质量产生影响，进而作用于高校人才培养、科学研究、为社会服务等职能的发挥。同时，招生作为高校考试招生制度的一部分，同样是一项"复杂的系统工程"。无论是重大决策，还是具体工作，仅靠招生办公室一己之力也是难以完成的，相关职能部门的协作不容忽视。

故而，在招生问题的处理上，招生办公室更类似于一个资源整合单位，协同全校之力完成招生任务。比如，对于高校招生的常规工作，招生办公室统筹、组织，教务部门协助制订分省分专业计划、组织大类招生改革及人才培养方案改革、选考科目决策、特殊类招考命题；学工部门协助制订分省分专业计划、安排新生入学事宜、组织新生入学后的复核；就业部门协助制订分省分专业计划；发展规划部门协助制订分省分专业计划、商定大类招生改革；财务部门协助确定、参与新生学费收缴；信息技术部门协助招生录取时的技术支持；宣传部门协助招生宣传；综合保障部门协助新生入学的宿舍安排；纪检监察部门协助校测环节的"双盲"抽签工作，负责招生全环节的监督工作；保卫部门负责校测环节的考场安全问

题；等等。再如，对于高校招生目标的实现，即提高生源质量、保障高等教育质量，也有赖于多部门的协作。GX4-1-1高校于2019年启动了"优质生源工程"，既强调招生的外延工作，使招生宣传细化到院系、专业；又强调招生的内涵工作，在全校范围内掀起了专业建设之风，拉动了与教务、学工、院系的合作。该校的招办主任表示："这个工程涉及学校的整体建设，招办要拿出招生方案，教务部门要关注专业裁撤或调整、教学改革，学工部门要统筹院系，尤其是辅导员力量加强宣传，最终的目标要靠多部门共同努力才能实现。"（GX4-1-1-ZB1-191210）GX3-1-2高校自进入高考综合改革以来，加强了对专业的动态评估，这也使原本属于学工部门的招办，加强了与教务部门、二级学院的联系。据该校招生科科长介绍："专业动态评估有一个体系，包括各专业的内涵建设、招生分数、就业质量等，教务部门每年会根据测评结果对部分专业发黄牌，我们就要减少相应专业的招生计划。比如工程力学专业，2017年、2018年的测评结果不好，我们便连续两年对其招生计划减半。这些工作都是招办、学工、教务、院系一同来做的。"（GX3-1-2-ZB1-191209）

（三）运行机制"双轨化"，路径依赖重宣传、轻培养

按照"高等学校招生章程"的相关要求，高校招生工作的具体运行由招生办公室组建、领导各省（区、市）招生工作组，共同完成相关工作。这种模式自20世纪80年代出现以来日益成熟，也成为大多数高校招生的运行机制。主要职责为招生宣传与咨询，主要人员构成为二级学院的领导、行政人员、教务人员、专任教师，多数高校招生工作组的组建也是以二级学院为单位的。一位高校招办主任描述道："我校多年来的经验是学校整体规划、院系分区负责，形成了'院系领导负责、招生组长牵头、骨干教师担纲、优秀学生参与、地方校支撑'的工作机制。我们一个省由一个院系来负责，一般是院系的党政领导作为总负责人，组长我们一般会挑一位教授或领导，然后吸纳优秀教师、优秀青年教师、学生，同时也希望地方校友会提供一些支持。"（GX1-1-1-ZB1-191212）一位二级学院领导也指出："招生宣传是我们的工作重点，'招办搭台，院系唱戏'，我们把招生宣传做好了，吸引优秀生源过来是关键。至于录取过程，我觉得参不参与问题不大。"（GX3-3-2-XYLD3-201020）可见，二级学院在招生中的职能，基本靠参与招生工作组的宣传与咨询工作来实现。

以宣传与咨询为主要任务的工作机制是一种强大的路径依赖，高校在重视这一工作机制发挥作用的同时，忽略了通过招生与人才培养之联系建立起的工作机制。这一被忽略的问题在高考综合改革之前，体现在高校分省分专业计划的制订上，比如小部分高校通过各省考生入学后的学业表现调整之后的招生计划，但大多数高校却未采取相关举措。在高考综合改革落地之后，招生志愿单位的划分、选考科目的制定、专业的建设等，也都是在这一机制下完成的。但多数高校并未在院系建立本科招生工作领导机构，其基本认识还停留在高考综合改革之前、院系无须参与或承担较多招生工作的状态，故而将相关工作分派给院系内的其他机构（如学术委员会等）或由校招生办公室统一处理。二级学院的受访者普遍表示不了解"院校专业组"志愿的划分情况，不知道院系内的某一专业与学校的哪些专业划分在同一志愿单位中；部分招办的负责人则表示本科招生工作不如研究生招生工作烦琐，由相关机构代为办理即可，如一位招办主任谈道："像这种招生工作委员会一般都是非常设机构，学院层面的非常设机构已有学术委员会、教学委员会了，它们的职能可以有所拓展，兼顾招生工作的推进，机构设置没必要那么多。"（GX5-1-1-ZB1-191211）

而教师则具有"双重"身份，既作为招生工作小组的成员，又作为二级学院的成员。其在招生工作机制中的角色是多元的，大多数受访者明确表示，他们在招生中的任务仅为向咨询者提供院校信息、专业信息，能力也仅限于此；但也有少部分受访者表示在招生咨询、阅档中有印象深刻的考生，入学后甚至毕业后都与其保持联系，并长期对其发展提供帮助，一位专任教师谈道："我2004年从广东招了一个学生进入我们学院学习，他今年已经是华南师范大学心理系的正教授了。你看时间就会感到，你招得对了、培养对了，他很快在一个地方找到一个很棒的岗位。你作为招生老师，想起来会蛮有成就感的。"（GX1-2-2-JS1-191101）

三 高校招生组织对高校招生行为的影响分析

高校招生行为在校内招生组织的体制机制内活动，与这一组织有着直接的关联（见图3-2）。整体而言，部分招生管理理念、组织架构、团队能力，在一定程度上限制了高校招生的主体性、有效性与专业性。

（一）部分招生决策偏重公平，招生主体性为管理理念所限

中国高校考试招生中有诸多两难问题，扩大自主与公平选才便是其中

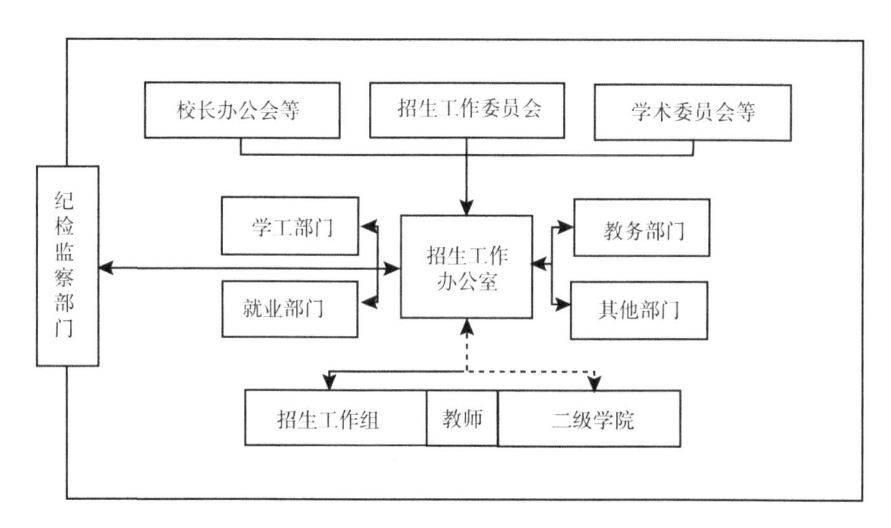

图 3-2 高校招生组织关系特征

之一。① 长期以来，高考公平被视为中国社会的"精神绿洲"，也被认为是寒门贵子向上流动的"唯一途径"。出于对高考公平的维护、对高校招生自主权与高考公平之矛盾的基本判断以及对高校自身能力的认知，多数高校招生组织的领导者认为，政府是高校考试招生制度的制定者，高校在国家统一政策下招生，与政府共同承担招生责任，这是保证高考公平的基础。而以公平为重，既是高校做出招生决策的重要原则，又是招生工作委员会的主要使命。几位主管校领导的观点较有代表性：

> 高考首先讲的是公平、公正、科学地选才。在我们国家，高考政策由政府制定，招生首先是政府的事。在国家统一的政策下，高校去做事情。给高校的选择越多，漏洞就越多，公平问题我们是很难保证的。(GX1-3-1-XLD1-191016)

> 招生主体责任还是在政府，离开政府，学校各自为政不现实。学校在招生中也有责任，但是在政府的指挥棒下来完成的，来承担一部分责任的。比如，专业计划的设置、学生的培养，这是高校的责任。

---

① 刘海峰：《高考改革中的两难问题》，《高等教育研究》2000 年第 3 期。

如果不是政府主导，我觉得可能会比较乱。(GX2-3-1-XLD1-191126)

我们设立的招生工作委员会也好，招生工作小组也罢，主要是保证招生的公平、公正，保证招生工作的规范。(GX4-1-1-XLD-191210)

在这种维护高考公平的理念下，高校招生工作受以政府及行政权力为主导的管理理念影响，形成了向上服从的工作思路。部分高校招生组织的领导者认为，校内招生行为应遵循教育行政部门的指导，若缺乏指导，高校将"寸步难行"。例如，一位主管校领导指出："高校招生就是计划体制，政府有政策导向，高校来具体操作，但政府的政策要有可操作性。比如，怎么操作才能选出最好的学生，在中国国情下很难，是要有政府指导的。"(GX2-3-2-XLD-191014) 在管理思维下，多数高校招生组织的领导还混淆了高校招生主体性地位与招生自主权，过分注重于法律赋权、行政指令，忽视了基于教育规律的主观能动性，认为只要不具备相应的权力，高校在招生中便不能作为、不用作为。

在高考公平原则、行政权力、管理理念的共同影响下，高校招生主体性地位受限，在多数高校，仅体现为专业宣传、专业推荐，正如一位校领导谈道："我们的招生就是朴实的几个字，'守住底线、稳住军心、加强宣传、提高质量'，如果高校有主体性，就是按照国家政策、培养人才。"(GX1-3-1-XLD1-191016)

(二) 部分招生机构职能失灵，招生有效性为组织架构所囿

依据政策规章与组织架构，高校招生组织的领导权力体现出"头重脚轻"的特征，高校招生工作委员会是校内招生的领导机构，集体决策招生的重大事项；招生办公室为常设的专门机构，组织实施招生委员会的各项决策；院系为招生工作的从属机构，服从校方的安排。

招生权力集中于招生工作委员会，人员构成以校领导、职能部门的负责人为主，学科教授、专任教师为辅，这一结构易使行政思维超越学术思维，使招生决策、招生工作行政化、程序化，甚至机械化。比如，招生中的"激烈"竞争，源于绝大多数高校对录取分数（最低分、平均分、最高分等）的过分重视，将其视为判断生源质量的重要依据，而忽视了学

生入校后、毕业后的综合表现，这也就激化了高校间以争取高分考生为目的的恶性竞争。机构职能也被悬置，从其工作实践中可以发现，国家政策的严格把控、校内决策机构（党委会、校长办公会、听证会、学术委员会等）间的职能冲突在一定程度上使决策机构职能失灵。如一位高校招生主管领导所言："招生委员会既实又虚，它不可能经常开会。开会时也是向大家介绍上面的政策，连讨论的权力都没有。而学校自己也不能出台什么新的政策。'招生章程'也基本不是我们定的，因为每年都没什么变化，而且要经过校长办公会。我们学校的招生计划还有个听证会，学校职能部门、学院等党委会各部门的成员基本都在，我们也就没喊招委会，听证会过后还要上校长办公会。"（GX2-3-1-XLD1-191126）而高考综合改革后，高校新任务的决策权归属也尚处于无序状态，比如，对于选考科目的制定，各校决策机构不同，有党委会、校长办公会、学术委员会等，但几乎没有高校表示招生工作委员会可做此决策。

高校招生办公室是权力的执行机构，却因归属问题影响了工作效率。理论上，招生与人才培养、学生管理、就业均有较强的联系，但与教育教学之关系尤密。尤其自高考综合改革之后，设置于学生处、就业处的招生办公室因无法触及人才培养改革问题，面临了较大的阻力。一位设置于学生处的高校招办主任指出："从做招生工作的经验来讲，我觉得招办应设在教务处，这样工作的连贯性比较强。招进来之后，马上面临着分班、专业分流，这些都是'学籍'问题。我们在学生处，对接的是'副书记'而不是'副院长'，这也是个难题。而且，在新高考之后，涉及选考科目的制定、人才培养方案的改革，这也是教务处的事情，我们都接触不到，这就比较麻烦。"（GX3-3-3-ZB1-201021）

而学院作为大学的办学实体，具有专业性、学术性与行政性、科层性的多重属性，现代大学制度普遍认同学院在保持学院内部事务决策的独立性和自主性的基础上，也应该成为大学决策系统的主体参与者。[①] 学院的人员构成以专任教师为主体、承担着培养高级专门人才的任务，理论上，对招生录取依据最具发言权，但在招生决策中却几乎不具备话语权。

顶层招生组织的职能悬置、底层招生组织的权力缺失，使招生中的行

---

① 荀振芳：《大学组织领导决策制度的实证考察与问题探析》，《中国高教研究》2015年第8期。

政权力湮没了学术权力，最终导致招生有效性被限制。虽然在现阶段，在普通类招考中，二级学院拥有充分的招生权尚不现实，但招生决策机构以行政性参与为主也有违科学。

（三）多数招生行为偏重程序，招生专业性建设为团队能力所囿

整体而言，高校招生的具体举措更为注重程序的规范性，而非行为的专业性，是一种较为粗犷的外延式招生，而非基于教育规律的内涵式招生。比如，招生计划的制订，偏重数量的增加与统筹，忽视了质量的优劣与适宜。一位东部沿海地区高校二级学院招生负责人指出："近年来，我们的招生计划一直在增加，现在有40%的外省生源。在这个过程中，比如说西部地区生源划分到二级学院的比例，要根据近年来相应地区生源的考试成绩、出国、就业等来看，要多听听我们的意见。现在的处理方式就是简单化，增加20个指标，四个学院各分5个，像我们外国语言类的专业，东部地区生源的语言基础确实会比中西部地区的强。"（GX5-1-1-XYLD3-191211）各省（区、市）招生工作组的组建，多以工作的便捷性为原则，忽略了效益的保障。多数高校以学院为单位组建工作组、以系或专业为单位划分组内片区，这将导致组内成员专业的高度同质化，在学科专业无限分化的今天，可能会影响宣传与咨询的效率。一位专任教师的观点较有代表性："虽然给我们进行过招生培训，但100多个专业，我们肯定是更擅长本专业的介绍，其实招办可以打乱分组。"（GX1-3-2-JS2-191126）志愿单位的设置，部分高校以招收到高分考生为目的，将不同学科的专业合并至同一志愿单位甚至同一大类，而不考虑考生的知识结构、学科志趣，比如部分教学学科不强的高校将教育经济管理专业并入心理学大类进行招生。

诸如此类的问题在高校招生行为中有很多，其主要原因之一在于团队建设与团队能力的缺失。从实践调研的结果来看，高校招生虽然整合了多方力量，在每年高考前的志愿填报期选派大量教师参与相关工作，但专职招生工作人员极少，以1—3位者居多，他们虽然不直接面对每年2000—3000人的生源，但普通类招考、艺术类招考、体育类招考以及多种特殊类招考也足以使其分身乏术。受访高校专职工作人员的学科背景涉及管理学、医学、工学、经济学、政治学等，多由其他岗位转聘，定岗情况多为管理岗。一位高校招办主任谈道："招办需要的人数少，一般不专门招聘，都是从其他岗位转来。我们这里什么专业背景都有，（大家）刚来的

时候对这些都不懂。现在都讲招生力,但我们实际不是'招生处'是'招分处'。如果真正要从招分转向招生的话,很重要的一点就是如何把我们招学生的能力提高。我们现在即使在综合评价录取中,对学生的实力考查都很难,面试时间太短了。"(GX1-1-1-ZB1-191212)而受访的主管校领导、二级学院负责人、专任教师,大多主体意识不强,多认为在"统考统招"的制度背景下高校无能为力、此类工作非自身职责、缺乏激励措施。如几位专任教师表示:"大学招生跟我们高校教师没啥关系呀,这是公平原则呀。"(GX3-1-1-JS1-191030)"我觉得我们可以不发挥作用,没有关系吧?"(GX3-1-2-JS3-191209)"我们从来不接触招生工作,没有那么大精力,我觉得搞招生的应该是专门搞招生的人。"(GX3-2-1-JS3-191024)"让专业老师去做?要想想怎么样激励我们,大家都不愿意,因为这是苦差事,没有业绩点、没有补助,什么都没有,我们就完全靠着一颗热爱学校、热爱学生的心去做这个事情。"(GX4-1-1-JS1-191210)专职人员少、学科背景差异大、兼职人员主体意识不强,最终限制了高校招生行为的专业性提升。

第五节 制度视域下中国高校招生主体性地位的困境

通过对中国高校考试招生的制度环境分析,可以发现高考制度具有公共性。公平理念与统一高考制度的相互适应,使中国高考制度的公共性发挥了显著的作用,但囿于理论研究与实践人员对公共性的片面认识与理解误区,在一定程度上阻碍了高校招生主体性地位的强化。

一 中国高校考试招生制度的公共性

公共性是中国教育领域内的诸多事物的共同属性,已有研究证实了教育[1]、大学[2]、教育评价[3]等的公共性,高考制度亦如此。高考制度的公共

---

[1] 张茂聪:《教育公共性事业与制度变革》,山东人民出版社2012年版,目录。
[2] 朱新梅:《政府干预与大学公共性的实现:中国大学的公共性研究》,教育科学出版社2007年版,第1页。
[3] 谢维和:《教育评价的双重约束——兼以高考改革为案例》,《教育研究》2019年第9期。

性是一种公共精神与社会责任，也是该制度长期存续的生命力。

（一）公共性及公共性理论

在哲学层面上，公共性被认为是世界普遍存在的本质属性，是在共在的世界中不同的存在者之间广泛具有的普遍联系和相互依存，是多元性与一元性的共同存在和价值共性，并因而构成现实世界的生成机制和展现过程。① 其又是一个被广泛应用于政治学、社会学、教育学、管理学、文学等学科或领域的基本概念。有研究者认为，教育的公共性即教育作为公共领域事务的事实存在或一种公共性反映，② 比如，教育决策对于保障公共利益完整性的作用等。而公共性又在一定程度上与主体性之间有对立的意蕴，公共性代表的是社会普适的价值观，具有客观性；主体性则代表了个体的认识与能动，具有一定的主观性。

罗尔斯的公共性理论是其正义理论的重要内容，他指出，秩序良好的社会可能达成的公共性具有三个层次：第一层次，公民对正义原则和公共知识的相互承认，具备基本结构的制度是达成这些正义原则的基础；第二层次，公民对一般事实的相互承认，形成了常识性知识和信仰；第三层次，公民对作为公平的正义基于自身而得到的完全证明的相互承认，即公民形成的常识性知识和信仰与其自身的行动具有一致性，达到了"自然而然"的状态。③ 也就是说，良序社会的公共性有赖于公共理性（如正义原则）以及与公共理性相适应的制度，体现为公共理性被公民认同、应用并发挥作用。

良好的秩序是公共性达成的重要指标之一，而适当的制度是良好秩序的保障，故而，制度是实现公共性的工具。从制度的本体性存在来讲，它以其特定的"自为的客观性"去应对那无数的或自然性自主关系，即以一种普遍性的规则去约束人与世界、人与自然、人与社会以及人与人之间的关系。当制度的逻辑设想与具体社会形态相符时，说明良序社会已经达成，即制度社会与良序社会又具有一致性，随后，公民对相应制度的感受也将有所弱化。④ 正如罗尔斯所述，公共性的理念同样具有三个层次：第

---

① 曹鹏飞：《公共性理论研究》，党建读物出版社2006年版，第38页。
② 张茂聪：《教育公共性事业与制度变革》，山东人民出版社2012年版，第6页。
③ ［美］约翰·罗尔斯：《作为公平的正义——正义新论》，姚大志译，上海三联书店2002年版，第196—197页。
④ 曹鹏飞：《公共性理论研究》，党建读物出版社2006年版，第203—204页。

一层次,是在社会受到公共正义原则的有效规导下达到的;第二层次,是人们对普遍信念的接受,即人们是按照他们关于人类本性的普遍信念和政治制度、社会制度一般发挥作用的方式以及所有与政治正义相关的这类信念,来接受正义第一原则的;第三层次,与公共正义观念的充分证明有关——当它能够以其自身的术语表达出来时。① 也就是说,制度的公共性就在于它不仅符合社会公共正义原则,而且通过这种制度,可以使社会中的人与世界、人与自然、人与社会以及人与人之间的合理关系得到伸张。制度及其所追求的良序社会之所以要以公共性作为政治价值标准,就是因为在发生过程中天然地有着对公共正义的坚持与维护,而当它坚持公共正义原则的时候就一定包含着对于公共性的实现。值得注意的是,制度的存在形式还是一个历史范畴,随着社会的发展而发展,演变过程既有对世界自在秩序的主动归依,又有着很强的历史差异性,表现出不同程度的偶然性。所以,制度公共性的生命力在于它的客观价值应与历史情境保持一致。②

(二) 中国高考制度的公共性释义

中国高考制度具有公共性,其存在的合法性建立于公共责任之上,长期服务于为国选才、为党培养干部、为人民群众实现对美好生活的向往的民主价值;其行使的权力是一种公权力,以促进、维护和实现社会公平正义为目的;其结果涉及社会公共资源的分配,关系到社会稳定、社会流动与社会分层。在具有公共性的中国高考制度中,正义观来自民众自古代科举社会便形成的"考试至公"理念,体现为对"高考公平"的无限追求。为使这一正义观付诸实践,在1952年至今,中国社会探索出了"统考统招"的高考制度以及"学校负责、招办监督"的录取制度。可见,高考制度所能达成的公共性,经历了罗尔斯所述的第一层次,即民众对高考公平的承认,并形成了相应的制度以维护高考公平;达到了第二层次,即民众形成了对高考公平的信仰,认为高考是精神领域的"绿洲";大部分人达到了第三层次,即以自身行动维护高考公平。"统考统招""学校负责、招办监督"几十年来也成为中国高考的制度保障,有效解决了差序结构的中国社会的诸多问题,被民众认为是高考的应然模式。而高考制度的公

---

① [美]约翰·罗尔斯:《政治自由主义》,万俊人译,译林出版社2000年版,第70页。
② 曹鹏飞:《公共性理论研究》,党建读物出版社2006年版,第205—207页。

共性理念，即民众对中国高考制度的反映，也从需要规制的第一层次，走向了作为普遍信念接受的第二层次，或能够进行自我反思为什么认同这种制度的第三层次。"统考统招""学校负责、招办监督"等在维护高考公平的同时也实现了制度的公共性。

中国高考制度的公共性具有如下特征。第一，公共性之正义观有着厚重的历史基础。中国古代历行1300年的科举制度为现代高考制度建构了可仿效的路径，这种可行性不仅来源于制度设计的合理性，更来源于民众对制度公平性的认可。厚重的历史基础决定了维护公平是中国高考的首要原则，任何举措、任何改革都不能与之相违背。第二，公共性之制度观有着广泛的社会认同。古代科举招纳贤良与高考之初为国家选拔干部，使全社会各部门形成了对"国家"选才的认同。教育行政部门、考试招生机构、高校、中学、考生、家长等各群体多认为国家是高级专门人才的选拔者，高校更多的是高级专门人才的培养者。第三，公共性之公平正义历久弥新。民众对高考公平的认同源于其获得感的增减，随着社会的进步，现阶段，民众的获得感从受录取比例影响，发展为受一流大学录取比例、选择到心仪专业的可能性、全面发展及个性发展的实现等因素的影响。[①]

高考公共性的维护与完善路径，既在于对高考公平原则的坚持、公平理念的不断认识与深化，又在于保证制度与公平观之间的适应性，以维护高考公平、受到民众的认同。

二 "公平"：中国高校考试招生制度之正义性

公共理性是公共性达成的基础，高考公平作为高考制度公共性的公共理性，体现在中国高校考试招生诸环节中。不可否认，"公平"的正义观对高考制度的实施、发展起到了重要作用，但对这种正义观的坚持与维护也具有一定的限制性，阻碍了成效的彰显。

（一）高考公平的基本共识

在中国社会，公平是民众对高考最朴素的愿望，同时，也是国家选才对高考最基本的要求。高考的社会功能与高等教育哲学的政治论具有一致性，强调的不仅是对事物本身，即人才选拔与高深知识的追求，更是

---

① 郑若玲、庞颖：《高考综合改革系统性的基本要义、实践审思与完善路径》，《高等教育研究》2020年第3期。

"对于一个国家的全体人民有着深远的影响"①，这是一种为公众服务的职能。也正是因为这一使命的存在，政府干预成为中国高考不可或缺的部分。在人民民主专政的社会主义国家，政府代表人民负责或统筹高考的各项事务与各个流程，高考公平得以保障。但政府或教育行政部门的机构属性与工作思维，使行政权力在高考决策中占据上风，高校及其二级学院的学术权力在人才选拔中的作用受到了限制。同时，中国还是一个人口大国、高等教育大国，近年来，高考报名人数高达1000万左右，而具有招生资格的院校有2688所（其中本科院校1265所、高职院校1423所）。②庞大的报考数量、分批次的录取规则、分省录取的招录体制使"统考统招"极具复杂性，也为中国高考的组织带来了极大的困难。政府作为责任主体、组织主体，便选用了"工具性支持模式"，即政府以一种"单中心"的治理思维来支持社会组织发展，不把社会组织视为自由而平等的合作主体，而使其为一种延长政府手臂的工具性组织。③具体而言，考试招生机构、高校等相关单位在高校招生中扮演着政府的工具性组织的角色。从其实施效果来看，切实保障了高校考试招生工作的顺利开展、维护了高考公平、受到了民众的认同，但与此同时，也限制了考试招生机构与高校选才育才一体化的实现。

（二）坚持与维护高考公平的贡献

高考公平是高考公共性的正义观，也是中国高考及高考改革的首要原则，在实践中，决策者、参与者等对高考公平的维护，以及全社会形成的对高考公平的认同，都对高考制度的实施、调整与完善起到了重要作用。

国家层面，在教育部、教育部考试中心、教育部学生司及相关部委的统筹协调下，高校考试招生工作顺利开展。国家部门审议高校专业设置，制订国家考试招生的纲领性文件、体检工作组织办法类文件、高校选考科目制定参考类规定等，核准高校招生来源计划、部属高校"招生章程"，发布年度《普通高校招生工作通知》《普通高校招生工作规定》《普通高等学校部分特殊类型招生工作的通知》等，负责全国统考试题的命制和

---

① ［美］布鲁贝克:《高等教育哲学》，王承绪等译，浙江教育出版社2001年版，第2页。
② 中华人民共和国教育部:"已有各类学校校数，教职工，专任教师情况"，http://www.moe.gov.cn/s78/A03/moe_560/jytjsj_2019/qg/202006/t20200611_464804.html，2020年6月11日。
③ 唐文玉:《社会组织公共性与政府角色》，社会科学文献出版社2017年版，第93页。

参考答案、评分参考（指南）的制定，领导招生录取工作并依托阳光高考平台对特殊类招生进行严格公示，组织高考改革、研究、培训、宣传，并调查处理招生中的重大问题。国家层面的行政干预多年来使高校考试招生顺利进行、平稳发展，录取率逐渐提高、录取名额向中西部人口大省及贫困地区倾斜，整体而言，兼顾了不同地区、不同省市、不同出身的考生的利益，促进了社会稳定、社会流动，公平性受到大部分群体的认同。

地方层面，省级招生委员会、教育行政部门与考试招生机构作为国家行政干预的重要组成部分，组织实施高校考试招生工作。省级部门以教育部有关高校招生工作的规定为基础，制订必要的补充规定、实施细则，核准高校招生来源计划、省属高校"招生章程"，负责分省考试试题（统一高考中的分省命题、高考综合改革试点地区学业水平考试的选考或等级考）的命制和参考答案、评价参考（指南）的制订，负责考生报名、思想品德考核、体检、考试、评卷、考生信息采集及电子档案制作，负责考生志愿填报、远程录取管理、安排高校录取批次、划定录取控制分数线、投档、录取监督、录取结果核准，组织高考改革、研究、培训、宣传，调查处理本地区招生工作中发生的重大问题，处理违纪问题。省级机构不仅能够代表国家部门维护高考公平，而且更熟识地方教育、经济、文化、高考历史等基础性要素，提升实施方案的合理性。同时，面对"分省定额"的高考方案、规模庞大的报考人数，省级部门的具体执行，有助于提升效率、降低出错率。合理性与效率的保障同样是维护高考公平的基础。

高校层面，建立高校招生工作委员会，集体决策招生的重大事项；建立校内监察机构，保障招生工作合理、合法；在国家及地方相关部门的指导、监督下，编制招生来源计划，制订"招生章程"，确定选考科目，高中综合素质评价的使用办法，按比例提档，按规定录取，对新生进行复查，履行公开职责，使高校招生体制机制逐渐完善。在特殊类招生过程中，高校严格遵守"招生章程""招生简章"的精神，执行"招考分离"、标准化考场建设、"双盲抽签"等。大多数高校二级学院领导及教师未参与高校招生的具体工作，在理论上减少了个人决策对招生录取结果的影响。高校在招生中多为执行者、少为决策者，在有限的决策中以国家相关规定为首要依据，并以集体决策为方式，从而保证了公平理念在高校层面的践行。

(三) 坚持与维护高考公平的局限

高考公平的正义观在保证高校考试招生顺利进行的同时，也在一定程度上对高校考试招生体制机制建设、内容改革等方面起到了限制作用。高考制度在追求形式公平，甚至绝对公平的过程中，陷入了重"制度性"、轻"技术性"的窠臼，忽略了内容公平、相对公平的活力。

在招生实践方面，为实现高考公平的目标，重"制度性"、采用严格的管理方式，轻"技术性"、高考的育人功能未得到足够的重视。在部分情况下，公平与制度、管理思维联系密切，效率与技术、教育规律紧密相依，当过度重视公平时，管理也就占据了上风。从高校招生的主体来看，教育行政部门以及教育行政部门直属的考试招生机构是高考实施、高考改革的策动者，高校是从动者，在高校内部，校招生工作委员会、招生办公室及职能部门占据较大的话语权，二级学院等人才培养机构却在招生活动中失语。整体而言行政权力大于学术权力。从高校招生行动来看，利益相关者关注的是普通类招生来源计划的分配、预留计划的使用、投档的比例、退档的条件、命题的主体（全国统一命题或分省命题）、统一考试内容的合理性，特殊类招生专业设置的全面性、纸笔测试的存废、面试的规范。相对而言，普通类招考中考试命题的理念、主体、科学性，招生录取的选择余地、参考因素，以及特殊类招考中专业设置、评价方式、考查内容的适宜性等却被忽视。概言之，程序性大于实质性。可见，在招生实践中，为了恪守高考公平，"制度性"决定了管理思维下的行政权力主导、程序性工作为主，"技术性"所囊括的教育规律、学术权力、育人功能、招生能力建设等未得到足够的重视。

在录取评价体系建设方面，为保障高考结果公平，长期重"制度性"、坚持分数至上的原则，轻"技术性"、使"多元录取""综合评价"等价值理念难以落地。自统一高考建制起，公平与制度、量化计分、一元统一联系密切，效率与技术、多元评价、综合评定紧密相依，当过度重视公平时，高考录取便形成了"唯分是取"。1952年统一高考建制至今已70余年，除去"文化大革命"期间一度停止，高等学校统一招生入学考试成绩一直是我国高校普通类招生录取的主要甚至唯一依据。虽然自国务院批转教育部《关于一九七八年高等学校招生工作的意见》颁布后，"坚持德智体全面衡量、择优录取"这一基本原则在我国高等学校招生录取中坚持了40余年，但全面发展的教育目标实则被悬置。① 按照相关规定，应给予录取院校一定的择优录取"余地"，但严格的同分排位依据也多以单科考试成绩为主，而非参考考生的高中档案。2014年高考综合改革启动，试点地区启用"基于统一高考和高中学业水平考试成绩、参考综合素质评价的多元录取机制"，高中学业水平考试成绩的纳入打破了高考单一总分的限制，但综合素质评价的"软挂钩"甚至"不挂钩"依旧没有解决"唯分是取"的问题。考生高中档案、高中综合素质评价结果在录取决策评价体系中的缺失，源于其难以被量化为分数，在承载着上千万家庭希望的高考录取中，与高考形式公平不完全适应的评价标准尚难使用。可见，在录取评价体系建设中，为了恪守高考公平，"制度性"决定了一元主义的评价观、"分分必较"的决策依据，"技术性"所包含的多元主义的评价观、综合评定的录取依据尚未得到充分的认可。

在招生改革方面，为延续高考公平的传统，重"制度性"、遵循制度依赖甚至是制度惰性，轻"技术性"、使统一高考制度在改革中难以突破。在传统认知中，公平与制度、官方话语、稳定性联系密切，效率与技术、专业话语、创新性紧密相依，当过度重视公平时，招生改革便遵从于政府权威、路径依赖。在招生改革中，任何曾带来有损高考公平的举措甚至主体都可能被"全盘否决"或沦为"一朝被蛇咬"的例证，其中的合理性尝试也因此"倒退"或造成"十年怕井绳"的后果。比如，自主选拔录取中除五大学科竞赛之外的赛事、成果若真实可靠，也足以证明考生的专业能力、学科潜力，但在论文造假频现之后被取消。事实上，若高校招生环节加强审核，足具判断真伪的能力，既可避免招生中的公平问题，也可保障招生的科学性。再如，曾参加"三南"高考改革的某一省份反映，其因当年改革结果不理想、高考公平遭遇质疑，在此次高考综合改革中便舍弃了综合评价录取改革等创新型举措，而选择"跟着全国的步伐往前走"（KSY3-2-LD1-191125），与同批次其他省份实施方案相同即可。可见，在招生改革中，为了恪守高考公平，"制度性"决定了遵从国家权威、制度稳定，"技术性"决定的专业判断、制度创新仍被悬置。

---

① 郑若玲、庞颖：《强化高等学校主体性地位——论招生改革的价值转向》，《教育研究》2019年第12期。

三 "统考统招": 中国高校考试招生制度之基本特征

具有一定结构的制度是公共性实现的保障,"统考统招"的中国高校考试招生制度维护了高考公平,该项制度也因此受到了民众的认同。但这项制度自身具有"嵌套性"与"多重领导性",制度内部的矛盾也会对招考的科学性带来一定的影响。

(一) 制度存在的嵌套性与制度领导的多重性

在中国这样一个人口大国与高考大国中,"统考统招"的高校考试招生制度在落地过程中涉及了多层级与多主体。多层级使高校考试招生的制度存在具有嵌套性,在招生体制机制方面,国家层面制订有关招生工作的规定及高考改革的实施意见、省级层面制订有关招生工作的细则及各省(区、市)高考改革的实施方案、高校层面制订"招生章程"及"招生细则";在办学体制机制方面,现代大学制度、大学章程建设也呈现出从国家到高校,或从国家、经地方到高校的层级分布。纵向上,国家意见、省级方案、高校章程之间是一个相互嵌套的关系,虽然在理论上三个层级之间应具有一致性,但实践中受方案可操作性、机构胜任力等的限制,可能出现执行力不足、效果有限的问题。横向上,现代大学制度在高校内部会对高校招生产生一定的影响,即在高校层面,呈现出高校考试招生制度与现代大学制度两种并存的制度来约束高校招生行为的现象,二者从理论上可不具有一致性,在实践中的异质性更难以避免,这也会使高校的执行力大打折扣。

多层级与多主体的复合影响使高校考试招生制度的领导具有多重性。具体而言,高校招生行为受国家、地方、高校、二级学院的影响,分省制订实施方案、高校在不同省份同时录取以及特殊类招生方式的施行,使领导主体之间并非简单的自上而下关系。在普通类招生中,高校招生行为受制于国家、多招生省份、高校领导;在特殊类招生中,高校招生行为受国家、高校、二级学院领导。各领导主体的决策都会对高校招生行为产生影响,比如各省有权力确定高校招生的录取批次、提档比例、同分排位规则,高校招生便要主动适应不同省份的方案,以确保招生工作的顺利开展。由此可见,高校考试招生制度对高考公平的维护并非易事,其可能发挥正向作用,促进高考公平,也可能出现负向作用,有损高考公平、影响高考的科学性。

(二)"统考统招"制度运行机理的贡献

"统考统招"的中国高校考试招生制度在多层级的嵌套中使机构向上服从,在多主体的领导下使权力合理配置,这一制度是保证高考公共性的正义观——高考公平的有力工具。

在国家级、省级、校级机构的层级分布,制度规章的环环嵌套中,下层机构"向上服从",保证了高考公平。在"统考统招"的中国高校考试招生制度体系内,"统"由国家机构负责,但限于高考工作量的巨大、高考具体实施方案的因省而异,自上而下的分权也成为其体制机制内的常见形式。在整个体系内,形成了从国家级教育行政部门、省级教育行政部门及考试招生机构到教育机构的等级序列。教育部、教育部考试中心、教育部学生司处于最顶端,是高校考试招生制度的设计者、高校考试招生改革的决策者;省级招委会、教育行政部门及其直属机构是各省高校考试招生实施方案的制订者,在现有的高考制度下,拥有较大的权力;高校、中学两类教育机构则处于等级序列的末端,在上级部门的安排、指导与监督下开展相关工作。行政指令是这一等级序列中各机构的行动指南,向上服从是基本原则,虽然省级机构拥有较大的实际权力,高校是招生录取的负责主体,但其具体行为受国家级机构约束。这一自上而下的管理体制对内规范了招生行为、对外接受社会的问责,使高考公平受到了社会群体的认可。

在教育行政部门、考试招生机构、高校间的权力配置中,机构"各司其职、互相约束",保证了高考公平。"统考统招"的中国高校考试招生之"统"在于具体招生活动的"统一",即报名、考试组织、填报志愿、招生录取组织的统一,在具体的权力分配上则是分权执行的。整体而言,高校考试招生范畴内,教育行政部门及其直属的考试招生机构负责相关政策法规的制定、违规问题的处理与监督;考试招生机构负责考试的组织、招生的协助或指导;高校在相关机构的领导下开展招生工作,同时承担人才培养工作。近年来,国家政策进一步指向"考试与招生的相对分离",国家层面,通过高考综合改革赋予高校在招生过程中更多的决策权,如确定选考科目、综合素质评价结果使用办法、实施综合评价录取;部分省份则将"考试"与"招生"分由省教育行政部门不同的直属单位承担。将政策制定、考试组织、招生录取、人才培养、过程监督等不同环节分由不同部门负责,缓解了集权体制下单一部门或少数部门拥有全部权力、承担全部工作的风险与压力；探索"考试与招生的相对分离"，致力于将不同性质的工作分由不同部门负责，在提升专业性的同时，也促进了高考内容公平的达成。

（三）"统考统招"制度运行机理的限制

"统考统招"的中国高校考试招生制度保障了高考公平的同时，使权力多集中于行政部门、具体行为模式趋于行政思维，这种现象也因制度存在的嵌套性、制度领导的多重性呈现出多种形态，而关系人才培养的教育机构的基本属性与职能使命也因此受到忽视。

"全能型领导"使"依附"部门的主体性缺失。"全能型领导"的概念来源于"全能型政府"，原概念指出，政府组织与其中分化出来的或在其主导下自上而下生成的社会组织，往往存在明显的"权威—依附"关系，这种"权威—依附"关系制约了社会组织公共性的生长。[①] 在嵌套性的中国高校考试招生制度内，"全能型领导"模式在层级之间体现为教育机构对国家级、省级政府或教育行政部门的依附，高校在招生中习惯于服从国家指令，不仅主观能动性较低，甚至对国家政策的执行力有限。比如，大部分非属地高校不了解属地招生政策，国家层面赋予高校选考科目与综合素质评价结果使用的决策权，但因实践效果不佳，最终回归于国家主导。"全能型领导"模式在层级内部体现为教育部门对行政部门的依附，以高校内部为例，招生权责集中于招生办公室，承担人才培养工作的二级学院完全听从招生办公室的调遣，即便在特殊类型的招生中，话语权也极为有限。比如，二级学院对分省分专业计划的制订、选考科目的制定仅有建议权，对招生志愿单位的划分（部分高考综合改革试点地区的"院校专业组"志愿）毫不知情，甚至有高校表示大类招生改革中，学院对专业大类的划分也没有发言权。

"控制型管理"使"被控制"者的专业性弱化。迈克尔·曼（M. Mann）将政府权力分为强制权力与基础权力，强制权力是一种单向度的支配权力，强调政府意志、不需要与社会群体进行惯例性协商，基础权力是一种双向度的渗透权力，强调政府与社会的协调合作。"控制型管理"即强制权力占据上风，一定的强制权力可以维持正当的政治秩序和社会秩序，实现社会的公平正义，但如果强制权力过大，则会限制社会组

[①] 唐文玉：《社会组织公共性与政府角色》，社会科学文献出版社2017年版，第88页。

织公共性生长的空间，损害社会组织共同性的自愿性、自主性乃至非营利性，产生不利于社会组织公共性生长的消极控制效果。① 在中国高校考试招生制度中，"控制型管理"体现在教育行政部门与其直属考试招生机构的互动中，考试招生机构多为教育行政部门指令的服从者、推进者，而较少有机构可以发挥自身的专业性，对高校考试招生提出建设性意见或左右改革，比如，部分省份高校考试招生实施方案的制订方为教育厅，考试招生机构仅为执行特定工作的"专门"机构，而非提供专业性决策的"专业"机构。"控制型管理"也体现在省级考试招生机构与高校的互动中，"学校负责、招办监督"的录取体制明确了招生工作由高校为主体、由招办提供服务，但在实践操作中，招办还承担了具体执行的工作，甚至扮演了管理者的角色。比如，高校在部分省份的招生，同分排位依据由招办确定、弱化了高校安排考生专业志愿的权限；投档比例无限接近于100%，甚至有省份直接将投档名单确定后分派给高校，不允许高校退档，也就更无从谈及高校依据高中档案或综合素质评价结果，"德智体全面衡量、择优录取"。

现代大学制度的内涵"盲区"使"招生"在高校中缺位。虽然现代大学制度不属于高校考试招生制度的范畴，但高校内部的招生行为受多主体领导，现代大学制度与高校考试招生制度的权责范围有一定的重叠，也就会影响到高校招生的效果。具体而言，"高等学校招生章程"属于中国高校考试招生制度中高校招生责任制的内容，也属于现代大学制度中"大学章程"建设的重要组成部分，但"大学章程"作为"高等学校招生章程"制定的依据之一，却对相关问题的界定极为"模糊"甚至"缺失"。同时，院系治理作为现代大学制度的重要内容，忽视了人才选拔的相关内容，使人才培养与人才选拔脱节、招生活动未能深入到高校的育人工作中、招生工作的行政性凸显而学术性式微。

四 "症结"：高校招生主体性制度之困

公共性是中国高考的基本特征，也是中国高考改革必须遵循的原则。但从实践来看，相关群体对中国高考公共性的认识较为有限，进而导致了高校招生主体性地位的制度之困。这种有限性体现为对主体性与公共性的

---

① 唐文玉：《社会组织公共性与政府角色》，社会科学文献出版社2017年版，第90页。

片面认识、对制度公共性的理解误区。

（一）对公共性与主体性的片面认识

汉语里的"公共"强调的是普遍性，天下为公、与私相对，这也就造成了"主体性是公共性的对立面"的片面认识。事实上，公共哲学的基础和前提是每一个人的主体性和具有主体性的个人的公共参与，作为具有主体性的个人，能否参与和是否参与，成为公共性的第一个标准；多元、差异、矛盾的诸多主体，在进行参与的互动中，能否实现社会正义和人性正义，是公共性的第二个标准。也就是说，公共性是一种承认差异、尊重差异，让差异的个体得到合理和正义的共处的理论。① 在高校考试招生中，高校、教育行政部门、考试招生机构均为参与主体，高校作为招生的"负责"主体，在公共参与中实现社会正义与主体正义，才是真正意义上的"公平"的正义观。但在招生实践中，高校与教育行政部门、考试招生机构及其他高校间的差异和矛盾被忽视，用一致性代替多样性，走向"强制度、弱技术"的制度同形。② 事实上，这一决策基于对"公共性"的片面认识，最终导致路径偏离，影响高校招生主体行为、限制高校招生主体性地位。

正是将高校追求招生科学性视为对公共性的削弱，使得招生实践以程序的一致性为前提。重视招生科学性，实则是招生理念上对教育规律的尊重，而这也是高校作为人才培养机构的本质属性。虽然在"统考统招"的中国高校考试招生制度下，"一致即公平"是全社会对达成高考正义观的一种认同，但这种思维是相对简单的，也是在考试技术、招生能力、监督制度尚未成熟的形势下的适时选择。教育是一个具有复杂性的问题，相比之下，异质、多元、多角度，或至少是"有限多样"③ 更能适应选才之需。同时，对教育公平的判断不能仅以形式与结果来度量，忽略了内容与过程，难免会造成更大的公平问题以及更多的不良后果。

---

① 张法：《主体性、公民社会、公共性——中国改革开放以来思想史上的三个重要观念》，《社会科学》2010 年第 6 期。

② J. W. Meyer, W. R. Scott, S. Cole, and J. K. Intili, "Instructional Dissensus and Institutional Consensus in Schools," in M. W. Meyer and Associates, *Environments and Organizations*, San Francisco: Jossey-Bass, 1978.

③ 郑若玲、庞颖：《恪守与突破：70 年高校考试招生发展的中国道路》，《华中师范大学学报》（人文社会科学版）2019 年第 5 期。

也由于将高校"自主"招生视为对公共性的抵触，才使得招考工作由国家统一负责。高校招生自主权缺失，在一定程度上意味着高校招生过程中的学术权力被限制、高校的主观能动性被忽略。在招生中由教育行政部门及其直属的考试招生机构核准招生来源计划，确定严格的投档比例、退档条件，高校在对选考科目、同分排位依据、单科成绩等的要求上遵循教育行政部门意见，使"学校负责、招办监督"在实践中成为"招办领导、招办与学校共同负责"。与行政部门相比，教育机构更了解学生个体知识结构与专业能力结构匹配度，行政权力所维护的公平，难免减少个体发展潜力的更大可能性。

将高校选择权视为对公共性的威胁，偏重对考生权力的考虑。在考生与高校之间偏向于考生，实则是在招考权利的统筹上保护了考生利益，忽略了高校诉求。尤其在高考综合改革中，赋予考生较大的选择权，让他们在考试科目选择、专业选择中拥有更大余地，但与之配套的是录取环节近乎1∶1的投档比例，使得高校招生的自主权受到了更多限制，再辅之行政指令、社会监督，高校几乎无法实施退档，[①] 更无从谈及挑选适宜适性的考生。生源是高校发展的重要资源，是高等教育质量的前提保证，在考试招生中偏重学生利益、忽视高校诉求，不仅剥夺了高校群体的相对获得感，甚至可能带来马太效应，影响高等教育内涵式发展。

（二）对制度公共性的理解误区

制度的存在形式是一个历史范畴，其既体现出一定的历史阶段性和客观性，又在一定程度上以自主的方式昭示着社会变化，制度的公共性在这二者的张力中不断确立自己的尺度，也就潜伏了一个危机，即在一定尺度上，延续阶级社会历史的种种制度本身就是反公共性的，换言之，本真追求公共性的制度在现实中却无时无刻不在以其缺陷性的具体制度形态践踏公共性的客观存在。[②] 中国高校考试招生制度的存在形式同样也是一个历史范畴，虽然为国选才、为党培养干部的历史使命不会发生改变，但中国国家发展目标、世界高等教育竞争格局在不断变化，"统考统招"的中国高校考试招生制度若无视制度惰性、不做出适当的调整，最终将以高等教

[①] 郑若玲、庞颖：《高考综合改革系统性的基本要义、实践审思与完善路径》，《高等教育研究》2020年第3期。

[②] 曹鹏飞：《公共性理论研究》，党建读物出版社2006年版，第206—207页。

育不能满足国家需要、不能应对世界高等教育的挑战为导火索，引发民众对现有制度维护公共性正义观效能的质疑。具体而言，对高考制度公共性的理解误区表现为以下几个方面。

始终坚持严格的"统一"，削弱了高校的主体性。1952年统一高考的建制源于中华人民共和国成立之初高等教育资源匮乏、高校招生经验有限，而国家发展又亟须人才，且当时尚未确立公务员考试制度，严格的"统一"可以满足多方需求。但随着时间的推移，中国高等教育进入普及化阶段、资源相对充足，70余年甚至上百年的办学历史也为高校招生积累了一定的经验，同时，创新型国家的发展目标对人才的需求也有所提升，毕业生以"自主择业"为主，"统一"招生的意义远不及此前，高校在招生中的主观能动性的适当发挥更符合现实背景。更为重要的是，此时高校的人才选拔，还受到高等教育国际化的冲击，面对世界一流大学的招生竞争，若中国还沿用最原始的"统一"招生方式，可能会损失优质的、有潜力的生源。据教育部统计数据，我国低龄学生出国留学人数达到近年来的最高峰，且相当比例的学生是曾经就读国内著名高中的尖子生，其中，部分群体选择出国留学的原因即为躲避国内激烈的高考竞争。[1]《新京报》也曾撰文《为规避高考低龄留学：一笔无奈的教育投资》，通过部分低龄留学者家长的观点，阐释了对国内招考制度的不认同是其选择出国求学的原因。[2]

"分数至上"的路径依赖忽略了个体知识结构。在"统考统招"的基本制度下，分数是高校录取的主要甚至唯一依据。"分数至上"体现为对单一总分的要求与"分分必较"的竞争，其背后则是对考生个体知识结构的漠视。在这种选才制度下，考生的单科成绩不被重视，也就失去了甄别考生学科能力、专业适应性的依据，总分领先者未必是专业的适宜者。而在高考综合改革中，部分考生为了获得高分、部分高校为了录取高分考生，也弱化了对选考科目的重视，直接导致考生部分学科知识薄弱。而"分数至上"的不良后果不仅在于直接影响了个体的知识结构，从长远来看，其还将影响行业人力资源的质量。

---

[1] 周满生：《留学热背后是什么》，《光明日报》2014年10月23日第15版。
[2] 《为规避高考低龄留学：一笔无奈的教育投资》，《新京报》，http://edu.people.com.cn/n/2013/0320/c1006-20849183-2.html，2013年3月20日。

始终坚持"一考定终身",忽视了成长成才的过程性。长期以来,高考仅为考生提供一次机会(除复读外),在一定程度上,这"一考"的结果评判的是基础教育、家庭教育近20年的成效。虽然高考综合改革的首批试点地区启用了外语科目和学业水平考试选考科目的"一年两考",也因减轻了考生的压力而广受认同,但限于赋分机制的不成熟、社会对"两考"公平性的质疑,在后续高考综合改革试点批次、地区被叫停。同时,随着相关人员对教育规律认识的深入,多数受访者表示对考生的考查应延伸至高中甚至初中阶段,如一位高校招办主任所述:"我认为对一个人的考查,连综合评价录取中一个小时的面试都不够。应该把对学生的考查放到高中三年,甚至是中学六年中去。"(GX1-1-1-ZB1-191212)但现有的配套制度尚未突破,哪怕是可以代表考生高中阶段性表现的综合素质评价结果,至今也难以应用至高校招生录取环节。

第四章

中国高校招生主体性地位的实践省思

中国高校招生的现实状态建立在中国高校招生的历史经验之上，遵循中国高校招生政策的引领，但主体性是一个关涉主观能动性、创造性的问题，今时今日实践中的表现绝不止于历史经验的积累，也绝不限于政策规章的约束，还是合理性与教育规律使然。粗略来看，中国招收本科生的高校可分为"一流大学"建设高校、"一流学科"建设高校、省属重点高校、新建本科高校、独立学院等，中国高校本科招生的主要实践包括在非高考综合改革试点地区的招生、在高考综合改革试点地区的招生、在"自主"招生制度中的招生、在创新班校内选拔中的招生等。不同类型高校的生源定位、招生机制、校内治理模式存在差别，不同类别招生实践中高校的权责、考量因素、收益也存在差异，仅凭理论、历史与制度分析难以发现这一复杂问题的关键。故，剖析中国高校招生主体性地位的现实情状，应以其外显形式即招生主体行为作为切入点，以各类型高校的主要招生实践为基础，对高校招生的主体行为做一澄清，并剖析其特征与作用。进而发现高校招生主体行为之功，揭示强化高校招生主体性地位的实践意义；挖掘高校招生主体行为之过，发现强化高校招生主体性地位的实践之困。

第一节 非高考综合改革试点地区的高校招生主体性地位

相对而言，在非高考综合改革试点地区普通类招生中，高校招生的主体性地位较弱，而这正是中国高校考试招生主体性地位的常态。高校招生主体行为在有限的权责内履行义务、为争取更好的生源开展工作，主体作用的发挥有助于实现高考的社会责任、提升高校招生的科学性，但一定程度上也存在着负面影响。

一　高校在非高考综合改革试点地区招生的主体行为

高校在教育部、省级招委会及其他主管部门的领导、规制、管理下，招生主体行为包括制订分省分专业计划、组织招生宣传、开展录取工作、总结或研究当年招生情况。虽然大部分工作为上级政策所要求，但在实践中，高校的主观能动性仍可见一斑。

（一）编定分省（区、市）分专业招生计划

分省（区、市）分专业招生计划（招生来源计划）的编定以统一高考建制之初便形成的分省定额制为基础，经过多年的探索，基本形成了国家宏观控制总量，高校根据经济社会发展需要，再对市场人才需求进行分析、预测，以及结合自身办学条件、毕业生就业情况自主制定分省（区、市）招生名额的办法。[①] 具体而言，编定主体有两个，即国家与高校。国家主体立足于全国性要求与各省要求；高校主体则考量校级意愿与院级意志。现阶段，分省（区、市）分专业计划的制订是一个双主体互动的过程，国家提出总体性要求，高校在响应的同时，也可表达自身意愿。

1. 分省（区、市）计划的编定与招生总数的调配

在分省定额制的基本要求下，大多数高校招生的分省计划多遵循国家政策要求，各校招生总数也由分省计划决定，相关工作由高校招生办公室或学工部门负责。近年来，国家关于高校招生的名额调配指向中西部地区、贫困地区，在高考公平、补偿弱势群体的原则下，高校招生名额向相关省份倾斜。省级层面的要求，主要考虑招生计划的延续性，多以"只增不减"为原则，部分省份直接对高校招生数量直接做具体要求；同时也考虑了各省份的考生数量、基础教育资源以及高校的定位（部属、省属及市属等）。但也存在少部分特殊情况，比如，顶尖大学分省计划的编定与最终录取结果的差异相对较大，其调整依据主要为生源质量（历年生源入学后的学业成绩、综合表现等），多位密切关注各省生源表现的招

---

① 刘海峰、李木洲：《高考分省定额制的形成与调整》，《教育研究》2014年第6期。

办主任均指出，某省①在上一轮高考改革后生源质量大打折扣，近年来几乎未对该省增加招生计划；再如，北京、上海等地的招生总数多做特殊考虑。

2. 分专业计划的编定与高校的需求

分专业计划的编定更多地考虑院校需求。在大多数情况下，各专业的招生规模多由教务部门、二级学院决定，其考虑了学校发展定位，如一所受访的师范类高校每年本省师范类招生不低于70%；院系办学条件，如师资、教师、宿舍等；办学成本，如将专业招生量保持在2个教学班及以上；招生效果与办学效果，即上一年度招生分数、毕业生就业情况；等等。分专业的出省计划由招生办公室或学工部门负责，具体的实施办法有三类。其一，考虑地方发展需要、行业特征。比如，一位以有色金属学科见长的高校的招办主任谈及"专业出省计划我们是考虑地域特征的，像江西、湖南、广西这些有色金属大省，我们的专业就放一些跟矿业相关的专业，这样可以跟地区、区域经济结合起来"（GX1-3-2-ZB1-19112）。其二，以平均分配或等比例分配为原则，如一位招办工作人员表示："我们招生专业很多，大面上说就是比较分散零碎的，我们尽量让每个省每个专业都有人。"（GX1-2-1-ZB1-191023）近年来，东部地区高校为响应《国家支援中西部地区招生协作计划》，对中西部地区增加的招生计划也多是在原有配额基础上等比例增加。其三，根据往年各专业的志愿率、报考率、招生分数对计划进行调整，如一位招办主任介绍："招生分数涉及专业的停、转、靠问题，另外，如果今年这个省份的这个专业全是调剂的，计划就要动态调整，每个省考生倾向的专业志愿是不同的。"（GX3-3-2-ZB1-201020）

（二）组织招生宣传

在"统考统招"的中国高校考试招生制度下，招生宣传是高校招生工作的重中之重，甚至有招办主任将校内招生制度与招生宣传制度画等号，"我们学校实际上有一个特别完备的招生制度，这个制度中更多的就是招生宣传制度"（GX1-3-1-ZB1-191016）。

招生队伍的建设以各省（区、市）招生工作小组为依托，但学校之间的情况有所不同。人员构成多样，有二级学院的领导与教师、职能部门

---

① 因涉及对该省份高考实施方案效果的评价，故隐去省份名称。

的负责人与工作人员、学生志愿者，其中部分高校将学生的母校回访或回乡宣传与其寒暑期社会实践相结合，部分高校成立了相关的学生社团，部分高校利用校友的行业优势进行招生宣传。招生宣传团队的人数差异显著，整体而言越顶尖的高校投入的人力越大，受访的 C9 高校招生人员与录取考生的数量之比在 1∶3 左右，甚至有高校达到了 1∶1，而省属重点高校虽然招生量更大，但每组（省、市、区）仅有 10 余人。组建方式各异，大部分高校以院系为单位"包干"，小部分由招办统筹、以招生地区为单位招募成员，还有高校以院系"包干"为主、院系间自主调整为辅。要求成员应在相应地区有资源或人脉积累，比如招生地区为成员的家乡，或曾经工作、生活、求学的地方等；要保持工作的长期性，比如至少连续三年负责一个地区的招生宣传工作。资源与人脉是招生工作的关键，多位招生工作组的受访者表示，不建立一定的关系（如生源基地、签约单位），是很难进入高中校园去做宣传的。

招生宣传途径包括参与省级考试招生机构组织的招生咨询会、深入高中宣讲、举办校园开放日、高中校长论坛等实地宣传，制作网页、招生指南、动画、H5 等，通过报纸、电视、网络等媒介宣传。在实地宣传中，宣传路线的制定是高校招生工作的重要内容，"一流大学"建设高校多在全国各省投入较大的人力物力，其他高校则限于招生成本、招生效益，以省内招生为主、兼顾优质生源地区。比如，省属重点高校在省内的招生宣传聚焦于县域最好的中学，省外的招生宣传大多每省仅参与 1—2 个主要城市的招生咨询会，独立学院、民办高校的招生宣传投入多受校领导的重视程度影响，覆盖面不广，多为重点生源地区。高校招办工作人员普遍表示专题讲座或公开课是最受高中生欢迎的形式，但覆盖面有限。在媒介宣传中，近年来因网络宣传的应用范围较广，官方网站、微信公众号、微博、抖音、哔哩哔哩等的建设逐渐被重视，尤其是 2020 年的新冠疫情促进了招生宣传工作的网络化，提升了覆盖面，但也降低了宣传的精准性。除此之外，校友资源是高校招生宣传不容忽视的部分，比如一所具有气象学学科优势的高校的招办工作人员介绍："各地气象部门能够帮助我们做一些招生工作，比如在志愿填报期间，各地方卫视在播报天气预报的时候，会帮我们做一些宣传。"（GX2-3-2-ZB1-191014）

招生宣传效果的优劣因缺乏验证的依据，尚无定论。高校招办的受访者从其工作经验中反思，普遍认为招生宣传对生源质量提高的作用不大，考生与家长更多地看重高校"985""211"等声誉要素。几位招办工作人员的观点较有代表性："（招生宣传）肯定有作用，但肯定起不了决定性作用。"（GX1-2-1-ZB1-191023）"说实话，招生宣传对生源质量提高的作用微乎其微，他主要还是学校的实力，你学校实力上不去，你自己讲得好也没得用。"（GX2-3-2-ZB2-191014）

（三）开展录取工作

"学校负责、招办监督"的录取机制赋予了高校一定的自主权，在录取工作中，高校与招生省份的考试招生机构协商，以教育行政部门颁布的规章制度为依据，共同制定具体的招生录取规则以及工作流程。

在录取规则的确定中，高校可与省级考试招生机构协商：在提前批或普通批招生。近年来，部分高校将招生计划从普通批移至提前批招生，较为常见的情况有：将用于调节区域均衡问题的增量计划置于提前批，以避免普通批次招生分数线较往年降低，如GX1-3-1高校2019年原计划向湖北省投放80个名额，为响应"国家支援中西部地区招生协作计划"，向该地多投放10个计划，故将增量计划放置于提前批;[①] 将"招生难"的专业置于提前批，以吸引对该专业有志趣的考生，如GX1-1-1高校的农学类专业、GX1-2-1高校的护理学专业，这种方式虽然降低了录取分数线，但考生是自愿报考而非调剂的，对考生的自我发展、对高校的学科发展均较为有利；将需要加试的专业置于提前批，以配合对考生的综合评价，如北京外国语大学的部分外国语言文学类专业，需通过综合评价录取（高校加试）获得入学资格，原因在于外语学科的特殊性，纸笔测试对考生学科潜力的甄别较为有限，口试是必不可少的环节。但也存在部分高校将绝大多数招生计划放至提前批的问题，造成"超短裙"现象，以提升普通批次的院校录取分数线。在普通批次中，除传统意义上的"985""211"高校既定在"本一批"招生外，其他招收本科生源的高校的招生批次，由招生省份的考试招生机构决定，这也就造成了一所高校相同专业在不同省份招生所处的批次不同的问题。一位省属重点本科高校的招办主任直言："虽然从七八年前开始，我们招生分数在大多数省份就远远超于本一线，但早几年，我们的工作就是要跑各个省的考试院，争取在

[①] "一流大学"建设高校招办工作人员GX1-3-1-ZB1-191016的访谈内容。访谈地点：江苏省南京市。

本一批招生，以提高我们的生源质量。可有两个省份的地方保护主义太强，我们至今都没有跑下来。"（GX3-1-2-ZB1-191209）

在招生志愿单位的编制中，高校可依相关规定自主决定生源选科情况，即具体专业仅招收文科生源、理科生源，或文理兼收；自主决定专业招生形式，即按专业招生或按专业类招生；自主决定专业类的名称，如GX1-1-1高校将招生专业类命名为人文科学试验班、人文科学试验班（传媒）、社会科学试验班、工科试验班、理科试验班等。

在投档录取工作中，高校的新生录取工作，以远程异地录取方式开展，并严格遵循国家招生计划、招生政策、"30个不得"、"八项基本要求"等规定。高校的主要职责包括：首先，确定投档比例和投档要求，并将其提交至招生省份的考试招生机构审核确认，并经2—3轮模拟投档最终确定。投档比例包括以下几种情况。按100%投档，部分高校指出在部分省份的招生工作中，提档比例完全由考试招生机构决定，如一位招办副主任所言："符合大的招生政策即可，投多少我们就接多少。"（GX3-2-1-ZB1-191024）部分高校则认为经过模拟投档后按100%提档更为稳妥，保障了考生的利益，也避免了社会的质疑，如一位招办主任指出："如果按105%投档，我要招100个人进来，录取了第105名，我拿不出卡掉其他5个学生的理由，这会对学校的声誉有影响。"（GX3-3-2-ZB1-201020）按100%—105%投档，该类高校的最终投档比多为102%或105%，以避免考生不服从调剂，高校出现滑档现象。其次，对投档情况进行审录。高校在规定的工作时间内（多为1—2个工作日）下载学生电子档案并审阅，审阅内容包括考生成绩、专业志愿、思想政治品德考核结论、体检结论、诚信记录等，并根据本校"招生章程"，对符合条件的考生进行预录取并安排专业，对不符合条件的考生进行预退档并注明原因，审录结束后，招生院校将预录取和预退档的结果提交给省教育考试院审核。具体的录取工作由招办工作人员或二级学院教师共同完成，其中，二级学院教师可为行政人员、专任教师等，部分高校的阅档工作不要求二级学院参与，但要求可随时联系到二级学院的招生负责人，以沟通重要信息，还有少部分高校的审录工作要求各院系领导参加。高校对录取现场做封闭式管理，重大问题进行集体决策。参与阅档的高校教师普遍认为，阅档时间紧、任务重，又缺乏退档依据，只要没有身体健康问题会全部录取；少数阅档者则指出可以通过调阅档案了解考生的综合能力、选拔学生干部候选人。① 安排调剂考生的专业志愿则多被认为是高校招生录取时的主要工作，对于"服从调剂者"，招生工作人员将通过电话等方式与学生沟通，确定其最终的专业选择。其间，高校可自主使用预留计划。再次，根据省级考试招生机构核准备案的考生名单填写招生录取通知书，由校长签发，并加盖办校校章后，寄送至被录取考生。最后，开展复查工作。对新生报到所需录取通知书、身份证、户口迁移证、高考加分资格证明等材料与纸质档案、录取名册、电子档案逐一比对核查，并对新生身体健康状况进行复查。②

（四）总结与研究招生情况

对于高校招生情况，绝大多数高校招生办公室都会做一定的总结，这种反思性工作可以分为两个层次。第一个层次，是对当年招生情况的总结，此类工作极为普遍。内容涉及：高校的招生竞争力，如高校录取结果（最高分、最低分、平均分等，下同）在全国高校的排位情况、高校录取结果的进步或退步及其原因、与本校具有相同竞争力的高校的录取表现及其进步或退步的原因等；高校在各个省份招生的具体问题；高校各专业的招生竞争力，如专业的冷热情况、各专业间录取分数的差异情况；生源情况，如什么类型的生源更愿意选择本校等。招生工作总结的结果多用于下一年度招生方案的调整，如招生专业的调整、招生数量的增减、招生宣传策略的变革等，出于保密性、竞争性等原因，数据一般不对外公开。第二个层次，是对招生效果的研究，此类工作在普通类招生中极为少见，但形成了初步的意识。部分受访高校表示，它们会酌情对各省的生源基础、"秋招"与"春招"生源学业表现差异、设置单科分数的有效性等进行研究，几乎没有高校会对普通类招考生源进行跟踪研究，原因在于人力资源缺乏、专业性不足、周期过长、意义不大等。但有极少数受访者在理念上有着较为先进的认识，认为应将招生效果置于教学改革的框架中，审视其对高等教育质量的影响，如一位高校招办主任谈道："招生也要从培养这方面进行思考，要与教改结合，这些都是一个框架内的东西，要整体看待

---

① 省属重点高校二级学院招生负责人 GX3-1-2-XYLD2-191209 的访谈内容。访谈地点：浙江省杭州市。

② 部分内容参考自"福建省教育考试院"微信公众号发布的福建省普通高校招生录取工作简介视频，发布日期为 2020 年 8 月 11 日。

才能行得通。"（GX1-3-2-ZB1-191126）还有少数顶尖高校将其招生研究的成果公开发表，供其他院校参考。

二 高校招生主体行为的基本特征

中国高校招生主体性地位在非高考综合改革试点地区最弱，高校在有限的范围内发挥主体作用，动力来源于对优质生源的追求，具体表现因校而异，主要体现于招生宣传的组织、专业招生规则的制定等方面。

（一）延续"计划模式"，行为阈限为政策所囿

中国高校的招生主体行为严格服从"统考统招""单一总分""一考定终身"等招考政策，且肩负着巨大的社会责任，这共同决定了在社会各行各业多已完成了从"计划模式"到"市场模式"的今天，高校招生仍无法实现从"计划模式"向"市场模式"或"自主模式"转变。国家对高校招生的"计划"体现为国家权威力量统筹、公共属性突出、量化方式规范、高校严格执行。具体而言，教育部、省教育厅等教育行政部门，始终是高校考试招生"实施意见"与"实施方案"的决策机构；高等教育资源以公有性质为主、办学经费多来源于国家事业拨款，高等教育入学资格的确定亦被视为公共资源的分配；在招生实践中，招生名额严格执行国家公布的分省分专业计划，招生录取则包括2—3轮的模拟投档、无限趋近于100%的投档比例、依据高考总成绩与单科成绩的规则。

国家强制性的政策约束、高考为社会服务的使命职责，缩小了高校招生主体行为的作用空间，高校在报考对象选定、招生考试组织、录取依据确定等问题上均缺乏话语权，一位高校招办工作人员举例说明："假如我们在某个省招2000人，这些是由省考试院投过来的，我们按照规则进行计算机操作，手动选择的机会都没有。比如一位考生报了计算机，我们觉得他的能力适合金融，想把他调过去都不行。招生里的很多操作我们都是被动执行，我们能调整的幅度很小。"（GX3-3-2-ZB2-201020）高校仅在招生宣传、招生情况总结与研究中发挥主体作用。然而在实践中，限于招生宣传对生源质量的影响难以证实、招生研究的科学性存疑、招生研究结果的应用范围有限等，相关工作也遇到了"瓶颈"，相应作用未能凸显。再者，国家的政策约束、高考社会服务的使命职责，影响了高校招生主体行为权限的发挥，高校在分省分专业计划的编定中更多的是决策分专业出省计划、在录取工作开展中更多的是决策服从调剂者的专业志愿，这在很

大程度上降低了高校招生的责任感、成就感，使高校招生缺乏主体意识。

（二）表现"差异化"，行为表征因校而异

高校的招生主体行为是高校在招生活动中，综合判断主客观条件之后做出的决策，是高校招生主体性地位、高校招生主体意识的现实表征，但因高校的定位、规划、资源，对招生的认知、经验、投入不同，主体行为也体现出了一定的差异。

整体而言，"一流大学"建设高校，尤其是处于顶尖水平的高校的招生主体行为更加科学。该类高校具有绝对的比较优势，目标生源为超高分考生，多年来也在各省形成了固定位次段，招生宣传的针对性强；办学历史长、招生经验足，发现了招生与人才培养之间的必然联系，在招生计划调整、人才培养方案改革方面有符合院校特色的举措；办学经费充足、招生投入大、社会声誉好，可相对轻松地调动全校师生力量投入到招生实践中，在招生宣传时也更受高中、考生、家长的青睐，招生工作游刃有余；部分高校还有专门从事相关研究的机构（如教育学院、高教所等）作为智库，为其招生方案的调整出谋划策。省属重点高校的招生主体行为则因校而异。该类高校的招生基础条件极为复杂，不仅招生计划量大、任务重，而且在不同省份的受认同度大不相同。从调研中也可以发现，主观上，各校主管领导、工作人员对招生的重视程度有所不同，招生研究因校而异：绝大多数高校盲从于对改革趋势的"迎合"，缺乏对招生本质的思考，比如盲目扩大招生规模，从各校"十三五"规划文本中可以看到，仍不乏高校将扩大招生规模、增设招生专业数量作为重点，如GX3-3-1、GX3-1-3高校仅对招生数量做出要求，未关注生源的专业结构，GX4-3高校仅从招生专业数量、招生专业批次上（制定进入本一批招生的专业数量目标）做出规划，未阐明建设特色专业；进行大类招生改革，如GX3-2-1高校将105个专业合并为50余个招生专业类，但该校教师表示，在培养阶段并未启动真正意义上的大类培养改革；[①] 少部分高校领导密切关注招生，主动促进高校招生能力的建设，如GX3-3-1、GX3-3-3高校的招办工作人员表示，新任主管校领导较为重视招生工作，给

[①] 省属重点高校校领导GX3-4-XLD1-191024，专任教师GX3-4-JS1-191024、GX3-4-JS2-191024、GX3-4-JS3-191024的访谈内容。访谈地点：山东省青岛市。

予了大量的经费支持与实践指导,① GX3-2-1 高校的前任校领导较为关注招生工作,曾将招生部门独立设置。② 新建本科、独立学院、民办高校作为中国高等教育生态系统内较为边缘的群体,体现出了较为积极的招生主体行为,如一位民办高校教师表示,该校招生工作以大区为单位开展,各大区设立二级、三级主管及一线工作人员,大量行政人员、专任教师、优秀在校生均参与其中,其所在的招生团队每年暑期赴贵州省黔南州开展工作,对都匀市区之外的 9 个县(每县 4—5 位工作人员)进行长达 2 个月的宣传工作。③ 该类高校办学条件、经验有限,院校美誉度不高,但学费定价偏高,招生吸引力不足。高校主体做出积极应对,整合全校师生力量投入招生、运用宣传技巧提升效率、划定重点片区提升招生吸引力、适当扩大投档比例避免生源流失,取得了一定的成效。

(三) 聚焦"分数",行为动机受一元评价观影响

高校作为招生主体,理论上具有经济人的自由,在实践中也体现出了利己的能动。④ 虽然国家对高校考试招生有整体的统筹、对相关程序有严格的把控,但作为一个理性经济体,高校在既定规则内,依旧会致力于相对优势的获得。在"分数至上"的录取依据下,高校对生源质量的评价也陷入了"唯分数"的窠臼,高校招生主体行为的动力源来自对高分生源的争取。一位高校招办主任坦言:"我们有很实际的工作目标,一是招到学生;二是分数不要太低。"(GX3-3-3-ZB1-201021)

高校招生办公室聚焦于考生分数的提高,虽然多数招办工作人员也诟病了"唯分数"论的问题,深知考生高考成绩与学业表现或个体发展并不完全相关,但依旧密切关注高校在各省、各批次录取的最低分、最高分、平均分,并将此作为编定、决策下一年度分省分专业计划、招生宣传投入度等的依据,可见,单一的评价导向依旧主导高校招生。而高校招生

---

① 省属重点高校招办工作人员 GX3-3-1-ZB1-191127 的访谈内容。访谈地点:湖南省株洲市。省属重点高校招办工作人员 GX3-3-3-ZB1-201021 的访谈内容。访谈地点:河北省石家庄市。

② 省属重点高校招办工作人员 GX3-2-1-ZB1-191024 的访谈内容。访谈地点:山东省青岛市。

③ 笔者补充材料,非研究对象单位的教师访谈内容,故未编号。受访者为山东省一所民办高校的专任教师。访谈时间:2020 年 9 月 30 日。访谈方式:微信语音。

④ 魏小萍:《"主体性"涵义辨析》,《哲学研究》1998 年第 2 期。

工作的主管领导、招生工作委员会、师生、校友对当年招生工作的评价同样聚焦于此。同时，高校之间也通过招生分数进行攀比，即便招生主体行为最具科学性的"一流大学"建设高校，它们与同层次高校之间的分数竞争，与省属重点高校、新建本科、独立学院等类别的同层次高校竞争程度相比，有过之而无不及，该类高校通过减少招生计划数、给予优惠政策，甚至奖学金等手段达成目的。而社会评价也使这一问题更加严重，近年来不断出现的《中国最好大学排行榜（生源排行榜)》《中国大学录取分数线排行榜》等也给予高校压力，使高校招生主体行为更倾向于为提升分数服务。

（四）关注"宣传"与"专业"，行为发力倚重底部力量

在中国现行的高校考试招生制度下，高校招生主体行为多倚重底部力量，即不具备录取决策权、不影响高校录取结果，但又是招生录取必不可少的环节，多体现于招生宣传与专业招生领域。

教育行政部门、考试招生机构对高校招生宣传的要求较为宽泛，仅为方向性的要求，比如《2020年普通高等学校招生工作规定》将相关内容表述为"不得进行虚假招生宣传""要主动加强正面宣传"。也就是说，在招生宣传过程中，高校只要不逾越"虚假"的红线，履行"正面宣传"的原则即可。而高校在招生宣传中的主体行为，虽然不能影响招生决策，但在一定程度上可影响招生效果。在这一政策背景的支持、预期成效的导向下，高校结合院校资源决定宣传投入、基于招生目标建设宣传队伍、根据实际需求制订宣传方案，在招生宣传中激发了高校、二级学院、职能部门、专任教师甚至在校生的主体作用。

专业招生不影响高校招生总数、不直接决定考生录取结果，但关系考生入校后的学习。高校在专业招生中的主体行为体现在两个方面。其一，分专业计划的决策。在分省分专业计划的编定中，因分省计划涉及各省的录取名额，与高考公平关系尤密，决定权几乎完全归各省考试招生机构所有。分专业计划则由高校硬件设施、软件条件决定，高校的专业承载力是分专业计划必不可少的要素。故而，高校在分专业计划的制订、分专业出省计划的制订中，还充分考虑了院校发展定位、各省考生生源差异、各省社会发展需求，以保证招生效果。其二，"院校＋专业"志愿填报模式

下,"专业志愿"的设置。① 在这一模式下,考生的"学校"志愿为首要选择,"专业"志愿为次要选择,而"服从专业调剂"的选项也弱化了"专业"志愿在招生录取中的重要性。高校可根据相关规定,对招生专业进行大类合并、重新命名;对招生专业设置身体健康条件的限制、单科成绩的限制;对服从调剂者,安排其最终录取专业。

事实上,招生宣传与专业招生的重要性是不可忽视的,宣传决定了社会对高校的了解程度,是高校招生、考生报考的权威参考;专业是高级专门人才培养的基础单元,是考生进入专业学习阶段后成长成才、高等教育内涵式发展的关键。不过在现阶段,高校招生主体行为虽然以此为发力重点,但对其的把握还停留于程序层面,未达到科学层面。

三 高校招生主体行为的作用分析

客观言之,高校招生主体行为有助于履行高考的社会责任、满足高校的相对获得感,但也在一定程度上破坏了院校间的竞争秩序,为考生报考带来了困扰。

(一) 高校招生主体行为助力国家政策落地,履行了招生的社会责任

对于非高考综合改革试点地区的普通类招生而言,高校在与政府的互动中虽然不具有中心地位,但发挥了一定的主体作用,在国家政策法规的指导下开展工作,为高校考试招生的顺利进行起到了保障性作用。高校是国家政策的协作者,招生主体行为主要体现为主动与教育行政部门、考试招生机构沟通、合作,完成分省分专业计划的编定、统一考试的命题与阅卷、招生录取等具体工作,使招生工作得以有条不紊地进行。高校是国家政策的支持者,不仅在国家规定的基础上颁布高等学校"招生章程""招生简章""招生实施细则",完善国家考试招生制度建设,而且以招生宣传为契机,向社会宣传国家的高考政策,为国家政策的平稳落地奠定基础。

高校招生主体行为在遵守、协助、支持国家政策的同时,也履行了社会责任,充分保证了考生的权益,将接受高等教育的机会相对公平地分配给社会群体。一方面,高校招生主体行为维护了招生录取秩序,在录取环

---

① "专业志愿"是"专业"在招生中的表现形式,其可与高校的专业设置完全相同,亦可有所差别。

节高校虽然有一定的决策空间，但依旧严格执行提档原则、遵守退档要求、谨慎使用预留计划。正如几位招办主任所言："提档比例100%是对考生负责，因为平行志愿是同时投的，投到我这来了，我都搞了几天，阅档之后如果退掉，考生就没有退路了。"（GX2－3－1－ZB1－191126）"在省级招办那里105%（的投档比例）也是最佳计划之后全录取的，最后的录取结果是1：1，因为平行志愿学生只能投一次档，我当然也是想选的，但更多的时候还是从社会责任来说。"（GX3－1－1－ZB1－191030）另一方面，高校通过招生主体行为为考生提供服务，除了在志愿填报期间依托宣讲、即时通信、网络等平台接受考生的咨询，在招生录取环节，也会尽可能征求服从调剂者的意愿，保证考生的权益。

高校招生的社会使命感来源于其对中国考生众多、社会对招考公平无限期待的基本认识。部分高校在不高于105%的提档要求下主动确定为100%、在"坚持德智体全面衡量、择优录取"原则下依旧将"分数至上"作为录取依据[①]等，也是高校作为招生主体的一种为适应实际情况的无奈之举。换言之，高校招生主体行为的向上服从，来源于在考试大国维护招考公平的高难度。一位招办主任的观点较有代表性：

> 你凭借什么挑选（考生）？还是分数啊，在我们这种录取的模式之下，分数我觉得是最公平的。如果你按照1：1.2投档，这20%你按照什么原则（录取）？按照单科成绩，还是按照综合素质？如果没有一个客观的挑选标准，就会带来不公平，就会有操作的空间。你怎么挑选？你凭什么挑选？你不要这位考生，要讲出道理。（GX2－3－1－ZB1－191126）

（二）高校招生主体行为立足自身利益，提升了院校的获得感

在"统考统招"的制度设计中，高校考试招生的话语权集中在教育行政部门及考试招生机构中，无论是政策制定抑或招生实践，都更多考虑了考生的利益。高校不仅要为考生提供服务，而且要通过人才培养为社会服务，实际上，在招生中高校的利益是最受忽视的，招生自主权缺失、在

[①] 郑若玲、庞颖：《强化高等学校主体性地位——论招生改革的价值转向》，《教育研究》2019年第12期。

普通类招考中基本没有挑选适宜适性考生的权利,对考生利益让步、部分招生规则可能导致高校生源一落千丈。多位高校的受访者以提档比例和生源的满足率为例,谈及现行制度对高校获得感的剥夺。在100%的提档比例下,若考生不服从调剂便将被退档处理,高校招生计划也因此难以满足,虽然征集志愿可进行弥补,但这将拉大录取者之间的分数差距,尤其在合并录取批次的省份,部分省属重点高校甚至遭遇了100分以上的录取分差。再辅之社会评价机构"招生录取分数线排行榜"的推波助澜,高校的长远损失是难以估量的。

诸如此类的情况还有很多,而高校招生主体行为立足自身诉求,在一定程度上可以提升院校的获得感。在遵循国家招生录取政策的同时,高校实行多种措施增强院校的招生吸引力,努力强化自身在招生竞争中的优势。例如,高校尽力争取提升录取批次,省属重点高校在多省进入本科第一批次招生;加大宣传力度,使考生、社会更加了解高校的整体实力与优势学科;实施"零退档、零调剂"改革[①]或降低转专业难度,满足学生需要;等等。在开展录取工作时,以专业招生为突破口,以考生的能力、兴趣为依据,在有限的生源范围内挑选适宜本专业培养的考生;对部分特殊专业设置报考条件,间接考查考生的学科能力;设置分数极差,间接考虑考生的专业志趣。在做招生规划时,权衡招生与高校发展的关系,使招生为办学服务:根据院校学科特色,调整专业计划的结构;考虑办学成本,确定各专业计划总数;结合院校发展战略,争取招生计划总数。综言之,高校在有限的权力空间内,使招生主体行为服务于高校选才、高校育才、高校发展。

(三) 高校部分招生主体行为破坏竞争秩序,困扰了考生的报考

在招生实践中,高校作为主体,与其他高校之间因生源竞争而产生主体间性,若主体行为偏离正轨,将破坏主体间的和谐关系。同时与考生之间因招生录取而产生主客体关系,若主体行为走向歧途将有损客体利益。事实上,高校部分招生主体行为或破坏了竞争秩序,并对考生的报考造成了困扰,而现阶段,诸如此类问题在政策法规上处于空白状态,疏于治理。

---

① 北京理工大学、北京航空航天大学等高校的新举措,普通一批考生填满专业志愿且不重复,体检符合国家要求,投档后不退档、不调剂,满足专业志愿之一。

在主体间的竞争中，高校的部分招生主体行为造成了不良竞争，破坏了竞争秩序。在招生批次安排上，在提前批投放的招生名额多于普通批（本科一批、本科二批），以此来"提高"学校在普通批次的录取分数，引发社会对高校的错误判断，损害了竞争对手的利益。在招生宣传中，以"新生高额奖学金"为方式恶性抢夺生源，如2019年6月24日教育部高教司《关于请严格执行招生工作纪律的函》通报了浙江大学对浙江省前100名考生中的报考者奖励50万元、前300名考生中的报考者奖励20万元的事件，诸如此类的事件在多所高校的招生宣传中都能见到。[①] 在招生录取中，不乏高校将预留计划用作招生竞争，即经模拟投档后，有目标、有针对性地在正式投档时增加计划，导致竞争对手高校断档，使其录取最低分断崖式下降。

在主客体间的互动中，高校的部分招生主体行为有损于客体利益，加剧了考生报考之难。虽然在考试招生政策的制定中高校几乎不占有话语权，高校的行动服从教育行政部门、考试招生机构的行政指令，但在报考环节，高校是招生信息的提供者，甚至可以说是考生信息的唯一来源，在培养环节，高校更是大学生教育的唯一承担者，培养又与招生是一脉相承的。近年来，越来越多的高校以"宽口径、厚基础"的教育理念为依据，以培养大学生的通识能力、综合能力、对专业的兴趣为说辞，在招生实践中对专业志愿进行改革。但事实上，这一改革出现了诸多不规范的现象。其一，改动"冷门"专业的名称，以提高招生吸引力，但实则"新瓶装旧酒"，如"资源环境"改为"工科试验班（电子信息与地球科学复合培养）"、"数学"改为"理科试验班（信息与数学）"、"化学工程与工艺"改为"工科试验班（绿色化工与新能源类）"；其二，将"冷门""热门"专业打包处理，如GX3-2-1高校将其"冷门"的经济统计学与"热门"的经济学、国际经济与贸易合并为经济学类，以提升招生分数；其三，已经开始招生的专业大类缺乏与之适应的、科学合理的人才培养方案，不乏高校在新生入学8周后便进行专业分流或将大类培养视为基础教育的延续，既没有培养新生的专业兴趣，也没有真正做好通识教育、跨学科教育；等等。高校诸如此类的制度设计并没有向考生公布完整的信息，甚至有高校不标明专业大类所包含的具体专业、所隶属的二级学院，将高

---

① 在笔者加入的多所高校招生群中，常有相关"奖励"出现。

校人才培养方案向社会公布则更无从谈起。考生报考也因此颇受困扰,正如一位大一新生所述:"我觉得还是填志愿的时候就直接确定专业比较好,我们分流办法是入校后才公布的,我的一个室友就是冲着法学专业来的,但最后差了一点点没有学成法学,她就有点后悔,以她的高考成绩是可以直接去武汉大学法学专业的。"(GX1-1-1-XGKXS-2-191212)

第二节 高考综合改革试点地区的高校招生主体性地位

2014 年国务院印发《关于深化考试招生制度改革的实施意见》(国发〔2014〕35 号)(以下简称《实施意见》)拉开了高考综合改革的序幕,此次改革通过"教、考、招"的分离与协同,强调高中、考试招生机构、高校的能力建设,[①] 是统一高考建制以来,普通类招生中最为强调高校招生主体性地位的一次改革。但限于高考的复杂性、高校认识与能力的有限性,高校招生主体行为的表现功过不一。

一 高校在高考综合改革试点地区招生的特殊行为

各试点地区的高考综合改革实施方案对高校在招生方案的制订、招生录取的实践、招生后的人才培养方面有诸多新的要求。比如,确定选考科目、制定综合素质评价使用办法、划定新的招生志愿单位并以此为据开展录取工作、加强高校与高中的互动、重视高校专业建设,等等。

(一)制定选考科目

《实施意见》指出,高校在高考综合改革试点地区的招生,应根据自身办学定位和专业培养目标,对考生提出高中学业水平考试科目的报考要求。2018 年至 2019 年,教育部办公厅先后印发了《普通高校本科招生专业选考科目要求指引(试行)》(教学厅〔2018〕1 号)、《普通高校本科招生专业选考科目要求指引(3+1+2 模式)》(以下简称《指引》),要求高校据此制定 2020 年之后进入大学的考生的选考科目要求。高校招生办公室在相关文件的指导下,组织开展相关工作。

[①] 郑若玲、庞颖:《高考综合改革系统性的基本要义、实践审思与完善路径》,《高等教育研究》2020 年第 3 期。

整体而言，高校选考科目要求的制定流程与考量因素如下。首先，招生办公室根据《指引》的相关精神，向二级学院宣讲政策、部署工作。一位高校招生办工作人员认为："国家对选考科目的制定不是引导，而是强制。《指引》的要求你不能动，你动就要提出申请，然后一级一级审批，事实上我们在这里是没有自主权的。"（GX3-1-3-ZB1-191029）其次，二级学院提出选考科目建议。具体由院主管教学、招生工作的领导、院级学术委员会直接决策，或广泛征求专任教师意见后由院领导层决策。二级学院层面多以学科专业特征、考生的学科能力等为依据，也有少部分院系考量了专业的招生吸引力。比如，一位省属重点高校二级学院的主管领导表示："如果这个专业非常好、非常热门，选科的时候会针对性强一些，限制会多一些。但传统的老专业，还要考虑到生源的问题。比如纺织专业，服装染色涉及很多化学知识，但抗菌等也与生物有关，当然学物理的也很好，所以我们就决定三科中任一科都可以。"（GX3-2-1-XYLD2-191024）再次，招生办公室审核、统筹二级学院的选考建议。招生办公室参照教务部门、学工部门的意见，并综合生源竞争、学校整体办学效益、招生志愿单位安排、其他高校选考要求、考生报考心理等要素后，与二级学院协商或直接确定选考科目的初步方案。几位招办工作人员的观点较有代表性："我们为此专门开过两次校务会，最后一致认为，应在教育部的框架下面，尽可能扩大招生的这种范围，不要给太多的限制，就是说多留一些余地。"（GX1-3-2-ZB1-191126）"我们在汇总各学院上报选考科目要求的时候，会对有关异议进行调研论证。我们会考虑生源竞争问题，比如设置科目多、考生覆盖面就小、招生最低分可能就会低；也会考虑考生报考的实际情况，尽量使几个专业有同样的选考科目，这样在'院校专业组'志愿下，不会浪费考生的志愿，减少不公平。"（GX2-3-2-ZB2-191014）"高校之间的竞争很普遍，我们发现拼得最厉害的是全国排名10—20名的高校，这些学校都不敢完全从人才培养的角度提选考科目吧？"（GX3-1-2-ZB1-191209）复次，由招生办公室将方案提交至校学术委员会或校长办公会等决策机构，讨论后通过。最后，将方案报送招生省份的考试招生机构，审核通过后向社会公布。选考科目的制定以年度为单位，高校也会参考录取结果、学生入校后的学业表现、院系学科专业发展需要等，在之后的制定中进行调整。

（二）确定与实施综合素质评价使用办法

根据《实施意见》的相关要求，高考综合改革应探索"两依据一参考"的多元录取机制，综合素质评价的使用办法由高校提出，并在高校录取环节使用。但截至目前，综合素质评价结果在本科层次的招生中，多用于综合评价录取、上海市春季高考，极少用于普通类招生中。

综合素质评价结果的使用办法由高校招生办公室确定，并经招生工作委员会或其他校级领导机构批准，大部分高校将其呈现在"高等学校招生章程"中，小部分高校则制定了专项文件，如《上海交通大学普通高中学生综合素质评价信息使用办法》。整体而言，综合素质评价结果在普通类招生录取中的使用极为有限，虽然政策文本中标明综合素质评价的写实性记录应作为调剂考生专业志愿的参考，或同位次考生专业志愿的参考，但在实践中的应用范围很小。一方面，在于高校考试招生的制度设计，高考综合改革试点地区的实际提档比例为100%，高考成绩、高中学业水平考试中选考科目的成绩是重要录取依据，高校不具备参考综合素质评价结果的空间；大多数省份的考试招生机构或高校"招生章程"中制定了同分排位的依据，调剂志愿、专业志愿的参考也不用以此为据，如一位高校招办主任所坦言："'招生章程'里有高中综合素质评价的使用办法，但它基本上是一个空头的东西，在招生中很少使用。"（GX1-3-1-ZB1-191016）另一方面，在于综合素质评价结果对高考公平的挑战，高校受访者普遍认为其真实性难以考证、各省的基础不同、各高中的标准不一、考生人数过多、呈现方式无法量化，等等，这些问题都将威胁高考的公平正义。所以，高校普遍认为在普通类招生中，综合素质评价结果无法使用，甚至有些高校招办的受访者尚未开始了解这一问题，将其误认为是"新规定"："目前我们高校基本不用'一参考'，我省马上要改革了，要把综合素质评价档案拿来给我们看，一个比较关键的问题就是怎么量化，如果能够量化就不只是参考了，但参考就是参考，起不了决定性作用，不能因为这个学生奖项很多，高考的时候就给他降两分。"（GX1-2-1-ZB1-191023）"这是高中的事情，到底综合素质评价是个什么东西，我现在还不了解。"（GX3-3-1-ZB1-191127）"'两依据一参考'？我还专门去学习了一下，其实是第三批试点省份才做的一个'两依据一参考'。"（GX5-1-1-ZB1-191211）

（三）确定招生志愿单位及开展录取工作

根据高考综合改革试点省份"高等学校招生录取方式改革实施办法"等的要求，减少、合并录取批次，改革志愿填报与投档录取的基本单位成为整体趋势。与此前相比，"院校专业组"志愿与"专业（类）+学校"志愿的改革也使高校在设置志愿单位和开展录取工作时有了不一样的举措。

1. 确定"院校专业组"志愿及开展录取工作

"院校专业组"志愿是每个批次内志愿填报与投档录取的基本单位，基本单位内再设专业志愿。比如，《2020年海南省普通高等学校招生录取方式改革实施办法》指出"本科普通部分的本科普通批设24个院校专业组志愿，每个院校专业组内设6个专业志愿和服从专业调剂志愿""一所院校可设置一个或多个院校专业组，每个院校专业组内可包含数量不等的专业"。在进入高考综合改革的省份中，上海、北京、天津、海南、江苏、福建、湖南、广东、湖北使用该种方式，整体而言，涉及的考生数量较多、占总数比例较大。

院校专业组的设置由各高校在省级考试招生机构的指导下完成，以上海市考试招生机构规定的院校专业组划分为例，包括"1政治组""2历史组""3地理组""4物理组""5化学组""6生物组""45物理或化学组""456物理或化学或生物组""999不限组"。一般而言，高校可在此范围内，自行决定本校"院校专业组"志愿以及组内专业志愿的类型及数量。各校设置"院校专业组"志愿时有不同的考量，包括专业的同质性，如将同一选考科目的专业划分至同一组别；专业的特殊性，如将中外合作办学专业独立成组；招生数量的大小，如理工类高校限选物理的专业多、招生量大，便设置2个"4物理组"，其一为理学类专业，其二为工学类专业；学校间的竞争性，如将热门专业独立成组，以提高学校某一组别的招生分数，提升招生吸引力；生源的范围，为吸引更多学生报考，将选择做最大化处理，比如"456物理或化学或生物组"，凡有传统理工科性质的皆划归一组。在招生录取环节，高校虽然按100%提档，但要处理考生的专业调剂志愿；除此之外，在部分为吸引生源、将选择做最大化处理的组别中，高校还要根据考生的实际选考科目判断是否具备调剂的条件，比如GX1-3-1高校2019年在上海招生的"院校专业组"志愿中，"456"组包含了6个选考科目不完全相同的专业（理科试验班1、理科试验班 2、电子信息类、计算机科学与技术、软件工程、人工智能），若考生仅选考了化学、未选考物理，其在未被选考科目要求为物理或化学的理科试验班录取的情况下，也无法将其调剂至本组内选考科目仅为物理的计算机科学与技术专业。

"院校专业组"志愿与传统的"院校＋专业"志愿相比变化不大，在高考综合改革推进之初，多被视为平稳过渡的最佳方式，高校对其有着较高的适应性，也多认为这与大类招生改革更为契合。但缺陷也客观存在，实践中不仅与大类招生关系不大，而且组别设置十分复杂，部分高校存在不了解、理解有误，或投机取巧、有损考生利益的问题，从长远来说，其也不利于推动高校专业建设。多所受访高校表示，设置"456 物理或化学或生物组""999 不限组"之后，与传统文理分科差别不大，抵消了文理不分科、选考制度的冲击。而且属地非上海市的高校，在上海市的招生名额少，他们也会在做分专业出省计划的时候，不投放选考科目要求"特别"的专业，如医学类专业（选考科目为"物理＋化学＋生物"），以使分组简单、提升生源分数，但这在无形之中剥夺了上海考生的权利，且对高校招生改革而言也绝非长久之计。再如，GX1－3－1 高校在上海招生专业的选考科目有历史或政治，物理，物理或化学或生物，物理或化学或地理，物理或化学，物理或生物，不限，物理或化学或政治，但院校专业组为"456 物理或化学或生物组""999 不限组 1"，"999 不限组 2"，若考生填报不限组，但未选考历史或政治，同样不能调入相应专业，但此项规定未被明确提及，考生很可能陷入误区，从而减少了被录取的机会。

2. 确定"专业（类）＋学校"志愿及开展录取工作

"专业（类）＋学校"志愿是志愿填报与投档录取的基本单位，在使用这一方式的省份中，本科普通批次全部合并，具体方案由各省制订。以浙江省 2017—2020 年的录取为例，将考生高考成绩划分为三段，分别占考生总比例的 20%、60%、90%，考生分段填报志愿，每段可填报不超过 80 个志愿。在进入高考综合改革的省份中浙江、山东、辽宁、河北、重庆使用该种方式，相对而言不及"院校专业组"志愿涉及的考生数多。

相比之下，"专业（类）＋学校"志愿的设置较为简单，高校根据分省分专业招生计划上报志愿单位即可，但也要对"专业"或"专业类"进行抉择，多数高校的志愿单位设置也是在不断调整的。比如 GX5－1－1 高校 2017 年以"专业（类）＋学校"志愿为主，2019 年多个志愿改为

"专业（类）+学校"志愿，包括计算机科学与技术、软件工程合并为计算机类，广播电视学、广告学合并为新闻传播学类，机械工程、车辆工程合并为机械类，等等。在招生录取环节，高校按100%提档至专业（类），不存在调剂的问题，高校仅需阅档、了解考生整体情况及身体健康状况即可。"专业（类）+学校"志愿是对传统的"院校+专业"志愿的完全颠覆，在高考综合改革之初，多被视为一种激进式的改革，难免遭到质疑，包括：影响了招生专业数量多的高校在招生名额少的省份的招生，如GX1-3-1高校在西藏每年仅有6个计划，使用"专业（类）+学校"志愿时，若专业（类）安排不妥当，很可能造成生源空缺的问题；专业划分过细，对生涯教育资源有限的考生不利；按专业招生割裂了学科之间的联系，与宽口径、厚基础的人才培养改革方向不一致；专业类招生为"冷""热"专业"打包"提供了政策支持，影响了考生的志愿选择，也容易使改革"倒退"；入校后往往以放开转专业条件为配套措施，招考公平招来质疑。但"专业（类）+学校"志愿设置的优势也显而易见，如志愿设置严格按照招生计划执行，少有投机的机会；录取环节多依托技术手段实现，减少人工参与，进一步推动了高考公平；给予特色专业弯道超车的机会，有利于打破社会按"双一流""985""211"评价高校、评价人才的方式，在一定程度上破解了"唯分数"论的不科学的评价体系，使高校特色发展、使特色专业更好地发展；灵活性强，考生可自愿以选择高校为主或以选择专业为主；若"专业（类）"适当放大，也可转化为"院校专业组"模式，且组内专业同质性较强；推动了高校对专业建设的重视，有利于高校招生专业的动态调整、对学科发展的规划。同时，第一批试点地区高校招办的受访者多表示"专业（类）+学校"志愿三年来也形成了一定的规律，考生报考志愿数量逐年减少，盲目性弱化、针对性提升。

（四）加强高等教育与基础教育的联系

高考综合改革"两依据一参考"的多元录取机制、"院校专业组"或"专业（类）+学校"的志愿改革强化了高等教育与基础教育的联系。总体而言，体现在高校招生的宣传工作、学段间人才培养的有机衔接两个层面。

在高校招生宣传方面，因"院校专业组"或"专业（类）+学校"的志愿改革突出了专业在招生中的地位，高校之间的招生竞争规则发生改变，高校也比此前任何时期更加注重招生宣传的深度。高校为了扩大学校声誉，尤其是专业声誉，主动走进中学、开设直播，发动专家学者、优秀学子的力量，在招生宣传中更加强调对专业、人才培养模式的介绍。比如，组建"博导教授学科宣讲团"，开设"学长学姐谈交叉融合培养""好专业院长和你说"等线上宣讲。高中也更愿意与高校交流，尤其是新建本科高校、独立学院在宣传中进高中难的问题得到了缓解。

在人才培养方面，因"两依据一参考"多元录取机制的落地，使考生的专业选择前置、个体的知识结构打破了传统"大文""大理"的固定组合，高等教育与基础教育之间人才培养的衔接受到了空前的重视。高校为高中开设生涯规划课程，解决高中教师对学科专业了解有限、相关资源不足的问题。比如，开设"如何快速学好——《编译原理》"名师讲堂、与高中共享实验室等，在课程教学的过程中，既完成了对高中生的生涯教育，又宣传了高校与专业。高校调整人才培养方案、对新生进行学业补偿，解决学生因选科不当造成的学科专业知识结构不合理的问题，比如对部分学生开设了物理、化学等科目的学业补偿，或面向全体学生调整人才培养方案、增设相关科目的基础课程。高校开放了转专业条件，解决考生过早做出专业选择引发的专业适应性较差的问题，尤其在以"专业（类）+学校"为志愿形式的第一批试点地区，其省属重点高校、新建本科、独立学院几乎全部放开了转专业条件。同时，高校还基于高级专门人才培养的现状，提出对基础教育的改革建议，认为基础教育应走出应试教育的窠臼，更加注重学生的学科基础、综合素养、职业志向。

几位高校的受访者形象地阐释了他们在高考综合改革试验区与高中的互动情况：

> 我们围绕高考综合改革的职业规划做了一些事情。第一，搭建了省内的"好大学"平台。我们依托专任教师，联合兄弟院校，传授一些生涯规划的基础知识，请高中教师们到学校里的教学平台、实践平台、创新平台去看看，那他自然就对这个学科有特别直观的认识。第二，组织学生游学。比如，欢迎他们来实验室做实验，我们的大学生来给他们辅导，与校外辅导机构不同的是，我们完全免费。第三，开设专项培训，对高中地理、生物、化学等学科教师进行培训，帮助

他们更新知识。(GX1-3-1-ZB1-191016)

　　本身人才培养就是延续的，这几年我们经常进高中，通过二级学院的教师去指导高中的社团、竞赛，举办学科讲座，邀请生源中学的学生来大学参观体验。这样的一种改革让我感觉到气氛开始越来越好。(GX5-1-1-ZB1-191211)

　　现在我们新的人才培养方案中，就加强了化学课程，因为我们选考要求的是物理。(GX1-2-1-XYLD1-191023)

二　高校招生主体行为的基本特征

中国高校招生主体性地位随着高考综合改革的推动而被强化，但路径依赖、经验缺乏使高校对自身招生主体性地位的认识有限、行动力受限。不过，随着高考综合改革走向成熟，高校在招生中也逐步尝试行为创新、权力重构。

（一）高校首受重视，行为期待政策指引

高考综合改革关于考试科目、录取机制、志愿单位等的改革，均对高校提出了更高的要求，增加了高校在全国普通高等学校招生统一考试、全国普通高等学校招生录取中的权力与主体性。具体而言，高校获得了部分考试科目的决定权，改革打破了文理分科制度下的科目固定搭配，高校可通过制定学业水平考试选考科目要求，来决定考生除语文、数学、外语之外的其他三门考试科目，这三门选考科目成绩在总成绩中占比达30%—40%。高校获得了录取依据、录取参考的决策权，改革使用"两依据一参考"的录取机制，高校有权决定学业水平考试的选考科目、综合素质评价的使用办法，与改革前完全依据高考成绩录取相比，高校有更大的招生话语权。高校向社会推介专业的主体行为被强化，改革之前"院校+专业"的志愿单位，使大部分高校特色专业的优势埋没于录取之中，高校在招生宣传中不重视专业推介，而"院校专业组"或"专业（类）+学校"的志愿改革打破了原有的竞争模式，强调了院校特色，高校在招生中加强了对专业的宣传，调动了专任教师的参与。

但是，高校在高考综合改革试点地区的招生主体行为仍表现出对国家政策较强的依赖性。在选考科目制定方面，大多数高校充分认可了国家印发《指引》的必要性，认为国家的站位更高、参考了更多的要素、做出的决策更为科学，这是高考综合改革初期必不可少的政策。如几位高校招办主任所言："从目前来讲，无论是对高校还是对考生来说，要有一个大致的框架慢慢走。"（GX1-3-1-ZB1-191016）"我觉得相对来说国家发布《指引》有好处，比如它明确了选物理，说句实在话，它有的科目也是征求了多方的意见，教指委、高教司等，这样的决策是比较合理的。"（GX1-3-2-ZB1-191126）"我个人觉得，国家有个'指南'是好的，从国家宏观层面把握整个专业的选考科目设置、人才培养，站位更高。"（GX3-3-1-ZB1-191127）同样的问题也体现在高中综合素质评价结果使用办法的制定中，自高校通过高考综合改革实施方案招生至今已有4年之久，但绝大多数高校在普通类招生中尚未公布综合素质评价使用办法，更别提实施了，他们同样希望这一问题由国家来解决。多位高校招办工作人员表示："我们不清楚综合素质评价怎么使用，我们要向国家学习，学习他们的做法。"（GX3-3-1-ZB1-191127）"这块工作（综合素质评价的使用），在新的国家考试改革中，一定会有突破的。"（GX1-3-1-ZB1-191016）"综合素质评价需要省级主管部门统一去量化或建立指标，不然我们高校很难操作"。（GX3-3-3-ZB1-201021）

高校在被赋予主体权力之后，依旧对国家政策有所期待，原因有如下数端：其一，"统考统招"的制度实施已久，高校有较强的路径依赖，习惯于服从国家的行政指令；其二，高校招生面向的是不同的省份，而我国各省经济、基础教育、高考实施方案都有差异，高校仅凭一己之力很难权衡多重要素；其三，高校招生仍旧在"统一招生"的制度下开展，若高校间的方案有较大的差异，将影响考生备考、高校选才；其四，高考综合改革下的高校招生改革尚处于起步阶段，新旧招生制度的过渡期需要国家层面的宏观调控。

（二）高校意识不足，行为因试点方案而异

高校对自身招生主体性地位的认识往往是非常狭窄的，主体意识缺失、反应缓慢、行为乏力是高校招生主体性地位在高考综合改革制度下的主要表现形式。

高校普遍认为，高考综合改革弱化了高校招生主体性地位，原因在于其将招生主体性地位与招生自主权捆绑，并将招生自主权片面理解为在招生录取环节中的决策权。因为高考综合改革试点地区多将提档比例规定为100%，与不高于105%或120%相比，高校失去了选择的"余地"，而

"专业（类）+学校"志愿也不存在调剂的情况，这使高校的相对获得感缺失。如几位高校主管领导、招办主任所述："现在投多少我们就招多少，其实从学校来讲，在最终录取环节上，也不需要体现更多（的主体作用）了。"（GX5-1-1-XLD1-191211）"现在就是考生优先，先是考生的自主权、选择权，再是高校的自主权。为了满足考生的需求，我们高校这块，自主权都被削弱掉了。从某种意义上来说，高校现在基本没有自主权。"（GX3-1-2-ZB1-191209）但他们却忽略了选考科目及综合素质评价使用办法的确定、招生志愿单位的决定等，使高校获得了考试科目、录取依据、录取参考、录取策略的决策权，事实上，与此前的"调剂权"相比，现行方式是对高校招生主体性地位的强化。

高校意识到了高考综合改革带来的挑战，但与高中应对高考改革的速度相比较为迟缓。高中直接面临学生的高考问题，高考改革对其的影响往往是立竿见影的，而以往的改革也多注重基础教育与高考的关系，长期以来高中形成了较强的应变力，比如在此次高考综合改革中，高中迅速组织开展选科、走班、综合素质评价等工作。但高校、高等教育不仅在以往的高考改革中参与程度低，而且高考对其的影响发生在考生参加完高考进入大学之后，这就导致高校应变速度迟缓。此外，我国高校招生名额分配的属地化现象也使高校更为关注本省的招生政策，从而造成高校意识的省际差异，总体而言，属地为第一批试点地区的高校的主体意识强于第二批、第三批。同时，高考综合改革的志愿单元出现了"院校专业组"与"专业（类）+学校"两种形式，因后者的改革更为彻底、与高校专业建设直接相关，属地为相应试点地区的高校的应变速度也更为突出。从调研情况来看，属地为第一批"专业（类）+学校"志愿改革的试点地区的高校尤为重视招生与专业建设的联系，如 GX4-1-1 高校设立了"优质生源工程"，相比之下属地为"院校专业组"试点地区的高校，对专业建设的重视程度远不及前者。而属地为第二批、第三批试点地区的高校的受访者甚至对高考综合改革实施方案不甚了解。在对一所位于第三批试点地区的省属重点高校进行调研时，虽然其在第三批"专业（类）+学校"志愿省份均有招生计划，但其招办主任却谈道："我们省是'院校专业组'志愿，第三批都是吧？我们没关注'专业（类）+学校'志愿。"（GX2-3-2-ZB3-191014）而另外三位属地为第三批试点地区的"一流大学"建设高校招办主任、"一流学科"建设高校主管校领导、省属重点高校招办工作人员也表示："我们在上海的招生计划不多，我还真的不了解'院校专业组'志愿的划分依据。"（GX1-3-2-ZB1-191126）"我们是到2021年（实施高考综合改革方案）吧？到底有哪些影响，我们还是在估摸着，因为还没到。"（GX2-3-1-XLD1-191126）"新高考改革对各个高校的影响，我认为现在主要是在心态上，就是在思想上的影响。"（GX3-3-2-ZB2-201020）

（三）高校放眼长远，行为有所创新

高考综合改革文理不分科、启用选考制度、进行招生志愿单位改革的系列举措，使高校考试招生向专业细化，给予具有专业特色的高校"弯道超车"的机会，这一政策红利在实施"专业（类）+学校"方案的省份尤为突出。据一所以外语类专业见长的新建本科高校主管校领导介绍："2016年我们一本线进来的新生差不多只有8%，高考综合改革之后分段录取、按专业招生，专业放在（院校的）前面的，以今年为例，录取学生上一段线的占比大概为48%，增加了40个百分点。以前只有一两个专业可以上一段线，这次我们一段线录满的有13个专业。"（GX4-1-1-XLD1-191210）

因此，高校招生在关注生源分数等短期利益的同时，也将目光转向了长远利益，致力于高校专业建设。高校招生与专业建设关联的建立，可谓高考综合改革背景下高校招生主体行为的创新性表现。具体的表现形式可分为三个层次。第一层次，高校招生促进了专业的增设与裁撤。为提升招生的科学性，大多数高校根据招生分数高低增减专业，或对全校专业进行结构性调整，改变了以往"为了招生而招生"的局面，有效抑制了高校专业无限分化的"摊大饼"现象。比如，一所独立学院在2017年第一次招生时将全校30余个专业全部按"专业"（非"专业类"）招生，根据招生情况对专业设置进行大洗牌，其主管领导坦言："当年我们大概调整了4个专业，基本都是停招，同时也根据实际情况，增加了一些专业。"（GX5-1-XLD1-191211）一位二级学院领导详细介绍了该院专业调整的情况："前段时间我们针对专业做了大幅度调整，我们原来有7个专业，将其中6个整合为1个，现在我们学院只有材料科学与工程、材料成型及控制工程两个专业。我们之所以这么调整，是为大类招生做准备。"（GX1-2-1-XYLD1-191023）第二层次，高校招生推动了传统专业的现代化改造。一位高校二级学院领导介绍："我们学院电子信息科学与技术专业是5个专业中招生分数最低的,新高考之后有压力。但其实我们的师资、实验环境都不错,分数低是因为家长、考生误将它认为是修电脑、修电视的专业。我们现在尝试与企业联合做转型,用人工智能来促进专业的改造、升级,也可以提升招生吸引力。"(GX3-3-2-XYLD3-201020)第三层次,高校招生对专业内涵提升产生了影响。包括凝练专业特色,启动人才培养方案改革、教学改革,强化专业与地方产业的联系等,最终服务于人才培养质量的提升。如几位高校领导、二级学院领导所述:"我们学校要求每一个专业都可以凝练成一句话,或者比较简短的话,对外介绍时,让人家听了以后马上能够记牢这么一些东西。"(GX5-1-1-XLD1-191211)"我们虽然没做专业调整,但着重强调了专业的特色、内涵,比如我们工科,国家政策现在强调人工智能、大数据、智能制造,我们就从课程上来加强。"(GX3-1-2-XYLD1-191209)"我们经管类专业很多学校都有,我们在专业内涵建设方面融入了办学特色,比如,标准化是我们学校的特色,我们的工商管理就侧重于质量管理、标准化管理。"(GX3-1-2-XYLD2-191209)"我们经贸专业定位于为本地跨境电商综合试验区服务,这个产业链特别长,(本地)对我们这一类专业人才的需求量很大。"(GX4-1-1-XYLD3-191210)长远来讲,高校专业增设及裁撤、传统专业改造、专业内涵提升也将对高校招生产生反向促进作用。

(四)高校审视自身,探索权力重构

高考综合改革背景下的系列措施,也使高校审视了自身的招生实践,强化了二级学院的招生主体性地位,进入了主体权力的重构期。在改革之前,二级学院教师仅以各省(区、市)招生工作小组成员的身份参与普通类招考的宣传活动。改革之后,院系则要与招生办公室共同制定选考科目,配合学校或自主开展配套改革,而高校招生对专业的强调、与专业建设的联系,也强化了二级学院对招生及相关工作的参与。同时,从教育规律来看,二级学院作为人才培养工作的承担者,更熟识个体知识、能力、素养结构与专业学习甚至职业发展的匹配度,对招生方案的制订等也更具专业性、权威性。

但二级学院参与招生及相关事务的实际情况,则呈现出几种不同的状态。其一,学校完全遵循二级学院的意见,根据二级学院需求设定选考科目,但这种情况极少,如一所高校招办主任谈道:"我们完全尊重学院的意见，我们是学院的服务者、支持者。"（GX3-3-2-ZB1-201020）其二，学院较为积极，对高校招生的制度设计有一定的思考，但缺乏实现的途径。例如，部分院系选考科目、分专业出省计划报送至校级层面后会被调整等。正如一位二级学院领导所述："像我们独立学院，本身学费收费是比较高的，我们还是希望招一些经济发达地区的学生，但每年都给我大量的西部省份生源，报到率非常低。"（GX5-1-1-XYLD3-191211）其三，学院较为消极，认为招生工作与二级学院没有关系。如一位二级学院领导所述："入口上，我们没有太大的空间，我们只搞了一个新专业，但是录是他们录，我们管不了，没法应对。我们不是应对新高考改革，我们应对的是社会发展新形势，通过设置专业来吸引大家报考。"（GX3-2-1-XYLD2-191024）

高考综合改革实施方案对二级学院招生主体行为有所要求，但实践中二级学院被忽视的症结在于三个方面：学校层面对学院层面的不信任，如一位招办主任所述："从招生角度，我们可以跟二级学院进行沟通，但如果说随便给二级学院去做，就会乱，不然我们为什么要有招委会？"（GX5-1-1-ZB1-191211）学院层面的招生经验匮乏、统筹能力缺失，如一位有着多年招生经验的专任教师表示："专业院系会站在自己的立场上去考量自己的问题，而不会站在总体的知识架构上，他们的决策可能是非理性的。"（GX1-2-2-JS1-191101）学校层面与学院层面需求的矛盾，从调研中可以清晰看到，在招生中，学校层面更希望招收到高分考生，二级学院层面则更希望录取到专业适应性强的学生。在高考综合改革前，二者之间的矛盾在单一总分、文理分科、固定科目的制度设计中并不显著，但高考综合改革"两依据一参考"的录取机制，尤其是选考制度激化了这一矛盾——学校层面为了录取高分考生，减少选考科目设置或降低选考科目难度；二级学院层面为了招收到适宜的生源，希望多设选考科目或增加选考科目的难度，但最终结果往往是二级学院服从学校的抉择。

可事实上，二级学院参与招生的优势是显而易见的，也与高考综合改革的育人使命更加契合。调研中二级学院主管领导、专任教师多从专业建设、人才培养、学生发展的角度谈及对高校招生改革的思考。一位二级学院领导的观点较有代表性："还是应该以学院、专业的意见为主。学校给你（二级学院）一个大的原则，不仅是学校的，省里面就应该是一个大原则，我们自己来决定、来选，（这样）才对培养更有利。"（GX3-2-

1 - XYLD1 - 191024）可见，高校招生主体权力的重构，还有很长的路要走。

三 高校招生主体行为的作用分析

高考综合改革在普通类招考中强化了高校招生主体性地位，在一定程度上破解了"唯分数"论的教育评价导向，建立了高考与人才培养的联系，但也因认识误解与投机行为影响了改革效率。

（一）高校招生主体行为关注生源适宜，初步破解了"唯分数"论的桎梏

高等教育的职能在于人才培养、科学研究与为社会服务，[①]高校作为高等教育的实际承担者，习惯于以高等教育的职能为基础审思问题。这也就决定了，与考试招生机构相比，高校在招生中更关注生源的适宜性，即考生是否符合高校人文精神、学科发展趋势、专业人才培养特色。但在以往"单一总分""一考定终身"的高校考试招生制度下，高校参与度较小，只能凭借单一评价标准的"分数线"录取考生。高考综合改革不仅将录取机制转变为"两依据一参考"，而且赋予高校考试科目的决定权、录取依据及录取参考的决策权，高校招生主体行为具备了发挥作用的空间，可为选拔适宜的生源服务。在政策阈限内，高校制定选考科目与综合素质评价使用办法，并将其直接应用于考生的专业录取、专业志愿调剂中。在政策的影响下，高校进一步通过课程改革、教学改革、师资队伍建设等加强专业建设、促进学科发展，以此来吸引考生的关注、优化对学生的培养。正如一位高校招办主任所介绍的："我觉得（高考综合改革之后）高校在生源选择上更有针对性，我们通过设置选考科目，确实能够招到更多的适合我们后续培养的学生。进一步讲，要招到有针对性的学生，就必须有好的专业、好的学科、好的师资队伍，加强这方面的建设也同时给我们增加了筹码。"（GX5 - 1 - 1 - ZB1 - 191211）

2018年9月10日，习近平总书记在全国教育大会上提出"坚决克服唯分数、唯升学、唯文凭、唯论文、唯帽子的顽瘴痼疾，从根本上解决教

[①] 潘懋元主编：《新编高等教育学》北京师范大学出版社1996年版，第38—42页。

育评价指挥棒问题"①。"唯分数"在高校考试招生中,不仅体现为以高考分数作为主要依据录取考生,还表现为社会依据录取分数评价高校、高校之间凭借招生分数开展竞争。高考综合改革中综合评价、多元录取的价值导向给予破解"唯分数"的土壤,而高校招生主体行为也通过招收适宜生源、吸引考生及社会关注院校专业,在一定程度上破解了"唯分数"的顽瘴痼疾。在招生录取中,部分高校已经充分认识到招收到适宜生源比招收到高分考生更有利于后续的培养,故而通过选考科目的设置,又进一步破解了招生录取依据"分数至上"的桎梏。如一位省属重点高校二级学院领导谈道:"设置选考科目后,我们分数可能会降低,但我们也分析了,如果他们是真的因为有兴趣、适合学才报我们专业,他们以后的发展也不见得就会在后面,只要有兴趣,分数不高没准也是好事。当然我们也要做一些工作,比方说做一些教学平台,真正给他提供一个好的学习环境。"(GX3-2-1-XYLD1-191024)高校在招生中通过宣传专业、建设专业,强调了专业的重要作用,在"院校专业组""专业(类)+学校"志愿改革后,特色专业在招生中的分数进步突出,也破解了社会对高校的单一评价理念、高校与高校之间的单一赛道竞争规则。如一位"一流大学"建设高校招办主任介绍的:"新高考之后我们也对比了前后几年的数据,我看到某省属重点高校某专业的招生分数,超越了复旦大学、南京大学,可以见得,各高校的一些专业,在新高考后有了更公平的竞争环境。"(GX1-3-1-ZB1-191016)

(二)高校招生主体行为服务教育质量,探索了人才选拔与培养的联系

"统考统招"的高校考试招生制度,使70多年来中国高校考试招生由教育行政部门及考试招生机构主要负责,高校在相关政策规章下行使有限的权力。这就造成了高校考试招生中的断裂现象:从宏观层面,招生的话语权多归国家所有、培养的职责担当则由高校负责;从微观层面,在高校内部表现为招生归招办、培养归院系。② 这种嵌套性的二元结构,使中

---

① 习近平:《坚持中国特色社会主义教育发展道路 培养德智体美劳全面发展的社会主义建设者和接班人》,《人民日报》2018年9月11日第1版。
② 秦春华:《超越卓越的平凡:北大人才选拔制度研究》,北京大学出版社2015年版,第184页。

国高校招生长期与高级专门人才培养脱钩，也因此未被纳入高等教育质量提升战略中。高考综合改革强化了高校招生主体性地位，高校的参与也扭转了招生与人才培养断裂的现象，使招生服务于高等教育质量提升。选考科目的制定、综合素质评价结果的使用，更有利于高校从个体发展、人才培养的角度对高校考试招生做出要求、对高校考试招生效果做出判断，并在此基础上有所作为。同时，对于高考综合改革带来的"新应试"现象，即考生功利化选考导致个体知识结构不完整等问题，高校也通过招生主体行为予以纠偏，为教育质量的提升做出了新的贡献。

具体而言，体现为高校通过招生主体行为建立了招生与人才培养的联系，包括高等教育与基础教育两个层次的人才培养。在高等教育方面，高校招生通过制定科学合理的选考科目，选拔合格生源，为人才培养奠定了基础。一位招办工作人员介绍："我们将考生是否能够达到我们的培养目标作为制定选考科目的依据，比如说大气科学的招生，虽然东、中、西部基础教育实力有所差异、生源质量不同，但只要限定了数学和物理，招到的生源基本上问题就不大。"（GX2-3-2-ZB3-191014）高校人才培养通过补开基础物理、基础化学等课程，对选考科目与高校专业要求有差异的新生进行学业补偿，以保证高级专门人才的培养质量。一位招办主任谈道："我们的高分子专业选考科目为物理或化学或技术，但是通常招进来的是选了技术或化学的学生，但是物理对于高分子（专业）非常重要，后续人才培养很有压力。所以二级学院只有去补高中的物理知识，才能使学生把大学的很多课程衔接上。"（GX5-1-1-ZB1-191211）高校还充分认识到了学科建设与专业建设的差别，试图从专业建设发力，为人才培养提供资源支持。如一位拥有一级学科国家重点学科的学院领导谈道："学科建设很重要，但本科生的培养还是最基本的，如果没有这个做依托，你就没有存在的价值，就变成了专职做科研的研究所。所以为了应对改革后的专业竞争，我们也更加注重专业建设，使人才培养、专业建设、学科发展相互促进。"（GX1-2-1-XYLD1-191023）在基础教育方面，以高校招生宣传为契机，使高校从人才协同培养的层面与高中开展合作，如生涯教育、研究性学习、实验室共享、竞赛辅导、夏令营、校园体验日等，在有条件的情况下，将高级专门人才的选拔开始于高考之前、将高级专门人才的培养延伸至基础教育阶段，以扭转高中教育"片面应试"的问题。但总体而言，此方面的尝试较少，考生的受益面也受制于属地高等教育资源的发达程度。

（三）高校部分招生主体行为陷入误区，影响了招生与改革的效率

高考综合改革对高校招生主体性地位的强化是空前的，是1950年单独招考取消以来对高校在普通类招考中提出的最高要求、赋予的最高权力。但截至2020年，全国通过高考综合改革入学的考生仅占考生总数的10.66%，[①]使这项"全新"的招考试制度尚未成为高校考试招生的"主流"制度。现阶段高校作为招生主体，受能力与重要性限制，对高考综合改革实施方案存在一定的误解，影响了改革的效率。较为典型的误区有以下几点。第一，将"院校专业组"志愿设置与选考科目确定相混淆，不熟识甚至误用政策，降低了人才选拔的科学性。在调研中，一所地处第一批试点地区的省属重点高校招办主任就将其选考科目的种类与"院校专业组"志愿的种类相混淆，其在受访中表示"我们的院校专业组有5个，工科类必须要有物理，化学类要有化学，生物专业要有生物，政治类专业必须要有政治，还有历史专业最起码要选历史"（GX3-1-1-ZB1-191030），事实上，该校选考科目分为五种、"院校专业组"志愿仅为两种。另一所"一流大学"建设高校完全依据选考科目的设置情况划分院校专业组，其2019年在上海招生的情况为"4物理组"限选物理、含1个专业、招1名学生，"24历史物理组"限选历史或物理含1个专业，"45物理化学组"限选物理或化学、含3个专业，"456物理化学生物组"限选物理或化学或生物、含2个专业，"999不限组"不限选考科目、含1个专业，按该市要求，考生在每个"院校专业组"内可填报4个专业志愿，但该校每组内仅有1—3个专业志愿供考生选择，大大降低了考生被录取的可能性，也必然缩小自身的生源选择范围。第二，将"院校专业组"志愿与"大类招生"混淆，为应对高考综合改革，盲目进行大类招生改革，降低人才培养效率。多数高校招办、二级学院的受访者表示，"院校专业组"与"大类招生"同质，一位招办主任的观点较有代表性："现在有很多的高校在思考，把几个相关专业打通，搞宽口径的招生，'院校专业组'内的专业都是相近的，你就先进来，一年以后再分流，你考得最好，就可以去你喜欢的专业。"（GX2-3-1-ZB1-191126）以该校2019年在上海招生为例，其"院校专业组"划分为"45物理或化学

[①] 笔者根据2020年各省（区、市）高考报名人数整理。

组"含软件工程专业,"456 物理或化学或生物组"含生物科学专业,"999 不限组"含金融学、国际经济与贸易、法学、广告学、编辑出版学专业,考生入校后分专业培养,而非专业组培养,组内专业并非同质(如 999 不限组),也不存在一年后组内分流问题。第三,认为在新的招考政策下,总分高的考生即为优质生源,不惜降低选考科目要求,实则降低了人才选拔的入门标准。如一位省属重点高校的招办主任介绍:"设定选考科目时,我设定了物理,结果跟我差不多的高校,它就物理或化学或生物,我就吃亏了,这时候就影响太多了,招生分数肯定比他们低,所以我们也放低要求。"(GX3-1-3-ZB1-191029)这种现象在省属重点高校、新建本科高校、独立学院很常见,而此类高校招生数量占普通本科招生总数的 90% 以上,[①] 其后果可想而知。

虽然与考试招生机构、高中等不同类别的主体相比,高校的招生主体行为较为受限,但在同类主体之间却存在着激烈的竞争。面对制度设计复杂的高考综合改革,不乏高校在制度尚不完善的阶段通过"投机"行为在招生中获得优势,影响招考的科学性,甚至触及考生利益。其一,以生源竞争为目的,将"院校专业组"志愿利用到极致,在一定程度上损害了考生利益。比如,一所"一流大学"建设高校 2019 年将在上海招生的"院校专业组"志愿设置由"456 物理或化学或生物组""999 不限组"和"24 历史或物理组"变更为"999 不限组"和"24 历史或物理组",这种设计使该校招生分数显著提升,但代价是不在上海招收理工类专业。[②] 另一所"一流大学"建设高校自 2017 年起,将在上海招生的"院校专业组"志愿设置为"999 不限 1 组""999 不限 2 组""456 物理或化学或生物组",其设置两个相同组别,其中之一含 1 个专业、之二含 3 个专业,理论上二者可划归为同一组别,其目的不外乎争取相对"较高"的录取分数线,而"456 组"则将可选择范围放到最大,这难免会影响考生报考时的判断。其二,片面根据专业招考分数的高低决定专业的裁撤与保留问题,以争取院校录取的"高"分数,忽略了学科实力、社会需求等要素。一位省属重点高校招办主任便谈道:"高考综合改革后,我们学校材料

---

① 原始数据来源于《2019 年全国教育事业发展统计公报》、中国人民大学主办的"新时代中国教育公平与学生发展论坛"。

② 该校"24 历史或物理组"对应的专业为金融学类、工商管理类,非理工类专业。

类、生命科学类专业的招生分数不高，但他们科研很强，论文、课题都很多，但因为招生分数把它们砍掉了。"（GX3-1-2-ZB1-191209）

第三节 "自主"招生制度下的高校招生主体性地位

自1977年以来，统一高考是中国高校选拔人才的主要渠道，但高校招生的"自主化"改革也未曾停止，自主选拔录取是此类改革中的一次重大尝试。所谓高校招生的"自主化"改革，即在非艺术类、体育类的招生选拔中增加高校招生自主权的改革。具体体现为"自主"招生制度，[①] 即以高校为招生责任主体，赋予其一定的自由裁量权、决策权，而统一高考成绩仅作为有限的录取依据，甚至可不作为录取依据的招生制度，如少年班招生、保送生、自主选拔录取、综合评价录取等。[②] 现阶段，高校"自主"招生制度有少年班招生、保送生、综合评价录取、上海市春季高考、"强基计划"及小部分高校（如南方科技大学、上海科技大学、上海纽约大学、昆山杜克大学等）的招生。本节重点关注其中较为典型的招生模式，并以涉及考生数量较多的综合评价录取、上海市春季高考为分析要点，剖析中国高校招生主体性地位在"自主"招生制度下的情状。

一 高校在"自主"招生制度中的主体行为

现阶段，中国高校"自主"招生制度有很多，本部分以综合评价录取、上海市春季高考、"强基计划"、小部分高校的招生探索等为例，以澄清此类招生的基本情况。

（一）综合评价录取中的高校行为

高校综合评价录取于2007年以中南大学为试点拉开帷幕，并作为高考综合改革中对分类考试、综合评价、多元录取的模式探索大规模推进，

---

① 因始于2000年、大规模推广于2003年、止于2019年的自主选拔录取常被简称为"自主招生制度"，故本书使用"'自主'招生制度"以做区分。

② 庞颖：《强基计划的传承、突破与风险——基于中国高校招生"自主化"改革的分析》，《中国高教研究》2020年第7期。

"一流大学"建设高校、"一流学科"建设高校、省重点高校、新建本科、独立学院等均有参与。高校综合评价录取招生资格多由高校申请、省级考试招生机构批准，目前浙江省、上海市、山东省、江苏省、广东省等地开展了相关探索，也有部分"一流大学"建设高校、专业型院校在其他省份组织相关招生，如北京大学、清华大学、北京外国语大学等面向全国，中南大学面向湖南省及云南省组织综合评价录取。各校综合评价录取的"招生简章"是相关工作开展的基本依据，由高校在省级教育行政部门指导下自主制定，并报主管单位和省级考试招生机构备案。例如，在江苏省进行综合评价录取招生的高校，应以属地政策为依据，"招生简章"应包括"招生计划、招生专业、报名条件、报名方式、考核办法、工作程序、入选规则、录取办法、咨询方式、监督机制、申诉渠道等"[①]内容。高校若在多个省（区、市）进行综合评价录取招生，则应拟定多份招生简章。

综合评价录取的招生对象、报名条件由高校依据省级教育行政部门的相关规定自行决定，一般而言，招生对象为招考当年全体考生（含应届生、往届生），报名条件多参考高中学业水平测试成绩、高考模拟考试成绩、高中阶段历次期末考试成绩、高中综合素质评价档案、思想品德表现、社会实践表现等，部分高校参考学科竞赛证书、科技创新比赛证书、语言文学类比赛证书、省级荣誉称号、艺术特长、体育特长等。招生计划和招生专业由高校决定、主管部门核定，一般而言，招生总名额由主管部门根据相关政策规章控制，招生专业由高校决策，如全部专业、特色专业、特殊专业（如师范类、外国语言文学类等）、招生吸引力较弱的专业等，但大部分高校未公布分专业招生计划，具体视录取情况而定。初审、学校测试、综合成绩的计算公式等由高校自主决定，在大部分高校中，考试由教务部门负责、招生由招生办公室或学生部门负责，对"考试与招生相对分离"进行了一定的探索。初审通过与否由高考成绩或专家对考生递交材料的考核决定，其中需对考生进行材料审核的高校，相关工作多由招生办公室组织1—3名专家进行审核，审核结果多呈现为是否获得学校测试资格，少部分学校则会根据审核结果决定考生直接进入面试或须增

---

① 江苏省教育厅：《关于做好2020年普通高校综合评价录取改革试点工作的通知》（苏教考〔2020〕12号），https：//gaokao.chsi.com.cn/gkxx/zc/ss/202004/20200428/1899591282.html，2019年4月28日。

加笔试，根据考生材料将其分配至相应专业参加测试，通过初审的考生数量在部分高校高达录取考生数量的 8 倍。学校测试包括笔试、面试、体质健康测试等，组织笔试的高校较少，笔试多包括语文、数学、外语、物理、化学、政治、历史等科目；面试是所有高校都要组织的程序，但各校的测试有通识类或专业类之分，通识类多包括科学精神、创新素质、发展潜质、表达能力、综合素养等，如通过热点问题考查考生的相关能力，专业类则多为学科能力、潜力、兴趣等，如 GX4-2 高校外国语言类的面试内容为：①英语即兴演讲，阿拉伯语或西班牙语模仿；②英汉问答；③仪态仪表仪容。体质健康测试则包括身高/体重（BMI）、立定跳远、肺活量、50 米跑、坐位体前屈等。具体的测试时间也因校而异，5 分钟到 1 小时不等。学校测试的命题工作以本校具有高级职称的教师为主，少部分高校会聘请高水平大学、中学的教师参与，遵循保密原则，短期入闱至考试结束、命制 1—3 套试卷、专家由纪委部门抽签决定。学校测试的考官则抽调自由本校专任教师或具有高级职称的教师组成的专家库，抽签工作由纪委部门负责。考生最终成绩的构成多由高考成绩、学校测试成绩、高中学业水平测试成绩折算而成，三者比例构成有 6∶3∶1，5∶4∶1，5∶3.5∶1.5，5∶3∶2，也有少部分高校将高中综合素质评价结果的折算成绩纳入其中，如 GX3-3 高校四者比例为 5∶3.5∶1∶0.5。考生的最终成绩须经公示。志愿填报规则以各省考试招生机构的要求为准，在早于提前批的特定批次录取；投档比例与普通批相同或不同，如浙江省与普通批相同、按 1∶1 投档，上海市与普通批不同、按 1∶1.5 投档；高校可决定进档考生的专业志愿的录取规则，也有部分高校要求考生必须第一志愿填报该校。少部分高校还对录取的考生单独编班，使用与普通批次考生不同的人才培养方案。

（二）上海市春季高考中的高校行为

根据《上海市深化高等学校考试招生综合改革实施方案》（沪府发〔2014〕57 号）的相关要求，上海市继续深化高校春季考试招生改革，自 2015 年起，在春季高考中增加本科院校中需要通过面试等方式考核学生能力的部分特色专业，在春季统一高考之后，由高校设置面试（或技能测试）环节。截至 2020 年，全市共有 23 所试点本科院校参与春季高考，招生专业由高校以"特色专业"或"应用型本科试点专业"为范围选报至市教委，获得批准后方可招生。各校招生计划总额由高校申报、市教委核定发布，每校招生专业较少且均为"特色专业"或"应用型本科试点专业",如 GX3-1-1 高校的英语(师范)、学前教育，GX3-1-3 高校的建筑学、香料香精技术与工程，招生计划为该校该专业当年的部分招生名额。试点院校的"招生章程"以相关规章为依据制定，并由市教委核准备案后向社会公布。除此之外，各校自主测试方案也须报送至市教委。

上海市春季高考的招生对象、招考流程由市教委统一规定，面向本市应届生与往届生，考生须经过统一文化考试、志愿填报、院校自主测试之后，才可被录取。统一文化课考试由考试招生机构统一组织，科目为语文、数学、外语(分设英语、俄语、日语、法语、德语、西班牙语，含笔试、听力、听说测试)，1 月份进行。志愿填报规则由市教委规定，考生统一文化课考试成绩达到最低控制线，且取得物理、化学、生命科学、思想政治、历史、地理、信息科技 7 门科目高中学业水平合格性考试的全部合格成绩才可填报志愿，每位考生限报 2 个专业志愿(可同校)。高校根据相关规定，开展自主测试，并与上海市教育考试院共同完成录取工作。具体而言，招生高校根据考生统一文化课考试成绩按照一定比例(公办院校不超过公布计划数的 2 倍，民办院校不超过公布计划数的 3 倍)在本校官网公布自主测试资格线、测试时间和地点，同分排位规则由市教委统一要求。测试由招生院校在教委的指导、监督下进行，主要考查考生的学科特长，注重素质与能力，采用面试或技能测试的方式，如 GX3-1-3 高校的建筑学专业测试素描、香精香料技术与工程测试闻香辨色能力；GX3-1-1 高校招生的均为师范类专业，测试表达能力、普通话、才艺展示(音乐、舞蹈)、师范生基本素质与技能等。同时，考官还将高中综合素质评价作为自主测试评分的重要参考。录取投档采用"一档两投"的方式，按 1∶1 的比例确定预录取名单，按不超过各校公布计划数的 50%确定候补录取名单，高校官网须公布相关信息，考生在规定时间内确认。高校还应负责被录取考生的体检工作，凡发现体检不合格或弄虚作假者，取消其春季考试招生录取资格。

(三)"强基计划"中的高校行为

2020 年 1 月 13 日，教育部印发《关于在部分高校开展基础学科招生改革试点工作的意见(教学〔2020〕1 号)》(以下简称《试点工作意见》)，启动基础学科招生改革试点(又称"强基计划")，以选拔培养有志于服务国家重大战略需求且综合素质优秀或基础学科拔尖的学生，起步阶段，仅有部分"一流大学"建设高校获得了招生资格。

"强基计划"的招生专业、计划、简章、方案及人才培养方案均遵循高校自主制定、上级审核批准的原则。即高校在教育部建议的关键领域及国家人才紧缺的人文社会科学领域、重点专业内，结合本校特色安排招生专业，并向教育部提交相关专业的招生和人才培养一体化方案，教育部则综合考量多重因素后以"一校一策"为原则，确定招生高校、专业和规模；与招生地的教育行政部门共同决策分省招生计划；根据教育部印发的《强基计划招生程序及管理要求》制定"招生简章"，并报教育部核准备案后向社会公布，与综合评价录取不同的是，若一校在多省招生，仅需发布一份"招生简章"即可。

"强基计划"的招生对象、招考流程由教育行政部门统一规定。面向符合生源所在地当年高考报名条件的应届、往届考生，全部高校的报名均依托"阳光高考"平台，每位考生限报一所高校，所有报名者经统一高考、高校考核、统一录取后才可被录取。高校考核由招生院校全权负责，并接受考试招生机构监督。具体而言，高校依照招生计划的3—5倍自主确定考核名单，一般而言以考生的高考成绩自上而下确定，极优秀的竞赛生可获得破格名额，如GX1-1-1高校的破格要求为在中国数学奥林匹克、全国中学生物理竞赛决赛、中国化学奥林匹克（决赛）、全国中学生生物学竞赛、全国青少年信息学奥林匹克竞赛全国总决赛中获得二等奖及以上，但破格考生的高考成绩原则上不低于各省（区、市）本科一批录取最低控制分数。高校考核方案由各校在教育行政部门的相关规定下确定，多包括笔试、面试、体测三个环节，相关文件明确指出高校考核是国家教育考试的组成部分，由招生高校负责组织实施。笔试内容多涉及数学、物理等科目；面试则多考查学生分析问题、解决问题的能力和创新思维，高中综合素质评价档案作为面试的重要参考；体测包括50米跑、肺活量测试、坐位体前屈等项目。三个环节共同决定考生的高校考核成绩，具体比例由高校决定，如GX1-1-1高校三者的比例分别为33.33%、66.66%、0，体测不计入总分但作为高校考核成绩的参考。而考生最终依据综合成绩分省排序、分省录取，综合成绩由高考成绩、高校考核成绩、综合素质评价结果共同组成，如GX1-1-1高校综合成绩的计算公式为：

$$综合成绩 = \left(\frac{高考成绩}{高考满分} \times 100\right) \times 85\% + 学校测试成绩折合成满分$$
$100 \times 15\%$

注：因综合素质评价作为高校考核的参考，故不再重复计入综合成绩。

高校根据考生填报志愿，按综合成绩由高到低确定录取名单，并提交生源所在地的考试招生机构办理录取手续，此项工作在提前批开始前完成。高校对"强基计划"录取的生源依照单独制订的人才培养方案培养，如单独编班、小班化教学、导师制、注重基础学科能力素养、跨学科能力培养等；给予特殊的激励机制，如在免试推荐研究生、直博、奖学金、公派留学等方面予以政策倾斜；进行动态管理，加强质量保障，如综合考查、科学分流；持续跟踪、奖励人才成长数据库，如根据学生成长信息、毕业后的成才信息等调整招生和培养方案。

（四）小部分高校招生探索中的主体行为

近年来，国内的小部分高校开始探索新的招生模式，这些高校大多办学历史不长，其中有本土新兴大学，如上海科技大学、南方科技大学，亦有中外合作性质的大学，如上海纽约大学、昆山杜克大学。与其他高校在相关规定下，仅能够拿出低于当年招生计划5%的名额开展综合评价录取、"强基计划"等特殊类招生相比，该类高校的全部招生计划均可通过具有院校特色的招生方案进行招生。一般而言，此类高校的招生方案与上文提及的综合评价录取具有较强的同质性，故不作赘述，本部分仅以与同类高校招生方案较为不同的上海科技大学为例进行阐释。

上海科技大学自2004年起，由上海市人民政府与中国科学院共同筹划，于2013年9月经教育部批准同意正式建立。其定位为"小规模、高水平、国际化的研究型、创新型大学"。作为教育部批准同意正式建立的高校，招生工作服从各级教育行政部门及考试招生机构的管理，如与其他高校同样按照相关规定编定、上报、公布"招生章程"及分省分专业计划，以国家及各省的招考规定为准则确定考生报考条件、投档录取的规程，等等。但不同的是，上海科技大学自正式建立起，便着力于在统一高考的基础上探索新的招生模式，以满足自身选才的需求。

上海科技大学根据教育行政部门核准的年度招生计划面向部分省份

(区、市）招生，但报考者须经自主报名、等待审核、参加高考、参加校园开放日及综合面试后获得录取资格，除高考之外的其他工作均由高校组织。上海科技大学自行确定高校考核方案，要求考生基于"上海科技大学报名系统"完成申请工作，提交1封结合上海科技大学"立志、成才、报国、裕民"的办学理念与自身经历的自述信，1—2封由班主任、任课教师、课外活动指导教师等叙述申请者特点及推荐理由的推荐信，学业水平考试成绩单，高中阶段成绩单或证明材料及其他能反映申请者自身特点的相关材料（须经所在中学公示）。学校招办组织报考院系的教授审核考生的申请材料，并在高考前公布校园入围高校考核者的名单。高校考核是以综合面试为主的多样性活动，以考查考生的综合素养为目的，包括小组讨论、学术讲座、团队活动、综合面试、通用素质测试、体测等，面试结果以 A、B、C 等第形式呈现，并分别赋 20 分、15 分、10 分。参加校园开放日的考生的综合成绩由高考分数和综合面试分数构成，未参加者则仅有高考分数。录取工作由上海科技大学与省级考试招生机构共同完成，考生须在提前批次报考，按照省级考试招生机构的具体规则投档，高考成绩达到一本线上的前提下，上海科技大学根据综合成绩由高到低做出录取决策，并满足录取考生的第一专业志愿，同分排位依据由学校决定，如《上海科技大学 2019 招生章程》将其规定为，依次考虑校园开放日综合面试分数、高考数学分数、考生综合素质评价信息。[①]

二 高校招生主体行为的基本特征

在招生"自主"制度下，中国高校招生主体性地位得到了强化，整体而言，表现因校而异、作用发挥有赖于"校—院"配合，有效性受制于主客观因素。

（一）高校备受重视，行为表现因校而异

在"自主"招生制度下，国家级、省级教育行政部门及考试招生机构将相关制度做一规定，并对高校招生资格、招生规模做出认定，还会对招生过程、招生结果进行监督。但整体而言，教育行政部门与考试招生机构的工作以指导性、监督性为主，高校具有较强的招生主体性地位。通过

---

① 2020 年受新冠疫情影响，上海科技大学的招生与往年不同，故本书以 2019 年的招生情况为主。

调研发现，对于招生"自主化"改革，各级各类的高校均有强烈的加入意愿，并积极申请扩大"自主"招生名额。在各类"自主"招生制度下，高校享有决定报考条件、考核流程、加分条件、录取评价体系、同分排位原则等权利，同时还可以充分参与笔试、面试、体质健康测试等的命题与考核。此外，因此类招生由高校负主要责任，其也更愿意开展相关研究，去考证此类招生的效果。如一位招办主任所述："我们每年也都会对'三位一体'入学的新生做一些跟踪情况分析，比如二级学院层面的座谈会、跟踪、调查、研究，因为这些数据都是可以对后续的招生方案调整提供一些依据。"（GX5-1-1-ZB1-191211）综言之，高校招生主体性充分体现在高校考试招生方案制订、考核过程、录取决策、跟踪调整等方方面面。

但是，高校招生主体性的具体表现因校而异。部分高校能够清晰地认识到"自主"招生制度的要义，比如，明确综合评价录取与普通类招考在选才定位上的区别；在"自主"招生制度中突破了"统一"招生的困境，从院校特色出发破解"千校一面"的难题，从科类特征出发破解"千专业一面"的问题；等等。几位综合评价录取、上海市春季高考的招生官谈及他们对此类改革的理解时表示："综合评价录取的目的不是招尖儿，我去考查的是适合于我们学校要求的学生，同时，其他学校可能不适于采取我们的方式。"（GX1-3-2-ZPZSG1-191126）"我们结合学校自身特点，设置了一些跟计量、标准、质量、检验检疫等办学特色有关的问题，比如垃圾分类，这与生活质量、标准有关，符合'质量强国'战略。"（GX3-1-2-JS1-191209）"我们现在春招选了一个师范类专业，我们可以选拔一些成绩好的，还可以选择一些综合素质强，且乐教、适教的学生。"（GX3-1-1-ZPZSG1-191030）但也不乏高校缺乏对"自主"招生制度的基本认识，在从众心理的作用下盲目加入改革；在招生方案的制订中，多考虑其他院校"怎么"做，而不考虑"为什么"要这么做，更未思考本校"是否适合"这样做。比如，问及一所通过资格审核人数高达6000余人、实际参与面试约2700人的高校为什么不先通过笔试做一筛选时，其负责人回应："我们省除了'一流大学'建设高校有笔试，其他院校都没有笔试的。"（GX2-3-2-ZB1-191014）同时，他们也指出了这种制度设计下面试工作的繁重："我们面试人数可能是全省最多的，所以教务处组织压力非常大，我们上午、下午、晚上三场次，50个平行考场"（GX2-3-2-ZB1-191014），其工作压力与考核科学性可想而知。

（二）"校—院"二级协同，行为兼顾公平、科学

在"自主"招生制度中，高校招生主体作用的发挥有赖于全校性的参与，正如南方科技大学用"全民招生"来形容该校"631"综合评价录取的招生及招生宣传模式。总体而言，可将高校招生行为的参与者分为"校""院"二级，高校的每一位成员也是以这两层的组织身份具体参与招生工作、助力高校招生主体作用发挥的。

在学校层面，职能部门的通力配合为"招考分离"奠定了基础，保证了高校招生结果的公平。"自主"招生在校招生工作委员会或专项领导小组（如综合评价录取招生领导小组等）的领导下开展，由校招生办公室统筹具体的工作。一般情况下，由教务部门负责考核的相关事宜，如专家库的组建、命题、考官培训、考务工作等；招生办公室负责招生的相关事宜，如考生的报名、材料的初筛、考核结果的汇总、获得资格考生的名单公示等；纪检监察部门则严格执行"双盲"抽签制度，如以考场为单位抽取面试环节的专家名单、考生名单，监督招考的整个过程。教务部门、招生部门、监督部门的协同合作，将高校招生权力进行分解，通过程序正义、标准化操作等，保证了高校招生主体性的公平。一位综合评价录取的招生官如是表达了他的感受："我们学校综合评价招生从一开始就实行招考分离这种格局，以确保公平公正。因为招考分离的话，会对各部门的裁量权进行限制，缩小他们的权力空间。"（GX3-1-2-ZPZSG2-191209）

在学院层面，专任教师以招生官的身份参与到"自主"招生的材料审核、命题、考核中来，保证了高校招生的科学性。在材料审核环节，小部分高校将相关工作交付至二级学院，以更科学地判断考生的潜力，如上海科技大学考生材料的审核由院系教授承担。在学校考核环节，二级学院的参与则分为两种情况。其一，分专业录取的"自主"招生将招考任务直接分派至二级学院，这种情况常见于学科特征突出的专业。如一所外语类高校将翻译（英汉口译方向）专业的录取工作交由英语语言文化学院负责，西班牙语专业的录取工作交由西方语言文化学院负责。据受访者介绍，学院的每位专任教师均以专家的身份进入学校组建的专家库，招生须命题人2名/场、面试官5名/场，均由纪检部门负责抽取，每年有1/3的

专任教师参与至招生中来。二级学院、专任教师的充分参与带来了明显的优势，相比之下，他们更熟识本专业考生应具备的能力、更能判断考生的专业发展潜力，甚至更了解哪些专业更适合使用综合评价录取。如一位综合评价招生官所述："口译的语音语调是很重要的，我们通过面试可以判断出来，如果有可能，笔译也可以通过综合评价录取来招生，专业加试更能甄别考生的能力。"（GX4-1-1-ZPZSG2-191210）其二，不分专业录取的"自主"招生高校着重考查考生的通识能力，其主要做法是将二级学院教师划分为大类，按类组建专家库，开展命题、考核工作，如GX3-1-2高校划分为自然科学类和国学类。虽然科学性不及前者，但在一定程度上有助于考查考生的多维能力。

（三）多种因素影响，行为受认同度不一

"自主"招生的效果是判断高校招生主体行为有效性的重要依据，调研发现，高校对"自主"招生效果的认同度不一，整体而言，"一流大学"建设高校、"一流学科"建设高校认为高校招生主体行为发挥了重要作用，与普通高考相比，更有利于遴选出优质生源，大部分省属重点高校、新建本科、独立学院的认知却与之相反。高校招生主体行为的有效性受主客观等多重因素影响。

主观原因在于大部分高校在"统考统招"的传统下，疏于招生能力建设，对"自主"招生制度的运行及改革缺乏深入的思考。其一，高校对"自主"招生制度缺乏清晰的认知，绝大多数省份在推进综合评价录取时，未对其进行明确的定位，[①] 也就加剧了高校的"盲从"。据GX2-3-2高校招办主任介绍："我们综合评价录取会考查学生学科竞赛、科技创新的特长，思想品德表现，学习成绩。"（GX2-3-2-ZB3-191014）但这与自主选拔录取的考查模式是高度吻合的。其二，高校对考生能力的甄别缺乏科学判断的能力，没有走出"唯分数"的窠臼。例如，GX3-1-2高校不要求考生提交自荐信，更侧重学业水平考试成绩等硬性要求，受访者认为："能够量化的材料可操作性比较强，虽然自荐信也可以打分，但目前没有这么做。"（GX3-1-2-ZPZSG2-191209）但事实上，在多元评价录取中，考生的自荐信的作用明显，可了解写作能力，判断胜

---

① 庞颖：《强基计划的传承、突破与风险——基于中国高校招生"自主化"改革的分析》，《中国高教研究》2020年第7期。

任大学学业的潜能；认识真实的申请者，判断贡献能力和匹配度；甄别注册兴趣。① 其三，高校招生官的个体认知会对招考的科学性产生一定的影响，如一位有近 10 年招生经验的综合评价录取面试官谈道："有时候个人的观点和看法会随着他的关注度变化的，我原来当学工部部长的时候，我可能关注公民素质、人际交往能力，所以命题时我注重考查考生的心理素质、三观、爱国情怀等，后来我又去做了体育部部长、建筑学院的书记，我又开始关注体育和美术，开始注重考生的身体素质和美育。"（GX1－3－2－ZPZSG2－191126）

客观原因则包含了政策约束、招考实情、社会辅导机构的冲击等，在一定程度上限制高校招生主体行为的有效性。在政策方面，虽然制度设计强化了高校招生主体性地位，但招生名额与专业需求不符、为保证公平对面试比例控制过严等，都在一定程度上影响了主体行为的有效性。两位招办主任介绍："春招的选择量有些受限，比如招 70 个人，面试是 100 个左右，再加上一档两投，这个选择面还是比较窄的。比如说文化课成绩差 5—6 分，其实对选才质量影响不大，面试数量如果再放大一倍可能更合理。"（GX3－1－1－ZB1－191030）"我们学校小学教育因为要做专业认证，所以必须通过综合评价录取招生，但语言类也特别需要通过这种方式招生，但省里给我的计划是不变的，满足不了我们的需要，我们觉得上层的政策有些在打架。"（GX4－1－1－ZB1－191210）在招考实情方面，近年来社会对高校"自主"招生的认可度越来越高，具体表现为报名人数的陡增，使其无暇或没有能力顾及招生科学性。两位招办工作人员介绍："我们工作强度特别大，以报名为例，我们招 200 个人，但有 5000 人报名，初审全靠人工，前期工作量很大。考核时每次要有 150 个左右的评委，平行设置 3 个考场，每位考生只能给 12 分钟。"（GX3－2－1－ZB2－191024）"我们省的考生多，人多就容易出现问题。我们自 2016 年起搞综合评价录取，每年以 30%—40% 的速度增长，今年有 6000 多人报名，审核材料和考务的压力都很大。比如说面试的组织，人多就意味着平行组多，组间的一致性很难把握。"（GX1－2－1－ZB1－191023）同时，社会培训机构通过开设辅导班，有针对性地提升考生无领导小组讨论、面试等

---

① 万圆：《美国精英高校录取决策机制研究——多重逻辑作用模型的建构》，博士学位论文，厦门大学，2017 年，第 189—199 页。

的"应试"能力,给招生能力本就不强的高校带来了更大的影响。据一位综合评价招生官介绍:"几年下来,我们发现某市①的考生在综合评价录取中的表现更好,因为当地的培训机已经构成了一个产业化的东西。"(GX3-1-2-ZPZSG1-191209)

三 高校招生主体行为的作用分析

在"自主"招生制度中,高校招生主体行为探索了"两依据一参考"录取机制的落地,提升了选才的科学性,建立了招生与培养的联系,但由于高校招生主体行为欠科学,也诱发了新的问题,影响了改革的效率。

(一)高校招生主体行为回应政策要求,探索了"两依据一参考"的录取机制

高考综合改革着力于探索"两依据一参考"的多元录取机制,多年来各省实施方案尚未突破《实施意见》的规定,仅将学业水平考试的等级考(或称选择性考试,下同)成绩纳入高考总分,在录取中参考学业水平考试的合格考以及综合素质评价结果等方面未有突破,长期"软"挂钩也使这二者被视为"鸡肋"。高校在"自主"招生制度中发挥主体作用,创造性地使这一问题得到改观,也使基础教育、高中学生更加注重过程性表现和综合素养的提升。

高校将学业水平考试的合格考成绩作为"自主"招生制度的报名依据或录取依据的一部分,在一定程度上解决了学生的应试心理、基础教育的功利性等问题,使学生的知识结构更加合理。比如,在综合评价录取中,GX1-2-1高校要求报考A、B类的考生学业水平考试原则上达到10A;报考C类考生学业水平考试成绩不低于6A,且其他科目均为B;GX3-1-2高校的综合成绩按"学业水平考试成绩×15%+综合素质测试成绩×35%+高考总分×50%"计算,学业水平考试成绩满分为100分,A等计10分,B等计9分,C等计8分,D等计7分,共10科。

高校将高中综合素质评价结果或部分内容与"自主"招生的报考条件、考核参考、录取依据相结合,尊重了基础教育阶段素质教育的成果,也使考生更重视全面发展。这种结合根据松紧程度不同可大体分为三种方式。第一种,将综合素质评价结果作为报考的条件之一,如GX3-1-2

---

① 具体城市信息隐去。

高校要求参加综合评价录取的考生"综合素质评价中品德表现终评须达到 B 等及以上（新高考改革前的考生达到 P 等及以上）"，该校一位招生官解释说："初审的时候就做这个筛选，书面评审时这是一项硬性的必须达标的要求。"（GX3 - 1 - 2 - ZPZSG2 - 191209）第二种，将综合素质评价结果作为高校考核的重要参考，如一位春季高考的招生官介绍："我们不把综合素质评价作为一个非常严谨的依据，因为高中那一关就没把住。我们会看他英语获得什么奖，或者琵琶弹到几级、钢琴几级，这个是铁打的，但我们也要当场考查，而且我们打分的人（的专业能力）还是不错的，比如对艺术特长的考查，有六个老师打分，去掉最高分、最低分，很公平。除此之外，他写了比较'软性'的东西，我们还是以我们眼睛看到的、听到的、书面的东西为准。"（GX3 - 1 - 1 - ZPZSG1 - 191030）一位高校招办主任介绍："我们会看（综合素质评价里的）研究性学习，从里面找一找逻辑，我们的一个主线就是不喜欢死记硬背的学生，我要看你过程，看你有创新。第一个你要独立思考，哪怕你思考的是错的都没关系。第二个你要有深度思考的能力。第三个我希望他既有系统的逻辑闭环，又有开放的思维。"（GX1 - 1 - 1 - ZB1 - 191212）第三种，将综合素质评价结果折合成一定的分值计入综合成绩，如 GX2 - 3 - 2 高校的综合成绩按"学业水平考试成绩×10% + 高校考核成绩×35% + 高考总分×50% + 高中综合素质评价折算成绩×5%"计算，综合素质评价成绩满分为 100 分，仅依据学习能力、运动与健康、审美与表现三项按等级折算，3 个 A 计 100 分，2 个 A 计 60 分，1 个 A 计 30 分，其他等级不计分。

（二）高校招生主体行为关注院校特色，提升了选才的科学性

自 1952 年统一高考建制起，高校招生统一考试成绩便成为普通本科高校招生录取的重要甚至唯一依据，虽然近年来的高考命题改革在一定意义上完成了从知识到能力再到素质的转向，[①] 但纸笔测试在考查学生能力与素质方面还是相对受限的。在"自主"招生中，高校招生主体行为表现于由院校主导的加试环节，其在很大程度上弥补了统一考试制度在甄别人才学科潜力、非认知能力等方面的不足，提升了人才选拔的科学性。高校加试是对高校招生统一考试评价体系的有益补充，正如一位综合评价录取招生官所说："我们考试的原则是，高考考到的东西就不过多涉及，我

[①] 郑若玲等：《中国教育改革 40 年：高考改革》，科学出版社 2018 年版，第 114 页。

们考查的是高考以外的，但对大学学习而言较为重要的基础知识与能力，我们还注重对学习潜在能力的考查，也许你高考成绩不是非常好，但我们觉得你潜能很好，觉得你知识结构、思维方式等方面比较好的话，就可以给出比较高的优惠条件。"（GX1－3－1－ZPZSG1－191016）同时，高校加试还充分考虑了考生的心态、考官评价的主观性等非考生智力因素对考试结果的影响，如一位综合评价录取招生官介绍："我们院校考核分为六个站点，每位考生依次进入，这样他们到后面会越来越放松，六个站点从不同的角度由不同的老师去进行评价，这样比把六个老师放在一起可能更好一点。另外上午的数据出来后，我们会根据各组分数的分布，及时给予反馈和调整。"（GX1－3－2－ZPZSG1－191126）

具体而言，在加试中，对高校招生主体性地位的维护，使其具有更强的主体意识，充分考虑了院校、专业的特色及本校对人才的需求。尤其是在高水平大学及特殊专业中，其更加认可"自主"招生对选才科学性的提升。比如，一位"一流大学"建设高校招生组组长谈道："综招的同学（与普招相比）会稍微好一点，他们虽然高考分数可能会差个十分八分的，但是他们在表现能力上会稍微好一些。从大学的角度来讲呢，对学生进行选拔时，让学生和学校之间交流后，可以优化选拔的效果。"（GX1－2－1－JS1－191023）一位综合评价录取招生官认为："开拓多元的招生方式对于一些特殊专业的招生是非常有必要的。比如说师范类，当老师的人的仪表、性格、兴趣等很重要，考生是热爱教育事业，还是仅仅为了获得一个学位、一个学历？临床医学类，考生是不是真正地喜欢医学？一些特殊的理工科专业，比如说对于技术创新要求特别严格的工程设计，我们要看他有没有这方面的这个经验，比如高中、初中阶段在相关比赛中的获奖情况等。"（GX3－2－1－ZPZSG1－191024）而且也有个案研究证明，在其研究对象中，高考成绩全面落后的"三位一体"综合评价录取学生却在专业认同、平均学分绩点、党组织与学生组织参与、获奖、竞赛、荣誉等方面整体优于参照群体。①

（三）高校招生主体行为尊重成才理念，强化了人才培养与选拔的联系

高校的本质是高级专门人才的培养机构，"统考统招"的制度设计使

---

① 李云星、姜洪友、卢程佳等：《高校"三位一体"综合评价录取质量与公平的个案研究》，《华东师范大学学报》（教育科学版）2018年第3期。

高校长期以来在招生中的话语权微弱,高校招生与人才培养也就呈现出了"两张皮"的状态,因此,高等教育与基础教育这两个学段之间的衔接难以建立,这对高等教育阶段,甚至整个系统内的人才培养效率都产生了影响。高校的招生主体行为必然首先从自身的培养人才的职能出发,推动二者的一体化建设,正如部分高校在试行综合评价录取后,将该种方式录取的生源单独编班,以不同于统招生的方式培养,而"强基计划"更是要求高校将相关专业的招生和人才培养一体化方案作为申请招生资格的必备材料。可见,高校作为招生主体建立招生与培养之间的联系,是有成功经验的,也是符合高等教育改革趋势的。

高校强化人才选拔与培养的联系,第一层面,形成了根据高级专门人才培养标准确定选才方案的理念。正如一位综合评价录取招生官所述:"我们原先的时候可能招生和培养是有一定的脱节的,招生归招生,培养归培养。但综合评价录取这个过程中,倒逼了我们各个专业去考量'我到底要招什么样的学生''我想培养什么样学生'?"(GX5-1-1-ZPZSG2-191211)第二层面,弱化了"高考指挥棒"对基础教育乃至对全社会的作用。传统意义上,基础教育的应试思维、高考命题中高校的较少参与,使大多数考生、家长甚至教师将高考视为基础教育的终点,认为寒窗苦读十二载的目的在于在高考中拔得头筹,而非将其视为桥梁,忽视了其完成基础教育、通过高考的目的是获得专业教育的资格,是为进入社会做准备。高校从高级专门人才培养标准的角度思考人才选拔,直接触动了基础教育的育人模式变革,有助于其从仅关注知识,向兼顾能力、素质转变,拉近了高等教育与基础教育的距离,也间接改变了全社会对教育的认识,使教育并非为"应试"而存在,而是为"美好生活"而努力,正如一位专任教师所说:"至少我觉得,(综合评价录取)除了对选拔人才具有意义,也形成了一个风向标,使一部分社会人士、家长和学生来关注来思考素质教育到底是怎么回事。"(GX1-3-1-JS1-191016)

(四)高校部分招生主体行为欠缺科学性,使改革遭遇了质疑

大部分高校的"自主"招生历史不长,既缺乏经验,又缺少毕业生对其招生成效的验证,探索期的高校招生主体行为在一定程度上欠缺科学性,表现在部分高校的专业设置、命题、初审、考核、跟踪等方面,此类行为也影响了招生的科学性,甚至使改革结果遭遇质疑。

在专业设置方面，部分高校考虑了"自主"招生的普及性，但忽略了有效性。高校"自主"招生与依据高校招生统一考试成绩招生的一大不同便在于高校的加试，全国统一的纸笔测试与高校自主的全方位考核在甄别不同类别、不同专业考生时各有利弊，并非所有专业的优秀人才皆适合通过增加高校考核来甄别，受访的面试官普遍认为性格外向、表达能力好的考生更易在"自主"招生中脱颖而出，但在实际中，有很多高校致力于"自主"招生专业覆盖面的扩大并以此为傲，如一位高校招办工作人员介绍："我们大概了解了一下，我们是省里进行综合评价录取的所有招生院校中，专业布点最广的，特色专业、王牌专业、联合培养专业、新增专业等都放在里面了。"（GX2-3-2-ZB1-191014）

在试题命制方面，部分高校考虑了命题的公平却忽略了科学。多数高校考核环节的试题命制由本校教务处组织，在专家库中抽取1—5位命题人，在高校考核前1—2天入闱，须命制2—3套题，面试题目为每套3—5题。但不少命题专家反映，这种方式虽然保证了命题公平，但难以保证科学，正如一位参与过命题的受访者所说："我建议时间安排上可以稍微充裕一点，这个题就能出得更好、质量更高。虽然这个东西没有一个标准，但我们总觉得你时间稍微多花一点，肯定能做得更好一点。"（GX3-1-2-ZPZSG3-191209）

在初审材料的审核上，部分高校偏重完成"量"的任务，忽略了对"质"的把控。大部分高校报名人数极多，如2019年GX1-2-1高校6000余人，GX3-2-1高校5000余人，GX3-1-2高校6000余人，GX2-3-2高校7000余人，而GX3-1-2高校的初审工作仅由该校招生办公室的一位工作人员独立完成，GX2-3-2高校最终招收300人，却对6000余人发放初审通过资格。

在高校考核方面，部分高校对评价分类、评价标准、评价时间等缺乏科学的把握，不仅影响科学性，还会引发公平问题。部分高校考核的笔试科目与高校招生统一考试的同质性极强，面试内容及评价标准对专业，甚至文理科类不作区分，考核时间不足10分钟，诸如此类的做法很难识别出考生的真实水平。

在录取考生的跟踪方面，部分高校仅局限于招生方案的有效性，忽略了招生与人才培养的联系。高校招生的目的是为人才培养、高等教育质量提升服务的，多数参与招生"自主化"改革的高校对自身的招生改革成效做了一定的研究，并予以充分肯定，但部分研究浮于表面，尚未深入到与人才培养的联系中去。如几位高校考核的面试官、二级学院领导谈道："好孩子、差孩子还是能够评判出来的，效果还是比较好的。"（GX2-3-3-ZPZSG2-191014）"跟踪的工作不在学院，学生刚进来时候，我们不知道谁是自主招生的、谁是综合评价的，后面觉得还不错的时候，像我，搞学生工作的时候，有时问他一下，或竞选干部的时候我们大致看一下。按道理来说，应该是要跟踪的。"（GX1-3-2-XYLD2-191126）

第四节 "创新班"招生的高校招生主体性地位

本书所指的"创新班"即高校为培养拔尖创新型人才，在高等教育大众化、普及化阶段实施的精英教育，即以特定学科或专业为培养单元，招收录取考生中的拔尖创新者，并拥有特殊人才培养方案的二级学院或二级学院中的行政班级。"创新班"的开设动因主要有：第一，为响应国家或省内重大教育计划而设置，如为响应国家"基础学科拔尖学生培养试验计划"等；第二，为满足本校拔尖人才的培养需要而设置；第三，为实施创新创业教育而设置。在"创新班"招生中，高校具有绝对的招生主体性地位，这也与其招生性质、招生动机、招生环境等要素有关。

一 高校在"创新班"招生中的主体行为

高校"创新班"的招生方式各不相同，极大地体现了高校招生的主体性地位。总体来说包括三种类型：在高校招生统一考试之前便进行的提前招生、以高校招生统一考试成绩为主要依据的统考录取、新生入校后的二次选拔。受访院校几乎涵盖了上述三种类型，具体情况如表4-1所示。

（一）高校在提前招生中的主体行为

提前招生即由高校在普通高等学校招生统一考试之前，自行组织、实施的考试招生，接受省级机构监督，类似于统一高考建制之前的单独招考，如项目2、项目3。高校须根据国家高校考试招生的相关规定，通过"招生简章"向社会公布招考方案。这种方式见于2014年以前，自2015年起该种招生方式被全面取消，由高校招生统一考试取而代之。

项目2是"一流大学"建设高校GX1-3-1为响应教育部"基础学

科拔尖学生培养试验计划"（以下简称"拔尖计划"）而开设的项目，旨在为国家基础学科领域选拔、培养拔尖儿创新人才。该校以相关政策为引导，以本校学科专业实力为基础，选用大类招生方式，设置应用文科强化班、数学基地班、基础学科理科强化班，涉及数学、物理学化学、天文学、生物学、计算机科学、中国语言文学、历史学、哲学等专业。具体招生方案由该校确定，考生仅限于本省的应届高中毕业生，经过审核、笔试、面试后，获得录取资格，招生与培养的具体情况如表4-1所示，具体工作由该校全权负责。该院的一位主管领导谈道："我们在2015年之前是完全自主招生，不参加高考的。我们学院自己命题，在通识教育的理念下进行选拔，我们学院在全国比较有名的就是通识教育。非常遗憾现在被取消了，我们从1985年开始招生，出了很多人才，这些都可以查到。"（GX1-3-1-ZPZSG1-191016）

项目3是"一流大学"建设高校GX1-3-1与省内一所省重点高中的"大中"衔接项目，为响应教育部"拔尖计划"和该省高等教育综合改革试点先行任务，探索拔尖儿创新人才培养的新模式，具体情况如表4-1所示。招生方案由该校确定，并通过"招生简章"向社会公布，解释权归该校招生办公室所有，多是从省内初中招收少量优秀生源，如2012年仅招收20人，考生须通过审核、笔试、面试后获得录取资格。高校在学生进入高中学习期满一年后，对其进行二次考核，通过者才能被高校录取。这种方式虽然仅见于少数高校，但在受访的所有"一流大学"建设高校中多被提及，被认为是选拔、培养拔尖儿创新人才的最佳选择之一。

（二）高校在统考录取中的主体行为

统考录取即高校"创新班"将高校招生统一考试的入学成绩作为录取的重要依据，相对于"创新班"的其他招生方式而言，高校招生主体行为相对较弱。使用此类招生方式的高校不多，使用者也仅将其作为多种招生方式之一，如表4-1中的项目5、项目6。

项目5为GX3-1-2高校为满足对优秀本科生实施精英教育而开设的项目。该校自主确定招生方案，并在"招生章程"中向社会公布。一般而言，每年从录取考生中选拔约5%的优秀学生进入该院，招生对象为高校招生统一考试成绩的拔尖者，"招生简章"明确表述为"本省考生高考总分高出第一段分数线30分及以上者，可自愿面试进入本院"，面试由该校自行组织实施。该校参与招生录取的教师补充说明："我们阅档的时候，都会为××学院选拔、物色一些生源，比如说那些表现特别好的。因为阅档的材料更详细，包括他在校期间获得过哪些奖，参加过什么重大学科竞赛，或者做出什么比较突出的表现，这也是给尖子生学院推荐优质生源的过程。"（GX3-1-2-XYLD3-191209）

项目6为GX2-3-2高校为响应教育部等六部门"基础学科拔尖学生培养计划2.0"而设置的项目，根据高校招生统一考试成绩进行"优录选拔"是其招生方式之一，理科实验班、工科实验班面向理工类考生，文管实验班面向文史类考生。高校自行决定录取依据，虽然使用高考成绩，但不局限于高考总分，参考了相关科类的核心科目，如理科实验班、工科实验班参考英语、数学、物理（或理科综合），文管实验班参考英语、数学、语文（或文科综合、江苏省的选考科目）。

（三）高校在二次选拔中的主体行为

二次选拔即高校"创新班"在新生入学后，以项目的培养需要为目标，由招生院系或教务部门制订选拔方案的一种方式，也是现阶段"创新班"招生最为常见的方式。

具体实施部门立足于人才培养经验，确定二次选拔的时间、流程、评价体系、评价标准。具体而言，二次选拔的时间根据具体项目的性质、进展情况决定，大部分为新生入学初，少部分为学年间，如项目6因有淘汰机制，故而在第一学年、第二学年结束时，会根据生源的考核情况，补录同年级学生，项目8为GX4-1-1高校创业学院"3+1"实验班，其强调学生在高考录取学院完成专业学习后，进入创业学院接受创业相关的理论知识、实践训练等，故其选拔时间为第三学年的第二学期。选拔流程多为审核、笔试、面试，部分高校还加入了操作考试、体质测试等。各校对审核材料的要求不一，大多数高校将高考总分、单科成绩作为重要依据，尤其是"一流大学"建设高校中对高考成绩的要求极高，比如项目4为GX1-2-1高校"卓越工程师教育培养计划"实验班，要求2019级报考者应满足以下条件之一：①高考总分624分以上；②数学136分以上；③外语138分以上；④理综260分以上；⑤各省高考总分第一名。各校对单科的要求，常见于数学、外语、理综、物理、语文等科目。除高考成绩外，审核材料还包括学科竞赛、科技发明专利、入学后的学业成绩、英语四六级、政治表现、获奖情况、社会工作情况、个人自述、毕业去向选择、大学学业规划等。笔试内容一般包括通识知识、数学、英语，但组织

第四章 中国高校招生主体性地位的实践省思

表4－1 案例高校"创新班"招生基本情况

编号	高校	依托项目	招生类型	选拔流程	选拔依据	培养特色
1	GX1－3－1	国家项目	二次选拔	高考＋审核＋面试	对象：大一新生 审核：高考成绩名列前茅 笔试：通识知识 面试：综合能力	低年级宽口径、厚基础，高年级专业分流，多选择，逐步到位，导师制，小班制，课题组，优先深造
2		国家项目	综合评价录取	省级重点中学推荐优秀者自荐＋审核＋笔试＋面试	对象：省内高中生 审核：个人自述、高中成绩及排名、获奖证书等 笔试：基础学科理科强化班为数学、物理、化学、英语，文科强化班为数学、英语、文科强化班为语文、数学、英语 面试：综合能力	—
3		高校项目	提前招生	中学推荐/个人自荐＋审核＋笔试＋面试	对象：省内初中生 审核：个人陈述（个人能力、自我评价、未来期望）、初中成绩、获奖证书等 笔试：语文、数学、英语、物理化学综合 面试：综合能力	"2＋4"高中大学六年一贯直通车培养模式，入学一年后经考核合格的，由高校录取；不合格的，转入合作中学相应年级学习

续表

编号	高校	依托项目	招生类型	选拔流程	选拔依据	培养特色
4	GX1-2-1	国家项目	二次选拔	高考+审核+笔试+面试+操作考试	对象：大一新生 审核：高考总分，数学、外语、理综成绩，各省高考总分第一、省级及以上学科竞赛、科技发明专利 笔试、面试、操作考试	本硕博贯通，海外名校学习或国内第二校园学习，校企联合培养，淘汰制
5	GX3-1-2	高校项目	统考录取	高考	邀请高考成绩优秀及特长突出的考生报考	
			二次选拔	高考+审核+面试	对象：理工科专业同年级 审核：高考总分，数学及英语分数，第一学年总成绩排名10%或15%，高数、线性代数、C语言、工程制图、大学英语成绩，获奖情况，社会工作情况，毕业取向选择，大学学业规划，兴趣和特长 面试：基础能力，综合素质	小班化教学，特色课程，专业自选（工科），专业导师制，个性化培养方案，本硕创新计划，优秀班主任队伍，特聘英语外教，资助国际交流，奖学金比例高，双专业/双学位，荣誉证书等

第四章 中国高校招生主体性地位的实践省思　　295

续表

编号	高校	依托项目	招生类型	选拔流程	选拔依据	培养特色
6	GX2-3-2	高校项目	统考录取	高考	理科实验班：高考总分、数学、物理（或理综）成绩 工科实验班：高考总分、英语、物理（或理综）成绩 文管实验班：高考总分、英语、数学、语文（或文综）成绩	专门人才培养方案，独立授课，导师制，须参加竞赛，动态以上学科级及推出，优先深造
			二次选拔	高考+笔试+面试	理科实验班及工科专业新生，笔试（数学+英语），英语口试，综合素质面试、物理实验、心理测试 文管实验班：非理工科专业新生，笔试（数学+英语），英语口试，综合素质面试、主题演讲、心理测试、体能测试	
			动态选拔	审核+面试	理科实验班及工科实验班：第一学年总成绩，英语四六级、数学、物理等成绩，综合素质，心理健康等 文管实验班：第一学年总成绩，英语四六级、数学等成绩，综合素质，心理素质，体能健康等	

续表

编号	高校	依托项目	招生类型	选拔流程	选拔依据	培养特色
7	GX4-1-1	高校项目	二次选拔	审核+面试	对象：师范类专业。审核：大学一年级总成绩排名前30%、获奖情况、个人情况简述。面试：教育潜能诊断，教育教学能力、项目策划能力，社会交往能力及其他作为未来教师所必需的软技能	特色课程（通识、专业、实践），"习明纳"教学模式等，国际化培养，双导师制，协同管理，荣誉证书，退出机制
8		高校项目	二次选拔	审核+面试	对象：大三年级各专业。审核：思想政治表现、成绩、已启动、正在启动、计划启动创业项目者优先。面试：语言表达能力，逻辑思维能力，责任感与进取心，组织协调能力，应变能力	主修专业和跨境电子商务创业实践相结合，分组（不多于4人）教学，双导师制，企业实习，毕业实习

资料来源：调研对象高校官方网站或受访者口述，笔者整理，整理日期为2020年4月17日。

笔试的项目不多。面试则以招生学院或专业的特色为主，如项目1所在的学院以"宽口径、厚基础"而著称，面试多为对考生通识能力的考查；项目4为"卓越工程师教育培养计划"实验班，面试增加了操作考试，以考查候选者的动手能力、科研能力；项目7为"国际化卓越教师培养创新实验班"，面试考查教育潜能、教育教学能力、项目策划能力、社会交往能力及其他作为未来教师所必备的软技能；项目8为创业学院"3+1"实验班，面试侧重于语言表达能力、逻辑思维能力、责任感与进取心、组织协调能力、应变能力。

二 高校招生主体行为的基本特征

"创新班"选拔考试、招生的权力完全归高校所有，招生决策多由二级学院承担，少部分由教务部门协助。在这一情况下，高校甚至院系具有绝对的招生主体性地位，相对于高考招生（含普通类招生、特殊类招生）受自上而下的赋权、由外而内的竞争的影响，招生主体行为被自下而上的合理性、由内而外的人才培养需求驱动，故而呈现出了更多的理性行为。

（一）行为的实施主体以二级学院为主、教务部门为辅

现阶段，绝大多数高校"创新班"的招生面向已经通过高校招生统一考试且已被该校录取的报考者，是有限范围内的二次筛选，在大多数情况下，是某一学院内或相关学科的部分学院内的再次选拔。同时，相对于高校统一招生而言，"创新班"涉及的学院、专业较少，招生规模较小，仅为个别学院的招生活动。所以，由二级学院负责"创新班"的招生事宜，是一种既经济又高效的选择。二级学院在高校统一招生时，"创新班"招生前均会做一定的宣传、动员工作，并将"招生简章"或招生方案提前在全校或相关院系公布。学院自行决定招生名额、报名条件，负责宣传、咨询、材料初审、面试、录取决策、结果公示等具体事宜。总体而言，部分院系在经过多年招生后，积累了较为丰富的经验，有能力做出科学的决策。如项目1的招生院系，在招生与人才培养中充分体现了该院重通识能力培养的特色；项目4的招生院系，不仅在确定招生条件时根据当年本科生高考成绩的实际情况分析、测算后做出方案，具体工作由"卓越工程师选拔专家委员会"负责开展；项目5的招生院系在第一学年各门课程中，根据培养需要遴选出高等数学、线性代数、C语言、工程制图、大学英语等核心科目作为录取的参考。但高校"创新班"招生工作

的秩序多不及统一招生严谨，仅有结果的公示，在命题、考场设置、面试官聘请等环节尚缺乏严格的规定。

而在学校层面，负责"创新班"招生事务统筹的并非招生工作委员会、招生工作领导小组、招生办公室等，而是与高级专门人才培养相关的教务部门。大部分高校的教务部门负责"创新班"招生的保障性工作，比如招生方案、人才培养方案的核准、汇总，招生咨询的协助，招生通知的传递等。与其说教务部门是一个管理机构，不如说是一个协调、服务机构，其保障了高校及院系招生主体作用的发挥，使招生效能实现了最大化。

(二) 行为动机源于培养需要，行为表现趋于理性

高校"创新班"的招生与高校统一招生最大的不同，在于遵循"谁培养、谁招生""如何培养决定如何招生"的理性逻辑。在高校统一招生中，招生方案由国家统一决策，培养方案由高校自行制订，且在高考综合改革后，部分高校内不乏招生在前、人才培养方案改革在后的问题，高校招生主体行为的驱动力与人才培养需求的关系微弱。而在高校"创新班"的招生实践中，多为国家级、省级、校级育人项目立项在先，招生方案在后。具体而言，招生院系、专业在立项时便对人才培养目标、人才培养方案、人才深造规划有成熟的方案，高校招生在此基础上设定选拔理念、要求、标准，做出选才决策，招生主体行为的方向更为明确、行动更加理性。比如，使选才理念与"创新班"的人才培养定位高度一致，即在大众化、普及化阶段实施精英教育，故而在每届入学的新生中精挑细选出知识、能力、素养出众者，践行英才教育理念。再如，使选拔方案与"创新班"的人才培养方案高度一致，项目1所在的学院定位于培养基础学科科研工作者，在学生入学后的前2—3年采取"大理科""大文科"的培养模式，故而在笔试、面试时更为强调考生的通识知识、基础学科能力；项目4为"一流大学"建设高校的"本—硕—博"贯通计划，且为入选者提供海外学习机会，故而对考生的高考总成绩、高考单科成绩、竞赛表现、科技发明等有极高的要求。

在高校"创新班"招生中，招生主体以理性行为为主的原因是，其利害性、竞争压力远不及高校统一招生。虽然"创新班"的录取与否也涉及优质高等教育资源的分配，但其本质是校内资源的配置未被社会关注，且招生"门槛"高、涉及范围小、利益相关群体少，与"大规模、

高利害"的统一招生相比,具有"小规模、低利害"特征。同时,"创新班"的招生是一种校内行为,不存在统一招生时的院校之间的生源竞争;且以科类为单位,不存在校内院系、专业之间的生源竞争。相对而言,在没有竞争压力的状态下,招生主体具备了考虑人才培养需求等理性要素的空间,摒弃了统一招生中以"分分必较"为代表的刻板竞争,招生行为的理念、标准、决策也因此更加合理。

三 高校招生主体行为的作用分析

高校在"创新班"招生中的主体行为缘起培养拔尖创新型人才的需求,行为实践也促成了招生与培养的一体化,但没有跳出中国高校招生能力建设薄弱的事实,招生主体行为的有效性没有提升、招生方式无法被突破。

(一)高校招生主体行为遵循教育规律,实现了人才选拔与培养的一体化

在统一高考招生中,存在着高级专门人才培养与招生"断裂"的问题,而"创新班"的招生方式受人才培养需要的驱动,招生主体行为更为理性,促成了招生与培养的一体化。

招生与培养的一体化表现在多个层次,第一层次是在方案层面,招生方案与人才培养方案密切联系,使组织实施单位与考生均产生了清晰的认知,澄清了后续工作的基本方向。在招生环节,"创新班"的"招生简章"或招生方案均包含人才培养的相关内容,如GX3-1-2高校的招生方案详细介绍了培养目标、培养方式、专业选择制度、师资力量、特色课程、国际交流情况、考研情况、奖学金情况等,该校的一位教师评价道:"我前几年带过一个这种班,从我的感受来讲,里面好大一部分人一进来就有一个相对明确的目的,学习规划相对比较明确。所以我那年带的班,后来出国率和考研率都是非常不错的,与其他班级有比较明显的区别,不但考研率、出国率比较高,而且基本上都是去名校的。"(GX3-1-2-ZPZSG1-191209)第二层次是在实践层面,"淘汰制"使招生成为一个持续性的工作,甚至突破了招生与培养需求的联系,深入到招生与培养情况的关联。"淘汰制"使招生单位对生源的判断从"入学之初"延伸至"育人过程之中",这也使判断依据有所增加、判断决策更为复杂,因此,递补生源的招生评价体系发生变化。比如项目6的二次选拔设置了数学、英

语等笔试，英语、综合素质等面试，物理实验、主题演讲等实操，心理、体能等测试；动态考核（淘汰标准）则考量了在读生的核心课程成绩、四级成绩、计算机等级考试级别、平均学分绩点等；动态选拔便要求报考者提供第一学年总成绩、英语四六级成绩、数学、物理等成绩，综合素质的考查依据也充分考虑了前两次选拔的核心标准。可见，招生改革与培养方案的优化是相辅相成的。

除此之外，在高校"创新班"可提前招生时，高校招生主体行为使招生与人才培养的联系更加紧密。据项目2的负责人介绍："我们学院在2015年之前是完全自主招生，不参加高考。学生提前半年进来进行预科学习，后来发现这个一学期的预科学习效果非常好。因为现在高中的学生进到大学之后，他有很多东西是欠缺的，其他学科我不了解，就我们数学来讲，我们省的学生考进来之后，大学里面用得很多的三角函数、数学归纳法在中学几乎都不学，三角函数学得很少，反三角函数不学，但是进到大学之后我们马上就要用而且用得很多。我们以前预科学习就可以系统地补一些大学里面要用但中学不学的知识，所以他们会很快进入到前沿的学习中去，我觉得这是以前我们学院非常好的特色与优势。"（GX1-3-1-ZPZSG1-191016）而项目3也为该院所组织，其更是将招生与培养环节前置到高中教育的起始阶段，高中入学及入学一年后的两次考核，可以使高校更为清晰地识别拔尖创新型人才候选者的能力与潜质，在高二年级便进入大学学习，也更有利于拔尖创新人才能力与潜质的开发。

（二）高校招生主体行为的有效性被忽视，或对招生能力建设产生阻碍

大多数高校的"创新班"招生已有10余年的经验，招生主体行为在人才选拔与培养中产生了一定的作用，但其有效性未被验证，甚至未被关注。部分高校认为本校的招生方案尚处于探索期，成效如何须在有毕业生完成学业的几年后才能显现，如GX1-3-1高校"拔尖计划"的人才选拔自2015年起由项目2变更为项目1，项目负责人表示："之前的那种方式，招进来（的学生）能够培养出来。但现在这种方式（综合评价录取、统一高考招生）能不能还不知道，要等他们毕业几年后才知道。"（GX1-3-1-ZPZSG1-191016）部分高校招生方案的调整受管理思维、行政因素影响，对招生科学性、学术要素不够重视。如项目6的一位负责人介绍了"统考录取"方案的调整原因："去年我们是有面试的，但是跟现实也有一点矛

盾，我们还没选拔完，学生就要来报到了。学生到底去哪个学院去报到？怎么住宿？我们希望实验班的学生集中住宿，以便书院制培养。如果他们散落在各个地方，不利于培养。所以今年我们就没有面试了，主要参考高考总分、单科成绩。"（GX2-3-2-ZB1-191014）

事实上，招生与培养的一体化，也使"创新班"招生主体行为的有效性被模糊化，人才产出的成效很难判断是培养之功抑或选拔之劳。通过调研还可发现，各校的"自主"招生行为存在着一种"同质化"或者说是"院校化""院系化"的倾向。即高校在"创新班"招生时形成了院校、院系独有的招生方案，而这种招生方式又多是各校自主考核学生的"首次"尝试，方案会被本校自主选拔录取、综合评价录取、转专业录取等的考核环节借鉴。高校在招生主体行为的探索中，形成独具特色的招生方式是一种良好的态势，但大多数高校却忽视了招生主体行为的有效性、适用性，在对招生方式不加甄别的情况下便加以推广，对高校招生能力的建设来说或将成为一种阻力。比如，"创新班"招生的本质在于"拔尖儿"，面向的是特定学科、极少数精英群体的选拔，招生定位、招生标准与高校其他的"自主"招生行为有极大的不同，且方案尚处于探索期，盲目推广更易遭遇阻力。项目7高校的一位二级学院负责人从经费投入方面阐释了创新班招生模式不宜盲目推广的原因："我们学校国际化卓越教师项目的选拔要请外面的特级教师、校长过来，要花很多钱。而综合评价录取的人数非常多，我们学院的报名人数第一年170多个，第二年800多个，第三年1900多个，你想想看，这样的话，我们要按比例筛选他们来面试，财力的支撑也是一个很大的问题。"（GX4-1-1-XYLD1-191210）

第五节　实践视域下中国高校招生主体性地位的困境

中国高校招生主体性地位在非高考综合改革试点地区的普通类招生、高考综合改革试点地区的普通类招生、"自主"招生、"创新班"招生中有不同的表征。主体性地位的强、弱，主体行为的有效或无力是一个复杂问题，涉及了宽严不一的招生制度、效能不同的招生主体、对象各异的招生关系，难以一言概之。故而，只有利用适宜的分析框架，才能澄清高校招生主体性在招生实践中的整体情状，挖掘强化高校招生主体性地位的实践之困。

一 分析框架：高校招生主体实践的结构矩阵

从对高校招生主体行为的分析中可以发现，影响高校招生主体性地位、高校招生主体作用的因素，不仅有高校本身，还有与其发生竞争的"朋辈"群体，即层次类型相仿的"兄弟学校"，这是一种在招生研究中被忽视，但在招生实践中作用非常突出的主体间性。而在不同类型的招生中，招生的价值观又有"唯分数"及"适宜生源"的区别。故本节从主体性与主体间性、工具理性与价值理性入手，通过二维象限分析法建构审视高校招生主体实践的结构矩阵。

（一）主体性、主体间性与招生实践主体

主体性的物质依托与对象性本质决定了对主体性的研究常以主客体的二元对立为起点，通过主体对客体的影响、客体对主体的限制性和反作用性来剖析主体性之本质和规律。[1] 在这种思维方式下，对主体性的研究，重点在于私人性，即通过其与客体的互动，关注主体获得利益、实现发展、达到更完美的状态。但仅聚焦于主客体的二元对立，易使主体性陷入"单子式"[2]的窠臼，忽略了共同主体对它的影响。融入对主体间性的关注才能使主体性研究更为全面、客观。

主体间性则以主体与主体的协同对立为起点，通过"和而不同"的主体间的关系及相互作用来剖析主体性的本质和规律。主体间的主体之"和"在于各主体的意义相通性、共在性、以客体为中介的关联性，[3]它们共同存在于相同的场域中，遵循同样的规则、有同样的目标。主体间的主体之"不同"既在于各主体的起点不同，又在于行动中因资源的有限性、利益的争夺行为等，发生冲突或竞争。在这种思维方式下，对主体性的研究重点转向了公共性，即更有利于理解主体在游戏中的地

---

[1] 李为善、刘奔编：《主体性和哲学基本问题》，中央文献出版社2002年版，第57—62页。

[2] 姚大志：《哈贝马斯：交往活动理论及其问题》，《吉林大学社会科学学报》2000年第6期。

[3] 冯建军：《主体教育理论：从主体性到主体间性》，《华中师范大学学报》（人文社会科学版）2006年第1期。

位与角色。①

无论是关注主体私人性的二元对立，还是兼顾主体公共性的协同共在，都会存在一定的矛盾、冲突、竞争，而这也是主体性发展的动力机制。在诸如此类的矛盾运动中，优胜劣汰、适者生存。同时，理性的物质力量、文化整合、主体认知又是矛盾运动有序前进的保障，② 以免触发矛盾、冲突、竞争等的反功能，对主体私人性的优化、公共性的实现产生破坏。

主体性、主体间性理论对高校招生主体性地位的实践审视具有重要意义。高校个体作为招生主体具有"私人性"，一切行为是以提升本校的生源质量为逻辑起点的，与高校招生主体相对的客体是包括考生、家长在内的社会群体，高校通过制订招生方案、开展招生宣传、组织录取工作、实施高等教育作用于社会群体，但社会群体的文化惯习、认同度、舆论等也会反作用于高校主体。高校个体作为招生高校中的一员具有"公共性"，"和而不同"是高校招生行为的理想状态，高校共同遵守国家招生政策，但又因在同一场域内产生竞争，为了争取有限的优质生源，高校间甚至可能产生矛盾、冲突。同时，高校招生主体性在"私人"领域抑或"公共"领域都难免发生"失范"的行为，对其发生的个体意愿、主体行为、政策背景进一步分析，也有助于促进高校招生主体性地位的合理化、科学化。

(二) 价值理性、工具理性与招生实践表现

马克思·韦伯提出二重理性论，用于阐释社会学研究中社会主体的行为，价值理性与工具理性皆为社会行为的两种类型。价值理性"即通过有意识地对一个特定的举止的——伦理的、美学的、宗教的或作任何其他解释的——无条件的固有价值的纯粹信仰，不管是否取得成就"。这种行为服务于主体对义务、尊严、美等某一件"事"的重要性的信念，不在乎形式，但坚信必须这样做，具有纯粹性。③ 可见，价值理性趋向于对本质的坚守、对规律的遵循、对真理的追求、对本我的实现。工具理性又称

---

① 盛晓明：《从公共性到主体间性——哈贝马斯的普遍语用学转向》，《浙江学刊》1999年第5期。

② 王晓东：《哲学视域中的主体间性问题论析》，《天津社会科学》2001年第5期。

③ ［德］马克斯·韦伯著，［德］约翰内斯·温克尔曼整理：《经济与社会》（上卷），林荣远译，商务印书馆1997年版，第56—57页。

目的合乎理性,"即通过对外界事物的情况和其他人的举止的期待,并利用这种期待作为'条件'或者作为'手段',以期待实现自己合乎理性所争取和考虑的作为成果的目的"。这种行为建立并依赖于主体有意识权衡过的轻重缓急的刻度表上,并使全部主体行为以此为取向,[①] 具有目的性、计划性。可见,工具理性有精心谋划的目的,考虑周密的备选方案及附带后果,依托最有效的手段,以达成利益的最大化,因此,工具理性行为者常常把外在的他人或事物当作实现自己的工具或障碍。[②]

价值理性与工具理性之间并非二元对立的,首先,价值理性与工具理性互为存在的基础与条件,价值理性的存在为工具理性的存在提供精神动力,工具理性的存在为价值理性的实现提供支撑;其次,价值理性不可代替工具理性;最后,片面强调与追求工具理性意味人性的扭曲。[③] 但在现代化的过程中,价值理性式微、工具理性被重视甚至被扭曲的情况常见于社会的各个领域中,故而,哈贝马斯提出了交互理性,部分学者则提出了重新弘扬价值理性等观点,以消解技术理性泛滥的问题。

在高校招生场域中,高校的招生行为同样表现出价值理性与工具理性两种类型。价值理性使高校招生行为纯粹地遵循教育规律、追求人才培养效率、履行自身为高等教育质量服务的义务;工具理性使高校招生行为有目的、有计划地争夺高分生源,并以此作为招生的终极目标。理论上,高校招生并非存在于"真空"状态,需要遵循教育规律,但也不能忽略外界带来的竞争,价值理性与工具理性的平衡是其行为合理化、科学化的基础。但在实践中,价值理性与工具理性之间并非处于平衡状态,对其行为进行分析,有助于澄清高校招生主体行为的发展趋势、高校招生能力建设的正确方向。

(三)二维象限分析法在高校招生主体实践审视中的适用性

二维象限分析法是相对于"点"式方法与线性方法而言的"面"上的研究方法,构成要素包括"两维""两极",二者构成的象限又成为一个平面,矩阵式与方格式是其两个主要变式,该方法可用于建构模型、提

---

① [德]马克斯·韦伯著,[德]约翰内斯·温克尔曼整理:《经济与社会》(上卷),林荣远译,商务印书馆1997年版,第56—57页。
② 王锟:《工具理性和价值理性——理解韦伯的社会学思想》,《甘肃社会科学》2005年第1期。
③ 魏小兰:《论价值理性与工具理性》,《江西行政学院学报》2004年第2期。

出假设、类型划分、教育评价等。① 在高校招生主体实践的审视中，可将招生主体、招生行为作为结构矩阵的"两维"。招生主体之维的"两级"分别为主体之内、主体之间，分别代表了高校以处理内部事务为目的的招生主体行为、高校以与兄弟院校开展竞争为目的的招生主体行为。招生行为的"两级"分别为价值理性、工具理性，分别代表了为追求教育本真的原初价值、为获得高分生源的终极利益。矩阵如图4-1所示，形成了四个象限，分别代表了中国高校招生实践的四种情况：A象限是发生于高校主体之内的、价值理性居于主导地位的招生活动，以追求适宜适性的生源为导向，如"创新班"的招生、院系的招生规划、顶尖大学的"自主"招生；B象限是发生于高校主体之内的、工具理性居于主导地位的招生活动，以"唯分数"为导向，如高校招生办公室的招生方案、大部分高校的"自主"招生实践；C象限是发生于高校主体之间的、工具理性居于主导地位的招生活动，以生源竞争为重点，如高校之间普通类招生、部分高校综合评价录取招生中对高分考生的争夺；D象限是发生于主体之间的、价值理性居于主导地位的招生活动，是一种理想状态，迄今为止在中国高校招生中难以达成。这一结构矩阵，可澄清高校招生主体行为的基本特征，挖掘高校招生主体性地位被限制的主客观因素，为其进一步强化提供基础。

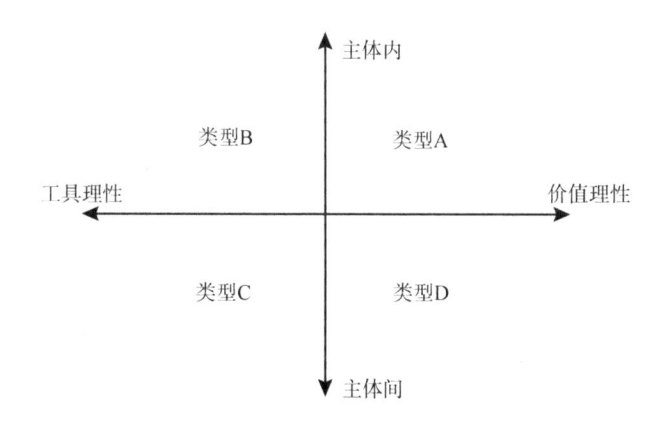

图4-1 高校招生主体实践的结构矩阵

---

① 陈廷柱：《二维象限分析法及其在教育研究中的应用》，《教育研究与实验》2012年第3期。

二 基本表现：高校招生主体实践的类型特征

基于主体性、主体间性、价值二重性理论及二维象限分析法，可将高校招生主体实践分为如图4-1所示的四类，各类有不同的实践目标、作用特征、效能、局限。澄清各类型的基本特征，是发现高校招生主体性地位被钳制的原因、可强化的路径的基础。

（一）以招收适宜适性生源为目标的类型A

类型A是发生于高校主体之内的、价值理性居于主导地位的招生活动，如"创新班"的招生、院系的招生规划、顶尖大学的"自主"招生等。该类型的招生主体之间竞争性不强，如"创新班"招生多为高校招生后的二次选拔，顶尖大学的"自主"招生也极少有与之匹敌的竞争院校，或主体对招生竞争的认知度、感知度较低，如院系普通类招生规划不为高校朋辈竞争的压力所迫，这便为招生行为追求"纯粹的信仰""绝对的价值"提供了基础。

在这种情况下，高校招生行为的价值理性凸显，即遵循教育规律，使高校招生行为内化为育人成才的一部分。高校招生充分发挥了基础教育与高等教育的衔接作用，典型的表征为：为高校或校内的各专业选拔适宜适性的生源。对于基础教育而言，招生起到了引导作用，使学生在基础教育阶段便有了初步的职业志向而非单纯的"应试"心理；对于高等教育而言，招生起到了甄别的作用，为高校各专业选拔了适宜的生源而非简单的"拔尖"。比如，高校"创新班"招生，其不仅有招生与培养的一体化方案，根据人才培养方案设置招生选拔的标准、通过人才培养特色吸引学生报考，而且以跟踪的方式来验证招生、培养方案的有效性，使高校招生及其效果的验证回归为一个"慢性"的教育过程，而非一个"快速"的操作工序。院系普通类的招生规划，根据各省生源所反映的基础教育差异提出分专业出省计划建议，根据院系学科专业特征对高考综合改革试点地区提出学业水平考试选考科目的建议，使高校招生的"精准性"有所提升，而非"一锅端式"地招录考生。顶尖大学的"自主"招生，有完备的、适于该校或特定专业的评价体系，根据本校的战略地位谋划招生方案，参考考生的专业志趣组织学科能力、潜力测试，对于高考综合改革赋分方案、试卷难度系数带来的问题酌情加试，使高校招生为选拔"适合本校的生源"服务，而非为"争夺高分考生"服务。

可见，在特定情况下或部分高校内，高校招生遵循价值理性、具备一定的招生能力，保证了高校选拔拔尖创新人才、适宜适性人才的科学性。但类型A却犹如高校招生中的"真空"状态，大规模、高利害是中国高校考试招生不可逾越的现实，"创新班"招生、顶尖高校"自主"招生的经验难以在普通类招生中推广，院系的普通类招生规划甚至无法通过高校招生工作委员会的审议。类型A所表征出的中国高校招生能力建设、所验证的中国高校招生成效，是高校招生主体性地位之意义的初步彰显，也为其强化提供了现实基础。

（二）以"唯分数"为典型特征的类型B

类型B是发生于高校主体之内的、工具理性居于主导地位的招生活动，如普通类招生中高校招生办公室制订的招生方案、大部分高校的"自主"招生实践等。该类型的招生主体受制于校方的行政压力，以招收"优质生源"为主要目标，将本校招生结果的历年情况作为重要参考。这便使招生行为依附于"手段"，在"权衡"之后实现"利益的最大化"。

在这种形势下，高校招生行为的工具理性凸显，将近代科学的数值化、定量化、规范化、精确化作为一种方法论原则而推广，并作为一种理性精神[①]贯穿于招生的方方面面。高校招生被物化成一种程序性的工作，典型表征为：为达成既定目标，推崇"分数至上"，甚至在不对分数的甄别度做一判断的情况下，便将其推向了"唯分数"的极致，并将"唯分数"作为衡量招生工作的价值尺度，而教育的本质与规律在招生中未起到应有的作用。比如，在高校招生办公室作为主要责任方组织的普通类招生中，在制订招生方案时，放宽高考综合改革试点地区学业水平考试选考科目的要求，在招生宣传时，侧重对校内生活环境、转专业政策等的介绍，在招生结果评价时，聚焦录取最高分、最低分、平均分等与往年的比较，在招生能力建设上，偏重对各省招生工作组的宣传培训，使高校的普通类招生以录取"高分生源"为目标，而非以"适宜的生源"为目标。在大部分高校的"自主"招生中，专业设置缺乏针对性，用"热门"专业吸引考生报考，招生评价体系不够科学，用通识标准测查全部考生，招生结果评价以录取生源与统招生源的分数差距为指标，竭力缩小二者分数之差，人才培养方案与统招生源同质，培养阶段忽略生源能力差异，相对

---

① 张康之：《公共行政：超越工具理性》，《浙江社会科学》2002年第4期。

而言重招生、轻培养，使高校的"自主"招生趋同于"唯分数"的普通类招生，忽略拔尖创新、综合能力突出生源的特殊性。

可见，在涉及招生范围最广的高校普通类招生及大部分高校的"自主"招生中，高校招生主体行为的工具理性突出，保证了高校招生任务的完成。但"唯分数"的不科学的教育评价导向将工具理性异化，使高校不仅为了招生而招生，同时，也与遵循教育规律、提升教育质量渐行渐远。虽然现阶段类型 B 有所觉醒，意识到了高校招生能力建设的重要性，但若执迷于数值化、定量化等可测指标，只能成为"唯分数"的推波助澜者，甚至可将招生行为工具理性的异化推向极致，使高级专门人才培养与高级专门人才选拔分道扬镳。

（三）以生源竞争为重点的类型 C

类型 C 是发生于高校主体之间的、工具理性居于主导地位的招生活动。与 B 类型不同的是，该类型考虑了主体间性，在招生活动中，各高校作为招生主体"交易方向一致、特定利益上有着利害关系并相互排斥"，符合竞争主体的类型特征。[①] 与类型 B 相同的是，以手段的最优化作为理性的最高要求。[②] 招生主体处于高竞争状态，面对校方的行政压力，以争夺"优质生源"为主要目标，将与本校层次或类型相同的高校招生结果作为重要参考。如高校之间普通类招生竞争、同一层次高校之间"自主"招生竞争等。

在这种形势下，高校招生行为的工具理性被扩散至学校之间的竞争中。理论上，竞争主体具有参与竞争的自主性、遵从竞争市场的约束性，服从竞争的规则，[③] 但竞争与工具理性的交互作用，使竞争沦为对"高分考生"的争夺，使工具理性走向利用政策、服务于院校的私利，其间的异化是不可避免的。这种竞争存在于各层次、各类型的高校中，在"一流大学"建设高校间尤甚。高校为了争取到"高分考生"，申请改变录取批次，将招生吸引力较弱或大部分专业挪至提前批，利用大类招生改革，将招生吸引力强弱不均的专业"打包"归类，利用"院校专业组"志愿改革，将招生吸引力强的专业单独划分，较少考虑院系人才培养需要、选

---

① 李振亭：《教育竞争论》，中央文献出版社 2005 年版，第 34 页。
② 张康之：《公共行政：超越工具理性》，《浙江社会科学》2002 年第 4 期。
③ 李振亭：《教育竞争论》，中央文献出版社 2005 年版，第 34 页。

考科目设置"从众"化，违背招生规则，对高分考生给予金钱奖励或变相奖励。高校招生主体行为以招生规则为工具，争夺"高分考生"，而非以育人成才为旨归，维护教育系统和谐。同一层次高校的"自主"招生竞争，通过招生方案的同质化实现招生吸引力的同一性。以综合评价录取为例，多所"一流大学"建设高校在山东省的招生中，均要求考生"高中阶段历次期末考试成绩及高考模拟考试成绩在年级均列前10%"，在浙江省的招生中则全部进行数学、物理、外语等科目的纸笔测试；省属重点高校在江苏省、山东省均不进行纸笔测试，面试多不分专业、以通识能力考查为主。高校招生主体行为以趋同为原则，通过"形式"提升招生吸引力，而非以特色化、适宜性为宗旨，通过"内涵"保证招生的科学性。

可见，主体间的招生竞争对招生行为的影响是客观存在的，竞争激发了高校招生的能动性，使高校保障了生源数量、增加了招生活力，为高等教育质量的提高做出了贡献，也间接获得了办学经费、收获了社会声誉。但其对招生秩序的扰乱也是客观存在的，虽然大部分招生主体行为与国家招生政策不相抵触，但剥夺了其他高校的相对获得感，也徒增了考生报考时的困惑。

（四）趋于理想的类型 D

类型 D 是发生于主体之间的、价值理性居于主导地位的招生活动，是高校招生的理想状态，目前在中国高校招生中几乎不存在，但又具有达成的可能性。类型 D 的招生活动与类型 A 不同，存在于主体之间，首先承认了高校在竞争中招生的事实，符合高校普通类招生的基本情境；又与类型 C 不同，是以价值理性为主导的，超越了工具理性的功利性，使招生回归于培养人才这一最本真的教育目的，但工具理性又并非完全消失，而是为价值理性钳制、与价值理性达成了平衡，使高校招生方案、招生能力建设、招生宣传活动、招生结果评估等摆脱以"唯分数""争夺高分考生"为代表的功利心理，服务于选拔适宜适性的考生，在整个招生中形成良好的氛围。

通过上述分析可知，招生中的主体间性是客观存在的，是招生活动必须面临的问题，高校招生主体性地位若想达成理想的类型 D，重点在于使招生行为完成从工具理性向价值理性的回归。事实上，高考综合改革高中综合素质评价结果的应用，文理分科的取消，选考制度的颁布，"专业（类）+学校"志愿的改革等，改变了高校招生录取机制以及招生竞争规则，是一个重要的契机，在初步尝试中也取得了一定的成效。在"专业（类）+学校"志愿改革的省份中，高校招生竞争被细化为专业招生竞争，竞争赛道的拓宽、竞争单元的细化减弱了招生中的工具理性、功利心理，再辅之"两依据一参考"的录取机制改革，使学科专业特征、人才培养需要等代表教育规律的价值理性被重新重视，使主体间的竞争从"唯分数""高分生源"的可测指标竞争转向"优势学科""特色专业"的内隐指标竞争。但起步阶段也存在一定的问题，如"专业（类）"的划分、选考科目的制定、综合素质评价结果的使用缺乏成熟经验、指导性意见，决策结果暂无法验证，易于使其走向歧途。

三 "症结"：高校招生主体性实践之困

从高校在非高考综合改革试点地区的招生、高考综合改革试点地区的招生、"自主"招生、"创新班"招生的实践分析中可以发现，中国高校招生主体性地位虽然有待强化，但主体行为客观存在，且发挥了功过不一的作用。若想解决其中的问题，使其合理化，还应考虑"强主体性"的风险及规制，"弱主体性"的问题及归因。

（一）工具理性的异化与泛滥导致高校招生缺乏科学的标准

主体懂得按照任何一个领域或类属的尺度进行生产表明主体的生活实践受工具理性的支配、规约和范导，主体懂得处处把自己内在的尺度运用于对象，按照美的规律来构造，表明主体的生活实践受价值理性的支配、规约与范导，[①] 若主体在对内在尺度的运用脱离了美的规律，甚至与其背道而驰时，也就造成了工具理性的异化与泛滥。在招生过程中，对教育规律、人才培养目标的疏离，加速了工具理性的发展与泛化，这是高校招生主体性的表征之一。

自1952年统一高考建制以来，中国高校招生便以普通高等学校招生统一考试成绩作为录取的主要依据，多年来高校招生"分数至上"的问题不但没有解决，甚至还走向了"唯分数"的极端。虽然高考综合改革启用"两依据一参考"多元录取机制，将能够代表考生过程性表现的高中学业水平考试、综合素质评价纳入其中，但在实际应用中，真正对录取决策产生影响的还是高中学业水平考试选考科目的"成绩"，而以"写实

---

① 徐贵权：《论价值理性》，《南京师大学报》（社会科学版）2003年第5期。

性记录"或"等第"呈现的综合素质评价结果并未发挥较大的作用。这种"唯分数"同样出现于对招生结果的评价中，高校招生工作委员会对本年度招生工作的问责多以招录考生的"成绩"为依据。如当年招录的"最低分""最高分""平均分"，当年招录"分数"与往年的比较，当年招录"分数"在各个省份之间的比较，当年招录"分数"与同类型、同层次高校的比较，当年各专业招生"分数"的比较等，此类数据也将用于招生办公室、各省（区、市）招生工作组的绩效评比，影响下一年度分省分专业计划的编定。以"唯分数"为代表的工具理性的异化与泛滥，出于如下原因："科举至公"的历史促成了"一切与程文定去留""分数面前人人平等"的社会认同，使可量化的分数被认为是呈现评价结果的合理形式；行政权力至上的管理思维导致了"一刀切"式的问题处理方式，使简便易行的统一测试应用于具有复杂性的教育评价之中；急功近利的世俗心态使社会更期待"立竿见影"的效果，可观测的分数取代了考生入学后的综合表现、未来的发展情况，成为招生结果评价的根本依据。

工具理性的泛滥与异化影响了高校招生及其评价的标准，造成的不良影响是显而易见的。"高考指挥棒"而非"高等教育指挥棒"也正是如此发生的，基础教育将高考视为"终点"、重应试轻育人，高等教育将招生与培养割裂、重招生轻培养，最终造成了高考育人功能的式微，高考服务教育系统的功能更是无从谈起。高考综合改革取消了文理分科，启用选考制度、赋分制度，若依旧以"唯分数"为导向，将使考生片面追求"高分"而弃选难度较大、竞争较为激烈的物理、化学等科目，短期将影响考生个体知识结构，长期则会危及社会的人才结构。[1] 而工具理性的泛滥也将影响甚至阻碍综合素质评价结果在普通类招生中的使用。

工具理性只是工具而已，既可以造就人类福祉，亦能带来弥天大祸，问题是如何运用，使得工具本身不会自动成为目标，而是为合理的生活目标服务。[2] 解决工具理性的异化与泛滥的核心问题在于工具理性的合理运用，"分数"可以作为招生录取依据的一种形式，但不能将"分数至上"

---

[1] 郑若玲、庞颖：《高考综合改革系统性的基本要义、实践审思与完善路径》，《高等教育研究》2020年第3期。

[2] 张德胜、金耀基、陈海文等：《论中庸理性：工具理性、价值理性和沟通理性之外》，《社会学研究》2001年第2期。

"唯分数"作为招生的目的，高校招生是一个教育问题，教育规律是高校招生应遵循、回归的"美的规律"，科学的招生评价体系的建立具有重要意义。

（二）主体间交往的负向层面导致高校部分招生行为缺乏理性的信念

主体间的交往，是高校招生主体性的重要表征。主体间交往存在正向与负向两个层面，通常来说，正向交往多受重视，如强调以物为中介的物质变化关系，注重主体之间的精神（信息符号、知识、情感）的交流、沟通和理解，在内涵上明确地指认了交往的诸主体性和交互性特征；而负向交往却常被忽略，即交往过程中的冲突、离析及交往本身的断裂和毁灭。[1]

因为生源的数量、质量对办学经费、办学质量、办学声誉具有重要意义，在高校招生实践中，主体之间便产生了竞争关系。高校作为招生主体，其间的正向交往存在，但并不常见。在"学校负责、招办监督"的录取体制下，高校以独立个体身份与省级考试招生机构共同组织招生工作，并单独组织招生宣传工作，传统意义上招生主体之间不存在交互作用。但随着高考综合改革的推进，"院校专业组"与"专业（类）+学校"的志愿改革突出了"专业"的地位，高校在招生宣传时很难凭一己之力向31个省（区、市）的上千万名考生推介全部专业，江苏省便率先打造"好大学"平台，十余家高校联合向考生推介专业、选科、生涯规划等信息。其间的负向交往也尤为常见，但未被重视。在同一层次的高校中，部分高校为了在竞争中获得优势，不惜利用政策、争取特权，如将招生主体行为应用于录取批次的调整（由普通批移至提前批、由第二批移至第一批等）、院校专业组的划分（将优势专业单独成组）、志愿填报的限制（要求考生综合评价录取志愿务必将本校填至第一位）等。在不同层次的高校中，高校具有的招生自主权不同，使主体交往的双向度关系转为单向度的主客体关系，在特定时空领域各主体并未共同在场、其中一方主体完全处于退场和缺席状态，[2] 在生源竞争中不在场的一方便沦为劣势。比如，"一流大学"建设高校的"强基计划"、高职院校的"提前招生"、部分高校的"综合评价录取"均赋予高校在普通批次之前招录生源

---

[1] 王晓东：《哲学视域中的主体间性问题论析》，《天津社会科学》2001年第5期。
[2] 王晓东：《哲学视域中的主体间性问题论析》，《天津社会科学》2001年第5期。

的权利，但绝大多数省属重点高校却在这一竞争中离场，甚至出现了省属重点高校在个别层次的生源竞争时不敌高职院校的情况。

在高校招生实践中，主体间的正向交往显见、负向交往不被重视，考生、家长易被高校的"花式"招生方案迷惑，徒增报考难度；对高校而言，将精力集中至招生技巧的提升而非招生能力的建设，影响了招生质量的内涵式发展；对教育行政部门、考试招生机构而言，忽略了主体间的负向交往，不利于和谐、有序的招考秩序的建构。

解决高校招生中主体间交往负向层面的问题，既需要作为招生主体的高校对招生的价值、作用有理性的认识，并有足够的自觉性、自律性，又需要作为招生政策制定者的教育行政部门、考试招生机构对高校招生工作有全面的认识，具有统筹能力、风险防范能力。

（三）价值理性的迷失导致高校部分招生行为缺乏合理的支持

价值理性是主体在社会实践中形成的对价值及其追求的自觉意识，是对感性的适应与调整，或者是扬弃与超越，是一种独特的理性、目的理性、批判理性、信仰理性，[1] 价值理性的迷失将导致行为的依附性与感性化，也将使工具理性在交往领域的扩张并占据支配地位。[2] 在高校招生中，价值理性的迷失表现为高校招生主体性地位的弱化，即高校招生主体权力的缺失、主体意识的淡薄、主体行为的不理性、主体作用的功过不一。

长期以来，中国高校考试招生制度"统考统招"的实践特征，建制之初为国家选拔干部的思维习惯，加速了高校在招生中价值理性迷失。这种迷失表现为单独招生被统一招生取代后，老牌高校失去了"自主"招生的政策支持，而新建高校没有"自主"招生的经验，70多年来将高校招生视为教育行政部门、考试招生机构的职责，对其有绝对的依赖性。高校缺乏独具特色的选才定位、招生标准、选拔方案，更无从谈起根据专业人才培养方案反思招生实践。在"唯分数"的推波助澜下，工具理性取代了本就根基不稳的价值理性。在《实施意见》颁布后，全面深化改革阶段期待高校在综合评价、多元录取、育人功能凸显的高考综合改革中有所作为，但高校招生价值理性从迷失走向归途又遭遇了"瓶颈"。起步阶

---

[1] 徐贵权：《论价值理性》，《南京师大学报》（社会科学版）2003年第5期。
[2] 宋敏：《哈贝马斯社会交往理论合理性与公共领域的建构》，《求索》2015年第1期。

段政策的缺失、政策要求的或严或松，社会舆论的质疑、舆情的裹挟都有可能将价值理性的回归引入歧途。比如，取消文理分科、启用选考制度旨在强调高级专门人才选拔的适宜性，但高校"唯分数"的选才观使其背离了以学科专业育人规律为重点的价值理性，再次走向了"分分必较"的工具理性的迷途。再如，高校"自主"招生中，即便高校有能力辨别考生材料的真伪，但迫于社会舆论，竞赛获奖要求逐年攀升，其他条件被"一刀切"式取缔，高校招生的价值理性被削弱。

作为主体的高校在招生中价值理性迷失，终将使招生与人才培养割裂，使中国的高等教育从入门关起便难以与世界名校竞争。高校招生价值理性的恢复，要承认价值理性的一般规律，即价值理性的健全应成为工具理性的激发与导引力量，同时，价值理性的健全还意味着它必须体现而不是违背科学精神。[①] 也就是说，高校招生价值理性的重建，要善于利用工具理性，使用考试分数、但不"唯"考试分数，重视招生能力建设、招生评价体系构建、招生与人才培养的联系，价值理性则应把握科学的方向、强调教育规律的重要作用。同时，还要意识到在"统考统招"的中国，高校招生价值理性的恢复还有赖于教育行政部门的政治支持、社会群体的认同。唯有如此，才能解决高校招生能力建设缺失、合理管控缺乏的困局。

---

① 徐贵权：《论价值理性》，《南京师大学报》（社会科学版）2003年第5期。

第五章

中国高校招生主体性地位的
内在基础

招生不仅是政府、教育行政部门自上而下地赋予高校的职责，而且是出于高校自身办学需要、人才培养的需求。强化中国高校招生主体性地位，即是因为招生与高校办学、育人之间存在本质的联系。遗憾的是，实践者往往以政令为重，高校作为实施主体，将招生视为一种"上传下达"的任务，机械化地进行程序性的操作；以教育规律为轻，高校尚未成为决策主体，在招生中缺乏"自下而上"的行动甚至是意识，较少将招生及其改革视为高等教育质量建设的一部分。本书从历史、制度、实践方面对中国高校招生主体性地位进行分析之后，发现在中国高等教育领域，高校招生与高校办学、学科能力、专业适应、高级专门人才培养之间的关联不足，但这恰恰是国外高校非常重视的，在一定程度上可以认为，这是中国高校招生主体性地位不强的深层原因。故而，本章以这四对关系为重点进行深入分析，明确其间的教育规律。换言之，招生与高校定位、高校分类、高校办学实施，与学科教育、学科能力，与专业认知、专业建设，与基础教育及高等教育人才培养的衔接等，是招生与高等教育产生联系的内在基础，也是强化中国高校招生主体性地位的意义所在。

第一节 招生与高校办学

在基础教育阶段，"生源是重要的办学资源"这一论断广受认同，在高等教育阶段，则因肩负人才培养、科学研究、为社会服务等多重职能，受行政权力、学术权力、社会问责等多重约束，生源、招生于办学的重要性被模糊化,甚至忽略了招生也是高校办学活动之一。事实上,招生与高校办学的关系是客观存在的,但受多重因素影响,其在实践中被忽视,甚至偏离应有的价值导向,对高校招生主体性地位的强化可在一定程度上解决这一问题。

一 招生与高校办学关联的理论探讨

在价值层面,招生是高校办学的一项重要活动,但在实践层面,因中国高校不具备充分的招生自主权,招生与高校办学之间的相互影响易被忽视。事实上,招生与高校定位、高校分类、高校办学实施之间是相辅相成的,澄清其间的应然关系是发现实践中关系异化的重要前提。

(一) 招生与高校层次定位

马丁·特罗认为西方社会的高校分层依据两种不同的原则:其一,以各个院校相互竞争为基础,即各个院校通过在市场上竞争获得有助于提高学术名望的条件,如学术声誉、著名教授、研究经费、捐赠等,从而提高院校的地位;其二,高校等级由政府分配给各院校和高等教育各部门的职能、权利、特权和资源所决定,政府通过政策和措施来控制由其提供经费的院校的学术地位和生死存亡。[1] 第一种原则是"学术"的分层形式,在"早发内生型"的高等教育系统内,高校的历史、使命、院校竞争成就了院校实力,使高校在高等教育系统内形成了等级分布状态。但高校作为知识型组织,早已不是远离社会的"象牙塔",对高校分类与定位问题的探讨,不能脱离现代大学赖以存在的社会和政府。[2] 第二种原则是"行政"的分层形式,是政府赋权下高校获得不同发展优势后在高等教育系统内形成了等级分布状态。受中国现代高等教育的"后发外生型"、高校办学对社会和政府的依赖性、高等教育治理模式的类市场化[3]等因素影响,中国高校的层次定位以第二种原则为主。

相关研究普遍认为在第二种原则下,对中国高校的层次定位产生影响

---

[1] [美]伯顿·克拉克主编:《高等教育新论——多学科的研究》,王承绪、徐辉等译,浙江教育出版社2001年版,第169页。

[2] 史秋衡、冯典:《转变政府调控方式 优化高校分层分类》,《高等教育研究》2005年第12期。

[3] 张应强、张浩正:《从类市场化治理到准市场化治理:我国高等教育治理变革的方向》,《高等教育研究》2018年第6期。

的政策包含三种[①]：高等教育重点建设政策、学位与研究生教育授权审核制度、大学排行和学科评估制度。在招生录取中，长期以来高校分批录取，即根据政府对高校实力的评价，依次按照国家重点高校、省重点高校、省级普通高校的顺序，将本科招生的普通批次划分为1—3批，常见的情况是将"985"工程、"211"工程、省重点高校划分为第一批，省级普通高校划分为第二批，独立学院、民办高校划分为第三批。理论上，高校生源质量与高校层次定位正相关，即重点高校、学科优势明显的高校在招生中更容易获得优质生源，处于不同层级的高校的生源质量也会因此拉开差距。

而高校招生结果对高校分层的反拨作用也不容小觑。近年来，根据高校招生结果形成的"大学排行榜"也逐渐成为评价高校实力的一个视角，如《中国大学录取分数排行榜》[②]以近10年高校在各省录取分数的平均分为原始数据，依托SPSS软件，使用映射法测算出高校的"总指数""理科指数""文科指数"，形成理科排名、文科排名，不仅受到了考生、家长的关注，多所高校的招生办公室也以此为据，反思本校的招生情况。与马丁·特罗所归纳的"学术""行政"的分层原则不同，这是一种"社会"的分层原则，是考生、家长对高校实力、声誉的整体认同。此类排行榜的出现，也会对高校生源质量产生影响，尤其在考后、知分、知位、平行志愿改革后，大多数考生在报考时持"等价交换"理念，"不浪费"一分的心理使其更愿意选择"物有所值"的志愿，高校的分层定位也将因此而改变。

（二）招生与高校科类特征

高等教育是以开展专业教育、培养高级专门人才为主要任务的学段，与实施普通教育的基础教育学段不同，分科、分专业组织教育教学活动是高等学校的核心工作。高等学校分类是高等教育规模扩张后的必然要求，

[①] 张应强、周钦：《"双一流"建设背景下的高校分类分层建设和特色发展》，《大学教育科学》2020年第1期。程家福、董美英、陈松林、窦艳：《高等学校分层与社会各阶层入学机会均等问题研究》，《中国高教研究》2013年第7期。

[②] 华东师范大学社会调查中心：《中国大学录取分数排行榜（2019版）》，华东师范大学，2019年，第1—2页。

也是高等教育多样化发展的基础,① 在进入大众化、普及化阶段后,中国高校分类设置制度完成了结构性布局,在国家层面,以人才培养定位为基础,形成了研究型、应用型和职业技能型三大类型,② 也有部分省市以主干学科门类为划分依据,对高校进行分类,如上海市据此将高校划分为综合性、多科性、特色性三个类别。③ 由于高等教育的专业性,强调高校的科类特征有利于对个体实施更精准的专业性教育、促进个体的职业发展,有利于高校错位发展、由外延式发展向内涵式发展转向,有利于高等教育生态系统全域的优化、实现系统的多元性及异质性。

近年来,国家政策对高校发展的引导,也从此前仅关注"高校",转向了对"学科""专业"的兼顾,2017年启动的"双一流"建设,首批确定了108个"一流学科"建设名单;2019年启动的"双万计划",首批公布了万余个"一流专业"建设名单。虽然这两个项目尚在建设中,但"一流学科""一流专业"均是从全国高校的各学科、各专业中遴选出来的,在一定程度上是国家教育行政部门对入选学科、专业的认可,也从实质层面突破了对"高校"的整体性评价,强调了高校的科类特色。在高校招生中,还长期存在着"高校优先"或"专业优先"的争论。高校优先论者持通识教育观,认为大学给予学生良好的文化氛围,有助于学生综合素养的培养,但也使多科性、特色性高校囿于生源质量、办学实力、社会声誉等难有突破。专业优先论者持专业教育观,认为专业教育奠定了个体职业发展的基础,是学生谋得好工作、拥有好未来的前提,给予多科性、特色性高校错位发展的可能,此类高校凭借优势学科专业招收到良好的生源,而后马太效应将推动院校发展,并突破高等教育系统"千校一面"的困局。随着社会认知的变化,部分考生、家长开始从高校优先论转向了专业优先论。

可见,招生与高校科类特征之间也存在着相互作用的关系。一方面,招生的规模因直接影响在校生、教师、教学科研行政用房面积、教学科研仪器设备、图书、实习实训场所的规模,成了学科、专业发展的基础;生

---

① 赵婷婷、汪乐乐:《高等学校为什么要分类以及怎样分类?——加州高等教育规划分类体系与卡内基高等教育机构分类的比较》,《北京大学教育评论》2008年第4期。

② 史秋衡、康敏:《我国高校分类设置管理的逻辑进程与制度建构》,《厦门大学学报》(哲学社会科学版)2017年第6期。

③ 史秋衡、康敏:《探索我国高等学校分类体系设计》,《中国高等教育》2017年第2期。

源质量因直接影响教学质量、科研生产力,影响了学科、专业发展的走向。正如语言类、财经类、师范类、医药类等科类特征明显的高校,通过调控各科类招生人数占总人数的比例,保护特定科类的发展;通过特定科类招生分数的提升,促进该科类的良性发展。另一方面,高校的科类特征也推动了招生的专业化。理论上,高校可根据招生专业的科类,尤其是语言类、理工类、师范类、医药类、艺术类、体育类的科类特征,设置考试科目,增加考试形式,从而为各科选拔适宜适性的人才。

(三) 招生与高校办学实施

高校招生不仅是高等教育的第一环节,而且是高校办学的重要基础,招生的规模、科类、专业等都与办学的重要问题有所关联,具体体现为招生与办学资源、办学效益、办学规划等的相互作用。

高校招生规模与办学资源之间是相互适应的。"适应"首先表现为招生规模与办学经费之间的关系。长期以来,中国高校,尤其是地方普通本科高校办学经费的主要来源为教育事业费(含生均拨款)及学费,招生规模的大小在很大程度上决定了高校的办学收入。其次表现为招生规模、科类、专业与办学条件之间的相互制约,一方面,高校招生规模受文化教育经费、财政收入、高校教师人数、高中毕业生数、高校在校生数[①]等的影响;另一方面,高校必须根据招生规模、科类、专业等要素建设办学资源。例如,根据《普通本科学校设置暂行规定》(教发〔2006〕18号)指出,高校的校舍建筑面积、占地面积、教师数量由在校生数量决定,教学科研行政用房面积、教学科研仪器设备值、使用图书由各科类在校生数量决定,实习、实训场所则须满足理学、工学、农林、师范、医学等特殊科类招生情况的需求。

高校招生与办学效益之间密不可分。二者关系的第一层次体现为招生规模与办学成本、教学成本的关联。比如,高校在制订专业招生计划时,尽可能保证每专业100人以上的招生规模,"双班教学"是节省成本的基本方式。已有研究证实,招生规模的扩张,会为高校带来更高的经济收益,在地方高校层面,预算内事业经费水平提高之后,对学校扩大在校生规模产生了促进作用,规模效益(scaleeconomy)作用机制表现明显。[②]

---

① 彭怀祖:《高校招生人数影响因素分析及应用》,《教育与经济》2008年第2期。
② 阎凤桥、毛丹:《中国高等教育规模扩张机制分析:一个制度学的解释》,《高等教育研究》2013年第11期。

除此之外，在院系层面，院系的招生规模也因近年来高校的绩效改革得到重视，使招生与院系发展建立了联系。第二层次体现为生源质量对高等教育质量的影响。招生方案（含专业设置、选考科目制定、高中综合素质评价使用办法确定、志愿单位设置等）、招生规模、招生吸引力、招生宣传等，将对生源质量产生影响，并最终作用于教学质量、小学效率、学生管理、教育质量。

高校招生与办学规划之间是相辅相成的。高校在招生时，不仅要考虑招生的规模，而且要谋划生源的基本结构，即科类设置、专业布局，事实上，这也是高校办学规划的重要元素。就招生规模而言其不仅决定了高校的规模，如根据《普通本科学校设置暂行规定》（教发〔2006〕17号）的相关要求"称为大学的，全日制在校生规模应在8000人以上"，而且影响了高校发展的战略选择，如近年来人口红利日益消退，高校从扩大办学规模的"粗放式"发展模式向依靠提高教育质量，形成办学特色的"内涵式"转变。[①] 就生源结构而言，科类、专业设置是高校类型的基本前提，如理工类、财经类、政法类、师范类、医药类、语言类、农林类、艺术类、体育类等高校若想保证其科类特色，在招生时必须有一定比例、数量的分科、分专业计划作为支撑。

二 招生与高校办学关联的实践审思

理论上，招生与高校的办学实施、层次定位、科类特征是相互促进、相辅相成的，但实践中的非理性因素、行政干预、社会偏好、政策固化、思维习惯等，阻碍了二者的相互作用，甚至发生了异化，对招生与高校办学均产生了影响。

（一）招生与高校发展规划存在相互作用，模糊不清的招生定位影响了高校发展

虽然"统考统招"的高校考试招生制度限制了高校的招生自主权，但高校招生是高等学校的重要办学活动，相关工作理应由高校负责。高校对招生的重视，一方面体现为招生投入的增加，如几位高校领导所述："招生工作决定了一个学校的人才培养质量，每年我们要花费大量的经费

[①] 艾洪德、吕炜、齐鹰飞等：《人口约束下的高等教育：生源拐点与发展转型》，《财经问题研究》2013年第9期。

来进行招生。"（GX3-2-1-XLD1-191024）"招生经费是逐年增加的，今年我们也特别增加了15%，主要体现在二级学院层面，给它们划拨一些经费，来保证我们招生宣传工作的开展。"（GX5-1-1-XLD1-191211）另一方面体现为将招生规划作为高校规划的内容，几位高校领导谈道："招生工作在体制机制上是高度受重视的，招生工作也是作为'一把手工程'来做的。"（GX5-1-1-XLD1-191211）"我们现在发展规划把招生都列进去了，每次在制订近期规划、中期规划时都列进去了。"（GX3-3-1-XLD1-191127）除此之外，院系也从办学成本、效益方面，日益重视招生规模。如一位招办主任所言："现在各个高校都在做绩效改革，学生人数与学院发展是紧密挂钩的，如果调整专业招生计划，牵扯到的问题非常多。"（GX3-3-3-ZB1-201021）一位二级学院领导也表示："我们想多招一点，学生的多少也能反映出专业的实力。"（GX3-3-2-XYLD3-201020）

高校关于招生的战略决策因校而异，整体而言，具有两种类型：一种是"一流大学"建设高校、"一流学科"建设高校的决策类型；另一种是包括省属重点高校、新建本科高校和独立学院在内的决策类型。相对而言，前者的高校规划更为重视招生规划，有更多的理性决策。规划文本的内容包括：以"招生计划—学科布局—专业设置—后勤保障"为主线全方位统筹招生工作，（本科）招生工作重点从扩大规模转向稳定或缩减规模并通过减少专业数量优化学科专业布局，启动招生改革，尝试建立招生与人才培养的联系。后者高校规划的内容整体而言，缺乏对招生及招生改革的关注，或涉及内容较少、论证层次较浅，部分高校呈现出了非理性特征，比如仍旧在扩大年度招生数量、增设专业，如GX4-3-1高校"十三五"规划文本表明："'十二五'期间，本科专业已达到50个，'十三五'本科专业数预计达到58个左右"；对基础教育不平衡、政策改革为高校带来的危机表示无能为力，如一位以工科见长的省属重点高校领导表示："国家教育不平衡，对我们工科学校影响非常大。尤其是取消录取批次后，在国家录取政策向偏远地区倾斜的影响下，万一在新疆、西藏、青海这些地区录取的学生物理、化学选科又不按我们的要求，我们该怎么办？"（GX3-3-1-XLD1-191127）也有小部分高校开始稳定招生规模、减少专业数量，还有少数科类特征明显的高校通过专业布局调整保证高校特色，如外语类新建本科高校GX4-1-1"十三五"规划文本所述:"本科专业达到34个左右,其中外语类专业17个左右。非外语专业原则上不新增,个别专业应转型需要,上一个减一个。"

高校招生战略决策表现因校而异、决策水平参差不齐,甚至呈现出非理性特征,诱发战略危机,原因在于高校的定位不同,且对国家政策的依赖、采择不同。以高校对招生的规划、对生源的要求为依据,可将其分为三个类别:第一类高校的招生决定了学校的生存,如民办高校、独立学院亟须足够的生源维持其运行;第二类高校的招生关系到学校的发展,如省属重点高校、新建本科高校需要扩大生源数量、优化专业布局,提升院校影响力;第三类高校的招生有利于学校的竞争,如"一流大学"建设高校,更需要拔尖创新型生源,尤其在高等教育全球化的影响下,其面临的是与世界顶尖高校的竞争,故而不仅要提升院校实力,而且要组织招生改革,与以"统考单招""单考单招"为主要招生形式的世界高等教育接轨。而这三类高校在中国高等教育系统的水平结构上,基本呈金字塔状自下而上分布,各类高校的定位不同,所获得的政策支持、被赋予的权利、所期望的发展走向均不同。而招生战略决策问题频现的高校多为第一类、第二类,与第三类相比,前两类高校在院校发展及招生中,所获得的政策支持少、被赋予的权力小,但又因为发展得不够成熟、面对种种契机更易彷徨不定,这均将导致其决策的非理性。比如,省属重点高校与"一流大学"建设高校、"一流学科"建设高校相比,缺少"自主"招生的机会,只能严格遵循"统考统招"的规则,面对顶层设计不周全的问题,也务必妥协。再如,新建本科高校的办学基础薄弱,对于高校未来走向"综合性"抑或"多科性""特色性"徘徊不定,面对高校"升大学"的普遍趋势蠢蠢欲动、面对高校"错位发展"的捷径跃跃欲试,而目标的模糊使其追随、依附于政策,缺乏自身的思考,在招生规划方面也自然徘徊不定。

(二)招生与高校层次定位存在相互作用,受行政与社会干预的招生湮没了高校实力

高校的"社会"分层原则是真实存在的,一位高校领导进一步阐释了这一现象:"招生也是办学声誉的一个反映,社会、家长对学术的关注稍微少一些,他们最直接的关注就来源于我们的分数线,这是社会对大学最普遍的认同。"(GX3-2-1-XLD1-191024)招生结果与高校层次定位的相互影响十分明显且被高校重视,突出表现为社会给予高校的定位对其招生结果产生了显著影响,而招生结果对高校层次的提升也起到了一定

的作用。正如一位高校领导所言："'好学生不是老师教出来的'这句话的意思并不是说老师不重要，而是说学生的天赋很重要。优质生源对人才的培养、专业的发展是非常重要的，所以现在各高校都已经把优质生源提升工作作为一项非常重要的工程。"（GX4-1-1-XLD1-191210）

高校在招生中形成的层次定位，即"社会"分层原则对高校的作用结果，与高校招生批次、重点大学政策、教育行政部门对学科与专业的评估结果有关，这也是考生、家长填报志愿时最易参考的因素。从表5-1可以看出，招生批次、重点大学政策（现阶段体现为高校是否入围"一流大学"建设高校）与高校在录取排行榜中的分布基本相关。但高校（大学排名）、学科、专业评价结果与高校在录取排行榜中的分布不完全相关，与高校招生批次的划分也不完全相关。这一问题突出表现在"一流学科"建设高校、省属重点高校及新建本科高校中，如GX2-3-1高校为"一流学科"建设高校，其高校、学科、专业评价结果均较突出，但在录取排行榜中理工类列169位、文史类列124位；GX3-1-2高校为省属重点高校，其高校、学科、专业评价结果居于中等偏上的地位，但在湖南省、福建省仍在第二批次招生；而综合实力相对较弱的湖南省高校GX3-3-1、福建省高校GX4-3-1在本省均可在第一批次招生。从表5-2和表5-3可以看出，高校各专业的投档最低分排位与其专业实力不完全相关，在文科见长的GX3-1-1高校，"一流专业"（汉语言文学、历史学、金融学）近三年在浙招生情况较为合理，即"一流专业"能够招到"分数较高"的生源，但在理工科见长的GX3-1-2高校，"一流专业"（测控技术与仪器、自动化类、光电信息科学与工程、机械类、质量管理工程、材料类）的招生情况不容乐观，甚至处于投档分数排行榜的末端。除此之外，"一流学科"与"一流专业"也不完全相关，正如一位二级学院领导所言："学科强，专业应该不会差到哪儿去。但是现在也存在一些问题，就是学科强，但是它不一定重视本科教育。学科实际上它重要的反映是研究实力、研究生培养。实际上我了解的，好多A+学科不重视本科培养，甚至非常忽视。但现在社会上的好多专业排名，它可能过多地看你的论文的数量，它侧重研究这块儿，实际上并不代表它真正的专业培养实力。"（GX1-2-1-XYLD1-191023的）

"社会"分层原则对高校作用结果的诸项影响因素，涉及了教育行政部门、社会两类主体对高校、学科、专业三个元素的评价。理论上，多主体澄清了高校的真实实力，多元素推动了高校的特色发展。但实践中，高校招生分数线、录取排行榜的形成与行政干预、社会偏好密不可分，而招生分数线、录取排行榜又极可能使高校、学科、专业的错位发展付诸东流、功亏一篑。行政干预最典型的表征为省级教育行政部门及考试招生机构对高校招生批次的划分，问题最突出地表现在占高校总数比例最高的省属重点高校、新建本科中。事实证明，招生批次的划分考虑了院校实力，但区域保护或其他非办学实力因素也成为参考因素，直接影响了部分高校的生源；再辅之"院校＋专业""院校专业组"志愿，多科性、专业性高校的优势学科、专业也难以招录到"高分"生源。相比之下，高考综合改革试点地区取消录取批次、"专业（类）＋学校"志愿更为合理，有助于招生结果与办学实力的更加匹配，也给予多科性、专业性高校以希望。社会偏好最典型的表征，是近年来越来越多的考生愿意选择文科类专业，使财经类、外语类高校在"中国大学录取分数排行榜"的位次远高于其在大学排行榜中的位次，如上海财经大学（12/63）、中央财经大学（14/110）、对外经济贸易大学（15/88）、北京外国语大学（17/146）、上海外国语大学（24/144），在高校分专业录取结果中，体现为财经类专业的高分生源突出，如一位高校领导所述："像我们一个工科学校，每年最高分专业是财经，我说你要报财经，我强烈要求你不要报我们学校，他要报我们学校，就把我们的别的生源都挤掉了。"（GX3－3－1－XLD1－191127）在取消文理分科、启用选考制度以及"专业（类）＋学校"志愿改革后，甚至泛化到了整个文科专业，一位高考综合改革试点省份招生组组长预测："将来在一个省属大学里，文科专业的学生会比理科专业的学生强很多，他们会在各种各样的活动中优于理科生。"（GX1－2－1－JS1－191023）这将引发工科、理科人才储备危机，甚至对相关行业发展造成重创。[①] 社会偏好还体现在高分考生向直辖市、省会、计划单列市等聚集，这也将对其他地级市的高等教育发展带来不利影响，如 GX5－1－1 高校的受访者表示，该校由省会城市迁至地级市后，生源质量和院校排名都大幅度下滑。

[①] 郑若玲、庞颖：《高考综合改革系统性的基本要义、实践审思与完善路径》，《高等教育研究》2020 年第 3 期。

第五章　中国高校招生主体性地位的内在基础

表5-1　案例高校各类排行榜、评价结果概况

高校	录取排行榜（理工类）	录取排行榜（文史类）	录取批次	大学排名	一流大学	一流学科（个）	国家重点学科（个）	第四轮评估（等级/个）	一流专业（个）
GX1-2-2	2	2	本科一批	1	是	41	一级学科：18 二级学科：25	A+：21　A：11　A-：3 B+：8　B：3　B-：2 C+：1　C：0　C-：0	36
GX1-1-1	8	7	本科一批	4	是	18	一级学科：14 二级学科：21	A+：11　A：11　A-：17 B+：9　B：6　B-：2 C+：1　C：0　C-：2	36
GX1-3-1	9	6	本科一批	5	是	15	一级学科：8 二级学科：13	A+：3　A：11　A-：7 B+：10　B：5　B-：2 C+：2　C：2　C-：1	23
GX1-2-1	32	25	本科一批	13	是	2	一级学科：2 二级学科：14	A+：1　A：2　A-：5 B+：20　B：5　B-：5 C+：3　C：1　C-：1	30
GX1-3-2	45	51	本科一批	25	是	4	一级学科：6 二级学科：12	A+：3　A：0　A-：9 B+：11　B：3　B-：6 C+：1　C：5　C-：0	26
GX3-2-1	137	136	本科一批	167	否	0	一级学科：0 二级学科：1	A+：0　A：0　A-：0 B+：0　B：0　B-：0 C+：9　C：7　C-：9	18

续表

高校	录取排行榜 理工类	录取排行榜 文史类	录取批次	大学排名	一流大学	一流学科（个）	国家重点学科（个）	第四轮评估（等级/个）	一流专业（个）
GX2-3-1	169	124	本科一批	64	否	1	一级学科：0 二级学科：6	A+：0 A：0 A-：0 B+：3 B：12 B-：4 C+：2 C：1 C-：3	27
GX3-1-1	183	157	本科一批	121	否	0	一级学科：0 二级学科：1	A+：0 A：0 A-：0 B+：2 B：7 B-：4 C+：4 C：3 C-：4	11
GX3-1-2	191	141	本科一批 本科二批（部分）	220	否	0	无	A+：0 A：0 A-：0 B+：0 B：1 B-：2 C+：1 C：2 C-：1	6
GX3-3-1	—	—	本科一批	—	否	0	无	A+：0 A：0 A-：0 B+：0 B：0 B-：0 C+：1 C：0 C-：4	4
GX3-3-2	228	261	本科一批	—	否	0	无	A+：0 A：0 A-：0 B+：0 B：0 B-：0 C+：1 C：2 C-：2	7
GX3-3-3	—	—	本科二批	—	否	0	无	A+：0 A：0 A-：0 B+：0 B：0 B-：0 C+：1 C：2 C-：0	8

第五章　中国高校招生主体性地位的内在基础　327

续表

高校	录取排行榜 理工类	录取排行榜 文史类	录取批次	大学排名	一流大学	一流学科（个）	国家重点学科（个）	第四轮评估（等级/个）	一流专业（个）
GX3-1-3	—	—	本科一批 本科二批（部分）	344	否	0	无	A+: 0　A: 0　A-: 0 B+: 0　B: 0　B-: 1 C+: 0　C: 0　C-: 1	1
GX4-1-1	—	—	本科二批	410	否	0	无	—	1
GX4-3-1	—	—	本科一批 本科二批（部分）	328	否	0	无	—	4
GX5-1-1	—	—	本科二批	—	否	0	无	—	0

资料来源：教育部官方网站，各省考试招生机构官方网站，《中国校友会大学排行榜》《中国大学录取分数排行榜》等资料，笔者整理。整理日期为2020年5月3日。

表 5-2　GX3-1-1 高校 2017—2019 年在浙招生各专业投档分数排行榜

专业名称	一流专业	2019年	2018年	2017年	专业名称	一流专业	2019年	2018年	2017年
汉语言文学（基地班）	是	1	1	—	广告学（中外合作）	否	14	—	—
新闻传播学类	否	2	2	1	电子信息类	否	15	15	14
世界史	是	3	4	—	工程管理	否	16	17	17
日语	否	4	3	—	经济学（中外合作）	否	17	18	12
化学（师范）	否	5	5	5	土木工程（道桥工程）	否	18	19	16
科学教育（师范）	否	6	6	4	电子信息工程（中外合作）	否	19	20	18
地理科学类	否	7	7	2	园艺（中外合作）	否	20	—	—
金融学类	是	8	8	6	土木工程（中外合作）	否	22	21	20
工商管理类	否	9	9	7	汽车服务工程	否	23	—	8
物理学	否	10	13	15	教育技术学	否	—	14	11
人力资源管理	否	11	10	3	新闻传播学类（中外合作）	否	—	11	10
化学类	否	12	16	13	植物生产类（中外合作）	否	—	23	19
公共管理类	否	13	12	9					

资料来源：浙江省教育考试院官方网站发布的"浙江省普通高等学校招生普通类平行投档分数线"，笔者整理，整理日期为 2020 年 5 月 3 日。因 2020 年新冠疫情对包括高校招生在内的诸多领域带来了一定的影响，故未使用 2020 年的数据。

表5–3　　GX3–1–2 高校 2017—2019 年在浙招生各专业投档分数排行榜

专业名称	一流专业	2019年	2018年	2017年	专业名称	一流专业	2019年	2018年	2017年
汉语言文学	否	1	1	1	工业工程	否	19	26	25
计算机科学与技术	否	2	5	4	机械类	是	20	22	18
法学类	否	3	4	8	工商管理类	否	21	—	—
汉语国际教育	否	4	2	2	安全工程	否	22	—	—
广告学	否	5	3	5	食品质量与安全	否	23	13	6
电子信息类	否	6	51	47	环境工程	是	24	23	24
测控技术与仪器	是	7	7	3	质量管理工程	否	25	—	—
自动化类	是	8	—	—	能源与动力工程类	否	26	27	27
外国语文学类	否	9	6	14	生物科学类	否	27	24	23
金融学类	否	10	14	—	材料类	是	28	25	20
药学	是	11	9	7	金融工程（中外合作办学）	否	29	28	29
生物医学工程	否	12	8	9	计算机科学与技术（中外合作办学）	否	30	29	28
工业设计	否	13	15	12	管理学类	否	—	17	10
电子科学与技术	否	14	10	13					
		15	51	47					

续表

专业名称	一流专业	2019年	2018年	2017年
标准化工程	否	16	16	21
公共管理类	否	17	11	16
数学类	否	18	21	22

专业名称	一流专业	2019年	2018年	2017年
物理学类	否	—	18	26
经济学类	否	—	—	15

资料来源：浙江省教育考试院官方网站发布的"浙江省普通高等学校招生普通类平行投档分数线"，笔者整理，整理日期为2020年5月3日。因2020年新冠疫情给包括高校招生在内的诸多领域带来了一定的影响，故未使用2020年的数据。

（三）招生与高校科类特征相互作用尚不明显，部分同质化的招生方案抑制了高校的特色发展

在"统考统招"的中国高校考试招生制度下，招生与人才培养之间存在着"天然"的裂痕，而高校的科类特征多被视为高校人才培养的重要基础，因此，与招生的相互作用尚不明显。在高校招生中，多以水平差异而非类型差异为据，高校本科阶段的招生同质化明显。大多数高校在制订招生方案时，没有形成明确的概念，即便在"自主"招生中也较少考虑每个科类学生应具备的核心竞争力；在制订招生计划时，更关注计划总数、分省计划数，而非分科、分专业计划数；在制定高考综合改革试点地区考生的选考科目时，大部分学科、专业没有基于办学经验形成"硬性"的科目要求，比如人文社科类专业的要求多为"不限"，在科目要求为"3＋1＋2"的省份，多数理科、工科专业在确定"物理"之后也不再做其他要求。少数高校的招生方案形成了一定的科类特色，"一流大学"建设高校，尤其是国内的顶尖高校在"自主"招生中，会兼顾考查考生的学科能力，如一位C9高校的专任教师谈道："逻辑思维能力、学科基础、非智力品质、发散性思维等，都要分项去测量。"（GX1－2－2－JS1－191101）部分高校通过专业招生计划调控，保证院校特色，如一位财经类高校招办主任指出："近年来，我们经、管、法类专业的招生比例逐年提高，现在是70%—80%，未来想到达90%以上。"（GX3－3－3－ZB1－201021）师范类、语言类高校对招生方案有着更清晰的定位，如一位师范类高校的副校长介绍："自主招生（自主选拔录取）体现了我们学校的特色，师范教育是我们的底色，我就把所有师范专业都放了进来，来证明我们学校的文化。学生来我们这里考试，也是在体验我们的文化，文化是潜移默化的。面试、笔试中也有很多师大元素，比方写粉笔字、口头表达，命题中也有很多师大的元素。"（GX2－3－1－XLD1－191126）一位语言类高校的领导也表达了该校在招生中对学科专业特征的重视："我们是一个以外国语、语言为主的大学，我们首先考虑的是把学科专业做强，我也做一些招生宣传，但这是一个短期的。你的学科专业做强了，让大家都知道，比方说西班牙语很强的，人家不都跑到你这里来了？这最后还是要看你的学科和专业怎么样，只有它们强才能从长远来说强，否则的话就是短期的。"（GX4－1－1－XLD1－191210）

事实证明，"一流大学"建设高校"自主"招生及外语类、师范类高

校招生方案设计时对学科专业特征的兼顾,极大地优化了生源质量,使高校以招生竞争为起点,促进了高校的内涵式发展、错位发展。但绝大多数高校却未发现这样的"政策红利",同质化的招生方案在一定程度上阻碍了行业特色型高校,或具有部分学科专业优势的高校的特色化发展、适宜适性人才的选拔与培养。比如农林类高校在"统考统招"竞争中处于劣势,即便是最具实力的学科专业也难逃征集志愿的"厄运";医学类高校虽然在"统考统招"竞争中具有优势,但高分考生并非必然适宜于从事医疗工作。

大部分高校的招生方案有着极强的同质性,缺少对科类特征的关注,原因在于70多年来中国高校考试招生中的路径依赖、社会民众的文化认同。路径依赖体现在70多年来中国高校考试招生制度对"统"的坚守。虽然自1977年恢复高考起就有"文史类""理工类"的分科方式,但相对而言较为粗略,也并未对高校的学科专业特征产生较大的影响。且在重点大学政策的引导下,"综合""一流"又成为中国各层各类高校一致的发展目标,"分类"发展也只是在近年来才被提上日程,这也在无形之中强化了高校考试招生对"统"的认同。虽然普通类招考经历了"三南方案""3+X高考改革""新课程高考改革",其中也不乏根据高校招生专业确定选考科目等的尝试,却较少对此类方案入学考生进行跟踪研究,在未证明其成效的情况下便匆匆收尾,恢复原有模式,政策制定者对传统模式的路径依赖可见一斑。文化认同体现在民众对"一致即公平"的无限期待、选"高校"而非选"专业"的思维惯习、社会舆情对高考改革的影响。高考多被视为基础教育的"终点",重在考察基础教育的育人成效,故而在大多数民众的认识中,同质化的招考方案对不做专业区分的普通教育(基础教育)更为适用,这也便产生了社会对高校"统一"招生的无限认同。在大多数考生、家长眼中,高考最重要的是选高校而非选专业,一位高校受访者讲述了一个真实的例子:"我今年指导我的一个外甥填报志愿,我们首先考虑的是学校排名,从高到低,把我们学校排在最后垫底的。我可以提供给他很多信息,比方说我校的英语是一流学科,进来之后还有很多实验班、基地班,但他就没有去关注这些,他首先关注的是学校。"(GX2-3-1-XYLD1-191126)同质化的招考方案意味着单赛道竞争,有利于考生在"分分比较"中考取"等价"的高校。同时,社会舆情对高校考试招生制度变革的影响甚至裹挟也不容小觑,在无法充分证明改革方案有效的情况下，既有方案是最稳妥的选择。

三 强化高校招生主体性地位对优化高校办学等问题的意义

招生与高校办学的关系客观存在且对双边均会产生较大的影响。实践中行政力量、社会话语的干预，使高校招生及办学都出现了不理性的行为，其主要原因之一便在于，本应作为招生主体的高校的招生主体性地位甚微。从这一层面来讲，强化高校招生主体性地位，对高校发展的促进、对招生制度的完善、对社会进步的支持均有重大意义。

（一）强化高校主体性地位，有助于以招生为基础，优化高校办学

根据《中华人民共和国高等教育法》的相关表述，"高等学校根据社会需求、办学条件和国家核定的办学规模，制订招生方案，自主调节系科招生比例"是高校法定的办学活动，但"统考统招""分省定额""'院校+专业'志愿"等顶层设计，使高校实际获得的招生自主权极为有限，招生与办学的关系仅建立在对招生总规模、分专业招生规模等外延问题的控制层面，故而，面对社会通过招生结果判断高校办学效果的评价时，高校措手不及，甚至短期内难以"反击"此类内涵问题。尤其在形形色色的"录取分数排行榜"出现时，高校招生与办学"两张皮"的状态更是无所适从，只能任由其引导考生、家长的择校观念。

强化高校招生主体性地位，有助于高校以招生为基础优化办学，这在一定程度上也可被理解为是一种品牌建设。招生与办学相结合的品牌建设包括两个层面的内涵。其一，高校自身内涵的提升。高校招生是高级专门人才的选拔环节，与作为高校办学重点之一的高级专门人才的培养直接关联，而人才培养质量受专业建设程度影响。故而，以高校招生为基础优化办学的品牌建设，指向的是高校从以学科建设为主向兼顾专业建设的转变。在本科教育阶段，专业是人才培养的重要平台，专业建设既包括教室、实验室、仪器设备、图书资料、实习场地等实体，也包括专业人才培养方案、教学大纲、专业教材、课程体系等虚体，学生在实体与虚体的双重影响下习得专业能力，相关的教师与教育影响的质量决定了人才培养的质量。高校的专业建设与内涵式发展相契合，才能加强院校实力，从长远角度提升招生吸引力。其二，高校自身内涵的推广。高校招生离不开对高校的宣传，对志愿单位的了解是考生、家长填报志愿的前提。以高校招生为基础优化办学的品牌建设，也应包含宣传工作的系统化与常态化。对高

校的宣传内容应从招生政策层面上升到办学特色层面,向社会介绍高校的人文精神、学科优势、专业特征、毕业生成就;宣传时间应从特定时段转向常态化,潜移默化地扩大高校的社会影响;宣传媒介从现场推介转向线上推广,扩大受众。高校的宣传是考生、家长了解高校的权威渠道,也使高校向社会充分展示了自身的实力。强化高校招生主体性地位,从内涵提升与内涵推广两个层面加强高校办学的品牌建设,既可以使高校从行政干预中突围,具备"酒香不怕巷子深"的能力,也可以使高校破解社会偏好带来的困境,解决"酒香也怕巷子深"的问题,最终,缓解高校、学科、专业评价与招生效果不匹配的问题。一位二级学院领导如是介绍了他们的经验:"我们的学科排名无论是 B 还是 A +,在宣传专业的时候都是苍白无力的。面对招生压力,我们是把学科建设与专业建设同时开展的,首先进行相关平台的建设,包括高水平师资队伍、课程体系等,我们把新的符合时代要求的内容融合到课程体系中,如此种种,对学科和专业都有促进作用。我们在做宣传的时候,也更有得说。"(GX1 - 2 - 1 - XYLD1 - 191023)

(二)强化高校主体性地位,有助于以院校办学实情为参照,完善招生制度

近年来"一流学科""一流专业"建设的相关政策出台,使重点大学建设的顶层设计层面从"整体"向"部分"、从"统一"向"特色"转变。招生作为高校办学的重要组成部分,招生政策也在高考综合改革中有相应的突破,取消文理分科、启用选考制度、进行"专业(类)+学校"或"院校专业组"志愿改革等,都在一定程度上突出了高校的学科、专业特征。但中国现有普通本科高校 1265 所①,年度招生数逾 400 万人次,考生数逾千万人,13 个学科门类、110 个一级学科(不含军事学)、375 个二级学科,92 个专业类、703 个专业。如此庞大的体系,决定了无论是高校办学还是高校招生对科类特色的强调,绝非自上而下的政令便可解决的。

强化高校主体性地位,有助于以院校办学实情为参照完善招生制度,

---

① 中华人民共和国教育部发展规划司:《已有各类学校校数、教职工、专任教师情况》,http://www.moe.gov.cn/s78/A03/moe_560/jytjsj_2019/qg/202006/t20200611_464804.html, 2019 年 6 月 11 日。

同样有两个方面的内涵。其一，高校在招生中的主体行为，将更有利于突破以教育行政部门为主导的、固化的政策，使高校招生更贴近院校发展实际。在制订招生计划时，教育主管部门仅实现了地区间招生总量的大体均衡，没有实现以办学层次、招生专业和招生总量为基础的有效均衡，[①] 高校则可根据院校规划、地方经济发展需要，缓解招生计划制订中的不周全情况；在制定选考科目时，教育主管部门颁布的《普通高校本科招生专业选考科目要求指引（试行）》仅关注了各专业类对选考科目的普适性要求，但高校的具体专业建设也存在校本特色，由高校决策则更能满足高级专门人才的培养需求；在验证招生制度改革效果时，高校不仅有招生录取的一手资料，而且有考生入学后各方面表现、毕业后发展的真实资料，依此对招生改革进行验证才更为理智、更为科学。其二，高校在招生中的主体行为，将对考生、家长产生更科学的引导，使其获得一手信息的同时，也是对社会招考风气的净化。正如一位高校二级学院领导所言："考生、家长在填报志愿时，掌握的信息肯定是不平衡的，有可能分数很高的学生最后去了非常差的学校。权威部门不发布相关信息，但却有很多公司在做这个东西，我觉得不应该助长这种风气。还是要有权威部门发布信息，让考生和家长能够充分了解。"（GX1-2-1-XYLD1-191023）而高校便可作为此类"权威部门"，与教育行政部门及考试招生机构相比，高校有更全面的资料，也更善于基于教育规律，从学科、专业方面引导考生、家长的志愿选择。且该类资料的整理于高校而言已经常态化，但限于高校考试招生的高利害性，在以往的政策环境下怯于公开。总之，强化高校招生主体性地位，有助于自下而上突破高校招生制度的路径依赖，使高校"视招生为己任"，依托"草根"力量优化招生制度并更新社会民众对高校招生的认识。

（三）强化高校主体性地位，有助于高校更好地引领社会变革

高等学校的社会职能是一个历史范畴，今天的高等学校，除了人才培养、科学研究、为社会服务，还应承担起促进、引领社会变革的职能，这一重要转变，实际上表征着高等教育发展理论正从单纯的"高等教育适

[①] 张爱萍、唐小平：《科学编制高校招生来源计划探讨》，《中国高等教育》2004年第20期。

应论"视角向"高等教育引领论"视角转变。① 传统意义上，多认为高校通过向社会输送人才、推动科研成果转化引领社会的变革，从而更为关注出口关及科研产出，相比之下，作为入口关且与人才相关的高校招生被忽视。但事实上，入口是高校办学的基础，人才是高等教育的生命力，高等教育发展理论从"适应论"向"引领论"的转向就必须解决"基础"与"生命力"的问题。高考综合改革中出现的问题，也印证了"基础"与"生命力"对社会发展的重要性，高考综合改革通过取消文理分科、启用选考制度、推动综合素质评价、以专业为单位招生等措施，改变了个体的知识结构，但考生选考科目的"择擅而从"而非"择善而从"也为学习难度大、从业难度大的专业带来了生源危机，进而造成了社会人才储备不均衡的问题。②

与其他社会组织相比，大学的理性使其在与社会的互动中具备这种可能：不屈从于任何外在权威，并且具备摆脱任何外在诱惑的独立性格和精神气质，能够意识到应当避免妨碍真理探讨的连贯性和完整性，不以牺牲客观真理的普遍价值为代价。③ 也就是说，高校在服务社会的过程中，从本质上具有一种独立精神，且具备透过问题直击事物本质、追求真理的能力。强化高校招生主体性地位，建立招生与办学的实质联系，才能使高校以更完善的面貌面向社会、引领社会变革。比如长期以来高校分省分专业计划的制订，除去国家政策的硬性要求、高校办学条件及教学条件的基本配备之外，高校发挥主体作用、考量最多的要素便是生源地的经济需求、产业情况，以使高校更好地为社会发展服务。一位高校招办工作人员的举例较有代表性："贵州铁路局、昆明铁路局都是非常好的单位，但是你要让一个河北的学生去就业，他就不愿意去，因为他觉得离家很远。如果我们招的是云南、贵州的学生，他会争着去，我们就会适当在这些省份扩大招生计划。"（GX3-3-2-ZB2-201020）再如上文中提及的高考综合改革中的问题，方案调整时，教育行政部门作为话语权的掌握者，仅对物理、化学等科目的选考缺失进行补偿，忽略了对问题本质的探讨，即学生

---

① 卢晓中：《社会变革视野下高等教育发展理论创新》，《高等教育研究》2011年第10期。
② 郑若玲、庞颖：《高考综合改革系统性的基本要义、实践审思与完善路径》，《高等教育研究》2020年第3期。
③ 张学文：《大学理性：历史传统与现实追求》，《教育研究》2008年第1期。

知能结构及学科、社会发展的需要。① 相较而言，面对高考综合改革带来的问题，高校更早洞悉了学科、行业发展的危机，如受访者普遍认为这不仅是物理、化学、历史、政治等科目选考缺失的问题，更是相关学科、专业，尤其是工科院校、工科及理科专业、社会行业领域人才缺失的问题。若高校能够发挥招生主体作用，便可从学术角度、基于教育外部关系规律，直面高等教育对社会的适应及引领，而非从行政角度，"一刀切"或"打补丁"式地迎合社会需求。同时，赋予高校招生引领社会发展的使命，也能够扩大高校招生规划的视野，使其不局限于对重点大学政策的追寻，从"求大""求全"转向"求特色""求引领"，最终将形成"马太效应"式的良性循环。

第二节 招生与学科能力

中国普通高校招生统一考试的科目设置有着明显的学科特征，统一招生制度也要求分科、分专业录取学生，而在高等教育领域内，学科也是高校发展所关注的重要议题。虽然"学科能力"在基础教育、高校考试招生制度、高等教育等不同语境下的侧重点不同，但学科能力与高校选拔人才、培养人才具有必然联系，强化高校招生主体性地位有利于完善高中的学科教育、突出高校的学科特征、澄清高考科目（学科）对人才选拔的意义。

一 招生与学科能力关联的理论探讨

高级专门人才培养与选拔对考生学科能力的强调决定了招生与学科能力的必然联系。但学科有着极为丰富的概念，随着人类认识世界、改造世界程度的加深，学科教育在不同学段、不同时代的表征也各不相同。高校招生是基础教育与高等教育学段间的衔接点，也是教育问题与社会问题的交叉带，探讨高校招生与学科能力的关系，不仅要明确招生对考生学科能力的识别力，还要兼顾其公平性。

---

① 郑若玲、庞颖：《高考综合改革系统性的基本要义、实践审思与完善路径》，《高等教育研究》2020 年第 3 期。

（一）学科、学科能力或学科素养

学科就是人们在认识客体的过程中形成的一套系统有序的知识体系，当这套知识体系被完整地继承、传授并创新发展以后，学科就表现为一种学术制度、学术组织教学科目，或表现为一种活动形态。[1] 学科是教育系统赖以存在的基础，其涉及的研究平台、教学科目、学术队伍、规训制度、学科文化[2]等要素不仅是教育机构办学不可或缺的组成部分，而且是基础教育、高等教育内涵式发展的关键内容。

以人才培养为首要职能的学校，关注学科、开展学科建设、组织学科教学的一项主要目的在于培育学生的学科能力。学科能力是指学生顺利进行相应学科的认识活动和问题解决活动所必需的、稳定的心理调节机制，其内涵是系统化和结构化的学科知识技能及核心学科活动经验图式（稳定的学科经验结构）。[3] 近年来，也有学者在"学科能力"的基础上提出了"学科素养"的概念，即学习个体在某一学科领域通过系统的专业教育与自我研修而形成的专业品格和关键能力，包括从事专业活动的基础性能力（如专业表达能力、批判性思维能力、信息素养与反思能力等）和综合性学养（如学科思想与方法、专业知识与技能的掌握等）。[4] 但"能力"与"素养"如同"课程"与"教学"一般，孰大孰小尚无定论，正如部分学者认为，基于学生的知识学习和认知活动，学生的学科能力表现往往体现为由内隐的学科思维过程和外显的学科行为反应决定的学科素养。[5] 故，本书偏重"大能力、小素养"的定义观，将"学科能力"与"学科素养"统一用"学科能力"表述，对二者不加以区分。

学科能力的分类标准有多重维度，根据所属学科属性的差异，可分为语文学科能力、数学学科能力、英语学科能力、物理学科能力、化学学科能力、生物学科能力、政治学科能力、历史学科能力、地理学科能力等；根据能力表现的差异，可分为基础性学科能力、知识性学科能力、素养性

---

[1] 周光礼、武建鑫：《什么是世界一流学科》，《中国高教研究》2016年第1期。
[2] 周光礼、武建鑫：《什么是世界一流学科》，《中国高教研究》2016年第1期。
[3] 王磊：《学科能力构成及其表现研究——基于学习理解、应用实践与迁移创新导向的多维整合模型》，《教育研究》2016年第9期。
[4] 康淑敏：《基于学科素养培育的深度学习研究》，《教育研究》2016年第7期。
[5] 郭元祥、马友平：《学科能力表现：意义、要素与类型》，《教育发展研究》2012年第Z2期。

学科能力;① 根据能力功能的差异，可分为学习理解能力、应用实践能力和迁移创新能力;② 等等。学科能力的分层也因时间的差异有不同的维度，从时间的纵向发展来看，个体因学科能力培育和发展的阶段性规律而体现出顺序性特征，一般而言，同一个体在接受必要的教育的情况下，后续时段的学科能力高于前序时段；从时间的横截面来看，不同个体因自身天赋、学习投入、教育及其他资源等的差异，学科能力有大小之分。除此之外，随着学科的发展与分化，学科自身的特殊性及其与其他学科的关联性，还形成了独立学科能力与交叉学科能力。独立学科能力具有单一性特征，对应一个特定的学科，如生物学科能力、化学学科能力等；交叉学科能力具有多元融合性特征，对应两个及以上的学科，如生物医学工程对应的生物学、医学和工程技术性的交叉学科能力，交叉学科能力也因学科的发展、专业的分化而越发常见，在2020年被正式确立为第14个学科门类。

（二）学科教育及其在各学段的表现

学科教育，系学校设置学科的教育，其内容并不完全随科学的分化而分化，而受教育目标和学生身心的发展水平的制约，它按学科的知识结构和逻辑体系展开论述，旨在传授学科知识，发展学生的特定心理能力，即培养学生的学科能力。③ 学科能力的养成是循序渐进的，具有连续性特征。但因为基础教育的普通性、高等教育的专业性，两学段间有着明显的差异，学科教育呈现出阶段性特征。

基础教育阶段的学科教育以该阶段的人才培养要求为导向，主要体现为课程标准中的核心素养。以中国普通高中教育为例，学科教育由高中课程设置决定，而高中课程设置由国家教育行政部门统一规定。现行的《普通高中课程方案》（2017年版）要求普通高中开设语文、数学、外语、思想政治、历史、地理、物理、化学、生物学、技术（含信息技术和通用技术）、艺术（或音乐、美术）、体育与健康科目和综合实践活动等国家课程，以及校本课程，学生的学科能力通过相应科目来培养。总体

---

① 郭元祥、马友平：《学科能力表现：意义、要素与类型》，《教育发展研究》2012年第Z2期。
② 王磊：《学科能力构成及其表现研究——基于学习理解、应用实践与迁移创新导向的多维整合模型》，《教育研究》2016年第9期。
③ 林崇德：《论学科能力的建构》，《北京师范大学学报》（社会科学版）1997年第1期。

而言，绝大多数国家课程培育了学生的独立学科能力，如语文、数学等；极少数国家课程、大部分校本课程培育了学生的交叉学科能力，如研究性学习、综合实践活动等。学生学科能力的增长是一个递进的过程，随着时间的推移、年级的增长而提高，学习理解能力、应用实践能力和迁移创新能力等也将依次习得。而学生学科能力的整体结构则有赖于高中的教育组织形式，如在高考综合改革试点地区，选科制度促进了学生整体选科能力结构的多元化，在非高考综合改革试点地区，文理分科则促成了学生"大文"或"大理"的整体学科能力结构。

高等教育阶段的学科教育以国家、高校对高级专门人才的培养目标为导向，主要体现在高校人才培养方案中，各专业人才培养目标所涉及的核心素养，且教育部高等学校教学指导委员会研制、发行了《本科专业类教学质量国家标准》，并以"标准为先、使用为要"①为使用原则。中国高校现有 14 个学科门类，110 个一级学科（不含军事学）、375 个二级学科，92 个专业类、703 个专业，学科与专业的分化程度达到了前所未有的繁荣。学生学科能力的培育、学科能力结构的形成由专业人才培养方案决定，既有国家级教育行政部门赋予各专业的一般性要求，又有各高校、各院系赋予各专业的特殊性要求。总体而言，绝大多数甚至全部专业均培育了学生的多学科能力、交叉学科能力。从某种意义上讲，高校对学生学科能力的要求是在基础教育阶段习得的学科能力基础上的质变，虽然学生的学习更"专"，但涉及的学科更"多"、更"融合"。例如，"GX1-3-2 高校本科专业培养方案（2016 年版）"要求冶金工程专业的本科毕业生应具备扎实的数学、物理、化学和外语等公共基础知识，掌握本专业所必需的工程制图、机械设计、电工电子、力学和计算机应用等学科基本知识。

可见，基础教育与高等教育两个学段对学生学科能力的要求、培育并非完全匹配，前者的单一学科能力可以成为后者各专业所需学科能力的基础，但并非一一对应的关系，甚至还存在部分学科能力不足、基础缺失的问题，这也为两个学段之间人才培养的衔接、高级专门人才的选拔带来了挑战。

---

① 中华人民共和国教育部：介绍《普通高等学校本科专业类教学质量国家标准》有关情况（文字实录），http://www.moe.gov.cn/jyb_xwfb/xw_fbh/moe_2069/xwfbh_2018n/xwfb_20180130/wzsl/，2018 年 1 月 30 日。

（三）高校招生中的学科要素

一流大学、一流学科、一流制度等育人制度与一流学生具有"协同效应"，一流学生是"选出来的，不是教出来的"①，这也就意味着，高校招生中的学科要素是不容忽视的。具体而言，学科要素关系到中国高校招生中的区分度、匹配性与公平性。

普通高校招生统一考试及高中学业水平考试等级性考试（或选择性考试）的总成绩是中国高校招生录取的重要甚至唯一依据，"总成绩"是由各学科成绩构成的，而考试科目的组合方式、各科分值（占比）、难度系数、标准差，高校分科、分专业计划等，都将影响到高校招生的区分度。在高等教育资源稀缺的精英化阶段，优质高等教育资源有限的普及化、大众化阶段，高校需要从上千万名考生中甄别出优秀的生源，为国家培养合格的高级专门人才。而高校考试招生中的各个科目对人才选拔、人才培养的功能并非等效。比如，通过标准差的调节，控制各科成绩的离散程度、拉开内部差异，进而对学科的重要程度做一区分；② 再如，通过难度系数的调节，控制各科知识的深度，考查学生的学科潜能，选拔学科能力更为突出的人才。

在高校考试招生的过程中，考试测出了考生学科能力的高低，招生则需要识别考生学科能力与高校招生专业的匹配度，以遴选出适宜适性的生源，其中的关键要素是考生的科目组合及相关科目的权重。高校招生对专业招生对象作出文史类、理工类或文理兼收类的要求，或单一学科能力、整体学科能力的要求。其中，单一学科能力强调特定学科与专业的高度匹配，比如英语专业对考生英语单科成绩作出要求；整体学科能力则强调相关学科能力与专业的相对适应性，比如"理科的学科能力与抽象逻辑思维、认知相联系，文科的学科能力与形象逻辑思维、社会认知相联系"③。近年来，随着学科、专业的无限分化，知识生产模式的转型，高校也开始由"专业"招生转向"专业类"招生，越发强调考生的通识能力，在学科层面表现为考生学科知识与能力的广度，高考综合改革试点地区的选考

---

① 周光礼、武建鑫：《什么是世界一流学科》，《中国高教研究》2016年第1期。
② 柯政：《高考改革需要更加重视科学学科》，《华东师范大学学报》（教育科学版）2018年第3期。
③ 林崇德：《论学科能力的建构》，《北京师范大学学报》（社会科学版）1997年第1期。

制度便与此相契合，考生的应试科目打破了"大文""大理"的限制，由报考院校决定，在相对匹配的前提下，尽可能拓展考生的其他学科能力。

公平是中国高考具有强大生命力的原因，探讨高校招生中的学科要素，还应考虑其公平性问题，具体而言，考试科目的设置、科目的计分方式与赋分规则、科目之间的可比性、依据科目的招生名额分配等均有可能影响招考公平。比如，在科目设置中，科目自身发展、基础教育水平、经济基础等可能会对不同发达程度地区的考生产生影响，信度与效度较难把握。① 在科目计分方式中的原始分、标准分、等级分，赋分规则中的固定等级比例赋分、等比例转化赋分均会对学生之间的排位顺序带来影响。在科目之间的可比性方面，因为标准差、难度系数的存在，考生报考科目不同，可比性也将存疑。在按报考科目分配招生名额方面，考生选报不同科目或不同科类（文史类、理工类），被录取的概率也将有所不同。诸如此类的差异问题，将影响高校招生录取结果的公平性。

综上，高校招生中的学科要素，不仅是一个教育问题，更是一个社会问题。高校招生对考生整体学科能力结构的要求，既要符合教育规律，也要承担社会责任。

二 招生与学科能力关联的实践审思

虽然中国普通高校招生统一考试以考查考生的学科能力为主，但文理分科制度固化了考生的应试科目，单一总分的录取原则也使招生与学科能力的关系被忽视。直至高考综合改革打破了"大文""大理"的限制，招生与学科能力的关联也开始被关注。但调研发现，招生实践中的非理性元素远远高于理性元素，长此以往，将影响招生的科学性。

（一）高校招生中参与者认识有限，招生方案的路径依赖掣肘了学科效能

在高校招生环节中，高校、高中、学生是重要的参与主体，在中国高校考试招生的制度背景下，学科要素主要体现为高校制定选考科目要求、高中引导学生做出科目选择、学生做出最终的选科与选专业决策，但事实上，这三类参与者对学科要素的认识均较为有限。高校多关注于科目确定

---

① 郑若玲、庞颖：《高考综合改革系统性的基本要义、实践审思与完善路径》，《高等教育研究》2020年第3期。

的形式，较少思考科目确定的内涵，即忽略了学科能力在选拔人才中的重要作用。具体表现为在选考科目确定中，以院校、专业的声誉或实力为依据，忽略了学科能力的匹配性，如新建本科高校GX4-3-1将其王牌专业交通运输、交通工程的选考科目确定为"物理和化学"。一位二级学院领导在访谈中也印证了这一论断："像我们汉语文学、汉语国际教育这两个专业，一个是国内'一流建设专业'；另一个是省内'一流建设专业'，那么我们对于人才选择的话，确实考虑它是要偏文一点，所以我们就定了历史，但对于其他专业的学生，我们就没有这方面的考虑。"（GX2-3-1-XYLD1-191126）而更多的高校与专业则遵循"最大化"原则，即尽量少设置选考科目以吸引更多的考生报考。部分高校教师缺乏依据学科能力选拔学生、以学生的学科基础培养人才的意识，认为培养与选拔的关系不大，对选考制度不甚了解，多位高校教师谈道："选科对大学普通老师来讲没什么意义，我们就只管招进来的学生（的培养），对于有怎么样影响的话，我没有什么观点。"（GX1-3-2-JS1-191126）"专业培养方案基本上都是国家规定的，每个学校都一样，选考科目没必要由学校自己定。"（GX3-2-JS2-191209）"制定选考科目时征求我们的意见了，我们肯定是要化学、生物的，这种征求，我觉得是多此一举。"（GX3-1-2-JS3-191209）"我觉得学生的兴趣比选考科目更重要。"（GX3-2-1-JS1-191024）"本科可以选考吗？"（GX4-1-1-JS2-191210）高中教学涉及的"学科"与高校分专业招生中的"学科"有较大的差异且高中教师面临着"唯升学"的评价压力，并非所有高中教师都会根据学生的专业志趣对其做出选科引导。一位高中教师谈道，他对学生选科的指导遵循如下原则："第一是有兴趣，但是还要看自己的实力哪科更好、更利于考上大学。"（GZ3-2-4-JS2-191128）[①] 而高中生的应试心理、对学科认知的有限性，也将限制其对科目的选择。一位通过高考综合改革实施方案入学学生的观点较有代表性："我首先是根据个人的兴趣，还有擅长哪些科目。我们学校当时是给了往年的数据，比如说前两年我们学校的学生里面，选哪些科目赋分赋得比较高。"（GX4-1-1-XGKXS-6-191210）

[①] 此内容为教育部哲学社会科学研究重大课题攻关项目"高考综合改革试点完善措施研究"课题组对高中专任教师的访谈内容，因不属于本书的主要访谈对象，故在"访谈及其结果分析"部分的表绪-1、表绪-2中未做说明。

一位乡镇高中的教师也描述了该校学生的实情："我们的学生说不出来我将来会干什么，没有这样的想法。"（GZ3-2-4-JS1-191128）①

高校招生参与者缺乏对学科的思考，是对文理分科制度下"大文""大理"固定科目组合的路径依赖，高校缺乏制定选考科目的经验，高校教师没有相关的主体意识，甚至在传统高考模式下，文理兼收专业的教师不了解录取生源在高中阶段的科类选择，高中教师及学生面对骤增的科目组合更是"手足无措"，经验与信息的双重缺失使其难以抉择。这便导致了高考综合改革伊始，高校与高中均沿用传统路径，以录取高分考生或在高考中取得高分为目标。正如一位高校招办主任所言："我个人觉得，我们学校自主确定选考科目是一件很容易做的事，而且每个学校都有自己的想法，但我们录取考生也有私心，肯定都想'八仙过海，各显神通'，招到高分学生。"（GX5-1-1-ZB1-191211）换言之，多数高校仍停留在"大文""大理"固定科目组合的传统认知上，对高考综合改革之后考生群体学科能力的差异性并没有做过多的思考。具体而言，高校大多数招生人员与专任教师没有意识到，高考综合改革之后，同一专业的候选者的总成绩是由不同的选考科目组成的，多元甚至与招生专业不适应的学科能力结构将为今后的人才培养带来较大的挑战。正如一位命题专家谈道："我们高考命题要考虑的，一个是全国课标，一个是高校的人才选拔要求。第一个是有明文规定的，大家都看得见，第二个却没有，要在实践中把它体现出来。"（KSY1-1-GZRY4-191029）也就是说，如果高校不对专业人才选拔进行深入理解、做出明确的引导，高中教师与学生等群体就难以把握，理智的选科引导、选科决策也难以形成。

（二）高校招生中的学科功能异化，学科教育规律不受重视影响了选才结果

在高校招生中学科的功能应体现为：高校根据分科、分专业人才培养的需求制定选考科目，各学科之间、各专业之间、各考试科目之间均为一种平等的关系，每个科类、专业都应履行制定选考科目的义务，而选考科目的作用在于甄别考生职业性向的"类型差异"，这是各专业录取到合格

---

① 此内容为教育部哲学社会科学研究重大课题攻关项目"高考综合改革试点完善措施研究"课题组对高中专任教师的访谈内容，因不属于本书的主要访谈对象，故在"访谈及其结果分析"部分的表绪-1、表绪-2中未做说明。

生源的基本保证。但事实并非如此，高校招生中的学科功能被异化：考试科目，尤其是学业水平考试等级性考试科目，呈现出根据应试科目类别判断考生"水平差异"的问题。《普通高中课程方案》（2017年版）所规定的13个国家课程及校本课程在"高考指挥棒"的作用下，呈现出了"等级"差异，总体而言，重要性按照高考科目、学业水平考试等级性（或选择性）考试科目、学业水平考试合格性考试科目、综合素质评价所涉及科目的顺序递减。而根据《普通高校本科招生专业选考科目要求指引（试行）》（教学厅〔2008〕1号）（以下简称《指引》）、各高校颁布的选考科目要求来看，学业水平考试中等级性考试科目出现的频数还基本按照物理、化学、历史、生物、政治、地理、技术的次序分布，多数受访者表示，选择物理、化学、生物的生源一定是最"好"的生源。在各科类、专业选考科目的制定中，呈现出理工农医类专业要求多、人文社科类专业要求少的现象。从《指引》中可以看出，哲学、经济学、法学、教育学、管理学、文学、艺术学、历史学的8个学科31个专业类中，在"3+3"模式下，有26个专业类可不设选考科目，占比83.7%，"3+1+2"模式下，则有24个专业类，占比77.42%。而在工学、理学、农学、医学4个学科61个专业类中，在"3+3"模式下，有2个专业类可不设选考科目，占比3.2%，"3+1+2"模式下则有7个专业类，占比11.48%。一位专任教师的访谈内容也反映了人文社科类专业对制定选考科目的误解，忽略了限选历史、政治、地理的重要性。"限制选考科目对我们文科有什么意义？之前来考我们中文（专业）的学生就不考物理、化学，限考物理、化学对我们没有用处。"（GX3-1-2-JS3-191209）"我们是工商管理类，文科生理科生都有优势，都能学我们专业，我们没有什么选考科目要求。"（GX3-3-3-XYLD1-201021）在具体科目中，体现出了对物理等科目的认同，物理不仅是传统高考招收理科生源的专业必考科目，而且成为部分传统文理兼收专业（经济学、管理学、文学等）的必选项，如天津师范大学的经济学、湖州师范学院的财务管理、大连交通大学的日语等均必选物理，一位高校教师解释了这一现象："经济学就希望学生是学过数学或物理的，这样的逻辑思维能力比较强。"（GX3-2-1-JS3-191024）

不同科类的专业、高校在选考模式下，生源的高考分数也出现了差异。整体而言，人文社科类专业、语言类及财经类高校的生源分数大幅度提高，理工农医类专业、理工类高校的生源分数明显降低，两位以理工科见长的高校的招办主任表示："我们学校很有优势的计算机类、软件工程类、机械类专业在新高考后招生分数越来越低，机械类已经连续三年招生分数全校最低。"（GX5-1-1-ZB-191211）"我们理工科的学校是很吃亏，到2020年，可预见的，财经、外语等文科类高校，不用做任何事情，就躺在那里招生，它分数都很高。像我们理科类的高校，不管你层次都会寝食难安，50%以上的计划都担心物理，因为它（选物理的）生源不足，我们省选物理的考生可能就3万人左右（占比不足10%）。"（GX3-1-2-ZB1-191209）而高校的培养环节，不得不根据生源的选考科目调整人才培养方案，如一位高校招办主任介绍："我们有个科学教育（专业），选考要求为物理或化学，我问他们老师，如果这样（考生应试科目不同），你在教学中会不会有问题？他说没有这个问题，因为科学教育出来可以是物理老师或化学老师，他可以根据学生的选考情况偏一下。"（GX4-1-1-ZB1-191210）

高校招生中学科的功能被异化，原因在于学科教育规律未被重视。虽然中国的高校与高中均实施学科教育，但二者不完全一致，高中教学涉及的学科为基础性、独立性学科，高校专业人才培养所指的学科多为交叉性学科。高校招生是在高等教育分科分专业培养的要求下，对考生在高中习得的学科能力进行考查的过程。其实践建立在高校学科教育规律的基础上，这一规律涉及高中科目与高校学科教育的匹配度、高考科目设置的合理性与内容的预测力、高校对学科教育与通识教育的认识、高校自身的学科专业优势等。但从相关的政策文本与高校的具体实践中可以看出，这一规律尚未被澄清，大多数决策停留在参与主体的感性认识上。具体表现为：大多数人文社科类高校教师表示，不设定选考科目是因为高中学科教学中没有与之完全匹配的科目，一位高校招办主任谈道："有的专业与中学阶段的课程能够对应上的，应该要去选，如果对应不上，因为有的可能是一个交叉的学科，它涵盖中学的几门课程，这个我觉得不提也有道理。"（GX2-3-1-ZB1-191126）两位二级学院领导谈道："高中课程与我们金融、财务管理没有很大的关联度，所以我们没有设置选考科目。"（GX5-1-1-XYLD1-191211）"其实我觉得旅游类肯定要限地理，但是考虑到生源，我们就没有限制，其实我觉得对于现在中学生来说，这些都不用限制，他考得再好，还在于后期的培养。"（GX3-3-3-

XYLD1-201021）可学生则认为高校所需的学科能力并非仅通过"完全匹配"的科目才能培养出来，正如一位学生所述："因为我的专业是文秘，我们会专门开设有 office 这一门课，我对这些根本就学不通。然后我舍友她选考就选了技术这一门，她在专业学习或未来的发展上就比我们有优势。"（GX4-1-1-XGKXS-6-191210）多数受访者认为高考科目设置不合理，影响了其选考科目的制定，如多认为数学应做难度区分，可分为数学 A、数学 B、数学 C 等，物理和历史应当可以同时选择，也可根据难度系数分类。高考科目的预测力有限，比如一位汉语言文学专业的教师指出："我们创新班的自主选拔录取，一定要加试写作能力。因为高考语文作文，第一，有时间限制；第二，高考命题未必能看得出来学生的文学水平，像一种创意写作，比如说学生要创作诗歌、散文、小说，就是他的写作能力的体现。"（GX4-1-1-JS2-191210）招生主体并未形成对考生核心学科能力的认知，或徘徊于重学科能力抑或重通识能力之间，如一位二级学院领导谈及"我们外语专业也欢迎专业兴趣背景广泛的考生来报考，在原先的印象中，语言类的学生可能以文科为主，但是在事实上，我们培养过程中发现有理科背景的学生在学习语言方面也有一些优势，所以我们在设置选考科目时，就没有设置选考科目"（GX4-1-1-XYLD2-191210）。而高校学科特色，在选考科目中也难以体现，甚至不被考虑，如一位高校招办主任谈道："《指引》中要求交通运输要学化学，但是我们来说，我们学校的交通运输就不一定要求化学，这样的话就会有一定的差别。"（GX1-3-2-ZB1-191126）另一位高校招办主任则概括性指出："某一个专业它突出物理，但在某个学校中，这个专业还跟化学沾点边，那就还要选化学。还有一些专业，其实它就偏理论，它就不选科，什么都行。现实的情况就是非常复杂，还要与国家、高校的投档尺度相匹配。"（GX1-3-1-ZB1-191016）诸如此类的问题，若持续被悬置，将影响部分科类，甚至具有部分科类特色的高校的招生，社会相关职业和行业的人才储备也将因此出现危机。

（三）高校招生对学科问题考量不周，招生主体准备不足降低了改革效率

学科要素在高校招生的具体实践中，体现在考试科目（含备选科目）的设置、由选科结果决定的科目组合、（分科）分专业招生计划、依据应试科类对考生进行排位等具体操作中。但因为高考是一项"牵一发而动

全身"的系统工程,高考的教育功能与社会功能决定了高校在进行此类事项的决策时,不仅要考虑学科本身的特征,还要充分考量学生的权利、高校的发展、社会的认同,这是一项兼具教育、社会、技术等多重属性的重大议题。可实施过程中,却常表现出考量的不周全。在科目设置方面,在外语听力与口语、技术(浙江省)、基本能力测试(山东省)等科目的增设或裁撤上,"3+1+2"方案中历史与物理不得兼选等举措,多以科目的信度、效度、认同度、可操作性为据,较少考虑学生学科能力、高校专业选才的科学性。在科目组合方面,高校依据国家颁布的《指引》做出具体决策,但无论是《指引》还是高校决策中均有不够科学的地方,比如《指引》(3+1+2)中要求化学类专业首选科目为物理,可不设再选科目,这可能造成新建本科、民办高校化学专业的生源危机,若将首选科目改为"物理或历史"、再选科目改为"化学",则更为合理;而高校方面,学科思维则为生源思维所限,正如一位招办主任所讲:"制定选考科目时,一个标准是尊重学科发展,但是在分数面前,高校会屈从于分数。尤其是对于原来的三本,面临生源不足的问题,它会尽可能少定(选考科目)。"(GX1-3-1-ZB1-191016)一位省属重点高校二级学院领导认为:"我们这类学校第一大任务是要活下去,先解决能不能吃饱的问题,再解决培养的问题,你吃都吃不饱,何谈培养?"(GX3-3-2-XYLD2-201020)即便是"一流大学"建设高校也会考虑社会的认同,如一位该类高校的招办主任所述:"如果我们选考科目定得多,去选拔学生的时候,别人也会质疑,你们学校怎么这么搞?怎么突破了教育部的《指引》了?我们是在教育部的《指引》下面去做的,专门开过两次校务会讨论这个问题。校长、书记就是说,在教育部的框架下面,我们要尽可能扩大招生范围,不要给太多的限制,多留一些余地。"(GX1-3-2-ZB1-191126)在分科招生计划方面,传统文理分科情况下,分科分专业计划与文理科考生数量较容易匹配,但在选科制度下,高校与考生双方的选择性都增加了,这种匹配性便难以达成,且高校招生计划常在高考当月公布,而考生的选科却多在高一学年末便完成。正如一位考试院的负责人谈到的"文理分科,计划是匹配的,现在文理不分科,有20种组合,计划和学生选科不一定匹配。这里面本身是有问题的,想做到绝对的匹配是非常难的。有的高校不限制专业,我们也没办法。选择性多了,就意味着情况更加复杂了,匹配度一定会出现差异。会使学生报考越来越头疼,尤其是第一年，学生没有数据参考，选择起来一定非常困难，会出现很多问题"。（KSY2-1-LD1-191021）高校在招生中也同样遇到了困难，如一位高校二级学院领导阐释："我们学院原来文理分科的时候，我可以向学校建议多招一些理科生。但现在用了选考制度，文理科生的比例我们其实是不能控制的，而且肯定是选了历史等科目的考生分数更高，这将提升我们专业文科生的比例。"（GX3-3-1-XYLD1-191127）在考生排位方面，没有以选考科目组合为单位对考生进行排序，而是将原始分转换后实现不同科目的可比性，但各科之间的标准差并不相同，这就导致了考生报考的功利性。一位高校招办主任如此描述了事实："比如一个学生喜欢物理专业，选了物理科目，可能就导致了他高考总分低，进不去'985''211'，但我国的就业机会都是与这些身份绑定的，这个学生肯定不愿意因为物理科目去读低一个层次的高校，也就放弃了物理。"（GX3-1-2-ZB1-191209）

可见，学科要素在高校招生中的应用绝非易事，问题的症结在于相关主体对高考改革的认知与技术准备不足。在认知方面，整体呈现出重公平、轻科学，重生源、轻学科，重分层、轻分类的问题，在以备选科目增加、科目组合变化、科目分数呈现形式改变、分科招生计划变动为重要内容的高考综合改革中，教育行政部门、高中、高校等均或多或少地出现了认知偏颇。国家级、省级教育行政部门对具有复杂性的教育问题不甚了解，虽然有智库等专家团队提供政策咨询，但《指引》中不科学的地方说明了这种制定方式的合理性尚待验证。高中教师、考生家长对高校科目的了解极为有限，高考综合改革方案的复杂性在一定程度上也挑战了他们的能力，调研中，一位省重点高中的专任教师谈及"尽管说你选了物理，90%的专业可以报考，但是限定物理这个学科的学校和专业往往都是'985''211'，一本下的一些学校都是不限专业的，除非医学类或者纯粹的理工类"（GZ2-1-1-JS6-191022）。[1] 显然这位教师的认识存在偏差。从对乡镇高中家长的访谈中可以发现，家长对高考综合改革方案毫不了解，更无从谈起对考生的指导。而高校的主体意识同样薄弱，一位考试

---

[1] 此内容为教育部哲学社会科学研究重大课题攻关项目"高考综合改革试点完善措施研究"课题组对高中专任教师的访谈内容，因不属于本书的主要访谈对象，故在"访谈及其结果分析"部分的表绪-1、表绪-2中未做说明。

招生机构的负责人指出:"大学相对比较超脱,政策敏感性没那么强,共计 600 多家高校在我市招生,外地高校占比达 90%,可它们(外地高校)都不了解我市制定的招生政策。"(KSY1-1-LD1-191029)在技术准备方面,国家级、省级考试招生机构作为普通高校招生统一考试、普通高校招生录取的支持者,在考试科目的合理设置、考试命题的难度系数、考试分数的呈现形式、招生计划的统筹分配、招考信息的公布公开方面还有所欠缺。高中作为与考生学习、报考关系最为密切的主体,在对考生选考科目、志愿选择的引导中多聚焦于各门科目的"得分率",而较少体现出学科、专业能力。部分高校作为高校统一招生录取的负责者、高级专门人才的培养者,招生能力缺失。比如,缺乏对考生学科能力的基本认知、不具备考测学生学科水平的基本能力,缺少相应的社会责任感。在此次颠覆性的高考改革中,相关主体的认知与技术准备缺失,使最具特色的学科效能被忽视,从而影响了改革的效率。

三 强化高校招生主体性地位对优化学科能力问题的意义

高校招生中的学科能力问题,虽然不是一个简单的教育问题,也并非高校的全部责任,但基于高中教师对高校学科理解的有限性、社会信息的纷繁复杂性、教育行政部门的非学术性等实情,强化高校招生主体性地位,可以解决其中的难题与关键问题。

(一)强化高校主体性地位,有助于澄清分科选才的基本问题,使高校招生回归理性

分科选才所涉及的基本问题,是当前学科要素在我国高校招生中发挥正向效能的重要前提。分科选才基本问题的逻辑起点在于高校的分科育人,各科类、专业的人才培养目标、人才培养方案、课程设置、教学安排等,是高校设置招生考试科目、制定选考要求的根本依据,这不仅有科类、专业间的差异,而且有学科内部、专业类之间的不同。从人才选拔角度,要思考各门考试科目与招生科类的关联,这种关联可能是直接的、间接的,也可能是专业的、通识的。比如,物理科目,对于理工类专业的意义在于奠定了生源的学科基础,这是直接的、专业的学科能力,对于文史类专业的意义在于培养了学生的逻辑思维,这是间接的、通识的学科能力。从人才培养、输出角度,要思考考生的个体学科能力结构与社会用人需求之间的关联,这种关联既是个体谋生的前提,也是社会发展的基础。

比如，临床医学类专业的知识目标之一是"掌握与医学相关的数学、物理学、化学、生命科学等基础知识和科学方法"，医学教育的根本目的是为社会提供优质的医药卫生人力资源，① 故而选考科目就应为物理、化学/生物，才能保证学生顺利毕业后成为一名医生，即使自己的学科能力得到了自我实现，也满足了社会对该类人才的需求。

现阶段我国高校分科选才的基本问题，是由高校在国家教育行政部门的指导下完成的，即国家通过行政指令，提供《指引》、选考保障机制、增加首选科目（从"3+3"到"3+1+2"），高校在此基础上结合本校实际做出最终决策。但事实上，国家教育行政力量的干预，不仅可能有失《指引》的专业性，而且在中国自古以来形成的"仕"文化影响下，还可能使理论上"平等"的各学科在实践中按"等级"排列，即各门科目的重要性按照高考科目、等级性考试的首选科目、《指引》要求多的科目、《指引》要求少的科目、《指引》中未提及的科目排序。比如，对"物理"等科目的认可度过高，不仅理工类专业要求必考"物理"，经济学类、金融学类，甚至外国语言文学类的受访者也表示有此意向。而高校的自主决策仍停留在感性认识阶段，教师对考生学科能力的认知也较为浅显，一位经济学科专任教师的观点较有代表性："我们经济学院，其实我们都喜欢理科生，并不倾向于文科生。"（GX3-2-1-JS3-191024）该院经济学类、金融学类专业在高考综合改革试点地区均要求考生必选物理，而在其他省份则文理兼收。诸如此类的现象说明高校的决策尚有完善的空间。

无论是国家教育行政力量的干预，还是高校感性的、浅层次的认知，都只是短期内的一种过渡方案，高校最终必须学会"独立"行走，也只有强化高校招生主体性地位、加强高校的参与，才有助于澄清分科选才的基本问题，使高校招生回归理性。正如一位考试招生机构的负责人所述："我感觉真正的学科选拔需求，应该通过高校引领，而不是由政策制定。"（KSY2-1-LD2-191021）具体而言，高校可参与《指引》的制定，探索出更为科学的选考科目要求，高校提供分科分专业人才培养的经验、考试招生机构提供命题的经验、教育行政部门则在结合国家发展需要之后形

---

① 教育部高等学校教学指导委员会编：《普通高等学校本科专业类教学质量国家标准》，高等教育出版社2018年版，第648—649页。

成最终的方案。高校从分科分专业教育的角度上，斟酌选考科目的必要性，从学生发展的实情上，实证选考科目的有效性，这是发现真实规律的有效途径。高校发挥招生主体作用，对考生选考做出强制要求，并将招生计划与选考要求同时公布，以提高考生对选考科目的重视程度。事实上，由高校提出对物理、化学、历史等的选考要求，更能统筹全局、更具灵活性，而诸如增加首选科目式的改革则是一种"打补丁"式的挽救措施，会因过于刻板而危及其他学科。

（二）强化高校主体性地位，有助于促进高校学科建设与高中学科教学的融合

在教育系统内部，基础教育与高等教育在学段上是衔接的，从个体发展规律来看，知识与能力的增长也是递进的。虽然高中与高校的学科教育不完全相同，但二者具有一定的连续性。总体而言，前者的学科教育是基础，后者的学科教育是在前者之上的升级、交叉或融合。虽然高等教育追求高深知识，强调在基础性学科能力之上的深造；但近年来高校"宽口径、厚基础"的人才培养观，开始转向对生源通识知识、综合素养的兼顾，也强调对基础性学科能力的融会贯通。而高等教育何以成为"龙头"，通过高校招生依据、高考科目有效引导基础教育阶段学科教育的合理化便成为难题。其中涉及了对学科能力的习得方式、考查形式（考试督促或平时积累）、学科能力的构成（单一或融合）、学科能力的价值（重大社会贡献或基础理论研究）等多重问题。

但在实践中，高中更重视各学科的应试教育，高校则更愿意将注意力分配到学科建设中去，由此看来，"学科"在基础教育与高等教育间的衔接并不显著。在基础教育阶段，应试思维普遍，如一位大一新生阐述了学习技术科目的感受："（技术科目的）老师根本没有自己的学科体系，就比方你教授通用技术，你就应该是专业的，至少有这方面的专业知识，但有些老师他只是把这方面的应试知识学得很好。"（GX1-1-1-XGKXS-1-191212）而一位考试招生机构的工作人员从阅卷角度谈道："在阅卷的过程中看到过有学生其实不知道怎么用这个公式，但是知道这个题目就是考这个知识点，所以就写上一些原始公式。因为从得分点的角度来看，它写上了这个原始公式就要给他分的。但对于这样的一个学生，其实从评价他物理的掌握程度来看，并不代表他这部分掌握得很好，或者说有比较好的进一步学习的潜力。"（KSY1-1-GZRY6-191029）除此之外，还存在高

中限制学生选考科目组合的问题，如一位大一新生所述："我的选考科目是生物、化学、地理，我们高中固定了生物、化学班这个组合，要求我们只能选地理或者技术，我就很迷茫。"（GX5-1-1-XGKXS-4-191211）而在高校中，对学科的关注倾向于在国家重点建设政策的引导下进行学科建设，具体而言，致力于教师、研究生的科研工作，以高深学科、交叉学科、融合学科为重点，而对本科生选拔、培养所需的基础性学科能力关注极少。

基础教育与高等教育学段对学科关注重点的错位，造成了学段间的"断裂"。强化高校招生主体性地位，有助于加强高校学科建设与高中学科教育的融合。高校在招生环节重视学科要素，可以对基础教育阶段的学科应试思维进行纠偏，正如一位高校教师所述："如果理工科也需要考生了解历史文化，那么他可以通过看书籍获得知识，这没必要成为必考科目，毕竟小孩时间很紧。"（GX3-3-1-JS2-191127）这就是一种以高校为主体，可在招生依据的"软"挂钩方面的先行尝试。高校可在综合素质评价的写实性记录或"自主"招生的校测环节考验学生的非核心学科能力，而非将招生专业需要的学科能力都列入"硬"挂钩范畴。高校在招生环节重视学科要素，还可以对高等教育阶段的学科建设提供人才支持。虽然人才培养往往被列入"专业"范畴，科学研究被归为"学科"职责，但二者并非完全割裂，尤其在"一流大学"建设高校，本科生的科研实力也渐被重视。高校将对招生中学科教育规律、学科要素的研究分配至院系，院系从人才培养的角度深入思考各科类需要的基础性学科的种类（物理、化学、生物等科类）和程度（五大学科竞赛奖项等），将更有利于拔尖创新人才的选拔与培养，也可进一步为高校的学科建设做出贡献。

（三）强化高校主体性地位，有助于维护各学科、各类型高校的利益

语文、数学、外语、物理、化学、生物、政治、历史、地理、技术等各门科目所对应的学科能力是平等的，是考生专门学科能力或交叉学科能力的表征，本质上不存在某一学科能力突出的个体强于其他学科能力突出的个体之说。而理工类、语言类、政法类、财经类、医药类、师范类、农林类、艺术类、体育类等专业或高校，对促进个体发展或为社会进步也各有作用。

但在高校招生过程中，这种本质上的认识在实践中却表现出一定的偏

差。考生、家长等社会群体长期对农林类专业及高校的认同度低，对财经类、语言类专业及高校的认同度高，在高考综合改革之后，理工类、医药类也变成了"弱势"领域，基本形成了财经类、语言类招生"易"，理工类、农林类、医药类招生"难"的格局。而考试科目中，也先后出现了选考物理、化学、历史等的生源短缺，选考地理、生物、技术等的生源充裕。这两类问题之间存在着一定的联系，两位受访者从不同角度解释了这一问题，考试招生机构的受访者指出："教育部不制定具体的要求，只提大概的要求，让高校去勾选，一勾选的话，大多数高校就不做选择了，不做选择他才'不吃亏'，将来投档的生源可能选择余地更大，质量更高。"（KSY3-2-GZRY5-191125）理工类高校的一位受访者表示："像我们这种地方高校以及少数排名比较靠后的'211'高校，只能够片面追求分数线，对吧？分数线越高越好。"（GX3-3-1-XYLD1-191127）可见在招生中处于弱势地位的高校在意识到自身招生"难"之后，以降低选考科目要求为代价，片面追求高分生源，实质上却失去了与自身培养目标相匹配的生源，不仅直接影响了各科选考人数的平衡分布，还可能拉大新建本科、民办高校等与"一流大学"建设高校之间的差距，加剧中国高等教育生态系统两极分化的问题。

虽然部分高校、专业、考试科目的生源危机是由教育、社会甚至政策等多维复杂因素造成的，但强化高校招生主体性地位，对维护各学科、各类型高校的利益有一定的作用。一位受访者的观点极有启发意义："国家层面来确定选考科目的话有规范性、统一性、权威性，但是国家层面要考虑不同院校性质。学校的生源定位是不一样的，我觉得最后还是要集中于各个学校的培养档次和培养定位上，如果不这样，很多学生就会把比较难的课程回避掉。另外，最大的麻烦是高校的专业，理论上，应该从专业培养、就业角度考虑学生的知识技能，如果高中不提前去铺垫，没有这方面的训练，我们招收的苗子入学后会有很大的困难。所以我觉得还是应该高校来选考试科目，但是应该有个规则，由教育部统一规定，根据学校档次做分门别类的规定。"（GX3-3-1-JS1-191127）在现行制度下，一方面，高校可将选考科目制定的工作全权放至院系，使院系根据人才培养需要制定选考科目，使各专业招到适宜的生源，而非总分突出的生源；另一方面，同一科类及层次的高校或专业应形成共同体，基于人才培养需要制定科目设置的基本标准，而非以竞争生源为目的妥协于科目设置的最低标准。这将在一定程度上保护各类高校、专业的利益，使生源数量与质量得到保障。

第三节　招生与专业适应

专业是中国高等教育培养人才的基本单位，也是高校招生，尤其是高考综合改革以来高校招生志愿中的重要单元。"系科+学校"是统一高考建制之初的志愿设置形式，但囿于考生对高校的专业了解不够深入，专业兴趣还未建立或不稳定，以及同一所学校不同系科录取新生的学业水平差距较大，程度参差不齐，不利于教学工作的安排，从而影响到教学质量的提高等因素，[①]"系科+学校"于1963年被改为"院校+系科或专业"[②]的志愿设置，在本科层次的招生中，其一直延续至高考综合改革落地。现行制度下，在非高考综合改革试点地区，录取规则将专业分配置于高校志愿之内，而在高考综合改革试点地区，则由高校志愿向专业志愿（"专业（类）+学校"志愿或"院校专业组"志愿）贴近。无论改革与否，高校招生中的专业要素皆为人才选拔与培养的衔接点，也是剖析高校招生主体性地位不可或缺的重要元素。

一　招生与专业适应关联的理论探讨

在中国高校考试招生制度下，专业志愿长期被置于高校志愿之内，除考生"不服从调剂"之外，专业志愿对考生录取与否不产生影响。相对而言，这种低利害性造成了中国高校招生普遍不够重视专业要素。但事实上，高校考试招生的志愿填报及录取规则、入学后的转专业或专业分流要求等，既有助于学生专业认同的形成，也是专业教育的起点，是高校招生与人才培养皆不可回避的议题。

（一）专业与人才培养

教育学范畴的"专业"源自俄语，是中国高等教育早期学习苏联的

[①] 李立峰、许雯雯：《高考录取批次改革对高校及考生影响探析》，《教育与考试》2020年第1期。

[②] 《教育部党组关于一九六三年高等学校招生工作情况的简要报告（1963年9月13日）》，载杨学为编《高考文献（上）》，高等教育出版社2003年版，第471页。

"计划"思维的产物。"专业"在教育学领域常与人才培养相连,如"专业是高等教育培养学生的各个专门领域"①;或与课程组织相关,如"专业是课程的一种组织形式"②;抑或强调课程、专业、人才培养的系统性,如"专业是课程的一种组织形式,学生学完所包含的全部课程,就可以形成一定的知识与能力结构,获得该专业的毕业证书"③。社会学范畴的"专业"则具有普适性,在世界范围内被认为是"一部分知识含量极高的特殊职业,富有历史、文化又不断变化"④。可见,专业兼具包括知识基础、课程设计、学科分类等在内的教育性,以及包括职业分工、经济建设、社会发展等在内的社会性,故而难逃政府、市场与学术权威对应的高等教育权力三角的掌控。专业是大学人才培养的载体,是招生、培养、就业、职业发展的核心单位。专业又是大学机构的组成部分,是校、院、系的构成性要素。

认识论的高等教育,决定了大学的知识本性。知识材料,尤其是高深的知识材料,是任何高等教育系统的目的和实质的核心。⑤大学承担着发现知识、确认知识、选择知识、传递知识的任务,设置专业以填补大学传递知识与社会使用知识之间的沟壑,是中国大学70余年的重要办学经验。设置专业的过程,也就是组织知识、排列课程、澄清人才培养目标的过程。专业在综合考量国家政策、社会需求、高校培养能力、学科发展水平之后,制订人才培养方案。设置专业、落实人才培养方案的实质,就是在目标确定的前提下,整合知识、促进知识自主性的形成。知识通过专业的中介作用,传递给学生并为社会所用,既提升了人才培养的效率,又扩大了知识的影响力。

人才培养是大学首要且最重要的职能,是学生成长成才的关键。在本科教育阶段,专业是人才培养的重要平台。招生录取伊始,学生以主动报

---

① 教育大辞典编纂委员会:《教育大辞典》(第3卷),上海教育出版社1991年版,第26页。

② 潘懋元、王伟廉主编,中国教育学会教育学研究会编:《高等教育学》,福建教育出版社1995年版,第128页。

③ 卢晓东、陈孝戴:《高等学校"专业"内涵研究》,《教育研究》2002年第7期。

④ 赵康:《专业、专业属性及判断成熟专业的六条标准——一个社会学角度的分析》,《社会学研究》2000年第5期。

⑤ [美]伯顿·R·克拉克:《高等教育系统——学术组织的跨国研究》,王承绪等译,杭州大学出版社1994年版,第13页。

考或被动调剂的形式进入专业，自此本科教育便在专业的作用下"模式化"，这一"模式"将持续至毕业、延续至职业。人才培养也对专业建设起到"倒逼"作用，这一反作用通过学生的选择与成就来实现。基于"消费者逻辑"，主体是"学生"与"市场"，关键作用是"选择"。一方面，学分制赋予学生课程选择权，"专业（类）+学校"志愿、大类招生、分流培养赋予学生专业选择权，在这类新型人才培养模式中，课程之间、专业之间存在竞争，学生无形中成为建设课程、建设专业的监督者；另一方面，高等教育规模化趋势赋予市场选择权，人力资源过剩时期市场对人才的选择更为苛刻，这是对人才知能结构的选择、对人才培养的考核、对大学专业的考验，大学要解决人才培养的出口问题，必将以加大专业建设的力度为起点。

（二）专业适应与学生学习

专业适应是指大学生在基本能力素质和个性特征的基础上，通过与所学专业及专业环境相互作用，主动调整自己的专业认识和学习行为，达到自身在专业上和谐发展的心理和行为倾向。构成要素有专业承诺、专业学习动力、专业学习行为、专业自我效能等。[1] 高校学生的专业适应过程、专业适应水平受主客观因素影响，主观因素包括个体的认知、情感、行为等，比如学生对专业的了解程度、对专业的认同、专业学习的努力程度等；客观因素则包括高中、高校、家庭、朋辈、社会产生的影响，比如高中的生涯教育、高校的专业选择引导、家庭教育的效应、同学之间的交流、社会对相应职业的认同等。已有研究证实，专业适应性在专业类型、年级、性别上有显著差异，在家庭所在地上无显著差异，且呈一定的年级发展趋势，大一学生的专业适应性高于大二、大三，大二是低谷期，大三时有所回升。[2] 可见，高等教育的低年级段是专业适应水平提升的关键期。

学科和专业是高等教育对高深知识进行基本操作（传递、开发和应用）的基础平台，不但教师是根据学科和专业来进行教学，学生也是在

---

[1] 唐文清：《大学生专业适应性量表编制及其应用》，硕士学位论文，西南大学，2007年，第5页。

[2] 唐文清：《大学生专业适应性量表编制及其应用》，硕士学位论文，西南大学，2007年，第27—32页。

一定的学科和专业中接受教育的。① 与基础教育阶段的普通教育属性不同，高等教育阶段呈现出鲜明的专业教育特征。在学生学习层面，相对而言，动机来源于未来的职业发展而非简单的升学，内容聚焦于专业知识、专业能力而非公共知识、基础能力，形式以自主学习为主、教师引导为辅而非应试教育、填鸭式教学。可以说，高等教育阶段的学生学习，与其未来职业、专业发展的关系更为密切，也对学习者的主动性有着更高的要求。又因为基础教育与高等教育的属性差异、学习者间的个体差异，学习者基础教育阶段的学习经验难以完全复制到高等教育的学习中去，二者间的学习效果也并非完全相关，学段间的衔接或过渡显得尤为重要。

专业适应性的养成是学习者从基础教育阶段学习到高等教育阶段学习过渡的一项内容，虽然关于专业适应性与高等教育阶段学习成效的研究较少，但对专业适应性相关问题的研究，如专业认同、专业承诺等，可证明此类议题对学生学习的影响。具体研究结果显示，大学生专业承诺与学习倦怠负相关，即对专业越喜欢，感受到的学习倦怠越少；② 对学习投入的活力、奉献和专注等有显著而重要的正向影响，即"兴趣是最好的老师"③。专业认同与学习动机、成就动机、学习策略、学习投入、学业成功、专业发展、职业发展、心理健康、生活满意度等存在显著的正相关，与学习倦怠负相关。④

---

① 刘小强：《就业导向的高等教育学科专业制度改革研究》，中国社会科学出版社2016年版，第2页。

② 王玉楠：《大学生学习倦怠与专业承诺、学习压力的相关性研究》，硕士学位论文，吉林大学，2014年，第45页。

③ 许长勇：《大学生专业承诺对学习投入和学习收获影响机制的研究》，博士学位论文，河北工业大学，2013年，第93—94页。

④ 张建育、李丹：《大学生的专业认同及其与成就动机、学习满意度关系》，《中国健康心理学杂志》2016年第4期。连榕、杨丽娴、吴兰花：《大学生专业承诺、学习倦怠的状况及其关系》，《心理科学》2006年第1期。李志、王琪琪、齐丙春：《当代大学生专业认同度的现状及对策研究》，《高教探索》2011年第2期。罗亚莉、刘云波：《大学生专业承诺与生活满意度的研究》，《黑龙江高教研究》2008年第1期。张浩：《大学生专业承诺与生涯管理》，《华东经济管理》2004年第6期。胡小爱：《高校大学生专业认同研究述评》，《济南职业学院学报》2011年第5期。刘晓丽：《大学生专业认同、专业承诺与学习倦怠的关系》，硕士学位论文，山东师范大学，2013年，第40—41页。

（三）招生中的专业观

中国高校的专业制度是20世纪50年代"全面学苏"的产物，专业由教育行政部门有计划地确定。按照苏联高等教育制度，"专业"是培养高级专门人才的基本单元；高等学校的教学实施以专业为基础，"系"是学校里的行政单位。政府培养人才的办法，是按照国家建设需要，确定专业的设置，并以专业为基础工作有计划地招生。每种专业，各有一套具体的教学计划。[①] 换言之，中国高校考试招生制度与专业制度建制于同一时期，皆是计划体制下服务于高级专门人才培养的工具。虽然20世纪90年代，中国社会经济体制完成了从"计划"向"市场"的变革，但中国高等教育系统的专业制度，按专业、计划的招生制度没有改变。尤其自高考综合改革之后，"专业（类）+学校"及"院校专业组"志愿的出现，更为强调专业在招生中的地位。

高校考试招生是基础教育与高等教育学段间的环节，也是学段衔接的关键部分，这种衔接不仅基于学生的知识与能力，而且基于学生的专业素养。于基础教育而言，在"高考指挥棒"的作用下，招生录取规则对高中生的生涯教育将产生直接影响，突出表现为高考志愿促进了学生对职业的思考，选考制度推动了学生尽早做出生涯规划，"专业（类）+学校"志愿使学生更为注重志愿与自身学习的匹配度。于高等教育而言，招生宣传与咨询、新生入学教育是高校对学生进行专业教育的起点，也是学生产生专业认知、培养专业情感、形成专业承诺的关键环节；在大类招生制度中，专业分流前的专业引导，是学生产生专业认同、提升专业适应水平的重要步骤。

在"统考统招"制度下，"专业"是体现高校招生主体性地位的重要领域。高校可根据学科专业特点，制订分专业计划、分专业出省计划；根据专业培养特征，决定选考科目、限制单科成绩、制定加试要求；根据院校招生经验，确定专业志愿录取规则、专业调剂原则。在招生宣传与咨询中，专业的地位也日益增加。可见，"专业"是中国现行招生制度下高校招生自主权的主要作用空间，是培养单位选拔适宜适性人才的主要途径。从教育规律的视角上，专业培养与专业选拔一脉相承，是提升高等教育质量、加强高等教育内涵建设的关键要素。

---

① 曾昭抡：《高等学校的"专业"设置问题》，《人民教育》1952年第9期。

二 招生与专业适应关联的实践审思

专业是中国高校招生的基本单元，高校考试招生也是从具有普通教育属性的基础教育学段向富有专业教育属性的高等教育学段过渡的重要环节。但从招生过程与新生入学初学生的认知、高校的作为来看，新生的专业适应水平整体较弱，高校虽然有部分举措解决了一些问题，但部分改革也起到了反向作用。高校新生专业适应水平较弱的事实，还与基础教育、社会认同、历史文化等多重因素的影响有关。

（一）高校新生专业认知有限，与基础教育的应试思维、社会对高校品牌的认同、历史文化的影响等有关

专业虽然是我国高校招生的基本单元，但大多数考生对专业不了解，专业决策由家长代劳或因调剂而定，部分入学 1—2 年的新生即使获得二次选择的权利，仍旧难以抉择。一位高校招生工作组组长描述了招生咨询现场的情形："宣讲都是家长来得多，学生来得少，在专业填报的问题上，事实上家长比学生更关注。"（GX3-3-1-XYLD3-191127）多位大学新生讲述了选择志愿的经历："我们至少要对自己选择的专业有所了解，可我们现在什么都没有了解就要去选，根本不知道选了它以后有什么用，连是不是喜欢它都不知道。"（GX5-1-1-XGKXS-1-191211）"我的志愿是外国语言文学类，一是看报这个专业的人多；二是我以为它是文学专业，因为它叫外国语言文学，没想到我进来是学小语种，跟文学没什么关系。我在高中学得最差的就是英语，一点语言天赋也没有，我现在（学的是）日语专业，已经有了挺大的转专业的想法了。"（GX1-2-1-ZPXS-5-191126）另有二级学院主管本科生教育的院长根据近年来大类招、专业分流的事实，尖锐地指出："怎么讲呢？就是说本科生选专业，让他们什么时间选，他们都说对专业不太了解。"（GX1-2-1-XYLD1-191126）

高校新生对专业认知较为有限的实情，与中国高校考试招生制度下的基础教育、社会认同、历史文化等要素有关。在"唯分数""唯升学"等不科学的教育评价导向下，高中教育以应试与升学为主，一位参与过招生宣讲的高校教师描述了他眼中的高中教育："我觉得现在高中以及国家最需要做的一点是向学生介绍专业，我们招生时做了很多宣讲，但是靠近填志愿的那两天，学生也拿不定主意，即使立马给他灌输，他也搞不懂。现

在小孩为什么不思考？因为你平时没给他灌输，一来就是这几门课、只学习。对高中来说，他们只在乎上线率，我们招生时发现，他们打出的广告是我们一本上线率百分之几十，二本上线率百分之几十。"（GX3-3-1-JS1-191127）在高考综合改革试点地区，选考制度、志愿改革使高中教育做出了一定的变革，但从受访的高校新生的描述中可以发现，高中的生涯教育仍旧没有脱离应试主义、形式主义的窠臼。高中的生涯教育多源于学生选科的需要，而非基于学习者未来发展的考量，形式包括职业性向测试、心理课程、班会、讲座、一对一辅导等，主讲人以学科教师、班主任、行政领导为主、家长为辅。几位学生介绍了就读高中的情况："我们高中花了几十万元买了一个国外的测试系统，可以了解到你的性格更适合什么职业。还有一门心理课，包括了职业生涯规划等内容，也介绍了一些职业的信息。说实话，这些对我没有什么影响，对我影响最大还是'知乎'，自己会去看一些网友提供的信息。"（GX1-3-1-XGKXS-1-191016）"我们没有（生涯教育）课，就是讲座，全年级集中到礼堂里面，可能是觉得一个班、一个班地，浪费老师时间，但很多人是根本没有听的。"（GX5-1-1-XGKXS-5-191211）"我们学校只是在你选科的时候，告诉你选了这几门课以后可以去干什么。"（GX4-1-1-XGKXS-2-191210）面对本科招考，中国社会更为认同高校的品牌而非专业的声誉，大多数考生、家长在"好"高校与"好"专业中选择前者，如一位高校招办主任所述："学生报志愿，一定首先选'985'，然后'211'、一本院校。我小孩在国外读书，他想学金融，那么思考的就是整个美国，金融高校排名，我们以后也应该这样，但需要一个慢慢的适应过程。"（GX2-3-1-ZB1-191126）中国自古传承下来的历史文化、传统认知也可能造成考生的专业认识偏差，使考生在选择中产生"从众心理"或"路径依赖"，忽视了自身的志趣与专长。如一位有着丰富招生经验的高校招办主任谈道："（理工类专业的生源危机）跟观念有关系，也跟中国传统有关系，就是官本位问题，出来以后都想当老板、当公务员，都想搞财务、搞金融赚钱，所以导致学文科的人多。"（GX3-1-2-ZB1-191209）

（二）专业志愿的选择期颇受争议，各方观点受高校实力、专业属性、适应性教育等影响差异较大

在传统高考"院校+专业"志愿、大类招生改革、高考综合改革"专业（类）+学校"及"院校专业组"志愿、转专业条件逐渐放开的

制度背景下，高校专业志愿的选择时间呈现出以下几种情况：第一，在高中选科时便有一定的专业定向，甚至有确定的专业；第二，在高考录取时进入具体的专业；第三，在高校学习1—2年后确定最终的专业。面对这三类专业选择时间，高校学生、教师等受访群体均有不同的看法。在学生群体中，对专业有充分了解、对未来职业发展有明确目标者多认为越早确定越好，该类群体往往担心大类招生、专业分流时选不到目标专业，而又失去了另择他校的机会。从入校后到分流前，接受了较少的专业适应性教育的学生也认为高考时确定即可，正如一位学生谈道："我觉得高考报志愿时确定专业比较好，我从高中开始就只想读金融，当时专业确定时候，经院的高考分数是占60%，就是你高考分高，你基本都不怎么需要去管面试的事情。而且面试的时候，你也没有学专业课，这半个学期好像对选择没有什么用处。"（GX1-1-1-XGKXS-2-191212）而在基础教育阶段对高校专业不够了解、在入校后接受了充分的专业适应性教育的学生则认为，将专业选择时间后置，更有利于做出理性选择。两位学生的观点较有代表性："我觉得大一下或大二做出专业选择会比较合理，或者大一上都可以，起码要有一个适应和了解的过程。"（GX3-1-2-XGKXS-1-191209）"我入学时是坚定不移想学法学，但我听了他们社会学院、信息管理的课，我发现我对那些更感兴趣。而且我发现了一个现实，我不太适合法学，我背不了那么多东西。如果入学时选了，我就很吃亏了，因为我一下子就选了一条我以后会走很长时间的路，但那条是不适合我的。"（GX1-3-1-ZPXS-3-191016）教师的观点则往往立足于高校、学科专业等实情。从高校层次角度，部分受访者认为高水平大学的学生素养较高，可加强通识教育，而其他高校的学生则应尽早进入专业教育。如一位省属重点高校教师谈道："其实跟学校层次有关系，你像C9高校，清华、浙大都是一年以后分专业。这很简单，它学生素养高，经过一年通识教育之后，分哪里都可以。像我们这样的学校，大多数孩子们进来都很迷茫。好学校的学生别说进入大学，他高中就知道干什么，职业规划很清晰，我们这些孩子一般都是没有这些，所以要尽早分。"（GX3-1-2-JS2-191209）从学科角度，工学类、理学类、外国语言文学类及分化程度低的专业的教师，认为应当尽早做出专业选择，一位外国语言文学类教师指出："现在的培养一般集中在前三年，后面一年实习、找工作、写论文，所以专业选择晚了，只有一年学小语种，他肯定是学不好也学不扎实的！"（GX2-3-1-XYLD3-191126）一位工科类教师表示："你们文科还好，像我们工科的话，要分流晚了更完了，好多都根本就没法弄，自动化和机械有些课程要求差不多对吧？但和电气就差别很大，所以说大类培养的意义不大。"（GX3-1-2-XYLD2-191209）管理学类及分化程度较高的专业教师，认为可以进行大类培养、延迟专业选择时间，如一位管理学教师所述："我觉得大学应该是博雅教育，对本科来说，不能看什么专业，基础性的训练是非常重要的，就像整个职业生涯规划的续航力。我们是二年级分专业，如果到三年级分专业比较好。因为我们两个学科相似性都比较高，一个是政治学，另一个是公共管理。至于说科学不科学，也没人评估。如果评估得出的是确定的结论，那这个可以调。"（GX3-2-1-XYLD2-191024）

可见，在高中生涯教育不全面、家庭辅助信息有限的情况下，高校实力、学科专业类别、高校专业适应性教育的有效性是影响专业志愿选择时间及效果的主要因素。其一，专业志愿选择时间及效果因高校实力、人才培养理念而有所不同。整体而言，办学实力越强的高校，如C9高校、"一流大学"建设高校以培养拔尖创新型人才为主，有着丰富的办学经验、先进的教育理念、较高的师资配备、较优质的生源，有能力贯彻大类招生改革的理念，真正实施宽口径、厚基础的培养。适当延迟专业志愿的选择时间，避免了学生知识面过窄、基础较弱的问题，从学生发展角度来看，收效良好。但办学实力相对薄弱的高校以培养服务经济、社会发展的应用型人才为主，办学经验、治学理念、师资力量、条件配备、生源质量有限，对先进教育理念的理解相对不足、对大类招生改革的胜任力不够。现阶段，重形式、轻内涵的实施方案，即便延迟了专业志愿的选择时间，也难以达到改革的预期。其二，专业志愿选择时间及其效果因专业学科属性不同。学科分化在前、专业形成在后，每一个专业都可以找到其母体学科。根据托尼·比彻的学科分类方法，[①] 学科可分为纯硬科学、纯软科学、应用硬科学和应用软科学，各类学科的生成逻辑、知识性质、价值取向不同，所对应的专业类的人才培养模式也应有所不同。比如，纯硬学科的知识具有独立的范式、明确的客观性、清晰的边界，人才培养应具有

---

① ［英］托尼·比彻、［英］保罗·特罗勒尔：《学术部落及其领地：知识探索与学科文化》，唐跃勤、蒲茂华、陈洪捷译，北京大学出版社2015年版，第40、33、10页。

"专业性",适于较早地选择专业;纯软学科的知识具有多元性、灵活性、价值性的特征,边界较为模糊,人才培养应兼顾"通识性",推迟专业选择的时间或许效果更好。其三,专业志愿选择时间及其效果因高校专业适应性教育的效果不同。部分高校的受访者表示大类招生改革将专业选择后置,并没有提升学生对专业的理性认知,而部分高校则持相反观点。这种分歧的一个重要原因在于高校专业适应性教育的有效性。持否定论者的高校多在新生入学后未组织专业引导,或相关引导流于形式,如一位二级学院领导表示:"我们一般做专业分流的话,是在招进来的第一个学期的第八周左右,期中考试结束以后来进行分流,分流时,学生的选择还是很盲目。"(GX5-1-1-XYLD2-191211)而支持论者的高校则在该方面做出了较完善的举措,比如一位高校二级学院领导介绍了所在学院的《专业导论》课程:"在分流之前,学生都要学《专业导论》的,包括大类中几个专业的培养目标、课程设置、就业去向,所掌握的知识、技能、素质等,他们都会有了解。"(GX3-1-2-XYLD1-191209)另一位主管院领导说明了专业适应性教育的成效:"我们对学生有一个专业认可度、专业学习意愿的问卷调查,结果显示,目前的在校生与之前相比,专业认可度更高、专业学习满意度更强。"(GX2-3-2-XYLD2-191014)

(三)专业招生改革偏重形式,改革主体存在认识有限、畏难心理、不够重视教育规律等问题

近年来,大类招生、高考综合改革中的"专业(类)+学校"及"院校专业组"志愿改革等都在不同程度上推动了高校的专业招生改革。虽然改革取得了一部分成效,但调研发现,相关举措在部分高校还存在一定的流于形式的问题。部分高校以大类招生之名,进行专业"包装",影响了考生的专业认知、扰乱了高校的教学秩序,甚至危及了学生的学习状态。在大类招生改革中,高校有权自行设置大类名称、各类所包含的具体专业,但在部分高校中存在命名与划分依据不科学、"冷""热"专业打包、未对考生进行详尽说明等问题,使大类招生最终成为"包装"专业的工具。一位高校招办主任尖锐地指出了大类招生对考生的迷惑性:"大类招生最大的问题是名字,现在我们的实验班是2006年××大学为了吸引生源,做的一个特别迷惑性的东西,实际上全校都是实验班,以'××实验班(××)'的形式命名。各校自定也有问题,(同样的大类)××校叫数理,××校叫数理科学;(每一大类所包含的专业不固定),

我们这边是化学生物大类,环境也在里面,××学校则是能环类,能源和环境,所以很复杂。"(GX1-3-1-ZB1-191016)在这种情况下,若高校不对大类做进一步说明,将增加考生报考的困难。一位高校新生还指出了另一个实情:"很多人都说大类招生挺坑的,明明进来了,但是你却选不到想去的专业,只能被调剂到不好的专业,我们很难过。"(GX1-1-1-XGKXS-1-191212)专任教师从教学组织与管理层面也谈及了对大类招生的感受:"我们表示非常不满意,这是有利益集团的。因为本来各个专业都有自己的指标,也有培养的倾向性的。虽然说得挺好听的,学生进来了以后再选专业,但其实一年的时间他也根本不知道哪个专业是干什么,而且还会造成教学管理上的问题。比如,按入学时的大类编学号,分流后学号全乱了,考试组织都非常困难。我们大类招生改革后,除了不好招生的那个专业满意,其他都不满意。"(GX3-2-1-JS2-191024)"第一年大类培养时不允许上专业课,结果就是学生来了一年还很茫然,他不知道这个学科要干什么、将来能做什么,但第一年的无所事事让他们迷失了自己,你会发现到了大二,学生就变成了一个很混沌的状态。"(GX3-2-1-JS1-191024)部分高校将大类招生视为由普通教育向专业教育的过渡,忽视了"宽口径、厚基础"的教育目的。在部分高校中,大类招生的大类培养期较短,仅有8周至1学期,实质上是新生专业教育的入门期,甚至是专业知识的普及期,即专业适应教育期。而且,分流后的专业培养初期,则成为专业基础教育期,挤占了专业教育的时间。高校教师一针见血地用"补课""权宜之计"描述了这一现象:"可能连大类招生的制定人都没有想到,他们在补课,为我们有缺陷的应试教育以及现行的高考评价体系补课。我们实际上处在一种非常尴尬的矛盾当中:大类招生当中,我们为综合素质非常孱弱的、所谓优秀的高中学生提供了一年的时间,去弥补他们本该在小学、初中、高中完成的事情,这样就变成了一种体系性的东西,比如我在文学院的课堂上,纠正高中语文学习中的一些问题,一个学期的课需要至少1/3的时间去完成这些事情,有的时候极端到了2/3甚至整个学期,我们推翻了高中语文形成的某些理念,那我就觉得这门课成功了。在整个大一的过程,形成大类的培养平台,文史哲的教授们都参与到文科大类的培养,这样就把很多专业的、深入研究的课程挤兑到大三、大四,甚至都没有时间安排,所以这是非常矛盾的。"(GX1-3-1-JS1-191016)"大类招生就是权宜之计,是我们目前对高中生专业选择的时候不了解的情况下，高校给的这么一个做法。"（GX3-3-1-JS3-191127）部分高校未重视高考综合改革中志愿改革的实质，试图借"院校专业组"志愿之名转回"老路"。高考综合改革"专业（类）+学校""院校专业组"志愿、选考制度的一大优势在于增强了高中生或高校新生的专业适应性，正如一位高校二级学院领导对"专业（类）+学校"志愿入学的新生评价："这批学生进来以后（对专业的了解）是非常清晰的，因为他对专业还是有一定的认知，特别是现在各种宣传渠道也很多，家长和学生都会事先做充分的了解。所以他们进来以后，对专业的认同度还是比较高的，今年转专业的也相对减少了。"（GX4-1-1-XYLD2-191210）但事实上，试点地区选择"院校专业组"志愿者更多，高校通过一定的技术处理（如设置为"物理或化学或生物组"及"不限组"），可将志愿设置趋同于传统高考的"院校+专业"志愿，高校专业改革的这一大优势便被湮没。

高校专业招生改革偏重形式，掩盖了最初制度设计的优势，原因在于：其一，部分改革主体对相关举措的认识浅显甚至有偏差。如将大类招生、大类培养视为复合型人才培养，认为大类招生、后期分流的目的在于给学生的专业选择留出充足的余地等，皆不同于改革的初衷，也自然无法达到改革的目的。而对于大类招生带来的问题，部分高校则不断将专业分流的时间提前，或直接取缔该项改革，而非从加强专业适应性教育、平台建设、人才培养方案改革等方面进行优化。其二，部分改革主体在改革的阵痛期以规避风险为由，做出了回避性甚至逃避性举措。如大多数省份、高校以"改革稳妥"为由，偏好于"院校专业组"志愿，并以"一个院校专业组中仅设置一个专业"为说辞"证明"其可达到"专业（类）+学校"志愿的效果，但在实践中，这种设置不具有可操作性，反而"院校专业组"志愿会增加高校招生的投机性行为。再如部分高校的受访者表示选考科目与专业的匹配度过于复杂，其仍旧偏好于"分数高"的考生，而不在乎其个体的学科结构，一位教师的观点较有代表性："我一口认定我要分数高的，我不要专业匹配的。专业怎么个匹配？专业的产生太复杂了，分数高起码能说明学生至少不差。"（GX5-1-1-JS2-191211）其三，部分改革主体仅聚焦于招生环节，未将其与人才培养相联系。多数受访者认为大类招生改革的"红利"是招生分数的提高，但对人才培养、专业建设而言没有影响，如几位高校受访者所述："大类招生后，招生分数有所提高。"(GX3-1-3-ZB1-191029)"(与改革之前相比,大类招生之后)没有本质的差别,教师与学院的大教育观没有转变。"(GX3-1-1-ZPZSG1-191030)"(大类招生对于)冷门专业,原来是想打个大包扶持一下,实际上是(与热门专业两级)分化得越来越严重。"(GX1-2-1-JS1-191023)再如高考综合改革中的志愿改革,也多被认为是一种报考形式的变化,而非人才培养过程的变革。一位高校教师基于志愿填报形式的改革谈道:"我觉得还是一个技术层面的操作,可能不会带来非常大的影响,甚至不会带来很多正面的影响。因为学生在当前评价体系中,表面上在考虑专业、在考虑学校的问题,但最终引导他们的是十分功利的东西。他们选择的专业有可能不是他们擅长的,甚至不是他们感兴趣的。所有在现行的体制制度下,所进行的这些表面的花样翻新,我觉得都没有触及根本问题,它最终体现的肯定是功利问题,它不是一个教育问题而是一个社会问题。"(GX1-3-1-JS1-191016)

三 强化高校招生主体性地位对优化专业适应问题的意义

在现行招生制度下,高校具备专业录取结果的决策权,在录取方案的设计上也具备一定的话语权,但在实践中有成就、有不足,甚至还存在逾矩的行为。强化高校招生主体性地位,有利于提升其责任意识,从教育的角度、从主体出发,解决现存的问题,实现高校招生专业改革的初衷。

(一)强化高校主体性地位,有助于促进专业招生的合理化

在中国高校考试招生制度下,自20世纪60年代以来,高校志愿长期作为考生录取与否的关键要素,专业志愿在录取中的重要性不及前者。而社会群体在本科教育的入口端,对专业的认同远低于对高校的认同,也在一定程度上使专业志愿被忽视。但事实上,高等教育的专业性决定了专业志愿对考生在高校的学习经历、在社会的职业发展而言具有重要意义。高校招生的主要目的与公司招聘不同,后者重在选拔可"用"之才,前者重在甄别可"育"、可"塑"之才,即"招生"是为个体进入专业教育、国家及高校培养专业人才奠定基础。且在高考综合改革试点地区,"专业(类)+学校"及"院校专业组"志愿也都强化了专业的地位、弱化了高校的重要性,专业志愿在一定情况下取代了高校志愿,成为影响高校招生录取结果的重要因素。

教育行政部门对高校专业设置的管控、市场劳动力配置对招生计划的影响、行业办学对专业对口的要求，规范、限制了高校的专业设置。但大类招生改革中，高校可自行确定大类名称、组合大类内的专业、确定分流后各专业的学生数量；在招生录取过程中，高校在考生"同意调剂"的情况下，组织专业志愿调剂；在学生入学后，高校全权负责转专业的相关事宜。高校在责任意识淡薄、缺乏监督、缺少理性思考的情况下，便做出了部分不够合理的举措。比如对大类招生中的"花式"命名缺少相关的解释，甚至在官方网站或招生指南中都无法找到大类具体包含的专业、承担培养工作的院系，更无从了解入学后的培养方案、分流方案；对转专业的"门槛"设置过低，将其作为提升招生吸引力的途径；等等。事实上，诸如此类的举措给考生报考带来了困扰，甚至在一定程度上危及了考生的权利，也终将影响其发展。而在高考综合改革中，因"专业（类）+学校""院校专业组"志愿使专业间的投档分数、录取分数差距更大，这也给使入学后的转专业政策带来公平隐患。

强化高校主体性地位，有利于培育其在招生中的责任意识，实现专业招生的合理化、维护专业招生改革的生命力。首先，作为招生主体的高校可澄清与专业招生相关的行为，明晰自身在专业设置、大类招生与培养、转专业制度中的职责，用严谨的态度使招生录取中、新生入学后的每一项相关决策有理有据。其次，作为招生主体的高校可以公平、公正、公开的态度，向社会公布有效信息、维护考生的利益、公正地分配高校专业教育资源，接受社会的问责，为考生、社会了解高校提供便利。最后，作为招生主体的高校可尽早发现自身招生中的问题，及早发现、及早反思、及早治理，与依靠教育行政部门的勒令整改相比，这种方式既降低了解决问题的成本，又提升了改革的生命力，还使改革回归于教育问题本身。

（二）强化高校主体性地位，有助于提升学生的专业适应水平

整体而言，我国高中学生对高校的专业认知有限，高校学生的专业适应水平较低，在基础教育到高等教育、普通教育到专门教育之间缺乏必要的过渡。实践也证明了，高中教育的目标、高中教学的应试性、高中教师知识储备的有限性、高中家长社会资源的不均衡性等，决定了在大多数情况下，高中、家长不具备促进学生形成专业认知、提升专业适应水平的能力。故而，目前的实情是：大部分学生的专业适应性教育通过自行获取信息完成，小部分学生处于大类招生改革较为成功的高校或院系、相关教育

在培养单位的引导下完成，前者的效果不佳，导致大多数学生的专业选择非理性、专业认同较低、专业适应较差，最终影响了专业教育的效果。

高校对提升学生专业适应水平有显著的促进作用。高校大类招生改革通过大类培养使学生选择具体专业的时间后移，其中部分高校在大类培养期间、专业分流之前（第一学年至第二学年）为学生提供了充分的专业适应性教育，既包括《专业导论》等课堂教学形式，也包括讲座、旁听课程、一对一咨询、团日活动等方式，该类高校的绝大多数学生在此期间获得了较为全面的专业认知，在专业分流期间也凭借自身的专业能力与综合素养进入了心仪的专业。在当前中国国情、教育实情、高校考试招生制度下，高校教育相对于高中教育而言，更适宜于承担专业适应性培养的工作。这种适宜性不仅源于高校的资源——专任教师对专业素养结构、专业发展走向有着全面的了解，高校可提供所有可选择的专业的体验，而且与高等教育与基础教育的差别有关——高等教育不受"唯分数""唯升学"的束缚，教师可以更理性地引导学生选择专业，学生可以根据自身的喜好或需求选择专业志愿。

强化高校主体性地位，有利于提升学生的专业适应性水平。基于高校专业适应性教育对专业教育的有效贡献，应将"招生"概念扩大至"入学"概念，以此推动基础教育与高等教育的衔接，使高校在招生时、新生入学后、进入专业教育前充分发挥主体作用。作为招生主体的高校，以专业分化程度为依据，实现专业设置的合理化；以专业的相关性为基础，确定专业大类的科学化；以选拔适宜适性的专业人才为目标，加强考生对专业的了解；以学科专业及各校学情特征为参照，组织专业适应性教育、确定专业分流时间、安排专业基础课程、制订专业分流方案；以培养高级专门人才、拔尖创新人才为准则，为学生留足二次选择、三次选择专业的余地。虽然从理论上讲，学生对专业的认知应在高考报志愿前完成，但在现实情况下，高校承担相关工作是当前时期的最佳方式。

（三）强化高校主体性地位，有助于专业招生改革回归初心

在教育行政部门及考试招生机构制订高校招生改革方案、持有高校招生改革话语权的中国，大类招生、"专业（类）＋学校"及"院校专业组"志愿改革等举措同样是通过行政指令自上而下实施的，高校是相关改革的执行者。教育行政部门启动此类改革的初衷，既不是提高某类高校、某科类专业的招生分数，也不是延缓学生专业选择的时间，而是优化

中国高等教育生态系统、鼓励各类型高校特色发展，加强学生对专业的认知，使学生尽早形成专业志向甚至人生理想，为学生提供"宽口径、厚基础"的教育，使其更易于实现个人价值及社会价值。改革的初衷是良好的，在实践中，严格遵循改革原则、履行改革承诺、执行改革要求的省份或高校，都取得了显著的成效，使具有优势与特色的专业、高校弯道超车，增强了学生的专业认同、专业适应性水平，拓展了学生的综合能力。

但事实上，在高校招生主体意识薄弱、主体行为不足的情况下，此类高校、专业较少，因此获益的学生并不多。在自上而下的改革中，高校是行政指令的接受者，面对与招生有关的内容，科层制的工作机制自然而然地将相关工作分配至负责招生的相关部门。"唯分数"的评价指标、招生与培养分列的机构设置，使熟识改革的招生部门"理所当然"地选择通过程序上的设计（如将"冷门""热门"专业打包为大类、将不同选考科目的专业合并至同一组内）提高学生的录取分数，后续培养不在其的考虑范围之内；而负责人才培养的二级学院却不了解改革的初衷，在院校方案的制订中甚至没有话语权，在院系方案制订时没有科学的依据，最终导致其即便发现了改革效果不尽如人意，也无法做出有力的调整。

强化高校招生主体性地位，指向的是高校各部门均以招生及其相关工作为己任，不仅是招生部门要关注专业改革的政策，人才培养部门、教学管理部门、学生工作部门都应对相关事务有所认知，尤其是人才培养部门更应该结合本单位实际做出相关回应。虽然专业招生改革是由教育行政部门发起的，但其本质是具有教育属性的活动，是服务于高校特色发展、高校人才培养的改革。相比之下，人才培养部门更了解各高校、学科、专业的实情，更容易使改革脱离形式主义的窠臼，能动地制订方案，回归改革初衷甚至完善改革。比如，几位二级学院的领导基于对改革的认识，或改革后带来的变化，提出了人才培养方案改革的思路，超越了仅关注"招到高分考生"的局限："'专业（类）＋学校'志愿改革后，招到的学生都是能力比较强的，这样对我们学校老师来说，在课程设置方面，专业核心课程的能力要求难度应该加大。"（GX4-1-1-XYLD3-191210）"大类招生对我们英语来说，要加强学业基础课的建设，大文科的基础培养可能更适合其他专业，但对我们小语种来说就会有些问题，我们要进行调整。"（GX2-3-1-XYLD3-191126）

第四节　招生与高级专门人才培养

在以"统考统招"为主要特征的中国高校考试招生制度下，高考被定性为国家教育考试，招生作为高考的一个环节，自20世纪80年代末起由"高校负责"。招生对高级专门人才培养的基础性作用、对基础教育与高等教育的衔接作用，决定了其不仅是一项程序上的事务，更是一种教育活动。强化高校招生主体性地位，有利于强调高校招生的教育意识，使其为高级专门人才培养服务、为高等教育质量建设服务。

一　招生与人才培养关联的理论探讨

长期以来，"高考指挥棒作用"使高考多被视为基础教育的"终点"，而忽视了作为高校考试招生制度环节之一的招生，也是高等教育的起点，其肩负着为国家、高校选拔合格候选者的重任。澄清高等教育招生、人才培养、人才评价等基本问题及其间的联系，是研究高校招生主体性地位、高校招生的教育属性、高校招生的教育功能的一个突破口。

（一）中国高校招生评价

高校招生评价，即发挥招生的评价功能，系统、客观、科学地判断申请进入高等教育阶段学习的考生的知识、能力与素养的活动。高校招生评价属于教育评价范畴，教育评价是根据正确的教育价值观的目标函数，采用科学方法与途径，多方面收集有关的事实性材料，科学地判断对象的系统状态与功能属性及其转化为主观和客观效用的过程，其不同于测量，也不同于测验。[1] 教育评价，尤其是高等教育评价，多以辩证唯物主义的哲学原理、马列主义教育原理、高等教育的实践经验、以系统论为核心的现代管理科学原理、现代数学若干理论原理等为理论依据。[2] 高校招生评价在中国国情下，是高考评价的一部分，在理想情况下，中国高考评价体系应包括入学考试评价体系、招生评价体系、新生成长跟踪评价

---

[1] 杨异军等编著：《高等教育评价原理与方法》，陕西师范大学出版社1988年版，第1—5页。

[2] 杨异军等编著：《高等教育评价原理与方法》，陕西师范大学出版社1988年版，第32—54页。

体系，三者共同构成教育评价体系的主要内容，其中，考试为评价提供分析的基础，招生为评价提供分析的方法，成长则为评价提供验证的依据。①

高校招生评价的对象是考生，目的在于判断考生是否能够成为国家事业的建设者、国家发展所需的拔尖创新型人才，是否达到了高等学校的入学资格，是否有能力、有潜力进入某一专业（类）学习。高校在招生中，对考生的评价聚焦于既定的内容，重点评价考生的基础知识能力、学科知识能力、兴趣等，如《中国高考评价体系》将评价内容定义为"核心价值、学科素养、关键能力、必备知识"②；对考生的评价依托于考试、考核、测试，通过多种形式全方位了解考生的情况，如普通高等学校招生统一考试，综合评价录取及"强基计划"中的材料审核、专家面试、心理测试、体质健康测试等。

高校招生发挥评价功能，与其维护社会稳定的行政功能、传递知识的文化功能、推动高考产业的经济功能等不同，这种评价功能具有教育属性，是对评价对象能力的诊断与预测，对评价对象群体的筛选。高校招生的评价功能，不仅体现为评价之时的甄别，而且体现为评价之前对基础教育阶段学生发展的引导、评价之后对高等教育阶段学生发展的分类定向。同时，高校招生评价作为高等教育评价的一部分，与基础教育评价还有着明显的差异。基础教育阶段以普通教育为主体，没有明显的分科分专业特征，以"唯分数"为代表的单一评价体系在一定程度上可以满足评价需要。高等教育阶段则以专业教育为主体，更期待综合、多元的方式，以达成评价的目的。而处于学段之间的高校招生评价，既不能忽视高等教育评价的特殊性、要考虑高校人才培养的需求，又不可无视基础教育评价的特征、需兼顾高中人才培养的要求。同时，中国高校招生评价还面临着一个难题，即如何在"唯分数"盛行的教育评价导向抑或曰社会认同中，标准化考试成绩作为招生录取依据的现实中甄别出创新型、全面发展型人才。

---

① 郑若玲、庞颖：《高考综合改革系统性的基本要义、实践审思与完善路径》，《高等教育研究》2020年第3期。

② 教育部考试中心制定：《中国高考评价体系》，人民教育出版社2019年版，第13—27页。

(二) 高级专门人才培养与评价

人才培养是高等教育的基本职能，[①] 是高等教育质量的重要观测点，也是高校生存和发展的基础。[②] 与基础教育相比，高等教育的人才培养更加强调专门性。对人才的分类常见于：教育部印发的《关于"十三五"时期高等学校设置工作的意见》（教发〔2017〕3号），将研究型、应用型、职业技能型高校的人才培养定位做一区分，三类高校分别对应"学术研究的创新型人才""服务经济社会发展的应用型人才""生产管理服务一线的技能型人才"；在《普通高等学校本科专业设置目录（2020）》中公布的92个专业类、703个专业所对应的各行各业的人才；自21世纪起，由教育行政部门牵头、在各类人才培养模式改革中提及的"拔尖创新人才""应用型、复合型人才""高端技能型人才""紧缺人才"。高级专门人才的培养，又必须考虑科类特色、专业布局、人才培养目标、人才培养方案、课程设置、师资配备等关键问题。在一所高校内、在一定意义上，科类特色决定了人才培养的核心竞争力，是人才错位发展的重要契机；专业布局提供了人才培养的基本架构，是人才成长的关键依托；人才培养目标是人才培养的价值导向，是国家、高校、社会对人才的期望；人才培养方案是人才培养的规划蓝本，是学习者在高等教育阶段的成才计划；课程设置与组织是人才培养的基本手段，是影响人才培养质量的重要因素；师资配备是人才培养的根本保障，是育人成才不可或缺的组成部分。

对高级专门人才培养成效的评价可根据主体不同分为两类：其一，以高校为主体，在学生修读课程中进行的学业评价，在学期末、学年末开展的综合素质评价，在学生毕业后组织的跟踪评价；其二，以高校之外的第三方机构，如教育行政部门、社会组织、用人单位等为主体，对应届、往届毕业生的就业、对口就业、升学、出国、起薪、社会贡献等情况进行的评价。对高级专门人才培养成效进行评价，可用于高校科类特色、专业布局、人才培养目标、人才培养方案、课程设置、师资配备等关键问题的调整与优化。但与基础教育相比，高等教育的人才培养是一个缓慢的过程，

---

① 潘懋元、王伟廉主编，中国教育学会教育学研究会编：《高等教育学》，福建教育出版社2013年版，第49页。

② 袁贵仁：《高等教育人才培养模式改革》，高等教育出版社2012年版，第1页。

成效也并非"立竿见影",课业结束后的学业成绩、学年末的综合素质评价、应届生的就业(升学、出国)情况等对解释高级专门人才培养成效均有局限性;高等教育的人才培养又是具有多元价值导向的,形式单一的纸笔测试、基于"知识生产模式Ⅰ"形成的专业课程的成绩等,对高级专门人才培养成效的评价也是不够全面的。故而,跟踪性的、对往届生的多元评价更具科学性,也更有利于将评价结果应用于高级专门人才培养的调整、改造之中。

(三)作为高等教育重要环节的招生与人才培养

招生评价与人才培养作为高等教育的重要环节,在时序上是一种承接关系,招生评价在前、人才培养在后,二者具有一致性。高校以招生评价为契机,引导考生通过基础教育、家庭教育、社会教育等形成合理的知识结构,并通过具体的评价手段甄别出考生的知识、能力与素养,最终由各级各类的招考机构将考生分派至不同层次、不同类别的高校、院系、专业(类)中接受高等教育。高校中的二级学院是人才培养工作的实际承担者,其在高校招生办公室的分派下接收生源,并在生源个体知识结构的基础上,开展高级专门教育。学生的知识、能力与素养在基础教育阶段初步养成,通过招生评价被高校"发现",高校在此基础上对其进行分门、分类教育。

招生评价与人才培养作为高等教育的重要环节,共同为提升高等教育质量服务。人才培养是关键问题,二者应有主次之分,招生评价应满足人才培养的需求。从宏观层面上,国家的教育方针影响着招生评价的价值导向,选拔、培养出的高级专门人才应满足社会进步的需要。从微观层面上,各个高校的科类特色、专业布局、人才培养目标、人才培养方案、课程设置、师资配备等关键问题应决定招生评价体系的建构与完善。比如,招生定位与高校定位相适应、招生专业设置与高校学科建设特色相符合、人才选拔目标与人才培养目标相一致、高中选考科目组合及综合素质评价结果与高校人才培养方案相呼应等,使高校根据人才培养需求选拔合格、适宜的生源,以提升高级专门人才培养的效率。换言之,招生评价应服从于国家的教育方针、高校的人才培养特征,以促进高等教育社会功能与个体功能的发挥。

在中国基础教育、高校考试招生、高等教育环环相扣的体制机制下,招生评价所涉及的相关内容是其与高级专门人才培养的关键衔接点。具体包括高考、学业水平考试及高校设置的选考科目要求，引导学生形成的最基本的学科能力，是高校实施分科、分专业教育的基础；高中综合素质评价，以评促"学"，在思想品德、学业水平、身心健康、艺术素养、社会实践等多方面提升了学生的综合能力，是高校培养个体通识能力、促进个体全面发展的基础；五大学科竞赛，深层次、系统化的学科训练激发了基础教育阶段学有余力者的潜力，研究性学习，考验了学生的学科思维、逻辑思维、创新思维，是高校培养拔尖创新型人才的基础。

二 高级专门人才选拔与培养之关系的实践审思

招生作为高等教育的一部分，是人才培养的前提。但在"统考统招"的高校考试招生制度下，中国高校的招生工作多停留于"形式"层面，与高校人才培养的"内容"结合不足。高考综合改革以来，在特殊类招生、部分科类招生中，招生与人才培养的联系有所强化，但也有待完善。

（一）在普通类招生中，招生评价与国家人才需求相适应，与高校人才培养的结合度不足，问题根源在于"唯分数"的教育评价导向

在"学校负责、招办监督"的招生录取机制下，"招生章程"是高校招生工作的"准绳"，其中的人才选拔目标也是高校招生意志的体现。表5-4梳理了调研对象高校"招生章程"中对人才选拔目标的界定，可见高校之间具有较强的同质性，绝大多数以"择优录取"一言概之，或与国家立德树人的根本任务、党的教育方针一致，即"为国家和学校选拔优秀人才，并培养其成为德、智、体、美全面发展的社会主义事业的建设者和接班人"，而各校"大学章程"中所厘定的人才培养目标在"招生章程"中却鲜有涉及，仅有GX1-3-1高校粗略提及"选拔和录取适合我校人才培养特点的优秀学生"。大多数校级领导、招办工作人员、二级学院领导对本校或本院的人才选拔要求缺少深入思考，对理想生源的定义较为"宏大""全面"，缺乏对"核心竞争力""高校特色"的关注。如几位高校领导所述："我心目中理想的学生应该是素质全面的。不仅是会考试，而且青春洋溢、热情开朗、乐于助人，有公益心、责任感，勇于创新，善于动脑，不盲从，有自己的主见，热爱国家，要有民族情怀。可以出国，但是要回来报效祖国。能够积极参加各种活动，身体健康、独立自主、独立生活、独立思考、不依靠父母。"（GX2-3-2-XLD1-191014）

"理想生源啊,我们就是希望学生有一定的创新潜质、社会责任、家国情怀啊,是一个积极向上、健康快乐阳光的学生。"(GX3-2-1-XLD1-191024)"是学习基础好,分数高,能力也强,就是综合素质很高的那种。"(GX2-3-1-XLD1-191126)

表5-4　　案例高校普通类招生人才选拔目标概况

高校	招生目标	人才培养目标
GX1-1-1	综合衡量考生德智体美劳,择优录取	德智体美全面发展、具有国际视野的高素质创新人才和未来领导者
GX1-3-1	适合我校人才培养特点的优秀学生	肩负时代使命、具备全球视野、推动科技创新、引领社会发展的未来各行各业拔尖领军人才和优秀创新创业人才
GX1-2-1	—	—
GX1-3-2	—	—
GX1-2-2	择优录取	培养以天下为己任,具有健康体魄与健全人格、独立思考与创新精神、实践能力与全球视野的卓越人才
GX2-3-1	择优录取	—
GX2-3-2	择优录取	—
GX3-1-1	—	德行高尚、学识扎实、身心健康,具备现代精神以及人文素养的卓越教师和一流专业人才
GX3-1-2	择优录取	富有社会责任感、创新精神和实践能力,具有牢固质量观念、明确标准意识和较强计量能力的高级专门人才
GX3-2-1	德智体美劳全面考核、择优录取	高尚的品德和完美的人格,良好的信誉和责任感,独立思考、理性思维、明辨是非、追求真理,引领社会发展和文明进步的高素质人才

续表

高校	招生目标	人才培养目标
GX3-3-1	为国家和学校选拔优秀人才,培养德智体美劳全面发展的社会主义事业的建设者和接班人	—
GX3-3-2	择优录取	培养富有创新精神、适应社会需要的高素质复合型人才
GX3-3-3	—	着力培养信念坚定、品德优良、知识丰富、本领过硬的高素质应用型人才
GX3-1-3	—	—
GX4-1-1	德智体美全面考核、综合评价、择优录取	具有家国情怀、跨文化能力的复合型高素质国际化应用人才
GX4-3-1	德智体美劳综合评价、择优录取	—
GX5-1-1	德智体美全面考核、综合评价、择优录取	—

资料来源：各高校2020年"招生章程""大学章程"，笔者整理，整理日期为2020年5月3日。

在"统考统招"的高校考试招生制度下，招生评价与高校人才培养目标结合度不足，还体现为高等教育领域对"理想生源"与"高分考生"的混淆。虽然有部分受访者认为二者不能够完全画等号，但绝大多数受访者指出高考成绩在一定程度上代表了学生的知识、能力与素养，高分者具有更大的培养潜力。这类观点多来自省属重点高校、新建本科高校、独立学院的受访者，如几位二级学院领导、专任教师谈道："分数高的学生肯定很细心，能吃苦，很多优秀的品质能通过高考体现出来，分数低的，他学习不专注。所以分数还是能起些（甄别）作用的。"（GX3-2-1-XYLD2-191024）"因为大学的专业和基础教育是不一样的，我招750分或500分的，我都是从零开始给他教现代汉语，与高考分数关系虽然没有那么密切，但分数越好的学生，他学什么都好。"（GX4-1-1-JS3-191210）"总体来讲，分数高的学生普遍素质好，分数高说明他有学习意愿，就像我们录取研究生，录成绩高的不会出什么差错，当然有个别成绩一般、动手能力特别强的，但这个比例不是很高。"（GX3-1-2-XYLD2-191209）但"一流大学"建设高校的受访者多持不同观点："我们在一个省份招生分数的差距不大，其实高考分数对学生的影响不是太大。"（GX1-3-2-JS2-191126）"我更倾向于对这个专业感兴趣的学生，你分数再高也没用，分数高都是高中刷题刷出来的。"（GX1-3-2-JS3-191126）"就目前我们的教育而言，录取分数非常高的学生进到我们的院系和专业以后，他们并不是表现最突出的学生，甚至这些学生在学分积累阶段仍然会占有优势，这些积累的学分绩点影响了保研的选拔，进入研究生阶段之后他们的缺陷就会很明显表露出来，因为我一直在本科保研选拔当中关注这一部分学生，他们在大三的时候获得了非常好的学分绩点，在高中的时候也是分数非常高的学生，甚至是因为高分而被保送进来。到了研究生阶段，这批学生普遍没有学术潜力，这就是一个很严峻的问题，但是没有教育工作者对这种现象触发的原因以及解决的办法进行深入研究。"（GX1-3-1-JS1-191016）

在普通类招生中，招生评价与高校人才培养目标结合度不足的症结在于"唯分数"的评价导向。在体制机制方面，中国普通高等学校招生统一考试由国家级、省级考试招生机构组织实施，普通高等学校统一招生录取则由"学校负责、招办监督"并以统一高考成绩为主要依据。统一考试的成绩在很大程度上决定了高校招生录取的结果，而统一考试的命题、阅卷，分数线划定、投档比例设定皆由考试招生机构而非高校负责。这种制度设计削弱了高校招生自主权，使高校选拔人才时无法参考自身的人才培养特色，同时，将"唯分数"推向了极致，限制了高校的选才范围。一位高校领导指出："在普通类招生中，学校的历史、使命、文化是很难体现的，我们只能把'理想生源'与'高分生源'画等号。"（GX5-1-1-XLD1-191211）一位二级学院领导谈道："我们对人才培养的核心竞争力有思考，我们就是符合学校的特色，重工程、技术、实践、创新，但在招生中没办法遴选相应的学生，只能在招生宣传时候讲一讲。"（GX3-3-2-XYLD1-201020）在高校招生主体方面，以行政思维主导的招生工作、以录取分数为重要依据的招生成效考核，也限制了以高校特色为重点的多元评价观的落地。长期以来，高校招生习惯于在教育行政部门的领导下开展工作，并在"维护高考公平"的原则下，误入"分分必较"的"歧途"。在招生环节，过于倚重标准化测试的预测性，忽略了高中综合素质评价结果的应用，在招生成效考核环节，过于看重录取者的分数，无视学生入学后、毕业后的发展。

虽然"唯分数"的评价标准在中华人民共和国成立之初、百废待兴之时、高等教育精英化阶段，对人才选拔做出了一定的贡献，但在创新型国家的建设期、高等教育普及化阶段却应重新审视。正如一位高校教师谈到了他的担忧："我们明显看到了现在高考这个评价体系的缺陷所在，它当然能够培养出一些技术人才，一些专业人才，但它永远不指向大师。通过这种方式，我们可以以一种快速跑的方式，在短跑中取得缩小差距甚至领先的效果，但在更长距离的文明与文化赛跑过程当中，你取消了自己在二三十年后的领跑的机会，所有的技术人员他们都成了工匠，这是不行的。当然我们现在还缺乏工匠精神，我们必须提倡，但是在工匠之后，我们必须要有伟大的科学家，这些科学家必须有非常好的人文修养，是一些能够引领国家、民族乃至世界文明发展的伟大人物，但我们现在的缺陷是在扼杀这一方面的前途，这是我非常担忧的。"（GX1－3－1－JS1－191016）在这种形势下，高校招生与人才培养之间形成了天然的"裂痕"，现阶段，高级专门人才、拔尖创新人才的培养主要倚重于入校后的教育教学，而非入校时的潜力判定。

（二）在特殊类招生中，招生评价与人才培养的结合度较高，相关突破得益于高校招生主体作用的发挥

在以"强基计划"、综合评价录取、自主选拔录取、外语类保送等为代表的特殊类招生中，高校招生评价与人才培养有较强的联系。在人才选拔目标方面，考量了人才培养的客观需要。如表5－5所示，各类型招生根据自身定位进行拟定，如"强基计划"根据招生专业特色、人才培养使命，强调选拔对象应"有天赋""基础扎实""服务于国家重大战略领域"；综合评价录取根据招生评价的"综合性"，做出"素质全面""志向远大""具有创新能力和培养潜质"等的界定；外语类保送生根据学科专业特征，提出"热爱外语学科，具有显著的外国语言文化特长和发展潜质"等的要求。在人才选拔标准方面，一方面，与招生专业及其人才培养特色联系密切，一位参与高校综合评价录取命题的教师谈道："我们学校综合评价录取有文科类、理科类、护理类，考试题目是不一样的。理科主要考虑的是理科思维，命题涉及数、理、化、生、工程、计算机、信息；文科偏重文科思维，当然也会有一些理科题目，比较少；护理会考虑到它的一些关怀，从'爱'这个角度去命题。当然还会有一些通识方面的题目。"（GX1－2－1－JS1－191023）也有通过综合评价录取方式入学的学生谈道："如果是阿

拉伯语综合评价录取，他会问你对阿拉伯的一些事件有什么看法。如果你要回答这些问题，你肯定要了解一下阿拉伯这些地区有什么事情，比如说阿拉伯之春，这也是在考查你对文化的认同。"（GX4-1-1-ZPXS-3-191210）"小学教育的综合评价录取，考查唱跳、写字、个人的精神面貌和体态等。"（GX4-1-1-ZPXS-2-191210）另一方面，侧重于考查学科专业教育所需的潜力、综合能力，如几位招生官谈道："高考考过的东西我们不考，但我们要考的是进入高校以后应该掌握的技能，我打个比方，他可能没学过这个东西、不懂这个东西，但我也可以考查他，看他在现有知识基础上怎么思考这样一个未知的问题，等等，通过各种手法去考查他的思维能力、他的潜能。"（GX1-3-1-ZPZSG1-191016）"我们在综合评价的时候，选的学生不是说你现在有多强，我们看中的是潜力。"（GX1-3-2-ZPZSG1-191126）"综合评价录取对考生的考查更系统、更全面，比如说，这个人的功底是否扎实，心理素质怎么样，临场应变能力怎么样。它更全面、更能系统地考查一个人在一个动态的、相当长的期限内的综合表现。"（GX3-1-2-ZPZSG1-191209）这类招生方式在部分高校的成效较为显著，如一位高校教师评价道："这样选拔进来的学生，他们在想象力、创造力、独特思维品质方面，都体现出了非常大的优势。"（GX1-3-1-JS1-191016）而一所对综合评价录取考生单独编班的高校的学生也谈道："我们班级其实在各方面表现都要比普通高考班好，我们是优秀团支部和优秀班级，也是我们学院这一届公认的比较优秀的班级。我们的平均成绩高，思维更活跃，更适应大学的上课方式。我们是小班制，学校对综招班有明显的资源倾斜，对我们的学习和发展很有帮助。"（GX3-2-1-ZPXS-1-191024）

  在特殊类招生中，招生评价与高校人才培养目标有着较高的结合度，得益于高校发挥了招生主体作用。一方面，高校行使了相对的招生自主权。高校根据院校特征、学科专业特色制订招生方案。比如，自行决定高考成绩在招生评价体系中的比例、入围高校考核的考生比例、高校考核环节的考查内容、入选考生的优惠条件等，促使高校在更多维的标准下、更大的空间内招录到更适于本专业培养的学生。另一方面，高校招生主体有所扩充，专任教师以专家的身份加入至招生录取中，承担材料审核、命题、面试、决策、跟踪等任务，将自身的人才培养经验应用至人才选拔之中，提升了选才的科学性、专业性与学术性。除此之外，部分高校还做出了进一步探索，根据各专业的人才培养方案设计招生评价标准，而且将特殊类招生入学的学生单独编班，给予教育资源的倾斜，取得了良好的效果，也成为招生与人才培养结合的最佳典范。但遗憾的是，特殊类招生名额过少，人才选拔与人才培养相结合的优势不为大多数院校与专业所知悉。自主选拔录取的全面取消，"强基计划"对高考成绩在考试综合成绩中占比不低于85%的要求也可能进一步削弱这一优势。

表5-5　　　　案例高校特殊类招生人才选拔目标概况

高校	综合评价录取	强基计划	外语类保送生
GX1-1-1	A省：通过高中学业水平考试，高中期间综合素质评价中品德表现终评等第为"优秀（A）"或者"好（B）"，学科特长突出，专业意向明确，品学兼优，身心健康，全面发展的优秀普通高中应届毕业生 B省：诚实守信、志存高远、综合素质优秀、身心健康、专业意向明确的优秀理科高中毕业生 C省：诚实守信、志存高远、综合素质优秀、身心健康、专业意向明确通过高中学业水平合格性考试的考生 D省：诚实守信、志存高远、综合素质全面、身心健康、专业意向明确、有学科特长的优秀高中毕业生	"有志向、有兴趣、有天赋"，基础扎实，有志于服务国家重大战略需求的青年学生进行专门培养，为国家重大战略领域输送后备人才	未提及
GX1-3-1	志存高远、品学兼优、素质全面、身心健康	有志向、有兴趣、有天赋的青年学生，使他们成为肩负时代使命、具备全球视野、推动科技创新、引领社会发展的未来各行各业拔尖领军人才和国家重大战略领域后备人才	品学兼优，全面发展，热爱外语学科，具有显著的外国语言文化特长和发展潜质

续表

高校	综合评价录取	强基计划	外语类保送生
GX1-2-1	德智体美劳全面发展以及具有突出学科特长的优秀学生	有志向、有兴趣、有天赋的青年学生进行，本硕博衔接培养，为国家重大战略领域输送后备人才	德智体美劳全面发展的优秀学子
GX1-3-2	—	有志向、有兴趣、有天赋的青年学生，为国家重大战略领域输送后备人才	未提及
GX1-2-2	A、B省（2019）：综合素质全面、学业成绩突出、志向远大、具备发展潜能、社会责任感强 全国（2019）：热爱××（校名）、心系天下、人格健全、学业优秀	有志向、有兴趣、有天赋的青年学生，为国家重大战略领域输送后备人才	综合素质优秀、品学兼优、热爱外语专业、身体健康
GX2-3-1	自主选拔录取（2019）：具有学科特长和创新潜质的优秀高中毕业生	无	无
GX2-3-2	选拔和录取具有学科特长和创新潜质的优秀高中毕业生	无	无
GX3-1-1	无	无	无
GX3-1-2	择优录取	无	无
GX3-2-1	品德优良，身心健康，综合素质较高，具有创新能力和培养潜质，有一定学科特长或特殊才能的应届高中毕业生	无	无
GX3-3-1	无	无	无
GX3-3-2	无	无	无
GX3-3-3	无	无	无
GX3-1-3	无	无	无

续表

高校	综合评价录取	强基计划	外语类保送生
GX4-1-1	热爱祖国，遵纪守法，品德优良，身心健康，综合素质较高，具有一定特长和专业潜质的优秀学生	无	无
GX4-3-1	无	无	无
GX5-1-1	择优录取	无	无

资料来源：各高校2020年"招生章程""大学章程"，笔者整理，整理日期为2020年5月3日。

（三）小部分院系、教师的招生意识有所觉醒，但人才培养与选拔本末倒置的现象依旧存在，原因在于大部分院系、教师的参与度不足

在传统意义上，高校招生评价工作由招生办公室负责，人才培养工作由二级学院负责，招办与院系之间的联系不足。甚至有高校二级学院的领导直言不讳地指出："我觉得培养和招生好像没有什么关系。"（GX1-3-2-XYLD2-191126）"招生中我们没有选择权，'原材料'怎么进、省里怎么给，我们就怎么收，我们连选择'原材料'的权利都没有，招生与培养肯定是脱节的。"（GX5-1-1-XYLD2-191211）但随着小部分二级学院与专任教师对招生工作的深入参与，这一现象有所改观。从浅层次来看，专任教师通过招生宣传使获得了成就感，改变了其仅关注人才培养的局面。比如，一位教师谈道："我今年6月参加了招生工作，我觉得是有助于我们改善或者说吸引生源的，我去的一个高中最后有6个学生来了我们学校，其中有一个学生还来了我们专业，我应该是发挥了一定的作用，这样的工作很有意义。"（GX4-1-1-JS2-191210）从深层次来看，专任教师从教育教学、育人成才角度，对高校考试招生制度进行反思，达成了一定的共识：其一，在一定的分数阈限内，"分分必较"没有意义。比如，两位专任教师谈及"考生之间（单门科目）多四五分没有本质差别，一个知识点不太清楚，他可能就落下了。高考有6门课，所以我认为（总分）30分之内的学生的基本能力没有本质差别"（GX3-3-1-JS2-191127）。"我做过近10年的教学管理，我观察过我们的学生，有的学生进来时成绩很差，后来却逆袭了，这种现象经常有。所以我觉得

一二十分、二三十分没本质差异。"(GX3-3-1-JS3-191127)其二，在高分考生与适宜适性的考生之间，更倾向于后者。虽然部分教师认为，整体而言分数高者学习态度、综合素质较为突出，但也有相当比例的受访教师指出，在高等教育阶段，学业水平、创新能力、综合表现突出者均未必是高考成绩高者。尤其是语言类、师范类的受访教师的态度更为明确："我们确实更希望录取到与专业相匹配的学生，因为语言类跟艺术类相似，需要一定的天赋，比如对语言的感知度、敏感度，我们常遇到一些学习困难的学生，进来的分数很高，但就是不适应（小语种的学习）。"(GX4-1-1-XYLD2-191210)"我们培养的是师范生，他们毕业后的目的是做好教师、培养好孩子、在社会上发挥一定的作用，高分考生是适合上清华、北大的，那样的学生我们把他拉到我们学校、学学前教育干吗？"(GX3-1-1-ZPZSG1-191030)其三，更愿意从二级学院人才培养定位、核心竞争力方面选拔考生。一位二级学院领导的观点较有代表性："我们是语言类的、是以基础学科为主的，注重国际化视野，并采用'1对1'的师徒制进行个性化培养。在招生过程中，我们更加倾向于招收学习自觉力比较强的，专业兴趣比较广泛的、具有国际视野的以及有升学愿望的学生。"(GX5-1-1-XYLD2-191211)虽然部分专任教师的招生意识有所觉醒，也基于人才培养经验对招生有了较深入的思考，但在招生与人才培养的结合中还存在一些问题。比如，在从"专业"到"专业类"的招生改革中未提前做好人才培养方案改革，在制定选考科目时未切实考量高级专门人才培养所需的基础学科能力，最终造成了高校人才培养与选拔本末倒置的问题，即先招生、后调整人才培养方案，具体体现为根据学生入学后的学习情况、一再调整大类招生的分流时间，基于学生基础学科知识薄弱的问题、花费大量时间为基础知识欠缺者补课，这都会影响人才培养效率。

高校人才培养与人才选拔本末倒置的症结，在于大部分二级学院、专任教师在招生中参与度较低、行动力不足，理性认识未转化至实践，面对现有的体制机制无能为力，面对教育改革成效的滞后性只能"静观其变"。在体制机制方面，高校内部的招生评价在高校招生工作委员会的领导下，由招生办公室具体负责。二级学院领导在招生工作委员会中地位甚微，甚至缺席，二级学院的招生工作完全服从招生办公室领导。虽然近年来，高校招生办公室开始关注招生能力建设，但其工作方式的程序性、团队建设的非专业化、评价理念的短视性，使招生的价值取向指向"高分"考生而非"适宜适性"考生，这与教育规律是不适应的。二级学院在招生办公室的领导下，仅承担招生宣传任务，虽然在人才培养方面有所见地，但无用"武"之处，话语权的甚微、院系教学科研任务的繁重，也使专任教师不愿意主动参与招生改革，墨守成规地履行宣传义务、在招生办公室的指导下参与特殊类的招考工作是最为现实的选择。在应对高考综合改革方面，二级学院、专任教师作为人才培养的主体，或不了解高考新政、不知悉考生的知识结构会因此发生改变；或已经充分认识到了在高考新政下，人才选拔标准与人才培养之间存在一定的裂痕，尤其是考生选考科目与所修专业的差异性，将直接危及各专业的人才培养质量、各行业的人才储备情况，但教育改革的成效具有滞后性，即便部分高校、院校已经有所作为，其效果也并非"立竿见影"。如何顺利度过改革的阵痛期、如何保障有力的举措在成效显现前不被取缔，已然成为现实的挑战。

（四）素质教育在学段间产生"断裂"，基础教育的"前功尽弃"源于高等教育对高中综合素质评价等的认同不足

虽然基础教育与高等教育在教学内容上存在"质"的差别，前者以普通教育为主、后者以专业教育为重，但这两个学段在个体素质提升方面却是一种"量"的积累。1999年6月，中共中央、国务院颁布《关于深化教育改革全面推进素质教育的决定》强调指出，"实施素质教育应当贯穿于幼儿教育、中小学教育、职业教育、成人教育、高等教育等各级各类教育，应当贯穿于学校教育、家庭教育和社会教育等各个方面。在不同阶段和不同方面应当有不同的内容和重点，相互配合，全面推进"。但事实上，素质教育在基础教育阶段与高等教育阶段间存在一种断裂，高校的素质教育几近重新开始。高考综合改革之后，在一定程度上能够代表基础教育阶段素质教育成果的高中综合素质评价被纳入高校招生录取的评价体系，从其具体应用中，可以管窥到高等教育对基础教育阶段素质教育的态度。极少部分教师对高中阶段的研究性学习、综合素质评价予以认同，绝大多数受访者则持否定态度。比如，认为基础教育阶段的素质教育培养的是学生的"伪兴趣"，一位教师指出："最近30年喊素质教育，这学生的素质究竟怎么样呢？家长清楚，学生自己清楚，领导也清楚，只是有时候不那么讲。中学阶段这些兴趣，有相当一部分是伪兴趣，实际上也是功利兴趣。我未来可能通过某种途径考一个好的学校，我去搞这东西，可以加

分或者怎么用。那么父母也就是花钱，学生也花时间，老师也是费了半年劲，当然他真正进了学校之后，他再也不感兴趣，再也不去学。我是看得太多了，因为从我小孩的同学，有的本来是获得国际（奥赛）奖，全国数一数二，进了高校就把专业转掉了。"（GX3-3-1-JS1-191127）认为高中阶段的研究性学习为之过早，是一种舍本逐末、浪费时间、容易滋生公平问题的无效行为，如几位高校教师所述："研究性学习更多的是一个噱头。因为高中是夯实基础的阶段，而研究性学习是带一个怀疑的态度去追根溯源。不排除个别特别优秀的学生，但是绝大多数同学还是学到新的知识能够灵活运用，这已经算是高阶的状态。"（GX1-3-2-JS3-191126）"高中不宜推广，对少数好苗子是有好处的，大量这么做，浪费时间、精力。事实上，我们很多本科生做研究的能力都是很有限。"（GX3-3-1-JS2-191127）"因为这种高中也好，初中也好，作假太多了，小孩啥都没有干，就能发论文发出来。前段时间有个新闻是吧？高中生发了SCI是吧？你说这是不是笑话！但就这样的笑话，还能够成为学校宣传的典型。"（GX3-2-JS3-191209）认为高中综合素质评价结果存在校际差异、无法应用，如几位教师谈道："（综合素质评价结果）用不进去，因为不同的高中有差别，你说是重点高中的'良'好，还是普通高中的'优'好？"（GX3-1-2-JS2-191209）但从对高中的调研中可以发现，高中、省级考试招生机构的受访者对此却持相反态度。一位曾做过知名高中校长的省级考试招生机构的负责人，也就研究性学习阐明了自己的观点："上海学生的研究性学习做得很好，不讲学习成绩怎么样，至少专注于某一个、两个项目，这个层次上他们是好的。大学也在讲创新人才培养，大学在我们基础上进行个性化培养，这对快速培养人才有很大的好处。而不是从大一开始从头再来。"（KSY1-1-LD1-191029）可见，基础教育阶段的素质教育结果在高校招生环节无法使用，在一定程度上导致高校教师对素质教育真实情况的不了解，在高等教育人才培养环节，高校自然不会以此为基础培养创新型人才。

已有研究证实，高中阶段开展的相关活动（如大中学衔接培养创新人才）使相应群体的创新潜质得到开发、创新素养得到提升，具备可持续发展的能力。① 但高等教育对高中素质教育、研究性学习、综合素质评价结果等的不认同，导致基础教育阶段的相关工作"前功尽弃"，高等教育的素质教育、创新教育、通识教育等从"零"开始。这一问题的症结，首先，在于"高考指挥棒"与"唯分数"的教育评价导向的叠加作用。在"唯分数"的教育评价导向下，高校依据考生语文、数学、外语、政治、历史、地理、物理、化学、生物、技术等学科知识、能力、素养的掌握情况做录取决策，并认为这是学生接受高等教育阶段专业学习的前提，高中、考生、家长也基于这样的认识，将大量的时间分配在这些与录取结果直接相关的学科学习中。但事实上，素质教育在学段间同样具有衔接性，虽然不是"高考指挥棒"引导的内容，却是培养高级专门人才、拔尖创新型人才的必要过程与必备素质。高校与高中对这种衔接忽视，既降低了人才培养效率，也浪费了教育资源。其次，在于高中综合素质评价定位不清，流于形式。自高考综合改革以来，基础教育阶段的素质教育通过综合素质评价的形式呈现出来，虽然经过六年的探索，各省已形成基本的概念框架，上海市还对其进行了技术处理，增加了其在高校招生录取中的可用性，但仍存在概念不清、内涵不明、用途不定等问题。多数学生以概念框架为依据，完成任务式地提交相应内容、顺利通过审核，但形式大于内容、高中间存在差异，"无用功""参差不齐"现象着实存在。最后，在于高校育人主体对基础教育阶段的素质教育、研究性学习、综合素质评价的不了解。多数高校教师想当然地认为，高中学科教学之外的教育形式皆为"舍本逐末""画蛇添足""揠苗助长"，这种观点既源于高校教师用自身读高中时的经历推测现在的高中教育，又源于"高考指挥棒""一元评价观"在其思想中的根深蒂固，不了解高中教育已经发生了翻天覆地的变化。

三 强化高校招生主体性地位对优化高级专门人才培养问题的意义

在中国的教育系统内，高考在一定程度上阻隔了基础教育与高等教育之间的联系，导致了基础教育阶段"应试"、高等教育阶段"从头再来"的问题。高校招生评价较少考虑高校人才培养目标、人才培养计划、人才

---

① 郑若玲、刘盾、谭蔚：《大中学衔接培养创新人才的探索与成效——以厦门大学附属科技中学为个案》，《湖南师范大学教育科学学报》2016年第2期。

培养需求，与高校主体的招生参与意识不足有关。基于这样的认识，强化高校招生主体性地位，有助于形成更为科学的招生评价理念、强调人才培养的重要性，加强学段间人才培养的联系。

（一）强化高校主体性地位，有助于形成与高校人才培养目标一致的招生评价理念

根据《中国高考评价体系》的相关精神，高考包括"核心价值、学科素养、关键能力、必备知识"四层考查内容。其中"核心价值"指明立德树人的根本任务，起到方向引领作用；"学科素养"承接核心价值的方向引领，统摄关键能力与必备知识；"关键能力"是支撑和体现学科素养要求的能力表征；"必备知识"是培养能力、达成素养的基础。[1] 招生作为高考的一部分，招生评价服从于高考评价理念，即强调立德树人的国家教育任务，以及学科知识、能力、素养的基本内容。在以普通高等学校招生统一考试成绩为主要录取依据的情况下，考试命题理念影响甚至决定着招生评价理念。但命题工作主要由国家级、省级考试招生机构组织相关专家完成，而专家的构成中，高校教师占比有限。

高等教育、高校的人才培养不仅致力于学科、专业能力的养成，还要突破唯科学主义、功利主义的桎梏，提倡人文主义、呼唤人的理性。理想情况下，与此相对应的招生评价，不应仅局限于对标准化测试、"唯分数"的依赖，强调个体的学科基础能力，选拔普适意义上的高级专门人才；还应通过多元评价、理念更新，关注个体的学科潜能、批判性思维、创新能力，在选拔高级专门人才的基础上、有效辨识出与相关学科专业相适应的人才，以及拔尖创新型人才。但在现行的以普通类招生为主、特殊类招生为辅的高校考试招生制度下，建立起与高校人才培养目标相一致的招生评价理念绝非易事。

强化高校招生主体性地位、提升高校教师在命题及阅卷中的参与度，有助于形成与高校人才培养目标一致的招生评价理念。在中国高校考试招生制度下，每年有95%以上的招生计划是通过"统考统招"实现的，在这一实情下，高校招生主体性地位对招生评价理念的影响多通过高校教师参与命题、阅卷来实现。事实证明，这种方式也达成了一定的效果，高校教师的参与，将高级专门人才培养理念应用于高级专门人才的选拔之中，

---

[1] 教育部考试中心制定：《中国高考评价体系》，人民教育出版社2019年版，第13页。

提升了选才的适切性。一位考试招生机构负责人谈道:"命题不能只图快,我让中学老师命题是很快的,但是高校的选拔理念体现不出来。中学老师命题和大学老师命题是不一样的,视野不一样、高度不一样,设计的题目就不一样。高校老师才知道进入大学以后,我这个学科需要什么样的(人才)。"(KSY2 - 1 - LD2 - 191021)同时,还有受访者表示,未来还应进一步加强高校教师的参与度,以提升命题的层次,优化选才的质量。如"大学老师看高考题目是'大巫见小巫',是'高屋建瓴',能够提升命题的层次"(KSY2 - 1 - LD2 - 191021)。"我们理想当中的评价体系的建立,是完全不同于考试院主导的现行高考评价体系,我们的评价可能会设置一个开放性答案,在评卷的过程当中,我们需要十倍于命题的人力去完成评卷工作。高考评价体系不应是低端的机器评价,理想情况下,是动员更多的、更优秀的高校老师进入到最后的评价阶段,给予学生更科学客观的评价结果。"(GX1 - 3 - 1 - JS1 - 191016)

(二)强化高校主体性地位,有助于强调人才培养在高校招生中的地位

在缺乏招生自主权的中国高校,招生常被视为"接生",即高校在普通高等学校招生统一考试成绩、各省统一划定的分数线及投档比例的基础上录取考生,招生与人才培养之间联系甚微。在高考综合改革之后,考生选考科目与高校学科专业所需基础知识的不匹配等问题,导致高等教育人才培养服从于人才选拔。即在招收生源的知识、能力、素养基础上,为其"量身定制"人才培养方案,在一定程度上造成了人才选拔与人才培养的本末倒置。当高校的人才培养以人才选拔为"中心",而非人才选拔以人才培养为"服务对象"时,势必影响人才培养的效率。

事实上,基于"生源是最大的办学资源"的论断,高校在招生环节也付出了不小的努力,面对高考综合改革也做出了相应的调整。但高校的招生工作、招生改革理念较为传统、举措流于形式,最终体现为一种"短视"行为。在教育领域"破五唯"的教育评价理念变革中,"唯分数"的招生理念与此前相比有过之而无不及,无论高校办学层次的高低,都会在同水平范围内找到"竞争对手",在录取分数中一比高下。面对考试科目改革、志愿填报形式改革、大类招生改革的行政指令,高校积极响应,但同样以提高录取分数为目的,而较少考虑此类改革的初衷在于改变考生固化的"大文""大理"的知识结构、强调高校的专业实力、培养学

生"宽口径、厚基础"的能力。

强化高校招生主体性地位、提升作为人才培养单位的院系及人才培养主体的专任教师在招生方案设计及招生实践中的参与度，有助于强调人才培养对人才选拔的引导作用，明晰人才培养在高校育人中的应有地位。院系与教师在深度参与高校招生工作时，自然会将其在教育教学中形成的育人理念应用其中。院系、专业办学多年来形成的对人才培养核心竞争力的思考是他们参与招生工作的逻辑起点，在此基础上，审视人才培养定位是通识或专业、研究型或应用型，人才知识结构应包含的学科类别及程度，人才评价方式的纸笔测试抑或面试考核等。也就是说，院系、教师将根据高级专门人才培养经验、输出定位，判断专业是否需要进行大类招生改革、制定什么样的选考科目要求、思考高中综合素质评价结果的使用方法、如何加强专业建设。也只有用科学、成熟的人才培养目标、人才培养方案引领招生改革，才能提高招生的科学性、提升高等教育质量。而高校教师在招生中的工作也不应仅局限于参与宣传、阅档，而应让更多的教师基于职业角色、专业身份，参与招生、育人一体化建设，招生成就感的提升也有助于增加教师的职业获得感，使招生成为高校教师育人工作的重要组成部分，使高校教师视招生为己任。

（三）强化高校主体性地位，有助于加强学段之间人才培养的联系

教育的循序渐进性决定了基础教育与高等教育学段之间的人才培养既有区别亦有联系，这种区别与联系是建立在教育主体对教育客体学业水平和综合素养作用的基础之上的。在学业水平方面，基础教育尚未分科、分专业，基于《普通高中课程方案》，对学生进行的是语文、数学、外语、物理、化学、生物学、思想政治、历史、地理、技术（含信息技术和通用技术）、艺术（或音乐、美术）、体育与健康等的学科（科目）教育，高等教育则分学科、分专业，并在《普通高等学校本科专业类教学质量国家标准》的指导下，对学生实施专门教育，二者之间有质的差别。在综合素养方面，素质教育贯穿了中国教育系统的各个学段，基础教育阶段通过综合实践活动、校本课程、课外活动等完成，并由综合素质评价进行监督，高等教育阶段的素质教育进入了"沉寂期"，曾经作为校园人文教

育风景线的大学文化素质教育，正在被各种形式的书院教育、通识教育替代，① 二者之间几乎不具有连续性。

基础教育与高等教育学段间人才培养的割裂现象是客观存在的，整体而言，在学业水平方面表现不明显，在综合素养方面表现则较为突出。学段间学业教育的开展严格参照教育行政部门颁布的《普通高中课程方案》《普通高等学校本科专业类教学质量国家标准》等指导性文件，且学业教育在学段间也存在质的差别，故而这种割裂现象也具有一定的必然性。学段间的素质教育虽然也有不同的属性，基础教育阶段的素质教育针对应试教育提出，高等教育阶段的素质教育则针对功利主义、科学主义提出，② 但也具有连贯性。然而，实践中由于缺乏相关部门的指导，各学段的教育主体又缺乏互相了解的意识，最终导致这种割裂现象较为突出。在现行的教育制度下，高等教育与基础教育阶段的教育者犹如工厂流水线上的工人，只了解自己所负责的"工艺"，而不了解前序、后续的"工艺"，但学生不是"产品"，教育也不是简单的零部件"加工"，长此以往必将降低人才培养效率。

强化高校招生主体性地位、推动高校教师参与招生过程，有助于加强基础教育与高等教育学段间的联系。在招生与育人一体化的理念下，高校"招生"概念可扩大为"入学"，即作为招生主体的高校有能力、有义务帮助考生实现从基础教育向高等教育的过渡。在这一理念下，高校教师不仅要到企业挂职，成为"双师型"教师，还应主动了解基础教育的真实情况，通过招生宣传等机会深入高中教育教学实践，全面了解高中学业水平教育、综合素养教育的开展情况，成为"了解基础教育基本情况"的高校教师。在招生过程中，高校教师发挥自身的优势，基于本校或本学科、专业实情，编制《普通高校本科考生专业选考科目指南》，高校教师对高中生源的选科进行指导，既有利于从高级专门人才培养角度提升考生选考的合理性，也可以避免中学教师在"唯升学"的教育评价压力下对学生进行错误引导。在新生入学后，高校教师主动了解新生高中阶段的学

---

① 张应强、张乐农：《大中小学中华优秀传统文化教育衔接初论》，《高等教育研究》2019年第2期。

② 潘懋元、刘丽建、魏晓艳选编：《潘懋元高等教育论述精要》，福建教育出版社2015年版，第152—153页。

业水平、综合素养积累情况，改变以往连生源基本信息（统招或特招、文科或理科等）都不曾知晓的局面，在了解学生知识、能力、素养的前提下开展高级专门教育，在条件允许的情况下进行因材施教。

理论上，高校招生与高校办学、学科能力、专业适应、高级专门人才培养之间存在着紧密的联系与相互的作用，这是由教育规律决定的，这种联系不因客观环境的变化而弱化。但长期以来，在招生实践中，高校在与政府、社会的合作、互动中话语权较小。即便在高考综合改革赋予高校更大的作用空间之后，其依旧有较强的路径依赖，习惯于中华人民共和国成立之初的较强的国家主义教育价值观、服从于"唯分数"的一元主义招生评价观，对基础教育的认知局限于以应试教育为主、对高等教育人才培养与招生的联系认识不足。最终导致相应的教育规律被忽视或曰受重视度不足，高校招生与高校办学、学科能力、专业适应、高级专门人才培养之间的联系不够，双方互相促进的作用尚不明显。强化高校招生主体性地位，于高等教育内涵提升、高校考试招生制度改革完善、基础教育质量优化，乃至社会创新发展、拔尖人才培育而言均有重大意义。这也是开展中国高校招生主体性地位研究、倡导高校招生主体行为、推动高校发挥招生主体作用的必然要求。

第六章

中国高校招生主体性地位的基本保障

中国高校招生主体性地位受到高校内外部制度、传统实践方式等多方面影响，科学、合理的制度或组织体系是高校招生主体性地位的保障。但在实践中，"统考统招"的制度背景以及办学经验不足的高等教育实情，使高校在招生中习惯性依赖行政指令、关注制度的操作层面，而较少思考主观能动行为、从教育活动的本质出发解决问题。故而，对中国高校招生主体性地位的研究，要变革传统实践方式中对招生自主权、大学声誉、招生管理、行政指令的依赖，转向对招生自主性、学术声誉、招生治理、院校研究的关注。基于这些理念建设高校招生的制度和组织体系，审视中国高校招生主体性地位的强化路径。

第一节 招生自主性与高校招生

"自主性"是"主体性概念的规定性"的核心内容，[1] 也就是说，个体具有自主性是个体获得主体性的重要前提，招生自主性是高校招生主体性地位的基本保障。在"学校负责、招办监督"的录取原则下，高校是招生的责任主体，理应具有招生自主性。但在招生实践中，中国高校的招生自主性较低，且常与招生自主权相混淆。应重视高校招生自主性，以巩固高校招生主体性地位、促进高校发挥招生主体作用、提升高校招生的科学性。

---

[1] 李林昆：《对主体性问题的几点认识》，《哲学研究》1991年第3期。

一 高校招生自主性

承认高校具有招生自主性，是强化高校招生主体性地位的前提与保障。高校招生自主性缘起于自主性的相关理论，生发于中国高校招生的基本属性，但内涵与高校招生自主权又不完全相同。

（一）自主性及相关理论

自主性（Autonomy）的概念起源于康德，在他的视野中，自主性是摆脱监护和控制状态实现启蒙的重要预设。[①] 主体性哲学视域下的自主性，是主体面对客体和客观条件对自身的制约时，具有对自身活动进行自我控制、自我调节的能力，以避免活动的盲动性、被动性和失败。[②] 随着概念的流变及其在中国语境中的适应，已有研究将自主性定义为"行为主体按照自己意愿行事，发挥能动性的动机、能力或特性，其实质是行为主体的自我能动性的产物"[③]。自主性与依附性、盲目性、被动性等概念相对，是行为主体在融入性环境中的自我认知与主观能动，并对个体发展起主体作用。

与"自主性"相关的理论有国家自主性理论、大学自主性理论等。国家自主性理论，即以行动主体为身份的国家依赖权力精英及其强大的官僚体系，把自己的意志上升为权威行动，以指导国家经济社会发展的过程，强调国家独立于市民社会，不依赖于其他社会力量，国家、自主性行为、国家偏好是国家自主性的三个重要特征。[④] 大学自主性理论，即大学作为独立的法人单位免受外界干扰的自我管理、自我约束的自立性和独立性人格，体现为大学组织独立的决策和独立的治理，是一种作为组织的自主性，[⑤] 并认为大学自主性应包括大学办学自主权、学术自治、学术自由

[①] 董山民：《康德"自主性"概念及其超越》，《中南大学学报》（社会科学版）2007年第6期。

[②] 李林昆：《对主体性问题的几点认识》，《哲学研究》1991年第3期。

[③] 王向民：《准官僚组织的自主性——义务工会研究》，上海人民出版社2014年版，第5页。

[④] 刘召：《国家自主性理论及其中国适用性》，中国社会科学出版社2016年版，第60—61页。

[⑤] 宣勇：《政府善治与中国大学的主体性重建》，人民出版社2016年版，第52—53页。

等内容。①

根据自主性的概念、国家自主性理论及大学自主性理论等的基本要义,可将自主性分为依附性自主、嵌入性自主、建构性自主、反思性自主、无为性自主等。依附性自主是在政策、制度上依赖于其他主体,但在实践中拥有更大的自主性;嵌入性自主强调主体对环境的融入性,是主体基于特定背景做出的主体性行为;建构性自主则是依托整合资源、建构制度等手段,形成法理型主体权威,实现对相关活动的主导;反思性自主强调主体持续性的反思平衡能力,以此来保证相关事务的制度化、有序化;无为性自主则是一种"无为而治"的最高治理境界,是自主性发展的终极目标。② 对自主性的探讨,不能脱离国家政治导向、社会背景、经济基础、相关主体意志等要素。自主作用的发挥,则以行为主体的基本能力为基础,对主体意愿的达成具有正向作用,但也要对其权限的边界进行合理限定,以免出现逾矩行为,对社会中的其他主体,或主体行为的利益相关者造成不良影响。同时,自主性还取决于以组织为核心的系统的内外形势:外部系统包括权力裂隙与受众情况,内部系统包括领袖能动性、政策创新与利益激励。③

(二) 高校招生的属性及自主性

中国高校招生具有社会性与教育性的双重属性,社会性来源于中华人民共和国成立之初高校招生兼负为国家选拔干部的重任,社会主义国家的普通高等学校以公办为主,并依托国家事业拨款办学的实情,高等教育资源,尤其是优质高等教育资源数量及地域分布等与国家人口总量及区域分布不成比例的现实。高校招生的社会性要求高校要服从于国家行政指令、尊重人民意志、接受社会问责。教育性来源于普通高等学校对高级专门人才培养的责任,基础教育与高等教育学段间的关联,个体成长、成才的规律,教育活动与行政事务的属性差异。高校招生的教育性要求高校应在招

---

① 张金福:《中国大学自主性:概念与制度环境》,《华东师范大学学报》(教育科学版) 2007年第3期。
② 王向民:《准官僚组织的自主性——义务工会研究》,上海人民出版社2014年版,第5页。陈毅:《现代国家构建过程中的国家自主性研究——以中国的现代国家建设为例》,中央翻译出版社2016年版,第21—22页。
③ 王向民:《准官僚组织的自主性——义务工会研究》,上海人民出版社2014年版,第7页。

生中体现出能动性，以利用教育规律，促进个体发展、提升高等教育质量、为国家事业发展输送高水平人才。

高校招生自主性，即作为独立法人单位的高校，在政策法规的约束下，基于院校实情，合理、合法地组织与调整招生活动的动机、能力或特性。在中国现行的高校考试招生制度下，高校招生的相关工作包括分省分专业计划拟订、专业建设、人才培养方案设定、选考科目的设置、高中综合素质评价使用方法的确定、录取规则的制定、大类招生专业分流及非大类招生转专业的规则确定等。高校招生自主性也因具体情况呈现出多种类别，如因对国家高考政策的依赖产生的依附性自主，由中国高考"早发内生型"决定的嵌入性自主，对高校招生相关事务整合形成的建构性自主，在招生工作总结、研究过程中体现出的反思性自主。高校招生自主性的发挥，有利于高校从其本身的社会性与教育性出发，提升招考的科学性、净化招考风气、维护考生利益、满足国家需求，但若不对边界进行清晰界定、不对"度"进行科学把握，也将引发不良影响。

影响中国高校招生自主性的重要变量包括：科学、合理的招生领导机构，即有明晰定位、人员构成合理、基本职责适切的高校招生工作委员会或招生工作领导小组，这是高校招生自主性发挥正向作用的前提；与招生相关的专业能力，既包括通常意义上谈到的招生能力，也包括高校学科专业建设情况、人才培养能力，这决定了高校招生自主性水平的高低；高校招生的制度化程度，如高校"招生章程""招生简章""招生细则"等的建设，人才培养方案的修正等，这是招生工作顺利、招生科学性提升、招生程序正义等达成的保障。同时，面对外界环境的挑战、内部因素的影响，高校招生自主性还必须回应三对争议：学术性与行政性之争，即招生自主性服务于学术人才的选拔抑或行政考核指标的完成；教育性与市场性之争，即招生自主性以选拔优秀、合格人才为旨归，还是以吸引更多的报考者、提升高校的市场占有率为目的；通识性与专业性之争，即招生自主性应立足于通识思维、以选拔普适性人才为目的，还是立足于专业思维、以选拔适宜适性的人才为追求。

(三) 高校招生自主性与高校招生自主权辨析

与高校招生自主性相比，高校招生自主权这一概念更为人熟知，也更加被人关注。在中国社会中，高校招生自主权是高校根据相关法律法规以及高校"招生章程"所确定的招生权限，主要包括制定高校"招生章程"，编制招生来源计划、定向招生计划、预留计划，自主招生，其核心则是高校制定"招生章程"，确定招生规则并按照"招生章程"负责录取的权利。[①] 高校招生自主权是由国家机构、教育行政部门通过《教育法》《高等教育法》《普通高等学校招生工作规定》《普通高校招生工作通知》等政策法规，自上而下赋予高校的，在招生及其相关工作中的权利，象征着高校招生的合法性。在招生自主权的获得过程中，高校多处于被动状态，权力大小、权责范围由教育行政部门、考试招生机构及其他部门决定。招生自主权的行使过程也受多方监督，违法、违规行为都会受到一定的制裁。

高校招生自主性与高校招生自主权并非同一概念，绝不能片面地认为招生自主权有限、招生自主性便缺失。二者的关系是错综复杂的，一方面，高校招生自主性受高校招生自主权规制，是高校在相关法律、规章的约束下，对自身活动的控制、调节。换言之，高校招生自主性要求高校在招生中，不能盲目服从于相关政策、规章的要求，要结合院校发展规划、学科专业特色、人才培养目标，在不违法、违规的情况下，开展一定的能动性活动、创造性活动，以提升高校招生的科学性。比如，在选考科目的制定中，高校不以《普通高校本科招生专业选考科目要求指引》为绝对依据，而是以此为基础，结合本校学科专业特色确定最终的选考科目。另一方面，在高校招生自主权未涉及的地方，高校招生自主性依旧可以有所体现。强调高校内部的招生主管领导、工作人员、二级学院相关领导、专任教师等，从增加招生吸引力、提高招生科学性、优化人才培养质量的角度出发，开展相关工作。比如，招生宣传工作的开展、分专业出省计划的编定、专业的建设，等等。招生自主性与招生自主权的内涵相对独立，招生自主性是招生自主权的前提，高校在自主性的养成、作用发挥中，形成了对招生与人才培养的基本认识，培育出了必备的能力，面对被自上而下赋予的权力，尤其是在高考改革中获得的"新"权力，高校可以更好地应对；招生自主权又会对招生自主性起到一定的规制作用，规制的范围是其中"合法"的部分，尤其是与高考公平相关的内容，但其中"合理"的部分，尤其是与高考的科学性相关且与高考公平不相抵触的部分，不受此影响。

---

① 覃红霞：《高校招生自主权的法律阐释》，《江苏高教》2012年第6期。

二 对招生自主性在招生实践中的审视

招生自主权与招生自主性是彼此分离的概念，二者的获得也不具备必然的联系，但在对高校招生主管领导的调研中可发现，这两个概念常被混淆，招生自主权的重要性被放大、招生自主性的作用被忽视，也造成了高校对招生自主权的盲目追求。

（一）将招生自主性混淆于招生自主权中，被动服从国家政令以及主观畏难情绪导致高校招生自主性缺失

"高校招生自主权"在中国高等教育领域是一个老生常谈的话题，多因现代大学制度、大学治理、大学办学自主权等进入研究者与实践者的视野，但"高校招生自主性"在实践中却是一个较少被关注的话题。多数受访者将二者混淆，认为没有招生自主权，就不存在招生自主性，招生自主性会被有限的招生自主权影响。受访的高校领导、招办工作人员尚未形成"招生自主性"的概念，认为招生自主权是高校组织招生工作的行为准则，也是高校发挥招生自主性的前提，陷入了因果倒置的误区，从他们对传统高考、高考综合改革、高校综合评价录取改革中高校招生自主性、主体性、高校招生主体性地位的相关回应中可以见得，"高校招生主体性地位？应该还是有一些自主权，比方说我们的专业设置，理论上讲只要是报上去，教育部批准的可能性还是比较大。但是在具体做的时候，我发现教育部还是要加强在各个省的指导"（GX3-3-1-XLD1-191127）。"新高考之后主体性变小了，比如说专业的调配权已经没有了。"（GX5-1-1-XLD1-191211）"高校的主体性通过招办来实现，（综合评价录取）增加了高校自由选择的权力，原先只能看分，现在增加了在校测试这个方面。"（GX1-2-1-ZB1-191023）

多数高校尚未形成对"招生自主性"的认知，或将其混淆于"招生自主权"的概念中。究其原因，大概有以下两方面。一方面，因为高校习惯于被动服从国家政令，缺乏思考招生实践的主动性。自1952年统一高考建制以来，在大多数高校的理念中，招生由国家统一"负责"，培养由院校承担，招生工作于高校而言，是一件"上传下达"的政令，高校更多的是在"唯分数"的理念下"接收"高考中的拔尖考生，而非"选拔"报考群体中的佼佼者。如一位高校领导所述："招生都是按照国家政策来做，在普招里面，高校的空间是没有的。高校的自主性要跟着国家的

大方向走，大方向是公平公正，高校就要做到分数面前人人平等，严格执行国家政策。所以呢，现在的高考应该是在国家统一政策下面，高校具体执行。"（GX1-3-1-XLD1-191016）另一方面，因为面对招生工作，高校存在畏难心理。在考试大国、考试古国的中国，由国家主导考试选才由来已久，高校考试招生的大规模与高利害性也决定了招考方必须有绝对的权威性。高校分科、分专业选才的复杂性以及中国高等教育资源少、考生多的实情，使高校在招生中产生了畏难心理，既担心在政策允许的范围内，自行设置条件无法取得预期效果，又担心有损公平、招来社会非议。故而将招生活动局限于国家赋权的范围之内，以免"画蛇添足"。一位"一流大学"建设高校领导的观点较有代表性："（新高考）给学生的选择多了，给高校的选择也多了，但是选择越多、形式越多，你的漏洞就越多。很多东西是很理想的，在实践中就会有问题，高校的选择性、高校的主体性很难体现。"（GX1-3-1-XLD1-191016）一位独立学院领导则表示，该层次的院校出于生源的考量，将面临更复杂的问题："英语单科这块可以限制分数，但是对于有些设置来说，特别像我们处在中间层次高校来讲，可能还比较难以实现的。"（GX5-1-1-XLD1-191211）

（二）将招生自主性与高考公平对立，基本国情与"社会责任"使高校招生自主性难以形成

公平是中国高考的生命力，是高校考试招生不能触碰的"红线"，公平与否也是利益相关群体判断高考合理、合法的重要依据。部分受访者持"维稳"的态度，认为中国高考应首先关注公平，其次考虑科学，该类群体将招生自主性与高考公平对立，认为如果高校发挥招生自主性，就难免有损高考公平。如一位高校领导谈道："我们国家的现状是，高校如果有太大的招生自主权，可能会带来公平公正的问题，中国是一个人情社会，可能高校是挡不住的。从教育的角度讲，要招什么样的学生，每个高校根据专业和职业的要求，应该有这样的一种自主权。但这个做起来很难，难免会出错。就像我今天给你们讲几个小时，我一定有讲错的地方，但如果我就讲两句，我肯定不会说错。作为高校来说，如果我从自私的角度讲，我就不做，不做我保证不会有问题，做了我可能会出事。比方说某一个老师把题目泄露出去了，或者说在整个面试过程当中违规了，这种可能性一定是存在的。"（GX4-4-1-XLD1-191210）一位高校招办的工作人员也坦言："如果自主性、科学性多一些，公平性就要丧失一些。"（GX1-

2-1-ZB1-191023）另一位高校领导则用"守住底线、稳住军心、研判形势、推进改革"来描述该校的招生工作思路，并进一步解释说："社会大众的眼睛睁得大大的、盯得紧紧的，现在的学生，连一分都要跟高校'斤斤计较'。所以我们所有做的事情都是可以向社会公众公开的，高校的主体性就是在国家政策的严格执行、国家政策的前提下面来做事。"（GX1-3-1-XLD1-191016）

"招生自主性与高考公平对立"的认识的形成，一方面，源于人口大国的基本国情。高校考试招生制度与考生利益直接相关，高校招生的"自主化"改革或自主性尝试若不覆盖到绝大多数考生，很容易引来非议。而在"家"文化鼎盛的中国社会，考生在高考中的得失甚至被认为关切整个家庭的未来，这也就使高校的每一项招生改革须承载巨大的压力、面对全社会的监督。正如几位高校的受访者所谈："主要是我们国家（招生）体量太大，每年上千万的考生，你动一点点，只要触及他的个人利益，他就要反对。我估计你搞啥改革都会有一批人反对，所以招生改革就要很慎重。"（GX3-3-1-XLD1-191127）"高校拥有自己的自主权，就要面对社会舆论，只要有一个负面影响，你整个就失败了，它没有一个容错的空间。"（GX1-3-2-ZB1-191126）另一方面，源于多数高校对其所应承担的社会责任的误读。绝大多数高校具有极强的集体主义精神，并形成了社会责任感，认为高校招生首先是为国家选拔人才，其次才是满足高校人才培养的需要。但部分高校对国家事业建设、社会发展所需人才的认知不够完善、定位失之偏颇，认为为国选才的标准应由国家来定，认为通过高考选才就是在履行国家责任，在招生中增加自主性，就是与国家责任相悖。一位校长的观点较有代表性："我们要为社会主义现代化建设、改革开放、治国理政培养有用的人。党的十九大也提出了，我们要实现中华民族伟大复兴的中国梦，人才是关键，高等教育要承担为国育才、为党育才的重要使命。把高考做一个招生选拔（手段），是我们承担这个使命的根本。"（GX1-3-1-XLD1-191016）一位高校招办主任针对高考综合改革选考制度也指出："我们是为国家培养人才，选考科目应由国家来定。"（GX3-3-3-ZB1-201021）

（三）多数高校渴望获得更多的招生自主权，小部分高校正在形成招生自主性，但依附性心理使其作用尚不明显

2019年被称为"史上最严自主招生年"，这之后，高校特殊类招生政

策、招生规模步步缩紧,不仅"叫停"了自主选拔录取改革,而且对浙江省等已开展的综合评价录取严加管控,在第三批进入高考综合改革试点的省份中,综合评价录取改革也未被提上日程。可见,国家顶层设计对赋予高校招生自主权仍持保留态度。但各个层次的高校、高校中的各个群体却多表示希望获得更大的招生自主权。一所"一流大学"建设高校的招办主任,基于该校十余年的综合评价招生经验谈道:"我觉得高校招生自主权不要全部都限得太死,可以做一些改革。只要不突破底线、不突破原则,可以给特长生一些机会。比如我们在一本线的基础上,看他是否有某一方面的特长,可以去破格录取或者怎么样?当然这个特长是真正的特长,不影响公平是关键。"(GX1-3-2-ZB1-191126)一位对高校考试招生改革有深入思考的"一流大学"建设高校的招生组组长谈道:"其实我个人的意见,还是希望高校有更大的权力。比如,对于省内最好的高校,教育部应该把权力放得更大一点,这些高校可以对省内较为优秀的学生开稍微大一点的'口子',这样高校也可以选拔一些更适合某些学科的人才。"(GX1-2-1-JS1-191023)一所没有特殊类招生资格的省属重点高校主管校领导也表达了该校在这方面的意愿:"每个(层次的)高校都应该有招生自主权,只是说不同类型的高校覆盖的学科专业不同,自主权放开的度不同。其实我很希望能够录到学科竞赛获奖的学生,比如他拿这些奖励去申请一些学校,但是因为高考分数不够,没有申请成功,他就想申请次一档的学校,而次一档的学校又没有这种资格。实际上我觉得他差一两分对我们来讲无所谓,他的动手能力肯定是非常强的,他获得那么多奖,将来肯定是不错的。你比方说马化腾在深圳大学毕业,他能够搞出科技,他进不了清华北大没关系。"(GX3-3-1-XLD1-191127)

小部分高校的招生自主性也在逐渐形成。一是对招生公平的认识有了更深一步的理解,如一位高校领导所述:"高考改革从更重要的角度讲,它一定是要公平公正的,同时,这种选拔方式一定是要有利于优秀的学生脱颖而出的,各种水平的学生去到相应的学校,这其实也是一个公平公正的问题。"(GX4-4-1-XLD1-191210)二是对生源质量与人才培养质量的相关性有了初步的认同,也因此加强了对选考科目、专业宣传、专业建设的重视。如一位校领导认为:"现在来看,生源质量决定了人才培养质量,某种程度上来说他是基础,人才培养又反映了你学校的办学实力,所以高校的能动性要加大,加强专业宣传推介、专业建设,把优秀的人才

吸引进来。"（GX1-3-1-XLD1-191016）

但就目前的情况而言，高校招生自主性所发挥的作用尚不明显，其症结在于高校对国家机构及教育行政部门仍存在依附心理，尚未把握好合理的"自由度"，校内话语权掌握者在特殊类招生、选考科目制定、综合素质评价结果使用办法确定中习惯于依赖教育行政部门的指导，忽略了高校招生官的专业能力、高校教师对相关问题的真知灼见，影响了招生自主性作用的发挥。正如一位校长谈道："（自主招生）应由国家或者政府制定一个多方面的考核条件，比如现在要求的论文、竞赛，其中都可能有人情，无法鉴别，还是要国家制定考核条件。"（GX1-3-1-XLD1-191016）但一位高校教师却以亲身经历，阐释了高校鉴别考生材料真假的能力："一位考生独作发了一篇核心刊物，（文章）内容是中医名词在英语中怎么翻译，挺不错的。但我招生时间长了（有经验），我立马就问'把肾虚、脾虚、上火等词翻译成英文'。这孩子脸就红了，说'老师，我不太会'。我又问：'你爸妈干吗的？''××大学的教授'，发表的期刊也就是该地的期刊，我脑子里马上就明白了，这篇文章肯定是她父母代作的。"（GX1-5-JS1-191101）

三　高校招生自主性对强化高校招生主体性地位的意义

提及强化高校招生主体性地位，大多数观点将其与高校招生自主权相联系，认为只有自上而下的"赋权"才能给予高校招生主体性地位空间，但事实上，其与高校招生自主性也有密切关系，自下而上的"能动性"是强化高校招生主体性地位的基础。故而，高校招生自主性对强化高校招生主体性地位具有重要意义。

（一）嵌入性自主可使高校招生扎根中国国情，又有创新性举措

"嵌入"更多地出现于自然科学领域的研究中，在社会科学领域，"嵌入"被引用来描述两个事物（包括社会结构、观念要素等）相互衔接与互动的过程，或是一种长期存在的状态。[①] 一种观点是将嵌入概念使用在"特定主体行动的系统或条件依存"意义上，嵌入的对象是作为实质

[①] 唐兴军：《嵌入性治理：国家与社会关系视阈下的行业协会研究》，博士学位论文，华东师范大学，2016年，第75页。

性整体的社会文化系统而非单纯的社会网络,[①] 高校考试招生与中国社会的嵌入关系与这一观点较为契合。嵌入性自主与波兰尼相对于"嵌入"提出的"脱嵌"的概念不同,是主体立足于与其密切相关的社会文化系统中体现出的自主性行为,而非与该系统一刀两断、另起炉灶的独立行为,这对强化中国高校招生主体性地位具有启示意义。

中国高校招生兼具社会性与教育性,与经济和社会之间通过严密论证所建立的嵌入关系不同,中国高校招生与社会文化系统之间的嵌入关系,是自该项制度建制以来,就被利益相关群体认同、关注的。中国高校招生的嵌入性自主,是生发于中国这个考试古国、考试大国背景下的自主,是承担为国家选拔人才、为党培养干部这一责任下的自主。

嵌入性自主是强化高校招生主体性地位的保障。一方面,尊重嵌入性,使中国高校招生的主体行为与社会文化系统相适应。不仅要承担国家责任,使招生标准与国家立德树人的基本方针相一致,与国家的政治需要、经济发展、文化传承相一致。而且要获得社会认同,在广大民众可理解、可接受的价值取向内开展高校招生工作,以"统考统招"的基本制度为主要方式,遵循国家层面的高考公平原则。另一方面,强调嵌入基础上的自主性,使中国高校招生的主体行为在考试大国、考试古国的社会基础上,在"以程文定去留"的考试文化上有所突破。进一步加强招生评价体系的内涵建设,从高等教育教学规律角度建立合理的评价标准、使用适切的评价方式,在创新型国家的建设期、高等教育普及化阶段,选拔适于国家发展需要、与高等教育在国家战略发展中定位相适切的人才,能动性、创造性、进阶性地实现高校招生的社会责任。同时,加强高校招生评价过程的制度建设,以高考公平为原则,加强高校招生的自律意识,在学校内部分解招生权力、加强过程监督、促进信息公开、通过程序正义实现高校招生公平,并进行适当宣传,消解高校招生自主性与高考公平的"矛盾",树立高校在招生公平中的合理地位。

(二)依附性自主可使高校招生参照国家政策,又有独立判断

依附性自主强调的是对政府等部门的政策、制度有一定的依赖性,但在具体实践中具有一定的主观能动性,即在合理、合法的范围内发挥主体

---

① [英]波兰尼:《大转型:我们时代的政治、经济起源》,冯钢等译,浙江人民出版社2007年版,第50—53页。

作用，而非行为主体被其他主体所笼罩或覆盖，呈现出依附状态、失去自我。①

"统考统招"的高校考试招生制度建制于1952年、"学校负责、招办监督"的录取原则形成于20世纪80年代末，二者均沿续至今。在这样的体制机制下，中国高校考试招生体现出了较强的依附性，即招生过程以教育行政部门、省级考试招生机构、各级招生工作委员会的行政指令为主，录取依据以国家级或省级考试招生机构组织的普通高等学校招生统一考试、高中学业水平考试成绩为要，录取工作在教育部统一领导下由各省级招委会组织实施。高校招生主体性地位的作用空间极为有限，仅参与制订分省分专业招生计划、在相关政策的指导下发布"招生章程"、在省级考试招生机构的监督下与该类机构协作完成相关工作，等等。且在有限的空间内，高校也习惯于服从教育行政部门的相关指令，在高考综合改革的选考科目制定、综合素质评价使用办法颁布、特殊类招生的报考条件设定时，更倾向于由国家出具指导意见，高校在意见中做"客观""选择题"而非"主观""论述题"。高校招生中体现出了极大的依附性，过度依赖于国家政策，主观能动性基本没有体现。

依附性自主是强化高校招生主体性地位的有效路径。高校在招生中的依附性自主，即在不违背统一高考制度、相关政策法规的前提下，相对独立地决策高校招生事宜的自主行为。这一作用的发挥，依托于校内招生组织的专业化建设，招生工作领导小组、招生办公室、招生工作组有合理的组织构成、充足的人员数量，对招生工作有明晰的定位、对职责之内的事务有科学的认识。具体而言，根据本校历史文化传统、学科专业特色、基本学情特征形成核心的招生理念，引领高校招生的方方面面；制定合理、合法的"招生章程""招生简章""招生细则"，服从于又不局限于国家政策，符合"统招"的基本要求又不与其他院校完全相同；在普通类招生的专业设置、分专业出省计划、选考科目制定、综合素质评价使用办法确定、专业志愿调配方面形成符合本校特点的做法；在特殊类招生的专业选定、报名条件、材料审核规则、复试考核程序、评价录取依据方面融入院系教育教学的特色。高校招生的依附性自主，更符合高等教育普及化阶

---

① 王向民：《准官僚组织的自主性——义务工会研究》，上海人民出版社2014年版，第5页。

段招生变革的需求，也更适应于高考综合改革对高校招生变革的期待。

（三）建构性自主与反思性自主可使高校加强招生能力建设

建构性自主强调的是高校在招生过程中，整合教育行政部门与考试招生机构的政策要求，高校内部招生工作委员会、招生办公室、二级学院师生的相关力量，建构起适用于本校的招生方案，并将其制度化，成为权威依据，全面引领高校招生工作。反思性自主强调高校对自身招生理念、招生过程、招生结果、人才培养等方面的总结、反思与修正，以使本校招生制度更为合理、更为有序，适应社会、高等教育、招生政策等，考生能力等的变化。

在"统考统招""学校负责、招办监督"的体制机制下，高校招生办长期以"接"生办的状态存在，使高校招生能力建设缺失。在大多数情况下，高校招生工作委员会为非常设机构，组成人员以行政部门负责人为主，以召开年度会议为工作形式；高校招生办公室人员数量较少，专业性缺失，工作任务繁重，只能保证程序性工作，并以追求"高分"考生为目标；二级学院在招生中服从招生办公室的领导，以参与招生宣传工作、录取阅档工作为主，即便出于人才培养的经验，有对高校招生改革的思考或对招生新举措的建议，也缺少发声的机会或相关的激励机制。高校对自身的招生工作停留于简单服从上级安排的层面，缺少主观能动的建构。面对招生中出现的问题，高校以问题为导向进行处理，针对当年招生结果，也会以录取分数为指标进行判断，并酌情对下一年度的招生计划做出修改。高校的相关工作停留于"总结"层面，尚未上升到"反思"层次，总结得出的结果也较少触发真正的招生改革。

建构性自主有助于高校整合多方资源，变革高校内部的招生体制机制，整合二级学院、专任教师、学生资源，加强招生能力建设：尊重二级学院的学科专业优势，探索合理的分专业出省计划、选考科目制订方案、综合素质评价使用办法；听取专任教师的教育教学经验，调整专业选择时间、人才培养方案、特殊类招生方案；吸引学生群体参与招生宣传、根据学生综合表现调整招生方案。在招生的学术性与行政性之间，维护学术性；在教育性与市场性之间，侧重教育性；在通识性与专业性之间，依据高校的人才培养风格酌情而定。反思性自主有利于高校审慎看待招生效果，优化高校招生能力。高校招生结果不应仅聚焦于录取生源的最高分、最低分、平均分，还应正视各省基础教育的差异、选考制度与综合素质评价开展带来的个体能力差异，从新生入学后的表现中反思高校招生的有效性，调整相关招生方案，发挥反思性自主真正的作用。

第二节 学术声誉与高校招生

学术声誉是大学声誉的重要组成部分，也是高等教育内涵式发展的生命力。强调学术声誉对强化高校招生主体性地位具有重要意义。在高校招生中，学术声誉本应成为吸引生源的有力条件，但在大多数招生实践中，无论是学生的专业选择，抑或高校的招生宣传，都没有足够重视学术声誉。

一 学术声誉

从客观层面来讲，高校招生吸引力的增加源于高校的大学声誉（整体性声誉），学术声誉属于大学声誉的一部分，在招生中能够起到"锦上添花"的作用。与大学声誉相比，学术声誉是一种内隐式的表达，但其更能彰显院校的实力、关切人才培养质量。

（一）学术声誉与大学声誉

声誉，是某种事物在他人看来的印象、声望，是来自他者的评价。通常认为，学术声誉是指一所大学以科研水平为核心的办学实力在社会上，尤其是学术界影响的深度与广度，是大学评价体系建构的基点；[1] 或者认为"学术声誉"是衡量一所大学的学术质量在学术界及社会上的影响力的一项重要标准，在当今各项大学评价体系的构成中越来越受到重视。[2] 这两者皆是狭义层面的定义，认为学术声誉是外界对高校在科研水平、学术质量方面的评价。本书所指的学术声誉，对其内涵有所扩充，指向的是大学在科研水平、学术质量、学科发展程度、专业建设情况、人才培养质量等方面的影响力，也是社会群体对大学在这些方面的评价。科研水平、学术质量、学科发展程度、专业建设情况、人才培养质量等在大学场域内

---

[1] 刘创、刘红英：《学术声誉：大学评价体系建构的基点》，《中国高教研究》2006年第6期。

[2] 许甜：《国外大学排名中的学术声誉评价理念及方法》，《中国高教研究》2012年第9期。

具有同质性，与高校的行政事务、市场竞争行为相比，具有鲜明的学术属性、教育特征。

大学声誉是指大学作为一类特殊的社会组织形式，依靠其过去的行为和可以预见的前景所获得的大众信任和赞美的程度，是大学综合实力和社会形象的外在表现，其核心是知名度与美誉度。[1] 大学声誉的形成基于大学在人才培养、科学研究、服务社会等多方面的表现，涉及大学的历史发展、校风学风、师资力量、学科特色、专业设置、学生表现、办学资源、国际化程度、在各大排行榜的表现等关键要素。由于社会群体信息的不对称性、认知的有限性、知识涉猎的非专业性，大学声誉往往是其评判一所大学"好""坏"的重要依据。而大学具备良好的声誉和鲜明的办学特色、大学与社会经济发展的和谐程度也是大学竞争力评价的基本原则。[2] 与大学声誉相似的概念还有大学品牌、大学形象等。

影响大学在公众心目中美誉度的关键因素是大学的人才培养质量和科研成果水平，[3] 人才培养质量与科研成果水平与本文所界定的学术声誉具有内在一致性。换言之，学术声誉是大学声誉的核心内容，学术声誉对促进大学自主与学术自由、内敛力的形成、社会形象的树立、办学资金的筹措、生源与就业质量的提升具有积极意义。[4] 科研水平、学术质量、学科发展程度、专业建设情况、人才培养质量等学术声誉的要素，也是大学声誉形成的内源性动力，是高等教育内涵式战略发展的重点，更是保证大学可持续发展的要点。

（二）高校招生中的学术声誉

学术声誉涉及高校科研水平、学术质量、学科发展程度、专业建设情况、人才培养质量等在社会的认可度，是形成高校招生吸引力的关键要素。理论上讲，科研水平高、学术质量好、学科优势明显、专业口碑好、人才培养质量高等形成的学术声誉，将提升高校的招生吸引力，且二者之

---

[1] 郭丛斌、刘钊、孙启明：《THE 大学声誉排名分析与中国大学声誉提升策略探讨》，《教育研究》2017 年第 12 期。

[2] 宋东霞：《中国大学竞争力研究》，高等教育出版社 2005 年版，第 17—18 页。

[3] 郭丛斌、刘钊、孙启明：《THE 大学声誉排名分析与中国大学声誉提升策略探讨》，《教育研究》2017 年第 12 期。

[4] 刘创、刘红英：《学术声誉：大学评价体系建构的基点》，《中国高教研究》2006 年第 6 期。

间呈正相关。若高校在招生中以学术声誉为主要宣传内容，其收效也应更加明显，影响也应更加长远。在招生实践中，高校间的生源质量应与社会对大学的评价度、对大学学术的评价度相适应；高校内部也应体现出优势学科、王牌专业生源质量相对较好的特征。

在招生方案的制订中，高校应充分考虑学术声誉的相关因素。比如，根据在校生学业表现、校内专业特色、毕业生发展情况制订分省分专业计划，提升招生计划的合理性，使考生的志愿与高校招生的满足率均有所提高；根据院校学科专业优势、在校生学情，制定具有本校特色的选考科目要求、具有专业特色的综合素质评价结果使用办法，使考生个体知识结构与学科专业人才培养的知识结构趋于一致，或至少适合于本校本专业的人才培养，并在此基础上，加强人才培养与招生方案之间的联系，使二者相互影响、相得益彰。

招生宣传的过程，也是大学将其树立的声誉、品牌、形象向大众传播的过程，只有考生、家长获得充足的、关键的信息，才能做出理智的、适于自己的选择。通常，高校在招生宣传中向考生呈现大学的整体形象，如自然形象、历史形象、校长形象、教师形象、大学生形象、学术形象、大学文化形象等。[①] 学术形象抑或称学术声誉是大学招生宣传的重要内容，大学可借招生的机会向不了解高校、高等教育情况的考生、家长介绍学校的专业情况、专业相关的学科平台建设、在校生的学情、毕业生的发展等，从学术声誉角度，考生与家长可了解到高校人才培养的相关信息，这也应是与考生未来发展关系最为密切的院校信息。高校的招生宣传或考生、家长获取院校信息的途径多种多样，有高校主导或参与的招生宣讲会、招生咨询会、专题讲座、办学开放日及建设的招生网站、微博、微信公众号等官方媒体，有教育部发布的学科评估结果、"双一流"大学、"双万"计划等的建设情况，有考试招生机构发布的信息、举办的招生咨询会，有社会机构发布的大学、学科、专业的排行榜，有自媒体发布的对某个大学或某个专业的评价，还有考生、家长从亲友、目标院校校友等口中获知的信息。客观来讲，对于大学学术声誉的情况，高校、教育行政部门、考试招生机构掌握的信息更为全面、客观、科学，是更有话语权的主

---

① 胡西伟：《当代中国大学形象的媒介呈现与重建》，武汉大学出版社 2018 年版，第 58 页。

体，相比之下，自媒体及考生、家长的亲友、目标院校校友等的认知不及前者，不过这两类群体对考生报考选择的影响尚有待考证。

（三）高校招生中学术声誉与大学知名度的辨析

国外的相关研究表明，追求大学声誉（institutional prestige）、大学知名度、大学在排行榜中的表现，对大学在招生中的吸引力没有太大的作用，[①] 而学术多样性、学术声誉、小型文理学院的品牌文化对其招生吸引力具有重要意义。[②] 国内对该类问题的研究较少，仅有少部分研究证实，大学更名、办学层次提升会对高校招生效果带来一定的影响，但多为短期内的录取分数提升。[③]

声誉与招生间的关系可做分类讨论，其一，是学术声誉与招生间的关系。其二，是学术声誉之外的，如大学知名度、大学排行榜等与招生间的关系。整体而言，第一类声誉对高校招生有明显的促进作用，因为其涉及了科研水平、学术质量、学科发展程度、专业建设情况、人才培养质量等高校运行中的核心要素，且这些要素是由高校自主决定的，高校可根据自身的规划，能动地开展相关工作，从而形成符合自身定位、具有自身特色、能够彰显自身特长的学术声誉，以此在高校招生竞争中突围，获得考生的关注，争取优质生源。而第二类声誉对高校招生的影响却截然不同，对其进行剖析可以发现，大学知名度、大学排行榜等对高校的评价或形成的大学声誉是外界赋予高校的，其评价指标不是由高校而是由评价机构决定的。高校为了获得相应的校名（如从"学院"升格为"大学"，独立学院转设时的更名）、办学层次、知名度、在排行榜中的名次，就要以评价主体制定的标准为发展方向，被动地进行变革。但这些发展目标都是同质化的，而非因校而异的，考生录取分数的提升可能仅是短期现象，待招生"红利"释放完全，招生效果又会回归到一个平稳的状态。此时的高校在

[①] Schmidt P., "Most Colleges Chase Prestige on a Treadmill, Researchers Find", *Chronicle of Higher Education*, Vol. 55, No. 1, 2009, p. 1; Willis A. Jones, "Do College Rankings Matter? Examining the Influence of 'America's Best Black Colleges' on HBCU Undergraduate Admissions", *American Journal of Education*, Vol. 122, No. 1, 2016, pp. 247 – 265.

[②] Tweddale R. Bruce, "Factors Affecting Decisions of Freshman Students Applying to GVSC for Fall", *Summary Report*, Grand Valley State Colleges, 1976, p. 10; Barnds W. K., "The Worth Claim: Beyond Brand", *Strategic Enrollment Management Quarterly*, Vol. 1, No. 2, 2013, pp. 90 – 101.

[③] 吕健：《高校更名与招生扩张》，《教育与经济》2016年第3期。

评价主体的引导下,高校之间差异化越来越小,甚至完全同质化,无论是其招生抑或发展,都会遭遇新的瓶颈。

故而,于高校而言,招生也好、发展也罢,学术声誉远比大学知名度等声誉更具价值。绝大多数高校的发展都是长期性的、都有长远目标,短视行为将有损大学的未来发展。

二 对学术声誉在招生实践中的审视

学术声誉是大学声誉的核心,是高校发展、高校招生的关键竞争力。但调研结果显示,绝大多数高校在招生中,对学术声誉的重视不足。相比之下,仅有高考综合改革地区的高校、特色型高校较为重视学术声誉,且招生实践证明,学术声誉也给其招生吸引力的提升带来了良好的效果。

(一)考生倾向于"热门"专业而非"王牌"专业,功利主义使学术因素被忽视

在高校招生过程中,高校可被视为"卖方",考生可被视为"买方",考生的高考分数则被视为"货币",充当等价交换的媒介。在这一逻辑下,多数考生抱有"不想浪费一分"的心理,即期望凭借自己的高考成绩,进入相应的高校与专业;在招生中高校形成的专业录取分数线也因此固化,或曰形成"规律",同时成为考生填报志愿的依据。倘若考生的选择以学术声誉为主,即高校间的招生分数、各专业间的招生分数依其学术声誉分布则较为理想,但事实却并非如此。调研发现,考生倾向于"热门"专业而非"王牌"专业,正如两位高校领导所述:"我个人认为,现在对于学生来讲,他们首先是选'双一流',其次是哪个专业热门就报哪个专业。他不是看学校的,看学校就看'双一流',如果'双一流'选不了,他就看专业。先把财经类的学校报完,然后再看哪些学校有财经类。因为我问过很多次,绝大部分的学生不是看你学校的特色。最后没有办法的,他觉得分数只能到你这个学校了,他才研究你学校非财经以外哪些专业好,像我们学校就是计算机类、包装工程类、电气类等。但还有一个情况,我们学校冶金专业非常好,可社会群体总认为这是炼钢炼铁的工人,他们就不会选,他们会找一些相对体面的专业。"(GX3-3-1-XLD1-191127)"纺织是我们学校的特色,但招生情况不好。因为家长对纺织的认识还停留在传统的纺织工人纺纱层面,但是现在这个纺织不一样了,'衣食住行','衣'是放在首位的,我们现在不光要穿得舒服,我们还要

更健康啊！所以我们学校的纺织专业，包括纺、织、服装设计。随着科学技术的发展，现在的纺织工厂与以前的工人作业完全不同。"（GX3-2-1-XLD1-191024）"家长都认为学旅游管理就是当导游、学酒店管理就是去酒店当服务员，这就导致了我们分数一直上不来，好像跟'冷门'专业似的。但其实我们跟希尔顿酒店等四星级酒店是有合作协议的，订单培养、以管理层为定位进行培养，但家长和社会还是不认可我们。"（GX3-3-3-XYLD1-201021）

考生的志愿选择存在一定的盲目性，一项研究表明：高三学生中大多数都对专业了解不足，对自己想报考的大学专业设置情况，不了解的占63.1%；对自己想报考的专业培养目标情况，不了解的占48.2%；对自己想报考的专业的未来就业方向和前景情况，不清楚的占37.3%。[①] 在这种情况下，考生对高校的选择考虑知名度、地理位置，对专业的选择考虑兴趣爱好、家庭资源、学业难易程度、未来工作的舒适度。可以说，考生在选择高校、选择专业时的功利心理大于其对学术的追求。他们更愿意考虑的是所学专业将给自身带来的经济、社会地位，而较少考虑在这一高校或专业的学习中，自身能获得怎样的发展。在把高考分数物化为"货币"的报考中，功利主义使高校的学科评估结果、专业评价情况、就业质量报告不为大多数考生所关注，最终导致人文类专业、农学类专业、面向服务行业类的专业、基础学科类专业等，在招生中常常遇冷。

（二）部分高校招生宣传偏重整体与形式，行政性、市场性使学术性被湮没

高校的招生宣传工作是考生、家长填报志愿时的重要参考，但高校的招生宣传工作存在一定的盲目性，比如定位不清、内容不适切、效果不显著。一位高校招办的工作人员直言："说实话，招生宣传对生源质量起的作用微乎其微。"（GX2-3-2-XLD1-191014）高校招生宣传的内容注重整体性介绍，即侧重于向考生、家长宣传高校的社会声誉、整体实力，而非以学术声誉为重点，且大多数高校领导、招生工作人员认为学术声誉并非为本科生招生的重要影响因素。几位高校领导的观点较有代表性："我觉得从招生角度来讲，最重要的是目前你学校的办学状态。你毕业生特别好，代表过去，并不代表现在。学生也不一定了解你多少毕业生，对

---

① 王文鹏：《大学品牌评价研究》，郑州大学出版社2017年版，第45页。

吧？你的学术好不好，学生在上大学之前还不接受'学术'这个词，还不知道看你论文，他不会看你项目。"（GX2-3-2-XLD1-191014）"我觉得（在招生中）高校的社会声誉最重要，因为对我们的招生对象来讲，他不会深入得那么细，他不会看学校有多少院士之类的。社会声誉可能（是）影响学生选择、家长选择（的重要因素）。我们也会发布就业质量报告，但家长一般不太注意，他们注意的可能是媒体的报道，毕业生就业率怎么样、工资给多少等。"（GX2-3-1-XLD1-191126）高校招生的组织建设较为完善，分工明确、形式多样。几乎每所高校都有较为完整的招生宣传制度，在任务分工上，以生源重点省份或城市为单位，分由学院负责；在宣传内容上，由高校招生办公室统一培训、统一印制材料；在宣传形式上，建立生源基地、组织线下宣讲、利用各种网络媒体扩大招生的覆盖面。

在高校招生宣传工作较为全面的情况下，高校招生办公室、二级学院却皆认为其收效甚微，原因便在于招生工作的专业性不足，行政性、市场性思维湮没了大学精神的内核——学术性。一方面，高校招生工作在行政性思维的主导下，粗放式地将各省份、各城市的招生工作以院系为单位划分，这种形式仅考虑到了招生工作的便捷性，却影响了招生工作的专业性，尤其在高考综合改革背景下，"院校专业组""专业（类）+学校"志愿的改革对高校的专业宣传有了更高的要求，现代社会的学科、专业分化程度也给这种宣传模式提出了严峻的挑战。另一方面，高校招生工作在市场性思维的主导下，遵循"投考生所好"的逻辑，降低了招生宣传工作的有效性。比如，多数高校受访者认为考生、家长不关注高校的学科平台、专业资源、毕业生就业情况，但真实原因是高校的宣传不足或宣传不力。在市场思维的主导下，高校招生宣传涉及了较多的校园环境、住宿条件、饮食条件、社团活动等信息，缺乏对自身工作的能动性思考，从而忽视自身最具特色的"学术声誉"，招生宣传的深度不够，无法有效引领考生、家长在志愿填报中做出理智选择，甚至被社会媒体制造的噱头"牵着鼻子走"。而高校招生对舆论学、传播学的研究不足，无法做到如媒体宣传般吸人眼球，最终使高校精心筹备的招生宣传不敌媒体的"捕风捉影"。正如一位工科院系的二级学院领导所述："招生宣传存在很大的误区，给学生带来了非常不好的引导。现在各行各业都在强调制造业、实体经济的重要性，高校相应的专业却遭遇了招生困境，企业也遇到了人才断层。学生就是不愿意学这些专业、就是愿意填报热门专业,高校也没有一个很好的引导措施。"(GX1-2-1-XYLD1-191023)一位工科高校的招办主任也谈道:"'生化环材'被生涯规划师誉为'四大天坑专业',(我校)今年这些专业的招生分数直线下降,但这涉及了高精尖的研究,你能说这些专业不重要吗?"(GX3-3-2-ZB2-201020)

(三)高考综合改革试点地区及特色型高校的招生宣传注重内涵与实质,学术声誉发挥了良好的作用

近年来高校招生的宣传工作也因部分地区高考政策的变革、高校的特色化发展等产生了类型差异,整体而言,属地为高考综合改革试点地区的高校,语言类、师范类等具有专业特色的高校在招生宣传中更加注重内涵与实质,更愿意从高校的学科特长、专业设置、人才培养条件、毕业生就业情况等方面进行宣传。两位地处第一批、第二批高考综合改革试点地区的省属重点高校的校领导、招办主任谈道:"学校的社会声誉(对招生宣传来说)是很重要的,这也是高校的社会影响力。但自身要'酒香'呀,对吧?你自身有内涵,就比如专业的名气响了,对这个也是有促进作用的。就像我们的香料香精技术与工程专业,这样的专业多了,学校的影响力也就会大一些。现在新高考改革,我们学校加强内涵建设,而且通过各种宣传方式,让学生和中学有一定程度的了解。这个单靠我们招办力量肯定不够,所以最近两年我们建立了一个校院两级协同合作的宣传运营机制,还有奖励考核机制。我们彼此之间在合作上、参与度上比以前更强了,而且在招生试卷质量、到底培养什么样的学生等方面,他们也会跟我们进行沟通。我觉得这些对学校整个的学风校风、内涵建设都有促进作用。"(GX3-1-3-ZB1-191029)"近年来,考生对专业的选择更加理性,基于这个情况,我们的招生宣传有所调整,我们要做的工作最重要的就是要靠我们的学术声誉、专业特色和优势、人培养质量,靠我们的'厚重'吸引生源。"(GX3-2-1-XLD1-191024)语言类、师范类高校在招生宣传中也较为重视学术声誉,一位近年来生源质量不断攀升的语言类高校领导谈道:"我认为真正吸引生源的,第一个来讲就是学科专业的水平,这个学科的整体水平、师资队伍,当然也包括学校爱护学生、优良的学风传统等。还有一个就是毕业生对母校的一种评价,但这个声誉是不断变化的、滞后的。"(GX4-4-1-XLD1-191210)师范类高校的领导也表达了同样的观点:"师范这个牌子对我们招生来说有很积极的影

响。"（GX2-3-1-XLD1-191126）"学院的特色你肯定要宣传到位，但是吸引生源的关键还是学校的培养质量，这个不是一天两天（就能产生效果）的。"（GX3-1-1-ZB2-191030）

整体而言，学术声誉对特色型高校生源质量的提升产生了较为突出的影响，在语言类、财经类、师范类高校中最为显著。学术声誉所囊括的科研水平、学术质量、学科发展程度、专业建设情况、人才培养质量等要素是高校的内核，招生宣传立足于学术声誉，也增进了考生对高校的深度了解，使个人志趣与高考志愿有了更精准的匹配。客观来说，考生的理智选择也将提升其入学后专业学习的适应性，有利于其尽早进入专门知识领域。高考综合改革的志愿变革使学术声誉在招生中的影响力扩大，"专业（类）+学校""院校专业组"志愿将高校招生向专业细化，谈及专业就不能不涉及人才培养，而人才培养质量又以学科平台建设程度为基础，通过毕业生去向（就业、升学、出国）等反映。所以在高考综合改革试点地区的招生中，高校既注重对学术声誉的宣传，又注重对学术声誉的塑造。虽然这些举措的成效具有滞后性，但总体而言，高校招生宣传体现出从重形式向重内容、从重外延向重内涵的转变。

三 注重学术声誉对强化高校招生主体性地位的作用

科研水平、学术质量、学科发展程度、专业建设情况、人才培养质量等学术声誉是高校独有的、能够掌握话语权的要素，与高校校名、地理位置、办学层次、大学排名结果等外界"赋予"高校的声誉有本质的不同。从学术声誉发力，即高校应在自身可控范围内提升招生宣传质量，强化高校招生主体性地位。

（一）学术声誉使高校招生宣传超越本质主义，走向建构主义

高校招生宣传的过程可被视为高校向外界宣传自身形象、加深外界对大学了解的过程，而通常意义上，对大学形象的定义几乎无一例外地遵循着传统唯物主义本体论的客观主义认识路线，是一种本质主义的表达，但本质主义的大学形象观对大学形象现实的再现力和解释力不足。[1] 在本质主义的大学形象观立场上，高校招生宣传从各个角度、方面、层次体现大

---

[1] 胡西伟：《当代中国大学形象的媒介呈现与重建》，武汉大学出版社2018年版，第70—71页。

学的综合实力，但也可能使招生中的大学形象与大学的客观物质、社会体制不相适应。也就是说，本质主义的招生宣传观使高校在招生中求大、求全，尽可能地向考生、家长展示大学的整体形象，综合实力强的高校自然在招生宣传中更胜一筹，但这种宣传方式未必能使受众了解到最为真实的大学形象，其可能过于宏观、较为陈旧，忽略了受众的社会特征和心理特征，与受众想了解的某一专业情况及近况的意愿不符。

建构主义则认为，大学形象不是一个实体，而是一种社会文化关系，一种在互动过程中形成的相互承认、认同的关系，决定大学形象的关键因素是它在社会交往互动中形成的共享观念和知识结构，以及它与交往对象之间基于互动而确立的相互身份认同关系。[1] 在建构主义的大学形象观立场上，高校招生宣传应从高校与考生、家长等社会群体的互动中出发，在宣传的过程中，高校应在全部社会关系的总和中理解受众的态度与行为，[2] 依据咨询者的需求建立共同语言，基于高校实情为其介绍相应的情况。也就是说，在建构主义的招生宣传观之下，高校招生立足于本校实情，又不限于既定的宣传内容，尽可能地满足考生、家长对高校的"好奇心"。这种宣传方式可以使考生、家长了解到大学最真实或其最想知晓的信息，问题具体又更新及时。

学术声誉是大学声誉中最为灵活、最具特色的部分，建构主义招生观的达成也主要体现于此。学术声誉涉及的科研水平、学术质量、学科发展程度、专业建设情况、人才培养质量等，是考生、家长最需要了解的部分，但每位受众对信息的需求又有所不同。这就需要招生宣传人员"投其所好"，将招生宣传工作不仅停留于校舍环境、专业介绍、校园活动等，而且深入学术声誉的诸要素，让考生、家长获取人才培养、学生发展、社会需求等有效信息。以学术声誉为突破口的建构主义招生观，既丰富了高校招生宣传的内容、提升了高校招生的能动性，使招生宣传工作有重点、有特点，传递给考生、家长最真实、有效的信息；又间接地整顿了社会上关于高考志愿填报的冗杂信息，使考试、家长在填报志愿时有"据"可依，而非被自媒体发布的不实信息、不科学信息误导。

---

[1] 胡西伟：《当代中国大学形象的媒介呈现与重建》，武汉大学出版社2018年版，第75页。

[2] 范东生、张雅宾：《传播学原理》，北京出版社1990年版，第63页。

(二) 学术声誉使高校招生宣传走出同质化，强调院校、学科、专业特色

大多数高校的招生宣传都包括学校概况、专业简介、招生政策解读等内容，此类信息是高校招生宣传的基础，但不应成为高校招生宣传的全部。虽然这些信息是考生、家长了解高校及专业的前提，但无法使考生、家长了解到意向专业的核心信息。同时，对于高校而言，沿用这一宣传框架，也将落入同质化、形式化的窠臼，使高校不能在招生竞争中脱颖而出，院校、学科、专业特色无法体现，最直观的表现即为高校的"王牌专业"湮没于众多招生专业中，所有高校的"热门专业"如出一辙（比如绝大多数高校的"热门专业"均为财经类）。高校常对考生、家长的"不了解实情"，自媒体的"不实信息""标题党行为"怨声载道，却在招生宣传中缺乏有力的作为。

学术声誉是使高校招生宣传从同质化中突围，强调院校、学科、专业特色的突破口。事实上，已有部分高校开始尝试做出变革，如一位高校招办主任介绍："我们中国语言文学类专业的招生宣传，会以公开课的形式开展，比如为高中生们讲一个民国的文人、一段民国文学史、一篇散文，如果只是介绍专业，太死板了，谁爱听呢？"（GX3-3-3-ZB1-201021）GX3-1-3高校的"招生指南"中增加了各专业（方向）主干课程及特色课程、就业状况与职业生涯规划，GX5-1-1高校的"招生指南"中增加了优秀校友信息等，GX1-1-1高校以省份为单位编订了《毕业生去向》宣传册。学术声誉可使高校的招生宣传内容侧重于对学科、专业、师资、人才培养方案、学生就业去向、毕业生成就等的介绍，使其从同质化的招生内容中突围，为考生、家长构建真实可感的高校、专业信息，而非简单的数字、形式化的文字、标准化的录取规则，让考生、家长从高校的学术声誉中切身感受到如果进入某所高校、某一专业，自身将接受怎样的教育、获得哪些机会、最终可能成为什么样的人，这对考生而言是一种来自高校的"获得感"。

学术声誉对特色型高校招生宣传的良性影响是十分明显的，财经类、师范类、语言类高校都倾向于以学术声誉为宣传重点吸引生源。如果说财经类、师范类高校（专业）招生吸引力强是受相应职业较高的经济收入或社会地位影响，语言类则不然。该类高校的招生宣传侧重于对特色专业的介绍，包括相关专业的人才培养特色，如外语类高校GX4-1-1强调

教育的国际化，为学生提供出国学习的机会；毕业生的社会评价，如师范类高校 GX2-3-1 毕业生多在一线城市中小学就业，甚至供不应求。诸如此类的信息不仅真实可信，而且对提升高校招生吸引力的成效立竿见影。但同样属于特色型高校（专业）的医学类、农学类、工学类等，或有着招生困境的基础学科类、人文学科类等，在招生中也可突出学术声誉，用高校学科、专业建设情况，人才培养成效，社会需求情况等，为考生、家长呈现出相关专业的真实情况，更新他们对传统专业、行业的认知，引导他们从部分自媒体的不实信息中"逃离"出来。通过高校的作为，增加其"王牌专业"的竞争力、变"王牌专业"为"热门专业"，呈现出不同高校的"热门专业"各不相同的局面。

（三）学术声誉使高校招生改革与专业建设联动，适应高等教育内涵式发展

高校招生与人才培养之间的断裂开始被关注，但高校招生与专业建设之间的裂痕却少被提出。这一问题体现在很多方面，如部分大类招生改革中的大类合并将不属于同一学科、专业类、院系的专业进行合并，影响了教师资源、教育经费等的分配；部分高考综合改革试点地区选考科目的设定不考虑专业建设实情，降低了人才培养效率；部分高校普通类招生参考高中综合素质评价结果、特殊类招生增加综合评价录取等，制订人才培养方案时却不考虑新生的相关基础；等等。近年来，在高考综合改革的推动下，高校招生不断尝试新的举措，在高等教育内涵式发展的背景下，高校专业建设也被提上日程，但本具有衔接性的两个问题在实践中却被割裂，也就影响了二者的效果。同时，因为重科研、轻教学是多数高校的常态，与学科发展相比，专业建设受重视度有限，也就在部分院校中出现了招生改革活跃、专业建设迟缓的问题。

高考综合改革中录取机制（"两依据一参考"）及志愿形式的改革["院校专业组"或"专业（类）+学校"志愿]给高校带来了巨大的挑战，选考制度、按"专业"录取改变了考生个体的知识结构、打破了高校在招生中的竞争格局。理论上讲，高校应在专业建设与招生改革中双管齐下，才能保证改革的成效。事实也证明，地处高考综合改革第一批试点地区的高校自 2017 年首批新生入学后，意识到了专业建设的重要性，在近两年的招生宣传中更加重视学术声誉，并认为这是一项关乎专业内涵建设的"长线工程"。学术声誉加强了招生改革与专业建设的联系，使高校

开始对二者进行统筹思考，希望通过卓越的教师、优质的课程、良好的平台建设一流的专业，以此来增加高校的招生吸引力。

以学术声誉为着力点、加强高校招生改革与专业建设联动的成功经验不应仅局限于属地为高考综合改革试点地区的高校。因为从实际情况来看，凡是在高考综合改革落地之前便进行专业建设及人才培养模式改革的高校，其招生改革与专业建设都较为平稳，都产生了良好的效果；反之，则影响了二者的效果，甚至造成专业建设不得不因招生改革而改变的问题。虽然中国绝大多数高校均以招收属地生源为主，但也不能不考虑每所高校均面向全国各地招生的实情。截至2021年，全国将有近半数考生通过高考综合改革实施方案入学，即便高校地处非试点地区，也将面临高考综合改革带来的挑战。事实上，由学术声誉拉动的高校招生改革与专业建设的联系，也更符合高等教育内涵式发展的要义，以此增加高校的主体意识，从高等教育入口关遴选适宜适性的生源、在高等教育人才培养过程中因材施教，这也使高考综合改革的"育人功能"更为完善。

第三节 招生治理与高校招生

治理理念在教育领域、高等教育领域乃至高等学校运行中广为应用，但在作为教育系统重要组成部分、高等学校重要办学活动的高校招生中，治理理念却尚未被重视，也更无从谈起发挥真正的效用。尊重治理的相应规律，用招生治理代替招生管理，是强化高校招生主体性地位的重要保障。

一 招生治理

招生治理源于管理学中的治理思维。由于招生的本质是为高等学校选拔合格生源、促进学习者从基础教育向高等教育的过渡，故招生治理既是一个管理问题，也是一个教育问题。与招生治理最易混淆的概念为招生管理，从管理的困境中突围，才能保证治理作用的发挥。

（一）治理与教育治理

联合国全球治理委员会将"治理"定义为"个人和公共或私人机构管理其公共事务的诸多方式的总和。它是使相互冲突的或不同的利益得以调和并采取联合行动的持续的过程。它既包括有权迫使人们服从的正式制度和规则,也包括人民和机构同意的或以为符合其利益的各种非正式的制度安排"①。国内的研究更多地使用了俞可平教授的定义,"治理指官方的或民间的公共管理组织在一个既定的范围内运用公共权威维持秩序,满足公众的需要,其目的是在各种不同的制度关系中运用权力去引导、控制和规范公民的各种活动,以最大限度地增进公共利益"②。

"治理"在人类政治历史话语中,源自"统治"与"管理",三者之间是渐进的迭变关系。治理理论兴起的重要原因之一在于,科层制、工具理性因复杂性、动态性、多样性的增加与效率渐行渐远,③ 用"治理"取代"管理",以在复杂环境下保证组织效率。治理的实质是在市场原则、公共利益和认可之上建立合作,它所拥有的管理机制主要不依靠政府的权威,而是合作网络的权威,权力向度是多元的、相互的,而不是单一的和自上而下的。④ 治理具有鲜明的基本特征,主体是多元的利益相关者,如政府、企业、社会团体等,多元主体使权力分化,也促成了"多中心";主体之间形成了网络关系并相互依赖,但这一关系造成了权责的模糊性;善治、协同与增效是治理的目的;工具多为政策、制度或契约,此类工具也多被称为政府工具(tools of government)、政策工具(policy instruments)或治理工具(governing tool);对象多具公共性,多为公共事务或公共问题。⑤ 库伊曼(Jan Kooiman)和斯文·珍特福特(Svein Jentoft)提出,"治理"的分析框架为治理要素、治理模式和治理秩序,⑥ 国内学者则将其细化为组织的性质、外部治理、内部治理、治理机制、社会公信力、制度环境等。⑦

治理包括多种结构、水平和方面,教育治理是其中的一个方面,与政治治理、经济治理、文化治理等为平行概念。教育治理是指国家机关、社会组织、利益群体和公民个体,通过一定的制度安排进行合作互动,共同

---

① 全球治理委员会:《我们的全球伙伴关系》,牛津大学出版社1995年版,第23页。
② 俞可平:《全球治理引论》,《马克思主义与现实》2002年第1期。
③ 王诗宗:《治理理论及其中国适用性》,浙江大学出版社2009年版,第107页。
④ 俞可平主编:《治理与善治》,社会科学文献出版社2000年版,第6页。
⑤ 麻宝斌等:《公共治理理论与实践》,社会科学文献出版社2013年版,第9—10、35页。
⑥ 麻宝斌等:《公共治理理论与实践》,社会科学文献出版社2013年版,第28页。
⑦ 王诗宗:《治理理论及其中国适用性》,浙江大学出版社2009年版,第248—251页。

管理教育公共事务的过程。[①] 教育治理体现为利益相关者的"共治",旨在解决政府教育行政权力过于集中、多元利益表达、民智集中和决策智力支持、政校关系和学校办学自主权等问题。[②] 教育治理同样具有主体多元性、主体间依赖性、对象公共性、以"善治"为目标、以政策为工具等治理的一般特征,不同的是,在考虑教育治理问题时,不能脱离教育中的基本规律、学术权力、育人成才使命、个体功能及社会功能等。

(二) 招生治理的内涵

招生治理有广义与狭义之分,广义的招生治理指教育行政部门、考试招生机构、高等学校,基于高校考试招生制度进行互动、共同决策高校招生录取的过程。狭义的招生治理特指发生在高校内部的相应活动,即高校主管领导、招生工作委员会(或领导小组)、招生办公室、二级学院主管领导、专任教师等主体,以国家、地方、校内的相关制度为依据,共同开展高校招生录取工作的过程,同时,这也是大学治理的重要内容。本节所关注的重点为狭义的招生治理,广义的招生治理则是分析其外部治理环境的重要参考。

招生治理理念的提出,源于中国高校招生"自主化"改革的推进以及全面深化改革阶段的到来,高校不仅在少年班、保送生、综合评价录取、"强基计划"等特殊类招生中有较大的招生自主权,而且在高考综合改革实施方案下,普通类招生方案也发生了极大的变化,这便导致原有的集权化、单中心、单主体的招生管理模式难以满足变革中复杂性、动态性、多样性的招生要求。而高校招生作为一项关涉多元主体的教育公共事务,符合教育治理对象的基本特征,治理理念的引入,也有助于提升高校招生的科学性、建设高校招生能力、强化高校招生主体性地位。

具体而言,招生治理的内部结构包括多元主体,在高校招生"自主化"改革、全面深化改革背景下,高校招生主管领导、招生工作委员会、招生办公室之外的二级学院领导、专任教师等的参与,实现了高校招生主体的多样化。各主体间因特殊类招生中的考生材料审核、院校考核、录取资格决策,普通类招生中分省分专业计划、选考科目、高中综合素质评价结果使用方案等的制订、阅档等,建立了联系并相互依赖,形成了合作机

[①] 褚宏启:《教育治理:以共治求善治》,《教育研究》2014年第10期。
[②] 褚宏启、贾继娥:《教育治理与教育善治》,《中国教育学刊》2014年第12期。

制。院校"招生章程""招生简章""招生细则"等是治理的政策工具，现代信息技术的广泛应用为治理提供了必要的保障。同时，高校招生的本质是一项教育活动，其间又涉及学术权力与行政权力、教育属性与市场属性等的博弈。"学校负责、招办监督"的录取原则奠定了招生治理外部结构的基础，高校与教育行政部门、考试招生机构平等对话，基于各类招考政策实现对高校考试招生工作的共治。但对这一问题的探讨又必须基于国情、充分考虑已经延续70多年的"统考统招"制度。故，中国高校招生治理不仅要达成"善治"，而且要基于"善政"。在招生治理内部结构的合理运行、外部结构的理性互动下，高校招生活动也实现了监督与自我监督，保证了招考的公平与科学。

(三) 招生治理与招生管理辨析

《新华字典》对"理"的解释为"按事物本身的规律或依据一定的标准对事物进行加工、处置"[1]，而"治理"与"管理"无论是在人类政治历史话语中，还是在教育领域、大学运行机制中，皆为一对易被混淆的概念，但事实上，可以认为"治理"脱胎于"管理"、与"管理"有关，但二者有本质的不同，具体体现于主体、结构、权源、机制等诸多方面。[2] 对"招生治理"与"招生管理"的辨析也可从此入手。

招生管理的主体构成较为单一，虽然有高校招生主管领导、招生工作委员会、招生办公室等多主体，但其皆为行政权力的代表、实体机构较少，具体工作均由招生办公室负责，这也就决定了"单中心"的管理结构的形成。校内招生事务服从于以招生办公室为代表的权力机构的安排，二级学院领导、专任教师在招生中缺乏话语权。权力来自相关机构自上而下的"授权"，二级学院、专任教师须在招生办公室的主持下参与招生方案的制订、开展相应的招生宣传，他们在相关工作中缺乏决策权与能动性。整个招生工作的运行机制是单向的、强制的、刚性的，主体间缺乏对话，很难实现真正意义的协同共进。

招生治理的主体构成较为多元，二级学院领导、专任教师的参与不仅意味着主体类别的增加，而且也象征着学术权力的融入，各主体既是招生治理的主体，也是招生治理的对象，共同促成了一个相互沟通协调、持续

---

[1] 在线汉语字典，"理"，http://xh.5156edu.com/html3/13387.html，2020年7月11日。
[2] 张澧生：《社会组织治理研究》，北京理工大学出版社2015年版，第14页。

性的合作治理过程。多元主体在治理中发挥作用,建构起了"非中心化"的治理结构。各主体在不同的项目中扮演不同的角色,实现了招生工作结构的"多中心化"。在实践中,招生治理主体还应有权力机构、决策机构、执行机构、监督机构等分工,以实现结构的合理化。各主体可直接行使权力,在招生方案的制订、宣传工作的组织中具有话语权,并能够结合自身优势,对相关决策进行检验、反馈、调整。整个招生工作的运行机制是双向甚至多向的,是平等协商的共治机制,是共赢、合作的柔性机制。

在对高考公平有着无限期待的社会背景、"统考统招"的制度背景下,高校招生由"管理"向"治理"的转变具有一定的难度,任何非行政权力机构的其他主体参与到高校招生中,都容易引来非议。但高校招生"自主化"改革与全面深化改革的相关举措,又决定了以行政属性为主的部门难以应对改革带来的挑战。现阶段,高校招生工作委员会具有招生治理的决策机构的属性,校内教学单位、职能部门的参与构成了多主体共治的基础。但高校招生工作委员会又为非常设机构,若其人员构成、组织运行出现问题,成为招生决策的虚体,又容易导致招生实践倒退回"管理"。

二 对招生治理理念在招生实践中的审视

招生治理作为一项研究议题,在理论探讨层面有所进展,部分研究者将其视为高校自主选拔录取[①]、综合评价录取招生[②]、研究生招生[③]等的改革方向,在实践中,多元主体融入的必要性与可能性也构成了招生治理的基础,但事实上,招生治理理念在招生实践中的应用情况却有待系统考证。

(一)多元主体参与高校招生工作,但权力向上集中,多重因素影响了多主体的共同决策

随着中国高校招生"自主化"改革的推进以及全面深化改革阶段的

---

① 李立峰:《治理理论视野下的高校招生体制改革》,《江苏高教》2005年第5期。
② 徐倩倩:《高校"三位一体"招生利益相关者共同治理模式探析》,《文教资料》2016年第13期。
③ 张立迁、梁候明、陈冠云:《从"管理"到"治理":高校研究生招生组织运行模式嬗变》,《黑龙江高教研究》2017年第5期。孔德琳:《治理视域下的研究生招生管理改革研究》,《科教导刊》(中旬刊)2019年第7期。

到来,高校职能部门、教学单位,行政人员、专任教师等,都在不同程度上参与了高校的招生实践活动。全部受访高校表示,其严格执行国家招生规则,并在政策允许的范围内,形成了较为完善的招生工作机制。小部分高校形成了招生治理的意识与雏形,一位二级学院领导则认为:"招生是一个全校性的工作、各单位都应重视,整个学校都应将提高生源质量作为工作目标,招办只是其中一个部门。"(GX3-3-3-XYLD1-201021)一位高校主管领导介绍:"我们招生工作是作为'一把手工程'来做的,招生领导小组组长肯定是校长,也有专门的办事机构、部门,每年进行招生工作研讨时,二级学院的领导都要来参加,我们也对二级学院提供经费上的保障,新高考改革以后,专业教师也积极介入到了招生工作中来。"(GX5-1-1-XLD1-191211)另外三位高校招办工作人员阐释了招生工作委员会、二级学院参与招生治理的实情:"我们学校层面与院系层面的招生权力分配是相对平衡的,专业、计划的设定,招生政策,招生的门类和章程等都是由招生委员会的领导小组协调出来的,招办主要就是统筹协调工作,各学院则是完成自己所承担的任务,这一整套体系还是比较连贯、合理的。"(GX3-2-1-ZB1-191024)"在新高考最核心的选考科目制定方面,主要是学院的意见。我们每个学院都有学术委员会,他们依据我们省的《实施方案》论证考察研究,然后提交给学校招生委员会、学术委员会,因为这涉及了专业建设、课程要求,很复杂。现在二级学院的参与度相对少一些,但我们在做招生、就业、人才培养的联动机制,之后学院的主体责任会更大。"(GX2-3-2-1-ZB1-191127)"进入新高考后,我们(招办)从以前招生主体地位,慢慢到了一个辅助、辅佐的地位,因为专业的宣传非常重要,没有专业,没有学生,高校办不下去,招生主体要向二级学院转移。"(GX3-3-2-ZB2-201020)

但对于绝大多数高校而言,依旧存在招生权力向上集中的问题,以高校招生办公室为代表的招生机构仍是话语权的实际掌握者,招生工作在学校及学院层面自上而下开展,二级学院、专任教师更多的是参与招生工作,而非参与招生决策;在招生方案的优化与改革中,也多为招生办公室对二级学院的指导,而非二级学院对招生办公室的建议。可见,相关工作多为任务导向、单向服从、线性管理。大多数高校的二级学院、专任教师仅在招生方案的制订中(含高考综合改革试验区的选考科目制定等)扮演建议者的角色,在招生宣传、录取期间扮演执行者的角色。一位二级学院领导坦言:"整个(招生)计划都是学校(的招办)做的。"(GX3-1-2-XYLD2-191209)一位专任教师则认为:"我们在招生中一点作用都没有,我们也没有话语权,说了半天什么用都没有。"(GX3-1-2-JS2-191209)另一位专任教师则从自身体验出发,将专任教师在招生中的职责视为"服务"而非"决策":"我觉得教师在招生中发挥作用,也是高校老师提供社会服务的一个方面。我们发挥知识、能力的作用,宣传学校、专业的概况,学校的特色,并着重推荐自己的专业。"(GX1-3-2-JS1-191126)

可见,"单中心"依旧是高校招生运行机制的主旋律,"多中心"的治理结构尚未形成。多元主体共同决策的理想状态受到限制,原因有如下数端:其一,部分高校招生治理的权力机构建设重形式、轻实质,虽然吸纳了除高校招生办公室之外的职能部门、教学单位、资深教师、学生代表,甚至校友、生源中学、地方教育行政部门代表,但其运行机制无法为高校招生提供科学决策、建设性意见。正如一位高校主管领导所述:"招生委员会,既实又虚,我们多是听报告、投票,一般就是个形式。"(GX2-3-1-XLD1-191126)其二,部分高校对招生工作认识不足,狭义地将其理解为集中录取时段高校所拥有的权力,将目光聚焦于提档、阅档、专业志愿分配中,故而认为不存在权力配置、权力下放、多元共治的问题。一位高校招办工作人员的观点较有代表性:"招生时,没有什么权利可言,我们就是按照学生志愿、按照分数从高到低(录取),在录取的环节学院参与得很少。"(GX2-3-2-ZB1-191014)但事实上,分省分专业计划的制订、选考科目的确定、高中综合素质评价结果的使用办法等,不仅是招生的必要工作,而且是涉及职能部门、二级学院的重要议题。其三,参与治理的主体的权责、主体间的分工与联系尚未制度化,实施过程中的"人"治现象明显。一位高校招办主任指出:"招办与二级学院之间没有一个明确的分工,没有正式的规章制度来说我们和它们是什么关系,只能在工作中根据需要来和它们沟通。"(GX3-3-3-ZB1-201021)其四,大多数招生主体的主体意识、专业性不足,影响了其在招生治理机制中的作用。一方面,部分主体认为招生决策工作与自身无关,这一现象在专任教师群体中尤为普遍,但他们其实是最了解学生成才规律的群体,是参与招生决策的最佳人选。另一方面,部分主体的专业性不足,提供的部分建议适用性有限,马太效应使高校招生部门失去了对他们的信任，正如一位高校招生主管领导谈到的："校友代表也好，学生代表或者教师代表也好，他们也不可能完全代表他们所在的角色。他们发挥的作用肯定会有一些，但实际上也没有想象中的那么大，他们也只是大致了解而非专门去研究招生。"（GX4-4-1-XLD1-191210）其五，校内激励机制不足，限制了多主体参与高校招生的主动性。一位专任教师指出："我们从来不接触招生工作，没有那么大精力，我觉得招生应该由专人负责，我们去做也不给我们算工作量。"（GX3-2-1-JS3-191024）

（二）招生治理工作在部分实践中初见成效，但治理工具的准备不足限制了治理理念的全面推广

在高校招生实践中，多元主体的共同参与、协同工作初步彰显了招生治理理念的优势，部分高校在全校范围内实现了招生联动，如一位高校招办工作人员介绍道："全校范围内是有分工的，各部门都有自己的职责。第一个，就是每年在启动招生工作的时候，首先，因为专业建设审批都是教务处负责的，所以学院报招生的专业和计划，也是由教务处和我们招办共同负责的。我们会提出要求，学院按照发展规划，提交招生专业及计划，我们再根据教育厅或教育部批准的专业和计划进行开会研讨。第二个，特殊类型招生，比如美术、音乐、舞蹈、戏剧影视文学、体育运动训练，特别是'高水平'，都由各个学院提出具体的'招生简章'、招生要求。尤其是'高水平'，它每年的要求变化比较大，要根据专业建设、高水平建设情况进行调整，这方面学院发挥的作用更大。这些报上来以后，学校统一开招委会研究、确定，再正式发布。另外，招生宣传和校考也是我们和学院共同做的。原来美术类招生，在全国有21个省要组织校考，所有专家都来自学院，考务则由招生就业处来做，这个工作量非常大，包括阅卷，都是我们组织，由纪委专门抽调专业课老师来进行阅卷、封闭式管理。第三个层面，招生宣传，也是由我们组织学院来完成。"（GX3-3-1-ZB1-19112）部分高校通过招生、教务、学工、就业部门的合作，在小范围内形成了共治，受访的一所高校的招生部门，由独立设置转为与教务部门合署，其工作人员认为："招办并入教务处之后，还是相对有独立性的，比如经费使用。另外，招生与人才培养的联系是紧密的，并入教务部门之后，在招生专业、招生计划的设置方面，可以统筹协调，效率反而提高了。"（GX3-2-1-ZB1-191024）部分高校在招生"自主化"改革中，二级学院、专任教师有了较为充分的参与，如一位实施综合评价录

取高校的二级学院负责人认为:"在综合评价录取中,我们(二级学院)扮演着主体的角色。在整个过程当中,包括招生宣传的资料、面试考官,都是我们二级学院来准备的。考官由我们专业教师来担任,由他们去面试学生,相对来说选拔的学生更符合这个专业。"(GX5-1-1-XYLD1-191211)

但整体而言,治理理念多为小部分高校的尝试或在小范围内开展,大多数高校认为多元共治无法实施,或实施受限。一位高校二级学院的领导及一位春季高考面试官结合自身招生经验指出:"现在的招生主要是以分数为主,以分为主的话学院没有多少权利,也没有多少参与的必要。反正根据招生原则,我们就是选择高中理工类的学生。再比如还有其他健康方面的指标,纺织类的专业不能色盲、不能色弱等,这就完了。我们也再没有什么可以参与的。"(GX3-2-1-XYLD1-191024)"教师参与春招(的录取决策)不好说,我觉得评委要人多一点、标准多元化一点,这样才科学。人少的话,教师的个人认知有偏颇、侧重点不同。有时候我做评委时,我觉得这个孩子真不错,但别的老师觉得完全不行,真会有这样的情况。如果只有2个人,这孩子50%就悬了,如果人多一些,我相信大的原则可能把握得更好。有一个普遍的标准,才能更公平,才易于推广。"(GX3-1-1-ZPZSG1-191030)

无论是招生治理理念仅在招生实践的小范围内发挥作用,或是在大范围内推广受限,皆与治理工具,即高校招生的制度化建设关系密切。现阶段,校内招生制度的不健全、招生部门与相关部门的联系不强等,成为制约招生治理理念推广的一大瓶颈。高校是一个"松散联合"性的组织,高校招生又是一项涉及社会资源分配、校内办学资源分配的重大问题。高校的组织结构、高校招生对考生与二级学院的高利害性,都决定了招生治理的难度之大。信息技术的发展、阳光高考的推进为校内招生治理提供了良好的技术支持与制度保障,但校内招生制度的完善度不够、科学性不足、操作性不强等问题,使除高校招生办公室之外的职能部门、教学单位无法有效参与。在契约与行动指南皆缺失的情况下,在招生实践中,各个主体的合法性地位及合理性权益、主体间的协同关系、具体的实施准则都无定论,这也就导致了非高校招生主管部门的主体意识薄弱,最终影响了治理效率。

(三) 以提升科学性为目标的"善治"受到认可,但对"善政"的认知局限阻碍了治理目标的达成

基于"生源是最大的办学资源""'好'学生不是老师教出来的"等论断,高校形成了较为明确的招生治理目标,即实现招生利益的最大化,也就是治理理论中的"善治"。而善治所强调的合法性、透明性、责任性、法治、回应性、有效性等,[①] 在高校招生中体现为校内各相关部门在一定的契约下,合法、合理地行使招生权力,在各司其职、有效沟通中,保证招生工作的公平与科学。调研结果也证明,多数高校对招生治理中的"善治"形成了一定的认知,主要体现为对科学与公平的认可,如一位高校招生主管领导所述:"我们招生委员会对招生工作中的重要事项是要讨论的,我们的重点就是怎么样能够把一些优质生源吸引到我们这里来,这是唯一的标准,我们不会有其他的标准,不针对任何人,我们只针对这样一个政策。我们这个制度设计好了之后,是有利于那些适合来我们学校读书的学生的,我们的唯一标准就是把这样的学生选拔过来。"(GX4-4-1-XLD1-191210)另一位高校招生主管领导谈道:"我们的招生制度以公平为标准,建设得非常好。我们一个是坚决按照上级的要求执行,第二个,我们自己的要求也不能改。该公开都公开,该公示就公示。这没问题,比较规范,社会反响也很好。"(GX2-3-2-XLD1-191014)

但整体而言,高校招生治理目标对"公平"的认同大于"科学",甚至过于追求"公平"而忽略了"科学"。三位高校的受访者分别从招生办公室、二级学院、专任教师的角度,阐释了他们对招生公平与科学的认知。"学校层面和院级层面做得最好的只有北大、清华,没有第三所学校,我们是做不到。因为高考首先要求规范,规范是基于对公平的需要。现在本科生的招生量太大了,我给你举个例子,2017年我们自主招生遇到了一个问题,我们整整跟他们纠缠了十个月,这种事很麻烦。所以在这种情况下,我们宁可误'杀'一个人,也要保证(形式)公平。"(GX1-3-1-ZB1-191016)"我们现在院系在招生中没有权利,学校估计也没权利,都是阳光招生,全部都是定好了的,按程序、按规矩招,学校的权利也不是很高,哪怕在调剂的时候,学院都是依托电脑程序直接招了。"(GX1-3-2-XYLD2-191126)"普通老师在招生中发挥作用,这

---

① 俞可平主编:《治理与善治》,社会科学文献出版社2000年版,第1—15页。

个事情很复杂,老师参与多了以后,会不会老师们的标准不完全一样?另外,高考很公平公正,中国社会存在的'关系现象'是大多数教师都不可避免的。"(GX1-2-1-JS1-191023)

造成这一问题的原因在于多元招生主体出于中国的历史、文化、国情,习惯于"唯'政令'是从""向上服从",对"善政"的理解失之偏颇。"善政"包括严明的法度、清廉的官员、很高的行政效率、良好的行政服务等要义。① 招生治理中的"善政"即高校与教育行政部门、考试招生机构在"统考统招"的制度背景、与高校考试招生相关的政策文件下,形成一个良好的外部治理结构,通过国家制度保证高校招生的合法性、公平性;高校根据相关文件,在主管部门的统筹、监督下,有效组织校内职能部门、二级学院开展相关工作,形成有序的内部治理结构,通过相关规章保证高校招生的合理性、有效性。代表着行政权力的教育行政部门、考试招生机构、高校内的招生部门虽然是"善政"之法度的制定者、主要话语权的拥有者,但其定位应为提供行政服务、保证行政效率,而非对招生事务进行严苛的管理。可事实上,多数招生主体(二级学院、专任教师等)却将自身视为"自上而下"管理体制中的"被管理者",将"行政指令"视为个体行动的根本指南,即便在自身最应具有话语权的选考科目的制定中,也愿意服从于教育行政部门,而较少考虑学术性、知识性要素,并冠之维护"合法性""公平性"之名,在一定程度上牺牲了合理性、有效性。但"善政""善治",打破"自上而下"的管理体制等,与维护合法性、公平性是并行不悖的。招生治理理念不仅通过多元主体的参与,分解了权力的集中性、增加了程序正义,通过政策工具推动了内部制度的建设、实现了监督与自我监督,而且高校招生作为一项具有教育属性的事务,二级学院、专任教师作为参与主体,也可增加其合理性与有效性,实现真正意义上的"善政"与"善治"。

三 招生治理对强化高校招生主体性地位的意义

在招生管理模式下,高校在招生中受教育行政部门、考试招生机构的管理,二级学院、教师受高校招生部门的管理,高校招生主体性地位被弱化。招生治理模式则将优化高校内部的招生体制机制、提升高校在外部治

---

① 俞可平主编:《治理与善治》,社会科学文献出版社2000年版,第1—15页。

理结构中的话语权，有助于由内及外地强化高校招生主体性地位，使高校在"学校招生、招办监督"的录取原则下发挥真正的作用。

（一）招生治理促进了高校招生工作委员会建设，有利于优化高校招生的领导力

在招生管理理念下，高校招生工作委员会（或称高校招生工作领导小组）依据教育行政部门、考试招生机构颁布的招考规定而建，多由主管校领导、监察部门、职能部门（教务、学工、就业、财务、后勤、宣传等）负责人、各群体（教师、学生、校友等）代表组成，是一种自上而下的组织形式，实施效果也会出现因"校领导"而异的问题。理论上，高校招生工作委员会是高校招生工作的最高权力机构，形成了"单中心"的权力模式。但事实上，其工作偏重形式，非实体的组织架构、未常态化的工作机制、不够专业且与招生结果关系不够密切的人员构成，使高校招生工作委员会难以对高校招生工作提出客观性评估、合理性反馈、可行性建议。工作方式以机械地接收主管部门的行政指令为主，较少提出适于教育规律、本校特色的招生方案。在高考综合改革试点地区的招生，因选考科目、高中综合素质评价结果的使用等关涉了课程设置、专业建设、人才培养等问题，多数高校将其决策权交由学术委员会、校长办公会、党委会，随之造成了"多头管理"的问题。

在招生治理理念下，高校招生工作委员会在不违反相关规定的前提下，自下而上组建，吸纳更多与招生结果密切相关的群体加入，强调群体的异质性，使各个群体从不同角度对高校招生群策群力，形成"多中心"的权力模式。注重群体间的协同性，共同服务于生源质量及高等教育质量的提升。保证高校招生工作委员会能够为招生方案提供建设性意见，弥合招生与人才培养之间的断裂，协调学校层面与院系层面在招生中的矛盾。建立健全责任清单，澄清高校招生工作委员会的责任，使其与学术委员会、校长办公会、校务会等各司其职、分工合作。

招生治理理念优化了高校招生权力机构的建设，提升了高校招生的领导力，这是强化高校招生主体性地位的关键。权威、结构合理、领导力强的权力机构，有助于高校在"统考统招"的制度背景下，借高考综合改革综合评价、多元录取之价值导向，突破"接生办"的戏谑，建立具有实质意义的"招"生机构，完善"学校负责、招办监督"的录取原则；有助于高校在越发复杂的招生政策、逐渐增加的招生类别、逐年扩大的招

生规模中，做出符合招生原则、教育规律的决策，使高校招生平稳、有序进行；有助于高校基于自身的历史、学情、规划，制订相对具有特色的招生方案，选拔出适于本校培养的学生。

（二）招生治理整合校内资源为招生服务，有利于提升高校招生的执行力

在招生管理理念下，高校招生办公室作为高校招生工作委员会的常设机构，负责高校招生工作中一切决策的落地，协调各主体间的关系（如二级学院之间的利益分配、招办与其他部门之间的沟通协作等），并组织招生工作组开展具体工作。但在部分高校的实践中，呈现出了较多的问题：作为执行机构的高校招生办公室，职能错位，兼具决策者、领导者、执行者等多重身份，在招生方案的制订中担任中坚力量，在招生宣传、招生录取的实践中扮演统筹者的角色。但事实上，高校招生办公室的人员数量极少、专业性有限，面对大量的招生任务，尤其是高考综合改革之后成倍增加的工作量，工作人员只能机械式地完成常规性工作，缺少发挥创造性、能动性的能力与空间。二级学院的行政人员、专任教师通过参与招生工作小组来开展招生工作，并接受招生办公室的领导。在这一工作机制下，二级学院的参与者由招生办公室统一培训、服从分配、听从指挥，虽然在招生宣传、录取阅档中发挥了一定的作用，但工作是被动的、与自身特长关联度不高。综言之，管理理念下的招生活动，偏重行政性、机械性、程序性，基本可以满足依"分"录取的非高考综合改革试点地区普通类的招生要求，但在高考综合改革地区"两依据一参考"的录取机制下，在特殊类招生中，高校招生的胜任力则较为有限。

在招生治理理念下，高校招生工作的开展以招生办公室为中心，而非重心。所谓"以招生办公室为中心"即将招办作为"枢纽"，一方面，是高校招生权力机构与人才培养机构，即高校招生工作委员会与二级学院的枢纽，使专任教师成为招生工作的组织者，充分发挥专任教师的优势，使其根据人才培养规律、教育教学经验、毕业生发展情况等，为高校招生出谋划策，建立更科学的招生方案、招生评价体系，提升招生工作的专业性。另一方面，是高校招生权力机构与各职能部门的枢纽，使高校招生工作委员会与教务、学工、就业、发展规划、后勤等部门联系起来，使招生真正成为高校办学的一项重要活动，使各职能部门从自身优势出发，为招生工作锦上添花。招生办公室作为枢纽，合理统筹了各院系、各部门在招

生中的作用,合理利用了资源、促进了效益的最大化。

招生治理理念整合了校内资源为招生服务,提升了高校招生的执行力和专业化水平,这是强化高校招生主体性地位的基础。专业化的招生方案将提升招生的科学性,是对传统依"分"录取模式的变革,在后期人才培养中将产生一定的效果。也只有专业性的招生方式才能满足高等教育普及化阶段基于考生意愿的选拔性招生,才能实现人才选拔从"拔尖"向"适宜适性"的转变。[①] 同时,这种专业性的操作方式也使高校与教育行政部门、考试招生机构区别开来,凸显了高校作为招生主体的不可替代性,还可以使二级学院与招生办公室分工明确,强调了人才培养机构作为招生主体的不可或缺性。

(三) 招生治理加强了招生制度建设,有利于增加高校招生的公信力

在招生管理理念下,高校招生的监督工作包括两个层次:其一是教育行政部门对高校招生工作的监督,在这一层次上,国家、地方建立了多重法律法规,如《中华人民共和国教育法》《国家教育考试违规处理办法(教育部令第33号)》和《普通高等学校招生违规行为处理暂行办法(教育部令第36号)》等。即国家与地方教育行政部门依据政策工具,对管辖范围内的考试招生机构及高校的招生工作进行监督。这一层次的监督主体多元、内容复杂。其二是校内监察机构对高校招生工作的监督,在这一层次上,高校成立了由纪委书记和有关部门负责人组成的招生考试监察办公室,颁布了"招生章程""招生简章""招生细则"及相关的管理规定。即校内监察部门依据多重政策工具,对校内招生行为进行监督。这一层次的监督主体单一、内容相对简单。虽然自高考"阳光工程"建设以来,高校考试招生的监督工作已有较大的改观,切实起到了净化招考风气的作用,但违规现象仍旧存在,涉及对象既有高校,也有考试招生机构,甚至教育行政部门。且在多数人的认识中,高校的招生公平是靠自上而下的监督、国家强制力实现的,高校的自主、自觉性缺失,胜任力与公信力不足。

招生治理理念强调的是责任制、监督制、公开制的建立,院校层面的监督工作不局限于监察部门,也不止于招考环节的违规监督。招生治理理

[①] 郑若玲、庞颖:《强化高等学校主体性地位——论招生改革的价值转向》,《教育研究》2019年第12期。

念推动了院校政策工具的建设与应用，即在高校招生工作委员会、招生考试监察办公室等的协作下，建立各招生主体的权责清单，在跟踪、督促中使涉及高校招生工作的每一项工作规范化。正如 GX2-3-1 高校制订分省分专业计划时的听证机制，在草拟招生计划时，二级学院、招生部门、教务部门、学工部门分工明确，校内利益相关者通过听证会对其进行监督，决策结果在小范围内公开。招生治理理念中的监督机制强调政策工具的建设、强调主体的责任制、强调打开招生"黑箱"、强调多主体与全域式的监督。

招生治理加强了招生制度建设，有利于提升高校招生的公信力，这是强化高校招生主体性地位的保障。于国家、社会而言，不愿赋招生自主权于高校的一大问题便在于对其招生工作缺乏信任，这种公信力的建设是需要通过校内招生制度的完善、公开、透明实现的，让校外群体知悉高校招生的规范化、高校招生在维护教育公平方面的成就是关键。于高校而言，其招生中有损公信力的行为也不仅局限于招生录取环节，选考科目制定、志愿单位划分等与招生方案相关的内容中，也有部分不合规的行为，对该方面的问题进行关注，可防患于未然。这种自律机制的建立，也是在中国这样一个考试大国、考试古国，对高考公平有无限追求的社会中强调高校招生主体性地位的必由之路。

第四节 院校研究与高校招生

院校研究是澄清高校办学实情、为高校决策提供支持的一个重要渠道。在院校研究发源地的美国，招生管理作为学生事务管理的一部分，也成为院校研究的一个重要问题域，为提升高等教育质量做出了相当的贡献。中国高校招办的相关理念与实践也具有院校研究性质，但尚不成规模，也未制度化。以院校研究为渠道，使研究决策成为行政指令的有益补充，有利于强化高校招生的主体性地位。

一 院校研究

无论是院校研究的运行机理抑或是院校研究的问题域，都可以为高校招生决策提供支持或与高校招生问题直接相关。关注招生与院校研究的联系，研究决策可将高校招生行为从行政指令中突围，增加招生的教育性、学术性。

（一）院校研究的机理及其对中国高校招生的适用性

院校研究（Institutional Research，IR）缘起于美国高等教育大众化，是"高等教育管理革命"的成果，[1] 美国院校研究协会（AIR）将院校研究定义为"专业人士为学校领导以及政策制定者提供智力支持的重要途径"[2]，国内学者认为"院校研究是通过对本校管理问题的系统和科学的研究，以提高本校管理水平的一种研究，具有自我研究、管理研究、咨询研究、引用研究等特征"[3]。院校研究的基本职能是数据的收集与描述，高级职能是以"解释和解决问题"为主要目标的专题研究或论证研究。[4] 院校研究致力于提升高校的管理效率，但又因为高校的首要职能在于人才培养，谈及高校的管理问题就不能忽略高校的教育属性，"服务领导决策与服务学生成长"是院校研究规范发展过程中要处理的重要关系。[5] 以"统考统招"为制度背景、以高校招生"自主化"改革与高考综合改革为特色的中国高校招生同样是一个兼具管理性与教育性的问题，尤其进入深化改革阶段，需要院校自行决策的问题与日俱增，但每所高校又有独特的战略目标、发展规划、校史文化、基本学情，以院校研究为依托，在对本校数据进行大量收集、描述的基础上，进行专题研究或论证研究，有利于高校做出适于自身发展的决策，也有利于高校招生改革效率的实现。

科层专业制是院校研究最有效的实践模型，这种组织架构可以在全校范围内实现互联互通，是研究中国高校招生问题的前提基础。在这一实践模型下，院校研究活动集中于学校某个单独的办公室，其中包含若干专业人员，承担来自校内各个部门的复杂研究项目，发挥了自然规模经济的优势，共享才能、交叉培训，防止狭窄的专业化导致的低效。[6] 中国高校招生不仅涉及高校招生工作委员会对教育行政部门、考试招生机构等指令的

---

[1] 庞颖：《美国院校研究问题域的范畴及其更迭——基于〈院校研究新动向〉（1974—2017年）的批判话语分析》，《高等教育研究》2018年第9期。

[2] AIR. About Us, http://www.airweb.org/AboutUs/pages/default.aspx, 2020年7月23日。

[3] 刘献君：《院校研究》，高等教育出版社2008年版，第3—8页。

[4] 刘献君：《院校研究》，高等教育出版社2008年版，第9—10页。

[5] 刘献君：《院校研究规范发展中的若干关系》，《中国高教研究》2016年第10期。

[6] ［美］弗雷德里克斯·沃克温：《院校研究基础》，载赵炬明、余东升编《院校研究与现代大学管理讲演录》，中国海洋大学出版社2006年版，第77—110页。

服从，还关切校内二级学院人才培养、职能部门服务支持的参与。同时，相关数据极为敏感、不宜公开，是一项性质、职能多元交叉的复杂活动。院校研究的组织架构为高校（校内）招生研究提供了天然的优势，解决了"数据孤岛"抑或"信息孤岛"的问题，是一种专业化的实践方式。数据系统是院校研究的基本工具，专业人员通过系统内的原始数据澄清、分析研究问题，是研究中国高校招生问题的重要保障。院校研究数据系统包括高等学校为了学校的管理和发展建立的业务数据处理系统和分析数据处理系统，前者实时更新、面向业务，后者能够使分散的数据富有条理，且更加清晰、规整、正确，使查询打印、报表生成变得轻松自如，还能在规模庞大的数据中发现潜在的信息和知识。[①] 中国高校招生中也包括诸多可基于数据证实的问题，长期以来"自主化"改革摇摆不定、自主权放缩不明、分专业出省计划的欠妥当、高考综合改革中"两依据一参考"的效用有限，多因缺乏相关的数据做有效支撑，院校研究的数据系统可为招生研究提供便利条件。

为发展提供科学决策是院校研究的目的，这是行政性与学术性或曰教育性的融合，是研究中国高校招生问题的旨归。院校研究的科学决策有利于将传统管理中主要依赖高校领导者经验的决策模式，转变为由高校提供需求、专业研究人员提供解决方案的决策模式。[②] 中国高校招生长期依赖教育行政部门、考试招生机构的行政指令，在自主权常年缺失的事实中，高校在"自主化"改革与高考综合改革中的有限自主决策多表现为：高校招生工作委员会及招生办公室作为话语权的主导者、执行者，依托经验式判断、惯习式思维做出决策，而承担人才培养工作且对招生有深入思考的二级学院，却因"宏观能力把握不强"的质疑在决策中失语。院校研究的科学决策可解决这一矛盾，为招生研究、招生决策提供科学、有效的思路。

（二）院校研究的问题域及其与中国高校招生的相关性

院校研究的问题域及院校研究所关注的问题的领域，是院校研究的主要内容。美国院校研究的问题域包括：以学生为中心的"入学管理与学

---

① 陈敏、李守芳：《我国院校研究数据系统建设现状及发展建议》，《高等教育研究》2012年第5期。

② 毛建平：《我国院校研究发展现状与出路》，《高等工程教育研究》2019年第5期。

生事务"、以教师为中心的"教师与学术"、以资源为中心的"资源管理"、从教育系统内部出发的"学院效益、评估、问责及改进"、从社会宏观系统出发的"政策分析、规划与治理"、在"理论、实践与伦理"层面的思考、在"技术、工具与技能"层面的挖掘。[1] 从中国高等教育学会院校研究分会历届年会主题、《中国院校研究案例》辑刊专题中可见，我国院校研究的问题域涉及了元院校研究、大学发展与战略管理、院系治理、人力资源管理、科研管理、本科教育、学生成长、服务支持、产学合作等。美国院校研究"入学管理与学生事务"问题域中，学生地位从"边缘"向"中心"的转换，使院校研究的教育属性更加突出。[2] 中国院校研究中，也逐渐增加了高校课程建设与教学改革、学习调查与学习分析、学生事务与学生管理、院校研究与学生成长等内容，这是从仅关注管理问题、向兼顾教育问题的转变。高校招生是一个与学生成长、成才密切相关的议题，但招生与人才培养割裂的问题体现在教育行政部门、考试招生机构与高校，高校招办与高校二级学院这两个方面，故而，亟须从教育属性、学生发展这一视角探讨高校招生，对这一问题予以纠偏。

美国院校研究中的入学管理所涵盖的范围相当广泛，包括学校招生宣传、招生、录取、注册、就读经验、学生参与、保持、辍学、毕业、就业等所有环节，[3] 但因为招生录取机制不同，美国的院校研究虽然与招生办公室合作，设计测量学业表现的指标，帮助学校提升生源质量，[4] 但更多、更重要的是在充斥着市场性的招生竞争中，有效识别目标群体、降低招生成本、为高校录取到充足的生源，并提高在校生的持续注册率、学生保持率（student retention）。我国院校研究问题域与之相应的是学生事务研究，聚焦于如何通过教育、管理、指导和服务促进学生发展。[5] 可见，其承袭了我国高校招生与人才培养断裂的实情，在问题域的构建中没有考

---

[1] 庞颖：《美国院校研究问题域的范畴及其更迭——基于〈院校研究新动向〉（1974—2017年）的批判话语分析》，《高等教育研究》2018年第9期。

[2] 庞颖：《美国院校研究问题域的范畴及其更迭——基于〈院校研究新动向〉（1974—2017年）的批判话语分析》，《高等教育研究》2018年第9期。

[3] 魏署光：《美国院校研究决策支持功能探析》，中国社会科学出版社2016年版，第96页。

[4] 魏署光：《美国院校研究决策支持功能探析》，中国社会科学出版社2016年版，第97页。

[5] 刘献君：《院校研究》，高等教育出版社2008年版，第372页。

虑招生问题。但我国的相关研究又关注了高校的课程建设、教学改革、学情分析，院校研究在这些方面根据大量的定性、定量研究形成了一定的理论及实践经验，起到了为学生成长、成才服务的作用。无论是最初的学生管理问题，抑或当前的学生学习评价问题，都具备验证高校招生实效的条件，在实践中，部分高校对自主选拔录取科学性的验证便是典型的案例。理论上，在高等教育综合改革阶段、高校考试招生深化改革阶段，面对普通类招考中选考科目制定、综合素质评价使用办法确定、特殊类招考中评价体系结构、新生入学后转专业问题、大类招生政策下的人才培养方案改革问题，皆可以院校研究中的相关研究为基础，以专题的形式进行剖析，为最终的招生决策提出可行性建议。

（三）招生中的研究决策与行政指令辨析

理论上，高校招生中的研究决策，是高校作为招生话语权的拥有者依托专题研究，在自下而上地分析、论证、探讨之后，做出的符合教育规律的科学决策。研究决策的主体应为高校招生办公室、二级学院的招生负责人及专任教师等，但因我国高校招生办公室人力有限、专业性受限的事实，主体以后者居多。招生研究可以从问题出发，基于大量的实证材料，用人才培养效果反观招生评价体系，进而得出相对科学的结论，并提出相应的对策建议，有利于制订出合理的招生方案，提升招生科学性。但出于工作性质、立场不同，由人才培养单位主导的招生研究难免出现忽略院校招生整体性、公平性的问题，尤其在中国"统考统招"的政策背景下，公平与科学的协同始终是一个难题。

在实践中，尤其是在中国这样一个考试大国、考试古国中，高校招生的行动依据以自上而下的行政指令为主。行政指令既包括教育行政部门、考试招生机构通过政策、规章对高校招生行为的约束，又包括高校招生工作委员会、高校招生办公室通过"招生章程""招生简章""招生细则"等对招生工作小组等的约束。相关制度文本的制定会参考专家学者的意见，整体而言是强制的、普适的、同质的，对保障"统考统招"制度的稳定性、维护高等教育精英化乃至大众化阶段选才的公平性上功不可没，但用行政思维解决教育问题必将对最终结果造成影响。比如，自主选拔录取招生的科学性因校而异，最终却"一刀切"式地被叫停；高考综合改革的选考科目既强调专业特征，又强调院校特色，但《普通高校本科招生专业选考科目要求指引》的颁布在无形中促成了院校决策的同质化。

虽然行政指令的贡献突出，但在人才竞争日益激烈的世界格局和普及化阶段来临的高等教育阶段，中国高校招生"自主化"改革、高考综合改革等强调院校特色的招生改革中，其有限性日臻凸显。

在当今中国的高校考试招生制度及其所肩负的使命下，单一的研究决策或行政指令均无法满足现实需求。再度审视院校研究的寓意，该类研究是对高等教育组织或大学的研究，其宗旨是为高等学校提供有益的信息咨询，以改善学校的管理，为学校政策的制定出谋划策。[①] 这是一种研究决策与行政指令的融合，是行政指令对院校研究结果的参考。在高校招生中，将自上而下的行政指令与自下而上的院校研究结合，可以充分发挥决策部门统筹性、研究机构专业性的优势，在现有条件下，将既要公平又要科学的价值取向有所调和，而不至于使其成为一个"死结"长亘于高校招生之中。

二　对院校研究在招生实践中的审视

在"统考统招"的制度背景下，高校在分省分专业计划、招生方案、选考科目的制定，综合素质评价结果的使用，大类招生改革中具有相对的权力，相关方案的拟订是院校研究发挥作用的重要问题域。

（一）院校研究的意义未被发掘，高校招生决策对行政指令具有"路径依赖"

整体而言，在高校的招生决策中，行政权力占据主要话语权、学术权力及院校研究的力量并不凸显，党委会、校长办公会、校务会、学术委员会、党政联席会是形成高校分省分专业计划、招生方案、选考科目、综合素质评价结果使用方案、大类招生改革等的主要力量，保证决策权威、程序正义是他们的工作重点。以高考综合改革试点地区高校选考科目的制定为例，多位高校招办的工作人员阐释了具体的决策过程："我们是在教育部的《指引》下面去做的，专门开过两次校务会讨论这个问题。校长、书记就是说，在教育部的框架下面，尽可能扩大招生范围，不要给太多的限制，多留一些余地。"（GX1-3-2-ZB1-191126）"学院在一定的范围里选他们自己希望的科目，然后学院推，教学指导委员会审，最后学校的常委会、校长来决定，基本上是这样一个流程。"（GX3-1-1-ZB1-

---

[①] ［美］Jonn A. Muffo:《美国院校研究概述》,《外国高等教育资料》1994年第1期。

191030）"如果对选考科目有异议的话，我们不会再去调研论证，会在学校的招生工作领导小组会议上进行讨论，最后确定。"（GX2-3-2-ZB1-191014）也有二级学院领导坦言："学院没参与，文科没让提（选考科目）。"（GX3-1-2-1-XYLD2-191024）还有少部分高校受访者意识到了院校研究对于招生决策、招生改革的重要性。如一位高校招办工作人员基于分省分专业计划的制订，指出："可以有一个计算方式，但目前没有。"（GX1-2-1-ZB1-191023）一位二级学院领导基于大类招生改革问题谈道："当时我就觉得他们的改革有很多问题，但他们没有任何研究。比如学生培养的问题，进来以后，他们教务口做这些改革的老师或者管理人员没有仔细听取学生口的意见，产生了问题，教务口就停下来了。当时我们都认为遇到困难不能这样全部退回去，是可以通过研究解决问题的，退回去就相当于回到了以前的模式，我们总是应该进步的。"（GX1-3-2-XYLD2-191126）

在高校招生决策的价值理念中，以行政指令为主导，院校研究的意义未被重视、挖掘，源于高校招生决策中的路径依赖。自古以来，科举、高考便有着极高的权威性，不仅民众对国家行政部门有着极高的信任度，高校、高校内二级学院的领导与专任教师也对其有着极强的依赖心理，这也就导致了高校招生中的"计划思维"与"'接生'现象"。对于大多数高校而言，在高校招生"自主化"改革中仍希望教育行政部门出具指导意见、对其改革调整进行评估，如一位高校招办工作人员谈及特殊类招生中本校单独组织的校考："上面有没有一个指导性的东西？如果是凭学校自己招，那就是文化分数。你像我们有高水平运动员招生，我们有组织单独校考，但是它上面有指导性的内容，比如高考分数60%一个比例，或者30%的一个合格线，上面要有个指导我们才好办。"（GX3-3-1-ZB1-191127）另一位高校招办工作人员就"综合评价录取学生的追踪"回应道："考试院组织过很多高校的座谈会，也对有些高校略做了一些评价，我们自己没有。"（GX2-3-2-ZB3-191014）小部分高校试图通过招生研究、解决自身的问题，但立场不明确、未站在本校立场上思考问题、效果不显著，如一位高考综合改革试点地区的高校招办受访者阐述："为应对新高考，我们也去做了调研，中学是一方，考生、家长是一方，高校是一方，政府也是一方，在这里面大家都要站在自己的位置去获得自己的利益最大化。这里面影响的因素太多了，所以现在要政府引导，大家就没有太多的选择，大家的步伐比较一致。"（GX3-1-3-ZB1-191029）还有部分高校通过研究发现了问题，但高校的招生权力有限，无法改变现实，自我效能被降低，比如一位高校招办工作人员指出："从学业测评和专任教师的交流中可以发现，现在（新高考之后）的这个招生扁平化了，最低分和最高分差了30分，从学业上没有体现出本质的区别，但这个问题不是我们能解决的。"（GX3-1-1-ZB1-191030）

（二）院校研究的实践初具雏形，从业人员专业性不足使其在改革过渡期的推广举步维艰

在高校招生工作的具体实践中，尤其自高考综合改革落地以来，高校招生办公室、二级学院领导及专任教师常以"问题"为导向，开展了一些具有院校研究性质的工作，但大多数研究覆盖面较广、专业性不强、研究对象有限、影响力不大。包括高校招办开展的课题研究，如几位高校招办工作人员据综合评价录取生源的追踪问题谈道："校级的课题之前做过一些，追踪调查效果一般，价值不太大。"（GX1-2-1-ZB1-191023）"这个做过，但是很少，原来我们是和教育学院的老师合作，但是大家都很忙，这个事儿就搁置下来了。我们更多的是关注学生的学分、成绩、入党情况、社团活动，其实更需要的是和就业情况对接，但加入就业之后就更复杂了，一个学生的就业不完全是他个人的能力和学问，还有家庭的问题、户籍的问题。"（GX1-2-ZB1-191016）"我们做过一些跟踪，比如，找一些同学过来做访谈、做座谈。"（GX3-1-2-ZB1-191209）二级学院领导及专任教师基于教育教学经验进行反思与判断，如一位二级学院领导从生源、办学经验、现实困境方面谈及确定选考科目的过程："我们院系在确定选考科目时做了很多考虑，比如我们选物理吧，现在选物理的高中生可能很少，我们就要担心将来的生源问题，但对于我们这些专业，学生不学物理将来学习很难，我们必须要有一个最基本的要求，因此，我们就非常确定地要求了物理这一科。"（GX1-2-1-XYLD1-191023）一位专任教师基于生源的发展，反思综合评价录取的合理性："我们也一直在关注这个问题，因为关系到我们要不要以这种方式继续招生，但我认为没有绝对的，现在来看不具备统计学上的意义，我感觉纯属个体差异。"（GX4-4-1-ZPZSG1-191210）也存在极少数高校，就招生问题开展了真正意义上的院校研究，如某所高校招办主任有良好的学科、学历背景，丰富的工作经验，且极具研究意识，据他介绍："我们依

托一些课题,对高考综合改革带来的变化、大类招生、综合评价录取学生都进行了研究,这些我们都有。从我个人读博、做博后、做教务处人才培养科主任、高教司挂职的经历来看,招生、教学管理是同一个操作层面的东西,你要想促进他的发展,要从教育研究入手,我们做招生改革、教学改革,没有框架性的东西,不去了解学生的发展,可能不会走得顺利。"(GX1-3-2-ZB1-191126)

在高校做出招生决策之前的探究过程中,多数参与者解决问题的方式符合院校研究的基本逻辑,但尚未步入正规化、规模化发展的原因,在于专业性受限,一位高校招办受访者的观点较有代表性:"我们会做一些分析报告,去年专业停招、减招就是依据这个分析报告来的,这是非常重要的数据分析。但真正作为课题研究,我们还刚刚起步,还没有认真地思考。因为我们现在这个办公室都是新人,原来都是没搞过招生的,所以现在还没有进行更深的思考。"(GX3-3-1-ZB1-191127)而中国考生多的考情又加大了问题的难度,在未建立大规模数据库、未掌握数据处理工具的情况下,绝大多数高校难以开展相关工作,如一位省属重点高校招办工作人员针对招生计划设置、招生策略安排的研究谈道:"不同的学校情况不同,北大、清华可以根据生源表现调整分省分专业计划是因为它们的针对性强,它们来我们省招生,就是针对前100名、200名的学生,到高中、到家里招生。我们这个层次的学校,在各个省面对的考生群体都不同,很难研究。"(GX2-3-2-ZB1-191014)除此之外,高考综合改革过渡期及阵痛期的实情也是一个现实问题,多数改革措施尚处于"摸着石头过河"的阶段,其成效需要通过录取生源在校时、毕业后的多重表现来验证,这便对研究者的研究视角、问题、结论、用途提出了极高的要求,遗憾的是,大多数受访者表示难以走出这一困局,一位高校招办主任针对"各选考科目组合考生的追踪研究"问题谈道:"跟踪研究是一个大工程,学生入学后的变化不仅有学业的,还有其他方面的。学业也不仅是一个科目,还包含了很多其他的科目。如果要追踪,就要涉及延续性、全面性、连贯性等问题。况且我们省新高考的学生还没入学,等他们入学两年后,发现有问题了,我们才会考虑去追踪。这么大的一个工程,我们现在不太可能去做的。"(GX3-3-3-ZB1-201021)

（三）院校研究的重点停留于招生层面，研究体系不健全导致"招生—培养—反馈"的闭环难以形成

高校招生与人才培养、个体发展的关系密切，若想通过院校研究优化高校招生决策，应由全校职能部门、二级学院通力合作，形成"招生—培养—反馈"的闭环。但高校在招生层面开展的院校研究，以高校招生办公室开展的"招生宣传策略"研究为主。多位高校招办的工作人员介绍了具体工作："我们会在各个地级市发问卷，分析某个地区生源质量的变动，与历年做比较，也会对学生做调研，思考下一次宣传过程中能规避什么问题。"（GX2-3-2-ZB1-191014）"招生的很多数据都是不宜公开的、内部的，每个学校都有自己的真实的情况，我们自己会注意、会分析，调整下一年的招生策略，比如招生宣传的投入力度等。"（GX3-1-2-ZB1-191209）高校之间的研究实践存在一定的差异，部分高校的研究设计较为全面，近年来生源质量有明显的提升，如一所代表性高校的招办主任介绍："我们比较常规的肯定是招生数据分析，第一个，从校内来讲，会做专业排名，包括专业的区分度、专业的冷热、专业内的扁平化、差异化；第二个，我们学校、专业在全省高校中的排位，这其实就是你学校和专业的一个定位；第三个，生源情况分析，我们可以因此了解到很多信息，比如说什么样的考生会选择我们学校，他考虑的因素是哪些？"（GX4-4-1-ZB1-191210）但基于招生结果、人才培养结果对招生方案进行调整的相关研究较少，部分研究者表示，发现了招生方案中的问题，但问题被悬置，暂未启动改革，或暂未找到解决问题的路径，如一位受访者谈道："我们跟踪发现有的学生是喜欢文学的，高中的时候获得过相关奖项，有资格报名，但进来之后却选了纯理工的专业，这个学生在专业知识学习上就会弱一点。"（GX3-2-1-ZB2-191024）

招生领域院校研究的作用有限，理想中"招生—培养—反馈"闭环尚未形成的原因在于该问题域的研究体系尚不健全。这种不健全体现在以下几方面。首先，体现为目标不明确。长期以来，高等教育人才选拔与培养断裂，高校招生办公室的工作人员在职责与权限范围内，将研究目标局限于招生宣传、生源质量的提高，缺乏长远的目光。其次，体现为缺乏能够宏观把握此类研究的主体。此处的"宏观把握"既包括高校对学生选拔、培养的全程，也包括从研究到改革的过程。前者涉及高校全部二级学院、大部分职能单位的数据信息，往往可以获得这些信息的院校研究机构

（如发展规划处、高等教育研究所）极少考虑这一问题，而高校招生办公室的权力有限、实施困难，容易形成"信息孤岛""数据囚笼"的困境。后者则关系到研究发现、研究结果对招生决策的影响，事实上，招生方案的效果不仅体现于当年招生分数线的高低，更体现于人才培养中学生多方面的表现，而这种表现多由二级学院发现，但他们在高校招生方案调整中往往缺少参与权、话语权。最后，体现为缺乏制度性保障机制。在以高校招生为问题域的院校研究的早期阶段，如何使散见的研究专题、经验式的发现为改革所用是一个难题。从调研中可见，相关研究的开展、结果的使用多取决于高校招办负责人的问题意识、研究意识，高校招生主管领导的重视程度，但高校招生是一项重要的办学活动，其决策不应取决于"人"治。

三 院校研究对强化高校招生主体性地位的意义

院校研究以解决高校招生问题为起点，立足于本校实情、考量院校与教育行政部门及考试招生机构的关系，使高校在招生决策中，遵守行政指令，又不依附行政指令，是强化高校招生主体性地位的重要途径。

（一）院校研究剖析招生实情，有利于提高招生决策的公信力

决策支持是院校研究的一项重要功能，是院校研究人员以各种方式参与到决策过程之中，辅助决策者做决策的行为。[①] 院校研究的决策支持机制是院校研究者从问题出发、以专题为形式，通过大量实证调查（数据处理、访谈分析）获取一手信息，在保证问题广度与深度的前提下，厘清逻辑、寻找解决问题的路径，最终结果交由决策部门参考。虽然院校研究不能够直接代替决策者做出决策，研究结果也并非唯一方案，却扮演着智库的角色。因其研究结果立足于科学论证，也有着更强的权威性与公信力，故而院校研究是对高校传统经验式管理、"人"治现象的破解。

中国是一个尤重高校考试招生公平的国家，政策法规、行政指令是高校招生的基本准则，高校作为高级专门人才培养机构有招生的责任，招生"自主化"改革与高考综合改革也赋予了高校一定的权力，允许其在有限范围内进行创新，但在更多的情况下要服从行政指令，以保证招生公平。

[①] 魏署光：《美国院校研究决策支持功能探析》，中国社会科学出版社2016年版，第15页。

例如，在春季高考、综合评价录取、"强基计划"等的招生方案制订中，高考综合改革地区选考科目、高中综合素质评价使用办法、院校专业组划分、大类招生改革中，绝大多数高校依赖于行政指令，忽略了本校的历史文化、学情特征，通过"千校一面"以维"稳"。因为在传统的决策方式中，高校基于小部分行政人员或教师的经验判断进行招生改革，不仅改革方案容易被诟病为"有损公平""为人情请托提供便利"，而且其科学性也着实引人质疑，在公平与科学方面皆缺乏说服力。

以招生为问题域的院校研究，是建立于国家招生政策、高校人才培养需求之上的高校招生决策的支持系统，可以宏观把握国家的政策方针、院校的历史沿革脉络及未来的发展定位，中观关涉当前院校的学科专业特色、学系设置、人才培养方案特征、课程开设情况、毕业生就业发展等。在这一逻辑下，院校研究一方面可以提升高校招生方案对国家政策法规的适宜性，既遵循公平原则、服从行政指令又不趋于同质化，实现院校招生的有限多样；另一方面可以提升高校招生方案的科学性，加强选考科目与专业人才培养方案的匹配度、个体综合素质与专业成长的适应性、院校单独考核对个人潜能的识别度，即立足实证结果、服务学生成长与高校选才，用科学性的提升化形式公平为实质公平。院校研究的参与，可以提升高校招生方案的公平与科学、保护招生中的程序正义、优化人才培养的结果，将有利于作为招生主体的高校在全社会范围内赢得公信力。

（二）院校研究是从业人员的专业发展途径，有利于加强高校招生能力建设

专业性是院校研究顺利开展、支持高校决策的关键要素。这种专业性既表现为相关工作由专门机构承担，又表现为从业人员具备较强的专业素质。在院校研究发源地的美国，大多数高校以"集中型"或"分散型"设置院校研究办公室，前者独立设置，后者将专业人员分散在各个部门，[1] 从业人员具有良好的学科、学历背景，尤其自院校研究被确立为一项专门职业后，更多的美国大学开始设立专门培养高等学校管理人员和院校研究人员的硕博士学位课程，[2] 而从业者也具有极强的胜任力，擅于发现问题、收集信息、研究分析。

---

[1] 常桐善：《大学院校研究组织机构》，《复旦教育论坛》2016年第5期。

[2] 刘献君：《院校研究》，高等教育出版社2008年版，第45页。

招生问题同样具有专门性，招生办公室是我国任何一所高校都必须设置的组织机构，虽然隶属单位、行政级别不同，但皆承担着对高校招生工作委员会负责、组织开展高校招生工作的任务。不同的是，我国大多数高校对招生办公室工作人员的学科、学历背景没有特殊要求，多为管理类而非专业技术类岗位，多由其他职能部门转岗而来，且人员数量极为有限。在"统考统招"中，工作人员依据行政指令工作，上传下达、处理简单信息时得心应手，但在招生"自主化"改革、高考综合改革的背景下，工作人员面对行政指令的多重要求、人才培养单位的多样诉求颇感胜任力有限，高校招生能力薄弱的问题越发凸显，这也便成为高校招生主体性地位未能强化的一个症结。

以招生为问题域的院校研究，可以促进高校招生办公室工作人员的专业发展。在我国高等教育学硕、博士培养情况及高校现有的组织机构下，通过重新招募一批具备专业素质的从业人员来提高招生能力极不现实，而国家与地方的考试招生机构组织的培训也多以行政指令的解读、统一招生期间的技术指导为主，较少或尚未触及具体院校的招生工作者应如何创造性地组织本校的招生工作。高校开展以招生为主题的院校研究具有一定的基础，高校招生办公室掌握了院校招生的全部数据，且具有总结工作、形成年度招生报告的经验，专题研究的问题、材料源于报告，从业者在视野、方法论、具体研究方法上有所突破即可；开展以招生为主题的院校研究具有可借鉴的经验，比如美国加州大学的学生事务部门（招生部门）有三位从事招生数据分析和学生就读经验调研的院校研究工作者，[1] 这便将院校研究与招生工作进行了有效结合。在中国高校招生实情下，院校研究可成为高校招生从业人员专业发展、高校招生能力建设的途径，使其通过专门研究获得专业素养、弥补此前问题意识与学科知识的不足，招生专业性的提升有利于高校成为真正意义上的招生主体。

（三）院校研究澄清高校对招生的认知，有利于提升高校招生的责任感

收集与描述本校及相关环境数据是院校研究的基本职能及日常性工作，[2] 院校研究也可被视为一种审视高校运行机制的路径，以较高的站

---

[1] 常桐善：《大学院校研究组织机构》，《复旦教育论坛》2016年第5期。

[2] 刘献君：《院校研究》，高等教育出版社2008年版，第9页。

位、较宏观的视野将高校招生方案与系科招生比例的制定，学科及专业的设置，教学计划、教材、教学活动的开展，科学研究、技术开发、社会服务的组织，科学技术文化的交流与合作等重要办学活动视为一个整体，使其环环相扣、共同为高等教育内涵式发展服务。尤其是在高等教育规模化的进程中，高校招生人数与日俱增、多元巨型大学越发常见，成为规模庞大、组织复杂、功能多样、对社会负有多重责任的特殊组织的大学，比以往更需要大量的信息和专门知识进行管理。[①]

在"统考统招"的制度背景下，招生常被视为高考的一部分，由教育行政部门及考试招生机构统筹，高校常以缺乏招生自主权为由，忽略了对招生的关注。比如，在发展规划部门的规划中，对于招生的规划以外延的形式出现，关注的是招生规模对办学经费的影响、招生结构对办学定位的影响。再如，对高校招生结果的评价中，以当年生源的最高分、最低分、平均分为标准，忽略了招生方案对学生成长、成才的效用。在这种情况下，招生在实质上与高校办学、人才培养相脱离，高校招生办公室工作人员仅将目光聚焦于招生本身，为了招生而招生，陷入了"信息孤岛""数据囚笼"，对招生改革无突破性尝试；二级学院专任教师仅将工作重点落脚于人才培养，对生源的基础知识结构无过多思考、缺乏因材施教的可能。高校内部未将招生与其他办学活动同等看待，直接导致了高校招生主体性地位较弱的问题。

以招生为问题域的院校研究，将招生视为高校办学的一个重要单元，从高等教育运行的系统性上对招生予以关注，澄清了高校对招生的认知。将对招生外延的关注转向对内涵的思考，考量招生方案、选考科目制定、综合素质评价使用办法、大类招生改革方案对人才培养方案、课程设置、毕业生发展的影响，使招生进入高校人才培养、发展规划、日常运行之中，使更多的高校教师、职能部门管理人员将招生视为自身的责任，并与院校发展相联系。通过院校研究弥合高校招生与人才培养之间的裂痕、高校招生与日常运行之间的断裂，才能提升高校内部行为主体的招生责任感、强化高校招生主体性地位。

高校招生主体性地位的强化与高校招生自主权的获得具有相关性，更重要的是，高校应从自身情况出发，转变招生工作理念、完善招生体制机

[①] 刘献君：《院校研究》，高等教育出版社2008年版，第3—4页。

制建设、改变招生工作方式。现阶段，高校招生实践中存在的明显问题掣肘了高校招生主体性地位的强化。比如，高校的招生自主性缺失、对教育行政部门依附性较强，招生宣传错位、专业吸引力深受媒体左右，招生权力向上集中、院系作用未能凸显，招生决策倚重行政指令、专业判断的作用较为有限。针对相应问题，高校应在对招生自主权期待的基础上，培育招生自主性、探索适于中国国情的高校招生自主；在注重整体性声誉的招生宣传中，加强学术声誉的知名度、促进学生的理性选择与高校的内涵式发展；在传统管理理念的运行机制之中融入治理理念，优化高校招生的领导力、执行力与公信力；在以行政指令为实践依据的行动逻辑中参考院校研究结果，加强高校招生能力建设、提升高校招生决策的科学性。只有将这些问题真正解决，才有可能强化高校招生主体性地位、改变招生自主权"一管就死，一放就乱"的事实，才能真正推动改革的发展，提升高校招生的科学性，实现真正意义上的为高等教育内涵式发展服务。

第七章

中国高校招生主体性地位的再审视

中国高校招生主体性地位不是一个新生的研究问题，而是一个客观存在的，但在此前未被重视、未被澄清的议题。本书在理论、历史、制度、实践分析的基础上，澄清了中国高校招生主体性地位的不定性、招生主体作用的有限性、部分招生主体行为的非理性特征，及其对国家高校考试招生制度、教育系统、社会发展的重要意义。在对内在基础与基本保障的提炼之后，从内核、作用范围、作用主体、外部环境等方面建构了中国高校招生主体性地位的逻辑框架，从短期、中期、长期三个阶段提出了中国高校招生主体性地位的强化目标与强化路径。最终认为，对中国高校招生主体性地位的研究，于高考改革，尤其是当前的高考综合改革极具现实意义，对高等教育系统的改革发展则具有长远意义。

第一节 研究发现：中国高校招生主体性地位的现实情状

中国高校招生主体性地位的现实情状有着鲜明的"中国特色"。在"考试至公"的历史文化、"统考统招"的制度背景下，高校呈现出了主体性地位不强、主体作用不足的现实。同时，也存在主体行为逾矩的问题。但高校招生主体性地位对高考公平的维护、合格人才的选拔与培养、高校考试招生制度的改革与完善具有重要意义，无论是非功过，皆应辩证分析。

一　中国高校招生主体性地位的基本特征

高校招生主体性地位是一个与高校招生实践、高等学校运行机制、高等教育战略发展密切相关的议题，整体而言，其在中国高考改革的历史中呈现出了不定性、在高考综合改革以来达到了空前性。高校招生主体作用在"统考统招"的制度背景下体现出了有限性，高校招生主体行为在以行政权力为主导的具体实践中表现出了非理性。

（一）高校招生主体性地位在高考改革中的不定性

高校招生主体性地位与招生自主权非同一概念，但在特殊的国情与考情下，自上而下的行为方式使中国高校招生习惯依附于行政指令。而高考改革领域中也呈现出了明显的"一管就死，一放就乱"的特征，故而，中国高校招生主体性地位在被"赋权"的这一逻辑中，在普通类与特殊类的招生实践里呈现出了在强化与弱化之间交替的特征。

1952年统一高考建制，与中国现代高等教育同为舶来品的高校单独招生被废止，国家通过各级各类组织对高校招生工作进行严格管理，以防"乱拉乱招"问题，单独招生曾短暂恢复，顶层设计也在"单独招生"与"统一招生"中徘徊，在"计划"体制下，高校服从于国家机构的安排，高校招生主体性地位也因国家招生政策的改变而摇摆不定。

1977年统一高考恢复，以"计划"为体的国家机制没有改变，为保证高校考试招生的顺利开展，党对相关工作的领导全面加强，教育行政部门、考试招生机构全权对考试组织、招生宣传、录取开展负责，高校仅以高级专门人才培养单位的身份接收国家选拔出来的合格生源。同时，以中国科学技术大学为代表的极少数高校探索少年班招生，在统一高考的基础上，由高校组织加试，并将招生与人才培养相结合。整体而言，高校招生主体性地位被弱化至了低谷，但极少数高校在国家政策内有所突破。

1985年起，教育行政部门、考试招生机构、高校在招生中的权责被重新界定，在"学校负责、招办监督"录取体制中，高校获得了一定的决策权，可以在一定比例范围内的考生中进行选择，也可以对考生的专业进行分配。在少数重点高校中，少年班招生规模扩大、保送生兴起，高校可自行对考生进行加试并参与录取决策。在高考改革试点地区，高校可自行决定考生的选考科目及招生标准。可见，自20世纪80年代中期开始，无论是在普通类招生抑或特殊类招生中，高校招生主体性地位得到了强化。

1999年之后的教育体制机制改革实现了从中央到地方的权力转移，高校作为招生主体，在之后的"3+X"高考改革、自主选拔录取改革、高考"阳光工程"建设、"新课程"高考改革、大学章程建设中也产生了一定的变化。高校内部的招生组织制度化发端于此，同时，招生行为也受到了多方监督。在重点高校中，少年班、保送生招生有所缩减，但"珠峰计划"与自主选拔录取招生大规模增加，更多的高校获得了招生决策权。而在"3+X"与"新课程"高考改革的试点地区，高校再次在短期内可决定考生的应试科目或科目组合。这一时期的特殊类招生中，高校招生主体性地位时有进退，在普通类招生中则趋于平缓。

2017年以来，高考改革进入了深化阶段，高校在相关政策法规范围内履职，招生责任制初步建立，招生宣传工作机制日臻完善，一切实践受利益相关者监督。高校可自行确定考生的选考科目、综合素质评价使用办法，但选考科目的设置由最初的自主决定转化为参考国家政策执行。高校在录取过程中，受平行志愿改革、"专业（类）+学校"志愿改革影响，提档比例缩小，在一定程度上影响了可选学生的范围。少年班、保送生步步收紧，"珠峰计划"招生、自主选拔录取被叫停，综合评价录取在部分省份推进、"强基计划"在极少数高校开展，相比之下，具有特殊类型招生权的高校有所减少。高校招生主体性地位在普通类招生中有所强化，在特殊类招生中却有所弱化。

从高考改革的历程中可以见得，高校招生主体性地位的强弱首先受制于国家高校考试招生制度，具体情况与赋权大小成正比。这种依附性说明了高校至今未将高校招生主体性地位与高校招生自主权做一区分，片面认为没有招生自主权，就没有招生主体性地位，也就难以做出招生主体行为。这种不定性说明了强化高校招生主体性地位具有合理性，是顶层设计与高校主体皆想发力的部分，同时，也说明了强化高校招生主体性地位在我国是一个难题，是一个长期以来尚未解决的复杂问题。

（二）高校招生主体作用在录取机制中的有限性

国家高校招生录取机制是高校招生发挥主体作用的制度环境，是高校在招生中与政府、考生、社会互动的基础，录取机制在一定程度上对高校招生主体行为具有引导、规制作用，故而，中国高校招生主体作用在被"规制"的这一逻辑中，体现出了有限性的特征。

1987年，其时的国家教委印发《普通高等学校招生暂行条例》确定了"学校负责、招办监督"的录取机制，在30余年的具体招生实践中，呈现出"监督有力""负责有据"的现象，这也造成了高校招生主体作用受限的问题。

"监督有力"即教育行政部门、考试招生机构通过规章制度、社会通过高考"阳光工程"对高校招生行为进行严格规制，在诸多问题上，甚至超出了"监督"的阈限，达成了"代管""代办"的事实。比如，省级考试招生机构在高校招生分省计划、高校所在录取批次、录取批次分数线、投档录取规则等的确定中具有较大的话语权。

"负责有据"即高校的招生行为以教育行政部门、考试招生机构的规章制度为据，不能也不想在招生中有所创新，以免遭受社会的质疑。在多数高校招生从业人员的认识中，高校在招生中仅可负责分专业出省计划的制订、已投档考生专业志愿的调剂、招生宣传，是一个"接生"者；在高考综合改革试点地区，100%的投档比例甚至剥夺了其调剂考生专业志愿的权利；在春季高考、综合评价录取、"强基计划"中，可自行制订高校考核方案，但"强基计划"从顶层设计中加重了高考成绩在综合评价体系中的占比，在无形中又削弱了高校的决策权。

"监督有力""负责有据"促成了高校招生主体作用的有限性，高校为了维护招生录取公平，在招生中谨言慎行，无法依托院校历史、文化、学情设置招生方案，以"分数"为绝对录取依据，陷入了"招分"而非"招人"的窠臼。

从高校招生录取机制中可以见得，高校招生主体作用大小与政府对高校招生的规制有直接关系。这种被动性带来了一定的弊端，高校在招生中不敢作为的背后，是对教育规律的不够重视，同时，也可以看出，强化高校招生主体性地位是一个制度层面的问题，是在中国高校考试招生制度内的一个特殊问题。

（三）高校部分招生主体行为在招生实践中的非理性

高校招生在高校运行机制中与高级专门人才培养、高校发展之间的联系，是高校发挥主观能动性的基础，其间的互动作用决定了高校招生主体行为的合目的性、合规律性，但中国高校招生主体行为在"教育规律"这一逻辑中，体现出了"非理性"的特征。

高校招生主体行为忽略了"教育性"，招生目的有所偏离。绝大多数高校招生办公室以录取高分考生为目的，即便在顶尖高校的招生中，高考"状元"也长期作为其争夺的对象。在高校招生结果的评价体系中，"分分必较"被推向了极致。高校在可操作的空间内，致力于提高录取批次、进行大类招生改革、在提前批中投放更多的招生计划，以获得"改革红利"、提高高校在普通批次的录取分数线。其结果一方面是高校对招生结果的评价仅关注生源分数的高低；另一方面是在高校之间形成了恶性竞争，使招生秩序被破坏。在这个层面上，高校招生主体行为的失范危及了不知情的考生的利益。

高校招生主体行为淡化了"教育性"，实践重点失之偏颇。绝大多数高校将招生中的能动性发挥于招生宣传中，建立了完善的招生宣传机制，既有较为合理的任务分工又有系统完善的专业培训，甚至有高校根据招生计划1∶1设置招生宣传人员。不可否认，这种招生宣传机制在小部分高校取得了卓越的成效，但对绝大多数高校而言，其招生体量大、对象范围广、投入强度极大的招生宣传的收效难以评估，多是一种茫然、盲目的行为。相比之下，高校对分省分专业的招生计划，考生档案的使用办法，特殊类招考的招生方案，高考综合改革试点地区选考科目的确定、综合素质评价结果的使用等关注较少、重视度极为不足，多以行政指令或经验为决策依据，对招生与高校办学、学科能力、专业适应、高级专门人才培养的关系的探讨较少，招生自主性、学术声誉、招生治理、院校研究等对高校招生的保障性作用也尚未发挥。比如，在分省分专业计划的制订中，高校往往从制度方面遵循分省定额、从社会责任层面关注对区域经济发展的作用、从高校运行机制方面考虑成本与收益，却忽略了教育规律方面的各省基础教育情况、考生的基本情况等。再如，在高考选考科目的制定中，高校更多考虑了生源问题、竞争问题，一方面，在一定的范围内无限降低选考科目要求；另一方面，质疑新生的知识结构，这是一种"懒政"的现象。在这个层面上，高校招生主体行为不够合理，影响了高等教育质量的提升。

从高校招生实践中可以发现，高校招生主体行为发挥了一定的作用，但其方向偏离了高校招生的"教育属性"，在"唯分数"的价值导向中被异化。这种非理性说明了高校招生主体行为亟待纠偏，引导高校招生主体性地位在合目的性、合规律性的路径中发挥作用，是未来高考改革、高等教育发展的一项重要议题。

二 中国高校招生主体性地位的成因分析

中国高校招生主体性地位体现出的基本特征的成因复杂，是历史、制度、实践多重逻辑作用的结果，与中国高校考试招生制度的"早发内生型"、公共性，高校招生的工具理性，高校招生主体能力认知、准备、执行不足等关系密切。

（一）中国高校考试招生制度的属性定位难以撼动

中国高校招生主体性地位的特征体现于中国高校考试招生的制度环境之中，中国高校招生主体性地位的不定性、主体作用的有限性，缘起于中国高考的"早发内生型"、公共性，历史根基与群众基础厚重，是探讨中国高校招生主体性地位无法逾越的事实。

代表国家权威的行政权力是高校招生的主导力量，高校招生主体性地位受行政指令影响。统一高考虽然建制于1952年，但该制度下的考试招生组织对古之科举具有极大的继承性，而科举促成的考试文化、社会认同同样延续至今。科举作为举士任官的政治及教育制度，承担着为国选才的重任，国家机构占有绝对话语权。高考作为高等教育选拔合格生源的教育考试制度，间接为国家事业发展遴选后备人才，但因为中华人民共和国成立之初高等教育资源稀缺、国家尚未建立公务员考试体制，代表国家意志的教育行政部门、考试招生机构在初期占有话语权。虽然在20世纪80年代末开始的改革，促成了"学校负责、招办监督"的录取机制的建立、"考试与招生相对分离"的体制机制的探索，行政权力的绝对话语权被削弱，但行政指令依旧是高校招生的根本依据。在这种路径依赖下，高校招生主体性地位不被重视，其能够发挥作用的空间较小，来自各方的重压也消减了高校发挥主观能动性的意愿。

优质高等教育资源匮乏、差序格局的中国社会是高校招生的基本情境，高校招生主体性地位在历史文化中生发。虽然中国已于2017年成为世界第一高等教育大国，但优质高等教育资源稀缺的实情尚未改变，已有研究表明，2016年考生获得"985"工程高校入学机会的比例仅为1.73%，[1] 而高校招生正是一个社会资源分配的过程，高校选才的高利害

---

[1] 许长青、梅国帅、周丽萍：《教育公平与重点高校招生名额分配——基于国内39所"985"高校招生计划的实证研究》，《教育与经济》2018年第2期。

性、高竞争性依旧存在。此外，中国社会呈典型的差序格局，人情请托无处不在，为了维护社会对高校考试招生制度的认同，只能由国家机构建立相对统一的标准，以保证选才过程的权威、形式的公平。而纸笔测试、"一切以程文定去留"又是古之科举延续下来的宝贵经验，由能够代表国家权威的部门统一命题、阅卷、发布分数线、组织录取工作，相对于非政府部门的高校更容易使人信服。在这种历史文化中，高校招生主体性地位屈从于"一致"，难以实现"多元"，"多元"的招生标准、多样的招考方式与"统考统招"相比更为复杂，与传统的工作方式相比，着实更容易在公平性方面受到质疑，从而有损高校招生制度的受认同度。

研究中国高校招生主体性地位问题，不能逾越国家权威、人情社会的实情，以及高校考试招生制度自身的大规模、高利害、高竞争性，也只有在这个范畴内、在国家权力主导的"统考统招"的高校考试招生制度短期内不会改变的实情下，探讨这一问题才有现实意义。

（二）中国高校招生的"唯分数"论不够科学

中国高校招生主体性地位受制于高校招生的价值理念，中国高校招生主体作用的有限性、主体行为的非理性，与中国社会对选才标准的刻板认知、行之已久的"唯分数"的不科学的教育评价导向有关，其左右着高校招生的具体行为，研究中国高校招生主体性地位问题，应以澄清招生价值理念为前提。

教育理念的缺失是高校招生价值理念的事实，高校招生主体性地位消减于行政思维的把控。长期以来，中国高校招生体制机制中行政权力凸显，不仅是各级教育行政部门，而且各级考试招生机构、作为高校职能部门的招生办公室也具有行政色彩。在行政思维的主导下，高校招生是一项程序性事务，根据招生计划、录取分数线、考生成绩，完成技术性操作即可，招生结果表征为考生是否被录取。这与教育思维导向下的招生完全不同，高校招生是一项教育活动，是对高级专门人才的选拔，需要招生依据，但这个依据不能被刻板化，招生人员应构建出合理的评价体系，实现对应试者学科特长、综合能力、发展潜力的识别，这是一项复杂性活动，招生结果表征为考生是否被录取到适宜的专业。在行政思维主导、教育理念微弱的高校招生的价值理念下，高校招生主体性地位受行政指令的影响较大，随着权力的下放与回收而或大或小地反复，或在强行政权力的压力下体现出较为有限的特征。

"唯分数"的教育评价导向是高校招生的基本价值理念,高校招生主体性地位弱化于"量化"的迷途。中国高校的招生录取出于对公平的考量,习惯使用"硬"标准以服众,在70余年的录取实践中,以高考成绩为招生标准也实现了形式上的公平。但成绩上的一分之差可能于考生而言,是前途的天壤之别,分数高低是否真的能够有效甄别考生的能力与潜力,也引起了很多研究者的质疑。同时,面对作为高校招生绝对录取依据的高考成绩,高校也无能为力,高校极少参与统一高考的命题、阅卷乃至分数线的划定。尽管自20世纪80年代以来,高校招生提倡"坚持德智体全面衡量,择优录取"的基本原则,但无论是考生档案抑或高考综合改革中提倡的高中综合素质评价结果,皆因无法量化为分数,而在录取中无法起到决策作用。相比之下,这些描述性、过程性评价更能澄清一位考生的真实状态,也更能够体现出高校招生的科学性,甚至艺术性。在"定量"评价占据主导地位、"定性"评价作用甚微的高校招生价值理念下,高校招生主体性地位受制于由考试招生机构判定的分数,仅能在有限范围内发挥自身的作用。

研究中国高校招生主体性地位问题,不能忽略中国高校考试招生制度中行政权力主导的路径依赖、"唯分数"的不科学的教育评价导向的实情。只有先在价值理念上予以纠偏,才可以释放高校招生主体性地位的强化空间。

(三) 中国高校的招生主体能力严重不足

中国高校招生主体性地位以中国高校的招生主体能力为支撑,中国高校招生主体作用的有限性、主体行为的非理性,除了与中国高校招生专业人员或曰专门人员数量少有关,还与中国高校对招生的认知能力有限、执行能力不足有关,强化中国高校招生主体性地位,应从对高校招生与人才培养联系、高校招生能力建设的审视出发。

高校招生主体能力缺失一方面表现为认知能力不足,削弱了作为招生主体的高校的主观能动性。比如,招生与高校办学的关系被忽视,招生与高校基本架构、与高校层次定位、与高校科类特征的关系尚未澄清,使招生规划对高校发展、招生计划对高校科类特征形成的意义未被重视。招生与学生学科能力的关系被忽视,高校招生缺乏对学科的思考,分科选才与学科育人皆被忽略,科目设置、选科要求、科类计划、分科排位未发挥应有的效能。招生与学生专业适应性的关系被忽略,专业招生改革偏重形式，认知有限、畏难心理、不重视教育规律等问题频现。招生与高级专门人才培养的关系被忽视，高校招生目标与人才培养目标结合度不足、人才培养与人才选拔本末倒置等问题客观存在。诸如此类问题，都阐明了高等学校发展、高等教育建设与高校招生之间存在必然的联系，但被忽视的联系，也就成了高校的盲区，使高校没有意识到招生对其的重要意义。

高校招生主体能力缺失另一方面表现为执行能力不强，弱化了作为招生主体的高校的主体行动能力。比如，高校对招生自主权过于期待，而主观畏难情绪、依附性心理影响了招生自主性的形成，使在有限权力下高校招生的独立性判断、招生能力建设、创新性举措缺失；高校在招生宣传中陷入了以大学声誉、大学知名度为主的误区，忽略了宣传的重点——学术声誉，功利心、行政性、市场性湮没了高校的学术实力，使高校优势学科专业不敌社会"热门专业"，无法招收到优质生源，也无法促进专业建设；高校内部招生事务的组织沿用传统的管理经验、权力向上集中，治理理念尚未大规模普及、治理工具的使用尚不成熟，招生工作委员会的构成、校内招生资源的整合、高校招生的公信力皆有待提升；行政指令依旧是做出招生决策的主要方式，院校研究在招生层面的应用不足，制订分省分专业计划、选考科目、特殊类招生方案等的科学依据薄弱。诸如此类问题，都说明了高校没有将现代大学制度、大学治理中的宝贵经验迁移至招生中来，高校招生能力建设尚处于盲目、茫然状态。

研究中国高校招生主体性地位问题，就不能回避高校招生的主体能力问题，意识不足、执行力有限皆会导致高校在招生中"无能为力"。只有加强能力建设，才能提升强化高校招生主体性地位的可能性。

三 中国高校招生主体性地位的意义

虽然在当前状态下，中国高校招生主体性地位不强，但并不代表其作用力不足，高校作为招生主体，在制度层面上的胜任力、领导力、公信力，在教育规律层面上的自主性、专业性、有效性均有一定的体现。具体而言，在中国高校统一招生与"自主"招生中，中国高校招生主体性地位对考试招生制度、教育系统、社会发展的正向作用与负向作用均客观存在，其中的负向作用或因主体作用不当而产生，或因主体作用不强而出现。

（一）对国家高校考试招生制度的意义

国家高校考试招生制度以为高等教育选拔合格生源为直接目的，作为高等教育实施主体的高等学校，又是执行国家高校考试招生制度的一个重要主体，尤其自"学校负责、招办监督"录取机制实施后，高校对国家高校考试招生制度的意义就更为深远。高校招生主体性地位作为高等教育的一部分、高等学校主体行为的一部分，对国家高校考试招生制度的落地、改革与优化产生了一定的作用。

高校招生主体性地位的彰显，对国家高校考试招生制度的落地与完善具有积极意义。高校发挥主体作用，成为国家高校考试招生制度落地的保障。高校与考试招生机构共同作为高校招生的行为主体，有学习、解读、执行国家政策的义务。在具体的招生活动中，高校招生主体行为积极配合行政指令，完成分省分专业计划的制订、"招生章程"的拟定、宣传工作的开展、录取工作的执行。尤其在"招生章程"拟定与宣传工作的开展中，高校构建出了具有一定院校特色的招生与宣传方案，对国家选才负责的同时，也尽到了普及国家高校考试招生政策的义务。高校已经成为考生、家长了解国家高校考试招生制度的主要，甚至首要渠道。高校发挥主体作用，起到了助力国家高校考试招生制度改革的作用。在中国高校招生"自主化"改革以及高考综合改革的过程中，高校招生方案的制订有赖于高校的配合，"自主化"改革需要高校自行制订招生方案，高考综合改革则要求高校确定选考科目、高中综合素质评价结果使用办法等。从实践效果来看，各校做出了一定的贡献，在"自主化"改革中，高校招生方案从少年班招生、保送生、自主选拔录取、综合评价录取到"强基计划"招生日臻完善；高考综合改革中，高校的参与也使"两依据一参考"的录取机制初现雏形。

但是，高校招生主体部分决策不科学、行为不当，也使国家高校考试招生制度及其改革政策遭遇质疑。高校对国家高校考试招生制度研究不透彻、单独招生经验匮乏、招生能力不足，延缓了改革推进的速度。"自主化"改革中，报考条件中的竞赛、论文、专利等要求，考试内容的通识性或专业性，考试形式的笔试或面试等，出现了与招生院校、专业特征不匹配的问题，影响了"自主"招生的公平与科学，使部分"自主"招生规模被缩减，甚至被叫停。在高考综合改革中，高校部分选考科目不合理导致2017年入学的考生整体呈现出物理基础薄弱的现象，倒逼教育行政部门出台《普通高校本科招生专业选考科目要求指引》、第三批高考综合改革试点地区考试科目组合启用"3+1+2"模式，使改革以退为进、速度放缓。高校的部分主体行为缺乏规制，扰乱了招考秩序。高校为了在生源竞争中获得相对优势，通过将招生计划转移至提前批、大类招生改革、有"针对性"地设置院校专业组及选考科目等方式对高校招生进行"包装"，在一定程度上扰乱了招生秩序，造成了国家高校考试招生制度落地难的困境。

（二）对教育系统的意义

高等教育位于教育系统顶端，在高等教育大众化、普及化阶段，绝大多数学习者均有可能获得高等教育学习机会，这也就强化了高等教育与基础教育的衔接性、高等教育对教育系统的引领作用。高校招生主体性地位作为高等教育的一部分，对教育系统内的基础教育、高等教育、学段间的衔接产生作用。

高校招生主体性地位的彰显，对提升教育质量具有积极意义。高校招生发挥主体作用，加强了对基础教育阶段学生德智体美劳全面发展的引领作用。高校通过制定选考科目、特殊类高校考核细则等招生方案，组织实验室共享、学科专业讲座、宣讲、开放校园日等具有"大—中"衔接性质的招生宣传，变革了"高考指挥棒"的负向作用，破解了"唯分数"论对基础教育学生成长的引导，对其综合、全面、多元发展起到了激励作用，甚至为其提供了实践机会。高校招生发挥主体作用，践行了招生的适宜适性原则。高校通过要求单科成绩、体质健康标准、选考科目、高中综合素质评价使用办法、加试等，使录取生源与高校、专业更加匹配，提升了选拔出的生源的可塑性。高校招生发挥主体作用，加强了招生与人才培养之间的互动，根据学科专业人才培养方案调整招生方案，提升了宣传与育才的效率，有利于创新型人才、拔尖人才、学科特色人才的培养。高校招生发挥主体作用，从高等教育的入口端争取了院校利益，有利于高校发挥特色优势、错位优势，在生源质量依高校等级分布的招生生态系统中独树一帜，获得相对优质的生源。

但是，高校招生主体性地位不足、主体作用不充分也诱发了新的教育问题。高校招生主体作用辐射范围有限，在基础教育学段诱发了新的教育资源不平等的问题。高校对高中开放实验室、校园，组织线下讲座、宣讲，范围是极为有限的，势必导致仅有小部分高中学生可以享受到此类资源，对于就读于乡镇、偏远地区、办学质量较低的高中的学生而言有失公平。高校招生主体决策不科学，影响了基础教育的人才培养导向、高等教育的人才选拔的科学性。选考科目设置不合理，将对高中学生的知识结构产生负向效应，功利心将加重这一问题；高中综合素质评价结果与高校录取"软"挂钩、教育成果不被高校重视，使其趋于形式化、研究性学习等创新性突破付诸东流。高校招生对国家政策认识不足、主体行为不理性，影响了高等教育质量。大类招生改革、选考科目中的不合理决策，使招生改革不但不能服务于人才培养，还加重了人才培养负担，造成了高等教育为基础教育补课、人才培养因人才选拔补缺的实情。

（三）对社会发展的意义

高等教育的重要职能包括为社会服务，服务兼具历史性与现实性。在国家建设期、改革开放初期以及中国特色社会主义新时代，高等教育肩负着不同的使命；但在任何一个时期，高等教育为国家事业发展培养合格、优质人才的神圣使命都不会改变。高校招生主体性地位作为高等教育的一部分，在历史与现实之中都对社会发展起到了一定的作用。

高校招生主体性地位的彰显，对国家建设、社会发展具有积极作用。高校发挥主体作用，提升了高等教育服务社会的能力。高校根据行业分布情况、各省人才需求情况，通过分省分专业计划将高校学科专业与社会行业职业联系起来，并根据社会人才需求的变化进行动态调整，提升了高校为社会服务的精准性。高校通过设置选考科目、共享实验室、开放校园日、开设学科专业讲座、组织招生宣传等，使学生在基础教育阶段便对职业形成了的一定的认知，提升了高级专门人才培养的效率。高校遵守国家高校考试招生制度的基本要求，分省定额制订招生计划，公平、公正、公开地开展招生录取工作，对维护社会稳定具有重要意义。高校响应"自主化"改革的政策要求，创新招生方式，为国家选拔、培养了一批拔尖创新型人才。

但高校招生主体行为的不科学、主体能力不足，也带来了高考公平问题，引起了社会的不满。在少部分高校的招生"自主化"改革中，考生造假材料未被及时甄别、考生能力未被科学判断，使少数不够资格的考生获得了招生倾斜政策的红利，不仅在形式上造成了社会稀缺资源的不公平分配，而且在实质上也因甄别能力不足导致了招生结果的不公平。该类现象虽然不多，却是社会、媒体关注的焦点，即便仅是个别现象，也足以引起大众的不满,不利于社会的稳定。

第二节　研究省思:中国高校招生主体性地位的逻辑建构

中国高校招生主体性地位的基本特征与中国高校考试招生的属性定位、价值理念、高校能力不足有关,也与这一课题在理论研究、实践操作中尚未被重视关系密切。甚至可以说,"中国高校招生主体性地位"在中国高校考试招生情境中尚未概念化,多是零散的、不成系统的,甚至是不理性的招生主体行为在发挥作用,但理论与实践皆可证明,其中的理性行为对中国国家高校考试招生制度、教育系统、社会发展有着非凡的意义。强化高校招生主体性地位,又不能逾越中国的国情、考情,所以,普遍意义上的"高校招生主体性地位"的内涵于中国高校而言具有局限性。故本书基于相关理论与中国实情,从内核、作用范围、行为主体、互动对象四个层面建构适用于中国高校招生主体性地位的逻辑框架,以明确中国高校招生主体性地位的内涵是什么、应当发挥什么作用、如何发挥作用等基本问题。

一　中国高校招生主体性地位的逻辑框架

高校招生主体性地位是高校在招生实践中,与考生、政府、社会机构、其他高校等进行互动时,作为招生主体的一种状态。其是以社会历史文化、国家高校考试招生制度、高等教育实情为根基的,所以在不同国家的表现有所不同。在当前情境下澄清中国高校考试招生主体性地位的逻辑框架,首先不能逾越高考公平信念,其次要基于"统考统招"的高校考试招生制度、考量高考综合改革对高校招生制度的重大影响,最后还要考虑高校招生能力不足的事实。具体逻辑框架如图7-1所示,这不是本书建构的一个新概念,而是通过本书澄清的一个被忽视已久的重要问题。这一框架是在核心问题的基础上形成的,是通过核心问题的联结与互动发生作用的。

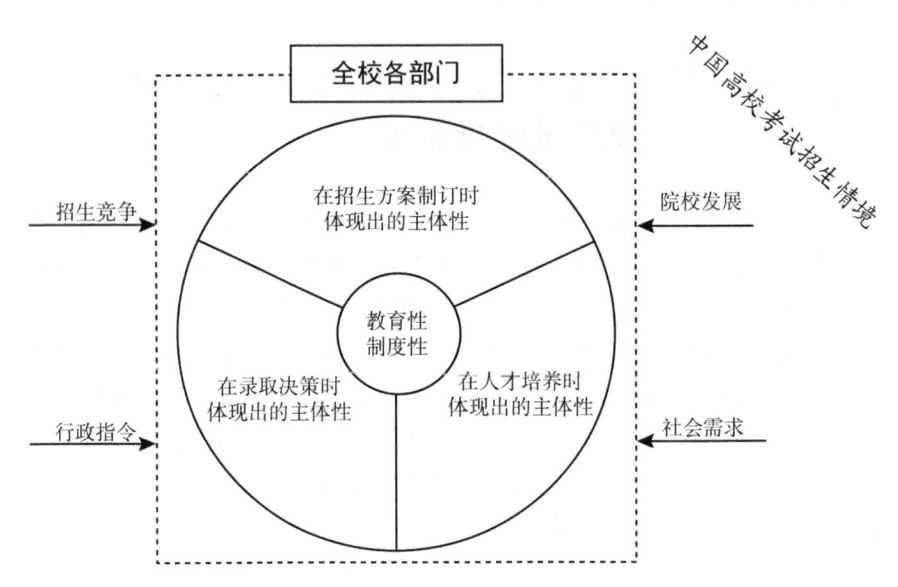

图 7-1　中国高校招生主体性地位逻辑框架

图片说明：基本结构参考张华峰、史静寰《走出"中国学习者悖论"——中国大学生主体性学习解释框架的构建》(《中国高教研究》2018 年第 12 期)一文中的"图1 中国大学生主体性学习解释框架的构建思路"，笔者基于本书的实际情况，以原图的结构为基础进行调整、补充，对相应内容进行填充，绘制此图。

（一）核心问题

高校招生主体性地位是一个嵌入在国家高校考试招生制度之内的课题，基于中国"统考统招"制度实情，本书认为以教育性与制度性为要点的内核，以招生方案、录取决策、人才培养为问题域的作用范围，以高校招生专门机构为重点、全校各部门联动的作用主体，以及各校之间的生源竞争，行政指令、社会需求与高校招生的互动等，这是中国高校招生主体性地位的逻辑框架结构的基本要素，也是中国高校招生主体性地位涉及的关键问题。

1. 高校招生主体性地位以教育性与制度性为内核

在"统考统招"的中国高校考试招生制度下，高校在可发挥招生主体作用范围内的招生实践，首先具有教育性。现行的高校招生自主实践具有显著的"教育非主体哲学"性，悉数高校内部的招生活动，招生实践无条件服从于行政指令，即便发现现行体制机制、参考性文件中有不合理的地方，也无可奈何；招生研究聚焦于当年招生结果，将"唯分数"的教育评价推向了极致，只评"分数"不评"人"；招生理论缺失，也就决定了高校招生成为一项程序性、机械化的工作。以教育性为内核，强化高校招生主体性地位，即强调了高校在组织招生活动时的教育实践主体性。高校的招生实践应服从行政指令，又不将视野局限于指令的内容。立足教育性，将高校招生视为基础教育与高等教育两学段间的衔接，前者具有普通性，后者强调专业性，招生是一个重要的转折点，高校应发挥主体作用，通过考生的基础知识、能力、素养，识别其专业潜力、兴趣。高校招生研究应适度考量当年招生结果，但不能仅将目光聚焦于分数。立足教育性，将招生研究视为优化招生方案的途径，关注学生在基础教育阶段的发展程度、跟踪新生在高等教育阶段的学习情况、追踪毕业生在本科教育后的发展情况。高校招生理论长期缺失的现象应被扭转。立足教育性，结合国家政策要求、基础教育与高等教育人才培养特征、社会行业职业需求等，建立招生评价理论，推动考试与招生的相对分离，指导各学科专业、各类别（普通类与特殊类）的招生改革。

其次具有制度性。现行的高校招生自主实践具有一定的利己性、逾矩性，在强调以教育性为代表的技术性的同时，若不加强以公共性为代表的制度性，则会在高校招生中诱发或加剧不合理、不合规、不公平的问题。比如，在现行的高校考试招生实践中，部分高校在国家高校考试招生制度没有做明确要求的地方存在投机行为，刻意设置不合理的院校专业组合、开展不够科学的大类招生改革、申请修改招生批次（由普通批转入提前批）以提高录取分数线、不理性设置报考条件、不严格审核考生材料、不严谨做出录取决策以为部分考生开辟绿色通道，等等。立足制度性，是对国家"统考统招"的高校考试招生制度的严格遵循，这是中国高校招生主体性地位的根本要求。立足制度性，是通过对高校招生主体行为的制度化建设，对国家高校考试招生制度未涉及的部分做出要求，规制利己行为、逾矩行为，以避免或减少其中的不合理、不合规、不公平的问题。立足制度性，可使高校招生主体行为具有明确的目标与阈限，明晰"什么可以做""什么不能做""事情如何做"。立足制度性，可提升高校招生主体行为的自律性，使其对自身的实践负责、对高校招生负责、对社会稳定负责。立足制度性，可提升高校作为招生主体的公信力，只有在赢得教育行政部门与社会民众认同之后，才有利于高校在国家政策、制度下获得更大的空间，有利于高校获得更大的招生自主权。

2. 高校招生主体作用范围不局限于录取决策环节

在传统认知中，高校招生主体作用与高校招生自主权相绑定，这种固化的认知使多数人将高校招生主体作用的范围局限于录取决策环节，并认为平行志愿、"院校专业组"志愿、"专业（类）+学校"志愿等改革缩小了提档比例，弱化了高校招生主体性地位的作用空间。但事实并非如此，中国高校招生"自主化"改革及高考综合改革，使招生方案制订、录取决策、人才培养均成为高校招生的主体作用范围。

在招生方案的制订中，高校招生主体性不仅作用于宣传方案的确定，而且应在考核方案的设计中发挥重要作用。自20世纪80年代高校承担招生宣传工作之后，各个高校均形成了一套较为完善的招生宣传机制，但受限于人力、物力，存在招生宣传效率不明、覆盖面不广的问题。高校招生发挥主体作用，应以招生宣传的有效性为核心问题，从学术声誉入手为考生、家长提供有效信息，突破非官方媒体不实信息带来的误导。同时，加强新媒体的应用，加大招生宣传的覆盖面，为尽可能多的考生、家长提供官方咨询服务。考核方案的确定是高校招生主体作用的新阈限，不仅在春季高考、综合评价录取、"强基计划"等高校招生"自主化"改革中，高校自行确定招生的考试内容、考核形式、评价体系，更重要的是，在高考综合改革试点地区，高校还要确定普通类招生的选考科目、高中综合素质评价结果使用办法、招生志愿单位（院校专业组、专业类）等。考核方案直接关系生源质量，虽然国家教育行政部门、省级考试招生机构会出具适度的指导，并进行一定的监督，但每所学校的历史、文化、学科、专业、学情均不相同，高校凭借高级专门人才培养经验设计考核方案，比如将学情分析的结果应用于招生计划的分配、选考科目的制定、高中综合素质评价结果使用办法的确定中去，不仅突破了经验式决策的弊端，而且提高了选才科学性、助力了中国高校考试招生改革进程。

在录取的决策环节中，高校招生主体性在"自主"招生与普通类招生中的作用大小不同。在春季高考、综合评价录取、"强基计划"等"自主"招生中，高校的录取决策体现在入选资格名单的确定及录取考生名单的确定两个环节。入选资格名单的确定即依据本校考核方案、评价体系，对考生进行评价的过程，在这一环节高校可充分发挥主体作用，由考官对考生所提交的材料、笔试答题情况、面试现场表现、体质健康测试结果等进行综合考核，并依据相关政策，给予其一定的录取优惠政策。高校可在该环节充分考虑本校的特色，选拔出适于本校或特定专业需要的生源。而"自主"招生录取考生名单的确定、普通类招生录取考生名单的确定则是在"学校负责、招办监督"的"统招"体制机制下完成的，在这一环节中，高校的主体行为为制度所囿，高校依据教育行政部门、考试招生机构的招生政策，本校的"招生章程""招生简章""招生细则"进行录取决策。高校拥有对预留不超过1%的招生计划的调节权、已投档考生的阅档权、服从调剂考生的专业志愿调节权。虽然权限较小，但意义重大。高校应发挥招生主体作用，加深阅档的深度，增进对生源的了解。比如，由二级学院招生专员或专任教师阅档，通过考生的高中档案、高中综合素质评价结果等，甄选出考生的志趣、特长或潜力，使更多的考生进入适合的专业进行学习，也促进了"坚持德智体全面衡量，择优录取"原则、高中综合素质评价结果在高校招生录取中使用的落地。

  人才培养虽然与人才选拔是不同的环节，但却具有客观联系，高校招生主体作用也将延续至培养环节。高校发挥招生主体作用，通过关注学科能力、专业适应性、高级专门人才培养等，实现人才选拔与培养的一体化，进而提升招生科学性、培养效率。高校发挥招生主体作用，通过对学生基础学科能力的评价，识别其发展潜力，有利于因材施教。高校依据人才培养方案设置选考科目，也间接对考生学科知识、能力、素养、掌握程度提出了要求，高校招生辨识出考生学科能力与高校专业的匹配度，为二级学院招收到适宜适性的学生，成为人才培养质量的保障。高校发挥招生主体作用，提升学生的专业适应性，有利于奠定职业发展的基础。近年来大类招生改革、转专业制度放开等推迟了学生确定最终专业的时间，大多数学生对专业的认知始于高考志愿填报期，权威信息来源于高校的招生宣传、入学后的新生教育，这也就是高校招生主体行为的延续。学生通过此类活动增进了对专业的了解，有利于其选择更适合的发展方向。高校发挥招生主体作用，致力于从"招分"向"招人"转变，有利于提高人才培养质量。高校将人才培养目标融入至招生评价理念，一方面，参考高中综合素质评价结果，从横向上对学生的认知能力、非认知能力进行全面考查；另一方面，关注学生在基础教育学段形成的素养的结构与程度，从纵向上对学生的发展阶段有所掌握。高校对学生的全面了解，有利于因材施教、培养拔尖创新型人才。

3. 高校招生主体作用有赖于全校联动

高校招生效果不仅决定生源质量，而且关乎高校的办学与发展。中国高校招生"自主化"改革及高考综合改革，更使招生成为一项需要全校多部门联动的"大事"。中国高校的招生办公室常被诟病为"接生办"，这不仅出于"统考统招""唯分数"的客观原因，也与专业性缺失、人力资源不足有关。这一问题又是中国高校考试招生体制机制下的必然，在短期内难以改变。故而，在现实条件下，中国高校招生能力建设、胜任力提升、主体作用彰显有赖于全校的联动。

招生工作委员会（或招生领导小组）是高校招生的领导机构，提升其专业性是高校发挥招生主体作用的首要问题。招生工作委员会与高校其他的学术委员会或专门委员会有一个同样的问题，即委员会的设立强调代表性，忽视专业性，在少数服从多数的议事原则下，委员会对于高校管理而言，多为一个象征性工具，对实现科学决策的帮助不大。[1] 招生工作委员会工作机制的问题则在于，全权委托招生办公室开展工作，在其论断、汇报的基础上做出决策，决策的科学性受招生办公室的专业能力影响。招生工作委员会应以提升专业性为目标，以"与招生利益相关""对招生熟识并有见地"为原则，减少职能部门的参与，加强二级学院主管领导、专任教师或招生经验丰富的教师的参与，加强人员构成的科学性。招生工作委员会应突破对招生自主权的依赖，形成招生自主性，引导高校招生方案的优化。招生工作委员会应革变工作机制，在全权委托招生办公室的基础上，融入招生治理、院校研究理念，强调多元参与、科学判断。

招生办公室是高校招生的组织实施机构，具有专门性，澄清其定位、转变其工作方式是高校发挥招生主体作用的基础。绝大多数高校招生办公室的工作任务繁重、人力资源严重不足、招生专业性较为缺失。在这一事实较难转变的情况下，对招生办公室的改革应另辟蹊径。招生办公室应定位于高校招生的协调机构，发挥维持秩序、整合资源的任务。招生办公室应以保障高校招生工作顺利开展为重点，制定相关制度，加强招生方案的拟订、录取的决策、人才培养与人才选拔的衔接。同时，整合二级学院、职能部门的相关资源，使其发挥各自优势并加入至招生实践中来。招生办

---

[1] 王建华：《高校管理事务的专业性与院校研究的制度化》，《高校教育管理》2018年第12期。

公室应与院校研究机构联手或以院校研究为工作重点，优化高校招生工作方案。高校招生实践，尤其是招生方案的制订，是一项专业性活动，而非一项程序性工作，绝非高校招生办公室遵循行政思维即可保证质量的。高校招生办公室应将相关事务委托至院校研究机构，或从二级学院、教务部门、学工部门、发展规划部门等获取相关数据，采用院校研究的方法、工具开展专题研究，并将包括研究结果的工作报告向招生领导机构汇报，使研究结果有"用武之地"，并不断拓宽研究结果的使用渠道。

二级学院是高校招生的重要参与机构，加强二级学院的参与度与话语权是高校发挥招生主体作用的增长点。"统考统招"的高校考试招生制度割裂了人才选拔与人才培养之间的联系，二级学院的专任教师虽然以招生宣传者、阅档人的身份参与到高校招生工作中来，但其多以高校招生工作小组为依托，扮演着"工具人"的角色。作为人才培养机构的二级学院，并没有在这种工作模式中立足于育人成才的经验发挥应有的作用。在高考综合改革中选考科目制定有失科学、高中综合素质评价结果难以使用的情况下，二级学院更应发挥优势、做出贡献。二级学院应成为高校招生的智库，提升其在高校招生决策中的话语权，以人才培养与人才选拔的互动为衔接点，基于人才培养经验与高校招生办公室积极交流、沟通，在条件允许的情况下，甚至可以选派有充足经验、理性思考的教师代表进入招生工作委员会，为高校招生工作建言献策。二级学院应积极参与到高校招生实践中，将招生工作划归为二级学院的义务，利用学科专业建设的优势，增强招生宣传的学术性、实现招生宣传的常态化，用学术声誉吸引生源。这一方面可以切实帮助意向考生了解最真实的人才培养信息；另一方面，可以增加专任教师的获得感，使其从人才选拔阶段便了解学生，有利于其因材施教，帮助、见证学生成长成才。

除此之外，教务部门、学工部门、发展规划部门、宣传部门、后勤部门等也应有选择地参与到高校招生工作中来，使作为高校系统工程的招生工作的开展更为顺利。

4. 高校招生应与教育行政部门良性互动

中国高校考试招生制度的改革权长期为教育行政部门所有，高校虽然在20世纪80年代末的"学校负责、招办监督"的录取机制改革后获得了一定的权利，但这仅是高校招生的参与权，并非高考改革的话语权。在"探索考试与招生相对分离"的政策导向下，考试由教育部考试中心等考试招生机构负责，招生逐渐向高校转移，高校也应具备与教育行政部门、考试招生机构平等对话的权利，使其在招生中的经验得到推广、教训得以避免，促成良好的招生改革方向。

在中国现行的高校考试招生制度中，教育行政部门、考试招生机构扮演着"指导者"，甚至是"领导者"的角色，高校是否可参与普通高等学校招生统一考试的命题、阅卷工作，高校如何设置分省分专业计划、选考科目组合、招生志愿单位、高中综合素质评价使用办法、投档比例，如何制定"招生章程""招生简章""招生细则"，如何使用预留计划调节权、专业志愿调节权等，均依赖于相应的行政指令。虽然这种做法保证了形式上的公平，也给予了高校一定的"自由度"，但高校在实践中发现的问题却不能及时反馈至教育行政部门。行政指令具有一定的权威性，但在改革的探索期也难免存在部分欠合理的指令，而高校在实践中发现了问题却不能及时纠错，最终影响了招生的科学性。一种情况是高校不具备"纠错"的权力，如《普通高校本科招生专业选考科目要求指引》（"3+1+2"模式）要求化学类专业的首选科目为"仅物理"，这对于省属高校、新建本科高校而言难度巨大也非必要，理智的做法应将首选科目设置为"物理或历史均可"，再选科目"仅化学"；另一种情况是高校可在"自由度"阈限内自行改进，但因高校招生竞争客观存在，改进的代价是失去竞争优势，故而高校最终选择"将错就错"，比如高校为"院校专业组""专业（类）+学校"志愿改革进行专业大类合并，部分高校深知其不具备改革的基础，对后期培养造成了较大的困难，但在制度未改变的情况下，为了在招生中争取高分考生，仍坚持实行不合理的招生志愿单位设置。

事实上，高校在这一体制机制下的多年招生也使他们形成了一定的经验，无论是高校招生办公室的工作人员，抑或二级学院的主管领导、专任教师，都对高校招生改革有一定的思考。正如本书调研中收集到的反馈信息，高校招生办公室的工作人员指出了高校招生批次划分、提前批招生、"院校专业组"志愿单位设置、投档规则设定、赋分方案制订等的不合理现象；二级学院主管领导及专任教师指出了普通高等学校招生统一考试的科目设置、命题、阅卷及《普通高校本科招生专业选考科目要求指引》等的不科学问题。高校是高级专门人才培养机构，对于人才选拔的科学性高低具有最真切的感受，高校招生改革不能剥夺高校的话语权。

在中国国情、考情下，招生及其改革应由教育行政部门、考试招生机构把握一定的话语权。虽然承担人才培养职责的高校缺乏充分的招生自主权，但高校不能在这一体制机制中失语，高校是招生制度建设不可或缺的重要主体。教育行政部门应制定高校招生的程序性规则、严守公平，在专业性方面则应与高校沟通，为高校提供充足的信息、推动高校的招生改革，并在改革中吸纳高校的意见，将高校的经验应用于招生制度建设中去。高校则应根据人才培养的特征、个体成才的特点审视招生目标、评价体系、录取规则的合理性，并将从人才培养中析出的招生经验反馈至教育行政部门，以此来保证招生的科学性。

5. 高校之间应理性竞争

开展招生宣传、进行生源竞争是中国高校招生的一项重要的主体行为，本质原因在于"生源是最重要的办学资源"，优质生源是高等教育质量的保障。高校之间为了争取到适宜的生源、培养出优秀的毕业生而开展生源竞争本无可厚非，但部分生源竞争挑战了国家高校考试招生制度、助推了不科学的教育评价导向、损害了考生利益、危及了高校人才培养质量，这便必须被重视。在中国高校的招生实践中，确实存在着较多的不理性的招生行为，比如，违规设置"新生奖学金"、虚假宣传、降低选考科目要求、盲目攀比录取分数线等。从调研中可以发现，存在此类之举的高校不在少数，甚至有受访者指出，越是顶尖的高校生源竞争越激烈。[1]

高校之间不理性的生源竞争行为亟待纠偏，尤其在高考综合改革之后，固定科目的取消、选考制度的启用、赋分制度的不够科学，单纯通过考生分数的高低去衡量考生的学科能力、学科潜力、进入专业学习的适应性是极不理智的。这种以追求"高分数"为典型表现的生源竞争，是高级专门人才培养的"陷阱"，知识、能力、素养缺乏的考生（比如化学专业的学生，没有选考化学科目）无法在专业领域顺利成长、成才，即便高校对基础薄弱者进行补课，其效果与高中系统的学科基础教育是无法相提并论的。

高校之间理性竞争生源，即遵循国家高校考试招生制度规定，根据自身学科、专业特色招录适宜适性的考生，不以分数高低判断生源质量优劣，不以分数高低评判招生工作，而是关注到学生的长远发展、育人成才的长期效果。唯其如此，高校招生才能服务于高级专门人才培养、服务于

---

[1] 省属重点高校 GX3-1-2-ZB1-191209 的访谈内容。访谈地点：浙江省杭州市。

教育评价改革、服务于对招考制度的维护，高校才是真正地发挥了招生主体作用，强化了高校招生主体性地位。

6. 高校招生应考量社会需求

中国高校考试招生制度不仅具有教育性，而且具有社会性。中国高考的社会性决定了高校作为招生主体，应对社会负责、回应社会需求、赢得社会认同。在中国高校考试招生体制机制下，代表政府意志的教育行政部门具有权威性，把握着高等教育资源的分配权，也受到了社会的信任；高校虽然是招生中的一个主体，但相比之下，决策权不足，也因少部分高校"自主"招生中的人情请托等失去了社会的认同。但高校作为高等教育资源的提供者、高级专门人才的培养机构，尤其自"学校负责、招办监督"的录取机制落地后，也与考生、家长、社会有着直接的接触，高校招生考量社会的需求也是高等教育服务社会职能的一种体现。

从宏观层面、长远视野出发，高校发挥招生主体作用应服务于国家事业发展、维护社会稳定，这主要体现于招生计划的制订、人才选拔的科学性中。一方面，高校应合理制订分省分专业计划，分省计划关系到高考公平、社会稳定，分专业计划则与行业发展、职业需要密切相关，是高等教育为社会培养、输送高级专门人才的第一道关卡。另一方面，高校应科学制订招生方案，招生方案不仅决定了高等教育的生源质量，在"高考指挥棒"的作用下，还关乎基础教育的育人导向，尤其在高考综合改革试点地区，高校制定的选考科目、高中综合素质评价结果使用办法于基础教育而言，影响着学生学科知识、能力、素养结构的形成，于高等教育而言，则决定了育人成才、为社会输送拔尖创新型人才的基础。从微观层面、短期视野来看，高校发挥招生主体作用应满足考生、家长志愿填报需要，这主要体现于招生宣传内容的实用性。尤其在这个自媒体繁荣、信息爆炸的时代，考生、家长可以接收到诸多与报考相关的信息，但真伪难辨、有效性难判断。在报考过程中，高校是考生、家长最信任的对象，也应成为最具权威性的信息发布部门。高校的招生宣传应注重学术声誉，向有需求者公开历年分专业录取情况、各专业的建设情况、相关学科的发展情况、人才培养的具体方案，以及毕业生去向等，同时还应向考生、家长公开大类招生、院校专业组志愿的真实信息，如就读学院、涵盖专业、分流办法等，使其成为真正的"知情者"。

高校只有在招生中对社会发展负责，为考生、家长提供真实有效的信息,才能使社会形成对高校招生能力、高校招生公信力的认同,才能树立起高校招生的权威性。高校发挥招生主体作用为社会提供服务的同时,也可以通过提升民众的获得感、赢得民众的支持,强化高校招生主体性地位。

（二）核心问题的联结与互动

中国高校招生主体性地位以教育性与制度性为价值导向。教育性奠定了高校作为招生主体开展的与选拔生源有关的活动的基调,高校招生首先是一个教育问题、追求科学,不仅是高等教育学段内人才培养的基础,而且是教育系统内、学段间人才培养的枢纽与衔接点。制度性把握了高校作为招生主体开展的各项活动的合法性、合理性,高校招生其次是一个社会问题、讲求公平,若想赢得政府的认可、社会的认同,就必须符合高考公平原则。教育性与制度性缺一不可,正如高考科学与公平都应兼顾、高考的教育功能与社会功能客观存在一般。坚持教育性,优化了作为制度的高校招生。具体而言,教育性有利于改善对制度公共性的片面认知,使高校招生从"强制度、弱技术"的制度同形中突围,突出学术权力的重要作用,实现内容与过程的公平;纠偏对制度公共性的理解误区,使高校招生意识到"严格的统一""唯分数""一考定终身"与当前教育水平、社会发展程度的不适应,遵循教育规律,提高选才的适宜性、匹配度;防止制度走向工具主义的极端,使高校招生清楚地认识到"分分必较"、执着于争取高分生源的弊端,重视招生的价值理性,使招生为个体成长成才、高等教育内涵式发展、国家竞争力提升服务;等等。坚持制度性,优化了作为教育活动的高校招生。具体而言,制度性有利于防止教育活动走向价值主义的极端,使高校招生在选拔适宜适性之才的同时,也关照国情与考情,承担相应的社会责任;制度性有利于激发教育活动的组织活力,使高校招生的组织机制优化、专业能力提升。可见,二者的作用及其相互之间的制约是中国高校招生主体性地位立足的根本。

中国高校招生主体性地位可以在招生方案制订时、做出录取决策时、人才培养时得以彰显。高考综合改革落地之前,录取决策环节是彰显高校考试招生主体性地位的主要范围,随着改革措施的落地,招生方案制订、人才培养也成为作为招生主体的高校不得不考虑的话题。招生方案、录取决策、人才培养是环环相扣的。高校制订招生方案,基本依据为人才培养要求、根本目的是应用于录取决策。高校的招生方案不是凭空生成的,是从数十年的办学经验、人才培养效果中提炼而来的，小到选考科目的确定、高中综合素质评价结果的使用、院校专业组的设置，大到高校"自主"招生评价体系的建立，都应立足于本校的人才培养目标、学科专业特色。高校招生方案是录取决策的依据，招生方案的优劣直接影响了招生录取决策的科学性。但是，招生方案的调整，不应简单以录取生源分数高低为参考，也不应盲目以其他高校招生方案为蓝本，而应以本校人才培养过程中遇到的问题、本校人才培养效果为重要依据。高校做出录取决策时，不仅考虑国家高校考试招生制度，同样要思考具备本校历史、文化、学科、专业特征的招生方案，而录取到的生源也就成为人才培养的基础。虽然"统考统招"是我国高校考试招生制度的基本特征，但高考综合改革中选考科目的制定、高中综合素质评价结果的使用，"自主"招生中的招生方案确定，是彰显院校特色的突破口。依托招生方案招收到符合条件的考生，服务于高校的人才培养；而具有院校特色的招生方案，则有利于招收到适宜于院校培养的考生，培养出符合院校人才培养目标的、独具竞争力的高级专门人才或拔尖创新型人才，这也与高校分类发展的政策导向一脉相承。高校人才培养与招生方案、录取决策的关系亦不能被忽视，人才培养的核心地位不能被颠覆，人才培养改革在前、招生方案及录取决策改革在后是一种理性行为。高校招生的一个重要目的就是为高校人才培养服务，高校招生改革的一个重要意义也在于提升高等教育质量。高校二级学院、专任教师对高校招生认识不足、引导不足的现状亟须改善，这是提升高校招生方案、招生决策科学性的一个重要突破口。招生方案、录取决策、人才培养是保证高校招生主体性地位科学性的基础，只有注重这一系统性，才能使其发挥真正的作用。

  中国高校招生主体性地位有赖于全校各部门的联动，尤其自高考综合改革之后，高校获得了一定的制订招生方案的权力，高校作为招生主体所开展的相关活动成了一个"复杂性"事务，关涉了全校多个部门的权限与利益。这些部门可以分为三类：其一，招生工作委员会及招生工作办公室等专门机构，是高校招生事务的决策、统筹、协调、服务、研究机构，具有专业的能力和专门的权利；其二，二级学院等人才培养机构，是高校招生决策的智库，也是验证高校招生方案有效性的主体；其三，职能部门等支持机构，是高校招生实践的辅助者，尤其是教务部门、学工部门、发展规划部门对高校招生的支持尤为重要。三类机构的共同目标是保障高校招生的顺利进行，提升高校招生的公平性与科学性。在招生实践中，专门机构与人才培养机构的联系最为重要，招生方案的制订与调整有赖于二者的互动，招生录取工作的开展有赖于二者的合作，这是由人才选拔与人才培养的内在关联、高校招生人力不足决定的。专门机构与支持机构的联系不容小觑，具体体现在招生事务中，虽然专门机构与人才培养机构具有相当的话语权，招生方案的制订需要教务部门的参与、学生（新生）事务管理需要学工部门的参与、招生规模与科类结构需要发展规划部门的参与，这是由现代大学制度、大学治理理念下的高等教育运行机制决定的。人才培养机构与支持机构也存在着一定的联系，比如大类招生的招生专业设置、分类培养方案须二级学院与教务部门商定，等等。专门机构、人才培养机构、支持机构虽然分工不同、作用不同，但共同对高校招生负责，皆应通过提升高校招生胜任力来强化高校招生主体性地位。

中国高校招生主体性地位凸显于其与院校发展、行政指令、招生竞争、社会需求等的互动。高校招生主体性地位体现于与院校发展的互动，高校招生是高等学校办学的重要活动、高等教育运行机制的组织要素，高校应发挥招生主体作用，使招生规划与高校规划相适应，通过设置招生计划、学科专业等服务于本校的发展。高校招生主体性地位体现于对行政指令的遵守与建言献策，高校不应仅是招生政策的执行者、行政指令的服从者，即便在高校招生自主权有限的情况下，高校在遵守规章制度的同时，仍可基于招生实践、基于自身的专业性，为改革制度提出政策建议、直接参与改革，或者申请在小范围内试点改革。高校招生主体性地位体现于高校之间的理性竞争，即高校应明确：单纯的"分数"竞争对提升高等教育质量的作用有限，片面的竞争甚至会弱化其对高等教育质量的保障作用，高校在与其他高校的招生互动中，应"有所为、有所不为"，基于自身的办学需要、借鉴其他高校的招生方案可取，但以竞争"高分"生源为目的，盲目降低自身的招考要求不值得提倡。高校招生主体性地位体现于满足社会需求、理性回应社会要求，高校是社会之中的组织，承担着一定的社会责任，高校应服务于国家事业发展、维护民众对高考公平最朴实的愿望、为考生与家长提供权威信息，使国家、高校招到优质生源，使考生享受到满意的教育，同时，高校也应主动公开"自主"招生的成效，力破社会舆情中不利于高校获得招生自主权的言论，让公众对高校"自主"招生有更全面的认识，而非被不够科学、客观的舆情裹挟，步步退让、因噎废食，甚至使改革前功尽弃。院校发展、行政指令、招生竞争、社会需求皆对高校招生有不同的要求，高校招生主体性地位的意义在于，在服从其基本要求的前提下有所突破，发挥更大的作用。

中国高校招生主体性地位的逻辑框架是由内而外形成的，教育性与制度性的价值导向是在招生方案制订时、做出录取决策时、开展人才培养时强调高校招生主体性地位的根本原则，高校招生主体性地位的作用阈限决定了效果的达成倚重于全校各部门的通力合作。而高校招生主体性地位的彰显，不仅要理顺内部的逻辑架构，而且要回应中国高校考试招生情境之内，招生事务之外的院校发展、行政指令、招生竞争及社会需求。

二 中国高校招生主体性地位的强化目标与实现路径

强化高校招生主体性地位是解决中国高校在招生上长期乏力甚至无力的根本路径，也是为高校争取更大的招生自主权的重要前提。但在中国历史、社会、文化及高校考试招生制度中，强化高校招生主体性地位并非能一蹴而就，需要循序渐进，从短期、中期、长期三个阶段进行规划。

（一）短期：以加强制度建设为目标强化高校招生主体性地位

短期内，高校招生主体性地位的强化目标，是以强化"制度性"为基本原则的。虽然本书认为"教育性"是中国高校招生主体性地位的首要价值准则，但从现实情状来看，"制度性"更亟须实现、更易达成。强化"制度性"，即高校在"统考统招"的制度阈限内，以"高考综合改革"带来的制度变革为契机，利用自身的专业优势、获得合理的角色定位，加强招生能力建设、形成健全的体制机制、在选拔适宜适性的生源中发挥突出的作用，规范招生主体行为、维护国家招考秩序。使作为招生主体的高校，体现出相当的胜任力、领导力、公信力。具体而言，可从以下几个方面强化高校招生主体性地位。

强化高校招生主体性地位，教育行政部门应在招生评价观的重构中，考虑高校的专业优势，赋予其合理的角色定位。在高考综合改革之前绝大多数省份的高考实施方案中，考生应试有文科、理科之分，考试科目固定，高校的招生评价观以"唯分数"论为主，将高分生源视为优质生源。高考综合改革打破了文理分科的固定科目，多样化的选考科目组合、"专业（类）+学校"的志愿改革使高分生源的"优越性"遭遇质疑。同时，"破五唯"的政策导向也使更多的利益相关者认识到高分生源并不能够等同于优质生源。建立新的招生评价观，即突破粗放、同质、单一的"唯分数"论，建立相对精准、特色、多维度的"多元"论是高考综合改革的必然要求。在新的招生评价观下，教育行政部门应赋予高校合理的角色定位。因为高校具备充足的人才培养的经验，在新的招生评价观的建立中最具话语权。但在中国现有的国情、考情、高校的招生能力下，赋予高校较大的招生自主权也是不现实的。所以，短期内，应维持教育行政部门、考试招生机构、高校多主体共同招生的现状，但应引导高校做出改变，使高校成为考试、招生的重要参与者，比如充分参与至统一考试的命题与阅卷中，使高校成为改革的智库，在改革措施的制定与调整中、指导性文件的制定中广泛征求高校的意见。改变教育行政部门的决策方式，充分考虑学术要素，进一步强调教育规律。改变考试招生机构的职能，明确其在招考过程中的监督、服务作用，减少"代管""代办"行为。

强化高校招生主体性地位，高校应主动作为，在选才中发挥切实有效的作用。在高考综合改革之前的普通类招生中，高校招生方案由招生省份的教育行政部门、考试招生机构决定，高校几乎不具备任何话语权。高考综合改革致力于探索"两依据一参考"的多元录取机制，其中由高校"根据自身办学定位和专业培养目标，研究提出对考生高中学业水平考试科目报考要求和综合素质评价使用办法"就是赋予了高校设计招生方案的权利。高校应以院校研究为主要方式，改变以往"经验式""路径依赖式"的决策方式，对学生进行跟踪性研究，基于量化的或质性的研究方法进行论证，最终做出科学决策，制订出具有院校特色的招生方案。比如，将选考科目与综合素质评价使用办法与高校人才培养、专业建设、学科发展紧密结合，使各所高校不同的人才培养效果、专业建设程度、学科发展特征与本校招生方案之间相互影响、科学决策、共同发展。

强化高校招生主体性地位，高校应加强自身的能力建设、形成健全的体制机制，提升自身的招生胜任力。在高考综合改革之前，校内招生工作多由招生办公室及其所在的部门承担，其他单位虽然参与，但承担的职责有限。而招生办公室人员有限、专业性不足的事实，使其在高考综合改革之后遇到了较多的问题。高考综合改革对高校具有革命性影响，这正是高校招生体制机制建立健全的契机。招生治理理念应充分地应用至此次改革中，明确高校招生工作委员会、招生办公室、二级学院在招生中的分工与合作。高校招生工作委员会应以权威性、专业性为指导思想，用专家型的成员、成文的制度领导高校招生工作，突破"人"治的弊端；高校招生办公室应以专门性、协同性、服务性为行动原则，尊重二级学院的建议，注重与职能部门的协同，审视自身的设置问题，改变行政权力为主、"信息孤岛"的现状；二级学院应以主体性、智库性为基本立场，积极参与到高校招生工作中去，改变人才培养与人才选拔割裂的现实。各部门应以"招录到好的生源"为目的，听从招生办公室的统筹、协调，严格遵循校内招生规定、整合校内资源为招生服务、助推高校招生能力建设。

强化高校招生主体性地位，高校应规范招生主体行为、维护国家招考秩序，要在高校之间形成合力，表现出高度的使命感。长期以来，中国高校招生发挥主体作用的一个重要表现即为院校之间的生源竞争，为了获得"高分"生源，部分高校不惜一切代价，也在无形之中破坏了招生秩序，在高考综合改革之后，高校竞争的弊端进一步加剧。最为突出的问题便是由高校制定选考科目，即便是顶尖高校、"一流大学"建设高校，也会因为生源竞争降低选考科目要求、以争取录取结果中的"高分数线"，这也就导致了浙江、上海 2017 级大一新生物理成绩大幅度下降[①]的问题。虽然《普通高校本科招生专业选考科目要求指引》在一定程度上缓解了这一问题，但问题的实质并未发生根本性改变。而且，其破坏秩序的背后，更是对学生，甚至未来人才专业知识、能力、素养结构的错误引导。高校在招生宣传中应充分重视学术声誉的作用，彰显院校特色，展现出院校真正的实力的同时，也为学生提供了有利于其志愿填报、专业发展的信息。高校应提升责任感、使命感，加强公共参与意识，使高校之间从竞争走向合作，在诸如选考科目制定等的决策中形成一定的共识，在自觉中共同维护秩序、引导学生发展、提升高校招生及教育质量。

（二）中期：以加强教育性为目标强化高校招生主体性地位

从中期来看，高校招生主体性地位的强化目标，是以强化"教育性"为基本原则的，即要加强高校招生的教育属性，而非简单地作为一项程序性工作，强化高校招生对基础教育的引导作用、对基础教育与高等教育的衔接作用、对高等教育质量建设的保障作用。使作为招生主体的高校，体现出相当的专业性与有效性。具体而言，在中期视野上，可用"入学"

---

① 陆一：《高考改革不应使选择高度复杂化》，http://m.sohu.com/a/224390259_671742. 2018-02-27/2021.1.9。

概念替代"招生"概念,在"入学"概念下探讨强化高校招生主体性地位更有利于深入把握这一问题。

与"招生"概念强调以高校为主体不同的是,"入学"概念更为强调高校为学生的服务,这也是美国、韩国等诸多国家高校招生工作的职责所在。其目的不仅是招到优质生源,更重要的是以提升专业适应性、学习适应性等为目标,帮助学生完成从普通教育向专业教育的过渡。"入学"服务的起点是学生(考生)开始了解高校、专业之时,具体时间可能会因学生专业认知开始的早晚而异,普通高等学校招生统一考试结束后的志愿填报期、新生入校后的1—2年是关键,对少数群体而言"入学"服务的时间将有所提前或延长。"入学"服务与高等教育、基础教育有着更高的结合度,更有利于高校利用教育规律、立足教育实践发挥应有的作用。

强化高校招生主体性地位,要通过高等教育与基础教育的互动,明确高校招生、高等教育对基础教育人才培养的引导作用。长期以来,"高考指挥棒"作用催生了应试思维,使基础教育被高考绑架,"唯分数""唯升学"导致素质教育功亏一篑,即便高考综合改革推动了选科、走班、研究性学习的落地,但大部分高中选择以"套餐制"代替,在研究性学习的组织中流于形式、效果不够显著。基础教育种种不理性的行为影响了改革的进度,其原因首先在于"唯升学"的教育评价导向,其次在于基础教育相关经验、相关能力较为欠缺。在"入学"理念中强化高校招生主体性地位,一方面,扩大"大—中"衔接的覆盖面,让高校教师以线上、线下相结合的方式,以设计者、指导者、评估者的角色参与到研究性学习中,为尽可能多的有学科志趣者提供帮助;另一方面,加深高校对基础教育的参与程度,比如在高校与高中的合作下制订选科、走班方案,增进高中对高校选考、高等教育育人要求的理解,而非将走班视为应对学生选科组合多样性的工具。高校在参与中也将更了解基础教育的改革,并有可能将部分改革举措(如研究性学习)延续至高等教育阶段,有助于避免部分高校教师对此类改革不认同的问题,有利于提高改革效率;同时,高校教师将超越高考,从学科专业人才培养方面给予高屋建瓴的建议,为激发学生的潜能服务。[①]

[①] 郑若玲、庞颖:《"强基计划"呼唤优质高中育人方式深度变革》,《中国教育学刊》2021年第1期。

强化高校招生主体性地位，要提升招生事务对高等教育的服务能力，将招生使命定位于为高等教育内涵式发展服务。高校招生在以录取合格生源、优质生源、高分生源为目标的导向下，仅将工作重点着眼于以程序性工作为主的录取决策。受高考公平原则影响，高校招生成为一种机械性工序。相比之下，高校招生对学生的专业选择、专业适应性养成、专业认同形成等不够重视，也就是说，高校招生偏重为"高校"招收生源，轻视了为"专业"选拔人才。在"入学"理念中强化高校招生主体性地位，首先，要关注新生进入高校后的适应期。尤其是对待专业调剂生源、转专业生源、大类招生生源、选考科目匹配度不足的生源，要给予其专业引导，甚至是补偿教育，使其形成专业志趣，并能够平稳进入专业学习阶段。其次，要加强高校招生对人才培养的服务能力。高校招生的直接目的是为高校选拔合格生源，间接目的是提升高等教育质量，而提升高等教育质量的核心问题是人才培养。一方面，以招生、入学服务为契机，加强高校专任教师对基础教育的深度了解，扭转其对基础教育以"应试"为主的刻板印象，使其充分了解研究性学习、综合实践活动、校本课程、高中综合素质评价等给学生带来的变化，在可能的情况下，以学生在基础教育阶段习得的知识、能力、素养为基础因材施教。另一方面，加强招生、入学服务与高校专业建设、学科发展的互动，虽然在这一组关系中，高等教育应以专业建设与学科发展为主，招生与入学服务为其提供支持，但少年班的成功经验也说明了，高校招生与人才培养是相得益彰的，二者互相影响对高等教育内涵式发展意义重大。

（三）长期：以争取高校招生自主权为目标强化高校招生主体性地位

从长远来看，高校招生主体性地位的强化目标，是高校在"统考"的高校考试招生制度的前提下，在招生中获得更大的权力。使作为招生主体的高校，体现出相当的自主性。获得招生自主权是中国绝大多数高校的夙愿，在调研过程中，也有较多的高校受访者反映了对当前高校考试招生制度科学性的质疑，认为由高校"自主"招生可以改变这一问题，招录到更具潜力的学生，但限于中国高考的大规模、高利害、高竞争性，高校招生自主权是政府、法律最难赋予高校的权力之一。强化高校招生主体性地位经历了加强招生能力建设、加强与人才培养联系之后，将具备一定的能力与公信力，可尝试通过高校的参与，提升、丰富普通高等学校招生统一考试的科目与内容，并在维持"统考"的前提下，使高校在招生中发挥更大的作用。

强化高校招生主体性地位，应使高校在普通高等学校招生统一考试中获得更大的权力。中国高校考试招生制度中的普通高等学校招生统一考试由国家级、省级考试招生机构全权负责，除阅卷单位设立在部分高校、个别省份聘请部分高校教师作为学科秘书、命题或阅卷专家外，科目设置、命题、考试组织、阅卷、划定分数线等绝大多数工作与高校无关。虽然中国高考长期致力于考试内容、国家题库的建设，在命题科学性上有较大的突破。但考试招生机构与高级专门人才培养机构仍有质的不同，二者看待问题的视角、视野存在一定的差异。比如，近年来的试卷质量，尤其是分省命题向全国命题改革之后的试卷质量较高毋庸置疑，但科目设置却被一线教师诟病，高考综合改革中数学科目的难度不及非改革地区的理科数学科目、"3+1+2"省份物理科目与历史科目不可兼选、浙江省增设技术科目等决策，从高级专门人才的选拔与培养方面的论证不足。虽然"统考"是世界大多数国家高校考试招生制度的基本经验，但这并不意味着高校不能为其提供合理性建议。强化高校招生主体性地位，保证考试权由国家把控的同时，让高校基于教育经验参与到科目设置、命题、阅卷中去，设置科类更多、层次更丰富[①]的考试科目，命制更能考查学生素养的试题，甄别出更具潜力的学生，使普通高等学校招生统一考试在保持"统一"底色、保证公平的同时，增加"多元"色彩提升科学性。

强化高校招生主体性地位，应突破普通高等学校统一招生录取的阈限，走向基于"统考"的"单独招生"。中国高校考试招生制度中的普通高等学校统一招生录取虽然遵循"学校负责、招办监督"的录取机制，但在实践中高校的权力极为有限，省级考试招生机构在履行监督职责的基础上也常出于公平原则、地方保护主义"代替"高校做出决策，这也就导致了"唯分是取""只见分数不见人"的问题，与"破五唯"的政策导向极不适应，也降低了高校选拔适宜适性生源的可能性。虽然"统考"是世界大多数国家高校考试招生制度的基本经验，但"统招"的国家却寥寥无几，况且"统考"将权力把控在国家手中已经维护了公平，在条

---

① 层次更丰富的科目，具体指对同一科目根据考试内容、难度进行区分。比如，数学分为数学1、数学2、数学3；物理分为物理1、物理2、物理3；历史分为历史1、历史2、历史3；等等。

件成熟之后，在招生中就应当给予高校更大的权力以兼顾科学性。强化高校招生主体性地位，赋予高校在使用"统考"成绩基础上更大的招生权利。比如，突破"特殊类"招生名额占高校当年招生总名额5%的限制，突破仅有"一流大学"建设高校、"一流学科"建设高校和高职院校，或少部分省份的部分高校拥有"特殊类"招生权的限制，降低高考成绩在高校综合评价体系中的占比，让所有高校获得更多的"自主"招生的机会，让高校的"自主"招生考试有更大的作用。再如，赋予高校在招生录取中更大的决策权，普通高等学校招生统一考试由考试招生机构组织，考生应试科目门数不限，成绩由当年当次赋分得出，成绩的使用办法由高校决定，即高校根据本校相应专业的人才培养方案决定科目门数、科目名称、科目最低成绩要求等，除此之外，还应为高校使用综合素质评价结果留足空间。

结　　语

高校招生主体性地位是一个立足于国家高校考试招生制度的基本问题，其存在不仅具有合规定性，而且具有合理性，具体的表现形式则与一国的历史、文化、教育等要素密切相依。本书基于历史考察、实践调研、理论分析，澄清了"中国高校招生主体性地位"的现实情状及形成原因，探讨了"中国高校招生主体性地位"的内在基础与基本保障。最终，提出了"中国高校招生主体性地位"的应然状态与强化目标、强化路径。

本书认为，中国高校考试招生制度"统考统招""早发内生""公共性"的基本特征，尤重公平的社会共识、"唯分数"的教育评价导向等，共同促成了中国高校招生主体性地位的现状。总体而言，中国高校招生主体性地位在高校考试招生发展中体现出了不定性，高校招生主体作用呈现出了有限性，高校部分招生主体行为表现出了非理性的特征。甚至可以说，"中国高校招生主体性地位"在中国高校考试招生情境中尚未概念化，多是零散的、不成系统的，甚至是不理性的招生主体行为在发挥作用。但在中国高校招生"自主化"改革历程中、在高考综合改革初期，高校招生主体行为、高校发挥的招生主体作用，对基础教育及高等教育质量的提升、国家高校考试招生制度的优化、高等教育服务社会能力的促进等不容小觑，强化高校招生主体性地位，引导高校做出理性的主体行为、发挥正向的主体作用的意义重大。在中国国情、考情下，强化高校招生主体性地位，不能片面地学习"非统招"国家的经验，"统考统招"的招考制度是不可逾越的。故，本书提出了适于中国国情的逻辑框架，明确指出中国高校招生主体性地位是以制度性与教育性为价值导向，以制订招生方案、做出录取决策、进行人才培养为作用范围，以全校各部门为作用主体的。具体体现于对院校发展的服务、与教育行政部门的良性互动、高校招生的理性竞争、合理回应社会需求中,其中,与教育行政部门的良性互动是中国高校招生主体性地位的特殊问题。而具体的强化路径,又可分为短期、中期、长期三个阶段实现,短期以制度化、能力建设为重点,中期以回归教育规律为要点,长期以获得适当的招生自主权为目标。

　　本书的创新体现在理论与实践两方面。理论创新在于从高等教育内外部复合作用的视角分析了高等学校招生依据更迭革新的动因,提出了以强化高等学校主体性地位为重点的招生改革的价值转向。[①] 从理论、历史、制度、实践四个维度,系统地剖析了中国高校招生主体性地位的现实情状。从招生与高校办学、学科发展、专业适应性、高级专门人才培养等内在基础出发,论证了强化高校招生主体性地位的必要性。从招生自主性、学术声誉、招生治理、院校研究对高校招生的基本保障中,探讨了强化高校招生主体性地位的可行性。在中国高校招生主体性地位的基本特征、成因、功过的基础上,建构了中国高校招生主体性地位的逻辑框架,在很大程度上填补了学界相关理论研究的空白。本书的实践创新主要体现在三方面:其一,研究问题源自实践,是中国高校招生进入全面深化改革阶段必须解决的现实问题,突破了以往高考改革主要关注基础教育、较少结合高等教育的实情;其二,研究过程扎根实践,基于2018年教育部哲学社会科学研究重大课题攻关项目"高考综合改革试点完善措施"课题组对38家国家级及省级考试招生机构、高校、高中,560余名受访者的访谈或座谈,获得了大量一手资料,并以其中对高校领导、招办负责人、二级学院领导、专任教师、综合评价录取招生官、综合评价录取入学学生、新高考入学学生等的访谈为重点,最大限度呈现了当前实情;其三,研究结果可用于指导实践,本书提出了短期、中期、长期三个阶段强化高校招生主体性地位的构想。

　　受本人能力、学识、研究时间、调研条件等局限,本书也存在一些缺憾和有待提升的空间。例如,在宏观层面上关注了中国高校考试招生主体性地位的整体性、一般性特征,虽然在研究中谈及不同层次、不同类型高校招生的差异性,不同省份高考实施方案的差异性,但未深入分析。在微观层面上,明确了中国高校招生主体作用的范围,但多基于定性材料的收

---

① 郑若玲、庞颖:《强化高等学校主体性地位——论招生改革的价值转向》,《教育研究》2019年第12期。

集与分析，做出判断，提出了价值层面的进路，缺乏定量材料的验证。除此之外，本书仅可被视为中国高校考试招生制度与高等教育改革发展协同影响研究的起点，虽然作者对后续研究、相关研究有一定的思考，但限于本书的重点与篇幅暂未呈现。

中国高校招生主体性地位研究、中国高校考试招生制度与高等教育改革发展协同影响研究是高考改革领域的问题，更是高等教育领域的问题。本书旨在将中国高校招生问题推入高等教育领域，或曰引导研究者从高等教育视野审视中国高校考试招生制度及其改革。虽然强化高校招生主体性地位、发挥高校招生主体作用、争取高校招生自主权在中国高校考试招生制度厚重的历史根基、稳固的文化认同下具有相当的难度，但这又是中国建设创新型国家、高等教育培育拔尖创新型人才之必需。理论研究只有具备先行的意识、有解决问题的价值，才能有指导实践的能力、有推动历史进步的可能。

参考文献

一 中文文献

［德］马克斯·韦伯著，［德］约翰内斯·温克尔曼整理：《经济与社会》（上卷），林荣远译，商务印书馆1997年版。

［美］彼得·布劳、［美］马歇尔·梅耶：《现代社会中的科层制》，马戎等译，学林出版社2001年版。

［美］伯顿·克拉克：《高等教育权力的整合》，载陈洪捷、施晓光、蒋凯主编《国外高等教育基本文献讲读》，北京大学出版社2014年版。

［美］伯顿·克拉克主编：《高等教育新论——多学科的研究》，王承绪、徐辉等译，浙江教育出版社2001年版。

［美］伯顿·R·克拉克：《高等教育系统——学术组织的跨国研究》，王承绪等译，杭州大学出版社1994年版。

［美］布鲁贝克：《高等教育哲学》，王承绪等译，浙江教育出版社2001年版。

［美］杰罗姆·卡拉贝尔：《被选中的哈佛、耶鲁和普林斯顿的入学标准秘史》，谢爱磊等译，中国人民大学出版社2014年版。

［美］Jonn A. Muffo：《美国院校研究概述》，《外国高等教育资料》1994年第1期。

［美］罗伯特·伯恩鲍姆：《大学运行模式》，别敦荣等译，中国海洋大学出版社2003年版。

［美］沃尔特·W.鲍威尔、［美］保罗·J.迪马吉奥主编：《组织分析的新制度主义》，姚伟译，上海人民出版社2008年版。

［美］约翰·罗尔斯：《政治自由主义》，万俊人译，译林出版社2000年版。

［美］约翰·罗尔斯：《作为公平的正义——正义新论》，姚大志译，上海三联书店2002年版。

［美］约瑟夫·A·马克思威尔：《质的研究设计：一种互动的取向》，朱光明译，陈向明校，重庆大学出版社2007年版。

［英］凯西·卡麦兹：《建构扎根理论：质性研究实践指南》，边国英译，陈向明校，重庆大学出版社2009年版。

［英］托尼·比彻、［英］保罗·特罗勒尔：《学术部落及其领地：知识探索与学科文化》，唐跃勤、蒲茂华、陈洪捷译，北京大学出版社2015年版。

边新灿：《新一轮高考改革对大学教育的影响》，《中国高等教育》2015年第2期。

边新灿：《由考试到评价，由单要素到多要素——日韩和我国台湾地区高校招生评价体系演进逻辑研究》，《全球教育展望》2017年第7期。

卞翠：《"双一流"背景下高校招考制度改革——来自法国一流高校的启示》，《全球教育展望》2018年第4期。

卞翠：《法国高校招生考试制度研究》，华中师范大学出版社2016年版。

蔡昉：《中国改革成功经验的逻辑》，《中国社会科学》2018年第1期。

蔡培瑜：《澳大利亚高校招生考试制度研究》，华中师范大学出版社2016年版。

常桐善：《大学院校研究组织机构》，《复旦教育论坛》2016年第5期。

陈建涛：《论主体间性》，《人文杂志》1993年第4期。

崔海丽：《如何扩大与落实试点高校的招生自主权——"考试制"国家自主招生制度的启示》，《湖南师范大学教育科学学报》2018年第3期。

邓佑文、程画红：《我国高校自主招生的硬法与软法双重规制》，《东岳论丛》2016年第12期。

董山民：《康德"自主性"概念及其超越》，《中南大学学报》（社会科学版）2007年第6期。

董雪君：《浅谈保送生招生制度》，《复旦教育》1993年第1期。

杜瑞军、洪成文：《我国新一轮高考改革的路径及挑战——教育家对话企业家微论坛纪要》,《中国高教研究》2015年第6期。

杜瑛:《新高考背景下高校招生录取制度面临的现实困境与改革路径》,《中国高教研究》2019年第3期。

范跃进:《新中国成立以来高等教育元政策(1949—2016)》,中国社会科学出版社2017年版。

费孝通:《乡土中国》,观察社1948年版。

冯成火:《浙江省"三位一体"招生模式改革的思考和探索》,《教育研究》2014年第10期。

冯建军:《主体教育理论:从主体性到主体间性》,《华中师范大学学报》(人文社会科学版)2006年第1期。

高燕、余斌:《俄罗斯高校招考制度:改革与思考》,《高教探索》2010年第4期。

郭湛:《论主体间性或交互主体性》,《中国人民大学学报》2001年第3期。

何帆:《传统计划体制的起源、演进和衰落》,《经济学家》1998年第2期。

何昊华、张志辉:《中国科学技术大学少年班创办始末》,《科学文化评论》2018年第3期。

何巧艳:《"主体性教育"的历史语境与话语分析》,《山西大学学报》(哲学社会科学版)2016年第3期。

侯佳伟:《高校自主招生学生入学后与普考生的对比分析》,《高等教育研究》2011年第12期。

胡小爱:《高校大学生专业认同研究述评》,《济南职业学院学报》2011年第5期。

华桦:《高考新政与个体高等教育选择》,《当代青年研究》2016年第4期。

姜斯宪:《优化招生选拔机制 培养拔尖创新人才》,《中国高教研究》2018年第3期。

蒋超:《中国高考史》(卷一),中国言实出版社2008年版。

教育部高等学校教学指导委员会编:《普通高等学校本科专业类教学质量国家标准》,高等教育出版社2018年版。

教育部考试中心制定:《中国高考评价体系》,人民教育出版社2019

年版。

柯政:《高考改革需要更加重视科学学科》,《华东师范大学学报》(教育科学版) 2018 年第 3 期。

乐毅:《美国本科招生模式及录取标准:启示、借鉴与本土实践》,《现代大学教育》2008 年第 1 期。

乐毅:《我国高校自主招生与高考改革的若干问题浅析》,《江苏高教》2008 年第 3 期。

李立峰:《高考改革:困境、反思与展望》,《国家教育行政学院学报》2009 年第 8 期。

李立峰:《治理理论视野下的高校招生体制改革》,《江苏高教》2005 年第 5 期。

李林昆:《对主体性问题的几点认识》,《哲学研究》1991 年第 3 期。

李楠明:《价值主体性:主体性研究的新视域》,社会科学文献出版社 2005 年版。

李硕豪:《理科专业拔尖本科生遴选依据探真》,《学术论坛》2014 年第 4 期。

李为善、刘奔编:《主体性和哲学基本问题》,中央文献出版社 2002 年版。

李欣:《加拿大高校招生考试制度的现状透视》,《复旦教育论坛》2014 年第 3 期。

李雄鹰:《自主招生改革的难点与突破》,《国家教育行政学院学报》2012 年第 5 期。

李云星、姜洪友、卢程佳等:《高校"三位一体"综合评价录取质量与公平的个案研究》,《华东师范大学学报》(教育科学版) 2018 年第 3 期。

李喆:《高校人才选拔视野下的高考改革方案》,《江苏高教》2019 年第 6 期。

李志、王琪琪、齐丙春:《当代大学生专业认同度的现状及对策研究》,《高教探索》2011 年第 2 期。

李志涛:《主要发达国家"高考"科目选择性的比较分析与探讨》,《全球教育展望》2018 年第 2 期。

李祖超、杨淞月:《美日高校拔尖创新人才培养制度比较分析》,《中国高教研究》2011 年第 8 期。

林小英：《普通高校招生多元录取机制的"理念型建构"：因果适当还是意义适当?》，《全球教育展望》2014 年第 2 期。

刘海峰：《"科举"含义与科举制的起始年份》，《厦门大学学报》（哲学社会科学版）2008 年第 5 期。

刘海峰：《"科举学"刍议》，《厦门大学学报》（哲学社会科学版）1992 年第 4 期。

刘海峰：《高考改革：公平为首还是效率优先》，《高等教育研究》2011 年第 5 期。

刘海峰：《高考改革的突破口：自主招生的一个制度设计》，《中国高等教育》2011 年第 9 期。

刘海峰：《高考改革中的两难问题》，《高等教育研究》2000 年第 3 期。

刘海峰：《高考改革中的全局观》，《教育研究》2002 年第 2 期。

刘海峰：《高考指挥棒现状很难改变》，载刘海峰《高考改革的理论与历史》，华中师范大学出版社 2016 年版。

刘海峰：《科举停废 110 年祭》，《厦门大学学报》（哲学社会科学版）2015 年第 5 期。

刘海峰：《科举研究与高考改革》，《厦门大学学报》（哲学社会科学版）2007 年第 5 期。

刘海峰：《科举政治与科举学》，《华中师范大学学报》（人文社会科学版）2010 年第 5 期。

刘海峰：《新高考改革的实践与改进》，《江苏高教》2019 年第 6 期。

刘海峰、李木洲：《高考分省定额制的形成与调整》，《教育研究》2014 年第 6 期。

刘海峰、刘亮：《恢复高考 40 年的发展与变化》，《高等教育研究》2017 年第 10 期。

刘进、杨晴：《后自主招生时代：多样化的人才选拔与培养》，《江苏高教》2013 年第 2 期。

刘清华：《高考与教育教学的关系研究》，华中师范大学出版社 2016 年版。

刘清华：《试论美国高校招生考试与学校教育的关系》，《外国教育研究》2003年第4期。

刘世清、崔海丽:《高校招生自主权:历史嬗变与困境突围》,《华东师范大学学报》(教育科学版)2018年第3期。

刘希伟:《高考科目改革的轨迹与反思:基于选择性的视角》,《全球教育展望》2018年第4期。

刘希伟:《新高考综合试点改革的四重审视》,《中国教育学刊》2019年第6期。

刘献君:《院校研究》,高等教育出版社2008年版。

刘献君:《院校研究规范发展中的若干关系》,《中国高教研究》2016年第10期。

刘兴育主编:《云南大学史料丛书(会议卷)(1924年—1949年)》,云南大学出版社2010年版。

刘召:《国家自主性理论及其中国适用性》,中国社会科学出版社2016年版。

刘志东:《韩国大学自主招生改革研究》,《高校教育管理》2012年第3期。

卢晖临、李雪:《如何走出个案——从个案研究到扩展个案研究》,《中国社会科学》2007年第1期。

卢晓东、陈孝戴:《高等学校"专业"内涵研究》,《教育研究》2002年第7期。

吕慈仙:《高校专业自主选择机制的构建》,《教育发展研究》2012年第23期。

麻宝斌等:《公共治理理论与实践》,社会科学文献出版社2013年版。

马莉萍、卜尚聪:《重点大学自主招生政策的选拔效果分析》,《北京大学教育评论》2019年第2期。

马莉萍、朱红、文东茅:《入学后选专业有助于提高本科生的专业兴趣吗——基于配对抽样和固定效应的实证研究》,《北京大学教育评论》2017年第2期。

苗学杰:《英国"高考"科目自选的制度设计、现实难点与警戒意义》,《比较教育研究》2018年第9期。

苗学杰、王岩:《澳大利亚"高考"科目自选的制度体系探析》,《比较教育研究》2020 年第 3 期。

潘懋元主编：《新编高等教育学》，北京师范大学出版社 1996 年版。

潘懋元、刘丽建、魏晓艳选编：《潘懋元高等教育论述精要》，福建教育出版社 2015 年版。

潘懋元、王伟廉主编，中国教育学会教育学研究会编：《高等教育学》，福建教育出版社 1995 年版。

潘涌：《高考：境外留学挑战与深层教育透视》，《社会科学战线》2015 年第 4 期。

庞颖：《高校综合评价录取方式的公平问题研究——基于 2015—2019 年两所高校招生录取结果的分析》，《中国教育政策评论》2019 年第 1 期。

庞颖：《美国院校研究问题域的范畴及其更迭——基于〈院校研究新动向〉（1974—2017 年）的批判话语分析》，《高等教育研究》2018 年第 9 期。

庞颖：《强基计划的传承、突破与风险——基于中国高校招生"自主化"改革的分析》，《中国高教研究》2020 年第 7 期。

乔锦忠：《优质高等教育入学机会分布的区域差异》，《北京师范大学学报》（社会科学版）2007 年第 1 期。

秦春华：《超越卓越的平凡：北大人才选拔制度研究》，北京大学出版社 2015 年版。

秦春华：《研究真实世界的教育》，北京大学出版社 2017 年版。

秦春华：《重新出发：中美大学本科招生比较研究》，北京大学出版社 2016 年版。

清华大学校史研究室编：《清华大学史料选编》，清华大学出版社 1994 年版。

全林、赵俊和、马磊：《大学自治与高校自主招生》，《西南民族大学学报》（人文社科版）2010 年第 12 期。

任子朝、程力、陈昂：《注重多样性和选择性促进学生个性发展——台湾大学考试招生改革对大陆高考改革的启示》，《中国高教研究》2017 年第 6 期。

盛晓明：《从公共性到主体间性——哈贝马斯的普遍语用学转向》，《浙江学刊》1999 年第 5 期。

施邦晖：《高校招生能力建设"四问"》，《华东师范大学学报》（教育科学版）2017 年第 1 期。

宋敏：《哈贝马斯社会交往理论合理性与公共领域的建构》，《求索》2015 年第 1 期。

宋雅萍：《论主体间性》，《马克思主义哲学研究》2008 年第 1 期。

孙崇文：《回眸与展望：上海高校招生考试制度改革》，《教育发展研究》2007 年第 Z1 期。

孙崇文等：《凸现两个主体　落实四项自主："春季考试，春季招生"改革试点的突破》，《教育发展研究》2000 年第 3 期。

孙立平：《"关系"、社会关系与社会结构》，《社会学研究》1996 年第 5 期。

孙立平：《后发外生型现代化模式剖析》，《中国社会科学》1991 年第 2 期。

覃红霞：《高校招生考试法治研究》，华中师范大学出版社 2007 年版。

覃红霞：《高校招生自主权的法律阐释》，《江苏高教》2012 年第 6 期。

唐坚：《制度学导论》，国家行政学院出版社 2017 年版。

唐文玉：《社会组织公共性与政府角色》，社会科学文献出版社 2017 年版。

田爱丽等：《高校综合评价招生的理论、实践与展望——以上海市高考综合改革试点学校为例》，《华东师范大学学报》（教育科学版）2018 年第 3 期。

田建荣：《高考多元录取与大学教学管理制度亟待衔接》，《中国高等教育》2014 年第 18 期。

田建荣：《高考形式的统一性与多样化》，《高等教育研究》2000 年第 4 期。

田建荣：《论高校招生自主权的意蕴》，《陕西师范大学学报》（哲学社会科学版）2010 年第 4 期。

王策三：《教育主体哲学刍议》，《北京师范大学学报》（社会科学版）1994 年第 4 期。

王道俊、郭文安：《关于主体教育思想的思考》，《教育研究》1992 年第 11 期。

王道俊、郭文安:《试论教育的主体性——兼谈教育、社会与人》,《华东师范大学学报》(教育科学版) 1990 年第 4 期。

王锋、张宇庆:《创新人才培养模式加强大学中学衔接》,《中国高等教育》2015 年第 18 期。

王锟:《工具理性和价值理性——理解韦伯的社会学思想》,《甘肃社会科学》2005 年第 1 期。

王立科:《英国高校自主招生的实践及其启示》,《高等工程教育研究》2009 年第 1 期。

王小虎、潘昆峰、苗苗:《高考改革对高水平大学招生的影响及其应对》,《中国高教研究》2017 年第 4 期。

王晓东:《哲学视域中的主体间性问题论析》,《天津社会科学》2001 年第 5 期。

王新凤、钟秉林:《新高考背景下高校招生与人才培养的成效、困境及应对》,《中国高教研究》2019 年第 5 期。

王秀卿编著:《高等学校招生考试理论研究》,航空工业出版社 1994 年版。

王学珍、郭建荣主编:《北京大学史料》,北京大学出版社 2000 年版。

王占奎、李贵:《对高等学校招收保送生的探讨》,《北京科技大学学报》(人文社会科学版) 1998 年第 2 期。

魏署光:《美国院校研究决策支持功能探析》,中国社会科学出版社 2016 年版。

魏小兰:《论价值理性与工具理性》,《江西行政学院学报》2004 年第 2 期。

魏小萍:《"主体性"涵义辨析》,《哲学研究》1998 年第 2 期。

文雯、管浏斯:《大学自主招生学生学习性投入初探——以九所"985"、"211"高校自主招生群体为例的实证研究》,《复旦教育论坛》2011 年第 6 期。

吴斌珍、钟笑寒:《高考志愿填报机制与大学招生质量:一个基于择校机制理论的经验研究》,《经济学》(季刊) 2012 年第 2 期。

吴合文:《恢复高考招生以来专业选择的价值提升与制度变革》,《陕西师范大学学报》(哲学社会科学版) 2017 年第 4 期。

吴世淑、陈水雄主编：《高考、会考与考试改革》，三环出版社1991年版。

吴晓刚、李忠路：《中国高等教育中的自主招生与人才选拔：来自北大、清华和人大的发现》，《社会》2017年第5期。

肖蕾：《影响高考志愿填报的因素及探析》，《上海教育科研》2006年第11期。

谢维和：《教育评价的双重约束——兼以高考改革为案例》，《教育研究》2019年第9期。

熊丙奇：《自主招生与高考公平》，《探索与争鸣》2011年第12期。

徐贵权：《论价值理性》，《南京师大学报》（社会科学版）2003年第5期。

徐明：《俄罗斯国家统一高考与独立招生对教育的影响——莫斯科大学实证分析》，《复旦教育论坛》2006年第3期。

徐倩倩：《高校"三位一体"招生利益相关者共同治理模式探析》，《文教资料》2016年第13期。

徐瑞英：《试论自主招生模式》，《苏州大学学报》（哲学社会科学版）1996年第4期。

许士荣：《浙江省加快推进"三位一体"招生模式改革的若干思路》，《中国高教研究》2015年第6期。

宣勇：《政府善治与中国大学的主体性重建》，人民出版社2016年版。

鄢明明：《大规模考试的演变与育人——论会考与高考的改革》，湖北人民出版社2004年版。

杨德广：《评"名校统揽高分者，高分者统统进名校"——对"平行志愿投档"的深层次思考》，《北京大学教育评论》2009年第1期。

杨学为编：《高考文献》，高等教育出版社2003年版。

杨昇军等编著：《高等教育评价原理与方法》，陕西师范大学出版社1988年版。

杨银付：《深化教育领域综合改革的若干思考》，《教育研究》2014年第1期。

杨英东：《对"3+X"高考科目设置的认识》，《教育探索》2000年第5期。

杨悦、宗俊峰：《高校招生部门职能转型研究》，《高等工程教育研究》2005年第2期。

姚大志：《哈贝马斯：交往活动理论及其问题》，《吉林大学社会科学学报》2000年第6期。

叶赋桂、李越、史静寰：《统一考试自主招生——高校自主招生改革研究》，《中国高教研究》2010年第1期。

游畅、王阳、朱晓超：《科学选拔创新人才的理念、方法与成效——2006—2017复旦大学改革探索综述》，《华东师范大学学报》（教育科学版）2018年第3期。

于世洁、徐宁汉：《高校多元招生录取模式的构建与实践》，《中国高等教育》2017年第1期。

于世洁等：《新高考改革下高校选考科目的制定》，《清华大学教育研究》2015年第2期。

俞可平主编：《治理与善治》，社会科学文献出版社2000年版。

禹奇才、蔡忠兵、苗琰：《推进高校大类招生改革若干问题的探讨》，《高教探索》2014年第1期。

袁贵仁：《高等教育人才培养模式改革》，高等教育出版社2012年版。

袁振国主编：《教育研究方法》，高等教育出版社2000年版。

袁振国：《在改革中探索和完善具有中国特色的高考制度》，《华东师范大学学报》（教育科学版）2018年第3期。

翟学伟：《再论"差序格局"的贡献、局限与理论遗产》，《中国社会科学》2009年第3期。

张爱萍、唐小平：《科学编制高校招生来源计划探讨》，《中国高等教育》2004年第20期。

张德胜、金耀基、陈海文等：《论中庸理性：工具理性、价值理性和沟通理性之外》，《社会学研究》2001年第2期。

张法：《主体性、公民社会、公共性——中国改革开放以来思想史上的三个重要观念》，《社会科学》2010年第6期。

张金福：《中国大学自主性：概念与制度环境》，《华东师范大学学报》（教育科学版）2007年第3期。

张康之：《公共行政：超越工具理性》，《浙江社会科学》2002年第

4 期。

张克非：《兰州大学校史上编（1909—1976）》，兰州大学出版社 2009 年版。

张雷生：《基于"招生专员制"的韩国高校自主招生政策研究》，《比较教育研究》2016 年第 8 期。

张澧生：《社会组织治理研究》，北京理工大学出版社 2015 年版。

张立昌、南纪稳：《"走出个案"：含义、逻辑和策略》，《教育研究》2015 年第 12 期。

张天雪、盛静茹：《我国高校自主招生的实践模式、路径和改革理路》，《清华大学教育研究》2014 年第 6 期。

张学强、彭慧丽：《民国时期高校自主招生制度探析——兼论对完善我国当代高校自主招生制度的启示》，《社会科学战线》2009 年第 5 期。

张学文：《大学理性：历史传统与现实追求》，《教育研究》2008 年第 1 期。

张亚群：《大学自主招生考试的制度选择》，《复旦教育论坛》2006 年第 4 期。

张亚群：《高校招生体制改革的契机与导向》，《教育发展研究》1999 年第 9 期。

张亚群：《高校自主招生不等于自行考试》，《教育研究》2005 年第 3 期。

张志刚：《高考内容分类设置的趋势分析》，《中国教育学刊》2013 年第 9 期。

章勤琼、［澳］麦克斯·斯蒂芬斯：《澳大利亚"新高考"制度评析及启示》，《外国中小学教育》2015 年第 7 期。

赵炬明、余东升：《院校研究与现代大学管理讲演录》，中国海洋大学出版社 2006 年版。

赵康：《专业、专业属性及判断成熟专业的六条标准——一个社会学角度的分析》，《社会学研究》2000 年第 5 期。

郑庆华：《"双一流"建设背景下中国特色高校招生选拔创新模式探索与实践》，《中国高教研究》2017 年第 9 期。

郑泉水：《"多维测评"招生：破解钱学森之问的最大挑战》，《中国教育学刊》2018 年第 5 期。

郑若玲：《高考的社会功能》，《现代大学教育》2007年第3期。

郑若玲：《高考对社会流动的影响——以厦门大学为个案》，《教育研究》2007年第3期。

郑若玲：《高考改革的困境与突破》，《厦门大学学报》（哲学社会科学版）2017年第3期。

郑若玲：《科举对清代社会流动的影响——基于清代朱卷作者之家世分析》，《厦门大学学报》（哲学社会科学版）2007年第5期。

郑若玲：《论高考的教育功能》，《教育导刊》2005年第1期。

郑若玲：《美国大学"可免试入学"改革及启示》，《华中师范大学学报》（人文社会科学版）2016年第2期。

郑若玲：《我们能从美国高校招生制度借鉴什么》，《东南学术》2007年第3期。

郑若玲：《自主招生改革何去何从》，《华中师范大学学报》（人文社会科学版）2010年第4期。

郑若玲、陈为峰：《美国名校本科招生方式及其启示》，《外国教育研究》2010年第10期。

郑若玲、刘盾、谭蔚：《大中学衔接培养创新人才的探索与成效——以厦门大学附属科技中学为个案》，《湖南师范大学教育科学学报》2016年第2期。

郑若玲、庞颖：《"强基计划"呼唤优质高中育人方式深度变革》，《中国教育学刊》2021年第1期。

郑若玲、庞颖：《高考综合改革系统性的基本要义、实践审思与完善路径》，《高等教育研究》2020年第3期。

郑若玲、庞颖：《恪守与突破：70年高校考试招生发展的中国道路》，《华中师范大学学报》（人文社会科学版）2019年第5期。

郑若玲、庞颖：《强化高校学校主体性地位：招生改革的价值转向》，《教育研究》2019年第12期。

郑若玲、宋莉莉、徐恩煊：《再论高考的教育功能——侧重"高考指挥棒"的分析》，《全球教育展望》2018年第2期。

郑若玲、杨旭东：《高考改革：历史与现实的思考》，《厦门大学学报》（哲学社会科学版）2003年第1期。

郑若玲等：《国外高校招考制度研究》，浙江教育出版社2017年版。

郑若玲等:《中国教育改革40年:高考改革》,科学出版社2018年版。

郑志龙、李婉婷:《政府治理模式演变与我国政府治理模式选择》,《中国行政管理》2018年第3期。

中共中央党校马克思主义哲学教研室、中共湖北省委党校哲学教研室编:《主体与客体》,中共中央党校出版社1990年版。

钟秉林:《稳妥推进我国高考综合改革的四个着力点》,《中国教育学刊》2019年第6期。

朱浩、方云:《美国"常春藤"盟校本科招生制度的历史沿革与特点分析》,《高教探索》2017年第1期。

朱益明:《自主招生考量全社会》,《教育发展研究》2006年第11期。

二 外文文献

R. R. Dixon, "What is Enrollment Management?" *New Directions for Student Services*, Vol. 1995, No. 71, pp. 5–10.

Crum R., Parikh A., "Headmasters' Reports, Admissions and Academic Performance in Social Sciences", *Educational Studies*, Vol. 9, No. 3, 1983, pp. 169–184.

Flanigan, Michael S., "Diagnosing and Changing Organizational Culture in Strategic Enrollment Management", *Strategic Enrollment Management Quarterly*, Vol. 4, No. 3, 2016, pp. 117–129.

Fu Y., "The Effectiveness of Traditional Admissions Criteria in Predicting College and Graduate Success for American and International Students", Ph. D. dissertation, the University of Arizona, 2012, p. 154.

Henderson S. E., "Refocusing Enrollment Management: Losing Structure and Finding the Academic Context", *College & University*, Vol. 80, No. 1, 2005, pp. 3–8.

Langston R., "Scheid J. Strategic Enrollment Management in the Age of Austerity and Changing Demographics: Managing Recruitment, Leveraging, Revenue, and Access in Challenging Economic Times", *Strategic Enrollment Management Quarterly*, Vol. 2, No. 3, 2014, pp. 191–210.

Langston R., Wyant R., Scheid J., "Strategic Enrollment Management for Chief Enrollment-Officers: Practical Use of Statistical and Mathematical Data in Forecasting First Year and Transfer College Enrollment", *Strategic Enrollment Management Quarterly*, Vol. 4, No. 2, 2016, pp. 74 – 89.

Mathis D., "Strategic Enrollment Management's Ambassadors: The Changing Role of Admissions Counselors", *College & University*, Vol. 85, No. 1, 2010, pp. 55 – 58.

Mattern K. D., Patterson B. F., Wyatt J. N., "How Useful Are Traditional Admission Measures in Predicting Graduation Within Four Years?", *College Board*, 2013.

Mcdonough P. and Robertson L., "Gatekeepers or Marketers: Reclaiming the Educational Role of Chief Admission Officers" *Journal of College Admission*, No. 214, 2012.

Mcdonough P. and Robertson L., "Reclaiming the Educational Role of Chief Admission Officers", *Journal of College Admission*, No. 147, 1995.

Myers B. A., Evaluating Admission Practices as Potential Barriers to Creating Equitable Access to Undergraduate Engineering Education, Ph. D. dissertation, the University of Colorado, 2016.

Snowden M. L., "Enrollment Logics and Discourses: Toward Developing an Enrollment Knowledge Framework", *Strategic Enrollment Management Quarterly*, No. 1, 2013, pp. 26 – 51.

Sternberg R. J., Bonney C. R., Gabora L, et al., "Broadening the Spectrum of Undergraduate Admissions: The Kaleidoscope Project", *College & University*, Vol. 86, 2010, pp. 2 – 17.

Townsley M. K., "A Strategic Model for Enrollment-Driven Private Colleges", *Journal for Higher Education Management*, No. 8, 1993, pp. 57 – 66.

索　引

B

保送生　46，118—121，127，129，130，139，140，148，159，160，162，168，172，202，274，379，420，448，449，456

C

创新班　38，46，49，54，241，290—292，297—301，305—307，310，347

春季高考　46，48，258，274，276，277，281，286，426，443，450，462

D

大学章程　4，19，23，54，101，233，236，375，449

多元录取机制　4，167，168，176，232，258，261，262，285，310，473

E

二次选拔　290，292，299，306

F

赋分　167，175，240，306，311，342，343，466，467，478

G

高级专门人才培养　49，73，85，87，88，91，96，97，109，138，145，170，172，204，211，252，262，271，288，298，299，308，315，337，359，370—374，384，387，388，390—392，395，442，448，450，451，455，458，462，463，466，467，477，480

高考　2—4，8—11，14，15，17，18，25，27，29，30，34，36，38—45，47，49，50，52—54，64，65，81，85—87，92，95，98，99，107—113，116，118—122，125—127，129—133，135—

140，142—145，147—162，164，166—170，172，173，177，179—183，189，192—199，208，211，221，224，225，227—237，239，240，242，247，248，250，252，256，258，260，263—265，269—271，274—276，278—280，283，285—288，290—292，297—301，309—311，332，342，344，345，347—349，352，355，359，361，362，365，366，369—372，375，377—381，383—385，387—389，396—401，404，410，411，413—415，426—428，431，438，445，448—452，454，457，463，468，469，472，475—478，480

高考改革　1，3—9，11—14，19，27，30，43，47，49，53，54，82，86，95，98，99，117，120，122—124，126，127，138，143，146，147，151，155，158—160，162，163，167，168，173，179，192，194，229—233，236，243，265，266，268，286，332，349，350，397，401，413，423，447—449，451，465，480，481

高考公平　2，3，144，145，152，153，159，166，168，172，174，196，221，222，227—235，242，251，258，261，378，397，399，400，403，422，432，447，458，459，468，469，471，476

高考科目　117，337，345—347，351，352

高考科学　469

高考命题　180，184，194，198，199，286，288，344，347

高考综合改革　2，4，5，9，12，14，19，34，40，42，45—49，55，56，64，73，80，88，89，98，165，167，168，170，172—175，178，189，195，197—199，201，204，208，209，217—220，223，230，232，234，235，238—241，248，252，256—274，285，298，301，306，307，309—313，324，331，334，336，337，340—344，349，351，354，355，359，361，364，366—368，375，385，387，389，392，398，400，401，404，405，410，412—414，417，418，420，423，429，430，433，434，436—440，442—444，447，448，450，451，454，456，457，459，462，464，465，467—470，472—475，477，479，480

高校　1—30，34—57，64—66，70—75，77—83，85—184，189—225，228—292，297—324，331—337，340—375，377—380，383—418，420—481

高校办学　6，7，9，12，14，25，39，40，49，70，71，73，80，

索引

92，93，97，112，172，173，
191，250，315，316，319，320，
333，334，336，389，392，430，
432，445，451，454，480

高中学业水平考试 4，167，169，
172，177，178，183，184，208，
232，256，258，310，341，404，
473

高中综合素质评价 169，172，
177，178，189，209，230，232，
258，264，275—278，285，286，
309，320，375，378，385—387，
390，396，417，420，424，429，
443，454，456—458，462，463，
465，466，468，470，476

J

教育行政部门 46，52—54，72—
74，78，79，81，94，96，107，
109，112—114，120，121，124，
127—137，140—143，145，160，
164，179—182，189，190，192—
195，197，198，201，211，212，
222，228—231，234—238，245，
248，251—253，255，270，275，
278—280，313—315，318，323，
324，335，336，339，340，
349—351，359，368—370，373，
378，391，397，402，404，405，
408，420，421，424，428，429，
431，433—436，438，442，445，
446，448，450，452，453，457，
461—463，465—468，472，473，
479，480

K

考试 1—9，12，13，15—20，25，
30—32，34，36—39，42，43，
45—48，52—54，64，66，72，
73，78，79，81，82，85—93，
95，101—108，112—115，117—
123，125，126，128—138，140—
155，157—184，189—199，203，
206—210，212，214，216，218，
220，221，224，225，227—240，
242，243，248，250—253，255，
256，258，263—266，269—272，
274—278，280，281，283，285—
287，289—292，297，300，306，
307，309，310，313，314，319，
320，331，332，335，337，341，
342，344，345，347，350—352，
354，355，359，360，364，365，
367，369—372，374，375，377—
379，381，383，388，389，392，
396，399—401，403，404，415，
420，421，428，431，432，436，
437，442，447—450，452—462，
464—470，472，473，475—481

考试招生机构 8，46，51，53—56，
64，72—74，78—81，86，95—
97，107—109，111，113，114，
116，120—122，124，127—129，
131—137，140—143，154，164，

166, 168, 169, 179, 180, 182—
184, 189, 191—194, 196—199,
211, 212, 228—231, 234, 236—
238, 244—247, 251—253, 255—
259, 269, 270, 273, 275—280,
312, 313, 324, 335, 350—352,
354, 369, 378, 386, 388, 389,
397, 404, 405, 408, 420, 421,
428, 429, 431, 433—436, 442,
444, 445, 448, 450, 452—454,
456, 462, 463, 466, 473, 477,
478, 480

录取　1—6, 8, 10—12, 14, 16,
17, 20, 21, 24—26, 28, 31,
33, 35, 39, 41—43, 45—48,
54, 70, 73, 74, 78—82, 86,
87, 92—94, 99, 100, 102—104,
107, 108, 110, 112—130, 133—
144, 148—151, 153—156, 159—
162, 164—176, 178, 180—184,
189—191, 193—202, 205—211,
214, 215, 217—219, 222, 223,
227—234, 236, 238—240, 242,
244—248, 250—261, 263—266,
268—270, 272—283, 285, 286,
288—292, 297, 298, 300, 301,
303, 307—313, 317, 321, 323,
324, 331, 333, 335, 337, 341,
342, 344, 347, 350, 355, 356,
359, 362, 367, 368, 370, 372,
375, 377—381, 384, 385, 387—
389, 393, 396, 397, 401, 404,

405, 409, 410, 416, 417, 420—
424, 426, 429—432, 435, 436,
440, 448—454, 456—458, 460—
465, 467—472, 474, 476—479

M

面试　32, 73, 82, 88, 92—94,
118, 120, 126, 127, 139, 140,
208, 215—217, 225, 231, 240,
275—278, 280—284, 289, 291,
292, 297, 298, 300, 301, 309,
331, 362, 372, 380, 390, 399,
426, 456, 462

P

平行志愿　40, 173, 175, 198,
207, 253, 317, 449, 462

Q

强基计划　46, 48, 54, 202, 274,
277—279, 288, 312, 372, 379,
381, 420, 443, 449, 450, 456,
462

S

少年班　38, 118, 119, 129, 148,
159, 160, 162, 168, 202, 274,
420, 448, 449, 456, 476

T

提前招生　74, 89, 290, 300, 312
统考统招　1, 5, 7, 47, 48, 53,

索　引

66，72，78，79，82，95，122，132，133，136，140，141，145，161，162，168，170，171，179，191，203，208，211，215，225，227—229，232—235，237—239，243，248，253，264，270，283，287，313，314，320，322，331—333，359，370，375，377，388，393，403—405，421，422，428，429，433，436，437，444，445，447，448，453，459—461，464，465，470，472，479

W

唯分数　4，79，82，85，86，134，141，168，169，173，174，177，178，199，250，261，269，270，283，302，305，307—314，360，369，370，372，375，378，379，387—389，392，398，451，453，454，457，461，464，469，472，473，475，479

X

选拔　3，5，6，10，11，14—17，19，20，22，28，34，35，37，39，41—43，45—48，71—74，78—80，82，88，91—93，99，101，107，109，111—113，117—123，125—127，129，131，132，136，137，139，140，142，144，148—151，154，155，159—162，164，166，168—170，172—174，178，196，198，199，201—203，209，211，215，216，228，229，232，236，239，241，246，269—274，277，281，283，286—288，291，292，297—301，306—309，313，314，319，331—333，337，340，341，343，344，347，348，350，351，353，355，359，367，369，371，374，375，378—381，383—385，388—390，395，396，398，400，401，403，418，422，426，427，430，431，436，441，447—449，452，453，455—458，463—466，468，469，471，472，474，476，477

选考制度　40，175，176，178，260，266，268，309，311，314，324，334，336，342，343，349，359，361，366，400，405，417，467

学科能力　13，30，33，49，71，88，97，104，178，211，239，254，257，276，279，298，306，315，331，337—344，346—348，350—353，375，384，392，451，454，463，467

学术声誉　7，25，49，92，97，316，393，406—418，446，451，455，462，465，468，474，480

Y

一流大学 5，6，15，56，157，203，210，228，239，241，244，245，249，251，265，270，272，273，275，277，281，283，287，290—292，298，308，309，312，321—323，331，340，348，353，354，363，378，399，401，474，478

一流学科 56，241，265，275，283，318，321—323，332，334，340，478

院校研究 7，25，49，53，97，393，432—446，451，455，464，465，473，480

Z

早发内生 146，147，158—160，479

招生 1—55，57，64—66，70—75，77—83，85—151，153—184，189—225，228—261，263—292，297—324，331—337，340—372，374，375，377—381，383—418，420—481

招生工作领导小组 78，205，206，211，212，298，396，404，429，438

招生工作委员会 78，108，110，129，135，137，141，143，205，206，211，212，216，217，220—223，230，231，251，258，282，298，307，311，384，396，404，405，420—423，429，430，432—434，436，444，455，464，465，470，473

招生计划 18，24，28，41，46，74，78，80，81，85，90，100，104，106，109，113，114，117，121，126—128，135，138，144，154，171—173，175，176，180，181，189，193，195，201—203，205—207，209，212，214，215，219，220，223，224，242，243，245，246，249，254，260，261，265，266，275—279，319，321，331，335，336，347—350，352，368，388，397，404，405，408，425，432，440，451，453，454，457，458，462，463，468，471

招生竞争 74，93，239，254，255，261，306，308—310，332，409，416，435，466，471，472

招生能力 3—8，12—14，19，20，43，50，70，73，74，78—80，92，94，95，112，124，140，141，145，158，162，163，176，177，198，231，237，249，283，285，299—301，304，307—309，313，314，350，384，396，405，420，443，444，446，454—456，459，464，469，472—474，476

招生宣传 9，29，53，54，70，

索 引

80，87，89，93，94，98，101，103，106，110，112，115，129，138，144，169—171，194，202，203，206，212，214—216，218，219，242—245，247—252，255，261—263，271，282，303，307，309，312，320，321，331，359，378，383，385，391，397，405，406，408，411—417，421，423，425，426，430，435，441，446，448—451，455，457，458，462，463，465，467，468，474

招生章程 4，46，52，54，80，81，95，101，102，124，125，129，135，137，141，166，170，175，176，181，189，197，200—210，212，214，219，223，229，230，233，236，246，252，258，277，279，280，291，375，396，397，404，421，431，436，456，463，466

招生志愿 46，220，235，246，256—258，265，266，355，462，466

招生治理 13，14，22—24，49，97，393，418，420—432，451，464，473，480

招生自主性 7，20，49，393，394，396—403，446，451，455，464，480

志愿填报 13，39，40，89，103，108，133，166，167，171，173，174，176，193，197，205，224，230，244，251，253，259，260，276，277，312，355，367，389，412，415，463，468，474

主体性地位 1—14，25，30，42—50，52，53，55，57，64，66，74，75，82，86，90—99，101，103，105，107，109，111—114，117，119，120，123，124，126—128，136，137，139—146，156，158，159，161，163—165，170—179，199，200，205，207—211，222，225，236，237，241，242，248，249，256，263—265，267，269，271，272，274，280，284，287，290，297，301—303，305—307，309，310，313，315，316，333—337，350—355，359，367，371，387—393，398，402—404，406，414，418，420，428，429，431，432，442，444—462，468—481

专业适应 49，97，315，355，357，359，360，365，367—369，392，451

专业志愿 31，36，175，208，210，211，236，243，246—248，251，255，258，259，269，272，276，277，280，355，359，361—364，367—369，404，424，450，463，466

自主选拔录取 382

综合评价录取　16，19，42，48，56，73，79，82，87，177，212，215，225，232，234，240，245，258，274，275，278，279，281—289，300，301，305，309，312，372，379，380，398，401，417，420，422，425，426，438—440，443，449，450，456，462，480

后　　记

2017年5月，在两年的曲折经历与种种机缘巧合之下，我意外地被曾经可望而不可即的厦门大学教育研究院录取，在郑若玲教授的指导下攻读博士学位。一年级的暑假，有幸参与撰写了《中国教育改革40年：高考改革》，跟着老师一字一句修改书稿，使我真正入了"高校考试招生制度研究"的"门"。二年级正逢老师教育部哲学社会科学研究重大课题攻关项目"高考综合改革试点完善措施研究"立项，老师也乐意让我参考课题的研究内容，选取自己感兴趣的部分开展研究。博士学位论文研究与课题研究不同，虽然有大的课题做支撑，但更强调研究具体的问题。课题研究重实践意义，旨在为当前的改革提出完善措施，博士论文则还期待有理论创新，为改革引领方向。我是一个"脑洞"非常大的人，看问题的角度总会与其他研究者不同，幸运的是，每次我有不一样的想法，只要我"自认为"论证充分，总能得到老师的支持，甚至我时常觉得，自己的学术进步是被老师"宠"出来的。从高等教育视域、系统地审视高校考试招生制度，是已有研究从未触及的话题，选题期我一度怀疑是不是自己"错了"，几十年来没人涉及，是否这一视域不值得研究、不能研究或者不好开展研究。幸而我的想法得到了老师的认可，并在老师的指导下，一步一步明确了研究问题。起初为了"说服"老师同意我选题的小论文，经老师指导，反复修改、打磨，有幸刊发于《教育研究》，这也坚定了我对这一选题的信心，确定了"中国高校招生主体性地位研究"这一题目。在研究资料的收集阶段，我再一次遇到了"瓶颈"，因为高考这一话题过于敏感，哪怕是高校招生办公室的部门归属、人员构成等形式问题都极少公开，更何况我需要了解的是高校招生的实质内容。在老师的支持下，我和课题组几位成员深入到数十家机构开展调研，访谈了数百位利益相关群体，还获得了一些"内部资料"。在博士论文的修改期间，老师已赴英国南安普顿大学孔子学院任职中方院长。为了能让我按时答辩，老师牺牲了整个圣诞假期，一字一句地帮我修改论文，让我感动不已。没有老师的倾力相助，就绝对没有我的博士学位论文。2021年5月，我顺利通过了博士学位论文答辩。并于同年8月，入职华中科技大学教育科学研究院从事博士后研究工作，继续基于攻博期间的研究积累，开展高等教育人才选拔与培养一体化、基础教育与高等教育衔接等的研究。本书是在博士学位论文的基础上、结合博士后工作期间的研究修订而成的。

  本书顺利出版得益于众多师友的厚爱与支持。郑若玲教授不仅在写作思路、观点、语言等多方面给予指导，而且在生活中也给予了无限的关爱，犹记每次出差途中与老师的无话不谈，夜晚做任务时被老师催着睡觉，心情不好时来自老师视频的关心，朋友圈晒"垃圾食品"后被老师的提醒，调研遇上降温老师为我们买的围巾，时常收到的来自老师的小礼物，还有老师赴英当天给我的留言，老师对我的不放心直戳我的泪点……陈廷柱教授对我博士论文选题的肯定、对高校招生与院校研究之关系的认同坚定了我最初的研究信念，攻博期间不厌其烦地解答我在学习中、生活中的困惑，博士毕业后为我提供从事博士后研究的机会，指导我拓宽研究视野、理顺研究思路、学会研究创新，在本书出版时又大力给予经费支持。刘海峰教授在博士学位论文开题时，评价我的思路说"这是一个不一样的研究，与我们之前的博士论文都不同"，刘老师对选题的认可给了我极大的鼓励，调研时，刘老师还帮我们联系访谈单位，使我的资料收集非常顺利。张亚群教授治学严谨、学识渊博，每次拜读张老师的文章，都醍醐灌顶、收获良多。覃红霞教授的批判性思维、对高考法治的专门研究是我望尘莫及的，也十分感谢覃老师在我申请研究生田野调查基金时的力荐。本书的调研对象涉及五百余位考试招生机构的负责人、工作人员，高校的主管领导、招办工作者、二级学院领导、教师、学生，高中的校领导、教师、家长，在此一并致谢！本书有幸入选"中国社会科学博士学位论文文库"，感谢中国社会科学出版社的肯定和涂世斌老师的悉心编校。

  此外，还要感谢我的家人们，是你们给了我一个幸福的成长环境，让我可以衣食无忧、安心做研究。攻博期间的闺密好友汤建、江艳、张斌，同门师兄师姐凌磊、万圆，师弟师妹徐东波、罗青意、宋莉莉、郭娇娇、孔苓栏、周钰笙、王雅丽、赵江南……是在他们的支持与陪伴下，我才有勇气完成这部 40 余万字的专著。

正如郑老师所言，第一部专著是我们进入学术场域的入场券，是学术生涯的起点。很幸运，几经波折，终于走上了自己喜欢、向往的学术之路。也愿自己，不负师长的厚望、不负多年的努力，成为一位好老师、一位对社会有贡献的研究者！

庞　颖
2024 年 5 月 12 日于武汉